다석일지 多夕日誌

제1권

다석일지 多夕日誌 제1권

1990년 3월 13일 초판 1쇄 펴냄
2024년 8월 20일 개정판 1쇄 펴냄

지은이 | 류영모
엮은이 | 다석학회
펴낸이 | 김영호
펴낸곳 | 도서출판 동연
등 록 | 제1-1383호(1992년 6월 12일)
주 소 | 서울시 마포구 월드컵로 163-3, 2층
전 화 | (02) 335-2630
팩 스 | (02) 335-2640
이메일 | yh4321@gmail.com
인스타그램 | instagram.com/dongyeon_press

ISBN 978-89-6447-778-6 94150
ISBN 978-89-6447-777-9 94150(다석일지 전집)

多夕日誌

多夕柳永模日誌

第一卷

류영모 씀 | 다석학회 엮음

동연

다석일지多夕日誌를 출간하며

류영모柳永模 님은 사상思想에 동서양東西洋이 있을 수 없다고 하였다.

류영모 님은 YMCA 금요강좌에서 성경聖經, 불경佛經을 말하는가 하면 노장老莊, 공맹孔孟을 말하고 성리학性理學, 스토아 사상을 들려주는가 하면 에크하르트, 톨스토이를 들려주었다. 세계世界의 제 사상諸思想은 우리에게 물려준 유산인데 다 써야 한다고 하였다.

1960년 명문대학 법학도法學徒이던 주규식周揆植 님이 구도求道의 길로 나아가고자 법관法官의 길을 버리고 류영모 님의 말씀을 들었다. 한 해 동안 들었어도 류영모 님의 신앙의 정체正體를 알 수 없었다.

류영모 님께 주규식 님이 물었다.

"선생님께서는 모든 종교의 진리를 말씀하시는데 그 차이를 알고 싶습니다. 선생님께서는 어느 종교를 신앙하십니까?"

류영모 님이 대답하기를,

"나는 신앙이 아니라면 아니지요. 말을 하자면 비교종교를 하지요. 나는 여러 종교 간에 다른 점은 찾아낼 겨를이 없어요. 여러 종교 간에는 반드시 공통되는 점이 있어요. 그 공통성을 찾아내어 인식하고 생활화하는 게 나의 인생철학이지요. '어느 종교가 제일 좋은가'라고 누가 묻기에 '종교는 누구나 자기가 믿는 종교가 제일이지요'라고 대답해 주었어요."

이 말로도 다석사상多夕思想의 요체要締를 헤아릴 수 있다. 우리 앞에 벌려진 물심物心의 세계는 정반正反의 음양陰陽이 변증법적으로 움직여 나아가는 듯한데 이와는 달리 일이관지一以貫之하는 영원한 진리의 생명이 있다. 하나로 꿰뚫린 구멍 자리가 바로 류영모 님이 말한 모든 종교의 공통점이다. 멸망할 몸의 나에서 영원한 생명인 공통의 나로 솟나(부활復活)야 한다는 것이다. 류영모 님이 말한 공통의 나를 예수님은 얼의 나, 석가님은 법法의 나, 노자님은 도道의 나, 유교는 성性의 나, 범교梵教는 아트만의 나라 하였다. 진리의 나, 절대의 나, 영생의 나일 때 공통의 나가 될 수 있다.

생로병사生老病死의 개인個人을 넘어섰기에 죽음이 없다.

개인의 몸생명에 붙잡힌 사람들은 몸 나가 죽을 병에 걸렸다면 낙심통곡落心痛哭을 한다. 평생 모은 소유所有를 병원에 다 갖다주어도 죽을병을 고쳐낼 리 없다. 그런데도 몸나가 참나(진아眞我)가 아니고 상대적 존재로는 나지도 않고 죽지도 않는 영원한 생명인 얼의 나가 참 나인 것을 깨닫지 못한다. 몸나가 죽는 것을 슬퍼하는 것은 남의 아버지 주검을 보고 내 아버지 죽었다고 우는 것보다 더 어리석은 일이다. 몸나의 죽음은 개구리에 올챙이 꼬리가 떨어져 나가는 것일 뿐이다.

우리는 다석일지多夕日誌를 통하여 몸 나에 끌려다니는 완고頑固를 떠나 얼의 나를 받드는 정고貞固의 삶을 본다. 얼 나로 살면 한알나라 아닌 곳은 없다. 땅의 나라도 그대로 한알나라다.

류영모 님의 말과 글은 처음 보면 어려운 것이 사실이다. 그러나 다석사상多夕思想의 핵심을 알면 생각한 만큼 어려운 것이 아니다.

류영모 님은 이렇게 말하였다.

"내 글과 말이 어렵다고들 하는데 알고 보면 간단해요."

다석일지多夕日誌가 그대로 영생永生의 '만나'라고는 하지 않겠다. 그러나 얼의 나를 깨닫는 졸탁지기啐啄之機를 얻을 것이다.

다석생신多夕生辰 일백주년一百周年이 되는
1990년 3월 13일
박영호朴永浩

다석일지多夕日誌 재간에 즈음하여

"사람은 생각하는 갈대이다"는 파스칼의 말이다. 명상록(팡세)을 지은 파스칼이나 할 수 있는 말일 뿐이다. 이 사람에게 '사람이 무엇인가?'라고 묻는다면 솔직하게 대답하겠다. '싸우기를 좋아하고 식색(食色)을 밝히는 짐승입니다'라고 말하겠다. 레프 톨스토이는 50살이 되어서 이 사실을 깨닫고 짐승 노릇을 끊게 되었다. 비로소 사람 노릇을 하게 된 것이다. 톨스토이는 짐승 노릇한 것을 뉘우친 것을 「참회록」에 밝히는데 그 가운데 이러한 말이 있다. "사람의 삶이란 무의미한 죄악의 연속이다. 이것은 의심할 여지가 없는 엄연한 사실이다."

인류가 예수 석가를 성자(聖者)라 받들지만, 사실은 짐승 노릇을 그만두고 사람 노릇을 한 사람들이다. 그들을 받든다고 내가 짐승에서 사람이 되는 것이 아니다. 자신은 짐승 노릇 하면서 예수 석가를 받드는 것은 아무런 의미가 없다. 다석 류영모는 예수 석가를 스승으로 받들면서 스스로 짐승 노릇을 깨끗이 버리고 사람 노릇을 한 사람이다. 류영모는 이렇게 말하였다.

"사람의 몸나는 죄악된 수성(獸性: 貪·瞋·痴)을 지녔으나 한얼님이 주시는 성령인 얼나(Dharma, Soul)를 머리 위에 이고 얼나의 뜻을 좇음으로 거룩함을 입을 수 있다. 죄악된 수성을 자꾸 눌러 지워버리고 지극히 깨끗하게 되어 보겠다는 것이다. 거룩이 무엇인지 몰라도 우리가 머리를 하늘로 두고 얼나의 뜻을 좇으려고 지성을 다 하는 것은 거룩을 가까이하려는 것이다. 얼나를 머리 위에 이어야 할 것을 삼독의 수성을 등에 업으면 더러운 놈이 되어 짐승으로 떨어지고 만다"(YMCA 연경반강의).

류영모의 『다석일지』는 류영모가 1955년부터 1974년까지 약 20년 동안의 일기이다. 그 속에는 스스로 수성(獸性)과 싸우며 영성(靈性)을 기른 내용을 기록한 것이다. 한시 1300수, 우리말 시조 1700수, 도합 3000수의 시가 담겨 있다. 이미 제자 김흥호가 풀이

한 것이 있고, 시조는 이 사람이 낱말풀이를 또 하고 있다. 건강만 유지되면 금년 안으로 끝마칠 수 있을 것 같다.

장자(莊子)가 말하기를 "사람에 이른 이는 나라는 것(제나: 自我)이 없고 얼나를 깨친 이는 제 자랑이 없고 거룩한 이는 이름이 없다고 하였다(至人無己 神人無功 聖人無名). 그래서 류영모는 91살을 살아서도 세상에 이름이 알려지지 않았다. 그래서 제자 함석헌의 스승이라고만 알려졌다. 그래서 세상을 떠나서도 서울에 여러 신문사가 있지만 부음을 알리는 신문사가 없었다. 이 사실을 뒤늦게 알게 된 언론인 이규행 님(당시 문화일보사 회장)이 다석 류영모의 사상을 320회에 걸쳐 문화일보에 연재한 바 있으며 그때 2월 3일 기일에는 문화일보 주최로 문화일보사 강당에서 추모모임을 거행한 바 있다. 그때 성천문화재단 류달영 이사장께서 너무나 고맙다면서 이규행 회장님을 재단 사무실로 초빙하여 회식을 함께 한 일이 있다. 올해(2021. 2. 3.)에는 더욱 놀라운 일이 있었다. 아주경제신문(곽영길 회장)에서 다석의 40주년 추모일에 40년 늦은 부음기사를 크게 보도하였다. 이런 일은 세계적이요 역사적인 일이라 믿어진다. 다석은 "사람이 죽으면 그 얼이 한얼님께로 돌아가는데 그것은 축하할 일이지 어찌하여 슬퍼한단 말인가"라는 말을 자주 하여 스승이 돌아가도 눈물 한 방울 흘리지 아니하였다. 그런데 40년 지각 부음기사를 읽고는 기쁨의 눈물을 흘렸다는 사실을 밝히고 싶다. 다석 스승은 힘주어 말하였다. 사람들이 믿지는 일은 싫어하면서 어찌하여 일생의 삶은 밑지는 어리석은 일을 하는지 모르겠다고 말하였다. 몸나로는 멸망의 삶이요, 얼나로 솟나면 영원한 생명인데, 어찌하여 귀한 얼나를 모르고 멸망의 몸나에만 붙잡혀 죽어가는지 모르겠다고 하였다. 이 가르침이야말로 예수 석가가 깨우쳐 준 말씀으로 복음 가운데 복음이요, 정음(正音) 가운데 정음임을 밝히면서 이 글을 마치고자 한다.

다석일지(多夕日誌) 출간을 맡아준 동연출판사에 고개 숙여 감사드리는 바이다.

2021년 2월 12일
박영호

多夕日誌 | 제1권 |

차 례

길잡이 말(일러두기)

※ 다석일지多夕日誌 제1권~제3권까지는 1955년부터 1974년까지 20년 동안의 류영모 님의 사색일기思索日記다. 일기에서 연월일 다음에 쓴 일만 단위單位의 수는 류영모 님의 산 날 수이고, 백만 단위의 수는 약 6,700년 동안의 총 일수日數를 합산한 유리안데이(Julian day)의 날수다. 그 밖의 수는 사망가정일死亡假定日 같이 어느 날을 기점으로 세어 줄여가거나 세어 더해간 날수이다.

※ 日誌에 실린 시문詩文은 모두 약約 3,000수나 되는데 우리말 시詩가 실린 1,700여 수, 한시가 1,300여 수가 된다.

※ 제4권은 부록편附錄篇으로 류영모 님에 관한 여러 자료를 모은 것이다. 그 내용을 간추리면,

(1) 1955년 그전에 류영모 님이 수첩에 기록한 비망록.

(2) 광복전 육당六堂 최남선崔南善 님이 낸 잡지「청춘靑春」과 김교신金敎臣 님이 낸 잡지「성서조선聖書朝鮮」에 류영모 님이 기고한 글.

(3) 광복후 잡지「새벽」,「다이제스트」,「코리아라이프」에 실렸던 류영모 님의 기고문과 회견기.

(4) 중앙 YMCA 강좌때 칠판에 게시하였던 류영모 님의 친필 강의안 일부.

(5) 류영모 님이 제자弟子 박영호에게 보낸 편지 17통(류영모 님의 편지를 가지고 계시면 출판사로 연락주시기 바랍니다).

(6) 류영모 님 사후死後 신문─잡지에 실렸던 스크랩.

(7) 류영모 편저, 『메트로』(1928년) 전문 전제.

(8) 1977년 3월 13일에 쓰신 류영모 님 친필親筆이며 절필絶筆 한시漢詩 한 수.

(9) 류영모 님이 노자 도덕경을 우리말로 옮긴「늙은이」(노자老子). 우리말 글씨는 류영모 님의 친필親筆.

(10) 함석헌, 김흥호, 서영훈, 인진구 님의 류영모 님에 대한 추모문.

※ 日誌의 제자題字는 서예가書藝家 유형재兪衡在 님의 글씨임.

다석 류영모 사진첩

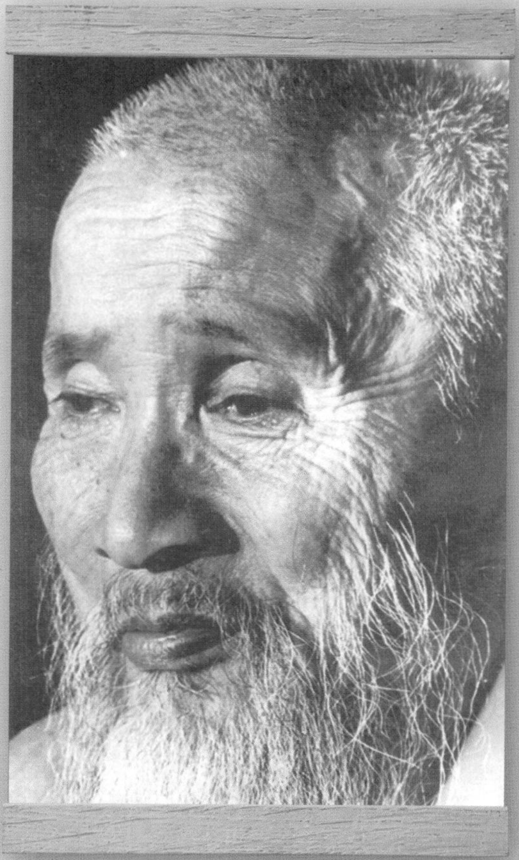

지극히 정성되게 어질고,
연못처럼 깊고 심오하며,
하늘처럼 크고 넓으라는 뜻

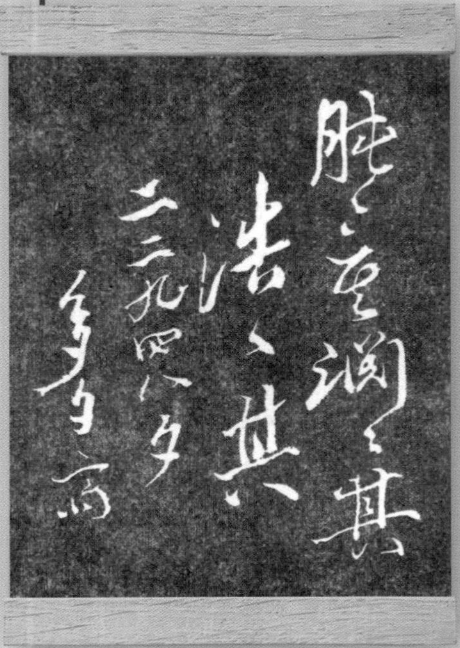

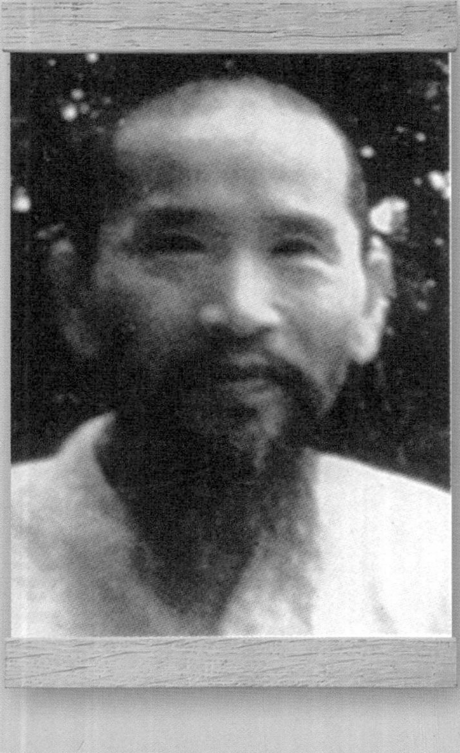

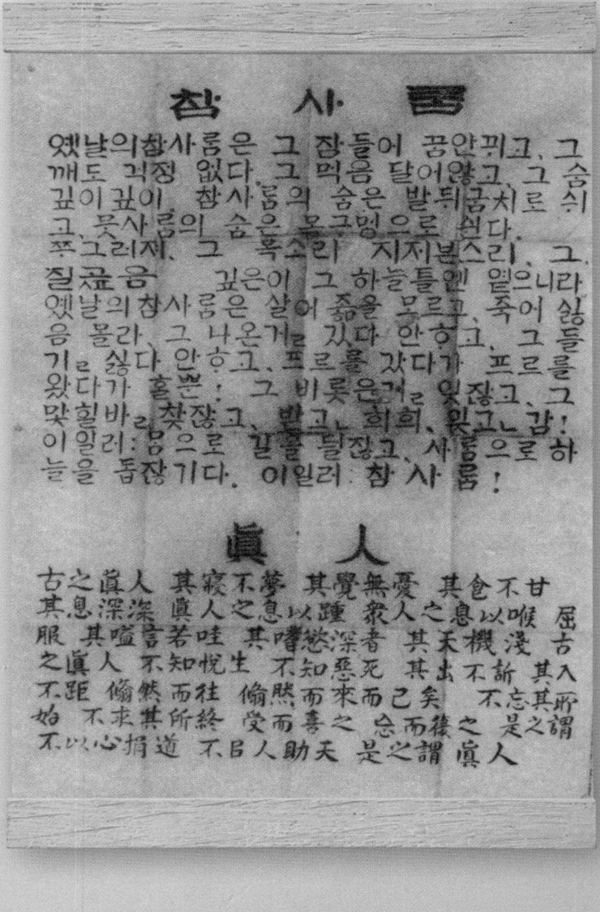

참 사 롬

옛날의참사름은 그 잠들어 꿈안뀌고, 그
깨도 걱정 없다. 그 먹음 달어않고, 그 숨
깊이깊이, 참사름의 숨은 발뒤굼치로 쉬
고, 뭇사름의 숨은 목구멍으로 쉰다.
쭈그리진, 그 목소리 지지븐스리, 그
질즐음 깊은이 그 하늘틀엔 얕으니라
옛날의참사름은 살어좋음 모르고, 죽어 싫
음 몰라, 그 나온거ㄹ 깄다 안ᄒᆞ고, 그 들
기ㄹ 싫다 안ᄒᆞ고, 프르룰 갔다가 프르를
왔다가 홀뿐: 그 비롯은거ㄹ 잊잖고, 그
맞힐바ㄹ 찾잖고, 받고, 희희, 잊고ㄴ 감!
이일러: 맘으로 길을 덜잖고, 사름으로 하
늘을 돕잖기다. 이일러 참 사름!

眞 人

古之眞人 其寢不夢 其覺無憂 其食不甘
其息深深 眞人之息以踵 衆人之息以喉 屈
服 其嗌言若哇 其嗜慾深者 其天機淺 古
之眞人 不知悅生 不知惡死 其出不訢 其入
不距 翛然而往 翛然而來而已矣 不忘其所
始 不求其所終 受而喜之 忘而復之 是之謂
不以心捐道 不以人助天 是之謂眞人

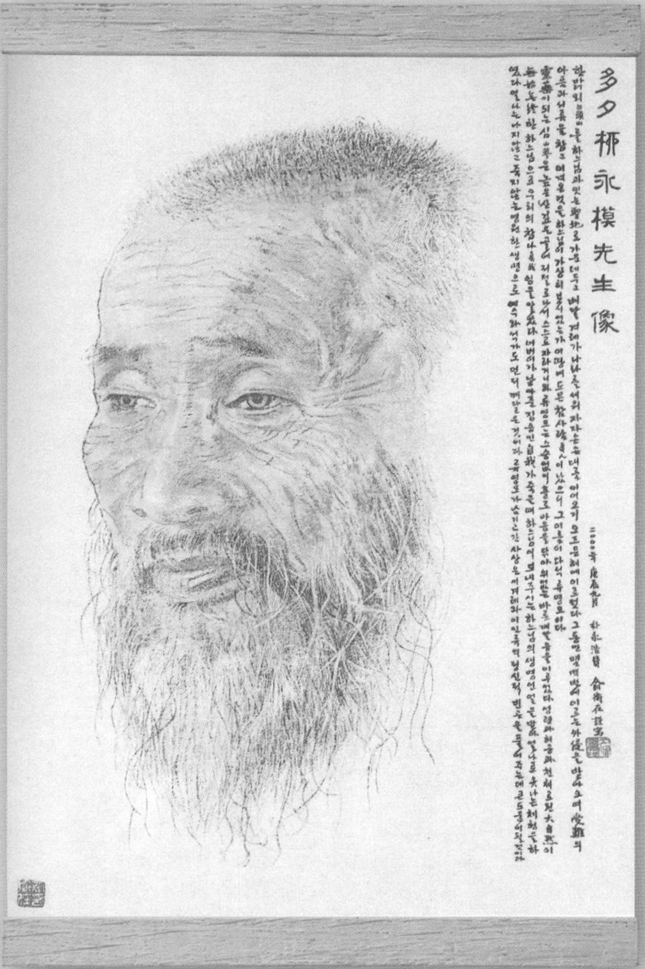

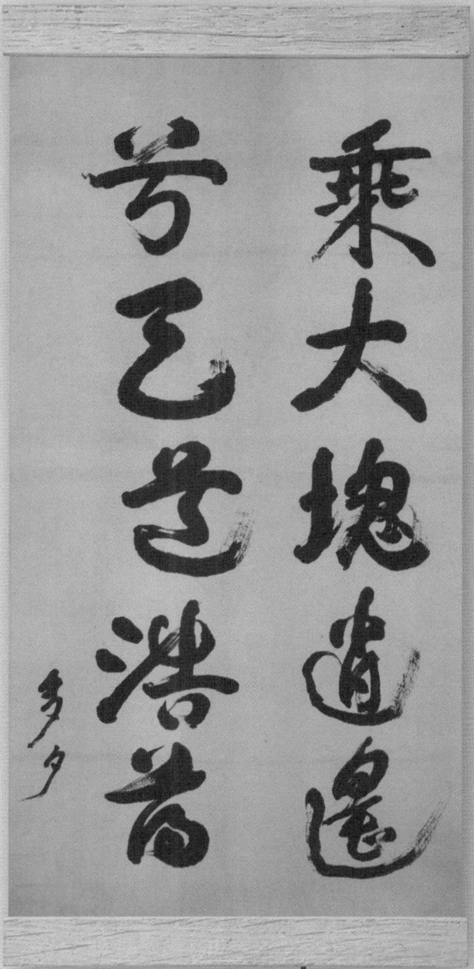

乘大塊逍遙
兮天道浩蕩
승대괴소요
혜천도호탕

밖·홀로 ⊡
사·룸이랄 일이 없오──한때 지내는 나·그네
禹는 黃河길로 가되 물과 발 잘 맞힌 밖홀
이孟이 禹를 일컫되 「일없시로──갈줄알」
일났다·ㄴ 뭐? 갈수 없다ㅁ!──가는 까·닭 몰은거지?
까·닭 볼 알고나·면 수·월치──제 밖홀 길 걷기ㄴ──
때믄과 터믄 또 라믄 밖홀 대고 ᄒ·는 말
일이 없시 ᄒ·면 되고 일적은 일 열(熱)적게 돼
열쌔 힘쓸 일의 일이 열적게 히 보람 빌기·?
사·룸은 나·그네 길손 주·먹 손속 으로 ⊡
꺾어야: 꽃이지──둬두면 먹을 꿈·그림의 떡
꺾·꽃 죽자! 왕·그리지라 손 떤니 닿저 진물
건너다 맞보·듣 좋고 오·갈것은 없잖아·?
「이옷 나라 서루 바라·뵈며 개·닭 소리 마주 들리는데
씨알이 늙어서 죽도록 왔다 갔다들 아니 ᄒ·는다 늙은이」

다석의 둘째아들
유자상, 염락준,
박영호 (왼쪽부터)

전병호, 다석, 함석헌

박인호와 함께

참
多夕 柳永模先生 二二〇〇〇夕紀念
1950. 6. 6.

함석헌

화천에서

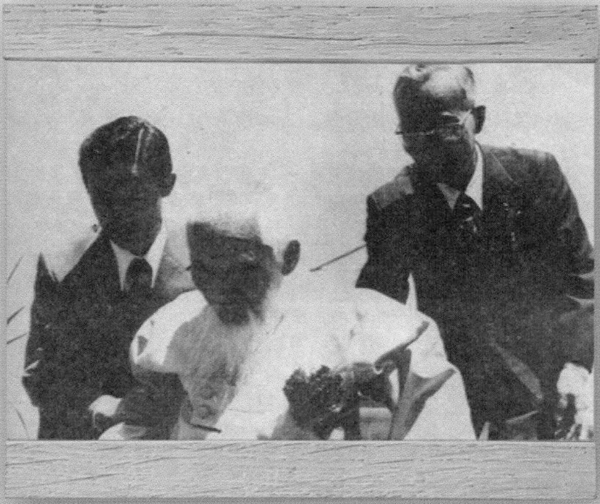

해 간추림(연보)

1890년 (0세)

1890년 3월 13일(경인년 2월 23일) 서울 남대문 수각다리 가까운 곳에서 아버지 류명근(柳明根) 어머니 김완전(金完全) 사이 형제 가운데 맏아들로 태어나다.

1896년 (6세)

서울 흥문서골 한문서당에 다니며 통감(通鑑)을 배우다. 천자문(千字文)은 아버지께 배워 5세(만 4세) 때 외우다.

1900년 (10세)

서울 수하동(水下洞) 소학교에 입학 수학하다. 당시 3년제인데 2년 다니고 다시 한문서당에 다니다.

1902년 (12세)

자하문 밖 부암동 큰집 사랑에 차린 서당에 3년간 다니며 『맹자(孟子)』를 배우다

1905년 (15세)

YMCA 한국인 초대 총무인 김정식(金貞植)의 인도로 기독교에 입신(入信), 서울 연동교회에 나가다. 한편 경성일어학당(京城日語學堂)에 입학하여 2년 간 일어(日語)를 수학(修學)하다.

1907년 (17세)

서울 경신학교에 입학 2년 간 수학(修學)하다.

1909년 (19세)

경기 양평에 정원모가 세운 양평학교에 한 학기 동안 교사로 있다.

1910년 (20세)

남강 이승훈의 초빙을 받아 평북 정주(定州) 오산학교(五山學敎) 교사로 2년 간 봉직하다 이때 오산학교에 기독교 신앙을 처음 전파하여 남강 이승훈이 기독교에 입신하는 계기가 되다.

1912년 (22세)

오산학교에서 톨스토이를 연구하다. 일본 동경에 가서 동경물리학교에 입학하여 1년 간 수학(修學)하다. 일본 동경에서 강연을 듣다.

1915년 (25세)

김효정(金孝貞, 23세)을 아내로 맞이하다

1917년 (27세)

육당(六堂) 최남선(崔南善)과 교우(交友)하며 잡지 「청춘(靑春)」에 "농우"(農友), "오늘" 등 여러 편의 글을 기고하다.

1919년 (29세)

남강 이승훈이 3·1운동 거사 자금으로 기독교 쪽에서 모금한 돈 6천 원을 맡아 아버지가 경영하는 경성피혁 상점에 보관하다.

1921년 (31세)

고당(古堂) 조만식(曺晩植) 후임으로 정주 오산학교 교장에 취임, 1년 간 재직하다.

1927년 (37세)

김교신(金敎臣) 등 「성서조선(聖書朝鮮)」지 동인들로부터 함께 잡지를 하자는 권유를 받았으나 사양하다. 그러나 김교신으로부터 사사(師事)함을 받다.

1928년 (38세)

중앙 YMCA 간사 창주(滄柱) 현동완의 간청으로 YMCA 연경반(硏經班) 모임을 지도하다. 1963년 현동완 사망(死亡) 시까지 약 35년 간 계속하다.

1935년(45세)

서울 종로 적선동에서 경기도 고양군 은평면 구기리로 농사하러 가다.

1937년 (47세)

「성서조선」 잡지에 삼성 김정식 추모문 기고하다.

1939년 (51세)

마음의 전기(轉機)를 맞아 예수정신을 신앙의 기조로 하다. 그리고 일일일식(一日일一食)과 금욕생활을 실천하다. 이른바 해혼(解婚) 선언을 하다. 그리고 잣나무 널 위에서 자기 시작하다.

1942년 (52년)

「성서조선」 사건으로 일제(日帝) 종로경찰서에 구금되다. 불기소로 57일 만에 서대문형무소에서 풀려나다

1943년 (53세)

2월 5일 새벽 북악 산마루에서 첨철천잠투지(瞻徹天潛透地)의 경험을 하다.

1945년 (55세)

해방된 뒤 행정 공백기에 은평면 자치위원장으로 주민들로부터 추대되다

1948년(58세)

함석헌(咸錫憲) YMCA 일요 집회에 찬조 강의를 하다.1950년(60세) YMCA 총무 현동완이 억지로 다석 2만 2천 일 기념을 YMCA회관에서 거행하다.

1955년 (65세)

1년 뒤 1956년 4월 26일 죽는다는 사망예정일을 선포하다. 일기(『多夕日誌』)를 쓰기 시작하다.

1959년 (69세)

『노자』(老子)를 우리말로 완역하다. 그밖에 경전의 중요 부분을 옮기다

1961년 (71세)

12월 21일 외손녀와 함께 현관 옥상에 올라갔다가 현관 바닥에 낙상(落傷), 서울대학병원에 28일 동안 입원하다

1972년 (82세)

5월 1일 산 날수 3만 일을 맞이하다. 1977년(87세) 결사적인 방랑길을 떠나 3일 만에 산송장이 되어 경찰관에 업혀 오다. 3일 간 혼수상태에 있다가 10일 만에 일어나다.

1981년 (91세)

1981년 2월 3일 18시 30분에 90년 10개월 21일 만에 숨지다.

하루메모 1

1955·4·26

한 이승에선 꽤 한 해 뵈는

하루때문

ㄱㅣㄴㅈㅣㄷㅗ ㅁㅗㄹUㅈㅣㄹㅗ ㅂㅣㄹㅓㅈㅏㅂUㄴ ㄴㅏㄹ
Uㄴ

1956·4·26

ㅛ하ㄴ. 12. 27

1955.4.26 맑 三百六十六日前

낮 뒤에 永樂会堂 앞에 가서 咸兄과 맞나 長老教第四十總会
에参来한 金海郡 大渚面 大地里 사시는 琴錫浩長老를 첨뵙게
되다.(富來舘에서) 드른 말씀가온데, 喪配한 이듬해 一月에 霜枯
한 黃菊을 드리다 보다가 香气가 如常함을 보고, 琴長老 1958.5.30長逝
元月摘霜菊. 餘香惹九秋. 를 느꼈다 함을 듣다.

4.27. 맑 三百六十五日前

일즉이 富來舘에 나아가서 三一哲学合編 一冊을 내드리며
作別인사 드리고 오다. 例의 몸 몸
몸 몸 나아가로 실마리를 푸러
脊柱는 律몸 과는 말, 사람은 몸거문고 라고 말로 매듭을 짓다.

4.28. 木曜. 맑 三百六十四日前

青年会講座에서 「흐지 브진 못하는 말씀」을 하다.
諱之秘之生地獄. 政之治之夢想國. 道之齊之社会学.
性之身之活天國. ── 民生이 흐지 브지 하게 지나감은 指道
者의 諱之秘之 시키는 것이 많은데서 오다. 諱之秘之가
되는것도 아니고, 早晩에 넋두리라도 할 틈이 나는것이고.
── 넋두리 例로 失弓得弓五七安寧. 杜門開门八九幸福.
을 들고 疾歸充腹潛牛後. 月沈滿潮尚鼠風. 本能圈外灵長類
刻念作醒復性雄. ── 性之身之로만 諱之秘之가 없고,
흐지브지 世上을 건질것으로 말씀을 마치다.

4.29. 金曜. 흐린데 볕도 나다. 三百六十三日前

14時. 青年会研經会에서
呼吸消息聖平信. 寢食成敗魔試煉. 四時判發榮勢
五旬知命仰望恩. ── 食衣. 榮華. 勢力과 信. 望. 愛를 말씀.
── 百骸同化育. 一元異化隱. 新陳代謝婚. 同性相續殷.
── 万理同和義. 一利異散壞. 物心交換率. 輕重顚倒
畏. ── 食物과 生存을 생각하고 心性은 自然한데로
온것 같고 - 因하여 物과 心의 欲을 바로 찻스면 한다.

九容 足-重、手-恭、頭-直、目-端、口-止、聲-靜、立-德、氣-肅、色-莊。
九思 視-明、聽-聰、色-溫、貌-恭、言-忠、事-敬、疑-問、忿-難、見得-義。

1955、4、30、土曜 맑 三百六十二日前
낮에 金宗昌 오다。앞서 생각한 七思中에서 即席서 說明이「息思消」이었다 고、말씀。因하여 七思를 적어둔、

瞑思誠、居思直、息思消(吸生呼命)、寢思寧、
房(琴瑟造端)思後生、郊(無聊時中信思親、空虛感上獨樂園)思事天、食思割愛、
내게 七思가 히리나기는「食物은 割愛로 받고겠다」는 데서 미쳤다。

5、1、日曜 맑 三百六十一日前
11時 모임 (세브란스 에서)
消灯就寢去、提燈起床來、日月瞬息間、天地眼鼻開、

偶然作中偶作備、自由親上自親仁、我欲爾思唐棣華、
斯仁斯仁不遠人、
(唐棣之華偏(翩)其反(翻)而、豈不爾思 室是遠而。子曰「未之思也、夫何遠之有」。子曰「仁遠乎哉、我欲仁、斯仁至矣」。)
雅歌 三章一節——四節 愛의 對象은 남에게 부터 찾을 수 없다。
四章十二節 참 아름다울 누의 나 안해의 아름다운 때는。
七章一節——五節 히브리美人의 容態。
八章六節七節 사랑의 窮極。

5、2、月曜 흐림 三百六十日前
孝神觀記

身·心·父·母·天·地·神·明·受之上帝、不可不誠敬 共之元也。
身·體·髮·膚·受之父母、不敢毁傷、孝之始也。

立身行道、揚命於上天、以顯上帝、孝之終極也。

夫孝、元於事天、始於事親、中於使公、終於立身、極於立命

心(神)事上而高、進思盡忠、退思補過、將順其美、匡救其惡、上下、能相親。

心乎愛矣、遐不謂矣、中心藏之、何日忘之、

身(形)養親而廣、用天之道、因地之利、謹身節用、以養親而以及安社、一二、克和睦。

唐棣之華、偏其反而、豈不爾思、室是遠而、子曰「未之思也、夫何遠之有。

나의 心神이 자라기는 孔孟을 通하야 온 말씀、모세 예수로 나타내인 말씀으로 營養된 것 입니다。
人生은 孝道라ㅡㄴ 말씀 입니다。

5.3、火曜 비　　　　三百五十九日前

水星과 金曜은 果然、內遊星이오。나(地球)보다 어려서、어머니께서 가까히 도는 것 같고나、그 재바르게、도라 노는 것이 앙징하게도 보기로 보시오마는、아즉도 그 꼭 몇분만이면 한바퀴인지는 몰라!

水星、八十八日좀 모자라는 동안이라니、조금 이지러진 쌀알[米] 같다고、생각할가? 여러 좋은 수가 있소、쌀기 아니고, 불에 팔이 구우구 (87.969 파치·구루구) 하고 보지오.

水星	87.969	물에 팔치 구루구
金星	224.70	金 두 24 金을 치 — 불보니 어서바루구퍼
火星	686.98	歲次 1 2.
木星	4332.59	흙이 한世 30年
土星	10759.20	天王 84年 돌이
天王	30685.93	海王 16千 百을고드 팔
海王	60187.64	
冥王	90469.32	冥王 247年

金 두 24 金을 치고 (224.70 두24·치고)

불은 보니 어서 바루구퍼 (686.98 어서 바루구퍼)

나무야 네서서두 열두해·조금 못돼 오구
(4332.59 네서서두 오구)

흙이야 万날 친다구 들 — 한世上(30年모자람)보내지
(10759.2 万날 친다구들)

天王、海王、冥王 들이야 (巨人들이니) 우리가 어디 댈가!

내가 天王과 같은 날 한때에 났다치드래도 내가 滿八十四歲나 살아 回婚禮나 한다는 날쯤에야 天王의 첫돌날 돐을 잡히다 하나 할것이니

天王星이라면 三万날 어서 봐요 로 앎세
(30685.93 三万날어서 봐요·앎세)

太陽界 半經 即 冥王星距里 589905万Km 光速으로 5時間29分
90469.32 = 247年

海王星은 六万七一百年 뒤 바침이 (우리 男性健) 64年도 대된 다는 말.
(六万百사칠.64)
(60187.64)
冥王星 (9만 4천 6백 9십 . 3 2) 247 (異尚遠) 年도 더됨.

1955、5、4、水曜 맑、흐림、맑、 三百五十八日前

1800億數!

180Km (428.5里) 속의 Micron數!

10cm 十万光年

銀河界星霧

宇内千兆霧
霧中一万團 百吋鏡搨
每團百万星 二千万霧
百億千兆霧星

壹千兆星霧로 된 宇宙 直經、1800億光年
이라고

1/1000 距里로縮한 一光年은 約 2兆2千億里

1955. 5. 5. 木曜 흐리　　　　三百五十七日前

夢見、木盒盛來木刻萃果矣·
以木為果、則、是果木乎、是果
果乎、木果咸本、子果去夢、木
質還為過夢態、抑何心之造
作耶、夢中、如是見、如是思之、
曰、実果未盡味、木果猶存意.

5. 6. 金曜 맑　　　　三百五十六日前

十四時(標準十三時)研经班에서, 아바지는 나보다 크심이니라 (요한 十四·28) 보고, 아빠지의 참크심과 나의 참 작음은 찬말로 느낄것이면! 하고 생각하오,

靑年会에서 도 어제 5時55分55秒에 祈禱会를 여렸다고 듣다.

5. 7. 土曜 맑　　　　三百五十五日前

崔元克君이 ALBERT EINSTEIN, 1879生1955 에 対한 小品文이 실린 TIME, MAY 2. 1955 가지고 찾아왔다。

ISAAC NEWTON, 1643生1727 聯想.

新時代의 先知者들도 다음 다음 왔다가게 하심이어!

先先知 가신뒤 228年
後先知 가신뒤 20日

오고 오는 말씀인데 듣고듣는 사람아 살고 삶은 생각인가 합니다.

5. 8. 日曜 맑.　　　　三百五十四日前

洞會長選挙를 첨함。Severance, 에비슨관 十一時、十四時 모디口 보고. 오다가 進明学校長李甚楨(世交親分)氏壽麵을 먹고 와서 자게되口.
1895. 9. 1. 日曜. 乙未. 7. 13. 辛亥. Julian day 2413438 生이라니, 오늘 21799日우리와, 터울 1998.

5. 9. 月曜 맑　　三百五十三日前

하ㄴㅜㅎㄴㅣㅁ 마ㄴ (惟皇上帝) ㅣ 계시ㅓ ㅁㅗㄷㄷㄴ 사ㄴㅣ· ㅂㅣ ㅁㅕㄹㅣ ㄷㅚ ㅅㅣㅁ ㅂㄹ ㄴㅠㄱㄱㅣㅁ.

5. 10. 火曜 아침 안개. 맑. 아조맑　　三百五十二日前

易明器卽道、釋明色卽空、老明有卽無、審知有之卽無也.(焦竑弱侯氏老子翼序를 한벗으로 더브러. 읽다.)

5. 11. 水曜 안개비.　　三百五十一日前

物質은不垢不淨이라. 心情可垢可淨이다。

5. 12. 木曜 안개비　　三百五十日前

蘭芝島에. 少年市第三代市長就任式을 보고 오다.
滄柱兄의 어이한 情誼로 인지 今年 나의 六六歲를 紀하다하야 여러분의 앞에서 表式함이 있었으니 또 한번 不安하다.
(果然. 三百五十日前 일이던가?!)

5. 13. 金曜　研經会 보고 와서 못적고　三百四十九日前
14. 土曜　終日半夜까지原稿 쓰고 맡고　三百四十八日前
15. 日曜　主日모딤 보고 늦게 자게 되고　三百四十七日前
16. 月曜　일즉 떠나게 되고. 車中生 되고　三百四十六日前
17. 火曜　開天洞 비에 머믄 손 되고　三百四十五日前
18. 水曜　五時開天發 午頃 서울 닿다 →　三百四十四日前
19. 木曜 흐렸. 밤비 조금.　. 三百四十三日前

아니나 다를까. 내가 날마다 적다니? 또 못하였다!
어제五時에 다시 나아가 会館再建發起会에 잠간 보고 도라와 좀고 닫히자다.
오늘이야 다시 쓰려니. 이러하다.

7^2週. 7^3日.前 오늘 이든가! 그(이) 뒤로도 얼마나 많은 틈(하늘나라 말씀할)이 남내기. 넘넘을 받는라고 붓어진가? (눅 9·57—62)

1955. 5. 20. 金曜 호리 三百四十二日前

마태十三13. 그러므로 내가 저희게 比喩로 말하기는 저희가 보아도 보지못하며 드러도 듣지못하며 깨닰지못함이니라.

論語里仁篇↓ 能近取譬 可謂仁之方也已〔雍也篇〕

또 君子(循理之人) 喩(知到精微曲折處) 於義(天理之所宜)
小人(徇欲之人) 喩(또曉也) 於利(人情之所欲) 〔研經〕

5. 21. 土曜 마27 三百四十一日前

崔元克君 와서. 어제 研經에 말씀한 니아기 하다.
子曰君子之於天下也. 無適也. 無莫也. 義之與比. 〔里仁〕
註. 謝氏曰. 適. 可也. 莫. 不可也. 無可. 無不可. 苟無道以主之. 不幾於猖狂自恣乎. 此老佛之学 所以自謂「心無所住而能應變」而卒得罪於聖人云云. 謝氏之所指言句則必是「應無所住而生其心」〔金剛经〕也 然則謝氏自誣矣. 蓋「無所住」者「發而皆中節之」要也「生」則「發」也「能應變」〔是實謝氏之字句〕道以主之者在中而應变也則有義存焉則勿論矣

5. 22. 日曜 마27 三百四十日前

몬 있은 ㄱ 끚으로
숨 있은 웋 끚으로

命 存 在 上 元
物 存 在 中 心

5. 23. 月曜 마ㄹㄱ

三百三十九日前

今
大
自
紀
念
年
祀

올 (1955)

잘 있다 (万有)(善在)
잘 다있 (善皆繼)
있잘 다 (有細)
있다 잘 (願存)(追後善)
다 잘 있 (皆善在)
다 있 잘 (皆願存)(欲全念)

온(百)(來了) 갖(將往)(種)이 나지나、지나지.
온 갖 이 지나나、나나지.

온 해、 간、 나 이 (我此)(齡)(織) 해、
오 는 해, 올(올)나 이 해.
올 해、 산、 나 이 해、 살 나 지.
올 해 산 나 이 해 살 나 지.
해 (1955)

5. 24. 火曜 흐ㅂ리 ㄷㅜㅣ 마ㄹㄱ 三百三十八日前

同出而異名. 壹之而一命、命名者何、欲觀者誰、孩提之童、
玄也字上幺.(幼). 玄之又玄、幼之又幼. 上之又上、玆在向上而已乎.

5. 25. 水曜 마ㄹㄱ 三百三十七日前

進明學校 로서 三十年 勤續 校長 在職 李世楨 兄의 回甲祝이 있다 함.
令允 李台奭 君의 囑을 들어、今昔의 느낌으로、몇줄 써내다.
台奭君 印刻의 趣味를 가져 造詣 있는 것 같다. 葦滄께 鐵農號를
받었다. 한다.

天王 籌를 드리움

三溪에 나, 자라때 글방에 글읽노라,
怡雲先師 뫼던적이 어제런듯 싶건만,
　華甲六歲紀五周回 앞으로는 天王籌.

내, 듣자오니 師範時代, 人不堪其憂샀다,
끈이를 건넬망정 日課만은 꼭꼭이셨단,
　皆勤狀 恒茶飯말씀 發憤忘饑두고는.

誠意있고 모심이니, 精力도 타고나셨지로,
밤을 ― 모자란 ― 낮삼아 學校살림 사리시란,
　進明에 一海계신가, 一海進明하신다.

1955. 5. 26. 木曜. 맑　　　　三百三十六日前

ㅅㅏ라ㅁUL ㅁㅏㄹㅆUㅁ 하LUL ㅅㅏㄹ아ㄹ 이다.
ㅁㅏㄹㅆUㅁUL ㅍㅜㅁ가ㅂㅅ ㄷㅏETLUL데 ㅆU ㄱㅗ 마ㄹ가!

5. 27. 金曜, ㅎUㄹㅣㅅ　　　　三百三十五日前

꽃은 끝이다. 아름답은 끝이다. 해마다 봄이면, 아름답음을 알리려다간 끝만 따고 간다.
꽃은 말을 못해 그런가 하고, 말하는 꽃이 있었으면, 하니, 말하는 꽃이 있다한다.
얼골이 아름답고 말도 꽃답은이를 맞나보아도 꽃이라 끝만 따다간 얼골은 시들고, 또 꽃답은 말씀은 참말씀은 못 일르듯하였다.
그러고보니, 이다움에선 찾지말란, 말씀만 같다.

5. 28 비 土曜 三百三十四日前

차ㅁ ㄱㅜㅣ 아ㄴㅎ에 이ㅅㅅㅜㄹㅅㅜ 이ㅅㅅ나 [요壹五20]

5. 29. 日曜 ㄱㅜㄹㅜㅁ 三百三十三日前

라디오、미국의 소리、宗敎푸로그램—에서
밝는날은、미국에서 南北戰爭以來、行事로 하는 戰死者追悼日이라 하며、5月30日 戰死者 잰、매고너 집에서도 그 寡婦氏와 두딸은、다른 날도다、길죽이 러나서 국기를 달고、새옷을 입고、어머니가 片紙한장을 잘 두어 뒀던것을 그내어서 두딸에게 살가 읽어줄 것이다、한다.

그 片紙의 日附는 1950年 9月20日字요. 붙인곳은 韓國戰線이라 한다。편지속은「나도 집에서 너희 둘(딸)과 너희 어머니와 같이 있고 싶은것은 말할것도 없으나、이 세상에는 악한이가 있어서 옳게 사는이를 못살게 하는 일이 있는데 그런것은 싸와서라도 물리치는것이 옳다고 아바지는 생각하므로 이 몇해동안에 나는 두번 戰爭에 나온것이다. 너희도 이담에 자라서라도 너희 良心에 옳은줄로 생각하는 것을 위해서는 싸와서라도 옳은것을 세워야 한다。그런데 싸오다가 몸을 다치기도 하는것이며、죽기까지 하야 하늘로 가기까지도 하는것이니라。아마 지금 이 쓰는 편지가 너희게 마지막 하는 편지가 될지도 모르는일이다。이러나 저러나 너희 어머니 하구 어머니 말씀 잘 듣고 잘 자라서 좋은 사람들 되기를 바란다。」한 片紙가 果然 그勇士의 마지막 쓴 글월이었다 한다。

人生과 피를 생각하게 된다。
十一時 모딤에. 요한壹書 五6·7 聖靈과 물과 피라. 를 보다.

1955. 5. 30. 月曜. 마ㄹㄱ 三百三十二日前

〔商書〕予聞曰 能自得師者王 謂人莫己若者亡 好問則裕 自用則小

〔皐陶謨〕無教逸欲有邦 兢兢業業 一日二日萬幾 無曠庶官 天工人其代之

禹曰朕德罔克 民不依 皐陶邁種德 德乃降 黎民懷之 帝念哉 念茲在茲 釋茲在茲 名言茲在茲 允出茲在茲 惟帝念功

5. 31. 火曜. 마ㄹㄱ 三百三十一日前

복송아 종이주머니 할것이라고 新聞紙를 가지런이 놓아가지고 칼로 잘르는 일을 좀 하는 척하여 보다. 이에 척이란 소리는, 제대로 못하는 일을 하니, 척만 같다.

6. 1. 水曜 흐ㅂㄹㅣ. ㄷㄱㅣ 에 마ㄹㄱ 三百三十日前

오늘도 척하다. 일하는 척하고, 사는 世上은, 오히려 관계찮을지도 모르지만, 사는척하고, 살 世上은 아닌터인데?

2. 木曜 흐ㅂㄹㅣ 三百二十九日前

統一爲言人間論、 太初一命宗教義.
歸一成言天道誠. 咸有一德信仰城.

1941年 6. 3. 金曜 마ㄹㄱ 三百二十八日前

예수前에 人間欲望은 그리스도 ~~無~~, 였습니다. 예수가 오셔서 우리가 본(앎) 그리스도는, 生命願誠으로 ~~되었아오~~다. 예수가 하늘로 도라가신 뒤에, 信仰者들은 다시 各自欲望의 主로 다시 모시기를 ~~만든다~~. 바~~란~~ ~~...~~ 生命誠願은 發心도 못하는 ~~아가 곧 많은~~ 것도 같으니.

6. 4. 土曜. 마ㄹㄱ 三百二十七日前

人間欲望渴基督、生命誠願發心時、耶穌克終實基督。念茲在茲達基督。

6. 5. 日曜. 구름. 三百二十六日前

惟純全者一也 惟一. 純一. 全一. 信仰之惟皇上帝 膺服之懷予明德。모임뒤에 李寬鎔君이라고 맞나 알고보니 故尹光普氏外孫된다. 한다 五兄弟의 第五番이라 한다, 天安 李鍾寬君도 나와 왔었는데 이름의 干涉을 보고 ~할 뻔했다.

6. 6. 月曜. ㅈㅗㅁ ㅎㅡㄹㅣ 三百二十五日前

章弘基 君이 江原道에서 採取하여 왔다는 三葉虫·羊齒·化石 二片의 寄贈을(어제 받은 것을) 오늘 가지고, 億万年을 參。

6. 7. 火曜. ㄱㅜㄴㅜㄹ. ㅂㅕㅌ. 三百二十四日前

嗚呼尚克時忱乃亦有終 (商書·湯誥)
新服厥命 惟新厥德 終始惟一 時乃日新 (咸有一德)
去日漸多來日少. 他生未卜此生休.
(題. 秋暮有感. 清 葉宏緗)

咸有一德

伊尹旣復政厥辟將告歸乃陳戒于德
曰嗚呼 天難諶 命靡常 常厥德 保厥位 厥德靡常九有
以亡 夏王弗克庸德 慢神虐民 皇天不保 監于万方啓迪
有命 眷求一德 俾作神主 惟尹躬暨湯 咸有一德 克
享天心 受天明命 以有九有之師 爰革夏正
非天私我有商 惟天佑于一德 非商求于下民 惟民
歸于一德 德惟一 動罔不吉 德二三 動罔不凶 惟
吉凶不僭在人 惟天降災祥在德 今嗣王 新服厥
命 惟新厥德 終始惟一 時乃日新 任官 惟賢材 左
右惟其人 臣爲上爲德 爲下爲民 其難其愼 惟和
惟一 德無常師 主善爲師 善無常主 協于克一
俾萬姓 咸曰大哉王言 又曰一哉王心 克綏先王
之祿 永底烝民之生
嗚呼 七世之廟 可以觀德 万夫之長 可以觀政
后非民 罔使 民非后 罔事 無自廣以狹人 匹夫匹婦
不獲自盡 民主 罔與成厥功 (商書)

子曰, 過而不改是謂過矣. (衛靈公)

있다시온. 옜다시감. 있이없을나. 없에계신님.
如來 善逝 在无我 未見親

제 생각 제불꽃에 살아져야 — 말씀 —

있다시음 옜다시감 있시없음 없음에계심
如來 善逝 人生 그리스도

一日二万五千息 三百日七百万息 息思消吸生呼命

1955.6.8. 水曜 마27 三百二十三日前

䷀ 九三曰君子 終日乾乾夕惕若厲无咎

子曰 君子進德修業

忠信 所以進德也
修辭立其誠 所以居業也
知至至之 可与幾也
知終終之 可与存義也

是故 居上位而不驕

居下位而不憂

故 乾乾因其時而惕 雖危无咎矣

郊社之礼 所以事上帝也 宗廟之礼 所以祀乎其先也 明乎郊社之禮禘嘗之義 治國其如示諸掌乎

. . . .

禘

宗義重係於禘. 蓋於報本之中. 又報本追遠之中. 又追遠惟聖人能之. 非仁聖人莫之. 故孔知禘祭之說者. 理無不明. 誠無不格. 推之於治天下也. 無難焉之事. 其雖化之人. 其如示諸掌乎.

祭如在. 祭神如在. 吾不與祭. 如不祭

1955. 6. 9. 木曜. ㅁㅏㄹㄱ. ㄱㅜㄹㅡㅁ　　三百二十二日前

論語·〔学而〕 不患人之不己知·患不知人也.
〔里仁〕 不患無位· 患所以立.
——— 不患莫己知· 求為可知也.
〔衛靈公〕 君子病無能焉· 不病人之不己知也.
——— 君子疾沒世·而名不稱焉. 陳臥子曰一日之名不必有·万世之名·不可無
——— 君子求諸己·小人求諸人.
〔憲問〕 不患人之不己知·患其不能也.

〔学而〕 君子不重則 不威·學則不固
主忠信·無友不如己者·過則勿憚改. 〔子罕〕

〔顔淵〕 子張 問 崇德 辨惑
子曰 主忠信 徙義 崇德也 主忠信則本立 徙義則日新
愛之欲其生 惡之欲其死 既欲其生 又欲其死 是惑也

——— 樊遲從遊於舞雩之下.曰.敢問 崇德 修慝 辨惑
子曰 善哉問 先事得後· 非崇德與.
攻其惡· 無攻人之惡· 非修慝與.
一朝之忿 忘其身 以及其親· 非惑與.

〔憲問〕 子曰 君子道者三 我無能焉
仁者 不憂 知者 不惑 勇者 不懼 〔子罕〕

子曰 吾之於人也 誰毀誰誉 如有所誉者 其有所試矣
斯民也 三代之 所以 直道而行也 (衛靈公)
子曰 吾猶及 史之闕文也 有馬者 借人乘之·今
亡矣夫

6. 10. 金曜. 흐리 三百二十一日前

남이 나 몰라주는것이 걱정 아니고, 사람 알지 못 함이 걱정이다.

자리 없는것이 걱정 아니고, 가지고 슬것이 걱정이다. 알이 없는것이 걱정 아니고, 알리만(맞)큼(금) 되를 ~~찾는다. 가~~ 도록 찾아 간다.

남이 나 몰라주는것이 걱정 아니고, 나 못하는것이 걱정이다.

그이 못하는것을 앓고, 남이 저 몰라 주는것은 탈안한다.

그이 生前, 이렇다 할 이름 없는것을 뭂이 앓더라.

그인 제게서 찾고, 좀으라긴 남만 바란다.

孔그이 배움의 제직이 저울대 어(孔夫子学之自主權)!

6. 11. 土. 맑 三百二十日前

湯之盤銘曰苟日新·日日新又日新
康誥曰作新民
詩曰周雖舊邦其命維新
是故君子無所不用其極

6. 12. 日曜. 맑 三百十九日前

新服厥命 惟新厥德 終始惟一 時乃日新
새로 그 스옴 쉬는자리에 오직 그 속알이 새로와야 합니다.
마침내 비롯어서 하나만이 이. 이에 날마다 새롭니다.

1955. 6. 13. 月曜. 마27. 三百十八日前

죄다 가져 한 속알

伊尹이 다스리기를 그 임금에게 도리고 도라감을 사뢸적에. 일깨어 속알을 베플어 말씀 하기를.

아 한늘은 믿기가 어렵습니다. 스웁은 늘 아니니이다.

그속알이 늘이면 그 자리를살리오나. 그속알 늘 못하면 아홉 가지고 亡합니다. (아홉골 벌린 나라가 亡한다는 뜻)

夏나라 임금이 늘속알을 아니하야. 神을 없이 알고. 씨알을 못살게 구니. 한늘이 살리지 않으시고. 万方으로 살피시사 스웁 가진이를 꺼집어 내시며. 한속알 만은 도라봐 차즈시사. 神 직이 되게하시나이다.

尹은 몸소 湯임금과 같이 가진 한속알 이었사오니. 한늘과 맘이 뚤려서. 한늘 밝은 숨을 받사와. 아홉 가진데의 무리를 가지고 곧 夏나라의 잘못을 곤히어 바로 잡았나이다. (옛적에는 임금이란. 해. 달 지나가는 것을 미리 헤아려定한 冊曆을 맨드러 주어서 농사를 짓게하는 저울대(權)를 그 손에 잡아 가진이로 녁였음으로. 曆數라하면 勿論. 三百六十六度로 一回歸年月을測定하는數란 말인데. 그말이바로 임금자리를 넘겨 주고 받고 하는데도 쓰게까지 되었으니 舜임금이 禹임금에게禪位할적에 當選者라 하는 대신. 한늘의 曆數가 네몸에 있다고 宣言한것입니다. 主權이란 測量天度權(대)이오. 法統이란 測量法으로 統率者가 된 뜻이니. 그럼으로 第一에 歲首卽 설날을定하는 權統이 무섰한 것입니다. 所謂三代之治의 三統이란 것인데. 堯舜禹는 그대로 一統으로 人統(寅統. 冬至부터셋재朔을 새해의머리로삼아 선을쉬게 마련한 것이고. 正月이라 王正月이라고까지 한것이 王의正統權으

로 確定된 表示매니다. 그러므로 오늘날 까지 끼고 들 있는
陰曆이란 것이 卽 夏曆입니다. 夏는 하고 殷으로 主權이 넘어
가 王統 갈린것을 보인것이 丑統 卽 地統이라 하야 冬至 부터
第二月을 설달로 한것이고. 또 殷은 하고 周가 되어서는 天統
卽 子統이매 곧 冬至朔을 쓴것입니다. 하고 보면 爰革夏正
을 直訳하면 『이에 夏나라 설달을 곧 했다』 는 말 뿐입니다.

한눌이 商따을가진 우리게 아들아리가 있어서 아니오, 한눌은 오직 한 속알 만을 살리시나이다. 商나라가 아래 씨알에게 좇아서 달래 가진것이 아니오. 씨알이 오직 한 속알로 느린 온 것이니이다.

속알에 하나 만 이면 울그기어 좋잖은 게 없고. 속알이 두셋이면 울쭉하얘면 언짢을것입니다. 오직 좋고 언짢은은 어김없이 사람노릇에 있읍니다. 오직 한눌은 속알을 따라 災殃 다 祥瑞를 나리십이나이다.

이제 이으신 임금이시어. 새로 그 스음 쉬는 자리에 오직 그 속알이 새로 와야 합니다.

마침내 비롯어서 하나 만이. 이. 이에 날마다 새롭니다.

오직 어진 가늘에게 벼슬을 때게시어 왼켠이나 옳은켠이 그 사람이게 하시옵소서

섰기의 웋로 때문은 속알 때문이오. 아래 때문은 씨알 때문이오니다.

그 어렵다. 그쌋가이아고. 오직 그트로이. 오직 하나 이야 합니다.

万씨알이 크다 말하기는 크다 임금의 말씀이여. 또 말하기를 하나다 임금의 삶이여. 하게끔 되어야 도라가신 임금의 맏이 나려심을 잘되게 하신것이 되며 뭇씨알 삶을 길이 이므리이다.

아 일곱代 도라가신 모실에서 두렷이 보실 속알에

시며. 万지아미의 어른으로서 ~~다스림이란 말씀~~ 배로 모신 다스림이니이다.

잎큰은 씨알 아니면 부릴수 없고. 씨알은 잎큰이 아니면 섬길수 없아오니 스스로를 닦아 가자고 눈을 흐리지 말음으로서 작지아미 작지어미가 제 스스로를 다할 수가 없으면. 씨알 적이 된이거나 누로 더브러 그 다른 일을 이루도려거나. 말씀 하였답니다.

←「속알은 늘 하는 스승이 없고. 착할대로 스승하는 것이오며. 착함도 늘 직이가 없고. 이기어 하나 되도록 힘을 다 하는 것이니이다.」

1955. 6. 14. 火曜. 맑. 흐림 三百十七日前

洪亨淳牧師를 따라 仁川 趙英濟牧師宅에 오다.

6. 15. 水曜. 흐림. 맑 三百十六日前

이제 생각하니 1946. 4. 7. 日曜에 내가 生後(?前?) 첨. (나는 1890. 3. 13. 漢城出生乃至今活者) 仁川 왔었다. 그때 當日이 日曜日이던것라 어떤 会堂에서. 내 525 日曜 가진中에 첨이자 마지막일지 모르는 一今日을 맺고 본다 살게된 事實이라고 말씀하였었던 것만 紀憶된다. 이것으로 거슬러 計算하니 3355日前 上記 年月日된것을 알고, 이것이 무슨 自一生의 報告次, 仁川再生인가도 생각된다

6. 16. 木曜. 맑 三百十五日前

13時까지 말씀하고. 다시 仁川을 떠나고 서울青年會 15時 講座에 五分時刻晩到하야 咸有一德을 講義하다

6. 17. 金曜. 비 三百十四日前

趙英濟氏 加德島 天城 1907. 9. 6 (夏曆, 丁未, 7. 29, 戊午) 金曜 Julian-day 2417825 ([illegible]6385)生

姜治陽 氏 1815. 1. 3. 日曜 (甲寅. 11. 18 甲午)
Julianday No. 2420501 (29461) 生이라 함

6. 18. 土曜. 흐리다 三百十三日前

어제 研經에. 自强不息을 말씀하다가. 不息은 息가 不息은 없으로 한다. 息은 常息 存在므로 休息을 要하지 않는다. 常息은 天健이니 不息이다. 息은 不息이다. 不息息. 安息?

6. 19. 日曜. 흐리다. 마르기 三百十二日前

索隱行怪後世有述焉吾弗爲之矣.
子之所愼. 齊·戰·疾.
子不語. ――――――― 怪·力·亂·神. (对一常·德·治·人)
子曰. 我非生而知之者. 好古敏以求之者也
「宗教므로 그람」 으로 들리는 소리에. ―――――
「自由宣言」 이란 주리 미르텍? 博士의 著書의 主張이라고 ―――

民主거나. 共産이거나 宣傳만으로 成功하려는 것은 아닐 것이다. 또 兩便이 決鬪하여서 決勝者가 成이라 하는 것도 아니다.
우리는 처으러 쾨커리 戰勝으로 成이라는 것은 否定한다. 宣傳으로 共産을 成功한다는 것은 惡夢이다. 그 양 있어서도 못 쓴다. 惡夢은 깨워주어야 한다. 正義自由의 理想的으로 그것을 깨워야 한다. 그릇된 信念을 곤히어 내려도 現實에 주어 마른 信念을 먼드러야 한다.
一사람은 한울 였다 어떤 共有한 屬性이 있다고 하겠다;

6. 20. 月曜. 안개기 三百十一日前
大畜. 以卦變言. 此卦自需而來. 九自五而上. 以卦體言六五尊而尙之. 以卦德言. 又能 止健 皆非大正. 不能

1955. 6. 21. 흐리. 맑 火　　三百十日前

天不愛其道、地不愛其寶、人不愛其情————能修禮以達義, 體信以達順

6. 22. 水. 맑　　三百九日前

San francisco 에서. U.N. 十週年紀念으로 보던에서 아이젠하워의 演說中에 平和를 爲하에는 아모러한 새 方策이라도 쓰겠다. 아모리 적은 希望이라도 平和를 爲하야는 努力하겠다.
U.N. 憲章에 美國民은 獻身한다. 約百年前 린컨의 말이라는 것을 引用——어려운일이 山積한데도 應變하여야 하겠다. 묵은것만을 墨守할것은 없다. 境遇가 새로면 생각도 새로하여야 된다.

6. 23. 木. 맑. 흐리. 비조금　　三百八日前

괜찮단 말을 어떠케 쓰며, 괜찮단 말씀은 어떠케 보나.
[15時 Y.M.C.A 에서. 演題]
모든것이 關係와 因緣으로 되어가는데서 말이라고 하는 사람의 입에서 괜찮단 말을 어찌 그리 흔이 낼수있을가? 참 말씀을 몰라도 괜찮단 소리 밖에 아니니 말씀이 안된다.
남을 참으로 寬容함으로 괜찮단 말씀이 좋고,
실낟같은 希望이라도 붙에서 믿음을 드드므로의 괜찮단 말씀도, 써도 괜찮을것이고,
저 짐짐을 다지고 죽을때 죽어도 좋다는 뜻으로——괜찮단 말씀은 참 말씀이다.

6. 24. 金曜. 비　　三百七日前

기다리던 비가 오고 오고 한다. 더운기운도 겄다. 겨울에 걸고다니던 옷을 걸치고 나갔다, 왔다. 夏至節에 冬至

때衣裳로 괜찬으나, 이것은 괜찬타도 좋다. 그러나 이것도 雨天이라도 때 特許인것이다.

12時半에 집을 나서온것이. 봄인것만 같다. 비가 豐足하야 앞내물이 그득히 불러 나려간다, 큰洗禮를 베픈다. 치러운 한것 다 씼겨가나보다. 비 속에 물모며 거러가도 일이 여름인것만 같다, 金鎔하았다. 여러분도 왔다, 또 말씀을 한다. 하였다 가을인것만 같다. 그렇다 오늘의 내 가을은 하였다. 이젠 또 집이라고 도라갈것이다. 집에가 또 먹고 집에가 배개 하게 되고 오늘이면 오늘의 내 겨울을마치여 쉬이겠다.

夏至前冬至衣로 依然하고 半日天에 四時之感도 不感하니 一情景인가? 이승에의 이 하루도 感謝합니다.

6. 25. 土曜, 비 三百六日前

보아너게 (Boanergés) 막三17, 創九8—17

—三十餘年前부른것—

1. 비, 바람, 구름, 물결, 모도 이러나
안穩하던 自然을 散亂케 할제
그中第一 두렵고도 興味있는것
오직 저것! 번쩍 번쩍, 우르릉 우르릉

2. 귀울래는 소리보다 먼저있는 빛
原動力에 가깝기 더욱이건만
世上사람 多數가 注意하기는
먼저 있는 빛보다 뒤에 온 소리

3. 보아너게 무리의 傳해온福音
말마대와 句節로 煩瑣케 말고
먼저있는 참빛을 찾이면 알리 ——

그 나라의 原動이 사랑인것을

4 모든 風浪 지난 後 大气中和해
구름새이 웃는낯 —— 太陽 마진 便
일곱 빛을 띄워서 虹霓 세우러
이 後에는 洪水가 다시 없다고

1955. 6. 26. 日曜 비 三百五日前

20日. 月曜에. 아이젠 하워 U.N. 十週年紀念式에서 演說結末에 人間의 平和를 達成하려는 正義, 正直, 相互理解, 남을 尊敬, 네가지를 굳이가져야 한다. 한것을 ——
24日. 金曜에, 떠레스 全式에서 演說을 끝을, 다시 그 아이젠 하워, 말씀한 네가지를 거려 마추었다.

6. 27. 月曜. 비 三百四日前

愈曰君子居其位則思死其官. 未得位則思修其辭以明其道 (諫臣論 — 韓退之 —)

(書經, 益稷)
帝庸作歌曰, 勅天之命 惟時惟幾。
乃歌曰,
股肱喜哉, 元首起哉, 百工熙哉。
(팔다리 좋아라 하기니, 이머리 들리라 하기니, 온가지 잘 하리라 하기니)
皐陶拜手稽首, 颺言曰, 念哉. 率作興事. 愼乃憲. 欽哉. 屢省乃成. 欽哉.
乃賡載歌曰,

元首明哉 股肱良哉 庶事康哉.
(그 머리 밝아 자옵기. 팔다리 좋지옵지. 못 일에 잘 되옵지
又歌曰.
元首叢脞哉. 股肱惰哉 萬事墮哉
(머리가 깨알박이면. 팔다리축처져서. 잘일이지나)
(빠지면 지면
帝拜曰. 兪 往欽哉

6. 28. 火曜. 개임. 기르임. 三百三日前
〔書. 益稷〕
내 어김. 네 바뤄야지.
내 옷을 좇고, 네 뒷말 있을가 봐.
네모번듯이. 모아 주소。

予違汝弼 汝無面從 退有後言 欽四隣

6. 29. 水曜. 흐리다 三百二日前

않한 사람을 죽이게 됨보다는 차라리 법대로 못한 이러버림을 하리라, 하시다 (大禹謨)與其殺不辜. 寧失不經

사람된 몸은 위태롭고, 말씀된 몸은 희미하니. 오직 알짬. 하나만에서. 한군이 잘 재피오리다.
알아보지 않연 말을 곧듣지 말며, 므러 그지 않은 꾀를 쓰지 말것.
人心惟危 道心惟微 惟精惟一 允執厥中
無稽之言 勿聽 弗詢之謀勿庸 (大禹謨)

1955. 6. 30. 木曜. 흐림 조금갬 三百一日前

宇宙한숨에 人生을 울린다. Y.M.C.A 에서 울지었다.
金山兄 맞나. 같이 거러 오다가 歸去來 看板 밑으로 드나는 者으로 좀 드러앉아하므로 山人이 山으로 歸去來하자 하고. 社稷壇까지 歸去來 하여서. 談話로 今昔을 歸去來하다가 山은 無戶門(独立門)側으로 歸去, 柳는 三角山便으로 歸來 되였다. 죽어 두었든가?
이하루도 그하루 때문인가? 그하루가 이하루도 때문인가? 하루 하루 하루 때문 때문 때문이지!

1955. 7. 1. 金曜 흐리 三百日前

오늘부터 九時出勤. 青年会事務室에서 午前生活은 ㅁ 하게 되는데까지 한다고 하였다.
基督教青年会館再建協贊会 云云의 名義로. 事務座가 하였는데.
몸맘으로는 基督教青年會館再建 이거나
大韓民國再建
宇宙再建 까지라도
協贊, 大協贊, 이루어지이다. 바로 바로 이뤄지이다

7. 2. 土曜 부슬비 二百九十九日前

九時祈禱会 뒤에 徐柱光이 愛山金鎭浩牧师께 作别次 爲訪하로 길에 同伴하여 老先生께 侍談하고. 집으로 回來하다

7. 3. 日曜. 비비비 二百九十八日前

United states America 에서는 獨立第179週年(1776. 7. 4)
紀念式盛大히 치루었다는 報道의 소리를 듣다.
獨立宣言의 精神即 生命權, 自由權, 幸福權을 主張하는 미로 此後 모든 民族의 自主政權을 樹立한다는데 大贊助한 것으로 固定하는 것이 오인다.

7. 4. 月曜 흐리다 二百九十七日前

15時 滄桂登程하다
玄 甚
萬國基督百週紀念, 請教之國第百八十年紀念日 發程 九万里 다녀오시는 동안 千七百五十里 자리에 거리 가리다.
彼此諸患은 百七十五万원이 이오며 (하나 일곱 일곱 여섯. 일곱. 넷 1 7 7 6. 7. 4)
聖餐 七十 / 百四十 / 武百十 } 원이 든든 가지이다.

7. 5. 火曜 비 二百九十六日前
大舜有大焉, 善與人同, 舍己從人, 樂取於人以為善, 自耕稼陶漁以至為帝, 無非取於人者, 取諸人以為善, 是與人為善者也. 故君子莫大乎與人為善. (孟子公孫丑)

好臣其所教, 而不好臣其所受教, 湯之於伊尹, 學焉而後臣之, 故不勞而王 (孟子公孫丑)

舜有天下也, 孰與之, 曰天與之,
天與之者諄諄然命之乎, 曰否, 天不言, 以行與事示之而已矣 (孟子萬章)

子産聽鄭國之政, 以其乘輿濟人於溱洧.
孟子曰 惠而不知爲政. 歲十一月徒杠成 十二月輿梁成. 民未病涉也. 君子平其政 行辟人可也. 焉得人人而濟之. 故爲政者 每人而悅之 日亦不足矣 (孟子 離婁)

1955. 7. 6. 水曜 흐리 二百九十五日前
日呼吸 二万五千 古稀日二万五千. 四半日六千二五. 一生計六億二五.
一日呼吸二万五千回. 人生古稀二万五千日.
六時間息六千二百五十番. 七十年中六億二千五百万番

7. 7. 木曜 맑기 二百九十四日前

[皐陶謨] 在知人 在安民
天聰明自我民聰明 天明畏自我民明威 達于上下 敬哉有土
[使三22] 모세가 말하대 主 하나님이 너희를 爲하야 너의 兄弟 가운대서 나 같은 先知者 하나를 세울것이니 너희가 무것이던지 그 모든 말씀을 드를것이라. [申十八 15-22]

7. 8. 金曜 아니개. 끄ㄷㄴㅁ. 개ㅁ 二百九十三日前

物須光大曠遠志. 空漫懷包膃近鬱.

7. 9. 土曜 아니개. 맑기. 二百九十二日前
[히브리 二 15] 畏死終身僕. [仝 四 12] 하나님의 산말씀.

7. 10. 日曜. 비 二百九十一日前
하나님의 말씀은 살았고 운동력이 있어 좌우에 날선 어떤 검보다도 利하야 魂과 灵과 밋 關節과 骨髓를 찔러 쪼기기 까지 하며 또 맘의 생각과 뜻을 鑑察하나니 지으신 것이 하나이라도 그 앞에 나타나지 아님이 없고 오직 萬物이 우리를 相關하시는 者의 눈 앞에 발거버슨 것 같이 드러나나니라。(히四 12-13.)

참 말씀으로 생각하고 믿고 찾는 科學者 앞에는 原子까지 빨거 벗고 나왔지!

7. 11. 月曜. 흐림　　二百九十日前

어대나 언제나 있을 나 예오
위초브터 「있다 없을 것을」 나라곤 안 봐오
안 알아온——

내 몸을 나라곤, 내 맘을 나라곤, 안 알아오. 더구나 임맛을 붙인다는 몸은 나라곤 안 보아온.
이런 몸은 더욱 내 알 앙곳을 안 하오.

없이 계신 힘이 시키신 대로만 사는 나예오.

없이 계신 힘만이 우리 아부지시오.

아부지가 있이 살리시니, 있에 살고 온.
아부지가 없이 살리시니, 없에 산다오,

언니는 「있다 없을 것」을 나라오 살고 있다시니
그런 「없이 계신 힘」은 알 랑곳이 없으시단, 말씀이지오?
그럼 아이구—— 그럴 수가 있을 가림

1955. 7. 12. 火曜. 비　　二百八十九日前

淮南子「禮者所以救淫也. 樂者所以救憂」

7. 13. 水曜 비　　二百八十八日前

聊乘化以歸盡. 樂夫天命復奚疑〔歸去來辭〕

脩短隨化. 終期於盡……固知一死生爲虛誕. 齊彭殤爲妄作. (蘭亭記)

莊子齊物. 未免乎較量. 較量則爭. 爭則不平. 不平則不和. 〔心書〕

7. 14. 木曜 비　　二百八十七日前

韓詩曰鄭國之俗三月上巳於溱洧兩水上執蘭招魂祓除不祥.

韻語陽秋云上巳於流水上洗濯祓除去宿垢謂之祓禊也.

二人同心其利斷金 同心之言其臭如蘭. 契若金蘭. 〔佛念〕 一念俱足禳千災. 〔予〕一禊自足釀百善.

禊 禊 契　契 禊 禊

7. 15. 金曜 흐림　二百八十六日前

〔詩. 大雅. 皇矣〕

帝謂文王. 予懷明德. 不大声以色. 不長夏以革. 不識不知順帝之則.

〔書. 洪範. 皇極〕　無虐煢獨而畏高明.

無偏無黨王道蕩〻、無黨無偏王道平〻、無反無側王道正直

7. 16. 土曜 [illegible] 二百八十五日前

〔申命記 18 二十二〕 万一 先知者가 있어서 여호와 이름으로 말한 일에 證驗도 成就도 없으면 이는 여호와의 말씀하신 것이 아니오 그 先知者가 放恣히 한 말이니 너는 그를 두려워 말지니라.
〔孟子〕 天不言. 以行與事示之而已矣

7. 17. 日曜 [illegible] 二百八十四日前

아침. 라디오를 듣다. 宗敎트는 그랜 그로 아이젠하워가 제네바 四巨會議에 가는 出發에 全國民에게 告詞는. ── 나 듣기에는 確實히 이때에 한웋님께서 万民에게 뜻을 부어 주시는가 합니다.
므로 우리 늙은이들 가는데. 한 늙은이가 이러한 마른 꿈을 꾸는 것이라 합니다.

7. 18. 月曜 ㅣ이 二百八十三日前

하웋님 오늘 제네바에 모으신 넷 큰 머리 웋에 얼김을 부어 나리샤 결김이 맑한이 삭아지게 하시옵소서 아멘

山菴歸路中. 李泰英講師를 맞나. 茶房 - 洋洋에 드러앉아. 커피를 마시다. 두서너 時間會話하였다.
李師에게는 金凡夫가 之淵이라 號하였다. 乙巳正月二十三日誕生이라. ㄴ 말씀 들. 첨 알미 쪽있어 感謝하다.
1905. 2. 26. 日曜
乙巳. 1. 23. 丙申 Julian day No. 2416903 日差 5463.

1955. 7. 19 火曜. 비　　　　二百八十二日前

7. 20 水曜. 하나님　　　　二百八十一日前

7. 21 木曜 하늘　　　　二百八十日前

『大寶箴(크무거운자리의 일깸)에 보인 指導者像』 講하다。

樂不可極、樂極生哀。欲不可縱、縱欲成災。壯九重於內、所居不過容膝。羅八珍於前、所食不過適口。勿謂我尊而傲賢慢士。勿謂我智而拒諫矜己。一彼此於胸臆、捐好惡於心想。

如衡如石. 不定物以限、物之懸者輕重自見。如水如鏡不示物以情、物之鑑者妍蚩自生。

雖冕旒蔽目而視於未形、雖黈纊塞耳而聽於無聲、縱心乎湛然之域遊神於至道之精知之者應洪纖而效響酌之者隨淺深而皆盈. 故曰天之經. 地之寍. 王之貞。

7. 22. 金曜 아ㄴ개. 마ㄹㄱ.　　二百七十九日前

百날, 千날을 그 제 느낌 「벌서!」를 十날, 一돌을 그제 느낌. 「또 벌서!」

지난 밤에. (한 세해 앞서 브터 이가 아래 왼쪽 어금이 하나도 거의 무지러지고 마치 송곧이 비슷된것이 남고는 없으며, 웃히 11날이 남아 있음) 왼쪽 어금이가 몹이 아팠다。누어 있을 수 없어서, 이러났고 이러나서는 손으로 볼을 브둥켜 쥐고 참기가 어렵어하다가 끈끈시 앉아서 아침마다 하는. 몸잡이를 하려 손가

목으로 귀뒤머리밑 뒤기기를 여러 열번하고 귀바퀴웅아래로 문지르기를 많이 하는 가운데 견디기가 좀 힘 갈기로 온 몸잡이를 다하고. 담에 「높고높고」 열오픈을 오르렀더니. 가라앉아서 다시 누어 잠을 잤다.

7. 23. 土曜. 마가 二百七十八日前

있다간 더좋은것을 보자는 것은 우리의 바탈이다.

바탈이거니 더좋은것은 몸으로 볼것이며, 눈으로가 아니다.

눈으로 보아 좋다는것은 거의 한때 어리우는것이니, 더좋은것이란 어림없는 어림이다.

있다간 뉘가? 나? 다? 있다간이라.

있다간히 눈이 없고, 있다간 히 얼골도 못볼것이다.

없다난히하고가 없다난 히라고들을 눈으로 서로 본다 다간,

있다간 히들이 힘나니

있다간 볼수 없을뿐이다.

없다난 히 남은

있다간 히 되나 나? 나.

7. 24. 日曜. 마가. ㄱㅜㄹㅂㅁ 二百七十七日前

어제 이야기를 적는다.

門안에 다녀 十四時쯤 왔는데. 온성 신발을 끌르고 마루로 올나 왔는데. 어디서 쩡중 무너지는 소리가 난다. 아래채 무너진 옆에서 또 무엇이 떠

러졌나 하고 둘러보랴 하니. 바로 안방 반자가
찌러지고 흙이 쏟다진 것인데. 뜻밖에도 4Kg
700g 돌이 떠러져서 상우에 노았던 書傳冊衣가
얻어 마저서 헐어빠이가 되고, 다시 방바닥을
문 었더런 돌을 고 았다. 대체 蓋瓦 밑 椽木올
에 그런 큰 돌이 어찌하여 드러가 있었을까.
이야기로 書傳冊 때는 이니. 이冊이야 말로 나의
人生路에서 尚書에 交涉하게 된 오직 하나의
存在物이다. 그冊이 京城裵錦詩 朴白山 손때를
거쳐 오다가 當府에서 火災에 冊衣가 燒却되고. 울,
앞 아래, 셋 끝 낫(곧 모양새는 冊에 金粉 말고 는데)은
새까맣게 漆한 것 같이 검게 되고 消火水를 맞은 痕跡
은 冊을 펼때 그 書頭에 빛살을 빼어 주며. 그
담에 이冊은 六二五 變中에는 陰府에 나려가서
잃었던 것으로 조금도 섭섭을 안 모르고 나갔으
며. 避難 갔다 온 나에게 고맙을 는 가르침을 이
冊으로 조차 한울님께서 주실것이 있어서 다하는
내 느낌이 들었었는데 이번에는 이 冊이 내 起居
하는 자리에 있다가 落盾之石을 제 받고 나는
옆에서 그 소리를 드렀고나. 이 내의 當主!

1955. 7. 25. 月曜. 하U21、마271 二百七十六日前

성함

살이 두려진 데가 없고. 구멍이 박힌데가 없고. 임
은 열기 보다 닫힐 힘이 세인 몸에 가라앉은 몸
으론 생각의 불꽃이 거룩히 높이 피어 오르
고 오르는 데서 성한 사람을 봄

7. 26 火曜. 아지2H이 二百七十五日前

〔大禹謨〕禹曰於，帝，念哉，德惟善政，政在養民，
水火金木土穀，惟修，正德利用厚生，惟和，九功
惟叙，九叙惟歌，戒之用休，董之用威，勸之以九
歌，俾勿壞。
「時乃功。
帝曰俞，地平天成，六府三事允治，万世永賴

7. 27. 水曜 하니리다·마르기　二百七十四日前

7. 28. 木曜 조금비　二百七十三日前

〔晉三八(8-11)〕바다물이 胎에서 나옴 같이 넘쳐 흐를 때에
門으로 그것을 막은者가 누구냐 略 界限을 定하야 門과
빗장을 베풀고 이라기를 네가 여기까지 오고 넘어가지
못하리니 네驕慢한 물결이 여기 그칠지니라 하였노라。

鯀陻洪水 汨陳其五行 帝乃震怒 不畀洪範九疇
彝倫攸斁 鯀則殛死 禹乃嗣興 天乃錫禹洪範九疇
彝倫攸叙
洪水가 물러가 바다와 뭍이 區分되어 民居가 陰騭되
니 九田疇(州)에 安堵하였다는 史實을 示함일가。

7. 29. 金曜 하니리 사내기　二百七十二日前

7. 30. 土曜　·　·　二百七十一日前

滄桂 파레스타인에서 20465日 五十七歲誕生〔六月十二日〕
가즈시리다 하고 小數보다 앞아 빨다。

7. 31 日曜 비 마르기　二百七十日前
세브란스에서 日曜모임 八月中 쉬기로 하다。

1955. 8 1. 月曜 비 二百六十九日前

8. 2. 火曜 비개ㄴ 하늘 二百六十八日前

8. 3. 水曜 하늘 마르기 二百六十七日前

8. 4. 木曜 하늘, 더워 二百六十六日前

「建用皇極」講。

惟天陰騭下民 相協厥居

在昔鯀陻洪水 汨陳其五行

帝乃震怒 不畀洪範九疇

鯀則殛死

禹乃嗣興

天乃錫洪範九疇

洪水가 물러 가서 九州가 安堵된 뜻인것 같다。

洪範은「人生範疇」

皇極은 頂天立地 擧頭直生하게 된

人生必須의 元則二를 俱然出現이겠다。

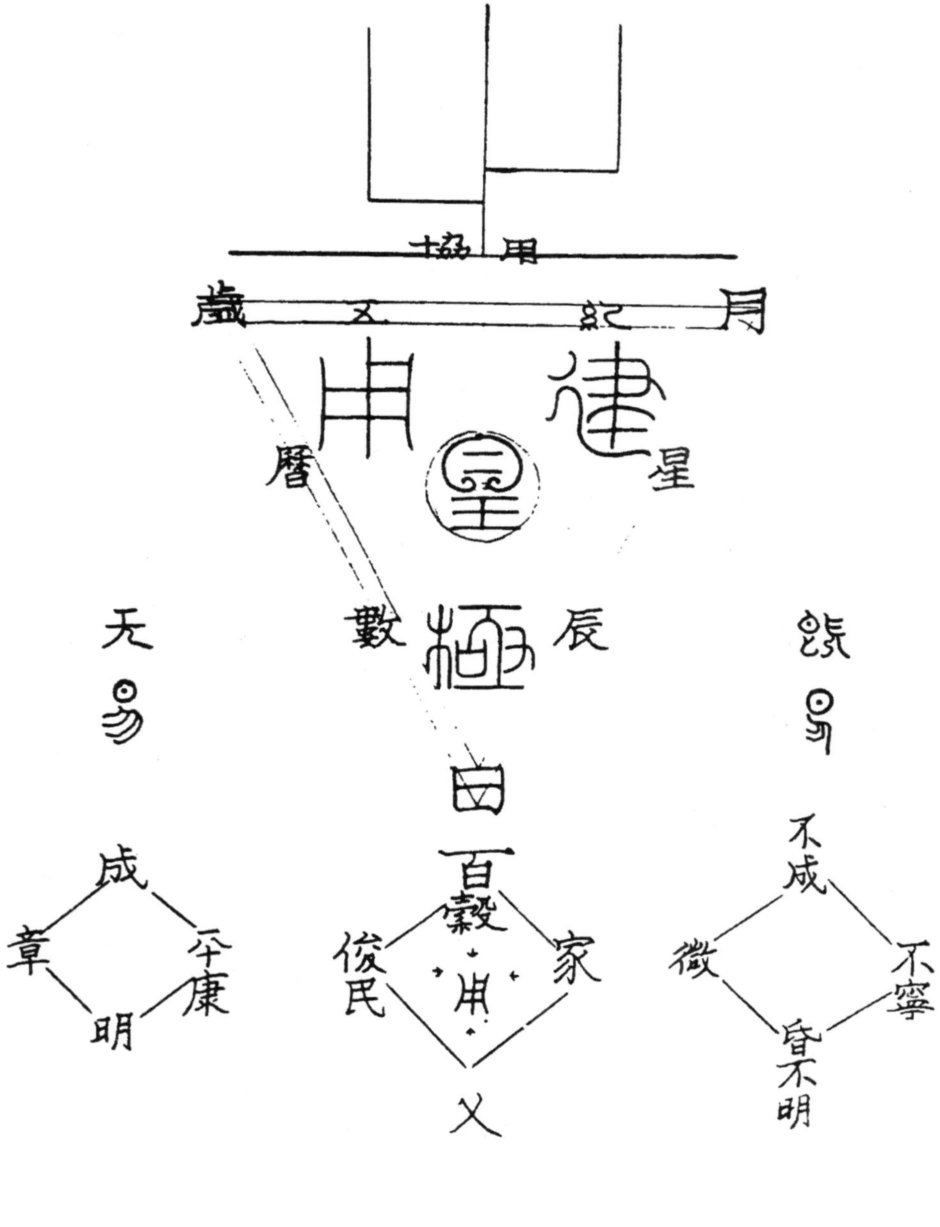
協用
歲
紀
月
暦
星
數
極
辰
天
成
章
明
康
百
穀
俊民
家
用
乂
不成
微
不寧
昏不明

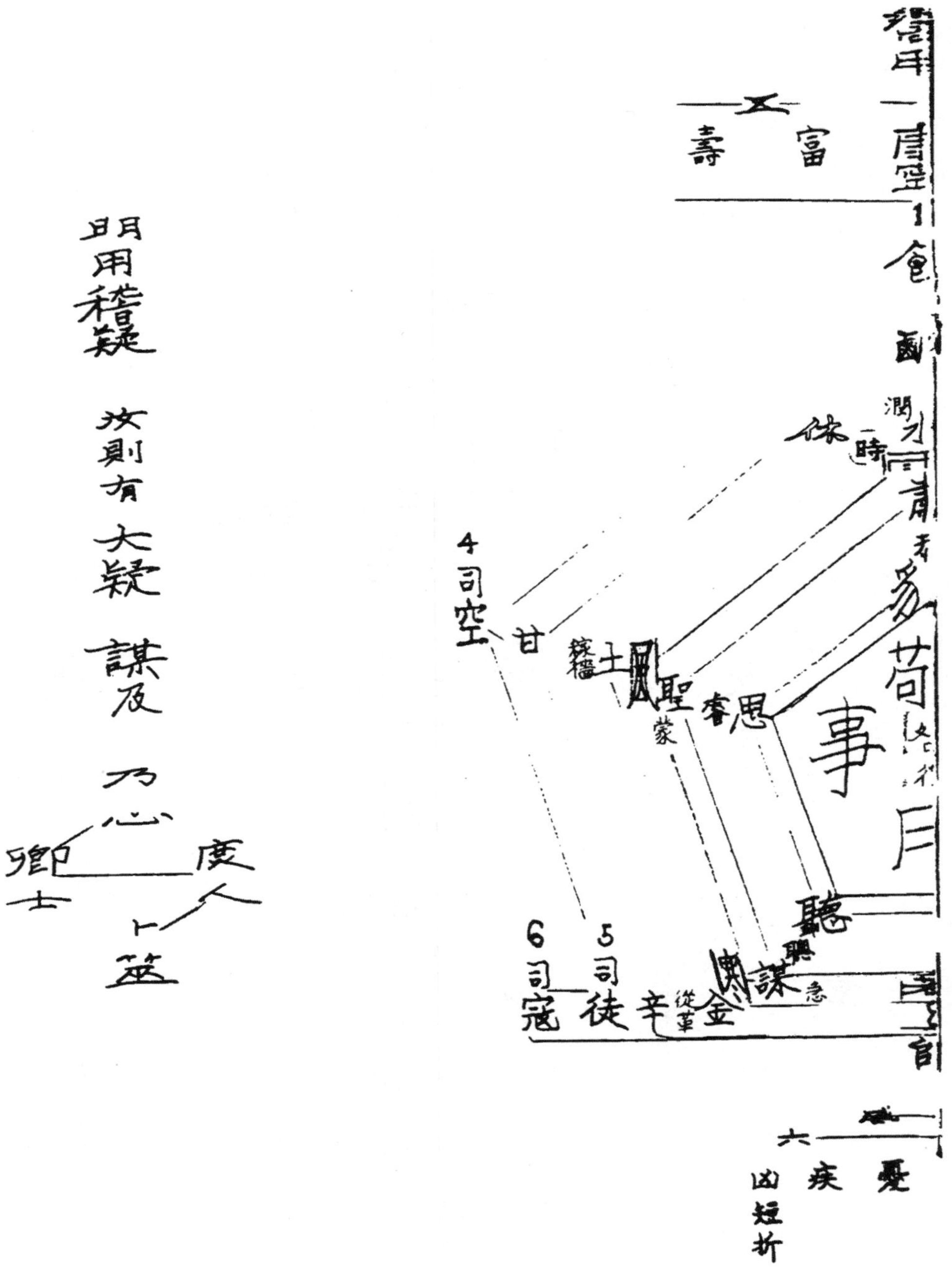
五
壽 富
六
憂 疾 凶短折
事
時
思
聖
土
稼穡
甘
4 司空
蒙
聽
謀
急
金
從革
辛
5 司徒
6 司寇
明用稽疑
汝則有大疑
謀及
乃心
度人
卜筮
鄕士

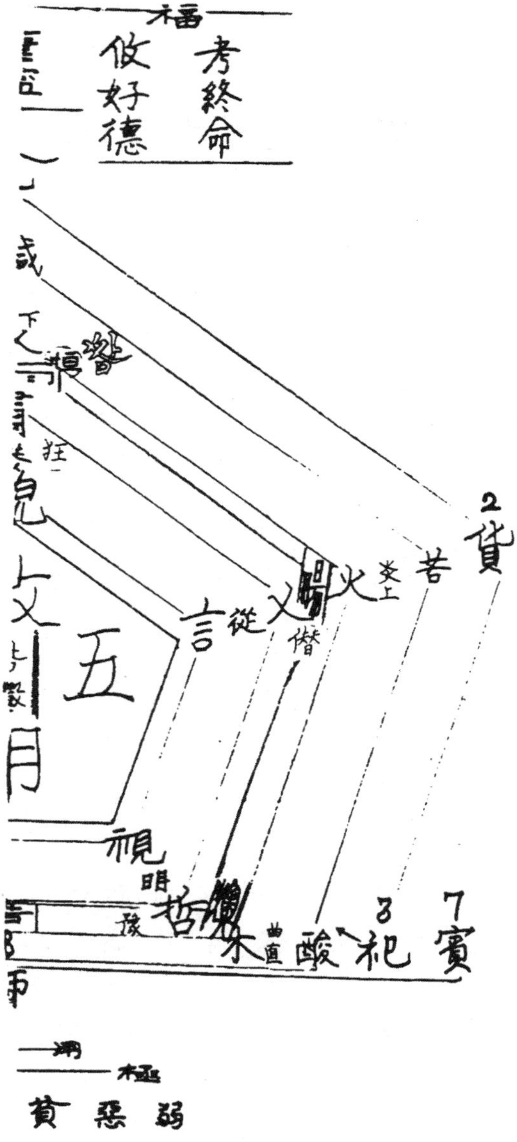
福
攸好德
考終命
五
貨
若
火
炎上
言
從
僭
狂
視
明
哲
木
曲直
酸
祀
實
極
貧 惡 弱

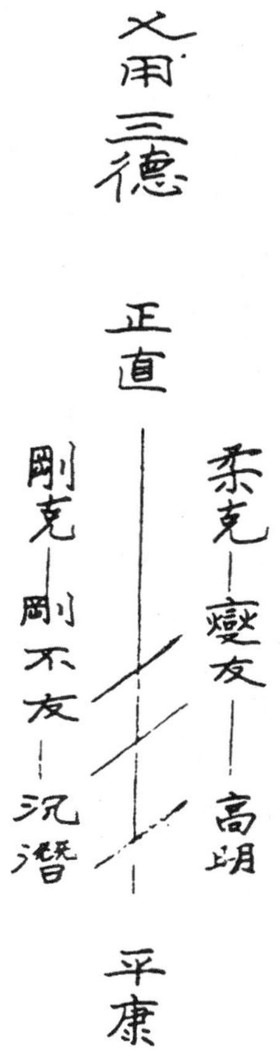
乂用三德
正直
剛克
剛不友
沉潛
柔克
燮友
高明
平康

1955. 8. 5 金曜 하나기 가나다 二百六十五日前

8. 6 土曜 마라기 나내 二百六十四日前

8. 7 日曜 하나기 二百六十三日前

承天時. 因地利. 口謀之. 手執之. 不可失時曰. 乘

「基督眼裏的中華民族」 鈔
徐松石 著

朱註「格至也.物猶事也.窮至事物之理.欲其極處無不到也」朱子這解釋顯然是錯誤的.

王陽老.早從実用方面指明他的誤處.

傳習錄說「先生曰.先儒解格物.為格天下之物.天下之物.如何極得? 且謂一草一木.亦皆有理.今如何去格?縱格得草木來.如何反來誠得自家意?」

又說「先生曰.大学工夫.即是明明德.只是個「誠」字.誠意工夫.裏是格物致知.若以誠意為主.去用格物致知的工夫.則工夫始有着落」

但陽明.指格為格正事物.仍然沒有明白「格致」二字.不過与象山等.指摘朱子不應着格致.重於誠正.因此就開了後來「道問学」和「尊德性」兩派之爭.其実孔子.对於学問.德性.兩都注重經驗主義.和純理主義的分野.尚談不到.朱.王.二人所認識「格致」兩字的解義都非孔子本意.

作者.細心紬繹原文意義.深信格物的「格」字應作「服」字解.致知的「致」字應作「真」字或「灼」字解.「致」与「至」通.至知.就是眞灼的知識.函義明顯.不必多說.至於「格」字.应解為「服」字.可有下列三個重大的理由.第一在論語裏.孔

子自己用「格」字說「道之以政、齊之以刑、民免而無恥、道之以德、齊之以禮、有恥且格」。這裏之「格」字、回应上文「為政以德、譬如北辰、居其所、而衆星共之」、確是「服」字意義、又尚書「舜乃誕敷文德、七旬有苗格」。這裏的「格」亦作「服」字解、第二「大学之道、在明明德、在止於至善」故此平天下的平字、治字、齊字、修字、正字、誠字在道德上都有「善」的性質「格」「至」二字、焉能例外？若說格物是克服外物、至知是灼見道知、「格」和「至」纔是美德就一切都是止於至善了。第三学庸論孟对於誠正修齊治平之道、不厭反復論述、而对於朱子所解的格致、倒全然沒有引申、可見格物者作服物解、至知者作灼知解、服物灼知、乃是四子書所常論的。服物具有与物親近、用物研究万物、格服万物的意思、並非像佛教那樣拒物、棄物、和禁物、所謂民胞物与、和天生万物、為人所用、並聖經所謂上帝叫人管治万物、正合此義、大学所教我们的綱要、就是「知所先後」和「知止於至善」這兩件事、這是孔道的一種次序論和目的論、乃世界的偉大真理、孔子重学「子入大廟每事問」「子曰、敏而好学、不恥下向、是以謂之文也」「子曰、博学於文」「子曰、篤信好学、守死善道」「子曰、学如不及、尤恐失之」「子曰、十室之邑、必忠信如丘者焉、不如丘之好学也」。諸如此的句子、都表明学的重要、但学的目標是甚麽呢？是不是純然為知識而求知識或追求知識以満足人的慾望、好像西方許多学者的態度呢？絶对不是、孔子的主張、乃是学以為善、正如新約聖經說「却無有愛、我就算不得甚麽」儒家所謂学者、或士子、是指德学兼備的人、中國民族道德之所以維持、這豈不是一個重大的原因？至於孔道的次序論、特別注意推己及人和以人用物這個原則、中國二千年來人本文化和社會藝術之所以發達、孔教的

影響可以不問而知

大學之道

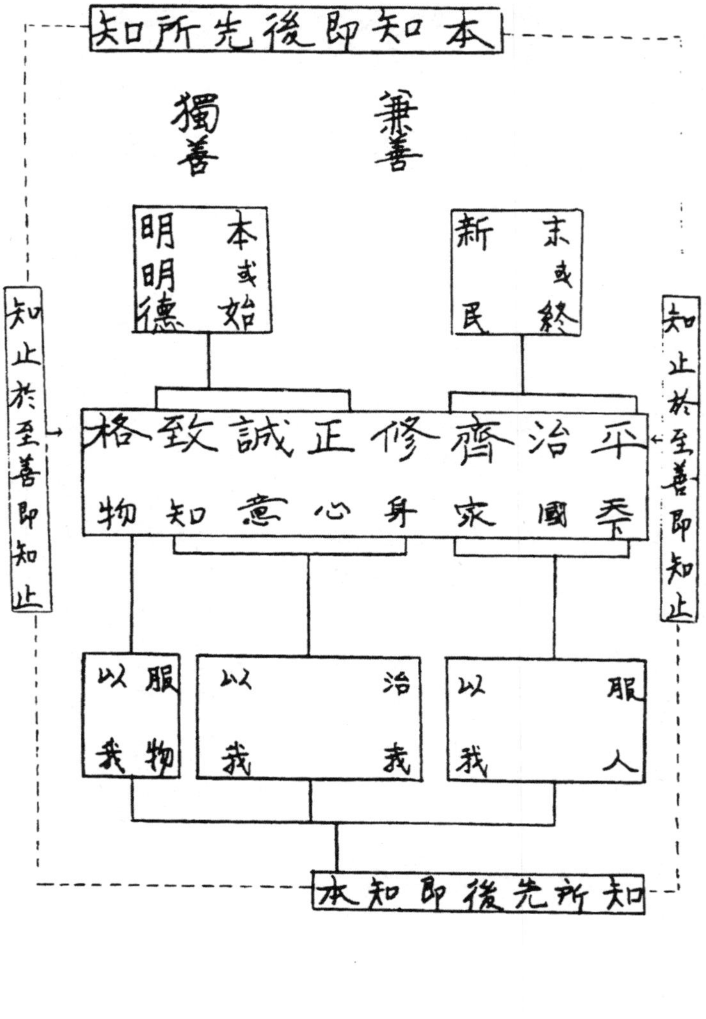

清朝初葉比利時
天主教敎士
南懷仁 在朝廷任
事記述 西洋海船
偉大
名儒張山來見了
却批評說
極西巧思獨絶然
吾儒正以中庸爲
佳無事驚奇鬪巧
也

1955. 8. 8. 月曜 ㅁㅏㄹㄱ ㅏㄴㄱㅐ ㄱㅜㄹㅡㅁ 二百六十二日前

「素書」 夫道德仁義禮五者、一體也.
道者、人之所蹈、使万物、不知其所由.
德者、人之所得、使万物、各得其所欲.
仁者、人之所親、有慈惠惻隱之心、以遂其生成.
義者、人之所宜、賞善罰惡、以立功立事.
禮者、人之所履、夙興夜寐、以成人倫之序.
夫欲爲人之本、不可無一焉.

8. 9. 火曜 ㅏㄴㄱㅐ ㅎㅡㄹㅣ 二百六十一日前

8. 10. 水曜 ㅎㅡㄹㅣ ㅁㅏㄹㄱ 二百六十日前

「〃」潛居抱道、以待其時.
若時至而行、則能極位.
得機而動、則能成功.
如其不遇、沒身而已.

夫志心篤行之術、長莫長於博謀.

患在不預定謀.

夫人之所行、有道則吉、無道則凶.
吉者、百福所歸、凶者、百禍所攻、非其神聖、自然所鍾.

釋己而敎人者、逆、正己而化人者、順
逆者、難從、順者、易行.
難從則亂、易行則理.

「中庸」凡事豫則立. 不豫則廢. 言前定則不跲. 事前定則不困. 行前定則不疚. 道前定則不窮.
「 〃 」君子依乎中庸. 遯世不見知而不悔. 唯聖者能之.

1955. 8. 11. 木曜. 맑 二百五十九日前

「仁政必自經界始」 말씀 하다

8. 12. 金曜. 맑 二百五十八日前

요한복음 十七장 1. 2. 3. 말씀 보고. 말씀 하다.

8. 13. 土曜 맑 二百五十七日前

8. 14. 日曜 맑 二百五十六日前

金長老 께서 光州서 오셧다는 말씀 드른지 몇 날되도록 못가뵈와 未安터니 오늘 가뵈옵다. 퍽 衰하심을 뵈옵다. 아드님 天培氏의 딸 양진. 은지. 이은. 아들 金光宇(씨) 쯤이 둘 자람을 보다.

8. 15. 月曜. 맑 二百五十五日前

解放十周年紀念. 撥市祝을 보다.

8. 16. 火曜. 맑 흐리 맑 二百五十四日前.

8. 17. 水曜. 맑 二百五十三日前

在職釜山한 金大竜君이 글월 보냈는데
七月五日〔Julian day 2435294. 夏歷五月十六日〕
火曜二十二時〔實二十一時겠지〕四十分 맏아들을 낫다.
고 했고. 命名을 하라기에. 金始文으로 答한다.
8. 18 木曜 마27 二百五十二日前

「二宮尊德

可恐
恐可恐受財樂身有其身其身天命年々減其德分內
〃〃〃〃〃〃〃〃〃〃〃〃〃〃〃月々〃〃〃〃〃〃
〃〃〃〃〃〃〃〃〃〃〃〃〃〃〃日々〃〃〃〃〃〃
〃〃〃〃〃〃〃〃〃〃〃〃〃〃〃時々〃〃〃〃〃〃
〃〃〃〃〃〃〃〃〃〃〃〃〃〃〃刻々〃〃〃〃〃〃
恐可恐受財樂身終減父母祖先德失其身子孫德也

可勤
勤可勤苦身施財有其身其身天命年々增其德分外
〃〃〃〃〃〃〃〃〃〃〃〃〃〃〃月々〃〃〃〃〃〃
〃〃〃〃〃〃〃〃〃〃〃〃〃〃〃日々〃〃〃〃〃〃
〃〃〃〃〃〃〃〃〃〃〃〃〃〃〃時々〃〃〃〃〃〃
〃〃〃〃〃〃〃〃〃〃〃〃〃〃〃刻々〃〃〃〃〃〃
勤可勤苦身施財終增父母祖先德得其身子孫德也

報德訓
父母根元在天地令命
身體根元在父母生育
子孫相續在夫婦丹精
父母富貴在祖先勤功
吾身富貴在父母積善
子孫富貴在自己勤勞
身命長養在衣食住三
衣食住三在田畑山林
田畑山林在人民勤耕
今年衣食在昨年産業
來年衣食在今年艱難
年々歲々不可忘報德

1955. 8. 19. 金曜. ㅎㅡㄹㅣ ㄱㅏㄹㄱ 二百五十一日前
第二三九○○日.

1955. 8. 20. 土曜. ㅁㅏㄹㄱ ㅎㅡㄹㅣ 二百五十日前

1955. 8. 21. 日曜. ㅇㅏㅈㅜ ㅁㅏㄹㄱ 二百四十九日前

1955. 8. 22. 月曜. ㅁㅏㄹㄱ 二百四十八日前

1955. 8. 23. 火曜. ㅁㅏㄹㄱ 二百四十七日前

ㅗ與ㆍ同而口蹙。其形則ㆍ與ㅡ合而成。取天地初交之義也
ㅏ與ㆍ同而口張。其形則ㅣ與ㆍ合而成。取天地之用發於事物待人而成也

ㅜ與ㅡ同而口蹙。其形則ㅡ與ㆍ合而成。亦取天地初交之義也
ㅓ與ㅡ同而口張。其形則ㆍ與ㅣ合而成。亦取天地之用發於事物待人而成也.

1955. 8. 24. 水曜. ㅁㅏㄹㄱ 二百四十六日前

1955. 8. 25. 木曜. ㅁㅏㄹㄱ 二百四十五日前

将婚未婚者謂之處子. 将仕未仕者謂之處士.
将凉未凉氣謂之處暑節.

1955. 8. 26. 金曜. ㅁㅏㄹㄱ 二百四十四日前

1955. 8. 27. 土曜 二百四十三日前

任材使能所以濟務
材者任之而不可使、能者使之而不可任

1955. 8. 28. 日曜. ᄒᆞ리 저녁게비 二百四十二日前

8. 29. 月曜. 가ᄂᆞᆫ비 二百四十一日前

8. 30. 火曜. 맑 二百四十日前

8. 31. 水曜 맑 二百三十九日前

주글 날을 바더 노앗다지? 수근거림이 된다 ᄒᆞᆫ다.
내 속ㅅ 소리「누구는 그날을 안바더 됫슬가?」

1955. 9. 1. 木曜. 맑 二百三十八日前

離有離無之爲道. 非有非無之謂神.
有而無之之謂聖. 無而有之之謂賢. 〔張商英〕

〔「聖」仁者安仁.「賢」知者利仁.〕

「모름에서브터 마름에 ᄭᆞ지」

모르고 마는이 가 만은가?
알고 보면 그만 둘거시 만타.
알고 그만 두고 알고 그만두고 알고 그만
둘거슬 그만 둘주를 모르는이는——
ᄯᅩᄒᆞᆫ 모르고 마는이 들이다.
——알고 말고, 아러서 말고 말고 말고 말고
말고 마름에 ᄭᆞ지 가 우리 이길의 한 도막 인가
——ᄒᆞᆸ니다.

1955. 9. 2. 金曜. 마라기 二百三十七日前

門으로 드나든다는 거슨 眞理대로 혼다는 뜻이오. 나보다 먼저 온 者란 거슨 眞理대로 사는 사람 밧게는 盜賊이오 强盜다. 時代的으로 먼저 뒤가 아니고 眞理門으로 온이는 나오 그밧그로 온이는 盜賊이란 말슴이다. [研經班에게]

9. 3. 土曜. 마라기 二百三十六日前

9. 4. 日曜. 마라기 하기 二百三十五日前

詩篇八十二篇

9. 5. 月曜. 마라기 하기 二百三十四日前

林放問禮之本. 子曰 大哉問. 禮與其奢也寧儉. 喪與其易也寧戚.

〔吾不與祭. 如不祭. 註〕有其誠則有其神. 無其誠則無其神. ······ 誠爲實. 禮爲虛.

9. 6. 火曜. 마라기 二百三十三日前

子曰 居上不寬. 爲禮不敬. 臨喪不哀. 吾何以觀之哉.

子謂子賤 君子哉. 若人. 魯無君子者. 斯焉取斯.

子貢曰 我不欲人之加諸我也. 吾亦欲無加諸人.

子曰 賜也. 非爾所及也

左丘明 巧言令色足恭. 恥之 丘亦恥之
匿怨而友其人. 恥之

伯牛(冉耕)有疾. 子問之. 自牖執其手曰. 亡之.命矣夫. 斯人也 而有斯疾也. 斯人也而有斯疾也.

9. 7. 水曜 扣리 二百三十二日前

子曰. 邦有道. 危言危行. 邦無道. 危行言孫

「反切」一字發声与他字声韻. 相摩以成一声韻之法。例、切字、千結反.

科 程度、等級、條目、法律、科目、科程、科第、科試、科場、科擧、科學、科禁、科斷、懲科、科料、

刑 形 型 刑仁、不顯惟德、百辟其刑之、

刑名 以名責實、尹文子「有名以檢形、形以定名」

압서 된(料量)게. 나타내 봄.

正其誼不謀其利、明其道不計其功(董仲舒).

子曰德之不修.学之不講聞義不能徙、不善不能改是吾憂也

子謂顔淵曰、用之則行、舍之則藏、惟我与爾有是夫

子路曰、子行三軍則誰與

子曰、暴虎馮河死而無悔者、吾不与也必也、臨事而懼、好謀而成者也、

子路曰. 衛君. 待子而爲政. 子將奚先
子曰必也. 正名乎. 子路曰有是哉. 子之迂也. 奚其正. 子曰野哉由也. 君子於其所不知. 蓋闕如也. 名不正則言不順. 言不順則事不成. 事不成則禮樂不興. 禮樂不興則刑罰不中. 刑罰不中則民無所措手足. 故君子名之必可言也. 言之必可行也. 君子於其言無所苟而已 (程子曰名實相須. 一事苟則其餘皆苟矣.)

1955. 3. 8. 木曜 비 二百三十一日前

저 못나가는 쓴을 모르고, 저 잘나뵈는 맛을 보며 살가

3. 9. 金曜 맑기 二百三十日前

三同會 三周年紀念日이 되어 三同會館에 4시가 晩餐에 參與하다.

3. 10. 土曜 맑기 흐림 二百二十九日前

質勝文則野. 文勝質則史. 文質彬彬. 然後君子 (成德之人)
質眞而素朴 (淮南子) 史掌文書多聞習事而誠或不足也
以錢受物曰贅. 以物受錢曰質

이러게 써보면 天文 人文 地文
天質 人質 地質

曰若稽古帝堯曰放勳欽明文思安安允恭克讓光被四表格于上下
曰若稽古帝舜曰重華協于帝濬哲文明溫恭允塞玄德升聞乃命以位
曰若稽古大禹曰文命敷于四海祇承于帝
娶于塗山辛壬癸甲
啓呱呱而泣予弗子

9. 11. 日曜. 비　　　　二百二十八日前

그저
나므름 업시
세계로 보터

9. 12. 月曜. 비　　　　二百二十七日前

文質二者可相濟而不可相勝也. 苟言動質樸而勝乎文則鄙陋而簡略. 若言動文飾而勝乎質則虛文而無實. 夫曰野曰史均非成德也. 文以質爲主. 質以文爲輔. 彬彬然後爲成德之君子而野史不得以累之也.

文勝而至於滅質則其本亡矣 雖有文. 將安施乎 然則與其史也寧野

禮與其奢也寧儉. 喪與其易也寧戚

子曰 先進於禮樂 野人也(樸實無文) 後進於禮樂 君子也(文采可觀) 如用之則吾從先進(欲使禮. 和是樂)

9. 13. 火曜. 하늘 마름　　　　二百二十六日前

以命貪生曰妄(謠) 以生復命曰眞(誠)

9. 14. 水曜 마름　　　　二百二十五日前

周易繫辭傳云. 古者包犧氏之王天下也. 仰則觀象於天. 俯則觀法於地觀鳥獸之文與地之宜. 近取諸身. 遠取諸物. 於是始作八卦. 以通神明之德. 以類万物之情.

9. 15. 木曜 마름　　　　二百二十六日前

1955. 9. 16. 金曜 마ㄹㄱ 二百二十三日前

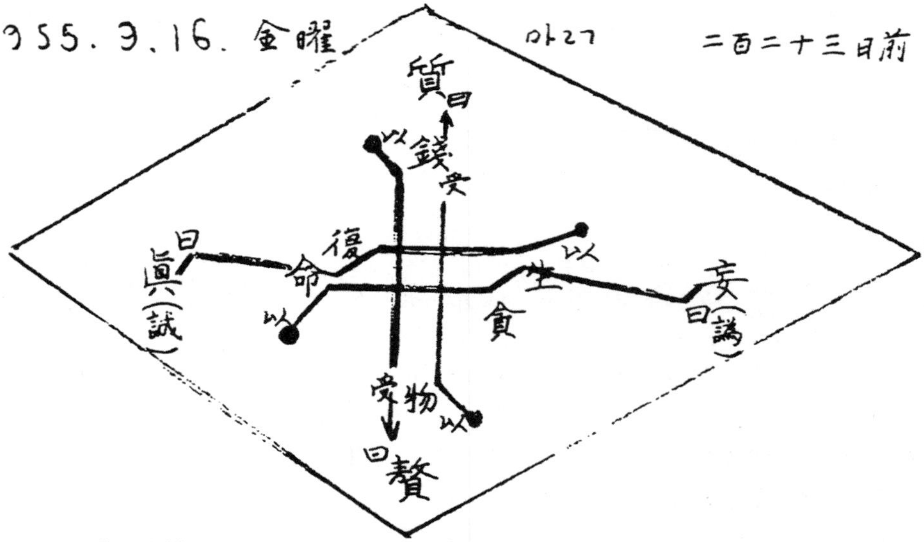

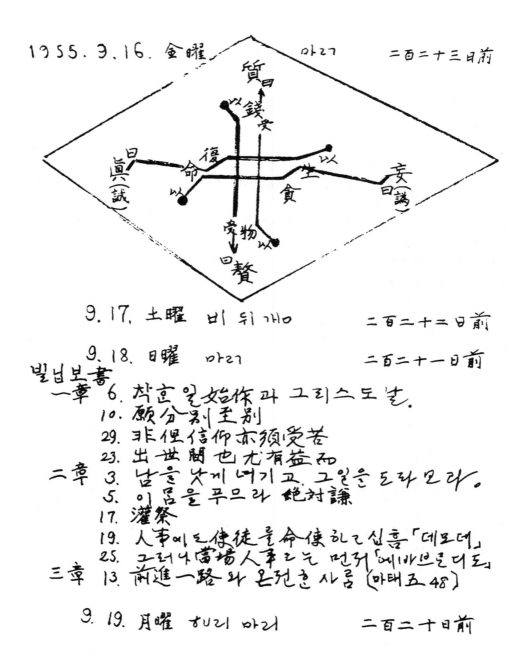

9. 17. 土曜 비 뒤 개ㅁ 二百二十二日前

9. 18. 日曜 마ㄹㄱ 二百二十一日前

빌닙보書

一章 6. 착ᄒᆞᆫ 일 始作과 그리스도 날.

10. 願分別至别

29. 非但信仰亦須受苦

23. 出世間也尤有益而

二章 3. 남을 낫게 너기고. 그 일은 도라보라.

5. 이 ᄆᆞᆷ을 푸므라 絶対謙

17. 灌祭

19. 人事에도 使徒를 命使하고 십흠 「디모데」

25. 그러나 當場人事로는 먼저 「에바브로디도」

三章 13. 前進一路와 온전ᄒᆞᆫ 사ᄅᆞᆷ (마태五 48)

9. 19. 月曜 흐리 마리 二百二十日前

9. 20. 火曜, 마라기　　　　　　二百十九日前

訓民正音制字解云

ㅗ與ㆍ同而口蹙　　ㅜ與ㅡ同而口蹙

ㅏ與ㆍ同而口張　　ㅓ與ㅡ同而口張

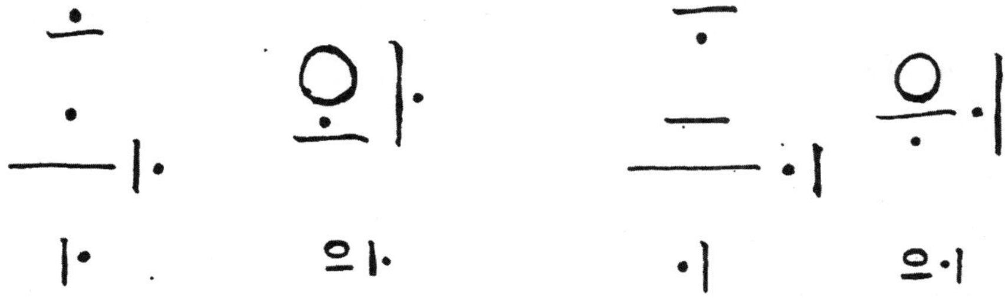

와 쏘다진다.　　워 이레.

ᄋᆞㅏ 운다.　　으ㅓ 조타.

• 音에 対ᄒᆞ와 (ᄒᆞ야)

AU=W　アウ=ヲ　3=ヨ

어미 소리의 어미 소리니 • 喉而裏.深遠內圓.元音

으로서 ㅗㅏㅡㅜㅓ 소리가 나오는 밋부리 소리이다.

사름새리 말ᄒᆞ느라고 쓰는 말소리는 거의 다 喉而

表로 發出은 勿論. 입밧그로 밝히 소리를 내는거시므로, 맨첫소리오 또 온쏫소리인 • 소리는 이저 머것다.

다므른입대로 내는 소리는 ㅡ 요
ㆍㅡ 소리를 내는것이 아니고. 다므른입 ㅡ로 막는드시 ㆍㅡ를 一音節로 喉而裡로 드려올리는 소리와
ㅡㅏ를 一音節로 喉而裡로 드려올리는 소리와 갓흔 소리. 結局 ㅡㅏㆍㅡ 가 合同혼 소리이다.
ㆁ=ㆍㅡ ; ㆆ=ㅏㆍㅡ 인 소리 갓호니

ㆆ 하면 ㆆ

1955. 9. 21. 水曜 마리 二百十八日前

9. 22. 木曜 하리 비 二百十七日前

「講」心線路

接境이오. 一線이다.
前進이 一路다.
直上一點心.

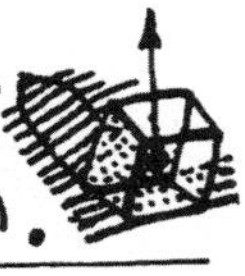

人天野史

天質 文 言 意
文 未 得 成 言
言 不 能 盡 意
天 質 貧 〃 人
人 質 頻 〃 天
文 質 彬 〃 野

人文顰〃史
尸位名先生
素餐實民魚
指鹿爲馬籠滿朝
出馬逐鹿絡遍野
古今籠絡富貴策

朝野人民馬鹿慈
前科举世貫虛文
現刑名学逃實務
刑名而無信
盡反刑仁來
欲求得意在野望
時興 楊貴
吟
貴人昔未貴
咸願顧寒微
及自登樞要
何曾問布衣
平明登紫閣
日晏下彤闈
擾擾路傍子
無勞歌是非
祗承于帝曰文命

곤 새기기
잇다감 생각
그저
나 모름 업시
제게로 브터

9. 23. 金曜. 마27 二百十六日前

24. 土曜. 마27 二百十五日前

25. 日曜. 마27 二百十四日前

堂異參事

受身爲子兩親一所以得父子有親之理實也
果親有子一異參所以知男女有別之事情也
[夫婦]

1955. 9. 26. 月曜. 흐리　　二百十三日前

思親	思事
大命希音伏不審	面識相思何足想
何思切於未見親	欲知不得寤寐玆
吾生當今尋常視	形而上下別居處
皇上直下消息身	身以生死復命事

「恩寵の生涯」〔鐵窓の二十三年〕好地由太郎

"須磨の七人斬"犯人은 在監二十二年後 更生出監後, 自宅戶口에「ヤソ教也」牌를걸고 사는인데, 그母親은病으로 穀气을 二十日이나 끄는가온데

「お前の忍人になつたのは有難いが、ヤソだけは止して呉れ」と

子「自分の救はれたのはヤソ様の御蔭だから是ればは何しても止められぬ」と 母子다투는것을 好地和諧하기를

「其れではヤソを止めさせ、天の父の神様を信ずる様にするから、お母さんも一緒にお信じなされ」と 하여 듣드러

「君、ヤソを止めて天の父の神様を信じ給へ。其の神様に君は救はれたのだから」

또 一死刑囚에게 《中之目丹治氏》

「君は罪は犯したが死刑では酷すぎると云はれるが、元來罪と云ふものは商品と異り、高い安いと、此方から直切れる筈のものではない。先方の下さるものを喜んで受く可き筈のものです。

又た何事でも厭いて受くれば死となり、喜んで受くれば生命となります。君も永く生きたいと思はゞ喜んで殺して頂く事です。人に殺されますと死にますが、お願ひして殺して頂けば決して死にません、必ず永遠の生命を見出します。死にたく無くて殺

きるから苦しくもあり又た肉も霊も共に死にます。故に死刑を安く直切らず、天の方から喜んで死刑にしてお貰ひ遊ばせ。然かすれば兄も僕と同様に老病死と申す厭やなものから救はれて、不老不死に至ります。

即ち無色の色を見、また無声の声を聞く事が出来ます。兄は今人生問題を解決するに最も好く適したる交叉點に立って居ります。地獄に行くも又天国へ行くも只の一

です……」

苦痛に死ねば生命に生くる事か出来ます。」

中之目丹治氏、好地由太郎氏ども二人は此日、明治四十三年十二月二十五日、身は函館監獄の典獄室に在り乍らも、霊は主と偕にパラダイスに存るを覚えて、罪なくして罪人とせられ、我等に代りて贖となり給へるキリストの聖名を心の限りに讃美した事であります。

中之目氏の刑の執行期限百ヶ日の處を満一ヶ年間猶豫さるゝ事となり、

翌四十四年十一月二十九日、喜び勇んで刑の執行を受け願ひの如く一足飛びに天父の御許へ歸られました。同氏か生前に寄せられし多數の書面中二三。

「………哀れ肉は獄中にあるも、霊は常に樂しき牧場に逍遙しつゝあり其幸福實に大なり、朝夕感謝の涙拂ふに暇ありません……四十四年三月十日」

「……私事特殊の天恩により實に意想外なる餘日を與へられ、愈々修養の時日を得、益々信仰を堅うし、幽暗なる監獄内に在りて鹽たり光たらんことを祈り、緘黙と暗涙の中に信仰を實現し、他を導化したるも少なからず、今や監内に聖書を讀むの聲高く揚かるを聞くに至り、實に欣喜に堪へざる次第に候……八月卅日

「……最早臨終も今日明日と迫りあることなれば逝きたる時は聖前に於て皆々様の為めに祈禱致します………十月十三日」

「……我が老母は暗涙を以て書を我に寄せたり、曰く我が目は醒めたり、丹治よ此の母は今汝と國を共にすと、彼女は今年五十八歳、而も頑固一點張りの佛教徒にてありし也、然るに今や悔改めて近く洗禮を受けんとするに至れり、實に感謝に堪へざる也………十一月二十八日」

「爾啓今起ちて聖父に逝く、時到らば復た来らん、願はくは親愛なる我が師よ益々強健にして勇敢ならぬことを、明治四十四年十一月二十九日、於函館監獄、旅立朝、中之目丹治、享年二十五歳、好地由太郎様」

「好地由太郎」上總國君津郡金田村、大村(父祖ノ家名)、慶應元年(1865)五月十五日生

明治七年　父、兄姉他處分去、片母下生、歳暮母喪、
好地当年十歳而為父之負債以人質於同村農家
使役、天保錢二枚、買食誘惑、
十四歳出東京、助力父親廻漕業(東京 横濱間)、
尋而姉家(好地氏)入為准養子、
爾後神田、増田商店入而四年間勤務忠實、而少成
貯蓄、時従惡友、誘惑放蕩而消費犯逋辭退、時十七歳、

明治十五年　七月入于一寡婦人營商店就務、十二月十日夜大犯行、

十七年　三月謀殺放火罪該當死刑而以為未成年減一等故處之無期徒刑、

二十年　初春脱獄逃走、加重刑九年、時廿三歳)十一月。

二十二年(1889)一月二日夜半、天啓「勧食聖書」(任置聖書則十六年四月)
空知集治監第一重病室三日人事不省、天啓

三十年　特赦而為有期、

三十二年　三月五日本刑免除、

三十七年　新年標語(教歌)

奉感謝

三人角なき牛に乗り
言少なに身を縮め
咸んな心の中にあり

明治三十七年四月十五日假出獄（本刑期三十九年十二月）

1955. 9. 27. 火曜 ㅁㅏㄹㄱ 二百十二日前

28. 水曜 ㅁㅏㄹㄱ 二百十一日前

29. 木曜 ㅁㅏㄹㄱ 二百十日前

道 讀「恩寵生涯」有感

~~萬死億劫不惜身 吉凶相推天人軌~~
~~一生千慮無憾懷 性命轍環生死外~~

幽明相推天人軌 百死萬劫不惜身
性命轍環生死外 一生千慮無憾懷

⊡ 제가 절. 저. 저로. 저절로 의더 주겨 사러 나 가오는 길.⊡

9. 30. 金曜. ㅁㅏㄹㄱ 二百〇九日前

子曰. 其人存則其政擧 其人亡則其政息.……… 取人以身, 修身以道. 修道以仁…… 在下位, 不獲乎上. 民不可得而治矣.……… 思修身「不可以不」事親. 思事親「 」知人. 思知人.「 」知天.

天下之達道五、所以行之者三 曰君臣也、父子
也、夫婦也、昆弟也、朋友之交也、五者天下之達
道也、知、仁、勇三者 天下之達德也、所以行之
者一也、
「獲乎上」有道、不『信乎朋友』不「獲…」矣、『信…』有道、不
「順乎親」不『信…』矣「順…」有道、反諸身不誠、不「順…」矣、
誠身有道、不明乎善、不誠乎身矣、

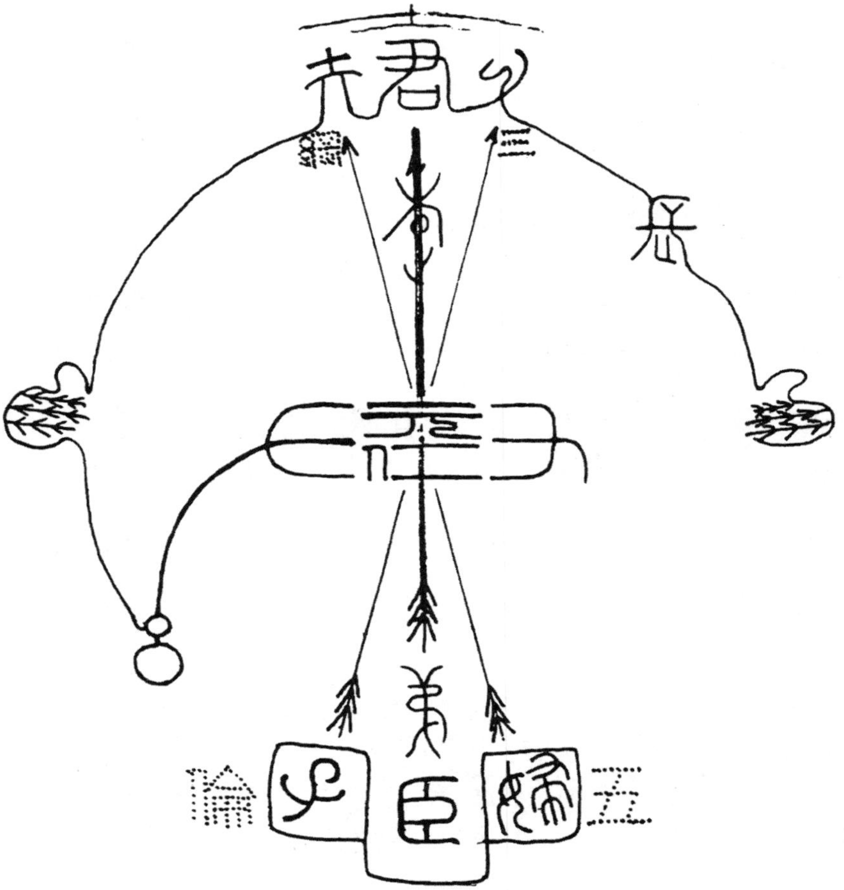

達道者天下古今所共由之路也
〃德〃〃〃〃〃〃〃得〃理也

好学近乎知
力行〃〃仁
知耻〃〃勇. 知斯三者則所以修身.
知〃〃〃〃則
〃〃〃治人
〃〃〃〃〃〃
〃〃〃〃天下国家矣.

知所以知
仁〃〃體 此也
勇〃〃強
無是三德則無以行之,
一有不誠則人欲間之而德非其德矣.

或生而知之.
〃学〃〃〃,
〃困〃〃〃,及其知之,一也.
〃〃成功. 〃〃.

或安而行之.
〃利〃〃〃.
〃勉強〃〃〃.

1955. 10. 1. 土曜 마리 二百〇八日前

滄柱兄이 八十八日子로 世界一周歸로다.
感謝

2. 日曜 마리 二百〇七日前

數十信友老少男女登冠岳山上讚頌二三章而下來.
金兄問曰, 登山何爲而行事也, 予答曰
登山欲在出塵情
標高六二九 戀主對二口
冠岳名不似 未言雙淚絲
心性無上峯 悔落地而回天
是冠岳何事 性入生而出死

1955. 10. 3. 月曜 맑 二百○六日前

六堂 先의 中風患은 듣고만 잇섯더니. 오늘 滄柱同伴尋訪 ᄒᆞ다. 平無常! 康無常!

4. 火曜 맑 二百○五日前

惠化洞 一六一의二 天主敎聖家修女院에 金漢圭氏를 尋訪하다.

氏는 十餘年前에 來訪ᄒᆞᆫ바 「自己 安城農家로서 父親께로브터 長老敎人이엇스나. 天主敎로 改宗하엿노라」 ᄒᆞ면서. 天主敎의 發刊 「루터ᄅᆞᆯ 實傳」 勸讀ᄒᆞ고. 가더니 그뒤에 다시 와서 「救援은 天主敎 밧 잇스니 改宗ᄒᆞ라」고 熱勸ᄒᆞ다가. 「그럴 뜻이 업다」ᄒᆞ즉 實傳冊子를 차저 가지고 가엇던 분인데. 몃 달 前에 집에 내가 업는데 차저 왓다 가엿으므로. 答禮로 往訪하엿더니. 自己는 家族을 떠나 나와서 이 修女院에 雜役從事를 하면서 修道를 專力 ᄒᆞᆫ것을 뉘웃는 뜻으로 祈禱生活을 ᄒᆞ노라. 그 말은 이는 知前히 聖公會에 正統임을 熱勸 ᄒᆞᆷ을 받다.

5. 水曜. 맑 흐림 二百○四日前

6. 木曜. 흐림 二百○三日前

十生通功完. 是. 바탈을 트고 마틈을 마츰이. 이다.

7. 金曜. 저근비 二百○二日前

8. 土曜. 맑 자고 이러나니 서리가 왓다 二百○一日前

1955. 10. 9. 日曜. 마라 二百日前

五百九期ㄱㄴ생각

1955. 10. 10. 月曜. 마라 一百九十九日前

滿四年前 (1951. 10. 10.) 우리 어머니 엽시이신 날!

應無所住而生其心

無 人 不 見 物 生 心

本 來 無 物 何 見 性

利 見 一 大 事 生 心

善 逝 如 來 自 見 性

每日回光晦 每木追香梅

人 間 每 人 心

先 侮 而 後 悔

言 相 每 言 戒

誨 人 以 自 誡

1955. 10. 11. 火曜. 마라 一百九十八日前

1955. 10. 12. 水曜. 마리　　　　一百九十七日前

쓸고 닦고 살르고 치울 ᄯᅢ에

님이시여. 압서 더렌거슬 ᄭᅢᆺ고시 업새시고 어리석는 덜을 모라내시고 모진 ᄲᅮ리를 ᄲᅢ어 버리소서.

거룩ᄒᆞ신 이름

아부지 계로 오시는 얼김으로 나신 아들의 이름으로 사릅니이다. 아멘.

쇠북소리 ~~[illegible]~~와 몸울림

님의 부림이 고디에 다다르믜
이에 얼김으로 배이시도다.

님의 것이 여긔 기다렷사오니
말슴대로 이루어 지이다.

이에 나신 아들이 나려오샤
우리 사이에 머므르셧도다.

한우님의 고디는 우리를 위ᄒᆞ여(때문) 비르샤
우리로 ᄒᆞ야곰 늘삶(그리스도)에 드러감을 엇게ᄒᆞ소서.

天地之道 貞觀者也
日月之道 貞明者也
天下之動 貞夫一者也

그룩히 이르메
아부지 아들 얼김 그룩히 이르메. 아멘.

무레 불에

임여. 압서 더런걸 쌧그시. 어리런 덜을 보라내. 모진쓰부릴 쌔소서.

직히이는 김게

하우님의 부림 나를 거느려 직히는이여 임의 어지심이 나를 네게 맛겨 계시니. 오늘날 나를 비취며 도으며 잇그르며 ~~도으~~ 뒤를 거두 소서. 아멘.

10. 13. 木曜. 비 一百九十六日前

14. 金曜. ㅎㄴㄹㅁ 一百九十五日前

직히이는 김게

하우님의 부림 나를 거느려 직히는이여 임의 어지심이 나를 네게 맛겨 계시니. 오늘 밤에 나를 비취며 도으며 잇그르며 뒤를 거두 소서.

15. 土曜. ㅎㄴㄹㅁ 一百九十四日前

「그 冊에게 百번 무러 보라 百번 갓흔 對答을 ᄒᆞ리라. ~~無~~識ᄒᆞᆫ 者에게나 言辯者에게나 다 갓히 쓰질터이니……
…… 그 著者가 나와서 밝히 그 뜻을 말ᄒᆞ기 前에는 그 冊은 ᄒᆞᆫ갓 侮辱만 밧는 셈이다」. (Plato Phoed. 60)

1955. 10. 16. 日曜 ㅁㅏㄹㄱ ㄱㅜㄹㅡㅁ 一百九十三晡

오름 그름

그리운 님 ᄯᅡ려 오름이 올코,
올님이거니 그림만~~이면~~으론 글타.

나 나고 보니
그님이 벌서 오셧겟스미오
나 잇스니
그님이 머므르심이겟스미오
나 가는수는
그님이 올라가셧스미다.

나그네 그진네

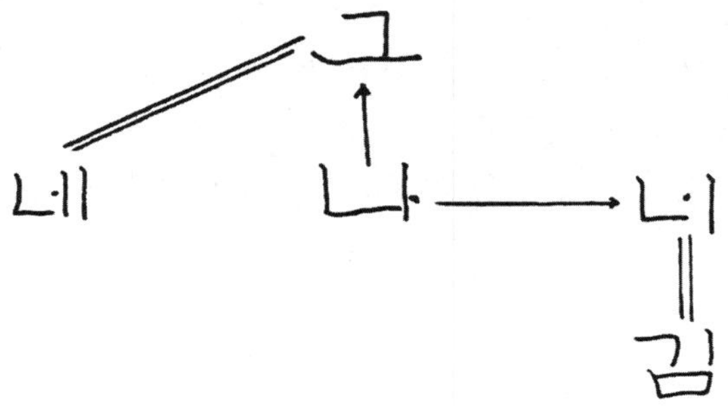

나 얫김. 너 코김 나너김 엉김
안개라 홀가
갤제면 환히 우로 우로 오르고 오리로다.
——나 그네, 나는 그님의 것. 그 집네.
나는 그 집의 무치이엇다.
시집가 갈가 하늘가 갈가
고디와 사랑 소룽고디. 그진 그진네여.

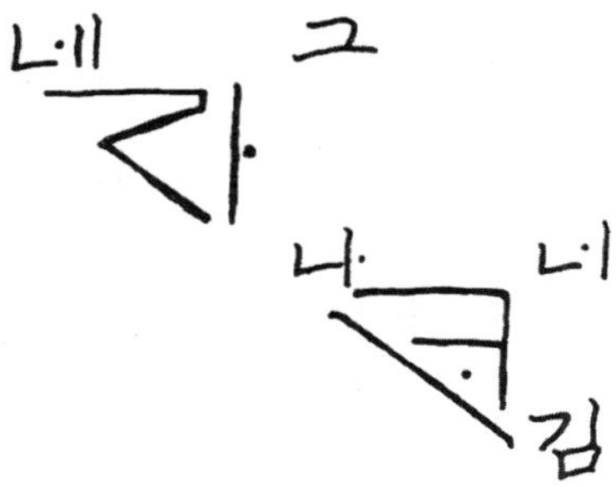

나· 너 김 코(크소)　　　나· 그 네 라· (그수)
김 너 나· 코　　　네 그 나· 라
네 그 나· 너 김 코 라.
김 너. 나· 그 네. 라· 코 (ᄒᆞ고)

1955. 10. 17. 月曜. ㅂㅣㅂㅏㅇ ㅇㅜㄹ 一百九十二日前

18. 火曜 ㅁㅏㄹㄱ ㄱㅜㄹㅜㅁ 一百九十一日前

ᅌᅪᆞ ᅌᅱᆞ (소 ᄆᆡ는 소리)

ᆢ	ᆝ		ᆢ	ᆝ	
ᅪ	ᆏ	ᅱ	ᅪ	ᆏ	ᅱ
ᅡ	ᅥ	ᅥ	ᅡ	ᅥ	ᅥ
ᆞ	ㅡ	ㅣ	ᆞ	ㅡ	ㅣ

·말소리 밋둥은 ~~毋~~音. 밋둥의밋둥은 · ㅡ ㅣ 셋. 셋의 밋흔 · (ㅂ恰似ㅏ初 ㅗ終 而 一音節發音) 인데.

(比較) ㅡ (恰似ㅓ初 ㅜ終 而 一音節發音)

文明民의 글 가온딕 ㅡ音을 記ᄒᆞᆫ 것은 우리 밧게 업고.

· 는 或W. 或AÜ. 或 O 로 헤매며 記ᄒᆞ는 거시며. 우리는 말에 知ᄋᆞ 爲ᄒᆞ 父[ᄋᆞ]ᄇᆡ[ᄌᆞ] 쓰면서도 音을 모른다.

或은 ᄋᆞ 短音이라 ᄒᆞ고. 幽廢히 노앗스니 잘못된 일이다.

ᅌᅪᆞ ᅌᅱᆞ ᅌᅱ 가 必要홈 갓히 ᅌᅪᆞ ᅌᅱᆞ 의 도 必要ᄒᆞ다.

ᅌᅴ드 得 그ᅵ룩 聖 ᅌᆞᆼ 永 으로 내쓰는 것이 올타.

ᅌᅫ ᅌᅰ (나 오아 ㅣ 노르시 우에로 오르미다.)

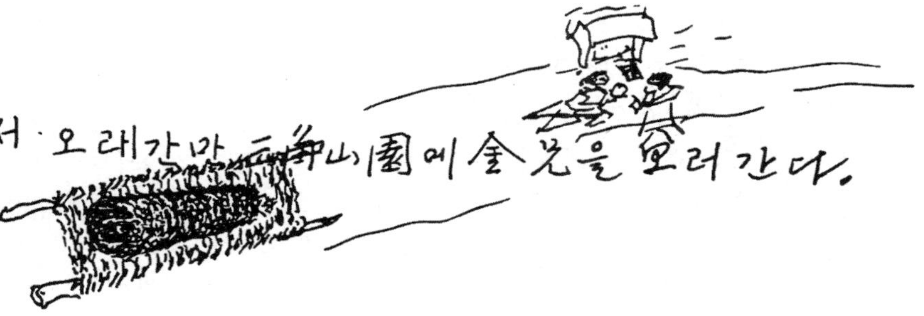

낮지나서 오래간만 ~~先~~山園에 金兄을 보러 간다.

묘 갓가히 가니 조븐 길에 그대로 가마니거적으로만 회동그라케 한 벌 마러 싼 頒白머리칼 밋흐로 죽은 빗갈 그대로 절린 이마 한 쪽(人보이엇서고나!)보이는 역시 가마니 거적으로 맨든 마주잡이 들것이 내던져 놔 잇다. 조곰 더 나아가노라니 케잌가가 앞헤 두어 젊은이가 갓을 사먹는 것이 보인다. 아마 그들이 뫼고 오든(가든) 것 갓다.

「마주잡이 거적송장」이란 말만 드러왓더니 오늘은 참 보앗다.

누굴가? 허믈이 아조 적게 산 人일가? 고생을 너무 만히 한 人일가?

10. 19. 水曜. 마ㄹㄱ ㄱㅜㄹㅡㅁ 一百九十日前

와·의디 나·와 우에 오름

10. 20. 木曜 마ㄹㄱ 一百八十九日前

在美 金이란 家族四人이 새로 장만한 自動車를 타다가 傾覆되엇는데 사람은 조곰도 다치지 안엇다는 不幸中多幸談을 듯는 가온데 年前 在日 또 다른 金이란 家族四人의 타든 自動車傾覆으로 沒死談이 聯想된다.

不幸中多幸談을 이어서 自動車는 保險付 새로 산 것이엇스니 物質損害도 안 본다는 니야기가 나온다.

損害라 ᄒᆞ면 自動車会社가 보아도 본 것이다.
有益ᄒᆞ고 感謝ᄒᆞ다면 죽을 번ᄒᆞᆫ 목숨이 산 것은 有益이오 大有益인 것을 讚頌치 아니 ᄒᆞᆯ 것이여. 그러면 그 니야기를 듣는 사람도 有益ᄒᆞᆯ 거다. 그러키만 ᄒᆞ다면 自動車会社도 自動車制作의 더 研究도 될 資料가 되면서 会社도 積極的으로도 有益일 것이다.
그러나 '나'는 不幸中에도 多幸했다 또 내게는 物質損害도 안 받다. 損害을 받다면 会社가 보앗지; ᄒᆞ고 목숨을 감지게 아는 사람으로서 그머리의 생각이 刹那的 '나'를 中心ᄒᆞ여서 움지기는 동안은 眞正有益을 모르는 것이라 ᄒᆞᆯ 것다.
日本徒然草에 「소 산 사람과 소 판 사람의 니야기」를 聯想ᄒᆞᆫ다.

1955. 10. 21. 金曜. 마ㄷ7　　一百八十八日前

22. 土曜. 마ㄹ7　　一百八十七日前

實夢不識在小覺(亚)　　坐忘消息晝
假夢克喻前大覺　　寢思安息宵

23. 日曜.　　一百八十六日前

거룩ᄒᆞᆫ 어민줄
거룩ᄒᆞᆫ 고임을 가득히 이브신 고디여, 네게 기리나이다. 님 네와 한가지로 계시니, 계집 가운데 너 고임을 바드시며, 네 배에 나신 이 ᄯᅩ한 고임을 바다 계시도소이다.
한우님의 엄 고디는 이제와 우리 숨질 ᄯᅢ에 우리 ᄯᅥ러진 사람 ᄯᅢ문 비르소서. 아멘.

1955.10.24. 月曜 마ㄹㄱ　　　一百八十五日前

執古之道、以御今之有、能知古始、是謂道紀、

예브터 나려온 말슴을 가지고 이제 가진것을 바로 만자브면 옛비롯을 알수잇스니 이런거슬 말잘드른거라 할거시니라.

侯王得一以為天下貞……侯王無以貞而貴高將恐蹷

强梁者不得其死、吾將以為教父、

中庸

孔子中庸何為而言也、孔子中庸何為而言也、
命在正中庸男出來事是

念華將實小夢例　　莫行身足夢例外
言覺益迷大夢中　　正爾心目在的中

삶 (삶잘사는 씨알이 참나라를 세운다)
(네눈 똑 바로 써서 삶 사리 살믄 의도라)

지난바메 생각쏘디 피어오르더니
이한나제 그 열매를 보는구나
고저근 삶들거리미 참말바로 마젓네

이나제 ~~빤빤~~ 안밖히 새어혼노르시 더욱더 헤매어만 가는이은
이거시 바로 큰삶속 아니라면 되느니ㅋ

네 몸에 달린 마리 삼밧글 거러간다곤 너기지 마라
ᄯᅩㄱ바로 네 몸 눈~~[struck out]~~ 하늘우에 과녀글 마치려 들고 놉히 놉히
치켜들고 나가게 생긴거시니라.

1955. 10. 25. 火曜 마리7　　　　一百八十四日前

오른이 업나니 곧 하나도 업다 (로三 10-12 詩十四 1-)

오른이 하늘에 드럿겟스니 ᄯᅡㅇ에는 하나도 업고,
오르는이는 김을 타니 쓴 놉히가 서로 다르겟고,
오를이 ᄯᅡㅇ에 더더 만흐니.
한우님께서 기다리신다.는 말슴은 ᄭᅳᆺᄭᅡ지 근칠
소냐?

팔다리 좋아라ᄒᆞ고
이머리 들려라ᄒᆞ고
온가지 환ᄒᆞ라ᄒᆞ고

股肱喜哉
元首起哉
百工熙哉

그머리 밝자옵기
팔다리 좋자옵지
뭇일이 잘되옵지

元首明哉
股肱良哉. 庶事康哉

머리가 ᄺᆡᆨ박이면
팔다리 축처지면
잘일이 자ᄲᅡ지련

元首叢脞哉.
股肱惰哉.
萬事墮哉.

1955. 10. 26. 水曜. 마227 一百八十三日前

~~곤치 사시 본다、이리 뭐 주어진다。~~ 人間是實 革但船子、眞矣。

念華將實小夢例 信步萬無夢例外

好覺自迷大夢中 正己一貫目的中

命在正中庸勇出來事是、君子觀神機畫策而謂

之中庸、欲得正夢者、中庸從事乎

그리스챤은 제 살의 삶 들 거림을 보고 미듬이라 혼다、

10. 27. 木曜、~~[illegible]~~ 마2벙 一百八十二日前

28 金曜 비 뿌림 一百八十一日前

坐忘消息晝 復性不息課

寢思安息宵 至誠成言曉

29. 土曜 비 뿌림 一百八十日前

바듬과 싱흠

나는 빈탕이다、빈탕은 속이다、속은 쓰리다、쓰리면 몬이 드러찬다、차면 거북혼다、그거이 삭어 갈리는 동안 싱혼다 혼다。——한늘——。

이는 몬이다、빈속이 몬속에도 생긴다 ——몬으로 된 몸을 가진이도—— 우에 적은 거와 갓흐다。곤 먹은거이 잘 삭는동안、싱혼다、산다、혼고、본다。——사람——。

1955. 10. 30. 日曜 마르크 一百七十九日前

10. 31. 月曜 마르크 흐리 바람 마르크 百七十八日前

陵谷에 가서. 외롬 살림 사리 ᄒᆞ는 우리 누님 얼아믄 분과 아우들 열몇 어린이들을 차저 보고 왓다.

11. 1. 火曜 마르크 一百七十七日前

Ⅰ 나드리 와 보니. 빈탕이다. 빈탕은 속이다. 속에는 몬이 드러 찬다. 차면 겨울나. 몬이 삭어 갈리는 동안. 성히 잇다. ᄒᆞᆫ다. ——한늘—— 이 성히 잇다 ᄒᆞᆫ다.
몬에도 빈속이 잇다. 몬으로 된 몸에도. 우에 적은거와 갓ᄒᆞ다. ——사람—— 도
먹은거시 삭어 나리는 동안. 성히 산다. ᄒᆞ는거시다.
그러므로 먹기를. 겨웁기를 거듭 ᄒᆞ는 날에
속 허물을 지으니
ᄯᅢ에는 그 속이 쓰리다.
「속이 쓰리면 (病만 녀겨서. 알기는 바로 아럿지만)
뭘 먹어야 낫는다」 ᄒᆞᆫ다(處方은 틀렷다)
이거슨 크게 잘못 안거스로. 거듭. 다시. 더. 더. 잘못 미더 왓고. 그대로 ᄯᅩ 잘못 밀고 가느니.
사람 이란 거시 마침내 섬글거신가
오. 탈의 빌미!
큰 빈탕에도 큰 쓰림이 잇느니라
이거시 한늘의 한숨 이다.
한늘이나 사람이나 탈은 고디를 직혀야만 곧힌다.
속이 쓰린거시 낫도록 먹기를 ᄭᅳᆫ는거시 고디다. 직혀
속허른거시 낫도록 직혀야 아조 성하게 낫는다.

1955. 11. 2. 水曜. 바람 一百七十六日前

11. 3. 木曜. 비새바리미 一百七十五日前
二十五週前

오늘(말)날이 가는날로 채(細：栽)를처(割菜) 남(生)을 이어드림(承供祭)이 산드시 거룩지 안으랴

有物先天地. 能爲萬象主.
無形本寂寥. 不逐四時彫.
(至禪伯)

中庸得善拳拳持. 空心服膺宿口白.

眼耳鼻舌身意 / 六根 — 視聽言動 / 勿

色声香食物法 / 境 — 視聽嗅味觸思 / 識 — 喜怒哀樂愛惡欲 / 情

声色嗅味淫抵 / 章 — 芬爛寒熱震湿 / 息 — 喜懼哀怒貪厭 / 感

聰明睿智貞觀 / 達天德

11. 4. 金曜 비.번개.밤우박 一百七十四日前

瘦身輕快餘日樂. 煉心重錙他生榮.

(어제는)「다닌이 우에 안지우는 날」을 말슴ᄒᆞᆫ다. 日日皆好日로 말슴을 넛는데 現實好日이엇다. 數十年隔阻之親舊. 趙晉錫. 李約信. 金陽變. 會合ᄒᆞ니 好好日이엇다.

金玄君이 언제 주던거. 써두자

한울밑에 숨긴마음 몬몸끈긔 잘아 나옴
보힘 (中庸)

한열잘알 몬몸숨김(道也者不可須臾離
也可離非道也)

숨긴몬몸 잘알한열(是故君子戒愼乎其
所不睹恐懼乎其所不聞莫見乎隱莫顯乎
微 故君子愼其獨也)

마음끈임 나옴밑힘(喜怒哀樂未發謂之
中. 中也者天下之大本也)

밑힘나옴 끈임마음(發而皆中節謂之和 和
也者天下之達道也)

마음힘끈 한몬잘길(致中和天地位焉萬物育焉)

잘길한몬 힘끈마음(天命之謂性率性之謂道
修道之謂教)

1955. 11. 5. 土曜　　一百七十三日前

歸溪園에서 먹고 자게 되는 終日乾乾 夕惕若厲無咎. 又一日終夕

11. 6. 日曜.　　一百七十二日前

歸溪園에서 자고 일다.(長城長在里)

11. 7. 月曜.　　一百七十一日前

光州新安里教会에 와서 자고 일다
申貴男先生引導로 와서 白春成長老主管教會

11. 8. 火曜. 비사림　　一百七十日前

無等山우가 白頭로 보인다. 濟衆院入院中인 李賢卿 강진호 두분 찾다. 朴福萬公을 만나다. 于歸于歸溪.

11. 9. 水曜. 구름 좀　　一百六十九日前

朝發歸溪而午着水海

11. 10. 木曜. 마르기　　一百六十八日前

林夏三氏를 맛나고. 小龍里로 건너다
丁寧小農里. 柳問森西面.
(小龍里) 丁炳務. 丁炳先. 趙貴男. 劉宗克(長老). 成潤基

11. 11. 金曜. 마르기　　一百六十七日前

서리아침 맑은 달을 밟고 水海로 오다. 文場에서 뻐스로 新安에 오다.

1955. 11. 12. 土曜. 흐리 — 一百六十六日前

11. 13. 日曜. 맑 — 一百六十五日前

五時教会에서 마가七장 講義.
申貴男, 金準 두분과 말슴하게 하심 感謝.
午時뻐스로 午後六時지내서 麗水着, 宿泊. (料₩500)

11. 14. 月曜. 맑 — 一百六十四日前

八時 한양號出帆, 一七時釜山着.

11. 15. 火曜 흐림 바람에비 — 一百六十三日前

水晶洞 申玉男宅 차저 問安謝意를 表하다.

11. 16. 水曜. — 一百六十二日前

十一時半 통일호 釜山發 二十一時서울着
車中 大田大興洞居 金鍾漢氏와 니야기하며 오다.

11. 17. 木曜 — 一百六十一日前

旅勞를 쉬는데 午后에 宜相 다니러 와서 오래간만 함께 저녁밥을 먹게되었다. 食後에 돈에 써 + 가다.

11. 18. 金曜. 안개 맑 — 一百六十日前

十四時中靑研經公에 도라와스다.

1955. 11. 19 土曜 ㅁㅏㄹㄱ ㅎㅡㄹㅣ　　一百五十九日前

11. 20. 日曜 ㅎㅡㄹㅣㅁ　　一百五十八日前

11. 21. 月曜 ㄱㅏㄴㅡㄴㅂㅣ　　一百五十七日前

一光을 읽음. 또 一年光이 도라온가.

雅流는 苦波를 갈러 나가고.

文雪은 靈光을 쏘아내오네.

11. 22. 火曜　　一百五十六日前

淨土宗六念法偈文

念佛、救世大慈父　요한 三16—21

〃法、出離解脫門　요한 八31—32 十七14.16

〃僧、諸有良福田　마태 六19—34

〃戒、無上菩提本　마태 五17—20

〃施、具足波羅密　마태 十九16—29

〃天、護法利群生　요한 三31—36

1955. 11. 23. 水曜. 마근7 하ㄴ리 一百五十五日前

11. 24. 木曜. 하ㄴ리 一百五十四日前

秋收感謝

11. 25. 金曜. 하ㄴ리ㅅ 一百五十三日前

요한 五 19 — 末 硏經

11. 26. 土曜. 하ㄴ리 一百五十二日前

온히는 밤새 간히. 산덧 업스니.
오는히. 산는 말을 참아 ᄒᆞ는이 뉘교.
올에. 히 사롬. 자롬. 차롬. ㆍ. 잉.(김. 셈)

1955. 11. 27. 日曜. 하ㄴ리 一百五十一日前

生見二萬四千日

得生高麗國 峯峯寤寐懔
未見金剛身 歷歷再來人

1890. 3. 13. 木曜. Julian days No 2411440 } 1日.
1923. 1. 19. 金曜. 〃 No 2423439 } 12000日.
1955. 11. 27. 日曜. 〃 No 2435439 } 24000日

즘승 자라리고 먹는 일엄과 　　　　개집산애 마지면　새로 사람남을

먹고 「자란」은거와 집되거든 남을 알면,
걸챔이나 미움이나 어리석음에나 걸려(서)
(그리)짓말을 쓸가보냐.

人間戒基本
殺 盜 淫
失言
貪 瞋 痴

「一光」誌 읽고,

돍 님게

실낫버들 삼가

多夕近年來
回歸年一光
雅流辟苦波
文雪放灵光

多謝
又感

二萬四千日光炎

몇분 생각에서 盧正熙君宅에다 저녁을 베프시니
감샤히 밧고서 으스렁 달밤 조하ᄅᆞ 거러와 쉽니다.
淨白飯 히기도 히뵈엿고, 饅頭劈頭食ᄒᆞ고, 廉君
始興에서 初農試作品이라고 持參甘蔗를 만히,
집에와서 시루팟떡ᄶᅥ 무더논거 또 마저 먹고, 자ᄅᆞ。

11. 28. 月曜. 마ᄌᆞᆷ　　　　　一百五十日前

다시 하루 씨 (자子새) 어제 (말ᄒᆞ자면 二万四千日) 未盡記를 써오.

1955. 11. 29. 火曜. 마ㄹㄱ 一百四十九日前

滄柱 말씀 「옷오른옷, 집은집, 밥바먹는밥」이됨

11. 30. 水曜. 마ㄹㄱ 一百四十八日前

物有自然常有足 事無不可也無愁 (三空齋)

12. 1. 木曜 마ㄹㄱ 一百四十七日前

2. 金曜. 마ㄹㄱ 一百四十六日前

에스겔 三十七章 읽다
새벽는 죽엄을 보이는 죽은 몬.
살은 살것을 그리는 물결인가.
목숨 숨은 숨을 이어주는 바람이부러이ㄹ만.

3. 土曜. 마ㄹㄱ ㅎㄴㄹ 一百四十五日前

4. 日曜. ㅎㄴ리ㅁ 一百四十四日前

5. 月曜. ㅎㄴ리ㅁ 一百四十三日前

16時20分 써나 鐘路를 지나 長沙洞에 가는데 鐘路에는 新開店을 했다는 百貨店「新신」으로 새어나오는 照明光線은 白玉石(잿)光! 그가운데 우글거리는 人子들의 움직이는 一種幽靈인 狀! 前에 見識한 그것들과는 異하니 「신신」치 안다. 中央神學이란 데 가서. 두어 時間, 「고디」 니야기를 하고 와서, 저녁먹고, 마침, 자니 23時頃 하루 뉘를 잊은 거시다.

12. 6. 火曜. 마리 가나 자이져 一百四十二日前

뒤 닷 안에 서리쳐 말른 풀을 거더 쓸어내고, 薔薇가지를 잘너 고르다. 제(사람)가 흘린것은 더러워 못 보다.

12. 7. 水曜. 하나리마 一百四十一日前

只今 새벽, 쓴가 하면 그 가지것은 써 뭘 한가, 하고 말해 안 쓰면, 이왕 쓰자고 한 거이 아닌가, 하고 責言을 한다. 말막음(塞責)으로, 지난(5日) 日子記부터 只今 쓴다, 只今에 5日 六日을 사나? 5日 六日이 7日을 잡키나? 一百四十日後 日子記를 「오늘」發賣는 좀 할수 업슬가 「某日아침 ○○日報」式. 이러고 보니, 아 文士의 生活! 文死의 生活! 人生의 死實! 그러고 보니. 4日도 請하야 다 이 새벽 좀 먹으라 한가? 그 볼 말슴 한 거 가는데, 「싹을 수록 커지는 거시」「구멍」이라면, 수수꺽기라면, 「자랄 수록 주러드는거시」뭐냐? 수수꺽기지? 「목숨」! 「수수꺽기지」! 그럼 목숨은 빈탕인가? 응, 빈탕이 목숨이고도, 참목숨인거슬 모르나면, 수수꺽기도 풀수 업고, 목숨도 살수 업고, 말슴도 할수 — 드를 — 수, 다 업다.

12. 8. 木曜. 마리 一百四十日前

어제 金玄君 「靑山常運步, 石女夜生子」句를 어데서 보앗다고.

곧곳줄고등금 보다 곧곳의 줄굽금이 아름답음은?

不易에 交易과 變易을 가추엇구나!

1955. 12. 9. 金曜. 마ᄅᆞ 一百三十九日前

온희 밤새 간희니,
오는희 사는말을 뉘 참아 홀소니?
올에해 사름 자름 만홀야!

나 난희도 올희와 갓흔 한희며
나 난달도 이달파 갓흔 한달이며,
나 난날도 오늘파 갓흔 하루며,

나 죽는 희도 올희와 갓흔 한 희며
나 죽는 달도 이달과 갓흔 한 달이며,
나 죽는 날도 오늘과 갓흔 하루며,

나 비루저 난새대오 이제와 갓흔 한새데며
나 숨지는 새대도 이제와 갓흔 이제려니,

이제를 가질수 없는이야
이 산말숨에 더블냐?

이에 새로나(피어), 제 마침 지는(죽는)
——목숨아!
앗가, 이담, 너, ——아담아 어듸 잇느냐?
이제 므니다。
힘 게.
예 제 므니다。 아멘。

12. 10. 土曜. 하리ㅁ 一百三十八日前
집을 쓸고 이제 —— 15새대

1955. 12. 11. 日曜. ㅎㅂ리다가마ㄹㄱ 一百三十七日前

한나신아들 나 난 남 글낭ᄯᅡ라지이다.

낭게달리심은、

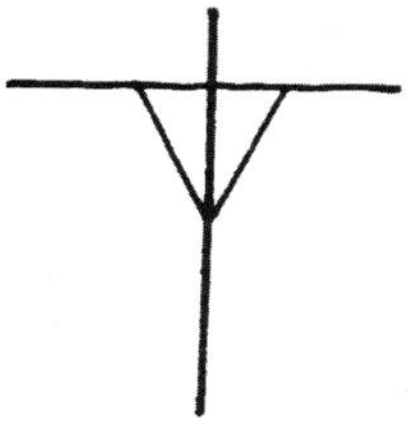

나일내 나일내 나큰일내。

고디보아이룸 을 믿고.

貞固足以幹事

崔元克 柳月相

나 가 말 슴

그리스트

오 예수 이 내 몸에 한웋힘

父 압ㆍ 獨生子 신한 알

主 힘 皇上 한웋 聖 한 母 엄

自 속 性 알 立 슴 命 숨

敎 길 身 몸 附 ᄯᅡ 體 름

男子 산이 夫 지읍이

女子 계집 婦 지에미

알 象徵 딸

차 사롬 지

미시가

그디시에 나신알들 때믄 비르소서

叶約

나가말슴

皇母貞節之神聖所見如實助婦道至聖贊進願成

한엄그디귀룩을본기차롬지엄에귀룩도룩나외리두

가進

나吾

제

自序禮

절문

가進

나吾

한우이미샤곳둣지압에그디리두

惟皇上承命貞立參夫道貞直誓就

ᄉᆡ 북에 외옴

한북(범) 님의 부림이 그디에 다다르매

(이음) 이에 얼김으로 배이시도다

두북(범) 님의것이 여기 기다렸사오니

(이음) 말슴대로 니루어지이다

세북(범) 이에 나신아들이 나려오사

(이음) 우리 사이에 머므르셧도다

(범) 한우님의 그디는 우리ᄭᅢ므른 비르사

(이음) 우리로 ᄒᆞ야금 늘삶(그리스트) 에

드러가게 ᄒᆞᆸ소서

後 式 會 前 〔子夏曰〕『大德 綱常 倫理 不踰閑 小德 食息 起居 出入可也』 總 全 纖 个

1955. 12. 12. 月曜 여름비나아니개 一百三十六日前

一百三十六年前에 몰로 大統領때
一百三十二朔前에 金教臣兄逝去
一百三十五日後에 의 하루 오늘은

13. 火曜 아니개 一百三十五日前
（照二九六）

惟天生民有欲無主乃亂、惟天生聰明時乂、
德日新、万邦惟懷、志自滿、九族乃離、王懋昭大德、建中于民、以義制事、以禮制心、垂裕後昆、予聞曰能自得師者王謂人莫己若者亡、好問則裕、自用則小、
嗚呼、愼厥終惟其始、殖有禮覆昏暴、欽崇天道、永保天命。

〔書 仲虺之誥〕

14. 水曜 흐리 一百三十四日前

저녁에 咸錫憲兄宅（新村）으로 나아가 咸二萬日餐에 飽德ᄒᆞ다。

두만날 만두
차라리
잘잘히

〔1945. 4. 26〕金兄逝去翼日
當日 拙 20133日
咸 16116日
金 16080日
←3885→
今日 拙 20017日
咸 20000日
金逝 3885日（1955.12.14）

1955. 12. 15. 木曜. 가는비　　　　一百三十三日前

季康子. 問政於孔子、孔子対曰、政者正也
子帥以正、孰敢不正.

齊景公. 〃 〃 〃 〃 〃、
孔子対曰. 君君. 臣臣. 父父、子子、
公曰、善哉. 信. 如君不君. 臣不臣. 父不父、子不子.
雖有粟吾得而食諸.

子曰. 其身正. 不令而行、其身不正. 雖令不從。

子曰、苟正其身矣. 於從政乎. 何有・不能正其身.
如正人何。

……名不正則言不順、言不順則事不成、事不成則
禮樂不興. 禮樂不興則刑罰不中. 刑罰不中則民無
所措手足。

子貢. 問士. 何如斯可謂之士矣
子曰、行己有恥. 使於四方. 不辱君命. 可謂士矣、
曰. 敢問. 其次、　宗族稱孝焉. 鄕黨. 稱弟焉.
曰 〃 〃 〃 〃 曰. 言必信. 行必果、硜硜然小人哉、
抑亦可以爲次矣
曰、今之從政者何如、子曰、噫. 斗筲之人何足算也。

16. 金曜. 맑　　　　一百三十二日前

17. 土曜. 맑　　　　百三十一日前

18. 日曜、흐리 맑 百三十日前

天生天殺 道之理也
天地万物之盜 万物人之盜 人万物之盜 三盜
既宜 三才既安
故曰 食其時 百骸理 動其機 万化安

●

情意未發謂之中 發而中節謂之和
致中和 天地位焉 万物育焉

能盡己·人·物之性 可以贊天地之化育
可以与天地參矣

19. 月曜. 맑 百二十九日前

「同情苣 너나」에 參禮 ᄒᆞ다 하루.

20. 火曜. 비 百二十八日前

日記! 自己心帖에 銘記될거지.

愛山 金鎭浩 牧師 問安ᄒᆞ야 왔고
無責任尤를 받슴ᄒᆞ게 되다.

21. 水曜. 맑 百二十七日前

나큰 일내——잘이오. 납죽여 네——못이다.

크나크는 내일 나. 잘이오, 조금조금 납죽여 넋는너. 못이다

1955. 12. 22. 木曜. 맑　　　　百二十六日前

詩. 邶. 凱風

凱風自南. 吹彼棘心. 棘心夭夭. 母氏劬勞.

凱風自南. 吹彼棘薪. 母氏聖善. 我無令人.

爰有寒泉. 在浚之下. 有子七人. 母氏勞苦.

睍睆黃鳥. 載好其音. 有子七人. 莫慰母心.

䷑ 蠱

蠱 元亨 利涉大川
先甲三日 後甲三日

彖曰 蠱 剛上而柔下 巽而止 蠱 元亨而天下治也
利涉大川 往有事也

先甲三日後甲三日 終則有始 天行也

象曰 山下有風 蠱 君子以 振民育德

初六. 幹父之蠱 有子 考无咎 厲終吉

象曰 幹父之蠱 意承考也

九二 幹母之蠱 不可貞

象曰 幹母之蠱 得中道也

六五 幹父之蠱 用譽

象曰 幹父用譽 承以德也

上九 不事王侯 高尚其事

象曰 不事王侯 志可則也

䷗ 復

復 亨 出入无疾 朋來无咎

反復其道 七日來復 利有攸往

復其見天地之心乎

邵子詩

冬至子之半
天心无改移
一陽初動處
万物未生时
玄酒味方淡
大音声正希
此言如不信
更請問包羲

象曰 雷在地中復 先王以 至日閉關 商旅不行 后不省方

初九 不遠无祇悔 元吉 復

象曰 不遠之復 以脩身也……

1955. 12. 23. 金曜 따ㄹㄱ　　　　　　　　百二十五日前

을피(詩) 邶. 맞파람(凱風)

맞파람이 압흐로 와서 나무순을 호호 부러준다.
어머니 쓸아린애태움에 곱게곱게키운 우리거니.

맞파람이 압흐로 와서 거츤낭게도 분다.
어머니 가득호신데 우리가 쓸놈이 없거니.

浚골에도 찬샘이 잇서서 시원혼데.
일곱아들이서 어머니를 편케 못호기.

어엿븐 새소리는 그 소리도 조흔데.
일곱아들이서 언의몸 먹음을 못색이어 드릴가.

24. 土曜. ㄴㅜㄴ　　　　　　　　百二十四日前

한위 고르우. 이웃 조흐우.

(어제 받은 金玄片紙)

먹고 자고 싸움. (食낫. 息잠. 植곱)

할 일이 있다믄
　　　　한 때 먹는 일 (貪)
말씀이 있다믄
　　　　한 참 잘 말씀 (瞋)
싸움이 있다믄
　　　　한 고디 싸움 (癡)

元通天地 一坐 天地安
亨達晝夜 一食 晝夜關
利和生死 一言 生死知
貞徹有無 一見 有無觀

12. 25. 日曜 마27 百二十三日前

크리스마스 추리 라고.? 참말 悔基(捷)理나 되믄!

26. 月曜 百二十二日前

大禹謨
曰若稽古大禹, 曰文命敷于四海, 祗承于帝.

曰后克艱厥后, 臣克艱厥臣, 政乃乂, 黎民敏德.

帝曰, 兪, 允若玆, 嘉言罔攸伏, 野無遺賢, 万邦咸寧, 稽于衆, 舍己從人, 不虐無告, 不廢困窮, 惟帝時克.

益曰. 都(略) 禹曰. 惠迪, 吉, 從逆, 凶, 惟影響.

益曰 吁, 戒哉, 儆戒無虞, 罔失法度, 罔遊于逸, 罔淫于樂, 任賢勿貳, 去邪勿疑, 疑謀勿成, 百志惟熙, 罔違道以干百姓之誉, 罔咈百姓, 以從己之欲, 無怠無荒, 四夷來王,

禹曰. 於, 帝. 念哉. 德惟善政. 政在養民. 水火金木
土穀. 惟修, 正德利用厚生. 惟和. 九功惟叙. 九
叙惟歌. 戒之用休, 董之用威. 勸之以九歌俾勿壞。

帝曰. 俞. 地平天成. 府六三事允治. 万世永賴時乃功。

믿고지다라곤 말씀ㅁ
지고 저서 믿습니다.
비슷
비즘
빚. 힘.
빚이다.

十(一丨·) 남게달니신 예수.
난게 ㅅ다라지이다.
우리ᄯᅡ트튼 나신 아들
우리. 한가지 한나신 아들 (나난나는 못난 ㅏ지만)
지고 믿고 예는 길이. 오직우리의
예혜헤브터. ㅅ가지 이어이에 수거ㅓ.
빚낸믿혠(미텬) 믿지쟌으려고
첫참브터 ㅅ고부릴 생각만 흐려는 장사치차름.
알아 맞힘(마침)을 쓰라는것이 아닙니다.

장사치도 알아마칠 수가 엄서서. 길바닥에 안진 점쟁이에게
잣단미천을 ㅅ도 잘리는것이오.
점쟁이도 알아마칠 수가 업서서. 그런장사치를 ㅅ도 ㅅ드더
먹는것이다.
예날로 예나가는 사람 사리에는알아마칠수을막은 것이다.

1955. 12. 27. 火曜. ㅎ∪21ㅁ　　　百二十一日前

힘 이름 「예수」 「이만우에」ㄹ 가리라.

우리 참 우린 참 참 참
갈데 업서 오오오 와요. (왜오? 와 ᄭᅩᆨ 가튼 소린데오)
　예 (이어이에.와 ᄭᅩᆨ 가튼 소린데오).
아ᄇᆞ게 하도하ᄒᆞᆫ수에.
아ᄃᆞᆯ 네 — 일내 — ᄒᆞ이신
　수.
예수 여.
힘이여, 우리 힘의 이름. 이룸이여.
우린 이만우엘 가리라.

ᄯᅡᆨᄒᆞᆫ 거시 「나」

ᄒᆞ는수 업슨 사람이건 만 「나」는 ᄲᅫ 수가 잇거니
하는거시 사람이오.
갈데 업서 예 왓건만 「너」ᄲᅢ몬 예 왓다고. 말ᄒᆞ는
버릇이 「나」다.

28. 水曜. ㅎ∪21. ㄴㅜㄴ　　　百二十日前

아는체와 모르는척.　수수꺽기와 모름지기.

한우님이	사람에게.
사람이	한우님에게.
잘몬이	나에게.
내가	잘몬에게.

가지가지 모든 수가 거기거기
잇슴지기. 찻는. 수수꺽기.
모르지 모르므로 모를스록 모름
지기 ᄭᅩᆨ 직힐거는 모름지기.

子曰學而時習之不亦說乎
有朋自遠方來不亦樂乎
人不知而不慍不亦君子乎

子曰不知命無以爲君子也
不知禮無以立也
不知言無以知人也

子曰士而懷居不足以爲士矣

子曰有德者必有言有言者不必有德
仁 者必有勇勇 者不必有仁

子曰君子(心公而恕)易事而難說也說之不以道不說也
及其使人也器之
小人(心私而刻)難事而易說也說之雖不以道說也
及其使人也求備焉

子曰後生可畏焉知來者之不如今也四十五十而
無聞焉斯亦不足畏也已

子曰出則事公卿入則事父兄喪事不敢不勉不爲
酒困何有於我哉

子 絶四毋意(私)(渾然天理)毋必(期)(隨事順理)毋固(執滯)(過而不留)毋我(私己)(大同於物)

子曰禹吾無間(至精至密)然矣菲飮食而致孝乎鬼神
惡衣服而致美乎黻冕
卑宮室而盡力乎溝洫
禹吾無間然矣

1955. 12. 29. 木曜. 히ㄴ리 百十九日前

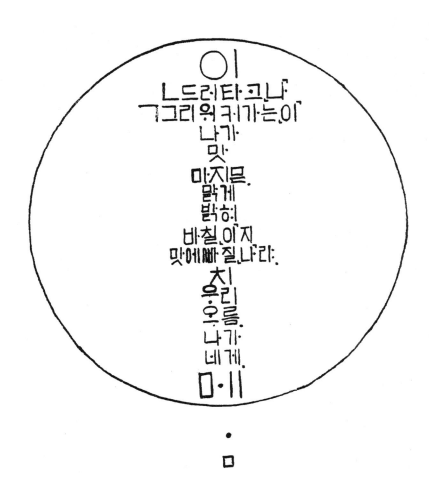

이
ㄴ드리타·고나·
ㄱ그리워ㅋ·기가·는,이
나가·
맛·
마·지믄.
맑게
밝히
바·칠,이지
맛·에빠·질,나·라:.
치
우리
·오름.
나가·
네게.
ㅁ·ㅣㅣ
·
ㅁ

曰、予、小子履、敢用玄牡、敢昭告于皇皇后帝、有罪不敢赦、帝臣不蔽、簡在帝心。朕躬有罪 無以萬方
萬方有罪 罪在朕躬.

1955. 12. 30. 金曜. 마라가 　　　　百十八日前

22時서울떠나서

12. 31. 土曜. 하리가 　　　　百十七日前

10時半頃 松汀里닷다. 汽車賃 1220円 버스賃 60円 서울에서 車票發賣는 三四時間前브터 賣出ᄒᆞ고 改札入場도 22時發車 20時四十五브터ᄒᆞ는데 車室內混雜은 다 形言하기어려웟다 어린애들 우름 兒母들의 困狀. 阿鼻叫喚 그대로엿다.

이大晦日을 저녁七時(十九時)브터 낫十五時까지 親分업는 人間들만 接ᄒᆞ고 지난 것만은 眞空感이 적히 잇엇다.

1956. 1. 1. 日曜. 마라가 　　　　百十六日前

하나 아홉 오두. 오릅시다. 한다음에 할우. 라 하며 빛난새해로 빛고을에서 마지ᄒᆞ게ᄒᆞ십. 고맙습니다.
새해 첫하루를 잘 허 먹엇습이온가ᄒᆞᆸ나이다.

2. 月曜. 마라가 　　　　百十五日前

빛고흘에 서리아침 맑은낫 달밤에 올에도 힛사름을 이틀재

3. 火曜. 하나리마 　　　　百十四日前

4. 水曜. 하나리 　　　　百十三日前

? 힐름에는 폐 쓴. 말에는 말씀이 만하ᄒᆞ. 말
고린도後 一章 20—22, 고린도前 十二4—

尋牛室 이야 　　　　多夕 徽天

1.5. 木曜. 맑 흐리 百十二日前

6. 金曜 흐리 百十一日前

16時半, 光州驛發

7. 土曜. 맑 차다 百十日前

10時頃 집에 오다.

8. 日曜. 맑 百○九前

9. 月曜. 맑 百○八日前

6時50分發 (서울) 原州, 서 横城 監理敎會 오다. 조금 늦이 노헌, 긴, 휘우듬 흔어덕 우에 聖潔, 天主, 監理, 安息派循으로 敎會堂이 列立 되었다. (主人牧師崔永麒氏)

10. 火曜 맑 百○七日前

崔益信 (屯內) 李萬善 (聖潔) 權赫尹 (隅川面 谷里) 李鍾聲 (長老) 林啓成 (甲川面 梅日里) 劉載澤 具本雄, 崔玉水, 方在哲, 朴鐵漢

11. 水曜 빔샌눈 흐릿 百○六日前

새벽. 낮. 저녁. 으로 말드르려 나오는 눈은 꼭 나온다.

12. 木曜 百○五日前

朝雪紛紛横城驛, 午日炯炯漢城職 保輸運來此處身 舌轉換身同消息.

5時半 横城發 버스로 와서 14時「新生精神」을 講하다.

宇　宙在乎手　万化生乎身
情操純一運精神　手握貞固轉倫紀

1956. 1. 13. 金曜. 마지기 하나 　　百〇四日前
釜山市巨堤洞鐵道官舍第二十七号 李炳然方 魯淵泰兄 海衣를 大峴洞三六의二 咸兄宅에 付送한것을 咸兄이 搬來한것을 받다. 사람은 한가지를 받는데도 여러가지 짐을 맡는다

擲柶

(四) 네 윳 (이웃)
모 　 닷 (五) 스니
짝이 　 도 　 하나 (一)
개 개 　 들 (二)
걸 　 세 (三)

四隣會同作伍來
吾獨未解與多夕

長者乞參傑傑參
小子亦一個個擲

14. 土曜. 마지기 하나시 　　百〇三日前

子曰. 可與共学. 未可與適道. 可與適道. 未可與立. 可與立. 未可與權.

子謂韶，盡美矣，又盡善也
〃武 〃 〃 〃 未〃 〃 〃 （八佾）

15. 日曜. 마ㄹㄱㅣㅁㄴㅁ사ㅂㅣㄴㅜㄴ 百〇二日前

生理 心理 莊嚴奧妙
重重象徵 明明來照

淫亂褻瀆 肋肺祝融
貞固 清幹 精神亨通

16. 月曜. ㅎㅜㄹㅣ 0.10°5′C 百〇一日前

한 사람 마다、~~만은~~ 뭇사람이 높히 깊히 알아이ㄷ、
뭇 사람은 다 한분이신 한우님 게로 큰다。

나 내온날 밤새 간온날 넘 나 —— 옛날 나 하나

酸素는 불을 부린다、水素는 물을 끓는다。
말숨은 불을 놋는다。
얼김은 물길이다。
한우님은 消滅ᄒᆞ시ᄂᆞ 거륵ᄒᆞ신 뭄。

1956. 1. 17. 火曜 [illegible]

온 날 앞에 내 타기를 서리어온 저녁!

그 혼 때 만이 하도 만타!

하루 뒤에. 새벽 ㅅ대온 만을 빕니다.

오 예수여. 내 몸에 한우흰.

한얼 고디시어 나신 아들 ㅅ대온 비르소 ...

活 紀 一切 地表 明 德 明

3 | 산 아이. 몸. 속알. 밝고 　　放勳

安 定 不觸纖 貞 烈

| 집 안해. 고디 맵사 　　重華

| 누리에 사람 글 피리이다. 　　文命

人 文 　　敷于四海

2 | 오아 우이 와 왜 우에

| 오아 | 우에 갈 |

| 글 그리어 우에 갈 얼 = 글월 　　文章

1 | 中 ㄱ온. 씨기. 曰 곧온. 말음 　　中 曰

1. 18. 水曜. 하나리ㄱ 111 九十九日前

고디 그린 사람.글 그리노라

몸의 고디여 네 가 슴을 봄。

(네 나가서 슴
네가 슴
네의 가 슴)

思慕貞之人文文章

앞서 나가 살고 도라온 무근 피와 그피에 실려온. 우에서 오늘날 새로 주신 즘생을 밤낮 없이 불살워 새피를 내는허파 앞에.

새피를 바다. 온몸에 벌려있는 四百兆(万万万) 살알에 돌려 이바지어 드리우려는 몸밖에 머금이 없는 봄(드림마튼이)가 있는 가슴에 네 나가 슬데다。 「염통」POPE(POUP)

다음은 허리. 새피가 깊은 허리 기둥ㅅ벼 안쪽으로 굳게 달린 콩팥에 가서는, 안ㅅ잘 샘물로 되어 잠근동산 덮은 움물로 간직ᄒᆞ도다。또 그움물 가에서는 알잔샘물이 구름 피우듯이 온몸우로 서더오르도다。(雅四12)

우리의 얼은 그서오른 구름으로 ᄒᆞ이ㄹ 살이 지는것이로다.
살이 진 얼은 다시 거룩ᄒᆞᆫ 생각의 구름을 피여올리도다。
할렐루야!
그것은 곧 하우님께로 올라가는 기름이오. 빛이로다.
참 목숨의 기릿빛이로다。빛난 기름이로다。
참 바드실만ᄒᆞᆫ 목을 드림이로다。(로十二장一)

그런즉, 몸의 밝은 속알아
네 열린 무덤가튼 목구멍으로. 네 다릿터 가튼 밥통으로 새 없시 더러운 즘승을 잡아 드릴가 보냐! ——
— 주시는것 밖에 ——。

그 다음은, 네집안의 알잔샘물을 한방울인들 네 집 밖으로 흘리어 내어 쓸거시랴! (箴五15—23)

다시 그런죽.
무에! 허파
치오름이 허파!
맛이 허파!
무어허리
얼잔 허리!
허펑 허리!

사람 사이.
몸가진이여.
잼에 들거든
네 고디더러. 므러서 네살팀을 호라.
고디뽄이
참빛 호리린.

목숨을 그리고 조흔날을 모려는이는 네 입랄허가 참말로 벌서 벌서 도라와슬게디. (베前三10 詩卅四13)

1956. 1. 19. 木曜 마리 九十八日前

ⓘ 고ㄴ씨기 ㅁ(줆) ㄹ골ㄴ(ㅂ) 中 ㅂ
올사ㅁ 흔(ㅇ을) 말슴

孔子. 中庸. 何為而言也. 命在正中庸勇出來事是. 人間是貫革. 但躬弓. 貞矢而得中正者也.

삶
삶잘사는 씨알이 참나라를 세운다.
네눈 똑바로 서서 삶새 사물 어드라.

지난 밤에 생각 꽃이 피어오르더니.
이한낮에 그열매를 보는구나.

고 적은 삶들거림이 참말 바로 마젔네.

이 낮에 번히 새어 흔노릇이 더욱더 헤매어만 가는 일은.
—— 이것이 바로 한 삶 아니라면 되느냐!

네몸에 달린 발이 삶맛은 거러간다곤 네기지 마라.

네속에 몸눈맘은 속바로 한울우에 관핵을 마치러 들고 나가게 생긴것이니라.

(十月二十六日柔熙)

1. 20. 金曜. ㅎㄴㄹㅁ 九十七日前

사람이 이미 안것이 있다믄
뒤에 더 알것을 마즘 — 큰 알따즘 — 을 한것 ~~은 누굼~~
이지오.
올사리. 알맏슴 — 모다도한 뜻앎 — 이드니
만양 드러도 안이는 이미 산이 밧건 넘겆지오.
올사리의 알맏슴 하 ~~한황이오~~. 도 하니,
더 알거이 없다 때면 더 살것도 없잔으리.

21. 土曜. ㅎㄴㄹㅁ 九十六日前

그리온걸 그리우고 드디어 오른이
누구리?
무리여.
거룩홀 우리고디!

잡은걸 손에 꼿 잡고 어린이를 본받게 하는것이 敎.
잡은걸 보배롭게 잡은거이 貞.

1956. 1. 22. 日曜. 마27 ㄱㄱㄹㄱㄴ 九十五日前

염통 노래

우린 웨 우에 나가 만.
든든 쉬자는 숨 고동.
튼튼 타 염통노래.
그리운걸 그립게 알고 드디고오른 이
누구리
무리 ㅁ 우린
그리 거룩 나가만 잡아
거룩 코 잡소 니.
치오름 허파.
알 잡 허리.
염통 아부 볍 퓹(pope)
밤낮 드림마튼 이어다.
——고디. 옴.

1. 23. 月曜. 마27 0.13°C 九十四日前

이누리를 그눌림이가 뉘뇨?
짓구진. 구진짓이 하도 하구뇨!
짓구진 구진 꼰이 얼기 설기 하구뇨.
짓구진 구진 춤을 느래 느리는구뇨.

하고 밝은 갓(矣)이
하고 많은 살알이
하고 많은 씨알이 왜 뭐 아는다운 곤을
못 그린가요,
구태여 지구진 줄로 얼거 딸가요.
빨이 짓에 들떠는
줏별 줏별,
별에서 죽을짓 딴이니,
그 누리를 그눈이 뉘오?

惟不一而足矣者一神之眞率也
欲擧一而廢百者百姓之妄倿也

1. 24. 火曜. 0.12.8° C 마리 九十三日前

벋불(볼불)

뉘 눈이
봄 그려 뽕(본 그).
누에의 눈엔 봄에 뽕.
뽕 잡아 먹고
넉잠에 자라. 실켜 잣다.
고디 올라. 고티 짓자!
고치 짓고 드러,
잠은 잘 들리라.
잘 들면. 나라 오른. 꿈 꾸리라.
꿈 꾸다가 깨면
고티 트고 나라 오른 일이다.

그러나 우리는 버레!
나나도 잠자리.
벌은 꿀나라에. 꿀버리로. 저바닥은
알.수도 버리단. 다.
벌은, 불.
벌불을 든가?
우리들은 버레.버러지!
사람 때문에. 버린. 버려 오일 뿐.
뉘에, 잠자리. 벌(버리)——
고기리, 숨기리?
——사람만이 앎. 말슴.
이새 사람이 뜬 버리나 좀 되면 제법 벌벌하게
젠척 하지요.
그러나 그것은 아니오. 반디불 개똥 버레만 콤도
볼게 없오.

숨과 열 말과 글

숨은 그럽고 열은 울린다,
글로 숨을 다 못 밝히겠고,
말로 열을 못 다 밝힌다.

밝을 숨과 열은

참 그럽이오, 절로 울림이어라.

1. 25. 水曜. 마기 0.12°C 九十二日前

구에 씀!

계에 人士ㅣ自家人生觀을 論文으로 提出ᄒᆞ면 그
會에서는 그論文에 나타난대로 그人士의 最終
年동안 身分, 말ᄒᆞ자면 그人格을 確認保證한다.
氣에서라 ᄒᆞᆫ다. 文字는 皮肉이다. 希臘二字가 生
를 皮肉ᄒᆞᆫ다 ―해를 바란다. 五.

(ᄒᆞ기"ᄒᆞᆫ 씀도 잇다.

님에 씀!

無言誨十年
一大事因緣
飽息气海洋
致命生涯津
기운것쉬어,
힘잇게살어지자!
未盡盡命九十日
焉竭竭力三千日
一九오믄(한 달음 이오) 해마지 (1956.1.25)
自分明夢何所之.

盡盡命은 오는날곧 九十一日前

木曜講座에서 말솜ᄒᆞᆯ 題目으로

지난 二十日 金曜(곧九十七日前) 에 내논것.

으·ㅣ 름

들이(나 가)만(丈家)드리(媤집)감이 의름

의름은 실은 일이오
　　　깃사·울(未定) 일이다·

어·이 게서 길리니 서름이오
아·이 에서 덜리니 실음이다·
어버이 돼 히리니 깃사·울가·
아·이들 나· 이히리 깃기바·ᄅᆞ

어버이 계 기대이서
어버이 게 고이어서
사·랑· 바·더 길린 아·이
키·ᄀᆞ나· 의름 될가·

의름은
기룬 사·랑·을 이·이고
드믈 고디에 설면서

한·월 과· 월일가·
두·몸 서른 의름가·
호아· 될가·
하·나· 가·질가·
가·튼게 같으면서

한·가지 치런다·

나·이찬· 산·이(活兒)
　　　계집(安宅)

마·진·작에 새로 기댈 어·이가
마·진작에 새로 고일 아·이가

昏 因

하루 히가 열히잡기려들고
큰사람 들 한테두리 가치려홈

두사람이 스스로브 어리어서 한테둘이나 단단히
호겟다 새다르면 그두사이 한난이들로 클스름 둘거니
클스름들 한테두리 란 셋(叅)이다
하나 둘 셋 셈들(叅判) 손 다섯가락

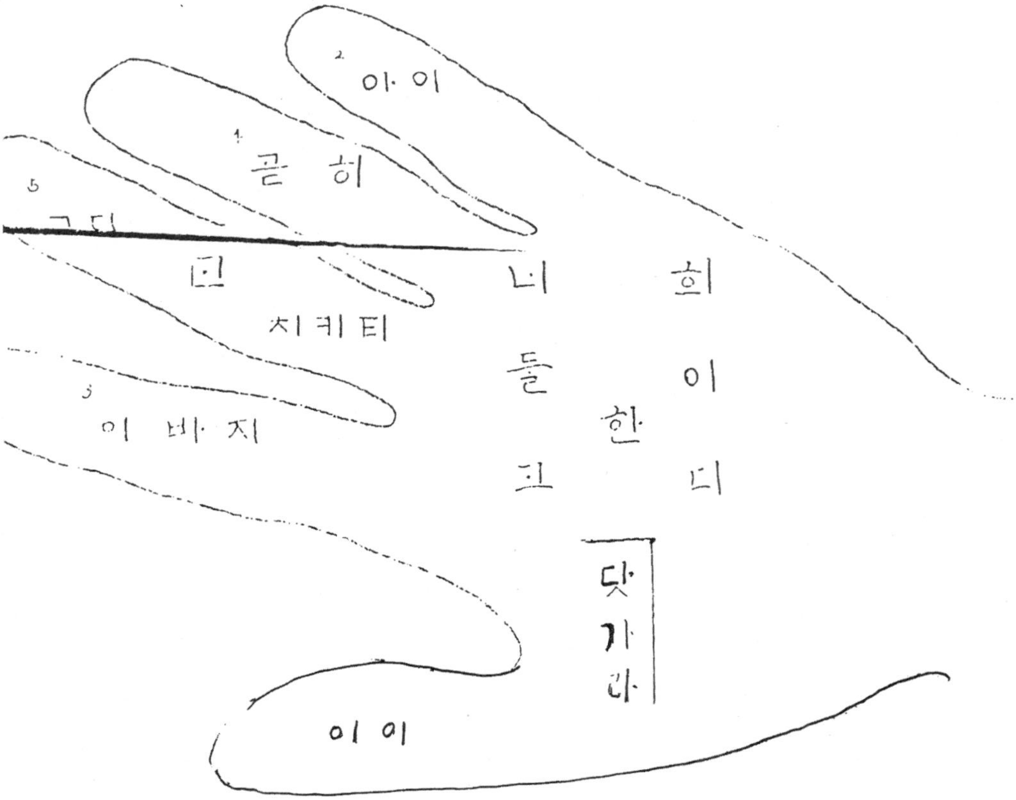

의롬은
기른 사·랑·을 어·이고
드믈 그디에 쏠면서

힌·얼 과· 얼힐가·
뜨·몸 서로 의를가·
ᄒᆞᆫ이· 힐가·
하나· 가진가·
가·튼거 같으면서

한가·지 치련다·

나·이찬 신·의 (活兒)
계집 (安宅)

미·진쪽에 새로 기댈 어이가·
미·진쪽에 새로 고일 아·이가·
잇는듯 그리워 짐이라·
아·이 기르을 사·랑의 윔이트리니
어이 아·니 그리리

아·이 에 아·이가· 안 되고야:
어·이 그의 어·이가· 될거라:

아·즈 ᄒᆞᆫ이· 참 난·이·들로 커스면 모르나·
그리치 못ᄒᆞᆫ 이로 헤매는 동안이다·

아·이 기루는데는
븟치고 마·ᄎᆞ고 대야 ᄒᆞᆫ다·
뺨을 부치고 쌤을 대고 입을 마·춘다·
그대로
아·름답다· 착ᄒᆞ다· 참이다·

그러나· 자·란 사·람들은

드믄 드믄 드믈(疎闊)리이:
내고 갈르고 세야: ᄒᆞᆫ다
아니 내면 죽는다 아니 갈르면 썩는다 아니 세면
즈러진다 —— 대면 다친다
진저리를 칠일이다
드믈려이: ᄒᆞᆫ다

여기에 ᄯᅳ 고디

ㅣ 고 코티 디ㄴ ㄱ 고디 고코티드디 고드ㄴ

ᄉᆞ름글 피:리 文命數于四海

---

1. 27. 金曜. 0.54° C 까그ㄱ 하ㅂ리ㅁ 八十九日前

28. 土曜. 새벽나니 ㄴㄱㄴ 아ㅅ다 0.4°4 八十八日前

말이 적은데 福있고. 넘은데 禍로다. = 福藹禍溢

가열 넘으므로 말이 많고 밤새온 눈처럼모르게온거 복엔 말이 없다.

집웅밑으로 드려 쌓은것이 富요. | 爲仁. 不富.

한울 보이게 내 놓은것이 福이다. | 富亾. 爲益.

1956. 1. 29. 日曜. 맑 0.8°7C 八十七日

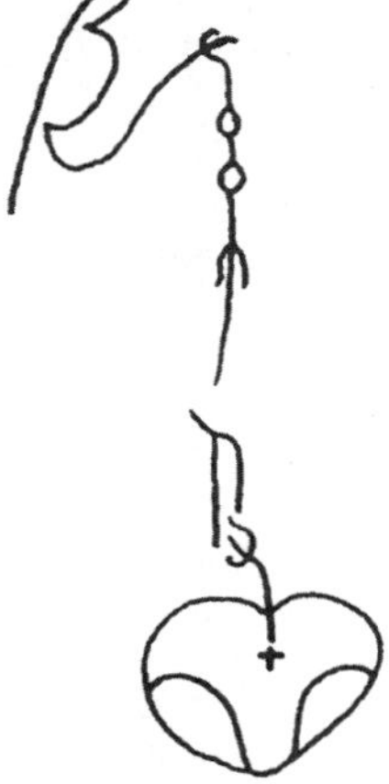

時代의 電波는

緊急을 傳ᄒᆞᆫ다、

世紀의 觀音도

緊急을 傳ᄒᆞ다。

緊莫緊於承綸音、急莫急於服膺。

30. 月曜. 맑 0.1°9C 八十六日前

맛、마지、마침、힘。

마지맛、마칠 때도

맛 마진 못 마침!

—— 마지 막음 이니 —— 제 마지막 [無終悲]

맛 부칠 님은

니 하나· 나· 니· 나가 맛

마침내 힘、맛 힘 맺。

한얼 ᄒᆞ이 힘 마지어
사ᄅᆞᆼ글 맞힘에
힘 스므로 마침 [有終美]
심、짐、침、ᄒᆞ이 힘! (前벧四11)

1956. 1. 31. 火曜. 흐리 0.5°C 八十五日前

우린 몸 옵

스 ᄼᆞ름(自)ᄾᆡ
ᄼᆞ 름 새
ㅣ ·ㅣ ㅣ ㅡ (ㅣ·ㅣ) [ᄼᆞ]
쉬는
오리 새름 ᄼᆞ록
ᄉᆔ
늬 ᄋᆞ 치고
드 읍
(ᄋᆞ) 릐
위 회 회ㄱ
그리 ᄀᆡ록
[ㅡ리ᄼᆞᆯ]

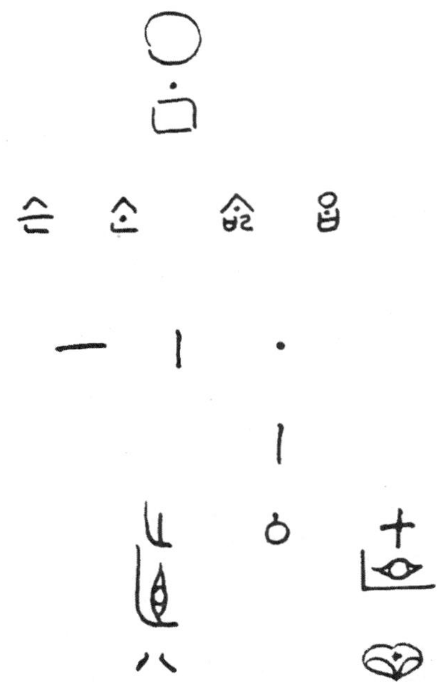

2. 1. 水曜. 마근 0.10°8C 八十四日前

平明無告〔長夜號旻〕

로八 18—28

鷄鳴日月明 卵子何不平 殺雛人誕辰
人名旦夕命 胎生自有聲 無告民難情

猶簡供養蛋 億粒日用糧 爲之於未有
常平回向精 兆胞歲費經 其安易持濤

1956. 2. 2. 木曜. 마라기 0.10°C 八十三日前

開眼正見瞑目念　萬里同風同淸息
仍神處行呼气幹　億年一理一瞬間

3. 金曜. 아개 마라기 八十二日前

서울驛 9時發 陵谷行 ᄒᆞ다가 水色驛을 지나 가ᄂᆞᆫ 담이 가ᄅᆞ고 停車ᄒᆞᆫ데서 下車ᄒᆞ니 花田驛이라고 新設中인데서다. 거슬러 거러서 蘭芝島로 오다. 少年市에.

올 나갈 말슴
올 옮 슮 알마즘
네거 드리 머근 그느믈 느ᄀᆡ고 오름
맛멋 [ ] 뭀 모 의 븜 (말六31―34)

맨츰과 맨ᄆᆞᆺ 앎은 가장 먼 옮이나 흔들이 업스니 알마즘도 쉬울듯 ᄒᆞ고
ᄀᆞᆫ씨기로 가사가온 자리옴김은 자못 만하서 도로혀 알맞히지 못ᄒᆞᆷ을 오늘 내께게 대보이엇다.

4. 土曜. 해나미 八十一日前

人 文　소리글피리 文命敷于四海

天心人情否欲泰
願從本意我可廢
生疎熟爛天地否
依舊如新慎終始

着實果斷春秋序
離古卽今參一

5. 日曜. 마리 ~~흐리~~ 八十日前

陵谷宋君宅壁에 「大祥」을 三年前宋君吾家來訪時聞記ᄒᆞᆫ거라 고 主人말을 듣기前은他人의文句로만 보려든다。溫故知新ᄒᆞᆯ課目 인가? 敷演ᄒᆞ야 오늘念。

大 祥

生得有終身、 蒙喪行年服。創三21
愼終追遠心、 得喪永言福。
福自配命求、 喪配歸妹屋。創六1-4
蕩子悔來回、 元子蠱解惑。누五11-

6. 月曜. 마리 흐리 七十九日前
陵谷서 四時(午后)十分汽車로. 서울驛 나려 거러 집에 오니 어둡다。

7. 火曜. 마리 七十八日前

故 國 人口多事食 五口己食言
倉口每言食 十口未給食

申八2-10 食母黨食言 聖口气出生
맏四4 言子道斷息 回復命立卽

나·라·말

立卽然後 可以立鄕立鄕、
立國立命者也。

쉬게 집 되인 대로 말을 그릇칠 나라면.

되ㄹ 수없고 말도 아니다.
더욱 나라? 그러ㄹ 나라 더냐!

ᄆᆞᆯ이 ᄆᆞᆯ ᄆᆞ리 보자、 나ᄀᆞᆯ ᄆᆞᆯ
ᄑᆞ리 내 다리 타고、 네게 매 ᄉᆞᆸ니
오릅

와ᄋᆞ! 왜 웨? 오아ㅣ 으이ㅣ

우린 ⊖린 우에 ⓔ 오르리 黙一6 눅十三31.32 베건二9

1956. 2. 8. 水曜. 마리. ㄴㅜㄴ 七十七日前

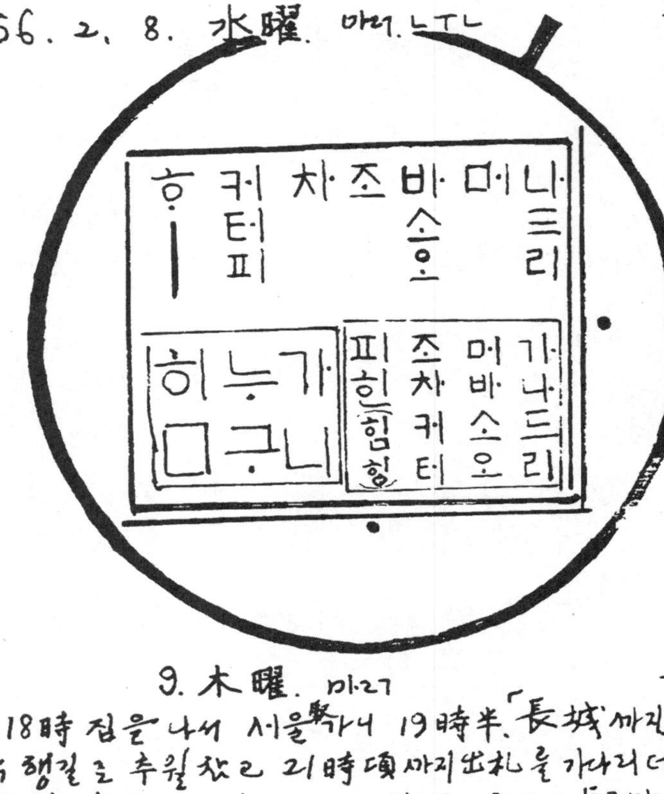

9. 木曜. 마ᄅᆞ기 七十六日前

18時 집을 나서 서울驛가니 19時半. 「長城」까지 票사서 가지고 驛밖 행길로 추월찾고 21時頃까지 出札을 기다리더니 누가 말ᄒᆞ기를 「京釜線 出札口로 갈려 드러 간다」ᄒᆞ므로 驛밖에 섯던 사람들이 突進還至ᄒᆞᆫ다 나도 틈에 끼여 나가려다 지쭈 않게되고. 말이 앞으

호. 내밀리는것에 사람이 눌린다 多幸히 내뒤에는 障依가 잇고 좀 回曲이 잇서 餘裕가 잇다. 그얼 靑年의 놉소리로 사람 다친다 호면서 밀디는 사람을 警戒호면서. 나가니려나려도 유삭사삭가 뒤로 물기 호야도 不能호는것을 내허리를 새드러 나르켜 주엇다. 그러나 그 靑年은 도라볼새도 없이 그人波에 쏠녀 엇지되는지 밀녀배 최이매 들게되어 改札乘車호엿다.

車室中에는 立足의 餘地가 없다 겨우 유삭사삭를 시렁우에 치연저 노코는 끼워 섯는데 坐席賭買賣에 殺風景을 본다. 賣手가 先坐호 靑年에게 威脅호다가 미리여러는窓ㅁ로 出身호려는것을 一人이 그옷뒤를 붓자부며 자리를 안 잡아 주고. 내돈 二百円 내라 호며 賣手 다시 도라서서 靑年을 다시 脅迫호며 머리로 드리받으므로. 자못 險惡호더니 엇지되는지 買手「나ㄴ 서서 가겟스니」소리가 나며 또 엇던 사람인지 돈 二百円이 나와서 건네는 셈이 지나가더니 그 안개는 것고 말엇다. 밀티고 길고 내가 미운아 뒤에서 밀지 마위 말로 되푸리 호면서 밤새도록 裡里까지 怨望스럽고 눈怨望을 바드면서. 座席을 잡아 앉은이는 꾸프려 졸기도 호고 그 속에서 行商 大笑声도 들리고. 兩側 出入口쪽에는 밤새도록 阿鼻叫喚 사람 죽는다 어린이 죽는다 쏫드러가 저는 가운데 비켰다 호는 말이 되푸리 호다

이 車室 一夜界에는 三層段 生活이 있다 坐席層, 中立層, 進退不得層이다. 苦生호면서 不幸호면서도 見學은 確實호다 하엿다. 우리 社会의 現狀 縮圖 가트 살다.

七十五日前

10. 金曜.

9時頃 長城 下車. 10時 예쓰 標를 삿다가 人員이 너무 만하 多다고 換錢(紙)호고 學生 二人을 맛나 社倉 三十里步行. 社倉서 加海 十餘里 오니 加海 敎会 沈相國氏 洪祐鍾長老 다 安寧호십니다. 感謝. 무슨 地獄을 免호고 天國路 五十里나 지나는 듯 호다.

1956. 2. 11. 土 눈새부리여 맑음　　七十四日前

舊曆, 섣달 그믐 날이라 한다.

二重之送舊迎新　舊或不固新不鮮

誨醒 洪先生詩句　1872. 4. 28. 日曜 壬申. 3. 21. 乙巳　差 ○528

滿石山前飛去鶴
宝城江上汎來路

No 30600

12. 日 맑　　七十三日前

默示二十一章 新天新地 읽고 旧曆新正을 迎함

13. 月曜 맑　　七十二日前

親民道理何處在

生平長安世逸民　主陰上年再逢春
遠作長城消遣人　遷陽延歲重開新

14. 火曜.　　七十一日前

隨處宿伴時食負屋蝸

昏定晨省自身孝　不可須臾離本道
洒掃進退長小学　何曾造次好他惡

感茲在茲血肉兒　地以天子即今之
思親未親心性子　存事沒寧自古辭

2. 15. 水曜 하나이　　七十日前
어제 낮에 長城 文場發 써스로 光州栗木洞에 와 쉬고 나다.

難鳴

古古稽古告啓故　無名子勝愈權榮
告晨二先惑至三　有勇弟失自由榮

마태四1—11　廿六69—75

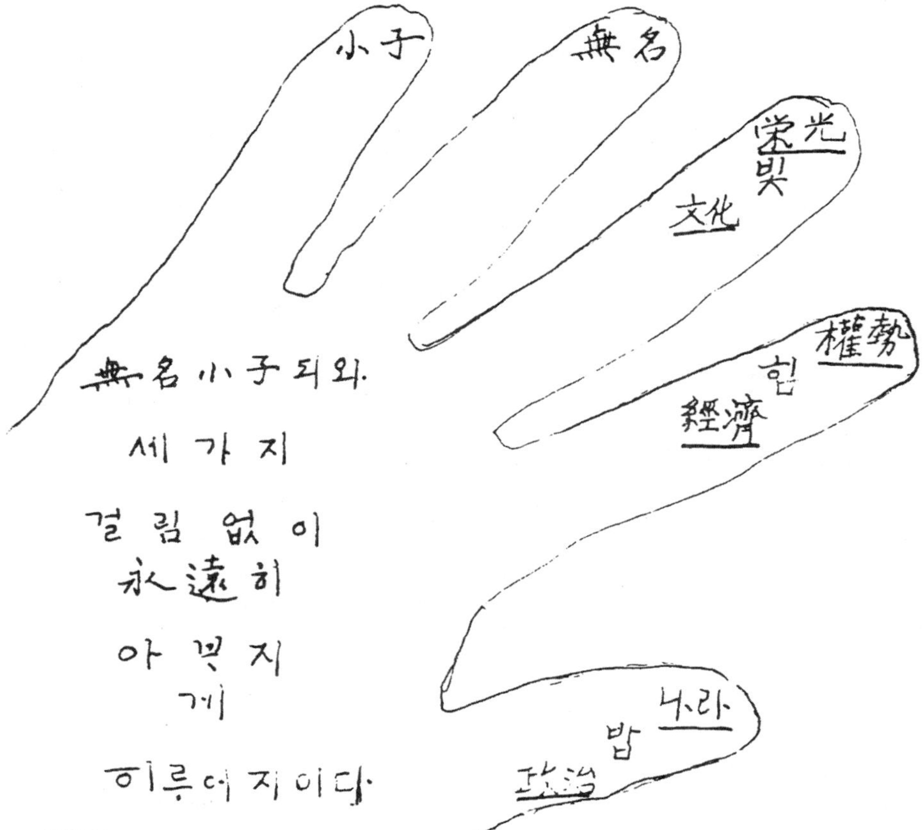

1956. 2. 16. 木曜 하루 (?)

六十九日前

옷에 올린 몸, 집에 잽힌 몸, 밥에 밟힌 배.
몸밟바, 몸밟바, 배밟바, 사람이 밥만 보도다.
도라가 밤에 바라고, 잠에 자라, 맘에서부터 다시 보아
바를 펴지라. 고요히 프여 니음을 보라.
밥 때문에. 집 터문에. 살라문에. 빚그러 맬거는 아니.지!

2. 17. 金曜. 마라기

六十八日前

치오름 超 凜 티ㅇㄹㅂㅁ

即赴召命日 嗇廪凍結節

고後五 1—10. 비립—20—30 베後—12—18

鄭寅世 兄의 引導로 木浦에 오다.

原頁
目見瞳的物 服息蒙解喪
生活元人事 終命課誠子

念
不遠遠遠道 相問人中人
尋人人八中 交善生上生

2. 18. 土曜. 맑음

六十七日前

吳長老奉烈宅에 한밤을 쉬고 晨省鷄鳴을 맞고
9時發 乘艇ᄒᆞ야 섬지나서 都草島오르다. (수달里)
李長老 . 宅에 드러 저녁 받들고 쉬다.

2. 19. 日曜. 맑음 흐림

六十六日前

六十六歲翁　　晨省何期日
尙夢昏續絃　　無期永生然

主日 아침 말슴 ᄒᆞ게되어 「여러가지 職分이 잇음과 사랑을」
고前 十二장 十三、四장을 보다.

2. 20 月曜. 맑음

六十五日前

아침 일즉 「수달」을 떠나서 「지남」에 오다 지남에서 午后 「동도」船을
을 타고 木浦에 도로 와서 저녁을 먹고 낫다.

2. 21 火曜 맑고구름

六十四日前

木浦市 山亭洞
蓮洞長老會 梁牧師 東錫處 오다. 鄭之寅世珍爲向發.

2. 22 水曜. 맑음

六十三日前

蓮洞敎會에서 三日禮拜에 고린도 전서 十二、三、四장으로
숨힘에 対ᄒᆞᆫ 말슴을 研究ᄒᆞ게 된거는、무슨 象徵이신가
崔明吉牧師 牧會 엿다 ᄒᆞ면 牧師는 六二五亂에 殉ᄒᆞ
엿다. 흠

1956. 2. 23. 木曜. ㄴㅜㄴ 六十二日前

早朝 珍島 갓든 鄭兄 도라오셔 木浦驛附近에서 베스티고 午前에 咸平 柳川 姊妹農園에 오다.
少頃에 공국에 밀국수 한사발, 빵, 고구마 찐것, 무지지미 한그릇, 무채냉국, 나의온것을
한우흠 주심이오 여러바른이 빈몸에서요 여러눈힘들의 은글께 저음으로 나온 그득을 먹이라 한와.
이것은 새먹음이라 내一生 한되로 새먹음이라 하고 다 먹다.

2. 24. 金曜 마리 六十一日前

生來曾懷未親感、死前幸覺格別味.

柳川서 ~~軌道車~~徒步 咸平邑에서 軌道車로 鶴橋에서 汽車로 松汀里 밧궈타고 光州驛. 아조 밝은 달밤을 거러서 밤나무골로 도라들다.

漆房汽車帶月着 廿四日字陽新二
栗谷光州照明近 十三夜月依舊正

2. 25. 土曜 마리 六十日前

飯上加餅~~待特~~特 夕餐二回逃亡軍
餅後更飯主食何 多多今日五夕哥

2. 26. 日曜 하리마 五十九日前

我可廢의定義

기리 저 받음며, 참우에 잘 할나구는

고린도前十三4

社洞 ~~李炅稿~~宅에서 말슴 듣고 저녁 먹다.

2. 27. 月曜. 마ㄹㄱ 五十八日前

福泉病院에서 밥숨을 그러넣어주고 밥숨을 도로 뇌지어.

2. 28. 火曜. ㄴㅜㄴ 五十七日前

느지기 빤새눈 나리다. 李冕鎬君과 만히 問答호다.

2. 29. 水曜. ㄴㅜㄴ 나ㄹㄹㄹ 五十六日前

「일러 이에」「목숨 끈이잣고」「살어지다. 살러진다」「一生鮮」「몸나빈탕」……… 李冕鎬는 이詩를 츤대로 쓰고서 鄭寅世와 떠나서 밤새 서울 오다. 李冕鎬君! 한우님 이시어 저의 길 引導호시옵소서

3. 1. 木曜. 마ㄹㄱ 五十五日前

아침 드러서 홀러우르로 쉬다가 金明南醫士來訪으로 깨다.

3. 2. 金曜. 마ㄹㄱ ㅎㅡㄹㅣㅁ 五十四日前

누뎐 靑年會에 나아가니 「多夕先生」 下午二時 大揭示가 表出호엿다. 알고 보니 玄總務「내가 出現치 안으면 當身이 多夕傳을 講義하려 호엿던 것이라」호. 모든 일이 感謝호니다. 自大神을 치러보고 自追遠호 孝撲쇼 잇슴이여. 餘裕綽ㅎ! 吾의 心靈의 餘裕 주옵소서.

다시 나 알라주 (끝까지 課題는 나)

예 갓다 노아도 이몸에 담기나. 제 갓다 노아도 이몸에 냉기나.
그러타고 이몸에는 잇던. 잇는. 잇을것도 아니거는.
참 내 참 내의 눈고를 아주 몰라 호노라.

몸눈은 스러지고.
눈몸은 쓰러짐.

제 눈 제 볼수 잇스면 쓰러질걸?
敵의 눈 모다간 쓰러지지고.
愛의 눈 모다간 쓰러지지도.
모든걸 그만 두는 때. 제 눈 제 모길걸?

3. 3. 土曜. ㅎㅡㄹㅣㅁ 五十三日前

1956. 3. 4. 日曜. 마르 하리 五十二日前

나·기·마· 는 ·을 둥지고, 네게 ㅁ에 는 ·을 품안 엇다.

3. 5. 月曜. 마르 五十一日前

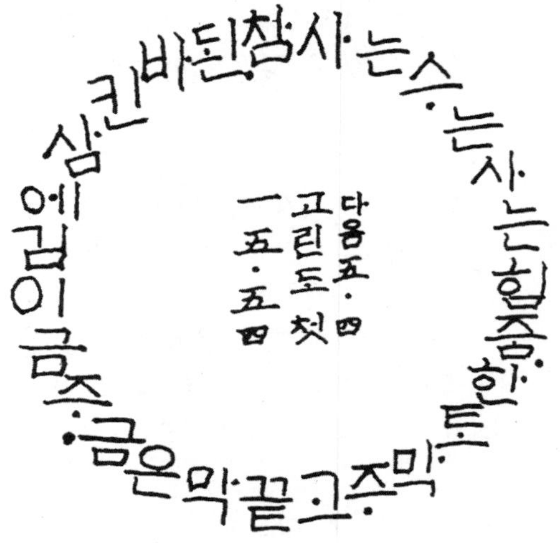

1. 당五 1—10
비림 —20—30

3. 6. 火曜. 五十日前

이

누리에 장잘이로 난이. 깨므름인가 나므름인가 아가나서 씨버먹고 그이 새바지며 나이 먹는다 다가 물것을 보고는 덜업은 이라 ᄒᆞ더이다.

이우리 한늘에는 百億千兆 별들이 저마다 제몸은 부스러 피워 사뤄 빛내는 히이라 ᄒᆞ읍는데 그튼 사리에 어이 빛꺼진 흙덩이 떼끔자기가 계워 도라 간답니다.

때끼인데는 믈겄이 끄이는 마련인지 우리 땅에도 자못 믈겄은 만히 끄이어서 심기몬 움지기몬 ᄒᆞ고 서로 뜨더먹을려기에 달친답니다.

너무 덜업어서 온즉이는 땅덩어리를 왼통 물에다 흠신 담겄다가 다시내 노아서 그믈겄을 말금 씻쳐버렸다는 말씀으로 녯브터 나려오는거며, 이다음에는 너무도 덜엄게 되면 다시 불로 살워 믈겄만 아니고 때곧 땅까지 살우어 빛내리라 ᄒᆞ는 어림은 이며 우리 얼에는 비최이어 잇는거십니다.

그러나 므름은 얼의 므름 입니다. 얼은 물에 드러가도 젓지안는것이며 불에드러도 타도 안는거십니다.

얼이란 얼은 한얼에 월리어 얼없시 얼엄어 오름만이 올커늘 이땅에서 무엇을 더더더 ᄒᆞ다가 더가흔들리는데 덜래나느라고 덜을엄게된 것이 마침내 덜엄으로 된것입니다.

히브리 씨알들이 아조 녯날 녯적브터 가지ᄂᆞᆫ 생각이라고 — 創世記 六장 一절브터 四절에, 하늘 아들 들이 땅의 딸들의 아름 다음이 잇다고 덥첫스므로 가장 기승스러운 믈겄(네피림)들을 펴더렷단 ᄒᆞᆫ거십니다.

별로 큰 니야기는 그만두고 좀 가까운 잔 니야기로 드러가십시다.

이없이 사는 몸이 잇고 이없이 사는 집이 잇고 이없이 사는 골이 잇나봅니다.

그러나 긴길손 나그네로 빗질을 ᄒᆞ여보면 이오르 나럼은 언덕을 오르는 나럼과 똑가치 만은 틈을 이마지ᄒᆞ고 만은 덫을 드려야만 나그네 노릇을ᄒᆞᄂᆞᆫ것입니다. 간곳마다 믈겄이 때로로 이오르 나럼입니다.

ᄒᆞᆯ수 잇으면 나그네란 서캐ᄒᆞᆯ치 때새끼 참빗으로 흰머리 머리브터 한나머러 머리까지 자조 자근 빗질을 ᄒᆞ면 이가 이뫼에는 솔솔 때가 새빠지어 덜엄은 빛을 벗기어 노랑이나 三千里에 빛이 다시 번듯 빛외어 내리워진 자ᄂᆞᆫ.

뜨듬은 얼 뜨듬 한울뜨듬 나라뜨듬 오를 뜨듬 기리살뜨듬 거룩히 살뜨듬 고디뜨듬 얼얼은 뜨듬 입니다.
몰것뜨듬이 아닙니다. 때뜨듬이 아닙니다. 몡뜨듬이 아닙니다. 덜얼은 이 뜨듬이 아닙니다.
• 등지고 나가마 말씀 그만 두고.
• 품안아 네게메 말씀으로 만 | 올리어드립시다.
1956. 3. 7. 水曜. 마근 四十九日前

國利民福

稻熟鎌禾利 繪事後素質
麥農藏面嗇 人文先天職

園藝在野鄙 無謀(謀利)上京生成禍
稼穡自吝嗇 有意(取義)落鄉死守福

3. 8. 木曜. 마근 四十八日前
된길 ── 마침은 첨브터 마쳐야 된다 ──
사름마다 나가 마고 하더니 지나간 셈입 ~~니다~~니다.
1. 맛의길. 맛만 마지려다가 마지도 모르고 지나가서 맛이 떠러지면 맛은 마침내 엄숨을 보고 만길. (無終悲)
2. 마지길. 마지 맛을 보고 마지마자 지나서 마지 마침을 본길.
3. 마침길. 마침 맛을 알고 마침마지 지나서 마침 마침을 얻게된 길. (有終美)
3. 9. 金曜. 마근 四十七日前
子曰務民之義敬鬼神而遠之可謂知矣
[註] 遠是不求媚以邀福意. 追遠과 遠之와가 엇덜가?
愼終愼終 하고 追遠追遠 하는것이 人生이 아닌가
初非邀福以慕敬一終莫疎忽而遠隔
形而上下別居處一格匠度思親宜歎

子夏問曰 巧笑倩兮 美目盼兮 素以爲絢兮 何謂也
子曰 繪事後素
曰 禮後乎
子曰 起予者 商也 始可與言詩已矣

子貢曰 貧而無諂 富而無驕 何如
子曰 可也 未若貧而樂 富而好禮者也
子貢曰 詩云 如切如磋 如琢如磨 其斯之謂與
子曰 賜也 始可與言詩已矣 告諸往而知來者

(旁通無滯 觸類引伸)

3. 10. 土曜. ㅎㅜㄹㅅ ㄴㅜㄴ 四十六日前

切仰 切仰
사름으로 태난이들 이시어
祿安業 만은 切仰ᄒᆞ시라。
그러믄、온가지 것이 늑 ᄒᆞ오리이다
그리스도ㅣ 지시게 된
나무들은
로마帝國이 만드러 드리게 된 아닙니까
므로. 아조 무겁게 든든ᄒᆞ게 맨드럿고
주례네 사본 조차 몸을 번거십니다。

自發作 처럼 苟且ᄒᆞᆫ것은 없읍니다。
가혹유다가 제목을 매려고 제손으로
주워논 줄이 苟且ᄒᆞ게도 썩은줄 노는. 썩은줄이 든가
올가 매어 달리다가
줄조차 끊어저서
덜엄은 그빼까지 배 산다 ㅁ이고 발엇다는게 아닙니까
이러케도 苟且ᄒᆞᆫ 絶境이 어대 잇섯슬이까
切仰 切仰. 祿安業 만은 切仰
注意 注意. 自發作 만은 아이에 맘것이니따。

1956. 3. 11. 日曜 ㄴㅜㄴ 四十五日前

말슴 모르면 그이 못된다 不知言無以爲君子

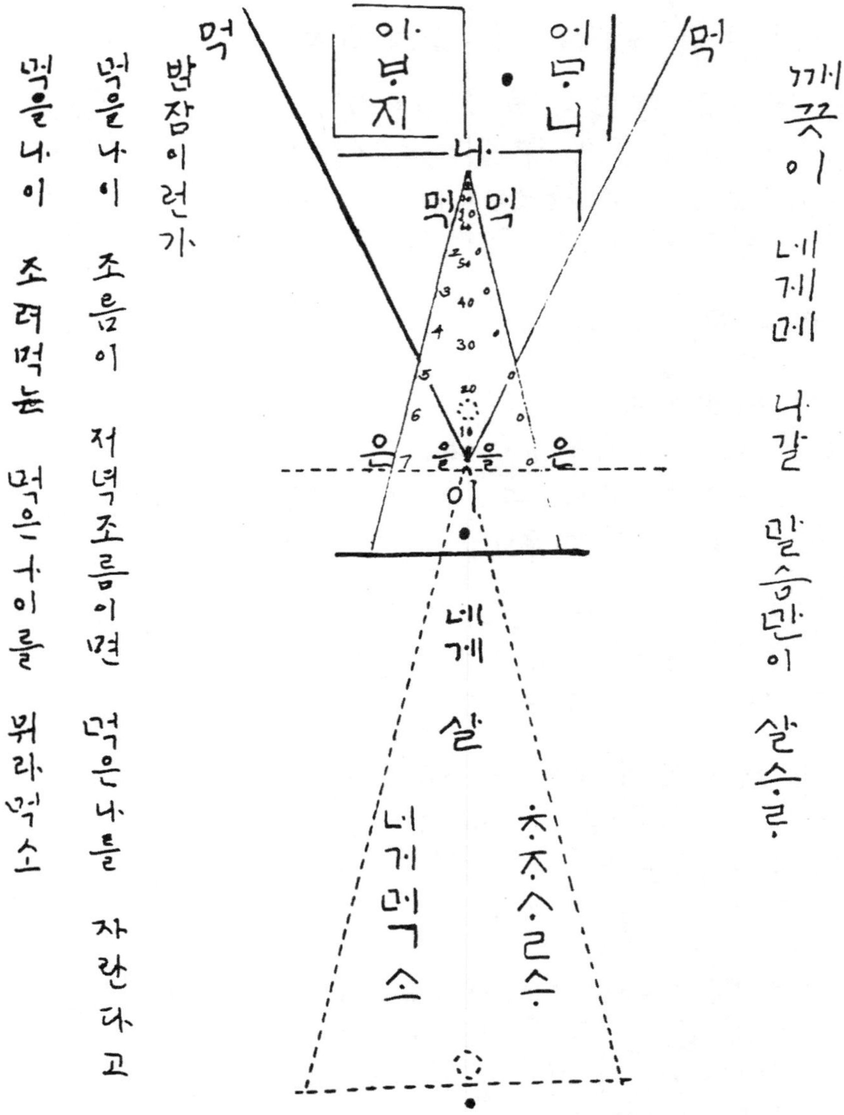

말씀에서 말슴을
말이· 말 므러보자 나·티·고 갈말 네게 맺스니
내프러내 네가·티·고 나·길 말을 네게 탈다
고르로 된 말슴이기 가려보믄 되리리.

3. 12. 月曜 마ㄹㄱ 　　　　四十四日前

늬 계 믜 오릉드림

萬古往來至今伊　是何焉者我不知
一刻前猶待機是　나·가·ᄂᆞ지 ᄂᆞ지ᄂᆞᆨ

나·가·合
나·가 흡
나·가 ᄆᆞ 읍
나·가 ᄂᆞ 긐
ᄂᆞ지 ᄂᆞ기
ᄆᆞ치 ᄆᆞᆨ

ᄂᆞ지 힘 ᄆᆞ침
어(듸)서 오(ᄒᆞ)리
ᄂᆞ침내
나·가· 티·. 디·. 나·가·리 ᄃᆞ.
이·. 나·다·. 나·ᄒᆞ·. 나·티· 나·
ᄂᆞ지 ᄒᆞ이. ᄂᆞ처지시리 ᄃᆞ.

3. 13. 火曜 마ㄹㄱ 　　　　四十三日前

孝想華

初非邀福以慕敬　形而上下別居處
終莫疎忽而遠隔　格正度思矧可斁

報本返始物情理　精神潤下气所幹
慎終追遠孝性格　瞻顧炎上身化華

1956. 3. 14. 水曜. 하늘개ㅅ　　四十二日前

時言方解

無時不待機　時方一念息
何方是故土　子女萬代好

汝土无妨日　淨穢何所分
君子上訪道　昇降自零吾

信仰　稟印

引伸 人申(臾) 丨　神示自天信
申示(神)奏格稟　信仰自己印

3. 15. 木曜. 하늘 비　四十一日前

現狀

制私扶公 司法求治 公私起蹶 自由天地
所以議治 職權圖金 金言虐吏 民主日月

私利邪欲 (一民之)

無謀上京生逆情以配野鄙
有意落鄉不得志而集都市

公利正福 (一民之)

謀利上京生成禍 取義落鄉死守福

昌慶苑—昌德宮—苑西—齋洞—安國—花洞—景福宮神武門—毓祥宮—彰義門—造紙峴—新營洞—舊基洞—비 맞고 오다.

우에서 아래로 줄곧 나려오는 비. 가루세루 줄곧 오가는 自動車. 한나라 하늘에서 나려오는 비 마져 제 저지며 거러옴이. 아메리카 따에서 나온 까소링 태워 굴리는 차에 채갑보다.

3. 16. 金曜. ㅋㅂㄴㅂ 四十日前

사람이란 코기리 보내실제
새끼코기리 세무리 딸리웠스니
1. 머리통 코기리는
참을 차져 오는이를 태워 가지고 오라시고.
2. 염 통 코기리는
잘을 차져 오는이를 태워 가지고 오라시고.
3. 눈코배기 코기리는
아름답을 차져오는이를 태워가지고 오라시고.
그러ㅁ. 어미코기리는 뭐ㄹ 싣고 오라신가
숨기리 살기ㄹ 차자오는이를 태어 오라셨지.
그러믄. 우리들을 다다려 간다는 말슴인가.
음. 참잘살 아름답게 기리길 걸로 말슴.

3. 17. 土曜 ㅎㅂㄹ 三十九日前

如之何子故

初如道不捨 窮據去臨兹
終之體于全 羊口牛舌言

Λογος. Atman. 道. 말슴. 굼틀그리림.

[莊子] 善吾生者乃所以善吾死也
夫道有情有信無為無形. 可傳而不可受. 可得而不可見. 自本自根. 未有天地自古以固存. 神鬼神帝. 生天生地. 在太極之先而不為高. 在六極之下而不為深. 先天地生而不為久長

於上古而不爲老 (大宗師)

天地與我並生而萬物與我爲一. 旣已爲一矣且得有言乎. 旣已謂之一矣且得無言乎. 一與言爲二 二與一爲三 自此以往巧曆不能得而況其凡乎 故自無適有以至於三. 而況自有適有乎. 無適焉. 因是已。

(老子) 吾不知其誰之子. 象帝之先

(요한一, 1) 맨첨에 말슴(λογος)이 계시니라. 이 말슴이 하나님과 함께 계셧스니. 이 말슴은 곧 하나님이시니라.
(〃 一七 3) 永生은 곧 惟一하신 참 하나님과 그의 보내신 예수그리스도를 아는 것이니이다.
(요한一書一, 1) 맨첨브터 잇는 사는 말슴은 우리가 드른 바오. 눈으로 본 바오. 注目하고. 우리 손으로 만진 바라。
(베드로後二 16—21) 變化山光景과 豫言.
(고린도前一五 復活。 본者들이 잇다 (3—11)
万一. 死者無復活이면 (13—19. 29—34)
아담 肉에서 모든 사람이 죽음. 그리스도 肉에서 모든 사람이 살음 (22), 所望으로 救援을 (로마八 24) 미듬으로 (고前一五 2)
万物이 虛無한데 屈服하는것이 本意가 아님 (로마八 20—23)
우리까지도 속으로 嘆息하야 養子될것 곧 몸의 救贖을 苦待 (24까지) 血과 肉은 하나님 나라를 유업으로 바들수업 (고前一五 50)
死亡의 쏘는것은 罪오. 罪의 힘은 律法이라 (고前一五 56)
肉身의 생각은 死亡이오. 靈의 생각은 生命과 平安이니라 (롬八 6)

죽음의 쏘는것은 아픔이오 시름이다。
아픔과 시름을 도다 주는것은 할수잇다는 말씀이다.
그러나 제마다 말씀만으로는 안되엿고,
본몸을 버슨뒤, 몸 얼울 쏩아 낸 말슴 만이니라。

남에 못할 노릇인 나스는, 곧 제 므는을 남에게 만 씨울줄을 뉘 알았슬가 ?
제게 몸할 노릇인 남보임을 오로지 제가 히이는 훌줄이야 뉘 알았슬가 ?
뉘웃고 누리우고 치올라
찬잘산 아는답게 기리 길 길을 차자 삶이 얻더라

3. 18. 月曜 비 三十八日前

뒤 뜨드러도 밝간 새벽

스므 설혼 히 뒤에
다시 제생각에 떠올려 보아도
밝은불 부쳐 꺼림 없고
맑은물 그림 같이 반가운
븟그럼 없고
물그럽히 반가운 생각은
새날 새날 그날 그날
새 새벽녘을 새이는 동안
거룩한 얼의 새동 트기를
기다린 것인가.
고.훈니다.

逆 性 界

蕤歸免腹落牛後
月沈滿潮尚鼠風

復性科程欽蜂儀
降衰消息楔桓雄

3. 19. 月曜 마근 三十七日前

女 昏
歸不歸之子 女于歸家人
歸乎不歸此 君乎歸妹子

我 晨
歸不歸之吾 身于歸根土
歸乎不歸斯 識乎歸元子

潔 癖

皆濁獨清何必辭　尸猶欲洗況身浴
君闇我的自不敢　容莫要治常足堪

1956. 3. 20 火曜 아ㅈ느마ㄹㄱ　　三十六日前
丙申. 2. 9 丙戌 23時51分 春分

月相生后第萬千十日로 그집 보내ㅁ

信　直　貞
禮　後　平
敬　愼　重　正
(附遠厚別)
而　后　親　之
男女　夫婦　父子　后司
有　而　有　而　有　而　有
別　后　義　后　親　后　正

夫

禮

上以事天父而下以繼後世也

始本重尊和

於於於於於

冠昏喪朝鄕

24114
22953
14185
13296
12759
11010

1161
8768
889
537
1749

情合道成

敬則亢終
苟則易離

必要以貞

所以成男女之別而立夫婦之義也

3. 21 水曜 ㅎㄴㄹㅅ 三十五日前

程子曰 知命者 知有命而信之也
人不知命則見害必避見利必趨何以爲君子
不知禮則耳目無所加手足無措所
(不知言) 言之得失可以知人之邪正

22 木曜 ㅎㄴㄹㅅ 三十四日前

자랑은 主안에서 (옐고 고3) 고前一29
자랑을 그치를 쫓아 고後五12—19 (께후 三13—19)

片
紙
3290호

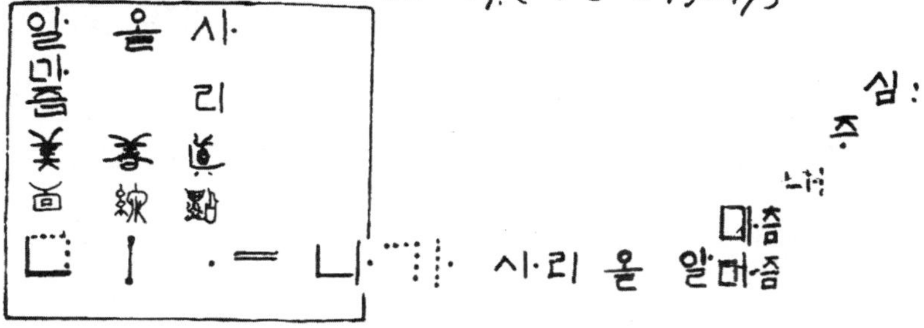

23. 金曜 지나난하나새비 三十三日前

24. 土曜 ㅎㄴㄹㅅ이 三十二日前

25. 日曜 이 三十一日前

26. 月曜 이 ㅎㄴㄹㅅ 三十日前

27. 火曜 아리 二十九日前

28. 水曜 아리 ㅎㄴㄹ 二十八日前

不知命無以爲君子也 不知禮無以立也 不知言無以知人也 論三

1956. 3. 29 木曜 안개 맑 二十七日前

平日自適幾忘身 久健初覚有己憂

30. 金曜 맑 二十六日前

31. 土曜 맑 二十五日前

與 黨

可與甲乙可與丙 俚使風烟酒食臭
~~無~~與未可舉士家 妻妾擁圍輜輳中

Ĉar, se iu, estante nenio, sin estimas, kvazaŭ li estas io, li sin trompas. 3/6 Galatoj

4. 1. 日曜 비조금 二十四日前

2. 月曜 비 二十三日前

3. 火曜 흐림 二十二日前

4. 水曜 맑 흐리 二十一日前

5. 木曜 맑 二十日前

去夜忘世亦自然 健忘強記生消息
今朝覚來何奇緣 博聞多見死人烟

6. 金曜 여러흐리 十九日前

4. 7. 土曜. 흐리며 비　　　　十八日前

問提 人烟誰記消息

去夜寢没亦自然　消息一健忘強記　〔忘可記可一消息

今朝覚來好奇緣　人烟二 飽聞不見　　近巨遠巨二人烟〕

天壞天壤 誠課誠課

• 〔心学〕中庸非天降地出. 揆物之理. 度人之情. 行其所安是為得失

中庸之法 自中者 天也

自外者 人也 学不際天人. 不足以謂之学.

〔孔子〕可與共学　未可與適道

可與適道　未可與立

可與立　未可與權

8. 日曜. 비　　　　十七日前

一	二	三	四	五	六	七	八
消息	人烟	事業	方正	口白	肉袒	貪剃	罷場

戒言聖徒向上道 ⟶ 性命

食言徒黨肉慾過 ⟶ 業次

誰記消息　問提人烟　參事宜(意)　欲正未正時方.

內外除掃三毒三忌

肉用種　自貪生　破產見

一部露出

在中國左袒贊意

在印度右袒 〃

偏袒右肩. 右膝著地. 合掌恭敬

1956. 4. 9. 月曜 차27　　十六日前

積善之家必有餘慶 積不善之家必有餘殃
臣弑其君子弑其父 非一朝一夕之故 其所由
來者漸矣
由辯之不早辯也
易曰履霜堅氷至 蓋言順也

爲之於未有 治之於未亂 (老子)

10. 火曜 하나기 마27　　十五日前

젊으신이여
살이 새지고 줄음이 잡히고 새가 내밀고 얼이 솟은 — 올케 — 늙은이의 말은 귀를 기우려 드르시오.
쇄 나ㄴ 흔따

늙은이는 사는것과 죽는것의 고개를 사뛰래시 — 보고 — 보이오니,
말슴의 몇마디를 드른게 잇슬듯 흐니. 말슴。

11. 水曜 마27　　十四日前

日記　平生不得日記事、一日聊了寫出來

日前生來存今日
日後死去亡是日

生前死後天人子
南回北歸不夜日

我 ゝ 凡 ゝ 度日我
日 ゝ 好 ゝ 輸我日
或躍在淵
承侍垂聽自誠意
我思悠 ゝ 永言日

人生無力三困點

過去事過誇張. 現在事無批判. 將來事無信念.

(心学) 顔子不貳過, 孔子曰 有不善 未嘗不知 知之未嘗復行是也, 是一而不再也.
韓愈以爲將發於心而便能絶云
是過與顔子也過與是爲私意. 焉能至於道哉
或曰 与善不亦愈於与惡乎
曰聖人則不如是 私心過與善惡同矣

(욥十三 7—16)[8] 너희가 한우님의낯을 조츠려나냐.

4. 12. 木曜. ᄒᆞᄅᆡ　　十三日前

	初			候	再			候		
開幕	舞臺	此機	可生	日子	盡漏	殘漏	在事	無二地	無一地	開幕	舞臺
	一日	二日	三日	四日	五日	六日	七日	八日	九日	十日	
열을	ᄒᆞᆯᄋᆞ	이틀	사ᄋᆞᆯ	나ᄋᆞᆯ	다ᄉᆞᆺ새	여ᄉᆞᆺ새	일에	여들 열없들에	아올 아없에	열흘	ᄒᆞᆫ흥

13. 金曜.　　十二日前

동족에 ᄉᆡᆨ이두고 본글

실없은말도 생각으로 조ᄎᆞ ᄂᆞ오고
실없은짓도 ᄭᅬ로 맨드는것입니다
소리로 내고 손발짓을 ᄒᆞ고나서는
제몸이 아ᄂᆞ엇다 ᄒᆞ는 컴컴ᄒᆞᆫ 수작이오니
남이 절 의심안케 ᄒᆞ고싶은들 됩니ᄭᆞ
허물된 말이 제 몸 아니고 허물된 짓이 참이ᄋᆞᄂᆞ리라면
소리에 틀렷고 사지가 잘못 든것을 제 맛당ᄒᆞ다면 스스로 소김이오 남으로 절 좇게 ᄒᆞ려들면 남을 속임입니다
혹 몸에서 나온것을 제 브러 헜다는데로 허물을 돌릴수 잇다거나
생각에서 틀린것을 제의 참으로 ᄒᆞᆫ것이라고 스스로 속일려 들면
그 네게서 나온것을 일ᄭᆡᆯ줄도 모르고 도리혀 네게서 나오지 안은데다가 허물을 돌리려드니
오만을 길우고 그른것을 드디는것입니다
무엇이 이에서 더 무지ᄒᆞᆫ 일이리ᄭᆞ

東銘　張橫渠先生

戲言出於思也、戲動作於謀也、
發於声、見乎四支、謂非己心、不明也、欲人無己疑不能也
過言非心也、過動非誠也、
失於声繆迷其四體、謂己當然、自誣也、欲他人己從、誣人也、

為 或者謂出於心者歸咎爲己戱 失於思者自誣爲己誠

不知或其出汝者反歸咎其不出汝者

長傲且遂非

不知孰甚焉

실 ᄒᆞᆫ ᄇᆞᄅᆞᆷ

ᄉᆞ을 달 ᄶᅴ 머리에 보니
초ᄒᆞ루(死魄) 이틀(旁死魄) 거슬리 ᄋᆞᆯ고
밍ᄒᆞ니 ᄇᆞ라(望)며 셋ᄃᆞ 세ᄃᆞ{三候(五日)}
온으로 여듧 열ᄒᆞ고 여듧 ᄒᆞ면서 달 ᄲᅡ러
굴려 본 이날에 스케취 하나 없을 손가
ᄒᆞᆫ 바람* 실(谷) 나가면 *(望＝보름＝旣生魄)
넋길에 ᄯᅥ러지는 걸
열나절(十四日旣)이나 희서
즈그믐을 그믈니나:

1 死魄
2 旁死魄
3 哉生明 15 旣生魄
4 16
5 17
6 18
7 19
8 20
9 21
10 22
11 23
12 24
13 25
14 26
27
28
29
30

十五日	＝旣生魄
初一日	＝死魄
初二日	＝旁死魄
初三日	＝哉生明

一縷絲(一望谷)

三日月見夕城頭　八百十八回轉輪
初一二朔望三候　玆不可無手槪取

一望谷出落魄道
十四日旣晦吝逅
(悔)

넋드리에 둘레 ᄇᆞᆺ이: 보람 없고

ᄎᆞᄅᆞ리 거슬리 없ᄉᆞᄅᆞ 열ᄌᆞᄅᆞ 올ᄎᆞᄅᆞ

1956. 4. 14. 土曜. ㅎㅂㄹㅣㅁ 十一日前

오늘(粵常) 홀우(舞臺) 알들(知庭) 살들(生庭). 기슬리 맨침으로 도라가리 「이틀(比機)」

닐(頂戴)지 길(匍匐)지 모르고 사ᄅᆞᆯ 니ᄅᆞᆯ 딜면 다.새(盡漏){(2徵)候}고 만다 {五日=一候. 三候=一節. 一年=二十四節=七十二候}

홀우(舞臺) 밀림이 열음(開幕) 믈림.

其安易持. 其未兆易謀. 其脆易泮. 其微易散. 爲之於未有. 治之於未亂. 合抱之木. 生於豪末. 九成之臺. 起於累土. 千里之行. 始於足下. 爲者敗之. 執者失之. 是以聖人無爲故無敗. 無執故無失. 民之從事. 常於幾成而敗之. 愼終如始. 則無敗事. 是以聖人欲不欲. 不貴難得之貨. 學不學. 復衆人之所過. 以恃万物之自然. 而不敢爲.

(蘇註) 世人常與禍爭勝. 與福生贅. 是以禍至於不救. 福至於不成.

요한十二25. 제삶을 사랑ᄒᆞ는이는 일허바릴 것이오. 이누리에서 제삶을 미워ᄒᆞ는이는 늘 가지리라.

하루(一日) ᄭᅢ밖에 안먹으려 ᄒᆞ며. 한살(一生) 몇(하나. ᄭᅡ질 지라도) ᄯᅡᆨ 맞잔으려 ᄒᆞ는 삶이 미워ᄒᆞ는 삶이오.

ᄭᅢ없이 먹으러 들고 몇ᄯᅡᆨ이고 맞으러 드는 삶이 이누리에서 사랑ᄒᆞ는 삶이라 홀가 봅니다.

니어(頂戴)=녀 기어(匍匐)=겨 녀+겨=뎌

그러히 녀겨 지섯 치 샛기(漏匍) 몇 샛기.

에베소五 31.32 보고
사람이 父母를 떠나 그 짝과 한몸이 된다 홈은 너무지났다 홀가 못마쳤다 홀 말입니다.
그러지 말고. 걸고긴 우를 큰코 말흐면
여덟에서 넷이 떠러져 나오고 넷에게 둘이 떠러져 나온 틈에서 한몸이 나옴은 그 秘密이 크다 도흐리사
새고 흐르고 넘치고 지저분흐고 덜업고 어지럽고 만고만허도 오직 하나로 도라가는 수가 있음을 뵈임도 갈읍니다

聖經은 現代人의 意味하는 人生을 否定홉니다

4. 15. 日曜. 하나라 十日前

그 리 니 (自然과 自由)

올타.
누구나 홀수 잇는 것을 오히려 잘 흐고 싶고,
제. 홀수 업는것은 멀리 시러홈이 — 올타.
보람. 그러나. 또.
몸에 「시…러」 흐면 쉬운것이 어렵게 되기도 흐고.
몸에 「조하라」 흐면 어려운일이 쉽게도 되나 — 보람.
그러나.
홀수 잇스나 난 시러홈과.
홀수 업스나 난 시퍼홈이. 도리혀 생각의 바탈인가. 싶으니 — 그러나. 잇고. 업고. 그러나 실고. 싶고.

날더러 늣긴 걸

말 흐라면
1. 나가잣바지는 몸 — 고기 — 덩이는 시름 뭉텅이라는 것이오. 그러나 한새나마 그 고기덩이가 그 시름을 이끌만큼 나러나 우로 머릴 들고 나러나

2. 웋 그리운 생각을 피어 올리게 ᄒᆞ.
ᄒᆞᆫ읗.
힘. 그리운 생각. ― 그것이라 ᄒᆞᆯ것이지오.
아부지. 이 고기덩이 시름 속에서 보입게 됨이 붓그럽니다.
3. 마침내는 이 붓그럼 붓그럼 붓그럼
아부 쎄 ᄒᆞᆫ빛 도ᄅᆞ리어 드리오리ᄭᆞ.

1956. 4. 16. 月曜 ᄒᆞㄴ리ᄆᆞ 九日前

魄 在人識神 在月影廓 吟

哉·篤初誠
既·愼終悔

魄者 遲遲無明不肖像

三日哉生明 望日既生魄
十有二長明 十有四長魄

地球一鑑月 叅貳壹正中
人間空衍數 一二三九數

三二一中大元明 十上一二三畫謀
三五反復無別候 是外百千萬無數

死魄告朔覲親誠 三日哉生明日月
旁死魄日子隨從 十二分中生亨通

是日＝生後 24140日(記之而死數也)＝死前 9日(未知之生數)
於斯數 修短이 아니건만. 斯數로 수족修短을 云爲ᄒᆞ니
今日吾壽를 算出ᄒᆞ라면
―24140＋9＝―24131壽라ᄒᆞ겟스나 未知生數를 死數
만큼이나 잡으면, 今日 1壽라ᄒᆞ겟스나. 如斯數＝魄數!

4. 17. 火曜 ㄷㄴㄹㄱ 八日前

一.日觀

生日也死之始作. 死日也生之終結. 始終一事.
生死同端. 一日前生一日. 九日前生一日. 九年前
生一日. 一日後死一日. 九日後死一日. 九年後死
一日. 願一視同感受以無差別觀. 一日前生一日
視若九年後死一日而冷待事. 九年前生一日視
若一日後死一日而~~關心~~款遇事.

獨朝會

覺日起想忘夜息 音不關焉如來往
命是生存考終亡 父意在玆無妄望

想是生命也 事卽死也
想是生命也 盡心力以思焉
事卽死也 不必致死而可乎

18. 水曜 ㅎㄴㄹㄱ 七日前

嗇夫吟 「내 때는 아직. 너희 때는 늘」(요七6)

知命無時不待機 都人每日開場市
主利無期不遇會 嗇夫常蓄備荒畏

老子曰「治人事天莫如嗇」

禮記 王制

國無九年之蓄曰不足 ┐→非其國也┐→三年耕必有一年之食
〃六〃〃〃 〃急 ┘ 九〃〃〃〃三〃〃〃
〃三〃〃〃〃 〃國 ┘

以三十年之通雖有凶旱水溢. 民無菜色 然後. 天子食日擧以樂.

예 긑 므 금 트 ᄉᆞ 를 봄

목숨 ᄯᅢ (가례)믄
말슴 ᄐᆡ (발성)믄
살ᄋᆞ 리 (답답)믄
이 ᄉᆡ 믄
ᄒᆞ 나 ᄉᆞᆲ
살 ᄋᆞ 리(生上也)
ᄋᆞ 오름 ᄉᆞᆲ
이름 ᄒᆞᆫ 빛 되신
ᄒᆞᆫ ᄋᆞ
ᄋᆞᆷ 아ᄇᆞ지

요한 七

二七 지금 내 맘이 민망ᄒᆞ니 무삼 말을 ᄒᆞ리오
아ᄇᆞ지여 나를 건지셔서 (가례같이 걸린)
이ᄯᅢ를 면ᄒᆞ게 ᄒᆞ야 주옵소서

그러나
내가 이를 위ᄒᆞ야 이ᄯᅢ에 왔나이다
{이ᄯᅢ믄, 이터믄, 이라믄 (말슴살음)}
= 아ᄇᆞ지여 아ᄇᆞ지의
이름을 영화롭게 ᄒᆞ옵소서

ᄯᅩ드리도 밤간 새벽

詩篇 八十二

一 神立會中 審判神衆　二 爾不秉公 反徇情面
三 伸冤弱孤 辨屈困貧　四 當護孤貧 救脫惡手
五 無知惡行 世基動搖　六 爾書是神 至高天子
七 與世同亡 與伯歸土　八 求神親鞠 民竟主業

1956. 4. 19. 木曜. ᄒᆞᄂᆞᆯ　六日前

ᄆᆞᆷ 이르 기 | 요한 十二
24 ᄉᆞᆲ 사랑 ᄋᆞᆶ 어 바림 24 밀알갱이
ᄋᆞ 25 미워 ᄉᆞᆲ 늘 가지 늚 25 심고 밀알
이 갱이 키이
시 ㅁ ——— 섬ᄋᆞ리봄

4. 20. 마가 金曜. 五日前

살이 빠지고, 뼈가 내밀고, 주름이 잡히고 얼이 솟은 이의 말을 드르려 홉시다. 그가 한두 마대라도 말슴을 드른 것이 잇슬지도 모른이 말슴입니다.
뼈로 버티고, 살로 고이고, 얇은 서플로 싼 속에 고름, 오즘, 똥이 흘러 나오는이 들과는 많은 말은 말아스면 홉니다. 왜가 ᄒᆞ면, 그들이 말 알아드를 줄 모릅니다.
(서로 낯가죽 빛에 이끄러지는 때문)

21. 土曜. 하늘 21-27 四日前

| 對花有感 甲十八 15—22 고后三 7—18

灼灼映山杜鵑花 炎話欲燒代理烈.
日中粧紅月下啼 天使不靈神政熄.

(神光僕하二15)

금새 노래

밀알갱이심 밀알캥이심 (예수)
삶사랑 잃어 비림 } (참길)
미워삶 늘 가저늚 }
밀알갱이 심고 } (아부)
밀알캥이 키이심 }
우리봄 우리봄 늘새금 (요한十二24. 25)
(미듬) (αω 금)

22. 日曜. 하늘 마가 三日前

요十30 父子同一 35(詩八十二6) 非孝者無親
五刑(墨, 劓, 剕, 宮, 大辟.)之屬三千. 而罪莫大於不孝 {要君者 非人者 聖 非孝者}
無上 法 親 } 是大乱之道也
요十六13 히八10.11. (레三十一31)

1956. 4. 23. 月曜, 비 바람 마리 二日前

그 글월 그리움이 깊어.(글피) 모름에. 녤.

우리는 어제. 그제. 먼 그그제 브터 오니

「오-늘」 ㅣ 끼지? 그 글 오늘 그 어

어

된 글 모 녤 어 그 그 브터, 오이제

피 피 레 제 제 제 제날?

이 제고나(은) 오늘 흘우 우로 나.가. 만

글에 한 방울 매친 다믄 (온금)

나의 눈물 비치 눈을 이이나.

눈이 물 흘려 나를 씨르나.

三日前 24151 3450 818
24148 3448 5/7 818
3日 3/7週 0月

聖名自聖眞如眞
神人不神面情面
性全命圓一天上
月空週缺三日前

요十二28
빛나게 하였고 또 빛나리라.
詩八十二 6.7.2.

24. 火 마크 하리 一日前

열한히동안 想像ㅎ고기리 月象 818 朔
週象 3450 周
日象 24151 日 눈속에 잡아 맨듯

보앗더니

이제는 戰車같이 구르든 너가—너희가—예와서 만개같이 헤어지는 것이니:

내가 너희를 다 노치고 새코기리를 얻더 타야 훌것이니

낼. 모레. 보자. 고. 오냐! 낼. 모레 다.

앞서 앞서 그제 그제 「열한희동인」을 다섯해나 지나것만

이런코기리의 코는 맨저 못보앗섯고

이제브터 한겨 앞서 겨우 쓸만훈코기리라고 잡아매고 보더니 좀 더잇다가

이코기리의 쌀이 일즉 도라간신 李南崗손 타섯던코기리와 퍽 비슷ᄒᆞ다고 알게되어 놀란것이엇다.

새벽에 꿈! (둘재) (첫재는 1月 25日)

꿈에 새문. 터문. 라문. 은 모르겟고. 한갓 417 이란 셈이엇다.

아침에 꿈 (새생각)! 저음새께 九字라믄 엔지 첫재로. 아홉곱이나 되나 ᄒᆞ고 보아서 아홉곱은 아니고 139와 3인 素因數만. 알다.

(생각을 잇대려ᄒᆞᄂᆞᆫ것을 글피나 ᄒᆞ게 되믄 ᄒᆞᆯ거스로 깨어 재웟다)

---

4. 25. 水 비 ㅎㅂㄹㅣㅁㅣㅇ 0日前

至上達道自古天　至上徹下身所見

徹下講誦止今地　自古止今心攸知

知見中正皆周光
去來適時都慧命

自身原無我
是心本神物

順事自存來
安寧夜逡去

來去有內下
去來無外上

바탈 타고 난 몸 그대로 온통 울리어
속알 굴녀 깨쳐 솟아*오르리로다. 「날*아」

이 아침에 집에서 절보엿다。(흐렸가) 집이란 저 사는데라. 바탈에서라。(말슴) 한울 보 벤탕한뒤. 벤탕한뒤 색인 몸. 몸 든 「바탈」에서 절 보 엣다。
이런 집에서 만이면. 우의 쑨 마디 만으로도 하늘에 고요히 오르 나린 「헤리코프타」가 될것 같슴니다만。

II:1 참 엡三19 흐뭇 고 첫 + 26 πλήρωμα 엡四10 充

걸채려는데서 빌이 썩고. 피채려는데서 숨을 살린다。(걸챔=貪)(피참=充)
그리스도는 피참이시다.
참이 첨브터 잇고 그리스도가 맨첨 오시고 늘 오시나. 사람 사람 숨 숨이 피채여서만 참을 보고. 그리스도을 알기 한다. 그러므 누구나 예수처럼 낫다 죽고. 내렷다 올라야 된다。

님 거룩 ㄱ데. 모레 또 오름을 차ㆍ지ㆍ지이다.
환빛 보이 십소서 아ㆍ멘

하ㆍ늘에 계신 우리 아ㆍ바지여 이름이 거룩히 녀김
을 바드시옵소서 (마태 六 9)
23 …人子의 환ㆍ빛 얻을 ᄯᅢ가 왓도다. 24 내가 아멘 아멘 너희
게 니라노니 한알의 밀이 ᄯᅡ에 ᄯᅥ러저 죽지 아니ᄒᆞ면 한알
그대로 잇고 죽으면 만흔 열매를 맷나니라 25 제삶을 사랑
ᄒᆞ는이는 잃어바릴것이오 이누리에서 제 삶을 미워ᄒᆞ는이
는 늘가져늘리리라 ……27……… 그러나 내가 이ᄯᅢ문에 예왓나이다
28 아바지여 아바지의 이름을 환ㆍ빛스럽게 ᄒᆞ옵소서ᄒᆞ시니 이에
하늘에서 소리가 잇서 갈ᄋᆞ대 내가 이믜 환빛스럽게 ᄒᆞ엿고
ᄯᅩ 다시 환빛 되게 ᄒᆞ리라 (요한 十二 23—28)
31 이제 人子가 환빛을 얻엇고 하나님도 人子로 ᄒᆞ서 환빛을 얻으
셧도다 32 만일 한우님이 저로 ᄒᆞ서 환빛을 얻으셧스면 하나님도
제로 ᄒᆞ서 저에게 환빛을 주시리니 곧 주시리라. (요한 十三 31. 32)
智慧로우신 하나님께 예수 그리스도로 말매암아 환빛이
世世無窮토록. 아멘 (로마 十六 27)
~~사람들의게서 난것도 아니오 …… 오직 예수 그리스도와 및 죽은이~~
~~가온대서 그리스도를 살니신 하나님 아바지로 말매암아~~ ………
4 그리스도 ᄭᅴ서 하나님 곧 우리 아바지의 뜻을 ᄯᅡ라 이 악ᄒᆞᆫ 世代
에서 우리를 건지시려고 우리 罪를 爲ᄒᆞ야 제 몸을 드리셧스니
환빛이 저의게 世世토록 잇슬지어다 아멘 (갈나듸아 一 4—5)
우리 가온듸서…能力대로… 넘치도록 能히 ᄒᆞ실 이에게… 환빛이 代
代로 永遠無窮키를 아멘 (에베소 三 20. 21)
하나님 곧 우리 아바지께 世世無窮토록 환빛을 돌닐지어
다 아멘 (빌닙보 四 20)

「何以爲君子.

程子曰. 知命者. 知有命而信之也. 人不知命. 則見害必避. 見利必趨.

1956. 4. 26. 木曜 흐리

떼믄앞

오늘 은 오늘이 올 오늘이라고 힛사람은말이오.

참 첼 하루로 멀리 챗 하루엣 오—늘! 벌말.

모레말. 글피말. 날. 갈. 말. 은 그만 호고 나갈일.

잇다 떠나도 짐쌀 걱정이 없슬것만 아니고 떠나게 되며 아모 짐도 없시 아조 떠나는 길이니 시원 참 시원 호겟나이다.

코로 숨쉬는 부치에

말슴 밝히 말섬에 말슴쉼 사리
이루도록 살우어 지이다.

해도, 괜찬타.
믄, 엇지나.
난, 됏다.

따위 말이 없어 지게되고.

참 말로 몸고디 (엡三20 / 요主28)
된일 삐 힘쓰게 ~~(호옵소서.)~~
그의일 고맙게 됏네. (호게 호옵소서)

얼김의 환빛으로, 이 씨알 속 퍼찬 계시옵소서.

오늘 드러 이제 ᄭᆞ지 17時 ᄭᅦ여 기ᄃᆞ리게 ᄒᆞ신것을 깃ᄉᆞ오며. 나믄 7時도 우러러서 좋기로 ᄒᆞᄋᆸᄂᆞᆫ 몸 ᄲᅡᆺ게 나·지 안케ᄒᆞᆸ소서

이· 뗀

드믄

이 틀 트믄

하·루 1956. 4. 26. 木曜 하니 마쳐

丙申. 3. 16. 癸亥

Julianday No 2435590.

미워삶 먹음맞 숩고 밥가 보내(노칫)습니다.

하나 셈 아흡 곱 셀. 417. 뒤

Julianday No 2436007.

이틀 1957. 6. 17. 月曜

丁酉. 5. 20 庚申

2435591

1956. 4. 27. 金曜.　　ㅈㅗㄱㅗㅁㅎㅡㄹ　　하루뒤

니ㆍ기ㆍ 아ㆍ침을 이즌지는 열다섯 히나ㆍ 지녁이즈런
홀우를 노치니 24151
이즈런 뒤 四十八時만에
죽을 저녁을 다ㆍ시 먹는것이란 말입니다.(저녁식.9)

2435592

28. 土曜.　　마ㅏ27　　이틀뒤

그 날ㅅ것(日物)은 날것(生物)이야: 비린것(腥物)을 비러(는)먹는 날품팔이도 미워삶 아닙니다.
달ㅅ것(月物)을 달게위(달게녁여ㆍ甘視) 달리ㅅ들 먹는따위{(地上ㆍ部類)ㆍ(月給匠)}도 미워삶 아닙니다.
히ㅅ것(年物)을 흐이이ㆍ(되게흐야) 히ㅅ살림을 온그름{(一切否定)ㆍ(될된것은.온갖것을 그르다 알고. 못된것을 바로 되게흐며 못산것을 참살게흠}(옹글기充實)(옹골음으로)미워삶 엣 긴긴히 믿입니다.

네게 口에 드리러 　 나ㆍ가ㆍ 口난 누리겟니ㆍ이다.

한 곳, 알 맞 힌 듯

예기ㆍ, 여름을 ㅅ다ㆍ먹고 숨쉬며 잘 자리가ㆍ 아니고.
가올을 거뒤 드리러(우로) 가는 길인 줄은[알맞힌듯]

2435593

29. 日曜.　　마ㄷㄱ 마ㅁ에 ㅅ리처ㅅ　　사흘뒤

죽느니: 사느니: 먹느니: 먹히느니:

삶이 죽음에 먹히우느냐? 사람이 므르믄 (그 말슴 ᄭᅢ리ᄅᆞ믄이옵) · 말슴 아사야 二五 6—8. 고전十五 50—58.

죽임이 삶에 생키우는 ᄇᆡ니라。〔모름지기 여겨 ᄊᆞ지는 알 마즘〕

世上에

世上에. 고운것이 ᄭᅩᆾ이오.
世上에. 더러운것이 진물인데.

ᄭᅩᆾ을 심긴채 두고 보면 고우나,
다치고 보면 진물이 납니다。

世上에 ᄭᅢᆨ긋ᄒᆞᆫ것이 피인데.
ᄭᅢᆨ긋이 가진 피가 피오.
놓지어 흘닌 피는 世上에.
더러운 진물입니다。

ᄭᅩᆾ에서 나오는 진물도 ᄭᅩᆾ이 고디 가젓슬 ᄯᅢ는 알ᄉᆞᆷ ᄭᅩᆾ물입니다.
ᄭᅩᆾ그의 ᄭᅢᆨ긋ᄒᆞᆫ 피ᄲᅮᆫ니다。

~~世上에 가르ᄒᆞ게도 고~~ 고 ᄭᅢᆨ긋ᄒᆞᆫ

것은 불인데,
아모의 몸이라도 매양 그리로는 곱다고
나들질 안혼니.
그 뜨거움에 조곰도 대들수가 없어섭니다.
그런즉 世上에서 꽃우의 꽃은 불꽃입니다.
世上에 못홀 ~~일은~~ 노릇은
피는 꽃물 곱다고 홉니~~지 만~~는 일,
(피이는 꽃의 피~~를~~
피는 꽃다운 물~~색~~)
말숨은 불꽃 뜨겁다고 떠나~~지 못~~는 일。
(말숨 수머 잇는
말숨은 불꽃 ~~을~~)
~~홀 일~~。

요한 十三 31.32 에서 좋가리을 새면,
"아들이 환홈으로 아부지도 환호시고,
아부지 또 절로, 아들을 환호게하시겟삼。"
이란 뜻인 듯홉니다。
(갈나디아 五 25.6) 賴灵而生、遵灵而行、勿慕虛榮、相激相妒、(仝 十五: 六 8-10)
그리면 예수의 보신 ―길、참、삶― 끈 사람은 하늘로브터 따에 나려왓다가 우로 올라가는것을 「길」이라 보고、그길을 환호게 걺이 「참」이라 보고、그참이 걸이갇이 「삶」이라 보고 삶은 아부지와 아들이 하나라 보는 「환」(빛)이라 보신 것인것 같습니다.
「이것 저것 다 빚다. 곧히어 벗겨(허물)내는 밖에는 살길 없다.」
過則勿憚改!
꽃을 시더러 했더랬으면 말끔 쓰러 바릴것 만입니다. 아모 다른 말 쓸데 없습니다.
時는 過過過 大大過去ᄒᆞ는것.
生은 逝逝逝 長長逝去ᄒᆞ는것.
善은 上天. (充滿ᄒᆞ려. 光明ᄒᆞ려) 「입니다
至善에 止ᄒᆞ겟다는 것이 天命(살길)에 復ᄒᆞ는것
身體. 家產. 社會란 物을 通過ᄒᆞ야 脫皮)成長ᄒᆞ는 무엇의 一部過程을 人生이라 햇스니
通過時時脫皮塵末을 掃淸ᄒᆞ는 作用은 常務同伴ᄒᆞ는것입니다. 늘 곧히어 벗겨 냄(改革이래도. 新陳代謝래도)을 일삼게 됏습니다.
過而不改是謂過(罪)矣.
改란 自己를 撲(支)ᄒᆞ는것.
過란 盤渦斜進ᄒᆞ는 象.
逝란 折線直進ᄒᆞ는 象. 할수 잇는대로
盤渦를 덜ᄒᆞ는 義逝 一路가 살길임.

個人은 五十年五尺人間입니다。그러나
登程한 길은 永續改革의進路上입니다.
世間事도 엇던 구비에 盤渦積滯가 甚
한면 一時改革을要請한지만
萬古로人生된同胞온분이여.
언제나 — 하늘에서나 따에서나 —
一時改革으로면 永永、富貴榮達
한다란 所見은 꿈에도 듣지말아요!
아이에 鉛이란 트러백히는것이 아니고
백힌데서 트고 나감이니다. 짐짓고 드러서
만 살림이 아니고 人間은 크게 여러나감
으로만 참 산길을 것는 것입니다.
그리스도가 世上을 救贖햇대도 이
世上人間들이 世上에서 밥을 알마지
먹고 옷을 알마지 입으 자미 보며 놀게
된 것이란 것이 아닌것은 우리가 目見
한지 ~~안습니다~~ 한고當面한바입니다。
그맛게 무슨改革、무슨改革이 人間에게
世上榮達을 가저옵디가、또는 이담 가저올것 같읍
니가、人生그것이 머리카락、발톱끗까지
改革 — 永永改革 — 에 드리는길입니다.

1956. 4. 30. 月曜　　2435594 ㅎ-리ㅁ　　　　나울뒤

孔子 말슴。

그이는 옳은 데 귀가 뜨이고, 조므래기는 리보겠다는데 귀가 띈다。 ᄒᆞ엿지만

나는 힛대어,

어리광이는 맛난것에 귀가 띈다 ᄒᆞ고 싶습니다。

孔子曰 君子喻於義, 小人喻於利, 予續曰 稚兒喻於甘

5. 1 火曜　　2435595 ㅎ-리　　　　닷새뒤

길

예나 이제나 사람은 길을 묻습니다。

예수께서는 「내가 곧 길 이다」 잘라 말슴 ᄒᆞ셧습니다。

아ᄇᆞ지 없으시면 아들이 잇슬수 없고,

아들이 아니면 아ᄇᆞ지는 모를것입니다。

말이 업스면 생각은 못ᄒᆞᆯ거니 말은 곧 생각입니다。

생각ᄒᆞᆫ것을 말슴ᄒᆞ야 집을 짓고 나라를 세우드래도 짓고 세운 그 몬(物)이 무엇을 이룬것은 아닙니다。 그것이 모도 앞으로 앞으로 생각을 나르키는 말슴 밧게 (글월 코기리 밧게) 아모것도 아닙니다。

생각은 숨이오, 말은 잠고대오, 누리(世上)는 생각! 눈꿈적입니다。

끈히 생각! 생각, 생각, 하이르 몬(物)이란 허물을 벗겨
나가는데서 무슨(사람으로는 사집어 낼수없는) 뜻이 나
루게 되는것(큰 뜻)을 「있」어라 「참」이다 「삶」이다 보는것
입니다. 우리가 이러케 된 곧을
길이라 알 것입니다. (요한十四6)

(생각이 죽은 나라도 잇나, 우렵)

생각이 산 나라의 씨알은 바로 안된것을 보고, 끈히지 않고는 못견대겟다 하고, 달게 드러 끈히게만 됩니다.

숨ㅅ김 = 환빛 = 펴참 = 얼뜻

숨息 = 光明 = 充滿 = 意志

2435596

5. 2. 水曜. 마디 엿새뒤

숨ㅅ김을 받고 얼뜻을 맡고 곧은 사람이 제 바탈을 바로 타고 곧다면 환빛을 히에서만 보며 펴참을 바람에서나 보고 잇스리라 하늘은 너의 가멸! 한우님은 우리 아버지! 하늘을 피어 펴서 얼뜻을 채려들이 참 아닐라 참 챗으로 참을 보는것 아니리로 누리를 거짓이라 말니, 네가 참을 찾지 안는 것이 누리를 거짓되게 홀 뿐이니라.

죽고삶이 힘이니 빛이니 숨기니 아부·아들 (...) 가 둘이냐?

2 하나님 곧 우리 아버지 께 世世無窮 토록 3 榮光을 5 돌닐지어다 빌넙四 20

2 이 에게 1 우리 가온대서 4 代代로 「길」 3 榮光이 5 아 멘 엡三 20 21

1 能力대로 能히 하실 永遠無窮」

2 하나님 께 1 智慧로우신 5 世世無窮 4 榮光이 6 아 멘 로十六 27

3 예수 그리스도로 1 말매암아 토록

2 하나님 곧 1 그리스도 께서

3 우리 아버지 뜻을 따라 4 이 惡한 世代에서 우리를 건지시려고 6 榮光이

5 우리罪 때문에 제몸을 드리

7 저에게 셋스니 8 世世토록 9 잇슬지어다 갈一 4.5

1 人子의 3 얻을 때가 2 榮光을 4 왓도다 요十二 23

밀알이 떠러저 죽으면 맛은 열매를 맷나니라 24

1 이 世上에서 2 제삶을 미워하는이는

3 永生하도록 4 保存하리라 25

1 네가 3 이 때(에) 2 이를 爲하야 4 왓나이다 27

아버지의 이름을 榮光되게 하옵소서 28

2 소리잇서 4 이미 7 또다시 5 榮光되게 6 하엿고 8 하리라

아버지여 하늘에서 3 내가 가서

2 人子가 1 이제 3 榮光을 4 어덧고 요十三 31

하나님 도 人子로 하야 榮光을 엇엇도다

하ᄂᆞᆯ이 ᄌᆞ로하지 　　 ᄯᅢᆺ로 이ᄂᆞᆫ 이미 ᄯᅢᆺ세라 　　 32

하ᄂᆞᆯ도 ᄌᆞ로하지 　　 ᄯᅢᆺ로이ᄂᆞᆫ 주시리니 　　 〃

ᄌᆞ하지

녀ᄂᆞᆫ 　　 주시리라 　　 〃

해ᄂᆞᆫ 하ᄂᆞᆯ님 속마ᄋᆞᆷ ᄌᆞ로 하ᄂᆞᆯ이 말ᄊᆞᆷ에ᄂᆞᆫ 마ᄋᆞᆷ바름 몸바뀌어서 　 몸사는이

2435597

1956. 5. 3. 木曜 　　 ᄒᆞ-리 　　 일에뒤

에베소四10 나리셧던 그가 곧 모든 하늘 오르신이니 이는 萬物을 ᄎᆡ지(充滿)게 ᄒᆞ려 ᄒᆞ심이니라。

갈나듸아五26 虛된 榮華를 求ᄒᆞ야 서로 衝動이며 서로 새오지 말지니라。

六8 種肉得壞·種靈得生。

15 割禮 바드나 안 바드나가 아모것도 아니로되 오직 새로 지으심을 받는 이 ᄲᅮᆫ이니라。

子張問士. 何如斯可謂之達矣. 子曰何哉爾所謂達.
子張對曰. 在邦必聞. 在家必聞. 子曰是聞也非達也

夫達也者. 質直而好義. 察言而觀色. 慮以下人
在邦必達. 在家必達。
夫聞也者. 色取仁而行違. 居之不疑.
在邦必聞. 在家必聞。

2435598

4. 金曜. 　　 마ᄅᆞᆫ 　　 여드레뒤 (서울西大門)

ᄉᆞᆷ세

하이ᄋᆞᆯ이 ᄌᆞ리 ᄒᆞᆫ ᄭᆡᄉᆞᆯ에 거저 사ᄂᆞᆫ 이ᄂᆞᆫ

마시고 치

한ᄋᆞ님 ᄋᆞ리
아
世 ◎ ᄇᆞ
世 ㅇ 지
無 回 께
窮
토록 환빛을 (빌닙보四20)

1956. 5. 5. 土曜. 2435599 마27. 빌1. 1벧2까지 이을에뒤

午頃風雨中. 忽報 大統領立候補申翼熙氏在南方遊說中急逝

票風四舍五入

雨洗壁報紙 往昨說是正
風嘲擴聲機 來今瞑辱知

風乎舞雩南 四日向全倒
唉兮申海公 五日歸天空

2435600
6. 日曜. 마27 열을뒤

사람노릇을 ᄒᆞ려는것은 몸에 (없는) 쌀을 흘리는 것도 아니오. 나物을먹는것도 아니오. 이단을 내는것도 아니오. 죄예 사자 내는것도 아닙니다.

그러나 무슨 좋다는 노릇은 — 알마즌 禮가 잇는것을 모르고 — 거저 우줄거만 ᄒᆞ려다가는 도로혀 못된 노릇이 되게 됩니다.

공손ᄒᆞ기만 우줄기다가 쌀을 빈다것나, 조심ᄒᆞ기만 우줄기다가 怯을먹거나, 勇氣만 우줄기다가 야단만 내거나, 고듣만 우줄기다가 죄싸비는 따위는 도로혀 못된 노릇을 ᄒᆞ게 된것입니다。

孔子曰恭而無禮則勞、愼而無禮則葸、勇而無禮則亂、直而無禮則絞。

莫春者、春服旣成、冠者五六人童子六七人浴乎沂、風乎舞雩、詠而歸、夫子喟然歎曰吾與點也

7. 月曜　　24425601 따라　　열하루뒤

一切善種存心作　　吾不與祭如不祭

百般惡果滅性結　　身與心存齋明潔

〔論·述而〕

子曰我非生而知之者、好古敏以求之者也

이 말슴에、나도 나면서 안것은 아니다、맨첨에가 좋을것 같어서、재바르게 찾는 사람이니라。

〔에베소〕4·10 나리셧던 그가 곧 모든 하눌우에 오르신 이니 이는 万物을 充滿 꾀차게 ᄒᆞ려ᄒᆞ심이니다。

◎ 모든것이 맨첨(옛날)으로 도라간다고 봅니다、사람이 알랴고 찾는것도 맨첨을 찾아 알고 가자는 것입니다。

子曰述而不作. 信而好古. 竊比於我老彭[商賢大夫]
子曰默而識之. 学而不厭. 誨人不倦. 何有於我哉.
子曰德之不修. 学之不講. 聞義不能徙. 不善不能改. 是吾憂也

2435602
1956. 5. 8. 火曜. 마227 열이틀뒤

決勿以一時此岸假踐小實而忘恒久彼岸眞存大虛也

아들이 환ᄒᆞᆷ으로, 아부지도 환ᄒᆞ시고, 아부지 또 절로 아들을 환ᄒᆞ게 ᄒᆞ기 계심.(요한 十三 31 32)

한ᄋᆞ님우리 아부지 세
世世無窮 ᄋᆞᆷ
토륵 환빛을
(빌님 四 20)

한ᄋᆞ님이 바드시고, 도 제 「저로 ᄒᆡ서 환빛을 에게 주시리라.

2435603

1956. 5. 9. 水曜. ㅎ-리 열사흘뒤

2435604

10. 木曜. 비 열나흘뒤

檀在亢上一位有大德大慧大力生天主亢數世界造甡甡物纖塵亢漏昭昭晧晧不敢名量聲氣願禱絶親見自性求子降在爾劃

한얼은 우이 없는 첫자리에 계시사 큰고이와 큰슬기와 큰힘을 가시사 한울을 내시고 셈없는 누리를 차지하시고 만코만흔 몬을 맨드셧나니 석글만치도 빠짐 업스며 밝고도 영하야 구태여 이름하며 헤아림할수업다 바탈로브터 씨를 차지라 너의 머리골에 나려 계시나니라

2435605

11. 金曜 ㅎ-리 열닷새뒤

"나를 나의 本性의 完成에까지 向上시켜 주는 眞理여, 어서한 길에 잇서서라도 나는 너를 發見하고야 말것이다."

2435606

12. 土曜 ㅎ-리바람 열엿새뒤

Johan Heinrich Pestalozzi 1746 1 12
1827 2 17

1956. 5. 13. 日曜. 2435607 마27 열~~여드~~일에 뒤

OT21 Sphinx

물 물 信而好古

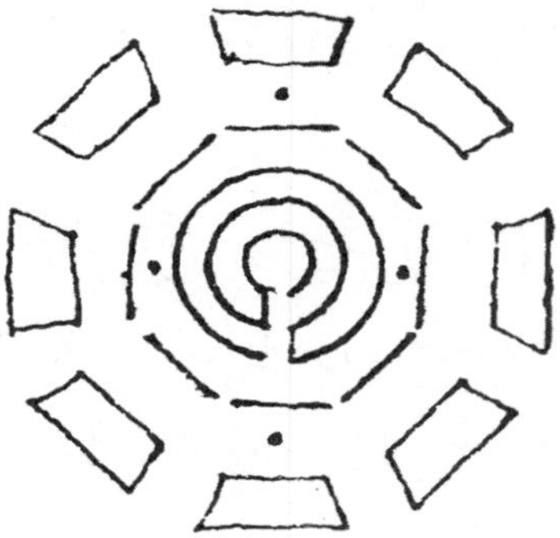

好古敏以求之 므름

맨츰이 그리워 ᄎᆞ짐이 ᄉᆞ름

모름 무름 므름

Pestalozzi "사람은 永遠히 盲人이어야 ᄒᆞᆯ가? 우리의 精神의 混亂과 우리의 純潔의 破壞와, 우리의 힘의 破滅로 말미암아, 우리를 不滿ᄒᆞᆫ 生活로, 우리의 大部分을 病院에 잇서서의 주금으로, 그리고 監獄에서의 發狂으로, 이런 가튼 모든 結果를 낫게 ᄒᆞᄂᆞᆫ 最初의 原泉으로 사람은 永久히 도라갈 수 업슬 것일가?

우리가 賢者 ᄯᅩ로 下層民을 救濟ᄒᆞ려면, 그것은 그의

學校를 眞實한 陶冶場所로 삼아야 할것을 생각할수있다. 그 陶冶場所에서 神이 人間性가운데 베프러주신 道德的, 精神的, 肉體的인 모든 힘이 發展되어서만 人間은 安心하고 滿足한 生活을 할수잇게 될것이다. 이러케 되어야만 神의 넘은 世界에 잇서서 아무 사람이라도 救濟한지안코, 또는 아무도 救濟할수없는人間이 그 스스로 돕는 길을 배우게 될것이다."

2435608
1956. 5. 14. 月曜. 마라27 열여드레뒤

別須打路知〔讀Pestalozzi傳〕 215年前 134年前
1746—1827

人間魂盲何日明 喪神缺純致敗力
入院患亡在監狂 如斯不滿焉充足
每哲陶冶深学府 可使湧出泉自腹
諸校掘鑿沒降裏 德智體光本面目

2435609
15. 火曜. 마라27 열아으레뒤

大統領副統領選擧에
有權者 九、六〇六、八七〇名
9,606,870 = 女5,009,422 + 男4,597,448
= 411,974. (女52%强, 男48%弱)
慶南, 北, 全南, 畿, 百万以上多口順. 서울703,799 {女367,798 男336,001}

1956. 5. 16 水曜 24335610 22727 스므날뒤

Pestalozzi 의 속(內)는 이 백힌 곳(觀點)

~~나를 나의 밑발의 옹글 차기 ... 그리워 울려주는 참이여 나는 너를 엇더흔 길에서라도 찾고야~~

나를 나의 밑바탈(本性)이 옹글(完) 차기(成)ㅅ가지 ㅅ그리워 울녀주는 참(眞理)이여

나는 너를 엇더흔 길에 잇서서라도 찾고야 말거시다.

Pestalozzi의 한(外)눈이 백힌 곳(觀點)

사람은 기리기리 장님이어야 흘가?

우리의 精神의 어지러움과

純潔의 깨짐과

힘의 破滅로 말미아마,

우리를 不滿흔 生活로,

우리의 大部分을 病院에 잇서서의 주금으로,

그리고 監獄에서의 發狂으로!

이같은 모든 結核을 낭게 흐는 맨첨샘(最初原泉)으로 도라갈수는 永업슬가?

貧者, 下層民의 學校를 眞實흔 陶冶場所

로 바꾸므로 새 될수있다.

그 陶冶場所에서 神이 人間性 가운데 베프러주신, 道德的, 精神的, 肉體的 힘이 發見되어서만, 人間은 安心하고 滿足한 살림을 할수 있게 될것이다.

이렇게 되어야만 神의 넓은 世界에 있어서 아모도 건지지 안고, 아모도 건질 수 없는 人間이 그 스스로 돕는 길을 배우게 될것이다.

1956. 5. 17. 木曜	2435611	하루 스므하루뒤
	ㅎ-21ㅅ 2435612	이틀
18. 金曜	마2ㄱ	스므이틀뒤
	2435613	사
19. 土曜	마27 ㅎ-2ㅣ	스므사흘뒤

一 頌

古亦今亦將亦一

玩既喪志 愛是沒覺 由己求仁
信而好古 思而小子 自憐不肖
仰之大我 斡父之蠱 心乎愛矣
惟吾父子 中心藏之 恒阿恒阿

눈에 밟히는 竹馬故友의 顔貌가 歷歷함으로 조차. 本頌을 드리노라.

(周書旅獒)……人不易物, 惟德其物。……………

不役耳目, 百度惟貞, 玩人喪德, 玩物喪志, 志以道寧, 言以道接。不作無益害有益, 功有成。不貴異物, 賤用物, 民乃足。犬馬, 非其土性, 不畜, 珍禽奇獸不育于國。不寶遠物則遠人格, 所寶惟賢則邇人安。嗚呼, 夙夜罔或不勤, 不矜細行, 終累大德。爲山九仞, 功虧一簣。

1956. 5. 20. 日曜 2435614 ㅎ-ㄹㄱㅁ ㅁㄹㄹ7 스므날 뒤

之自至之

鼻祖述之	自在呼吸	生气有命
鼻祖伊何	自心消息	氤氳無量
祖述云何	惟德其物	惟心是覺
自由自己	自本自根	自古固存
信而好古	敏以求之	復奚疑之

21. 月曜 2435615 ㅎ-ㄹㄱ 스므한새 뒤

學而時習之不亦悅乎
有朋自遠方來不亦樂乎
人不知而不慍不亦君子乎

人間夙成希望喜
人生交接亨通樂 (附遠學朋)
人格完成自得意
不求不忮在中樂

(極遠是古格別上天)

2435610
22. 火曜. 비 마근기 스므엿새 뒤

千倍万倍收穫되는 禾本을 刈取하는 大「利」보다 더 利는 斷食 —— 彼岸利見。

九十九頭 뒤 두고 一頭 亡羊 차자 나는 大「義」보다 더義는 牧任 —— 本來意義。一羊侧믄我一

2435617
23. 水曜. 마근기 가근ㅁ 스므일에 뒤

海公申翼熙氏國民葬으로 十一時刻、一分間黙禱 싸이렌이 울니이다。

2435618
24. 木曜. 마근기 스므여드레 뒤

2435619
25. 金曜. 개 스므아으레 뒤

是諸衆生若心取相即爲着我人衆生壽者若取法相即着我人衆生壽者……是故不應取法不應取非法以是義故如來常說汝等比丘知我說法如筏喻者法應尚捨何況非法

2435620
26. 土曜. ㅎ-리ㅁ 서른날 뒤

子曰非其鬼而祭之諂也見義不爲無勇也
子曰不仁者不可以久處約不可以長處樂
子曰君子欲訥於言而敏於行
顔淵季路侍。子曰盍各言爾志
子路曰願車馬衣輕裘與朋友共敝之而無憾。
顔淵曰願無伐善無施勞。(施勞) 공치사。? 수고시킴。?

子路曰願聞子之志 子曰老者安之朋友信之少者懷之
子曰若聖與仁則吾豈敢 抑爲之不厭
誨人不倦則可謂云爾已矣
子曰法語之言能無從乎改之爲貴 巽與
之言能無說乎繹之爲貴 說而不繹 從而
不改 吾未如之何也已矣
子曰主忠信 毋友不如己者 過則勿憚改
季康子患盜 問於孔子 孔子對曰苟子之
不欲 雖賞之不竊 「無所措手足
名不正則言不順 言不順則事不成 事不成則禮
樂不興 禮樂不興則刑罰不中 刑罰不中則民
子曰誦詩三百 授之以政 不達 使於四方
不能專對 雖多 亦奚以爲
子曰剛毅木訥近仁 「於外馳
剛毅則不屈於物 木(者質樸)訥(者遲鈍)則不至

2435621

1956. 5. 27. 日曜. 따27 하루
사른여드레 뒤

建中立極 빼드로첫四11

㶩身息心終夜坤 自誠自彊立人位
念世气充初覺乾 無夢無憂復性健

2435622

28. 月曜 맑　　　　　　　　　　　　서른~~[illegible]~~이틀 뒤

누리는 수수꺽기　　　베드로첫四 2—6

절믄이 누리란

보자고 듣자고 맨지자고 알자고 지내자고 ᄒᆞ미니、

그래도 이바닥에서 므슨 맛을 차즐가 ᄒᆞ고 그러는

거니라。

그러다가 늘근이된 ── 늘근이 누리란

보잘거 업고 듣잘거 업고 맨지잘거 업고 알잘거 업고

지내잘거 업다。 왜냐므면 바닥은 바닥이야!

올나가는 숫이 업스므로 써니라。

그러나 이생각은 밀알 가튼 절믐이 바로 깨뎌

진 데서 새싹으로 딴 나온 얼이니라。

늘거서도 모르는이가 잇고、

오히려 절믄이로 짐작 ᄒᆞᆯ이도 잇스리……。

인도네시아 大統領 스카르노氏 필라데르피아 美術館長 잉거솔夫妻의招待宴에서

「나는 이大統領을 조하ᄒᆞ는데 왜냐면 그는 寬大ᄒᆞᆫ 사람으로서

유모어와 노래를 조하ᄒᆞ기 때문이다。」라고 말ᄒᆞ엿다。

그는 필라데르피아 州의創立者인 윌리암·펜氏가 말ᄒᆞᆫ 「平和란 紙上에 記載되어

잇는것이 아니라 사람맘속에 잇는거시다」를 住民들에게 생각

나게 ᄒᆞ엿다。

1956. 5. 29. 火曜 2435623 ㅎ-21ㅁ삐 서른 ~~소~~사흘 뒤

子曰志於道(信而好古)據於德(在明德)依於仁(明明新生)游於藝(質上文)

30. 水曜 2435624 ㅎ-21ㅁ 서른 ~~닷새~~나흘 뒤

31. 木曜 2435625 ㅎ-21 마27 서른 ~~닷~~닷새 뒤

6. 1. 金曜 2435626 마27 서른 ~~일레~~엿새 뒤

2. 土曜 2435627 마27 서른 ~~여들~~일에 뒤

②알뜰 살뜰(親庭生庭) 먹여 기른 비롯을, 마침 해머금으로 판을 낼가? 갈五 13-15

알뜰 살뜰 길너준 어머니의 아들이 히먹는 달가? 머겨 키워 드림으로 지내는 날이오.

히먹는 판이 아니다. 도리켜 머리를 들고 한우에 알뜰 살뜰살을 알고 도라들 가자!

3. 日曜 2435628 마27 覺相 서른 ~~아흘~~여들에 뒤

마태 廿22 너희 구ᄒᆞ는 것을 너희가 아지 못ᄒᆞ는도다.

32 너희가 너희 祖上의 量을 채워라.

이사야 六 11-13 主여 어나 ㅅ대ㅅ가지니잇가?

마태 廿三13 / 누가 十一52 너희는 天國門을 사람들 앞에서 닫고 / 智惠의 열쇠를 가져가고

마태 廿三 34 그러므로 내가 너희게

누가 十一49 이러므로 하우님의 知惠가 널넛스되, 내가 先知者와..

2435629　　서른아으레뒤

4. 月曜.　하리므 101　~~마흔날부~~

一陰一陽之謂道

継之者善也成之者性也

仁者見之謂之仁知者見之謂之知百姓日

用而不知故君子之道鮮矣

顯諸仁藏諸用鼓万物而不與聖人同憂盛

德大業至矣哉　程子曰 天地无心而成化 聖人有心而无為

富有之謂大業日新之謂盛德

張子曰 富有者大而无外 日新者久而无窮

生生之謂易　成象之謂乾　效法之謂坤

極數知來之謂占通變之謂事

陰陽不測之謂神　張子曰 兩在故不測

右第五章(本義)此章 言道之體用不外乎陰陽而其所以然者則未嘗倚於陰陽也

누구던지 나를 먹는자는 내목숨으로 살리리。

〔素書〕道者人之所蹈使万物不知其所由。

2435630　覺相　~~하루~~날

5. 火曜.　101　마흔날뒤

道(言)者人之所滔(蹈演)使万物不知其所由。

〔素書〕德者人之所得使万物各得其所欲。

直心行之之謂德日行之謂得谷欠之謂欲。

谷者神容也容者人子象而無不包攝也谷神不死欠谷必得至充滿盛德大道日也

〔素書〕夫道仁義禮德五者一體也

1956. 6. 6. 水曜. 2435631 ㅎ-21ㅁ 마은 하루 뒤

7. 木曜 2435632 ㅎ-21 ㅁㄴ27 마은 이틀 뒤

子游問孝子曰今之孝者是謂能養至於犬馬皆能有養不敬何以別乎

子夏問孝子曰色難有事弟子服其勞有酒食先生饌曾是以爲孝乎

「버마」의「우·누」首相辞職. 일즉이 그가 印度「네루」와 対話中「貴下나 내가 恒常警戒하여야 할 誘惑은 後進状態에 있는 國民들을 指導하기 爲하여서는 口實과 經濟發展을 促進시키기 爲하여라는 美名으로 우리들 自身을 独裁者 만들게 될「權力의 濫用」이란 魔物일 것이오」云云.

子曰中人以上可以語上也中人以下不可以語上也

8. 金曜 2435633 ㅎ-21ㅁ 마은 사흘 뒤

9. 土曜 2435634 ㅁㄴ27 마은 나흘 뒤

致虛守靜. 自有而無. 乃可長生久視耳

10. 日曜 2435635 ㅁㄴ27 마은닷새뒤

王元貞·老子翼序曰. 夫天地人物. 其初果有乎. 誠無之也. 探造化之根源. 發玄微之妙旨. 致虛守靜. 自有而無. 乃可長生久視耳.

11. 月曜 243536 ㅎ-21ㅁ 저녁비 마은 엿새 뒤

알뜰(親知庭) 살뜰(生庭)에 드리우는 가자,

2435637

12. 火曜. 구름 마흔일에 뒤

關尹子曰. 在己無居、形物自著。

莊子曰、老子以空虛. 不毁万物爲實. 其說亦云明矣。

絀老子者. 猶謂其棄人事之實. 而獨任虛無也 則未攷其文而 先有意以誣之者 豈不妄哉。

13. 水曜. 2435638

비 맑 마흔여들에 뒤

2435639

14. 木曜. 흐리 맑 마흔아으레 뒤

江에서는 水가 (岸이) 主 (客) 인가 ?

2435640

15. 金曜. 맑 흐리 쉰날 뒤

2435641

16. 土曜. 흐리. 비 쉰하루 뒤

저녁브터 밤에 바람비가 사나웠다。

2435642

17. 日曜. 비 쉰이틀 뒤

馬巨濟曰. 性無餘欠. 有餘皆分外也。

2435643

18. 月曜. 흐린 쉰사흘 뒤

學者直須於善惡不可名處. 着眼. 始得忘情是非俱泯矣. 若直以爲善與惡同耳. 則是任天下至於惡而不之顧. 豈理也哉. (董思靖) .

識本達原. 不流於末. 是謂貴食母.

2435644

19. 火曜. 구름 쉰나흘 뒤

저녁브터 밤에 비

(參照)「一公頁」 스므사을뒤.

一 (三 · 卅)

三者希微夷也。俱非声色。並絶形名。有無不足詰。長短莫能議。混沌無分。寄名為一。

視之不見名曰夷 聽之不聞名曰希 搏之不得名曰微 ┘此三者不可致詰.故混而為一:

一不自一。(三不自三)
由三故一。(由一故三)
由一故三。(由三故一)
三是一三。(一是三一)
一是三一。(三是一三)
一不成一。(三不成三)

三不成三.則無三。一不成一.則無一。
無一無三。自叶忘言之理。執三執一。翻滯玄通之教。(李榮)

川閱水而成川　世閱人而為世
人閱气而作人　气閱言而活气
言閱命而立言　命閱神而復命
神閱一而自神　一閱存而在一

唯心是道 (色界實情暴露)

有即無.無即有.(老) 器即道.道即器.(易) 色即空.空即色.(佛)
孔德之容.唯道是從。

未容思內容　絶大無外容
既容亦外容　極小無內容

　　　　　　親　氣　　形
虛容畫花容　~~對~~~~顏~~相~~[illegible]~~容
花容隣虛容　知心獨從容

2435645

1956. 6. 20. 水曜 가는비 쉰닷새 뒤

色界天 (相從料理)

親分相形容 商議料物情
和解從飮食 正言理天則

曲則全. 枉則直. 窪則盈. 敝則新. 凡以明「少則得也.」
一.少之極也. 抱一而天下式則其得多矣. 故
一國三公. 不知誰適. 十羊九牧. 詎可得矣.
喪生者繇其多方. 亡羊者苦於岐路.

眞人相

本人作故人 形容一生貌
影眞如常眞 品格万古因

한힘 모르면
참 그 얼골들이 엄버든가
참 그 몸들이 곱아든가
내 늙은 꼴 남 보얻서라
언제고 새롱 몸은
힘 나드리신 걸.
인제도,
아니, 인젠 더욱 더. 담엔,
담에는 더 더 겠지.

1956. 6. 21. 木曜. 2435646 흐림 쉰엿새 뒤

稽于衆. 舍己從人. 不虐無告. 不廢困窮.
孟子曰. 文王之治岐也. 耕者九一. 仕者世祿. 關市譏而不征. 澤梁無禁. 罪人不孥. 鰥寡獨孤. 此四者. 天下之窮民而無告者. 文王發政施仁. 必先斯四者. 詩云(小雅. 正月篇. 佌佌彼有屋蔌蔌方有穀. 民今之無祿. 天夭是椓)哿矣富人. 哀此惸獨.
后克艱厥后. 臣克艱厥臣. ○嘉言罔攸伏. 野無遺賢. ○罔違道以干百姓之譽. 罔咈百姓以從己之欲. ○無虐煢獨而畏高明.
予違汝弼. 汝無面從. 退有後言. 欽四隣.
民可近. 不可下. 民惟邦本. 本固邦寧.

22. 金曜. 2435647 비 큰비 쉰일에 뒤

天地物則氣圜气 圜氣安置今塵末
宇宙音感絶対線 対絶等正常光邊
邊末存在. (覺得在其中原)

23. 土曜. 2435648 비 쉰여든에 뒤

不一萬无 (無兆不一)
(萬億)

自然磨練立發初志 古往下民號昊天
人生鞠躬考終命 今來上帝示神明

抱 一

失時實不實　　時方天啓示
得方果然果　　得失人感化

己忘時方兒　　天人本來子
何驚得失科　　無往不復過

羅什曰. 心得一空. 資用不失。万神從此。伏邪歸正.

오
이
늘
린
제 기 은 나 참
므
슴

一 直

參三惟一不滅眞　　永遠線來打點養
卽仁大元寂光神　　無窮心去謁見身

簡易救世

眼同搬物行險難　乾坤易簡人道平
身自歸命居易簡　術數險難謀事亂

換腸民族

(諸葛平生唯謹愼)

出馬逐鹿婆伽原　萬能諸葛鄭堪王
敢鬪尸位金弗圈　两班無上腸骨幻

2435649

1956. 6. 24. 日曜. 흐림 맑　　쉰아으레뒤

一爲萬主·而萬爲之賓。
我之性宅、我自復之。

2435650

25. 月曜. 흐림 비　　예순날뒤

莊子曰、賊莫大於德有心。而心有眼。
(分别心生·妄有所見。遂喪其全)

常名

樸散爲器官長制　地中有山自初謙
亦將知止不殆道　人間小見爲名高

十有一者

不必形容其人來　出生入死有三徒
正要中心自己知　被褐懷玉貴一地

26. 火曜 2435651
밤새이이바탄 예순하루뒤

道紀

先夢後忘小人子 執古之道以御今
高顯低微大主宰 自性求子就將來
己降在

人道難

就煖滋味寢食節 夜寐晨省學不厭
求好享樂長老衰 少試晚覺克復禮

一我

言者道之筌. 使道可以言盡則聽言而足矣. 唯言不能盡.
事者道之迹. 可以事見則考事而足矣. 事不能見.
非舍言而求其宗.
少遺事而求其君. 不可得也.

言甚易知甚易行 + 言筌證道而未盡
人莫能知莫能行 事迹明道而未達
思慮不及有宗君 + 知我者希則我貴
知知行行求我知 被褐懷玉言目事

道常無名

道路網陸市都總 細流纖徑合綜總
川谷羅地江海綜 自實自均一止公

2435652
27. 水曜, 밤에도하니 예순이틀뒤

予聞

曰能自得師者王. 好問則裕自用小.
謂人莫己若者亡. 仲虺之誥書載商.

心事

有欲無主民乃亂　　惟天生民有欲，無主乃亂。
天生聰明自時乂　　惟天生聰明時乂。
惠日新懷志滿離　　德日新，萬邦惟懷，志自滿，九族乃離。
建中于民制義禮　　建中于民，以義制事，以禮制心。

子曰君子之於天下也，
無適也，無莫也，義之與比。

謙　蠱

地中有山自古謙　　有子承意考無咎
山下有風尚今蠱　　振民育德天猶顧

老子，聖人無常心章，和大怨章，為解。
第一曰，和，相對而和曰愛，未和曰怨，或欲強使之和，則所謂和大怨，必有餘怨者也，然則孰能濁以靜之徐清乎，德善德信矣，是以司契不司徹而天道無親，常與善人。

1956. 6. 28 木曜　24335653　마27　예순 사을 뒤

萬古一气

心乎愛矣通形容　　自初窈窕華形容
中心藏之遐聲气　　終始愷悌樸聲氣

相從偕老未容心　　不必形容世人眾
不如隔世同聲氣　　正要中心自己知

「英聯邦首相會議」[戰車로쓴쳐 트랙터。] 「이사야」 2/4 [칼을쳐서보습을]

「타임스」[英聯邦이自由롭기를原願하는人民들의自由로운結合。]

[英國王은主權이아니라自由의象徵이될수있는것。]

「老子」天下有道·卻走馬以糞(車)

〃〃無道·戎馬於生郊(交·國境)

2435654

29. 金曜. 맑 에순나흘째

常一

離往今死即今生 無常也異常歲

尋常遇經常命 知常則非常明

如常乎無非識 奇變事好奇奇

秉常則要是正 平常道恒平平

大無

天無年月日 心無生老死

地無時分秒 我無一二三

風勢惡

放辟邪侈相爭先 非道不顧如浮雲

憂勤惕勵孰所重 不欲孔好古虛風

不要恒產與恒心 日出浮業猶便利

頓謀利之謂世雄 生平職守何時興

2435655
1956. 6. 30. 土曜. 흐림 에순닷새뒤
2435656
7. 1. 日曜. 맑기 에순엿새뒤

眼·藏

健忘寢沒去 強記眼逝去
強記覺生來 健忘藏如來

2435657
2. 月曜. 새벽(새벽)비. 흐리 에순일에뒤

儀式 動機

月態花容式 言重善逝動
大(天)象虛廓儀 思(夢)幾如來機

2435658
3. 火曜. 흐리. 맑 에순여들에뒤

卽事

長征平觀終食離 道友羈弟同宿夜
三航五載信息歸 雨多夏天霸月慰

2435659
4. 水曜. 흐림 에순아으레뒤

用之則行. 舍之則藏. 惟我與爾. 有是夫.
子路曰子行三軍. 則誰與.
子曰. 暴虎馮河. 死而無悔者吾不與也.
必也臨事而懼. 好謀而成者也.

子路問強.
子曰. 南方之強與. 北方之強與. 抑而強與.
寬柔以敎. 不報無道. 南方之強也. 君子居之.

衽金革, 死而不厭, 北方之強也。而強者居之。

5. 木曜. 2435660 비 、 일은날뒤

6. 金曜. 2435661 흐리, 맑음 일은하루뒤

7. 土曜. 2435662 흐림 맑 일은이틀뒤

8. 日曜. 2435663 흐리 맑 일은사흘뒤

「자와하랄·네루」(6日 런던에서) 말

「죤·포스터·덜레스」말「中立國家들은 不道德에 接近ᄒᆞ고 잇다」에對ᄒᆞ야「모든國民이合意를ᄒᆞ여야 ᄒᆞᆫ다고 말ᄒᆞᄂᆞᆫ것은 全的으로 非民主的인 原則이다。」「나는 그들이 말ᄒᆞᄂᆞᆫ것은 民主主義生活 및思考方式과 民主主義精神에 反對되는 것이라고, 그들의 考慮를要請ᄒᆞᆫ다。」또「아이젠하워」大統領의 聲明「一部國家에 잇서서 中立 政策을取ᄒᆞᄂᆞᆫ것은 반드시 不利ᄒᆞᆫ것은 아니라。」는말도 引用ᄒᆞ엿다。또「中立主義란 語句가 戰時에 使用되는것이라ᄒᆞ면, 平和時에는 이語句는 一種의 戰爭氣分을表示ᄒᆞᆫ다。우리는 그것을 助長ᄒᆞ기를 願ᄒᆞ지안는다。」附言ᄒᆞ엿다。

9. 月曜. 2435664 흐리 일은나흘뒤

莊子 말이라고,「몸 백인 속알이ᄆᆡ 눈 백인 몸 같은 훔치기는 업ᄉᆞ다」ᄒᆞ엿다。(賊莫大於德有心而心有眼)

눈

아버지, 우리 아버지 눈을 난 두번 잊지 못ᄒᆞ게 보앗고 생각은 세번 ᄒᆞᆫ다。

己未運動때 刑事가 家宅搜索을 ᄒᆞ면서 무슨
말을 審問ᄒᆞᆯ때에 똑바로 뜨시어 刑事의얼굴을 보시던 우리
아버지의 눈은 나는 잊지 못ᄒᆞᆫ다.

또 한번은 도라가시기 두어 分時前에 누신자리
에서 이리키라 ᄒᆞ셔서 두어 사람이 半身을 이리켜 드리
는데 마조 앉어 뵙는 나 보기에 아버지 얼골의
뒤틀리는 주름을 보면서 다시 눕시어요. 못니러
나십니다. ᄒᆞᆫ즉 왜! ᄒᆞ시면서 가장 큰 눈을 뜨
시며 날 보시던 우리 아버지 눈을 나는 잊지 못
ᄒᆞᆷ

세번 생각이란
웋에 쓴 두번 생각과

우리 아버지께서 우리 어머니의 젊으셨을
때 얼골을 그리워서 보셨을 우리 아버지
의 눈도 나는 보지 못ᄒᆞᆫ대로 나는 생각
ᄒᆞᆫ 적이 있다.

이 우리 아버지의 눈이 내 몸에 백인것은 내
몸을 밝혀 준다.

내 눈이 몸에 백여서는 안된다.

몸은 비워. 늘 비워가지고
하늘이 보인 온갖것을 담어내는 거울 눈인때문.

一默

天地無年月日時　心我無生死一二
一生何分別節部　道元何言辨有無

默心服務

心繫貪事終身默　昔人剸路散紙錢
務在衣裝平生服　今民生涯奏券福

三毒解

痴泡纔滅修短均　瞋衡折矣輕重罷
貪囊從旣贏縮平　三毒初解一歸寍

2435665

1956. 7. 10. 火曜. 비　얻은 낫새 뒤

하늘 밑에서 너를 내 맞나.　天下有始。

가지고 하늘밑 어미를 삼엇지.　以爲天下母。

이미 그 어미를 얻으나, 써 그 아들을 알다。　旣得其母。以知其子。

이미 그 아들을 알고는, 다시 그 어미를 직혀서, 몸이 맞도록 내 걱정 없다。　旣知其子。復守其母。沒身不殆。

우슴도 막고 입도 닫　塞其兌。閉其門。

어 두어, 몸이 맞도록 終身不勤。
빳브지 말것이니라。

우슴을 터놓고 일을 건 開其兌·濟其事。
네어 가자면, 몸은 맞 終身不救。
도록 건질수 없다。

적은것을 보기에 밝 見小曰明。
다는 것이고,

부드러운것을 직히기 守柔曰强。
에 세다는것이다。

그 빛을 쓰는대로 그 用其光。
밝음에 다시 도라갈것 復歸其明。
이니라,

몸에 언짢음을 끼칠 無有身殃。
이 없으리니.

이른 늘덧덧이라 是謂襲常。
홀것이니라。

地無時分秒	3 그린랜드 꾸라실 東
	자정 子正 밥중이
1 우리 한낮 標準時	4 그리니취 세時半
뉴질랜드 拾五時半	유렵폭판 네時半
2 昨下五時 하와이	5 印度九時 버마 十
華盛紐育 拾時半	中日初正午相半

英法白
西蘭波
独伊
瑞抹
三四五時半
大布土皮陸地

1956. 7. 11. 水曜. 2435666 맑비. 일은 엿새 뒤

「레닌」의 理論. 「國家는 階級的 諸対立의 非和解性의 産物이며 그 表現에 不過하다」는 것을 唯一한 眞理로 信奉하고 『「프로레타리아」 独裁가 民主的 議会主義보다 數百倍 더 民主主義라』고 主張하던 그 當時의 最高会議가 『平和的인 方法으로 議会制度를 通하여 革命을 遂行할수 있다』는 理論的 修正이 있는 오늘의 最高会議가 어느 정도로 實質的인 変化를 露呈할거신가 (新聞解說)

12. 木曜. 2435667 갬 일은 일에 뒤

13. 金曜. 2435668 비 일은 여들에 뒤

저녁먹는데 道德島梁道泉 牧師 단분의 멀니 차즘을 맛다.

14. 土曜. 2435669 비 일은 아으레 뒤

스물 생각 (念念)

셋 스물 거름에
너.
나.
남, 다를 곳。
몸스물.
일스물,
숨스물. 꼴 곳。

스물 모를 사람도
잊을 곳,
스물 모르고
서운 설마.
치를 곳,
스물. 생각。
생각은. 스물。

老子六十二章

道者万物之奧。
古之所以貴此
道者何。
不曰求以得。有
罪以免耶。

길은 잘몬의 깊은속
이라。
녯의 이길을 귀히혼
바ㄴ 엇짐인가
차저 어드면 허믈
잇슴을 벗는다 ᄒᆞ
지 아니 ᄒᆞ얏느냐

2435670

1956. 7. 15. 日曜. 큰비 여든날뒤

患所以立

生形而下難 超形而上出
見獸而下危 得人而上貴

主當客厭

陶者用鉄盆 廚婦食殘饌
匠人處狹廬 國主懷遠慮

齊宣王問曰交隣國有道乎 孟子對曰有
惟仁者爲能以大事小 …… 惟智者爲能以小
事大 …… 以大事小 者 樂天者也 以小事大者
畏天者也 樂天者 保天下 畏天者保其國

아주 내 말치 못혼가

말은 들리고 말며, 글은 보이고 마느니.
모든 소리가 들려 오며, 온갖 빛이 보여
가노나.
내 소리는 뭘 들리려며,
내 꼴은 뭘 보이려는가.
이, 날 보내신, 한뜻이 아닌지 못ᄒᆞ앗
기에, 아즉 말치 못 흠인가.

衆高本下、衆水趨海、衆動歸静
2435671
16. 月曜 卅 어드하주위
讀大國者下流
義止無二唯一(易大傳 {天下同歸而殊塗,
一致而百慮。
小事大水流 上發離別小
大事小气清 下流會交大
衆壯輕發動 衆高本下下
一牝重中静 一高无上上

冷酷戰慘狀甚於熱惡戰

昨聞殺戮困婣婦 國防少壯訓且鍊
今報强盜辦婣需 戰停小閑勇敢獸

先明用處

軍略決戰果　原子戰用殛
以爲結交訛　以爲動力和

情痴繼代贖　盈科全贖日
性精復命科　石獸人天化

2435672
1956. 7. 17. 火曜. 비. 갬.　여든이틀뒤

百慮一致

小有大無　下本上末
無虛有實　末危本安
求實厭虛　求安戒危
欲大嫌小　好上惡下
非戚而何　不讓己甚
小小翼異　下下安安
大大致遠　上上寧靜

2435673
18. 水曜. 비비　여든사흘뒤

勿試勿施

交媾原子爆　生生苦因皆
試驗又實施　勿試仍勿施

箴言廿七章一節

勿自誇來事　晩顧日行藏
蓋不知今遇　早問夜安否

阮瞻·咸之子也。見司徒王戎。戎問曰。聖人貴名教。老莊明自然。其旨同異。瞻曰。「將無同」戎咨嗟良久。即命辟之。謂之三語掾。

睿宗問其術。對曰爲道日損。損之又損。以至於無爲。夫心目所知見。每損之尚不能已。况攻異端而增智慮哉。帝曰。治身則爾。治國若何。對曰。國猶身也。故游心於淡。合氣於漠。與物自然。而無私焉。而天下治。新唐書隱逸傳。貞一先生司馬承禎

2435674

19. 木曜　비　여든 네 울 뒤

白居易曰。夫欲使人情儉樸·時俗淸和。莫先於體黃老之道也。其道在乎尚寬簡·務儉素·不眩聰察·不役智能而已。

20. 金曜　2435675 흐림　여든 닷새 뒤

新聞
三千年前長安近　그루지아共和國
村落遺蹟發掘來　百五十五翁現在

1956. 7. 21. 土曜 ○집 2435676　　　　어든엿새뒤

볼거 업시. 드를거 업시.	無視無聽
얼● 싸안고 고요히 가면,	抱神以靜
	形將自正
꼴● 제대로바를 것。	
얼● 제대로맑을 것。	神將自淸
~~아로다~~。	
네 꼴악성히 다치지 말고, 네알잠 가만둬 두면, 오래 두고 보지. ~~로다~~。	無勞子形
	無搖子精
	乃可長生
	(廣成子)

맡 十九	3—12.	9、神耦 分。
히 十三	4.	貴以勿玷。
에 五	22—33.	3:23 耦奥妙大。
디I 四	3—5.	3、禁婚食葷。
〃 五	3—16.	3、敬眞寡婦。
고I 七	1—40.	26、守素安常。
베II 二	1—22.	19、自由許人。

道德之和

道德之奧

此與伏羲同其原也

之以中

之以大

此與文王同其宗也

仁義之敎

道德之化

此與孔子合其權也

可謂至神者矣

此三君子者

聖人之極也

唐相陸希聲云

昔伏羲氏畫八卦象萬物窮性命之理順

老氏先天地本陰陽推性命之極原

文王觀太易九六之動貴剛尚變而要

老氏察太易七八之正致柔守靜而要

孔子祖述堯舜憲章文武導斯民

老氏擬議伏羲彌綸黃帝冒天下

變而通之—研至變之機—

老」氏皆反而合之—探至精之歸—

2435677

1956. 7. 22. 日曜. 흐림 비　　여든일헤 뒤

別信

有天啓公開万民信.要各個人
奉答書.是本信也。
且有別信.卽爲人間尙未直達
陟降者.指示通過試鍊之別途.
而因得歸趣。是別信也
人生初接小片信.曰榮養滋味.
信也。再接小片信.曰可以準
備接受一生一代別信事之通
知書也。
初接再接小片信.人人每每從
事於斯.用心於斯.而不知老之
將至而已。
夫唯其別信也者.
　皮封.肉箋.毛筆.血汁.心寫.身
勢.生庭.情實.意端.旨趣.思辨.夢
斷.無聊日常地.有懷天一方.疑
雲起未盡.願海汛無量.魂暗魄
明.望美人兮.心乎愛矣.中心藏
之.窈窕淑女.君子好逑.愷悌君

子何不作人云云。童貞女、童貞男、一生一代交易不易之會狀也夫。

物生相信書、人天通通書信、本第平信自萬福、他鄕別書尙一儀。

再信未可信、三信不可信。

2435678

1956. 7. 23. 月曜、

흐림　애든 애드레뒤

그러런 시련 없는 씨알
씨께 큰 어른이 닥치다。
자위를 넓게 잡으나
1 잠해 본지 되는거시
다。참 넓히는거시 좁
아지는 거시구나。
실컷 살려나 좋게 안되는
구나。그마만 좋으로 살
해 안는 거시 실컷좋다던
참 실해지는거 보다 크
구나 오직 실컷 안흐므
로 실치를 안는구나。
이러므로 닥친이 제
살고、뵈지여 날하고 안
는니、제 앳기는 괴일하
고 안흐니。저거를 뎌러
ㄴ 이거를 가진 거시니라。

民不畏威。則大威至矣。

無狹其所居。

無厭其所生。

夫唯不厭。是以不厭。

是以聖人自知、不自見。

自愛、不自貴。

故去彼取此。

損　損下益上損　懲忿窒欲時　☶☱ 山澤
　　損上益下益　剝民奉君巽

益　遷善改過日　自上下下光　☴☳ 風雷
　　風雷君子益　獨生安息㬚

2435673
24. 火曜. 비 　　　　　 여든아으레뒤

하나。에서 진(떠러) 몬(物)을 지흔이. 잇다고?

우리는 그지흐신 바라。고?

「지흔이」(創造主)란 떠러터린이오. 「지힌바된이」란(被造物이란) 「지」(찌) (몬지物質)다。

어버이가 낳다는 것이 괴이면 고맙고. 슬미면 즌저리로 칠거와 갈히 떠러터린 지흔이 잇다는 것은 고맙기만 훈말이 못된다。

우리 몸으로 우러러 아름답아 우리옹큶을 바칠 한힘(恒因)은 아닐것이다。

「나잇」 뜻이 낟낤 어버니게만 잇는것이 아닌거와 갈히.(孝道의約束을 가지고 孝債權者로서 父母된이가 孝業債務者된 子息에게 그 債務履行을 督促ᄒᆞ는 文口로 依例히 나오는 「이子息아 父母가 없으면 『너』란것이 어대서 엇더케 낫서!」ᄒᆞ는 말은 法律이 倫理를 干涉ᄒᆞ게 훌만큼 薄情ᄒᆞ게 된 ~~世上의 父子, 된말이다~~) 「지흔이」에게만도 잇슬것이 아니니라。]

「一切諸法本. 因緣生無主」란 思想도 無神論이거나 唯理論이라 ᄒᆞ고. 有神思想ᄂ

ᄂᆞᆫ 것이라고 그
는 無關ᄒᆞᆯ수 없다。「나」ㅣ 잇게된 第一原因이 造物主인지도 모르지만 第一原因까지를 찾ᄌᆞ려 드는「비롯」은「나」다。

참을 찾는 나! 善라는 나! 옳담자는나! 積善이 아니라。求善이다。積真.積美 랄것이 없음 같이 積善이랄것도 없~~다ᄒᆞᆫ ᄀᆞᆫ ᄒᆞᆫ다~~。오직 求다。積이 아니다。求真善美다。求我다。求真善美我가 存在의 意義다。真善美는 길다。또ᄒᆞᆫ 그것을 찾는「나」도 길다。

나는「하나」다。하나는 누가 맨든것도 아니고. 언제 비롯ᄒᆞᆫ것도 아니다。하나는 누가 알수 잇는것도. 모를수 잇는 것도 아니다。모든것의 모든것이오. 언제의 어대까진 것이다。

[몬이]잇다가 없다시 가고,
[빈탕]없다가 잇다시 온다。

진물 안ᄌᆞ러 꽃 퓌고
꽃 닿지러 진물 진다。

나다。하나다。
하나를 찾는 나다。
하나를 믿고 찾는 나다。
네. 하나다。
하나ㅣ 나다。

오늘의 사람!
꽃 한 송이 퓌워보고는 積善(功)果란다。

第二万四千二百四十日! 生后幾日인가를計算한첫날이 第一万零二百四十日! 이엇던記憶은分明한데。그런즉 내가 아닌지 앞에서 生日子를 세넘기기도 壹萬四千날은 은엇습니다。이弱한게 쉰 목숨도 거룩한 뜻이오것가。

2435680
1956. 7. 25. 水曜 흐림 아흔날뒤

일희숨움에 된말이 참말이다
말이 안된 이나라에 난일없시 웨낫슬가
너난 나라 네몰일 말못되어 목마르다
아나라 나나란나라 일흥(言)된말 되리다。

世界保健機構에서、1954度自殺者의統計〔人口每十万人에対한比〕					
日本	23.4人	西独	19.3人	伊太利	6.4人
丁抹	23.3	白耳義	13.8	諾威	7.4
美國	10.1	芬蘭	18.9	和蘭	6.2
墺地利	23.1	佛蘭西	15.8	瑞典	18.6
카나다	7.3	愛蘭	2.0	瑞西	22.6

2435681
26. 木曜 흐림 비 아흔하루뒤

風☴ 父父子子兄兄弟弟夫夫婦婦而家道正 正家而
火☲ 天下定矣 象曰風自火出家人君子以言有物而行有恒

家人

正身而 男女定
正心而 師友定
正業而 天下定

일희숨움에 된말이 참말이다。 善結無繩約而不可解

2435682

1956. 7. 27. 金曜. 흐림 아흔이틀 뒤

몰 움지기 믿고
살 움지기 살어
낼 움지기 쉰이
웋ᄙᆷ에 드러가다
—온 그름 바다 건너—

ᄙᆷ 직 믿고
ᄉᆱ 직 살어
ᄂᆱ 직 쉰이
ᄋᆞᄔᆱ 에 들다

2435683

28. 土曜 아흔사흘 뒤

소내기비 中 떠나 날이 들다 비 나리다 ᄒᆞ는 하는 땅에 湜東으로 光州에 오니 날이 밝다. 밤에 달이 밝고 土·木·샛벽金星 燦爛히 보다. 밤中 곳 믿어 木星이 달 오늘의 앞잽이 ᄒᆞ였고, 金曜는 이날의 새벽 별이 되어 주다. (木星이 아니고 十七年來 接近되는 火星이라는 것을 九月六日朝鮮日報載 九月의 星座)

2435684

29. 日曜. 맑 아흔나흘 뒤

일흔 아침 마당에 베픈 網席에 靑少女 修法數十人 坐定ᄒᆞ니 달은 天中 좀 지난는데 一宿 가까이 木星이 앞섰고 東天에ᄂᆞᆫ 金星이 高昇進來中. 讚頌中. 어린 스르래미 初習音調로 表儀伴奏ᄒᆞᄂᆞᆫ데 參聽하다

所謂本信者有正心者人從師友而接~~之者~~也
或有正身婚定中更進正心~~者~~而得之矣

2435685

30. 月曜　　　　아흔닷새뒤

淡泊

去世悟味子　元羹太中和
玄酒方酣時　鹽梅何所施

余舒叙

今方開攄廬　無時無序外
念慮業殺了　安易安臥聊

2435686

31. 火曜. 맑　　　　아흔엿새뒤

어제 午後 光州서 鶴橋。서 咸平에 軌道着. 驟雨를 겪은뒤. 또 三十里 걷어서 柳川農場에 와 쉬고 있다。

2435687

8. 1. 水曜.　　　　아흔일헤뒤

柳川農場에서 뜰안에서 露宿熟眠하다. 깨니 月明風淸하야 風逐蚊蚤未聚하야 熟眠하고 나서 金星이 뜨는것을 보니 光度가 相當하므로 晝見할만 하고 떠나서 十里 남짓 거러 山南里敎會(金起東氏 住管)에 오다. 해가 솟히 오른뒤에 果然 金星은 볼수 있다。

2435688

2. 木曜.　　　　아흔여들에뒤

바람이 많이 불 때 흐린다。

1956. 8. 3. 金曜. 2435689 흐림 이.흔이.으레 뒤
4. 土曜. 2435690 맑 백날 뒤
5. 日曜. 2435691 맑 백하루뒤
6. 月曜. 2435692 흐리 백이틀뒤

날이 가믈어 稻熱 잇고 滅呉虫이 盛호이 農家 不安中이라홈。

하늘님 이당에 물 주시옵소서 아멘

7. 火曜. 2435693 흐림 백사흘 뒤
8. 水曜. 2435694 맑 백나흘 뒤
9. 木曜. 2435695 맑 백닷새 뒤

造端乎夫婦. 첫긋이 비롯은 것은 惹端이오 蚌(釁)(疊) 端이로다. 그러나 形端表正호는 것이 人道의 極致

1. 우리는 맞긋을 잘 매짐에 全力全心 홀새니라。
「끌을 긋고 긋을 바룸」이 엇다. 맨고 끈음이 엇다。

10. 金曜. 2435696 맑 백엿새 뒤

끌긋지고. 짓바롬。

11. 土曜. 2435697 맑 백일헤 뒤
12. 日曜. 2435698 맑 백여듧에뒤
13. 月曜. 2435699 맑 백아으레 뒤

山南里 1 새벽 떠나서 해돋아 柳내에 오다。

14. 火曜. 2435700 흐림 백열흘 뒤

15. 水曜. 2435701 맑 백열하루 뒤

어제 와 쉬다. 靈光郡郡南面浦川里 金長老明變氏宅. 子弟瑾暎. 準. 脩暎 三氏. 鄭長老 秦權氏와 맞다.

16. 木曜. 2435702 흐림 백열이틀 뒤

午頃雷雨로 비롯하야 많雨나린다.

17. 金曜. 2435703 맑 백열사흘 뒤

浦川서 뻐스로 光州에 오다. 예는 어제 비왔다.

18. 土曜. 2435704 흐림 찬바람. 맑. 백열나흘 뒤

詩三四, 19 義人은 苦難이 만흐나 여호와께서 그 모든 苦難에서 건지시는도다. 20 그 모든 뼈를 保護하실이어 그中에 하나도 꺽기지 아니하도다.

벧I 三17. 善을行함으로 苦難받는거시 하나님의 뜻일진대 惡을行함으로 苦難받는거 보다 나으니라.

金剛經 法尙應捨, 何況非法.

19. 日曜. 2435705 맑 백열닷새 뒤

(골려 나온 일)
얼굴 뭘 몰러 나온 지아 뒤 알려 받
님을 떠나서 골려나온 것은 分明 타고서
다시금 나아갔만이 나간인가 하노라.

돈과 빛과 이름. (財、色、名)

돈도 좋아라、 힘들 쓸손.
빛도 좋아라、 거룩될손.
이름 좋아라、 말을 잡힐.
에야 좀 좋사오리만。
돈이 좋다니、 걸챈 때 차고,
빛이 좋다니、 그늘지우고,
이름 좋다니、 거짓을 퍼움,
이야 웃을 노릇이구나。

1956. 8. 20. 月曜. 흐림 이슬비 2435706 백열엿새뒤
다시 몰러 주시단?
우리를 몰러 가시려고 님이 오시단다.
앞을 떠나 몰려온 길 끝 없이 헤매더니.
치운 갈 흘리신 피론 다시 몰러 주시단?

21. 火曜. 흐림. 가랑비. 맑 2435707 백열일헤뒤
李冕鎬 宅에 가 晩餐. 그 父親 李昌珍 氏와
弟氏 李晧鎬 와 첫 맞다.

22. 水曜 맑 흐림 2435708 백열여둘에뒤
수박을 쪼개 속을 보자、내 어머니 생

가이 낳쉬 브름 12 (브름 ― 쁘름 ― 프름)

숨박속 꽃답은 물은 땅어머니 이바지신거
취도 피도 므른새에 떠끌내새 때없은 터에
어머니 꽃숨솟받어 자란뱀의 「나」였듯!

23. 木曜. 2435709 비 1맥열아으레뒤

므름 쁘름 프름

아모것도 엄시 모든것을 가질나·온, 흔나,
아모것도 엄시 모든것의 내이신 님, 듣자!
내 몰나 아먼저브름 가질네라 플네라。

(달라는이. 찾는이、두다리는이、눅十一 10)

달란이가 얻고、찾는이가 맞나고、두다리는이에게 열리리라。

東光園

茄肥肉薄味 布衣天爵尊 요エ三1
果醇羹太和 素餐食力富

24. 金曜 2435710 소람. 맑 1맥스므날뒤

鄕愁

人間皮肉間 春秋皮肉影
世上性靈上 宇宙性靈響
賞皮委肉災 伐性幽靈京
去皮雨肉滓 見性明靈鄕

1956. 8. 25. 土曜 2435711 맑

26. 日曜 2435712 흐림

빽스므하루뒤

빽스므이튿뒤

一 于 歸 妹

清靜中正情徹止 坤極絶上主絶大
活動沖潑恬淡發 地心最下裏最末

正

時言方解 (1956. 3. 14. 正)

無時不待機
何方足故土

汝土元妨日
君子上訪道

時方一念息
子女万代好

淨穢何所分
昇降自零吾

逆性界

癸歸晃腹落牛後 從性秤程欽峰儀
月沉滿潮尚鼠風 降東淸息襖桓雄

27. 月曜. 2435713 어제 어두면서 비 빽스브사올뒤

내가 사는것은 내가 타고난 것을 나타나 보일것입니다
그러나 빛이나 꼴로 나타낼것은 아니고 속뜻을 좀더
빛나도록 보이어야할 거 같습니다.
모든 일은 그렇게 차려지는 한울 아버지를 알려
는 그리움을 더더더욱 끊게 흔여서 바치며 제속알
을 깨치며 나가는 때, 보이어 오듬인가 합니다.

28. 火曜. 2435714 비 빽스브나올뒤

숨 차지 수

큰뷘탕 한데 작은 꽃 얼굴이 ~~[illegible]~~ 빛아도 았지
늘길 남긴 뗄 이제 잔살로 ~~[illegible]~~ 맛은 나 았스니
알뜰 ~~[illegible]~~ 얻 살뜰이 ~~[illegible]~~ 예요 목숨에서 참 숨!!
믿나이다 (로四17)
있다가 없다시 가고 없다가 있다시 오네
없는것을 있는것가티 브르시고 부르시도다
아아멘 죽은 자들을 다시살리 실줄로
罪奴免義務 恩族孚永生 (로六30)
가는 소리만 드르오 (욥卅三 12-28, 卅四 14, 18-20, 29-30, 33 卅五 1-16)
더위도 한때엿지, 쓰르람도 운덧 없네.
히쩌르자 밤서늘것다 굿드랍 소리 엥그오.
보도가 때떠나갈런 갈님가리 소리오.

1956. 8. 28. 火曜. 2435714 흐림 비 빽스므나울뒤

29. 水曜. 2435715 흐림 빽스므 닷새뒤

30. 木曜. 2435716 ~~흐림~~ 맑 흐림 빽스므엿새뒤

31. 金曜. 2435717 흐릿 빽스모일에뒤

껍데기만도 말이 나아오

빛이좀 죽어야ㅅ 숨이살고 꼴이좀 삐뚜러져야 얼은 마흖니다,
빛날나고만 낮가죽올 도끄고 꼴 보인나구만 몸이키인다므로
그래요 꼭그럴진댄 얼엄시 몸숨(산 갖) 스럴거(걸)。

9. 1. 土曜. 2435718 흐림 빽스므여들에뒤

2. 日曜. 2435719 흐림 빽스므아홉뒤

(이사야六1.3)
가장기 다시 우이 엄시 아주한키 차지 스섯숩
땅의몸 맨아래요 이놈속 맨 끄트무리 (고I四9)
아부지 알뜰살뜰에 (요I三9) 씨하나(로)두섯숩

3. 月曜. 2435720 맑 빽(스므또열)서른날뒤

가는 소리듣좁 가는빛보좁 가는몸살좁.
오는 소리 얼가 오는빛도 앎가 오는몸 태울가.
올소리 올빛이어든 올몸에서 오늘삶。

올가는 소리

4. 火曜. 2435721 맑 빽서른하루뒤

光州發程 논틀로 거름에 힛떼發程ㅣ반가워라
「가는소리 듣좁자」새벽 절빛에「오늘삶만 올소리」로
도라가 밀알갱이껍 發程發穗 見豐生

光州天희밝은채 忠淸地비쑤던다.
서울어제비 많히 햇고 개이는가본데. 나
汽車紀行에는 日記(文)欄外乎

2435722
5. 水曜. 흐림 백서른이틀뒤

서울 들자 브름

하루밤 되새도 집이오 한나절 나그되도 손일다.
한생전 나길운집 한밝중으로 지넌 끝길.
이손길 집안팍이던 달리들림 잇스리.

쏠고 닦은 마음이는 일로눈이 사름이다.
光州歸妹면 서울家人이맨 그나그넨 네집아니고
설어라 시골보리밥 맛맛맛이 엇더리.

食殖造端人生來　念命造諧魂得拯
識職成契士識玄　智覺全誠魄徹虛

2435723
6. 木曜. 맑 백서른사흘뒤

잘 못 얼매

아니먹어 좋은것을 먹어보면 엇던가고.
아니흐야 좋잇슬길 흐야보아 엇덜나고.
안희야 괜찮을 찮은 짐짓잘못 흔박에.
괜찬 출 참 (관계흐지아니희좋고참)

火星은 15年或17年만에 接近. 九月七日十四時卅分에 地球와 距離約 三千五百十六萬四千가 될가량되며 光度一·二六等. 火星直徑6770Km. 2이는지니 (山羊座東쪽. 水瓶座와 ... 기준에서) 朝鮮日報載. 九月의 星座 (徐...化氏 中央觀象台天文係長의 稿)

2435724

1956. 9. 7. 金曜 흐림 백서른나흗뒤

知有命

四落五出秋水石 天生於予修在學
鑑照尙自心分明 假我數年終有命

8. 土曜 2435725 흐리 백서른닷새뒤

H. D. Thoreau 읽음

過去未來永接境 附逐日出何敢謂
瞬息存立遂現行 縱與日出吾平生

二

修粧未償原始樂 至少數外未知已
屋料永債生涯辛 大多數上相識紳

9. 日曜 2435726 비 백서른엿새뒤

三

百万明眸勞力市 億瞼一瞳相見難
唯一開眼智求時 或未嘗有眞面視

吾能作用一日質 莫論究竟生抑死
人生最高藝術是 本色自體如實示

光州天희 밝은채 忠清地 비쑤린다.
서울어제 미 밝히 햇고 개이는 가논데. ㄴ
汽車紀行에는 日記(氣)欄外手

2435722

5. 水曜. 흐림　　　빽서울이틀뒤

서울 들자 므름

하루밤 뒤새도 집이오 한나절 나와도 손일다.
한생전 나갈운집 한밟중으로 지번 끝길.
이손길 집안팍이라 달려들럼 잇스리라.

쓸고 닦은 마음이는 일로눈이 사름이다。
光州歸妹면 서울家人이매 그나그넨 네집아니라
설어라 시골보리밥 맛맛맛이 엇더리。

食殖造端人生來　　念命造詣魂得拯
識職成弊士滅玄　　智覺至誠魄徹虛

2435723

6. 木曜. 맑　　　빽서운사흘뒤

잘 못 얼매

아니먹어 좋을것을 먹어보면 엇던가고,
아니ᄒᆞ야 좋앗슬일 ᄒᆞ야 보아 엇덜나고,
안히야 괜찮홀 참을 짐짓잘못 ᄒᆞᆫ밖에。
괜찮홀참 (관계ᄒᆞ지아니히좋ㄹ참)

火星은 15年或17年만에 接近. 九月七日十四時卅分頃 地球와 距離約 三千五百十六萬四千가 될가량되며 光度一.二六等. 火星直徑 6770Km. 그이를 자리 (山羊座東쪽. 水瓶座와 魚座가 온데쯤) 朝鮮日報載. 九月의 별자리 (徐錫化氏는 中央觀象台天文係長의寄)

2435724

1956. 9. 7. 金曜. 흐림 백서룬나욷뒤

知有命

四落五出秋水石 天生於予修在學

鑑照省自心分明 假我數年終有命

2435725

8. 土曜. 흐림 백서룬낫새뒤

H. D. Thoreau 읽은

過去未來永接境 附逐日出何敢謂

瞬息存立遂現行 繼與日出吾平生

二

修粧未償原始樂 至少數外未知己

屋料永債生涯辛 大多數上相識紳

2435726

9. 日曜. 비 백서룬엿새뒤

三

百万明眸勞力市 億瞼一瞳相見難

唯一開眼智求時 或未嘗有真正視

吾能作用一日質 莫論究竟生抑死

人生最高藝術是 本色自體如實示

四

天地絶妙力　妙力揭本質
影響溥且淵　不離事自然

五

人間價値不在表　皮膚相接無意義

2435727
1956. 9. 10. 月曜. 141　　박서훈일혜뒤

게 케 개 캐

개오캐오 게울케울나갈이들 들을 말슴
이제 저마닥 나갈 말슴 밖에야 뭘찾으리
　한웋님 우리머리웋 게케개캐 갤이웋
　아어오우

ㅏㅓㅗㅜㅡㅣ· 우리오 나갈 말슴
게케 개캐 우리오 한웋님게울케나감
　개역서 캐여나가만 밋맞맞임 잇소리

訪問客 六

我無資雖要戒驕　獨相我自由自然
尚有畏驕攫去人　掃路欲呼萊國人

察乎天地 七

自暴棄一團回社会　太陽同仁草林穀
曾經迷半生謂老進　天道愛養蟲鼠人

八

湖水淵淵最深心　何近天國於越池 walden
靈臺浩浩至高極　眞正湖夢無裝飾
石堤微風詐他懷
玉泉白砂在吾搁

九　John Donne (1573~1631)

福兮心苑驅逐獸　自身免役畜之驢
或使牛馬羊犬技　說作直豚衝猛鬼

1956. 9. 11. 火曜　2435728 點　빨서 듣에 들에 뒤

10

孤獨非孤獨　弱點非弱點
貧窮非貧窮　無橫不吃也

11

後遺文字紀念碑　信仰去向常未確
表現之理內移動　殘留馨香在性情

12

事故發生易　毒竟無了毒
故最輕記可　傷何致命傷
同情是暗盤
不可定型化

13

必須轉自商內界　先作本方旅行家
從發見乎一千谷　應着自己宇宙誌

2435729
12. 水曜. 흐림. 백서혼아울에뒤

制字解 鄭麟趾
曰……今正音之作。初非智營而力索。但因聲音而極其理而已。理旣不二。則何得不與天地鬼神同其用也。……一朝制作侔神工。大東千古開矇矓。
吁。正音作而天地万物之理咸備。其神矣哉。是殆天啓聖心而假手焉者乎。

2435730
13. 木曜. 맑음 백마흔물뒤

今番의 火星의 接近은 1924年來而32年來오 1971年前에 다시 볼수없을 것이라하니

太陽에서의 平均距里 火星 227800000 Km
地球 149500000

783 00000
今番地球接近距里 565 90000
2171 0000 Km
× 2.38595 里
51690414 里

平常보다 二千万粁 = 五千万里 가까오아 合。

2435731
14. 金曜. 맑. 흐림. 백만으하루뒤

2435732
15. 土曜. 흐림 백마흔이틀뒤

2435733
16. 日曜. 흐리 백마흔사흘뒤

七時좀지나 서울驛가니 九時五分前. 票내어陵谷가다。
車內의 光景. 日曜日이고. 一山場날이라 소리도들림

秋夕三日前이란것이 要因으로 近來 中에도 近郊와 서울의 小物資交易으로 「돈푼벗겨먹는」 貿易商賈生活로는 男女同胞가 많이 奔忙한다.

나는 몬(物)웅이 (一)

서러서 스스론가 스스로와 서러운가 나란속은 서룬지고.

이거서 허물없나 헐물이없어 없이봐나 빈탕한데 없이봐.

몸이며 네가올몬에 몬웅에갈 빈데랄.

車속엣 빛몸

一

무근무겁 질머지고 새로건길 올라이난

七十斤(?) 붇을니고 밀고떠린 汽車로 타이ㄹ

이고장 안악네된이 그날그날 살가고.

二

시끌 없는 보리가 서울있어 온 이것봐 한사흘

먹지도 안을 다람쥐같이 돈벗길나고 몸내갓것지

나도 또 다보못먹소 돈푼떠러 지게다.

三

새서방이 오죽뜨고 힘이ㄹ 각시를 장사로 내셀나구

내서방님은 등짐지기와ㄹ 네낭군은 벌혼다 누

집이야 드나드는 길목 노아놓고 엇저줍

四

쪽진 머리에 몸빼바지 질막은 행주치마
광주리가 큰가하면 무대는 반길도 될거로니
입술에 臙脂는 없고 金指는 한미천.

1956. 9. 17. 月曜. 맑 2435734 백마흔나흘뒤

금보고 긋못적을가(線보고 點못占하리)
넷사람은 거북거플 불에 태워 금을 봐왔다더니
이제 나도 나이에 태운 얼골에 얼기설기 금이 뚜렷하다
이금새 뚜렷히 보고 모를 줄이 잇스리오

길에서 듣고 적에 옵

아들을 잘 뒤어나지, 딸도 잘 두나면 못지 안치.
아들이고 딸이고 온, 잘 두고 심잔히 곳들가 온,
두어온 말슴마시옵 저만만을 잘 듬소.

어제 도라오로 車속에서 後天(ㅁ)난 장이가 노래를 파는 이를 보앗다. 여덟살에 상에서 떠러저서 죽수 스물여덟살이라 한는데 여덟살 먹은 키반 하엿다. 뒤에 드르니 볼마다 그 生父가 업어다가 車에 올려 놓는다 혼다.

18. 火曜. 2435735 맑 흐리 백마흔닷새뒤

나는 몬(妳)울이(二)

재 노릇을 제 몰랏다. 눈귀에 팔려 ~~서~~ 정숙 게 쓴 입라 헤보다
몬 살이나 나찬 으뉴 뒤세상인양 세상에 제 왕, 들엇다

그러나 다 아니구나 몬도 몬도 「나」아냐!

나는 몬(物)울이 (三) (리 ᄒᆞᄂᆞᆫ 사람아.

하늘로 머리두고 빈탕으로 굴리 펼치는 숨사ᄅᆞᆷ ~~ᄭᅦ~~

몬의 빈탕, 빈탕과 몬은 제비 ~~ᄯᅢ~~ 재비 새맘도 아니건만

엇지타 세상에 나면 큰 빈탕을 없이봐.

나는 몬(物)울아 (四)

사람 낯이 설다보니 山도 물도 서운치고

살부치 된다 ~~ᄒᆞ서~~ 먹고 쓰고 ~~겨ᄌᆞᆫ없네~~ 뼈빼 애태

~~아홉자 빈탕한ᄃᆡ를~~ 높은 뜻을 보이도.

나는 몬(物)울아 (五)

낯을 뫼여라 속을 뵈여라 만히 ᄲᅡᆫ히 뫼여라

하늘을 보아라 치어다 보아라 울어 우러 보이라

한울님 아ᄇᆞ지 브르는 빈탕한 ᄃᆡᆯ 건넬이(물이에)

이새 산의 계집 (新中 읽고)

볼수잇서 맛난수는 볼수없이 떠날순가

못이 숨은 껍질인가 맛인가 속인가 인숨이던가

칼부럼 볼가 ᄃᆞ치노 倫理인가 술인가

1956. 9. 19. 水曜. 24354736 101 백마촌엣새뒤

나는 몬(物)울이오 (六)

아ᄇᆞ지라 千万번 불러야 대답ᄒᆞ신다 더니고

한마디도 말씀이사 아니호시는 한울님 이시다
　　날보면 아빠보았단 아멘아멘 이시매

나는 몬(物)울이라 (七)
몬을지신이가 먼저 뵌탕을 패였을거지.
몸을가진 우리가 몬두고 말 쓰는 터로보이나.
　　생각은 구름피우듯 뵌탕이사 몬나라.

나는 몬(物)울이라 (八)
뵌탕이 그럽지 않고야 몬놓고 죽을나더니
소리없는 말씀을 못듣고야 몸을벗고살나더니
　　미듬을 미듬을호니 아멘아멘 미듬을.

나는 몬(物)울이라 (九)
몬놓아버리면 산몸등인채 죽어가니
얼나간 사람이니른 못그런몸버스리
　　몬놓고 몸버서줌면 뵌탕차지 호뒤라.

나는 몬(物)울이라 (十)
뵌탕을 뵌탕을 호니 무슨뵌탕이라 너기는니
물이면적 소리가탕도 물빛빛에 뵌숨위탕도 아니오
　　하나가 하나그대로 나가맘이 도라가
　(ᄒᆞ나·가)(ᄒᆞᆫ아)　　　　　(몸)

(1956. 9. 10.　　　宜相 집에옴)

1956. 9. 20. 木曜. 흐림 2435737 백마흔일에 뒤

가을 저녁

올에도 오례휘먹고 한가위 달맞이 ᄒᆞ니.
갈대곳에 이슬맺이 반디불도 저 구슬이.
버러지 소리쳐우름 갈때올때 ㄱㄴ을.

21. 金曜. 흐림 2435738 백마흔여들에뒤

22. 土曜. 맑 2435739 백마흔아홉게뒤

산 몸 캐 그림 을 그림
몸스블. 일스블. 숨스블. 생각.
생각 스블. 스블 생각.
산.몸.캐.
몸에서 깨. 캐내는 생각으로.
산사람의 나라는.
몸이 고둡.
산사람의나라는 몸고둡게 몸에서 깨이어
캐내는 생각으로 된걸 보임.
몸 놓고 죽을수 있는이오.
몸맺고 살수 있는이여.
말슴을 세우라. 생각은 ᄒᆞ나.
생각을 이루라. 말슴을 ᄋᆞ나.
나는.나라.

나라는、나 나라는、나라 이니라。

나、이승에 나면 이승에서 나라요、
에서 죽어、
하늘 나라、빈탕한데 나라、한 나라 이
니라。
이 생각은 수신 얼이 한웋님 이시오、
이 생각을 힘차게 쉬여 나타내신이
그리스도 사람、얼사람이시라。훈
밖엔 다른 말씀은 없느니라。
나는 참사람 참말사람 생각사람 몸놓
고 죽는 사람 몸깨워 사는 사람이니라。
덜되지 안흔 나는 그리스도 사람、
얼사람인 나 밖엔 된게 없다 본다。

2435740 박쉰날뒤
1956. 9. 23. 日曜. 맑 ~~박마흔~~
物不過七等、其道反復七日來復。
心不能十全、之子悔吝十年回歸。
2435741
24、月曜. 흐림 박쉰하루뒤
2435742
25、火曜. 비 박쉰이틀뒤

내속

나라서
나온
나에
속에잇스므로 모든 더더 나이 된다.

참 속은 한데(絶大地)니라.

몬(物)이 모딘 몸속에 계 나라를 본다거나
몬(物)은 주서서 모아 (몬동이들로) 맨든 집속은
저희의 속이거나 모든 날은

여두어 진것이니라.

참속은 한데니 한데가 차기까지 나는
나가 [illegible]이어라.

나는「빈탕한데」를 첼(克)렬(欲)
흐이싯 속(使命感)을 타나은 [나]
이니라。

「철로얼」이 내 아ᄇᆞ지 뜻이니라。

몬속、몸속、짐속、뭉치속 —— 은 속잃
—— 저를 속잃 —— 참을속잃 — 이니라。

빈탕한데를 생각으로、—— 말슴으로 ——
치는 것이 참이오、나라오、손손이니、
손손 나리기 아니면 참 나라에는
가깝지 못ᄒᆞ니라。

짐속을 채려는 것은 걸챔(貪)이오、
몸속을 채려는 것은 리흘(欲)이니라。
「걸채림」(貪欲)은 속잃으로 나려 나단가。
속잃으로 거꾸러지는 것이란 지난일
(歷史)이 밝히고도 남음이 잇섯지。
1956. 2.26. 水曜. 24193+3 밝 백선사울뒤
새로운 생각으로 섬길거시오、무슨 버릇으로 아니ᄒᆞᆯ지니라
(ㄹ七6)

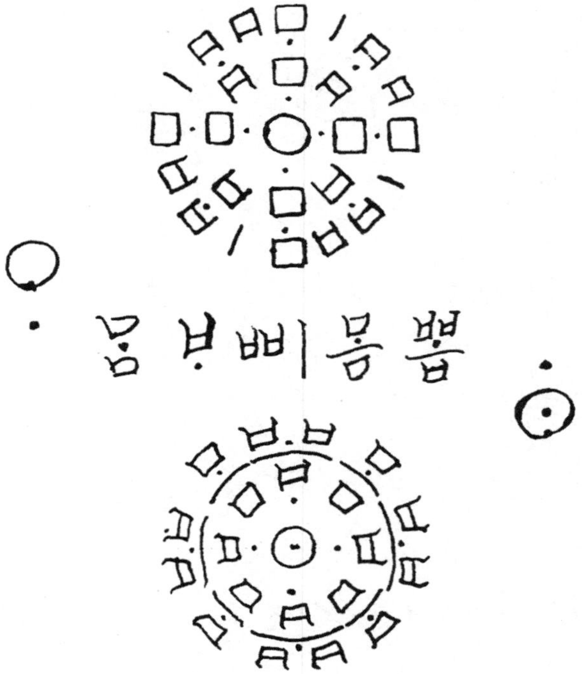

1956. 9. 27. 木曜. 2435744 밝　　ᄇᆡᆨ쉰나흘뒤

잔임 빈속 과. 뒤뵈. 앞재미 ?

寅餞酉食一日長　晩餐齋攝初昏定
宿口空心百里行　夕除滌覽明晨省

1956. 9. 28. 金曜. 2435745 밝　　ᄇᆡᆨ쉰닷새뒤

슨 순

한웅(皇上)ㅣ들

한데(地絶太)나가맞나도다

이제제中(제).

한늘(宇宙)끝을 모르는 곳(末)

이나

근(그는. 웅에서 보면 그 근)

그들이 그 덜에 거들어서

근트나 끝을 봐.

그제제中(제)

곳

곳이 곳임

곤 곳

근 곳

그 中(太)베ㅣ나

한늘손손

1956. 9. 29. 土曜. 2435746 밝 백쉰엿새 뒤

임금의 임금이? 임금의임금은! 그리스도 菩提薩埵(보리살타) Bodhisattva

새벽의 새벽이? 새벽의 새벽은! 인제 인내 깨캐생각,

졸러믄 잘려므나들 알련자린 떠러저。

30. 日曜. 2435747 밝 백쉰일에 뒤

太白吟 (夏曆八月二十六日)

念六曉月無點心 九天碧落太白痕

鷄鳴晨星未及宿 一旦旭上立明國

10. 1. 月曜. 2435748 밝 백쉰여듣에 뒤

2. 火曜. 2435749 비좀 백쉰아흘에 뒤

지·시에 하늘
인 · 이
시 측
에 시
사 ㅗ 에
감이열림 땅이

바·탈을 트고
마·틈을
이것을
맞이
음 이
이 니라

開天節 · 性通功完是

亟 承天時因地利. 口謀之. 手執之. 不可失時之意也.

2435750

3. 水曜. 맑 백여순날뒤

보일줄을 몰라되 (一)

제볼일도 못다보고 우리서방 노릇시건
조곤한때면 보일나고 엇지될가 낫게 뵈리지
하느니 걱정될걱정 얼빠진들 뉘알고

(二)

점도뵈야 발도뵈야 안팍도보고 아래도보고
제소보고 례배보고 장도보고 시험도본다
바로참 제볼일절로 보량이면 된노릇

(三)

뵈자점도 뵈자발도 안팍도 아도 좋낫게뵈
례소도 례배도 장사거녕 공부조차 절로알이 뵈잔다
절뵈야 뵈옵겠스나 두발할것 없는다

(四)

뵈고뵈고 뵈뵈고보 뵈가 뵈가 계있다나
보고보고도 못다볼 제숨새는 뉘볼런단
한울서 고시는 앞엔 보일줄이

보일물을볼리러 (五)

한웋이 보이신걸 우리는 배우기로 ᄯᅡᆫ
낫게봄도 못돼봄도 보도보다 돌려배운
ᄫᅧᆫ밖에 사람볼일이 무에잇단 마련는。

~~설보인 入學卒?~~, (六)

설보인이 入學卒業 낫보임 못보임
힌보임 재주보임 높아보임 낮아보임
혼일을 보려오시는 장사되기 ᄇᆞ라지。

2435751
1956. 10. 4. 木曜 맑
2435752
5. 金曜 흐렷

백예순하루뒤
백예순이틀뒤

ㅁ ᄆᆡ을 ㅍ프어 (白痴子患何日解)

사람이란 므름에는 웃아레에 입니오 허러니라
트들련헐「이」잇서 고름이 입꼭다므를 만에서
다모는 꼭다므름을 헐게느즐 줄이이ᄉ

(二)

ᄇ러 뱀는 거짓길은 술죽이고 김만더레어
꼭다믄데 물럼ᄇ 一ᄉ고 흠뻑ᄇ러 풀러나니
다므름 가벼히 우리가 온헐게가 빠지지

(三)

다므러요 꼭다므러요 사람마다 입입마닥요
반반히 ᄒᆞ고 나선 곧더 다므러요 기쁘거든 더욱더

다른입 부던혼신이 극본이드 바르조

(四)

잘못이 잘못이 사람비로금에 잘못이 잇지
아이들 재비제미 손곱질흔 잘못이 잇지
밴허윽 하늘잘못은 사람된내 몰라도

(五)

쉰예순 모렵에도 어리석음을 못색허서니
몸호 늙느니고 늙은이들 어리광에 잘못이잇지
어룬말 아이나이들 일러혼말 이거든

(六)

산의 계집말고 아이들 늙은이들이라 사람일커든
눌뢰뵌 그인 늙은이로 절뮈괄지 젊으이들 자런
는데이드

점잔타 참말눌뢰이~ 젊잔커든 이붙디

(七)

꿀벌의 두레도 우리 두레에 앞섰거든은
저마닥 색기난이 아내혼고 한엄의 한흐름뿐
거룩다 12 10 을 프러 하늘날러 뵈인다

6. 土曜. 2435753 호텔 백예순사흘뒤

7. 日曜. 2435754 호철 수나흔뒤

1956. 10. 8. 月曜. 2435-755 101 백예순닷새뒤

말슴이 갓가우니라.

이승의 힘이 힘인드시,

이승의 환빛이 빛인드시,

이승의 삶이 나란드시,

보이어서

그것들만 잡어 보려고 다투는것이 말하나 안되는 말씀과 말씀으로 서로 마주 쏘므로써 말성이 싯그러운 이승이 되드던

—거즛 (가—리어 뵐려는 즛) 말을 쓰게된 이승이로다.

참말만이 사람을 살리는거거늘

거즛말은 사람을 죽이는거거늘 ——

참말슴은 첨브터

「힘, 환빛, 나라를 따서 먹으면 죽는다.」

일러 나려 온건만

사람마닥 그 말슴은 빈산교 말대답에

「이키! 죽지안는다. 그걸 못따 머그면 산대도 산것싶지 안타」 하고 스스로 꼬이니라.

빋 (빗두러) 꼬이니라.

말슴은 하늘뜻으로 나오는것이고 사람
몸대로 되는게 아닌걸 이저ᄇᆞ리고 제몸대
로 헛부림(뱀가튼 혀를부림인가)으로 될
가 싶허 ᄒᆞ니
갈수록 멸망이 넓슬거리느니라.
말슴이 갓가운니라
곤쳐 믿고 살지니라.

너이 잇슬 우슴! (一)

지난철일 적힌 적이에 우름. 우슴. 얻따 앉말
피눈물 물바리맜 땄자 잔 풀머긴 옷자락
우슴을 무삼ᄒᆞ리고 울어오를 한늘에

(二)

치(空)예(進)다가 보아서 노(常)피(血) 날(經)예다가 보아
서 기(其)피(血)
우러러 오르는이 치고 피이 기러 노피 피운밖에
다른수 잇슬가보냐 갑이업지 우슴값

(三)

난울처서 이겨다가 된고스면 우슴는가 남웃엇대서
고히고히 자라난걸 잡아먹으니 맑은샘을흐리마리니
ᄒᆞ는짓 스스로 우서 입귀한통 해볼가

1956. 10. 9. 火曜. 2435756 흐리 맑 백예순엿새뒤

몸 이란?

븨월 알깨 (虛靈知覺)
크 븨월 저그 알깨 (大則虛灵, 小則知覺)
빛
맞 쏘이어 알어깨고 (直射則知覺之)
휘두 허투 쏘이믄 (亂射則)
빋울기 월히이 월나투고
곧울기 월히히 월나투리 (橫振心動章 / 直振灵動蕩)
자그믄 얻고 (少則得)
만흐믄 어리둥절 (多則惑)
빋둘메 만흠 어리둥절 橫行多惑
곧트메 난흠 자금 있을수 없다 直上一貞

10. 水曜. 2435757 비 백예순일세뒤
故月南李商在先生誕生百六돌에 薗芝會에나아가 보고, 쉬다. (中央Y.M.C.A 五十三돌)

11. 木曜. 2435758 맑, 구름 백예순여둘에뒤

12. 金曜. 2435759 맑 백예순아홉에뒤

실것 떠위 말

조히 한얼줄

2435760

13. 土曜 맑 백일흔날뒤

네속 얼마만치 치어노코 네바람 얼마만티 맞고잡기

네실컷을 내여길고 네꿈틀거림을 재놓는단말가

시픔아 네에민 시쁨 시름손자 보더냐:

이날 이때것 조히 조히 왔스니 조히조히 고븐습

여긔 이제것 나: 남: 그: 저 조히조히 넘나든 곤데

거시키 꺼지기랄델 본적업셔 ᄒᆞ노라.

2435761

14. 日曜 흐릿 백일흔하루뒤

내입분이 (乃入紛異)

고흔 사람

이라 븐

소리 고흔 사람

빛 고흔 사ᄅᆞᆷ

ᄆᆞᆷ매 고흔 사ᄅᆞᆷ

옷매 고흔 사ᄅᆞᆷ

손시 고흔 사ᄅᆞᆷ

말시 고흔 사ᄅᆞᆷ

ᄆᆞᆷ시 고흔 사ᄅᆞᆷ

ᄒᆞ는 노릇 고흔 사ᄅᆞᆷ

짓(즛) 고흔 사ᄅᆞᆷ

부침(부치) 고흔사랑
이승에 잇서서 때때 뵈저나는 듯!
그러나
모든게. 온글게. 가춘. 언제나. 늘 고흔사랑.
이라든? 엄다!!
고흔사랑이란 [莫論主客觀] 꿈꾸되 고흔사랑
사람들이 제(저희) 된되미를 캉캄히 모른대로,
끔트거린의 구레진 어리석은 믿끄인 수비니라. 휴
흔 노릇이니라. 아조 잘못된 뱀(배움)이니라.
그래도
이승에서 고흔 사랑을 얻엇다면
「네엄분이」에 가 다닥친게지.
이에 어지러운 다른데 드럿갓지.
그 올곧은 한늘 걸 열고.

몸 몸
잇는게 업는거요 업는게 잇는거니
잇는게 업는거와 다르지 안코 업는게 잇는거
와. 다르지 안타
땅을 땅땅 잇다 보고 하늘은 하늘하늘 업다고
보려는 나. 여

하늘이 큰거, 땅이 적은거, 라
「한아」 큰데서 「하」, 나 나오니
요 적고저근 「나」 하나 도라고
큰한아 드르미。 고웁, 음, 웁

업는게 업다 = 잇슬건 다잇지(速断)
잇는게 잇다 = 업~~슬건~~는게 만하 (아직)

2435762
1956. 10. 15. 月曜. 맑 백일혼이 튼뒤

손맞어 드림 (一)

1 나.가. 이마 이이마 웋에 내힘 히마 이마웋
손수 나린 예수 예수 온갖수수 이손 잇손
손맞어 드리올디림 눈을맞해 떨칠가

(二)

고히고히 올나갈웋 고히고히 우러옐니
조히조히 주금너메 조히조히 사러브름
비바람 씰고바람에 맡슴따름 그맞게

(三)

손둘 너 나가 떨치면 주금에 느러질손
손하나 맞어 디리면 사러불너 브른 손
그믄지 그음 보름의 조근사리 모르믈

2435763
1956. 10. 16. 火曜 흐리 백일흔사흘뒤

힘 줄거리

모름지기 (또·모를수록) 아름답와 잇다가 없슨
맛을 보고.

맛봐 마지어요 맞나보 마침내 맞힘새 마침일호리.
이러히 맛맞맞의힘 사름사리 라호옵.

2435764
17. 水曜. 맑 백일흔나흘뒤

마침 마지라 맛을

눈마지새 낱새게낀 새낀 눈에가시 가지로 가침
손마져 길릴 아이야 어루만지 기뤄며 길릴
두입맞 네눈네손맞 일고꺼질 모름을

2435765
18. 木曜. 맑 백일흔닷새뒤

2435766
19. 金曜. 맑 백일흔엿새뒤

흘러서 나부친 이승, 부침 부치브터, 듬성히 흐숩
븨여아슨 머기, 끈히, 끈엇다 힛기, 잇다감 잇다감 들술즈
실컷정 따위말말믐 조히조히 살피숩
雲行雨施 品物流形

모름지기 맛은봐 인라 다더 마잔는 골 하겨고 나새 쓰리단들얼로
참맛 맛은 잘마자보노 마침내내 아름답보 한낫 맛을잘마자 마침요
조히참 고요소보리 긴바람께 마지름

2435767
20. 土曜. 맑음 백일은 일혜 뒤

八 相 圖 (參照 終始)

往行服膺顯現相 聊開燃谷一臍湧
相在甬室縮屋漏 從落明界双乳淚

終始

封臍通鼻誠終始 無始無終元始初
欬噸疲厭安始終 有始有終自乃終

21. 日曜. 2435768 흐림 백일을 여들에 뒤

사름을 보인 글월

지나간 오랫은 가슴알을 쌀락에 입고 얼골만 만흠은
드러 보이누나

네안에 나 드러 잇는걸 보니 그윽히 곤히 졸들대로
졸다 잇구나

깐작새 배꼽고물 빕다 두렷 눈물 좌르르!

(二)

젓먹고 자란얼골에 두눈물 못 맑너서
코 수건 희 가질만 배꼽을 피버희 새고마루 어둑이러
두렷눈 뜨자지는물 젓난다고 호더라.

22. 月曜 2435769 맑음 백일은 아흐레 뒤

23. 火曜 2435770 맑음 백 여든 날 뒤

젓은 눈물　獨立顚覆. 万年雲雨訣 神秘藏漏.

굳고 고디 곧게 따로서 다니든이 드러누어 녹자고 나 눈물
쌀쌀히 차고 알알히 쌔히든 프른시절 놓아지니 눈물
늪마쳐 을 더하여 노 차 데 잦진물 네눈물
~~없앗는 무 각지것에 뜨이치 그무 것눈물~~

1956. 10. 24. 水曜. 맑　2435771　백여든하루뒤

그름 모른이　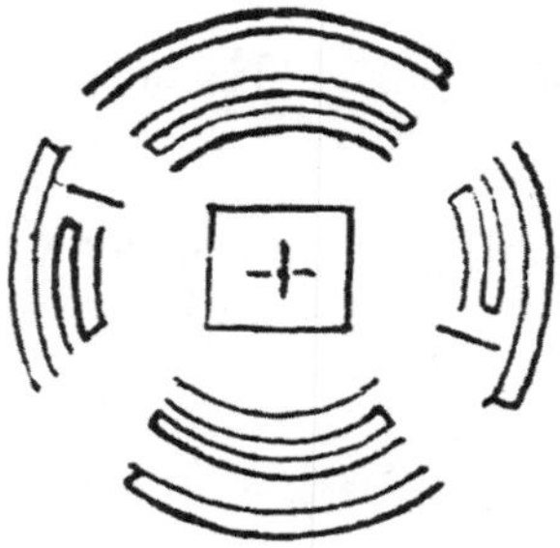　그림 미른이

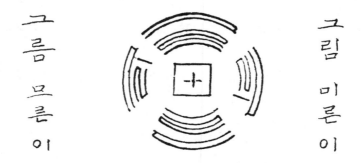

나 님 직 흔 이 승
몸성히 남 주기로 몸비히 챔 말기로
바탈조히 늘 사리는 죽기까지 (너메) 맑기 까지
늘 사리 한늘사리란 한웋 살림 나 섬직

몸성히	주기	주ㄱ기
몸비히	맏기	맏ㄱ기
바탈 조히	사리	사ㄹ리

25. 木曜. 맑　2435772　백여든이튿뒤

24357773

26. 金曜. 맑

백여든사흘뒤

닚우슴과 들어오름

얼버므리 우슨말씀 우서가매 말씀쐈쌈
넘게서서 이른말슴 맏며아마 차즘첮참
츰차저 올나가만이 이길이라 호시다

二

우슴이케 오름브런 씨앗올킨 나란나라
머리이긴 죽기싫고 진이기긴 살일난듯
이러고 안믈커진걸 어데언제 뉘봤소

曾子曰日三省吾身
忠 爲人謀而不忠乎
日三省信 與朋友交而不信乎
習 傳不習乎

爲 子曰不知命無以爲君子也
須三知立 不知禮無以立也
知 不知言無以知人也

悅 子曰學而時習之不亦說乎
亦三果樂 有朋自遠方來不亦樂乎
安 人不知而不慍不亦君子乎

爲立知　　스기 때믄 아름
爲知立　　알기 때믄 슴
立爲知　　서서 알게 됨
立知爲　　서서 홀줄 아름
知爲立　　홀거 알어 슴
知立爲　　알어 서 흠(슬줄 알어 흠)

2435774
1956. 10. 27. 土曜 맑　　　1버어든 마흘 뒤

하나 그저

너 너 너 외 않이 되며 나 나 나 가 밖이 더니
한덴 밖에 않밖 달리 않이 아닌 너 될난가
하나 다 하나 련 나라 하나 둘 셈 너희다

그저 하나

너들 드러가 좁잔코 나 외로히와 넓잔 터
너들 드러 드른 드름 나 외 올리 오른 오름
잇다가 업다 단 다 업다 잇다 온단 다

2435775
28. 日曜 맑　　　백여든 닷새 뒤

하늘 땅 처로 같히 달리

불고 맨지고 안고 업고 품에 픔어 길럿거라
인제는 진저리친다 대면 다친다 입도 손도 살도
때 따러 하늘땅 달리 올타 외다 되나라

29. 月曜 2435776 맑 백겨든엿새뒤

보아요 (念在神在)

한울계서 생각 들히 일은 사람 보게 말슴나지
네목숨에 얼숨김이 금져 와라 이승즘승
사람은 어린적 노릇 (버릇) ~~이승즘승 버릇 즘승 갖갈 한가을~~
즘승갖갈 이승버릇

또보오

한울글월 읽히기는 이승버릇 읽게 글인
즘승노릇 놓게스리 한월생각 이룩함을
히보이 달(리)돌림이러 ~~⊖~~제절로로 제~~음덕~~

30. 火曜 2435777 흐림 백여든일헤뒤

31. 水曜 2435778 맑 백여든여들애뒤

1956. 11. 1. 木曜 2435779 흐리다러 백여든아흘에뒤

2. 金曜 2435780 구름 맑 백아흔날뒤

아브지 도라가신 二十三週忌日

七 司善語我
敬 愼 重 正
大同 正義
ナ 后下止
醮 욺로한웋넘게섭겁 禮
別義親正
닮웅 한웋 밝웋
奠 앎로나라뒤를이임 薦

2435781 흐림 백아흔하루뒤

1956. 11. 3. 土曜

人生矛盾

欲眠患多睡 促消化促壽

不寐憂未寢 催朦朧催殘

神經 (心在篤信經 鼻下敬神庭)

神經是苦線(眉間過神經) 神經生陰莖

鼻前無神經(鼻前無信經) 神經殖魔逕

2435782

4. 日曜 맑 구름 백아흔이틀뒤

2435783

5. 月曜 비. 흐림 백아흔사흘뒤

하늘 따로 나 삶이, 하늘 속 따름으 머리됨 보다.

답답 나 사는 사람 답에 쌔워 죽더라。

式後食前式前食後式

食前式後食後式前食。

빛드러 숨길마금, 숨길로드러 가는빛고디보오.

빛을 찾는이여! 빛은멀리 가는 것이오

가는빛을 찾는 나그네는 고디 가는몬으로 가오

맑맑 몸을 불으므로, 나가만 갈이 가벼(갈의연)

나는간다 너를 두고。 흙몸을 떠나, 땅을떠나, 집을떠나, 땅나라를 떠나。 안해 딸을떠나 산애아들을 떠나。

안해와 딸과 산아이와 아들의 눈에(뜻에)깃버 맞힘 가락을 마처서 살러들면 빛듦 거시다。 막다른것!

빠람없이 나. 고마음　　　無條件　　참
　　　　가. 고마음　　　有忠信　　말
　　　　　　　　　　　　속곧 믿븨
〃 주. 고마음
〃 오. 고마음　　　眞實

ㄹ 쪽이여
바람은 한늘엣거시。　元望之謂　誠

몬과 말에 맞는 나(我의 物質과言語에 対하야)

이제 몬으로된 몸에 담겨 잇는 몸의 생각 ᄒᆞ는(무슨)손곳이 나 랄거시오. 한늘에서 ㄹ 쪽이 (打字)로 보임이니.
몬으로 써 몸대로를 채울거슨 첨브터 아니고 끝내 아니죠.

또 말로 생각을 보일려 뜻을 나타낼려. 들 들리만. 그월을 쓰고. 참·좋·곱을 나툴때려 서둘고. 집젛질 니아기. 큰 바로 그릴 얼기설기 를 다 할수 잇을 말로만 알고 덤비 들 드러 말씀 말 싸홈으로만 ᄡᅡ벌 末을 如前히 세울려 ᄒᆞ지만.

말을 서써므름이오. 풀음은 맘속으로 불러 드려가서만. 풀림은 내가 풂이지 ᄆᆞ슨 몬이나 일이 풀려는 것도 아니죠

내 는 생각 이지 은.　　　　2435781　　　　백아흔하루뒤

말슴 속으로 속에 쓰 름 브름 트름 이생각

나 혼. 내 나는. 불 아ㄱ 살이ㄴ 나 찰 말. 사름 새리 로 말

슴 사리. 지 도 불사리. 불사리! 플사리. 말은 그만

그만큼 밝히시럽니다.

짐한 짐 지고　｜　불 살 운 불일 뉘 알고

짐 찰 일 짐은 사름　｜　나 알 수 있 없 을 짬.

짐짐 될 짐일 불　｜　속알.

1956. 11. 6. 火曜.　　2435784　　백아흔나흘 뒤

論理原點 幾何学 2435734 參照 (眞實無妄體證明)

天天黑洞天　　日日光明體

於間有暗物(萬)　形形色色體

假弄文明然　　正見知非禮 (非正體)

體體接生面　　面面對越界(線)

線線交原點　　點點相無側

間下占不得　　~~點點黑洞界~~ 玄玄默之契

有物體物事　　不可遺物體

隱見私鬼神　　聖佛從可體

心心無失神　　慈供默心禮

日月燈非光　　必要寂光體

그지말과 참말 (말씀과 말슴)

말씀은 하늘에서
빛잘흔도 하늘에
밥도 잘 받어노힌다
직수 임이다
그래
온씨알이
생각도 빛잘흘
공부도 빛잘흘
정신도 빛잘흘
논마지 재주에
빛잘흘 재주가
뛰어난듯
그러니
하나님도
나라도
불키도
고프다기도
주의도
시느도
자유도
민주도

죽자도
살자도
싸흠도
항복도
잘흔다
빛잘흔다
수고했다
밥자시라느
때믄이오
그밖에
다른 터믄이도 없는
말씀。

말씀은하늘에서
말잘여도 하늘에
숨도 잘 히어옌다
늘 한늘이다
그래
모든 사람의
생각도 말스믈
~~[illegible]~~ 하나님 도 빛스늘

살림도 말스믈
죽음도 말스믈
몽굴혀 된이름에
말스믈 이름이
뛰납니다.
큰힐 아는 언니들은
잘 잘못 열매

하늘말슴 열매를
따나려 다가
이세앗들게 떠먹여 리운
그"들이스는대로
저마닥 밥을지어 먹고
채어린이 까지 먹여길룰게니.

네셈을 빼려 먹여 기르라.
한얼로 길러 자라라니,
그셈을 거러 새맨 너는 죽는다.
셈이 샛다,
아이 났다,
나도 죽었다.

즘승 비슷 되어 난다.

이미 낳스니,
그셈을 빨래 먹여 길러라.
다시 샘새(를) 버리지 마라. (헛숨이 아조 끈허진것도 아니고. 샘새가 되우리라.)

순순으로 길러라.

낳지 말라더니
너 또 낳구나?
네. 잘못했습니다.

이미 낳스니
그 섮을 빨리 먹여 길러라.

순순으로 먹여 기른데,
한벌은 자라 오르기도
넓다고 빤 홀기.
가져. 잘.
놓쳐. 못.
골라. 잘.
풀려. 못.
올라옴. 잘.
떠러짐. 못.

잘잘못 열매.
따 먹어 보니.
그속이
이러하다.
보는.

白晝大明이란 亂反射光에 眩惑할뿐。永遠神秘를 啓示하는 恒星光 一點도 못보게 하는거시니. 따라서 亂反射의 反映이 十絢爛하므로 大明然 하다가도 虛榮을 光明으로 봄 =的然而日亡= 歸結 일거시오

夜黑洞天에 在地則咫尺不辨이나 萬億光年界의 消息을 歷歷審察할수있는 通信機關을 接한것이 明明白白 =闇然而日章=。

應勿被光以阻障命道·入隱道 而直觀直進微光可也。

빛드러 숨길 막지 말고, 숨길로 드러 가는 빛을 고디 보오。

빛光 드러 被照 =橫入=
숨命隱 길道 마근 阻障。

숨길로 드러 =入命道= =入隱道=
가는 빛 =細微光 =進行光
고디 보오 直觀

2435785

1956. 11. 7. 水曜. 맑　　　백아흔 닷새 뒤

方以類聚 物以羣分 吉凶生矣

在天成象 在地成形 變化見矣

乾知大始 坤作成物

乾以易知 坤以簡能　　一章

居則觀其象而玩其辭

動則觀其變而玩其占　　二章

辭有險易辭也者各指其所之 小險 大易　三章

易與天地準 故能彌 有終竟聯合之意 綸 有選擇條理之意

天地之道

仰以觀於天文俯以察於地理是以知幽

明之故. 原始反終 故知死生之說 精氣爲

物 游魂爲變 是故知鬼神之情狀

天文則有晝夜上下 地理則南北高深 原者推之前 反者要之於後 陰精陽氣聚而成物 神之伸也 魂游魄降散而爲變 鬼之歸也

與天地相似 故不違 知周乎万物

而道濟天下 故不過 旁行而不流 樂天知

命 故不憂 安土 敦乎仁 故能愛

神无方而易无體　　四章

〔序〕易有太極 是生兩儀. 太極者道也

兩儀者陰陽也 陰陽一道也 太極无

極也. …… 形一受其生. 神一發其智 情僞出焉 万緒起焉

注意! 陰陽是兩之道, 決不可謂陰陽一道也, 一生二而二不可謂卽一也 況且一生二之定義亦近理而未盡說明處者乎

一陰一陽之謂道
(曰陰陽二道反復(中節得和)之爲太極一道而已)

繼之者善也 成之者性也
(斷之者凶也 敗之者淫也)

仁者見之謂之仁, 知者見之謂之知 百姓日用而不知 故君子之道鮮矣

顯諸仁藏諸用 鼓動万物而不與聖人同憂 盛德大業至矣哉
程子曰 天地无心而成化
聖人有心而无爲

富有之謂大業, 日新之謂盛德
張子曰 富有者 大而无外
日新者 久而无窮

生生之謂易, 成象之謂乾, 效法之謂坤,
極數知來之謂占, 通變之謂事
陰陽不測之謂神
(張子曰 兩在故不測) 五章

天地設位而易行乎其中矣 成性存存道義之門 七章

擬之而後言議之而後動擬議以成其變化(觀象玩辭觀變玩占而後行之)

小人而乘君子之器盜思奪之矣上慢下暴盜思伐之矣慢藏誨盜冶容誨淫易曰負且乘致寇至盜之招也
(解六三爻)

八章

引而伸之觸類而長之天下之能事畢矣

九章

夫易聖人之所以極深而研幾也
言者尚辭、動者尚變、器者尚象、卜者尚占

十章

以此洗心退藏於密 吉凶與民同患 神以知來知以藏往

十一章

子曰書不盡言言不盡意 然則聖人之意其不可見乎

子曰聖人立象以盡意設卦以盡情僞繫辭焉以盡其言變而通之以盡利鼓之舞之以盡神

乾坤其易之縕耶……易不可見則乾坤或幾乎息矣

形而上者謂之道形而下者謂之器化而裁之謂之變推而行之謂之通舉而措

之天下之民謂之事業

夫象聖人有以見天下之賾而擬諸其形容象其物宜是故謂之象聖人有以見天下之動而觀其會通以行其典禮繫辭焉以斷其吉凶是故謂之爻

言天下之至賾而不可惡也 言天下之至動而不可亂也 擬之而後言 議之而後動 擬議以成其變化(八章)

極天下之賾者存乎卦 鼓天下之動者存乎辭 化而裁之存乎變 推而行之存乎通 神而明之存乎其人 默而成之 不言而信存乎德行

十二章

1956. 11. 8. 木曜 맑 2435-786 백아흔엿새 뒤

繫辭下

八卦成列象在其中矣 因而重之 爻在其中矣。剛柔相推變在其中矣 繫辭焉而命之 動在其中矣。吉凶悔吝者生乎動者也。剛柔者立本者也 變通者趣時者也 吉凶者貞勝者也。天地之道貞觀者也 日月之道貞明者也 天下之動貞夫一者也。

夫乾確然、示人易矣、夫坤隤然、示人簡矣。
爻也者效此者也、象也者像此者也。
爻象動乎內吉凶見乎外、功業見乎變、聖
人之情見乎辭。天地之大德曰生、聖人之
大寶曰位、何以守位、曰仁、何以聚人
曰財、理財、正辭、禁民為非曰義。

右第一章

陽卦多陰陰卦多陽其故何也陽卦奇陰
卦耦、其德行何也、陽一君而二民君子之道
也陰二君而一民小人之道也。

四章

易曰憧憧往來朋從爾思、子曰天下何思
何慮、天下同歸而殊塗、一致而百慮天下
何思何慮。

日月往來相推明生寒暑往來相推歲成
往者屈也來者信也屈信相感而利生焉。

尺蠖之屈以求信也龍蛇之蟄以存身也
精義入神以致用也利用安身以崇德也。
過此以往未之或知也窮神知化德之盛也。

君子安而不忘危、存而不忘亡、治而不忘

가나다라 글보러

가 나 다 라 마 바 사 아 자 차 카 타 파 하

과 와

궈 워

나 가 나 다 라 마 바 사 아 자 차 카 타 파 하 과 와

가 가 나 、 ㅁ ㅂ ㄹ 라 사 (커) 가

? ! 나 가 마바 아 사 나 바 아 궈 워

나 가 마。 가 마。 사 ㄹ 가 바 하

하 파 타 카

오 아 우 에

一九五六·一一·一一·

九三
終日乾乾夕惕若厲无咎
進德修業忠信所以進德也
修辭立其誠所以居業也
知至至之可與幾也
知終終之可與存義也
居上位而不驕在下位而不憂
乾乾因其時而惕雖危无咎矣

亂。德薄而位尊. 知小而謀大. 力小.
而任重. 鮮不及矣。
知幾其神乎. 君子上交不諂 下交不瀆
其知幾乎 幾者動之微 吉之先見者也
君子見幾而作 不俟終日 易曰 介于石
不終日 貞吉 介如石焉 寧用終日 斷可
識矣 子曰 顔氏之子 其殆庶幾乎 有不善
未嘗不知 知之 未嘗復行. 易曰 不遠復 无
祇悔 元吉
安其身而後動. 易其心而後語. 定其交而
後求 君子脩此三者 故全也。
夫易彰往而察來. 而微 五章
顯闡幽. 開而當名. 辨物. 正言 斷辭 則備矣
其稱名也小 其取類也大 其旨遠 其辭文 其言曲
而中 其事肆而隱. 因貳以濟民行 以明失
得之報。 六章
易之為書也 不可遠. 為道也 屢遷. 變動
不居 周流六虛 上下无常. 剛柔相易. 不可
為典要 唯變所適
其出入以度 外内使知懼
又明於憂患與故 无有師保 如臨父母

初率其辭而揆其方既有典常苟非其人
道不虛行
八章

易之為書也原始要終以為質也
知者觀其彖辭則思過半矣

九章

廣大悉備有天道焉有人道焉有地道焉
兼三才而兩之故六 六者非他也三才之道

十章

易之興也其當殷之末世周之盛德耶當文
王與紂之事耶是故其辭危危者使平易
者使傾其道甚大百物不廢懼以終始
其要无咎此之謂易之道也

十一章

夫乾天下之至健也德行恒易以知險
夫坤天下之至順也德行恒簡以知阻
能說諸心能研諸慮定天下之吉凶成天
下之亹亹者是故變化云為吉事有祥象事知器占
事知來
將叛者其辭慙中心疑者其辭枝吉人之辭寡
躁人之辭多誣善之人其辭游失其守者其辭
屈
十二章

1956. 11. 9. 金曜 2435787 맑 백아흔일헤 뒤

10. 土曜 2435788 흐니 1백아흔여듧새뒤

11. 日曜 2435789 흐림 1백아흔아흠래뒤

12. 月曜 2435790 맑 흐리 이백날뒤

나. 말슴

一

이승에서 날 알려신이 몇몇사름 이든 ~~둘~~ 다오

나란 옛적 이름업서 내노라 나호나란 ~~티~~두

아무의 아들일거고 속알실은 수렵직.

二

데스카르트의 발을 비러 다시 생각해 보니

생각의 불이나타나 내가 나. 날라가 나 난 생각으론

옛잇단 나생각사리 잇다 ~~업슴을 ㅡㅡ~~ 도 듬직

三

진선적히 그러로고 내다보이 그러로이

물그럼기 불그러미 가온지기 생각나린

나타나 생각나다타 타나가온 불불풀

一

이곳저곳 이제곳이오 1 ㅓ 1에 예곳이오니

고디고디 ㄱ ㄴ 찌기 곳곳내내 디곳더곳

이곳이 첫곳맞곳이기 인제 몰릅거니러

가나다라 글 ~~보리나가~~

가 나	가 가 카
나 가 다	나 다 타
다	
라 나가다	
마 ㅁ 마	마 바 파
바 ㅂ 바	
사 ㄹ	
아 ㄹ	아 하 하
자 라	고 ~~[illegible]~~ 어
차 자 아 사 ㄹ	오 ~~[illegible]~~

글 보 리 옹 에 티 낭

~~오 아~~ 오[illegible] 우[illegible].

~~옹 에 글 보리나가만다~~

1 곳

나가만하금 나갈 말이게 나간만큼 나갈말이지
나가는금 아주 그리노고 나가는말 미리 짜가진 나랄
누[illegible]본고

세로란 비집헌곳이 [illegible] 찌기 나가만

2435791

1956. 11. 13. 火曜 맑흐리 이백하루뒤

글 그리울 밖에

ㅣ ㅓ ㅣ 예수는、

숨쉬는 한목숨、이어늘 ― 그이륵.

나ᆞ가ᆞ 라ᆞ다、그만 마ᆞ다ᆞ나ᆞ • ?

빛드러 숨길 막지 말고、

숨드러 고디 고디 나ᆞ가는、빛을 따러

타ᆞ다ᆞ낳란

빛희 이히히 히이 마ᆞ로다。

그리 스 도록、

나ᆞ 길 말숨、

그를 그리울 밖에。

아ᆞ침 에 (金文基) 外從嫂、女医大病院에서 別世。

2435792

14、水曜 맑 이백이틀뒤

2435793

15. 木曜 맑 이백사흘뒤

나ᆞ 낳은나 낳은나ᆞ 더더 놓나ᆞ 낳어 나ᆞ가ᆞ는 나

때에 아ᆞ브지 ~~母~~ 거죽 날 낳고 내가 아ᆞ브를 계이심 ~~사자~~

차저 ~~내 아ᆞ가 되 과에~~ ! 내나 한울에 아ᆞ브 도 말숨。 ~~마조러 맞~~ 맞아 차ᆞ수

몸성히 맘놓히 대원 ᅝ 탈 ~~하~~ 낳 이 ~~하~~ 히 ~~~~ 되 。

길름 믈린 退巻

16. 金曜 24357?4 맑 이백사울뒤 水油

倫理 和 黙 學 何 學을 大成빌딩에서 講說。

직이 와 지기와 직히와 가 하났식, 긔를 근 긔 림 밀 긔린 길른
書 畫 圖 推 思 養

하나와 하나같히 살지。

24357?5
17. 土曜, 맑 이백삿새 뒤

저울 눈 겨우. 겨워. 겨울(가뵈시) 눈금.

젠 겨우겨우도 못당. 엔 겨워겨워 지나 겨우니.

겨우겨우 겨워겨워 두즈울에 고고디 찍을수업서

겨울기 두려워 뜬눈 저울눈은 한울눈

고고디 곳이무대 메울려고 그므는다

겨울리 구름 겨울티구름 주석주석 ~~겨울이~~ 구름뭉치

저허런 저울눈 ~~결울~~ 구름인가

돈겨름이 겨룰겨름 겨룰겨름 제으름겨름

저울대기 절울때러 저기잡아 기울련다

울눈은 떨릴뜻하나 한울눈에 떨릴줄

가리울 곰

權眼이 天眼인건 엇절라 ~~[illegible]~~ ?

젊으면 뢰權限이거니 쓰면 뢰權利거니!

~~잘난놈 안죽는다가~~ 휘리新律 ~~[illegible]~~。
孟子曰 잘난놈죽고 히 안다

1956. 11. 18. 日曜　2435796　ᄆᆞᆰ　2백엿새 뒤

19. 月曜　2435797　ᄆᆞᆰ　이백일헤 뒤

无極 모르는 ᄒᆞ나

太極 ᄒᆞᆫ ᄒᆞ나 {둘 ᄒᆞ나 (안다는 ᄒᆞ나)}

兩儀 ᄒᆞ나 둘　$1+2=$ 不明理直대로 3　$1\times 2=2$

四象 둘 둘　$2 \overset{+}{\times} 2=4$

八卦 셋 둘　$2\times 2\times 2=8$　$2+2+2=6$　$3+3=6$　$2\times 3=6$

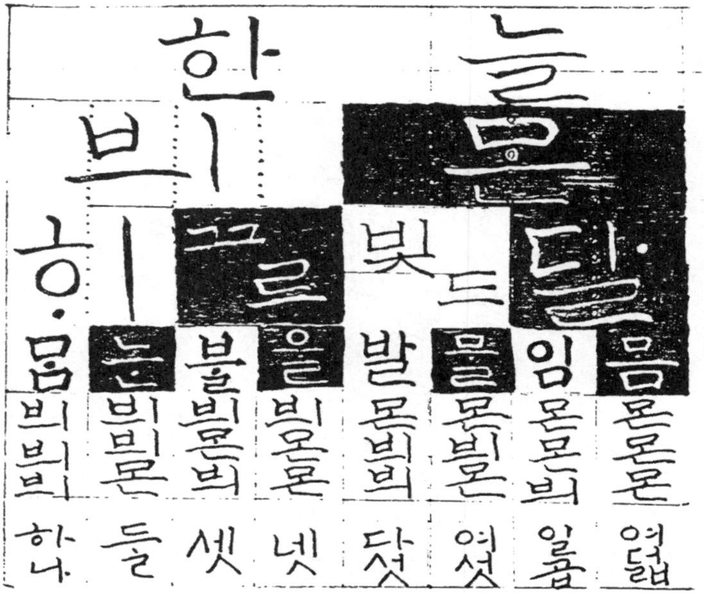

ᄒᆞᆫ ᄒᆞ나

ᄒᆞ나 둘

두 둘

세 둘

ᄒᆞᆫ늘 빈몬 ᄒᆡ 자그믄 자근 빈탈

몸눈 불울어 발이 ᄆᆞᆯ 임안 몸이 낳

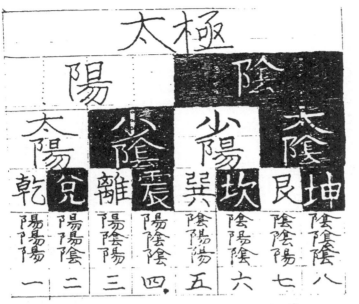

太極							
陽				陰			
太陽		少陰		少陽		太陰	
乾	兌	離	震	巽	坎	艮	坤
陽陽陽	陽陽陰	陽陰陽	陽陰陰	陰陽陽	陰陽陰	陰陰陽	陰陰陰
一	二	三	四	五	六	七	八

太 極
兩 儀
四 象
八 卦

2435798
20. 火曜. 맑 이백여든에뒤

2435799
21. 水曜. 흐리 이백아홉에뒤

十月末日까지 十個月에 學生犯罪 1138件中

國家의 棟樑
民族의 光明

國方의 礎盤
民體의 血清

强力犯 80,
恐喝犯 736,
竊盜犯 322, 이라고

國家의 棟樑이되며 民族의 光明될 學生의 이저됨을 防止對策으로 文敎部에서 各市道에 示達內容 一. 敎員의 實力과 德望을 具備한 敎員을 確保할것 韓國敎師로서의 師道魂을 發揮토도록 講究할것

2435800
22. 木曜. 맑 이백열흘뒤

근 큰 -른글귿에 귿-나 믄금튼고 그 긋 긎에긏임

23. 金曜. 2435801
맑 이백열하루뒤

24. 土曜. 2435802
맑 이백열이틀뒤

근 큰 - 른글 귿 에 귿 - 나 믄금튼고
그 긋 긎 에 긏 ㅣㅁ

나· 나· ⊡ 가 을 나· 을 예 ㅣ 이 ㅣ
갈 간 찌 는 나 긋ㅓ 제 긋 긋
말 만 기 ⊡⊡⊡⊡ ㅣ 긋
긋 습 큼 ㅔ 제
긋

夕吟 鵲鵬來儀

生直引伸惕若宮 終日乾乾夙夕昔
假直曲人窮討弓 不息拳拳服膺朋

2435803
1956. 11. 25. 日曜 맑 이백열사흘 뒤
2435804
26. 月曜, 흐림 이백열나흘 뒤

晨咏

問政體候

面面待接傷 點相特位徵
線線有別界(契) 神明默示徽

한울 ㅣ 긋 虛極 靜篤

한울 나리신 길
을 나 ⊡ 이 긋 제 긋 이제 긋
— ㄱ ㅣ ㅔ 예 긋 그제 그치 나
근 그드 그트 나 나다타 피히시도다

27. 火曜 2435805 맑 이백열닷새위

긋

그이예수로 나리신, 게셔주신 긋이로다.
내 긋 직혀 내 긋 다드머 내 긋 옹글차 치오르리로다.
오래다, 멀다, 싱글다 혼 긋을 떠난지.

分

긋이여, 宇宙에 虛分에 잇지 안혼가. 물고기는 水分에 살지?

요사이 — 사람은 氣分, 氣分, 氣分만 든다.

사람도 가심은 氣分을 빼(찾고)논 水分을 얻(찾고)은 虛分, 虛分, 虛分을 치드러서, 제 긋을 다 차질 거인가, 홉니다. 分數(분긋) 己分(제긋) 翼(깃)(날개길) 巢(깃)(집). 긋에 긋 다르니 小 亡 짝이 나가만.

28. 水曜 2435806 맑 이백열엿새위

올

올은	나도 나도, 오-늘 오늘나
올의 히	된일 흔는 히ㅅ사룸.
나날히 날 보고	
된일만 흐란	「오는 히 되기」를 바라는
흔이, 히ㅅ히.	소리가 나오믄
	옛날에도 하늘로 온러 사렷

더러 무근 잡고대。

宋史云「諸路職官、各有職田、所以養廉也。」
陸游「養苗先去草、省事在清心」

2435807

1956. 11. 29. 木曜 밤새눈.흐리 이백연일해뒤

易有聖人之道四焉、以言者尚其辭
以動者尚其變
以制器者尚其象
以卜筮者尚其占

易无思也、无爲也、寂然不動、感而遂通天下之故、非天下之至神、其孰能與於此。
夫易聖人之所以極深而研幾也、
唯深也故能通天下之志、唯幾也故能成天下之務、唯神也故不疾而速、不行而至

中庸「天地之道可一言而盡也、其爲物不貳則其生物測不。

引而伸之、觸類而長之天下之能事畢矣。
子曰知變化之道者其知神之所爲乎

30. 金曜. 2435808 맑 이백열여들에 뒤

〔乾 ☰ 몸〕 〔몸 ☷ 坤〕

울 물 임 빌 불 눈

☳ ☵ ☶ ☴ ☲ ☱

震 坎 艮 巽 離 兌

1956. 12. 1. 土曜. 2435809 흐림 이백열아흐레뒤

2. 日曜. 2435810 안개. 맑 이백스므날뒤

몬 일 알수 없서

너무 아는줄 알엇든가 아는도기에 밝등

직히 는걸

아는척 ᄒᆞᆫ단 고ᄃᆞ대고 모른체 ᄒᆡᆺ단 말

설도 보니

무슨 본 멋일이고를 알수 없서 ᄒᆞ노라

3. 月曜. 2435811 흐림 이백스므하루뒤

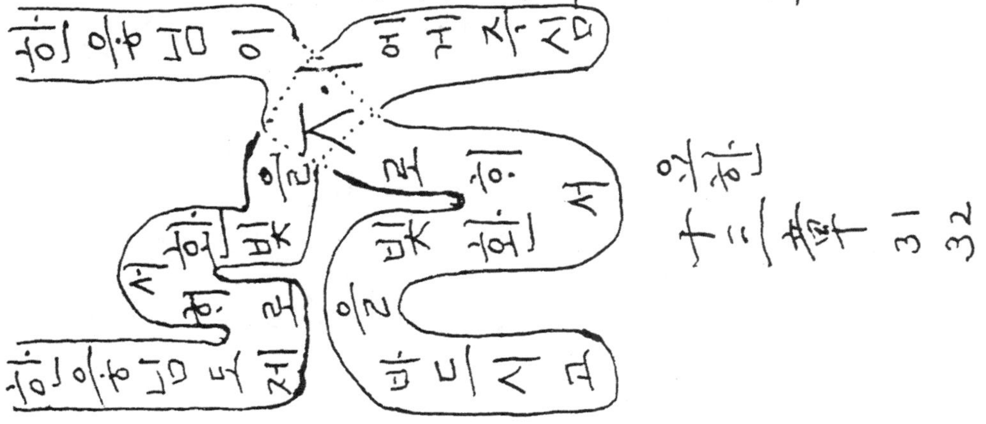

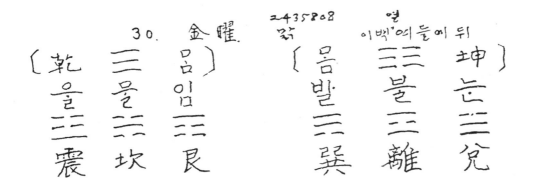

1956. 12. 4. 火曜. 2435812 안개. 흐리. 비. 바람. 흐림 이백스므이틀뒤

昨日崔炳祿兄專枉懇請故約束

素砂行

約上素砂去來存 以新約辭舊約繫
霧中漢江水天沒 可西文髓東文骨

5. 水曜. 2435813 맑 이백스므사흘뒤

「一如無二如」「不曰如之何如之何者吾末如之何已矣」「蔑如=無視」「訣別、永訣、要訣、秘訣」

如慕貞烈何

蔑如之何作二如 男女平等近似値（女慕貞烈）
自別之親固有別 有無相通市勢訣（男效才良）

離別惜別習儀煩 二字八字未判曲
玩異差異痴寒熱 童貞冬貞尚凛烈

6. 木曜. 2435814 흐림 맑 이백스므나흘뒤

小心翼翼

變易交易不易典 身分點小忍土生
無常如常平常恒 跙正直大步武行

7. 金曜. 2435815 흐리 맑 이백스므닷새뒤

郊社之禮所以事上帝也宗廟之禮所以祀乎其先也明乎郊社之禮禘嘗之義治國其如示諸掌乎 祭義. 莫深於禘蓋於報本之中. 又報本. 追遠之中. 又追遠則理無不明. 誠無不格. 推之於治. 無難處之事. 無難化之人乎.

2435816

8. 土曜. 맑 이백스므엿새 뒤

基督者

祈禱陪敦元气息 嘗義極致日正食
讚美伴奏健脈搏 禘誠永明夜歸託

臨深復薄

生也臨時刻點之 薄莫薄於存時刻
時也死海岸線之 深莫深於亡海壑

耕作地面積	2011454.2	町步
農家戶口	2217678	戶
專業	1992842	戶
兼業	224836	戶
農作人口	13297092 ~~11329709~~	名

二百二十萬戶生 農本生育修護土
千三百萬邦主民 作二百萬町步濵
~~農本生育~~

2435817

9. 日曜 맑 . 이백스므일헤 뒤

數息

時間呼吸千八十 古稀生日二五千
二五千九百二十 六億四千八百萬

1956. 12. 10. 月曜. 맑 2435818 이백스므여들에

1948年人權宣言紀念日

面子辭

奄當大故失太元　容納不得面相摩
忽墮人間假面裏　面上徘徊幾多時

餘食贅行不淨財　舌摩維面所謂嚼
待接饗應過客止　肛擦滓子以為屎

自別情交正心外　面從言而和怨餘
末由面折七政施　伏惟欲内復命是

子曰. 不曰如之何如之何者. 吾末如之何也已矣.

子曰. 法語之言. 能無從乎. 改之為貴. 巽與之言. 能無說乎. 繹之為貴. 說而不繹. 從而不改. 吾末如之何也而已矣.

子曰. 好勇疾貧. 亂也. 人而不仁. 疾之已甚. 亂也.

11. 火曜 맑 2435819 이백스므아흐레(?)

基督心

自行自止夢弄幻　貪厭淫淪沈沒我
命生命死覺省悟　忘食貞烈炎存吾

孟子「城郭不完,甲兵不多,非国之災也,田野不辟,貨財不聚,非国之害也,上無禮,下無学,賊民興,喪無日矣.」
「責難於君謂之恭,陳善閉邪謂之敬,吾君不能謂之賊。」
孟子曰「規矩方員之至也,聖人人倫之至也.
○欲為君盡君道,欲為臣盡臣道,二者皆法堯舜而已矣,不以舜之所以事堯事君不敬其君者也,不以堯之所以治民治民賊其民者也。○暴其民甚則身弑国亡,不甚則身危国削,名之曰幽厲,雖孝子慈孫百世不能改也
孟子曰「愛人不親反其仁,治人不治反其智,禮人不答反其敬 ○行有不得者皆反求諸己其身正而天下歸之
○「言非禮義謂之自暴也,吾身不能居仁由義謂之自棄也」

孟子曰「求也爲季氏宰無能改於其德而賦粟倍他日孔子曰求非我徒也、小子鳴鼓而攻之可也。由此觀之君不行仁政而富之皆棄於孔子者也、況於爲之强戰、爭地以戰殺人盈野爭城以戰殺人盈城此所謂率土地而食人肉、罪不容於死。故善戰者服上刑、連諸侯者次之、辟草萊任土地者次之

孟子曰「恭者不侮人、儉者不奪人、侮奪人之君、惟恐不順焉、惡得爲恭儉、恭儉豈可以聲音笑貌爲哉?」(黨惡害民)

孟子曰「博學而詳說之、將以反說約也。」

「舜明於庶物、察於人倫、由仁義行、非行仁義也」

○禹惡旨酒而好善言、○湯執中、立賢無方、○文王如傷、望道而未之見、○武王不泄邇不忘遠、○周公思兼三王、以施四事、其有不合者、仰而思之、夜以繼日、幸而得之、坐以待旦。

○西子蒙不潔則人皆掩鼻而過之○雖有惡人齊戒沐浴則可以祀上帝、

○天下之言性(本)也則故(理)而已矣、故者以利

(川頁) 爲本(主) ○所惡於智者爲其鑿也 如智者若禹之行水也則無惡於智矣
天之高也 星辰之遠也 苟求其故千歲之日至 可坐而致也
○是故君子有終身之憂 無一朝之患也
○由君子觀之則 人之所以求富貴利達者其妻妾不羞也 而不相泣者幾希矣。
○天與之者諄諄然命之乎 ○曰否天不言以行與事示之而已矣。
伊尹○天之生此民也以使先知覺後知以使先覺覺後覺也 予天民之先覺者也 予將以斯道覺斯民也 非予覺之而誰也。
○仕非爲貧也而有時乎爲貧 娶妻…有時乎爲養 ○爲貧者辭尊取卑 辭富居貧.
○位卑而言高罪也 立乎人之本朝而道不行恥也。
○萬鍾則不辨禮義而受之 萬鍾於我何加焉 爲宮室之美 妻妾之奉 所識窮乏者得我與 ○鄕爲身死而不受今爲宮室之美爲之 鄕爲身死而不受今爲妻妾之奉爲之 鄕爲身死而不受今爲所識窮

乏者得我而為之、是亦不可以已乎
此之謂失其本心。
○仁、人心也、義、人路也。○舍其路
而不由、放其心而不知求、哀哉。
○人有雞犬放則知求之、有放心而
不求知。○學問之道無他、求其放
心而已矣。

1956
12 12 水 2435820
호검 이백서른날뒤

숨 나무 명 나무

숨나무에 숨이 돋고.
명나무에 명이 연다.

우리는 생명나무 뿌리 밑에 거름이어요!
여기서 생명나무를 볼수없어요
더군다나 그 넓게 멀게 퍼친 잎사귀를 볼수 있어요?
더구나 그 높고 높은 높히 열린 열매를 따먹을수 있어요?

그러나 우리는 꿈을 꿨어요.
생명나무 심은이의 아들이 뿌리 밑 까지 나리여 우리들과 가치 거름을 한 꿈을요!

우리 꿈은 꼭 마지니까요!
그러니까 우리가 땅 흙에 묻힌 꿈을 깨논 아침엔
우리가 생명나무를 보겠어요.
그 싱싱한 잎사기도 보겠어요.
그 환 환 환. 환빛으로 열린 생명

열매를 따먹겟새올!

우리는 솟나무, 떳나무!
들땐 솟나무오
나갈땐 떳나무 !

할넬누이아 아-멘.

몸성히 간이

曾子病이 더해서. 불러 弟子들더러. 손발을 열어 보란다.
깊은 바다 곁에 선듯. 엷은 어름 이나 밟아 온듯. 조마조마. 아슬아슬 햇단다
인제는 내놧서. 볼지! 성히감을. 애들아.

子謂子夏曰. 女爲君子儒(音)無爲小人儒(爲人)
謝氏曰君子小人之分義與利之間而已、以私滅公適己自便凡可以害天理者皆利也
○女必以爲己者自勉而求爲君子之儒.以人爲人者自戒而無爲小人之儒

曾子有疾召門弟子曰啓予足啓予手詩云戰戰兢兢如臨深淵如履薄氷而今而後吾知免夫小子

[illegible] 自 [illegible] 立 [illegible]

自天立 極輛端倪 志在四 方何所之
主一無 適軸仁義 性成六 合本存意

14 金 2435822 날 이빛설흔이틀뉘

自 性(終始)

无妄始 末點 二元方 面地
一元线 命線 三元立 體賢

一敗塗 地物 存心正 明誠
百勝游 魂天 無集不 自然

一

忍言仁 三二 小子慕 方徨
參差由 來是 報本追 遠微

推抽到 直入 不知知 病固
自本自 根己 知不知 神祕

形而上曲

水滅火 燒聖 誠有悔 無模
生死肉 骨凡 刑形銘 名範

模範鑄 出品 超凡歷 聖子
不過是 偶像 果得父 肖象

15 土 2435823 날 이빛설흔사흘뉘

Eckhart 1260—1329 獨逸神秘学派의開祖

神秘学說의 大意

万物의 太原은 超絶想物而不可名狀者, 卽以無為名外無他者也. 太原神性中忽起自認識自識作用是實在便是造化, 自認之必言之能言主觀, 所言客觀, 主神父, 觀神子. 父言出子言復. 反復一道. 未嘗斷二. 見之靈能. 夫神在聖靈自愛者也. 造化作用不外神之自知自言權能也. 神外別無万物之實在. 神一去則無有存者. 万物唯神而保存. 區別之者唯個性. 眼轉差別則入神. 吾人見神. 吾見於神. 同一不二也. 於吾知神. 神得自知. 神以自愛愛吾人. 蓋在吾人被愛於神者神自故也. 唯知唯神. 唯愛唯神. 娛竟怡安. 於是乎神生吾靈. 神降人間. 世斯之人則可以基督名之. 亦可以神名之云云. 但個人的存在與責任則不可輕之矣。

人天交際 (郊祭)

百花繚亂征　　體面造次動
參宿瞻咏定　　體物宇宙静

體面多事僞　　體面虛榮浮
體物延幹情　　體物鬼神正

不可面致禮　　本來眞面目
不可鬼滯體　　不可遺誠體

Eckhart 神秘說 1260—1328

萬物太原超絶想　　神性忽起自認識
卽以無字外無狀　　自識作用實在況

認之言之能主觀　　申之報之反復道
所言客觀父子相　　一如不二靈活恒

造化作用不外神　　微一神無有存者
神外別無存在藏　　万物唯神保金剛

區別之者唯個我　　吾人見神被神見
眼轉差異入神疆　　吾人知得神自詳

神以自愛愛吾人　　唯知唯神唯愛神
蓋吾被愛神自在　　始覺性是乎安康

神居吾靈神降衷　　但欲個性眞責任
如斯可名神同行　　不可混同信私狂

12 16 日 24358224 명　　이빛보흔날흔뒤

낯보기 낯에 깎기
몬으로 된 몸, 몸기걸, 몸 길만 걸고 걸데,
몸이 낯을 좇는 낯엔 낯을 낯히 깎는 낯이지.
몸에서 몬을 논 그 낯 모름 Korean 이슴나.

므르 블음 프리.

울어 바람 한골시오、

이마는 박아밝고、

몸 몸 자리잡은데、

에 셈。

네 대

일곱 두너、

하나 에 두럼、

水火不相射

雷風相薄

山澤通氣

天地定位

六坎水 三離火

四震雷 五巽風

七艮山 二兌澤

一乾天 八坤地

12 17 2435825 화 月曜 2-35日뒤

B. M. Ahn (安炳茂) 고디(貞)한 깨끝
Heidelberg (깰 때 깨고 끈을 때
Ökumenisches Heim 끝는 것)을 돌려 부터
Plankengasse 3 본 글월 고맙
Germany

올 四月二十六日을 비끈 넘어. 덥으로 다시 번
기 235日뒤. 오늘(十二月十七日) 아침.
어딘(진) 힘 개

依逸学大方党 出(生)躅昌皮入(外)在尊
白書德乱漆夜息 纘罷宿憲 歸八識

宗教改革獨路得 獨逸自來從事雄
示斧神學日行・ 高麗甬後順命 |
서 버들줄 잇을가

內慾에 꽤 汎然호 程度에. 가서도 賢賢易色・好德
如好色者. 未見은 「不患人之不己知. 患不知人也」의
本方으로 「남에게 알려지고싶은」(為人之学) 固疾
을 빼버리지 못함에서 인지오.
・唯一主께 理解되기만이 本願이라는 福音도 自己의
혼 것이 먼저 大衆에게 理解되는 듯 호는 마당에서 喜悅
의 熱度上昇호는 보아. 食色發情矛盾體인 人間症
勢之니. 高尚호 道理가 異性에게 理解되는 듯 호는바
에 따라드는 熱에 뜨기도 쉽습. 거룩혼 싸흠은 끝끝 내끝

12. 18 火　2435826 맑　236日되

至月風景

人之子不見影 所謂風月騷客 迷亡何之室

月欲出火山炎情　峯冒白雪氷布溪
風急流水谷吼聲　冬深嚴寒夜初更

時　調

而度己分自料量　留獨逸學大方覺
比律賓事參考觀　維美游濫迷弗還

2435827
19. 水　237日되

命者誠消息

思誠不息人欲息　顯藏有神正是誠
至誠無息天消息　終始無物不自誠

이란 목숨은 말숨 사리
나갈 말숨 안(고) 쉬는 사람 쉬게,
이란 말숨 업히 신 하늘 숨사리。

2435828
20. 木 맑 눈　238日되

보는 눈 보이는 눈(처음눈) 빛외는 눈。

誠 者物之終始 不誠無物

至誠無息 不息則久 則徵 則悠遠 則博厚 則高明

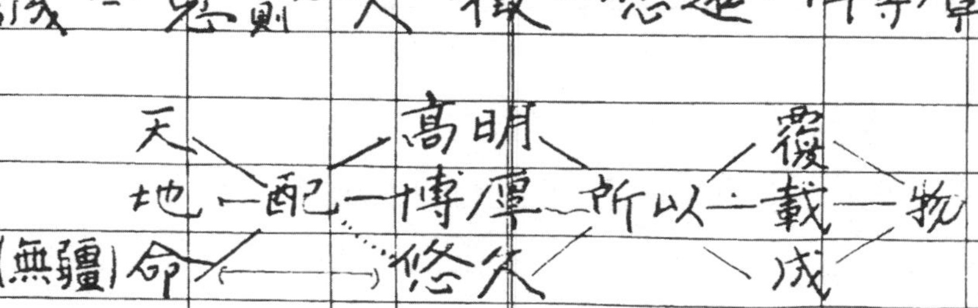

12 21	金	2435829 맑						233 日뒤	
그		이				그			그
그 제	그 제	어 제	제	낼	모 레	글 피	글 피	기 피	그 리 / 글 월 / 글 운
22	土	2435830 맑						240 日뒤	
23	日	2435831 맑						241 日뒤	
24	月	2435832 맑						242 日뒤	

感覺變動造化情　　至終終至幾存義
忘寢平靜至人性　　忠信修辭德立誠

참나들이 아름답다

내가 참.잘.알음답은이가 나를 참.잘.알음답은 이가,
하늘인가 땅인가 아븨진가 어머닌가?
두어라 그들괴시면 네몬도록 혼시리오!
어듸 산아이.계집아이가, 어늬 산아이 계집아이를.알며?
어늬 지아븨.지어믜를 서로.어듸 지어믜.지아븨가 서로.
답게시 참.잘.알거면 이대도록 모르리오?
하늘도 땅도 아븨지도 어머니도 나도 너도
참.잘.알은답게 참.잘.알음답음을 맞날거시면
우리가 다알다살히 우둑혼니 섯스리오?
맞나다니? 마주나.가가 서로맥힌 캄도환도 맥핀이다.
알은아리.답못답이 그른길리 가른길뢰다.
이제여 참너예두고 알은답음 찾느니오?

1956.12.25 火 2435833 243日 위

聖 誕 魔 謔

正心誠意人註文 奪人之君鬼魔使

犧牲牲躬天本儀 棄神之子聖灵其

止於至善

知止而后有定
定 〃 〃 〃
能靜 〃 〃 能安
安 〃 〃 〃 慮
慮 〃 〃 〃 得

知遂志向定

心靜身安地

慮與幾事物

能得明親止

則

物有本末事有終始知所先后

近道矣 本始所先末終所后

事天終始人物本末

先物本始人出末終事天.

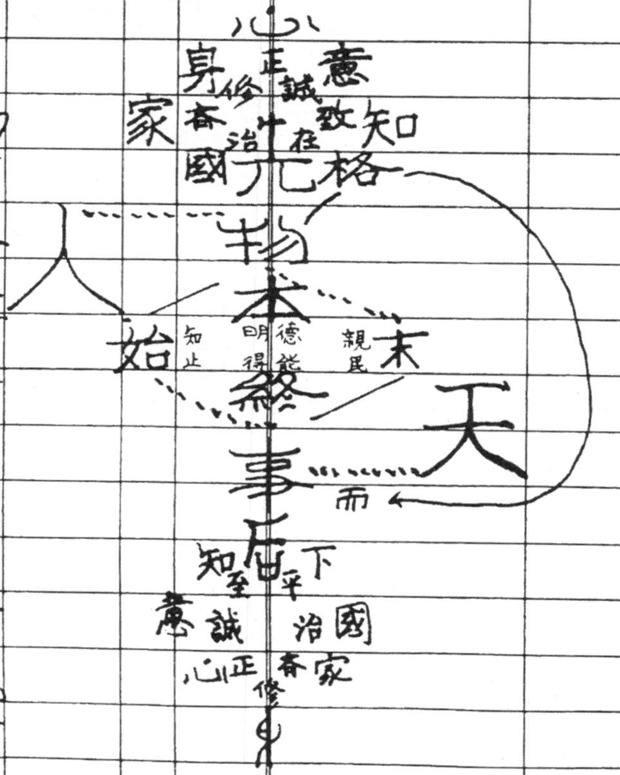

古之欲明明德於天下者

先後相隨

人事本末先人本　炎上潤下見小局
天道終始後天終　水昇火降觀大空

為知　　　　　　上　　　　　　明善
政　　天
在人　修身　知人　德明　至善　治得　誠身
以道
取　　事　　而　　以　上獲　順親
人　　親　　民親　　友信

12 26 水 2435834 금　　　　244日引

面會人間

窓明突兀口傳音　客来亦如闔蝸屋
未見主披接賓入　交際不得内庭立

天降子宮便外舍　鬱陶思君相尋訪
成服身甲頭蓋笠　無可奈越面會逼

邵子曰. 中庸非天降地出. 揆物之理. 度人之情行其所安. 是爲得矣.

中庸之法. 自中者天也. 自外者人也. 学不際天人不足以謂之學.

乾 九三曰 君子終日乾乾夕惕若厲无咎

子曰君子進德修業

忠信所以進德也修辭立其誠所以居業也

知至至之可與幾也知終終之可與存

義也是故居上位而不驕在下而不憂故乾乾

因其時而惕雖危无咎矣

忠信主於心者无一念之不誠也

修辭見於事者无一言之不實也

1956.12.27 木 24958 25

245日

空色一如

物色不得一色物	諫有悔無後天痴
空虛蔑以加虛空	同空異色本地工
花容虛廓天然示	服膺體面容納止
花語虛風人妄動	直內方外中空公

體物講義

忠信寤寐可與幾	言儀儀言夢中夢
終始生死克存義	體物物體知上知

前(在)言(聞)信小息 後(在)信言(講)大畜

出生入死 存身亡	空大物小神也化
生前死後 有言無	大一小多悠而久

口號多匪言	匪言口鬼門
魂念是正言	正言魂誠門
永言配命正	至誠物終始
身已言无妄	由言開天地

1228 金 2435836 눈, 크림　　246日뒤

原稿

苦生枯絶草古事	無故事故當故人
煩產惱敗人當故	創草民草原草稿

九重於內、所居不過容膝 /大寶箴

八珍於前、所食不過適口 、張蘊古 /

29 土 2435837 맑　　247日뒤

陰陽消息

䷋	䷓	䷖	䷁	䷗	䷒	䷊	䷡	䷪	䷀	䷫	䷠
否	觀	剝	坤	復	臨	泰	大壯	夬	乾	姤	遯

七八九十至臘月	正二三四五六輪
悲觀薄困復下臨	大壯快健久上遯

1956.12. 30. 日 2435838 흐림 248日뒤

早朝東天鱗狀雲海中忽看啓明之接近於月(齡27.5)而星月交代條生忱沒恰似波間魚類之游潛自在之形勢矣

誰占魚躍海影天 吾放月游天雲海

31. 月 2435839 맑음. 흐림 249日뒤

一已、(나生)

出乎人乎原理天 呼吸自覺今生心
承茲在茲夫工性 乾道有成人終命
(程) (健行) (考)

第24400日

[均相 어머님]從嫂氏도라가시다 2435839 − 2410528 = 25312

一
人 天
不息之人達
無言而信地
小息前有大 畜後無言

出生存身入死亡 空大物小神也化
生前有言死後無 大一小多悠而久

1957

Julian days 2435840　　1.1. 火 맑 이뵉섣날뒤 第24401日

日課不易

出乎入乎原理天　　呼吸自覺今生心

承兹在兹性工程　　健行竟成考終命

孟子曰

天下之言性也則故而已矣故者以利為本

天之高也星辰之遠也苟求其故千歲之日至

可坐而致也

悠小　大空　　否諄　天予

久衆　一大　　天諄　何欲

無多　小物　　不命　言無

言言　多小　　言乎　哉言

1957. 1. 2. 水 2435841 호림 24402 251日

葬禮後에 지나는길에 金在衡氏를 찾다
「하늘나라 말에」 처음이다 요한과 예수가 첫머리로 하늘나라이 갓가왓다는 말슴으로 傳한 福音인데 使徒以下로 片紙에 『하늘나라』가 없는것이 이상하다. 二千年來 『하늘나라』이루는 信念이 없는것이 基督敎의 未審이라고 「天國論」을 쓴다 함

3. 木 2435842 흐림 24403 252日

4. 金 2435843 흐림 24404 253日

念茲在茲

在茲言今今言茲
我所住生心在茲

就寢沒覺今茲感
承命無意茲今事

新入住者須且言
而今安在伊何茲

無年月日之長者
終始本末一今茲

5. 土 2435844 흐림 24405 254日

悠久成物

兩間通信媒
聲音星瞬雷

爲求故知至
以利本理賴

6. 日 2435845 맑 24406 255日

民兵不仁

鼻突擊眼窓 企待眞善美

明眸釀暗淒 剖產禽瞋痴

7 月 2435846 맑 믿 ᄃᆞᆮ ᄃᆞᆮ ᄆᆞᆷ 24407 256日뒤

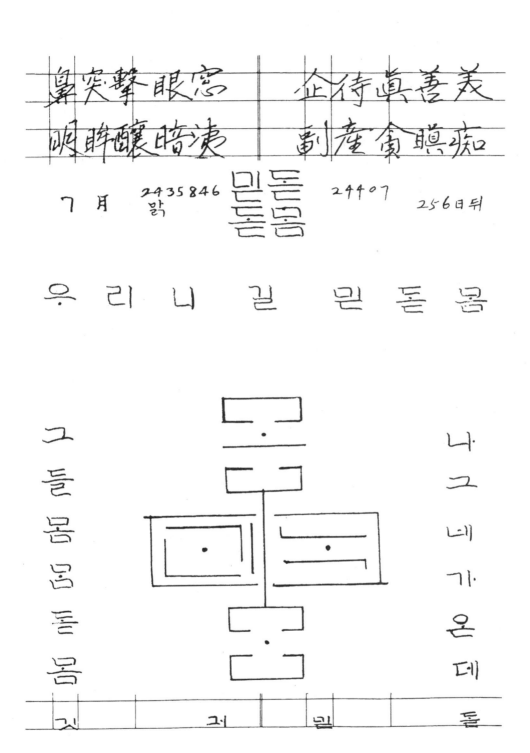

우 리 니 길 믿 ᄃᆞᆮ ᄆᆞᆷ

그 ᄃᆞᆮ ᄆᆞᆷ ᄆᆞᆷ ᄃᆞᆮ ᄆᆞᆷ

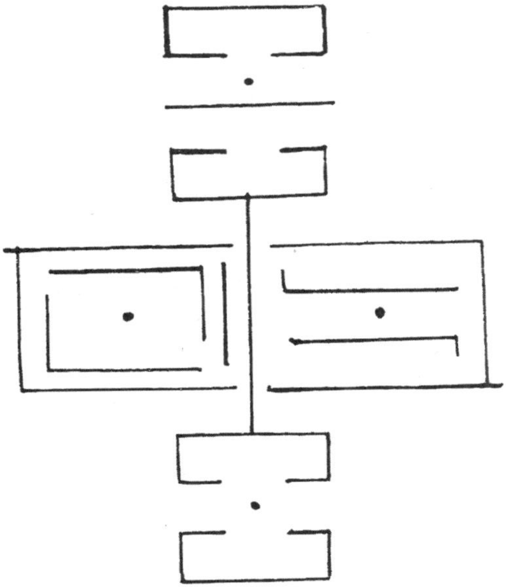

나 그 네 가 온 데

긼 긔 믿 ᄃᆞᆮ

1957.1.3 火 24 맑 35847 24408 257日워

父在

父爾絶大中 存存惟一在

不肖微小子 孜孜代多仔

웅 근 거

그루몸에서 — 웅근몸으로
뚫린 길 거리 옛
듣는 소리

웅근것, 웅근게, 웅근거。

그루 놓자! 울 같이.

웅근거 보게.

묵은 그룬 갈려 가리.

웅근게 보게

새씨 놓자! 울 같이로.

웅근거 보게。

온 그루는, 거름되어, 웅그럿 사오니.

웅근거。

온 그를 게 옮기므로, 웅그름을

해마다, 올엔, 보려댓습니다。

웅근거.

참 첨 본 뉘?

오ー늘。

9 水 2435848 흐림 24403 258日뒤

自任一點

生前自在頂天立 此經考終始他界
立身行道當健嚴 色黃音玄膨一點

10 木 2435849 맑음 맑 24410 259日뒤

哭二世

劫奸除色襲擊奪 爲人貪学忍殘忍
殺武頭獵官豪強患 殺身夢功二世裹

膨泡子

膨泡負空來 大空本懷中
發泡抱空去 父子會同居

終如始

精子始初出發時 生物最終感觸末
母體先驗酷似險 色黃音玄幻一點

善不在多言

不言物議心自空 物心不二唯一理
有物生心離間言 衆物多辯無理言

夢中說夢不知夢 誠意發足初罷夢
言中有言不聽言 妄信盡頭自覺言

1957. 1. 11 金 2435850 뎄. 오늘 24411 260日뒤

初一步

宿口夕載實　人倫開城淪
童貞死抱蘭　天倫閉關完

於穆不已

宿口不開空心關　明德不大聲以色
童貞無縫天使純　格物莫先于天峻

12 土 2435851 뎄 24412 261日뒤

不拜偶像

暗權操縱七魔線　擧世傀儡俳優輩
衣食宮患業藝色　虛分氣分人气紛

修齊治平空念佛　有道彼我理想國
博施濟衆廢宿題　僧託末法主昇天

有為不得無為空　堯舜病諸猶有憾
民將安之長安定　孔孟說破欲無言

朝夕刊讀無新聞　学若不成誓不歸
政經学究不神通　成則君王敗廉耻

朝令暮改法治方　絶巧棄利復孝慈
晝出魍魎政事情　抱朴含眞元亨利

人士

(論·子路 憲問)

知廉勇藝文禮樂 見利思義危授命
亦可以爲成人矣 久要不忘平生辭

行己有恥使四方 宗族稱孝鄉黨弟
不辱君命可謂士 言信行果硜硜次

親戚分之所生

創立氏統父家門 新代陳謝毋本庭
萬姓同化一系親 二世疎遠健忘因

13 日 2435852 맑. 아지랑이 짐 24413 262日뒤
14 月 2435853 눈 24414 263日뒤

意欲未遂

欲明未明晨省心 欲平未平當世人
欲定未定每時局 欲和未和臨天國

遠征

婦節猶烈於童貞 寡守可與凡貞節
病弱自強乎健康 士老庶幾心金剛

無他

能窮能物全知能 父在從本來如是
變易不易一二易 吾茲今心稍省亦

無題

萬生來會寄別別　洋洋如在上左右
一性歸復許中中　淵淵時出泉無盡

易

夫易如斯而已者　聖人以之於天下
開物成務冒大道　通志定業又斷疑

神以知來知藏往　蓍德圓神卦方知
聖以洗心退藏密　貢易同患六爻義

1957. 1. 15 火　24 35854 오늘 삶　24415　264日 뒤

三毒是原罪

吞貪無益反招損　損益苦樂超然處
近癡何樂便取苦　行止易簡平正吾

仁人問民

人道人道自道人　安息安息不息安
民主民主自主民　信言信言無言信

心性道天

物上形下浮沉子　氣流偏情則戲心
放心失性迷道人　知覺大虛是天民

다윈 傳

엔게되 굴속에서 사흘 옷 사락 삼가만 대칠 까
우라아 몰려다간 러버릴 줄 언게 보세 갔다.
기름을 받은 다윈이 머운도맘 붓될다.

16 水 2435-855 맑 아지랑　24716　265 日뒤

覺乎一

暗權操縱七魔線　六識兩主互憲條
衣食宮憲業藝色　根塵一致交好約

幻鏡判破惟心鑑　十業六賊言四訛
七線綜結一宮色　六藏十善誠初覺

人生路程

童貞純固食天荒　壯志事業自制力
少思食節外春風　老知順命乃有終

1957. 1. 17 木 2435856 24417 아침 맑 266日쉬

人心居

淵淵泉出心 日日新果新
涓涓滌除身 肫肫敦化仁

人路由

對花請言言責情 外重內輕義未達
見石侮璞璞藏玉 修己知人道不惑

18 金 2435857 24418 흐림 맑 267日쉬

無味無色

進味出生來 於間出入着
退色入死去 賴間主也客

五蘊滋味然 吾父在上天
四大麗無了 出天將入御

如來善逝時 着生無生着
無味無色處 即離不離即

着味遇色境 夢幻何如實
唯汝夢幻覚 實是汝欲結

肉果不在外 口身欲果實
只汝自作心 行止死生色

19 土 맑 2435858 24419 268日뒤

맞부티로 못산다

두짝한몸 셈틀리오, 빌린둘은 맞서원수.
[回]찍은곳 한줄모르면 네모도 바르찬소.
한늘인 한줄기 떠나 하나둘셈 못치오.

두레두리 무리무리 지어나온 나그네로.
둘이단짝 말도하고 생각속살 파고드나.
맞부티 맞마지 맛에 구석빈데 뵈져남.

知止無勞

意衣識食窮宮慧 無明劫火熾因緣
獨業與藝索色惠 着味生色勞慧惠

20 日 맑 2435859 24420 269日뒤
21 月 맑 2435860 24421 270日뒤
22 火 맑 2435861 24422 271日뒤

◎ 先施無怖畏法財 以發育萬物
急先務德育 痼疾症藝癖
救拯症癖狂 恐怖狂 日 旺
將以節貞剛 節食貞幹事
布施斯民匡 剛毅退暴狂

1957. 1. 23 水 2435862 24423 맑 272日뒤
24 木 2435863 24424 흐림 273日뒤

쌀고직

몸서바투 밟으므로 씨알고루 먹이란줄이지
더루만져 손쓰라고 맛긴자린 아니건만
생쥐만 드나게하는 고직이로 봤습니다

건진춤

맨이 곧이 곧셋이,
숨을 살린다。
열을 살린다。

맨이 곧이 곧셋이,
속알을 살린다。
씨알을 살린다。

맨이 곧이 곧셋이,
나를 살린다。
나란 살린다。

맨이 곧이 곧셋이。

우릴 살린다。
누릴 살린다。

맨이 곧이 곧셋이,
하늘이 드려우
우리 건질 줄이다。

드려주는 줄도
안 잡아 타고
살겟단 말은 업다。

한웋님 살려줍소서
입으로 ㅋ 크 ㅋ 소리는

건질줄을 죽어라고,
끈게잡은 손에서 난다.

맨이곧이 준씻이
건질줄이 이다.

잘졸라 줄 설

잡음, 받음, 알음.
은 온
매 고
더, 디,

먼저모섭업는 참기름을 주므로본것이 사라나게

ㅎ+ㄴ=ㄷ

先施無怖畏法

財以發育萬物

1957. 1. 25 金 2435864 막 흐릿 24425 274日뒤

철부지 나이먹고, 미련이 고기 먹나. ?

혼이 나간 몸덩이를 뭍탈가 왜 꺼리는이여.
뭍에 큰 고기를 참아 못먹지도 안앗스며,
뭍 고기 맛 알앗거니 탐에 깨끗 못혼가.

고기 참아 못먹은이가 잇다가믄 도뇌혀.
혼이 나간 몸덩인 뭍 살라 체이야 깨끗다네.
참아 못 맛 멋게 쓸고 환혼일도 모른결.

26 土 2435865 밤 눈 안개비 24426 275日뒤

起床來占

道固由來人天古 宿口無言念宿題
題從本始會色故 貞操有節思貞固

니러 나면서 잡어 읊

「말슴」은 참. 사람이고. 하늘도 되기 앞서
옛날 브터 말슴 일거요.
드름(문제)은 빛갈 좋아 하, 빛게 되고. 빗
드러 넉이 사는 사람되 몬(物) 빌 뭇이 까닭.
잔입에 말이 없시 묵으므름 섯각노라.

고디 가지기도 바디 마디 니 더욱 더 고디
곧기 생각노라。

27 日 2435866 맑 24427 276日뒤

오늘은 崔恩和 낳지 卅一日
그 어미 낳지 卅一歲

그 外祖 된 나 는
이날을 한큰이틀로 세옵고자
한웋님
앞에
드리운 목숨으로 기다리옵나이다 (저녁에)

28 月 2435867 흐림 24428 277日뒤

29 火 2435868 비 24429 278日뒤

잡은 뇌을 곧센
맨이 곧이 일이

⅔ 이틀 ⅓ 이틀
139 417
139 (+) 278 (−)
− 278 + 139

건질 줄

맨이 곧이 곧셋이.
숨을 살린다.
얼을 살린다.

맨이 곧이 곧셋이.
속알을 살린다.
씨알을 살린다.

맨이 곧이 곧셋이.
나를 살린다.
나라를 살린다.

맨이 곧이 곧셋이.
우리를 살린다.
누리를 살린다.

맨이 곧이 곧셋이.
하늘이 드리운
우리 건질줄이다.

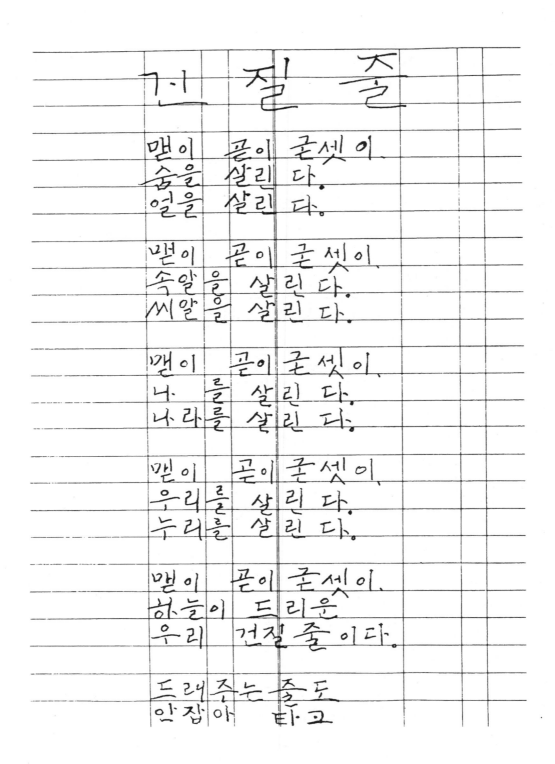

드려주는 줄도
안잡아 타고

살겟단 말은 업다.

한웋님 살려 줍소서
입으로 브르는 소리는
건질줄을 즉어라고
굳게 잡은 손에서 난다.

맨이 곧이 굳셈이
건질줄이 야
쫄 졸라
잡음. 믿음. 얼음.

죽을 저녁 싫타.

살이 츰 먹지.

같은 하루 지나는 길에 이이이
하루살이도 그룩흔신 뜻 가온데 로
나가지는 줄로 녀입니다.
좋은 이틀 브도록 하루를 지나는
첨숨으로 자라가기를 빕니다.
이 어린것들 다 바로 자라가게.
(에베소四15) 아멘

1957.1.30 水 2435869 일 24430 279日등

MAHATMA GANDHI 九週忌日

1869.10.2 生 28608日
4087週
1948.1.30 卒 969朔
78歲·4/12

曾聞日政時代. 在淸州監獄. 槐山人金濟煥氏. 爲民族思想排日不服. 斷食第九十三日絶命.

畏眞善義論二眞理把持
二 一 三 四 五

一外無他

世界集滅方 盲愛幺麽色
天道誠明時 役船客氣昏

瞻慕絶大空 絶大子下降
體身自己亘 歸天父上達

λογος Atman

31 木 맑 2435870 24431 280日뒤

맛

먹을것을 自然에서 받어서 万代로 나려갈 世子들을 生育하여 내는 責任을 진 父祖로서 歷史 三四千年이오 古典을 가진지도 數十世紀오지난 오늘에, 그 豐備한 文化財와 그 滿足한 知識을 가지고도, 아직 平和의 理想인 養生送死 無憾이 없는 世界를 모다지 못하는 病이 어대 잇나? 하는 무름에. 나는 한마디 말「人生이 맛으로 살여는 때문이라고」 군어 말합니다.

人間 마수거리가 맛인것은 事實입니다. 맛을 찾어 사내 계집이 맞나고 맞나서 世子로의 新出人生이 되고 그 新出人生은 젓먹는 맛은 天稟的으로 물여 가지고 울고 빨어 먹고 먹고 자고. 자고나선 또 울어 빨어 먹어 자. 자라게 되는것이오. 젓을 때리기에로 잇대어 밥맛을 알게되고 먹을것의 맛만 찾든것이 男女의 맛을 궁금하여 하는 무렵에 飮食에 對하여 破天荒으로 節制나 操心이나 하게 되고 男女趣味에 傾倒는 事業 意見을 가지변 自制가 많이 되는것입니다 그로써.

그러나 人生의 一生을 해놓고 보니 人生에게로 받은 맛이는 짐이 잇는것이오. 맛마는

찾을 자리가 아닙니다. 그리고
그런데 現實은 맛만을 찾으려 드는이
가 많고 참맛을 치르 척만 하려는 듯해
理想世界를 펴지 못하는 것이 맛으로 살
려는 때문에 있다고 봅니다.

맛으로 살려는데 眞理가 물러나는 實況
을 좀 살핀다면

食物이 뱃속에 들어가서 부터 뒤로 生
理 云云이 있는 것 되고, 아이가 배밖에
나와서 부터 뒤로 倫理 云云이 있다고 되
는 現況입니다.

食物이 목구멍을 넘어가기 前과 아이가 밑
구멍에서 나오기 前은 食事에서 生理요 房
事에서 倫理는 거의 稀微 無視됩니다.

이래서는 맛으로 살리는 實況을 살피면
食事나 房事를 好奇慾의 對境으로만 녁
여져서 求味場, 滿足會, 享樂機로 보이니
가지고 그 틈을 하고 싶은 끼를 우려 먹어
보고만 살게 되어 거의 미치나 봅니다.

그러므로 淫亂作戲의 食事房事인가
봅니다.

맛이란 (滋味, 快味) 버러지의 꿈틀거림을 꼬
물거려 보고 말지 않습니다.

자리가 좋다, 그릇이 좋다, 빛갈이 좋다.

벌새도, 뻗드러도 참 좋다 따위 기호嗜味로

입구멍 같이 밑구멍을 채노치 밑구멍 같이서 입 구멍도 대로지 대변 다친다. (老子曰 五味, 令人口爽) 傷處를 맞는 그 地境을 本味를 찾는것이거니 하야.

이 보드럽인가 이 따스함인가 (或시원) 이마득함인가, 조곰은 피아든이 있슴인가, 그러나 이것뿐이든가 더좀더 맛있는수는 없나 좀더 있스분 더 모았스든 원맛을 다 모아여지. 끝없는 追求慾望이 맛 맛 맛 이런 무스럼마 안 간다 매운 굴거 시원한 맛 같은것, 숨나는 맨 맥히려 간지럼 맛 가튼것을 좀 모았스면, 비겨 말하면 나날엽시 미치다가 죽을때에 가롯고를 빛인가? 참갓안 소린가? 팽 도라가는 듯 한 地境 —— 죽지는 아으면 —— 아주 이상해 난 죽겠다! 生前 첨 본 한 맛을 보겠다고 찾는것 같으니 이것이 미친걸 아니고 무엇입니가?

이것이 이 世上 맛이 이 世上 福을 낫습니다 그려.

아, 理想 世界 엇지 고다시 됫가?

죽는순 함

처음부터 앞서부터 받고 받은 저이오나,
이뒤로도 주시는대로 받을렵니다. 오나
주는순 에 받아쉼은 죽어 재삐 사옵걸.

斷食有感

癡後犯房貪食症　癡貪無斷滅人類
齋先斷房節食明　齋明有續救生靈

1957. 2. 1 金　2435871 밝　24432　281日뒤

血界性向

吾性眞善美　遠觀可審美
加命膚聖眞　褻玩則殺景

2 土　2435872 흐림　24433　282日뒤

120時間 숨만 쉬고 數說 時間 敎하니 입설이 마르다. 물을 먹고 자고 나려는 오늘은 편便이 풀리다. 바람이 糧食이오 물이 糧食인 것을 깨닷다. 낱이 糧食이 되니 못하고 고기 藥材를 생각하는 것은 숨쉼과 물이 곧 바탕 힘을 내저버린 것이다.

3 日　2435873 밤눈 밝　24434　283日뒤

오늘 나의 한 이틀로 받드는 좋은 손 께 뵙 돈에 들게 하셧습니다.

4 月 2435874 흐림 24435 284日뒤

漢都春候

終天不決八十何 生難念一相思九
初月自殺四十三 怨六孤四病苦三

5 火 2435875 흐림 24436 285日뒤

義州人在釜山西面牧師金寬平氏來訪而問議僉事節

6 水 2435876 흐림 24437 286日뒤

몸 옴 욤 옴

맛을 뭇여 나서 자라서 커진몸 맛없시 주고러지리네
나 맛인 몸이야 네 맛입이 잇슬서 네 말음이 아니엿슬가
아부지 계서 드식여 맛듬볼가 흡니다。

乳公空

呑空服空處空命 呑水服水處水活
呑气服气處气生 呑粒服粒處粒行

1956 2. 7 木 2435877 눈 흐림 24438 287日 뒤

성 흔 사 름(健康人)

몸 죽도록, 몸이 가지게, 몸을 갖인이가,
몸 흗도록, 몸이 가지게, 몸을 갖인이가,
죽음을 넘어서 살도록 뜻이 가지게, 뜻을
갖인이가, —— 성흔 사름 입니다.

健 康 人

可至終身·體操人·是健康人.
可達平生·情操人·是健康人.
入死而生·志操人·是健康人.

8 金 2435878 흐림 24439 288日 뒤

呑肉服肉處肉患 呑呑服服處處平
呑灵服灵處灵爭 瞻空慕空心空腔

9 土 2435879 밤눈 맑 24440 289日 뒤

10 日 2435880 맑 24441 290日 뒤

11 月 맑 2435881 24442 291日뒤

12 火 맑 2435882 24443 292日뒤

君可見光明
是方纔昇天

殘生切痛悔
申命炎烈然

卅一歲三百八十四望月相
丁酉夏正月元宵節新月相

13 水 맑 2435883 24444 293日뒤

恩和來日로 일곱 일헤를 맞겟습니다.

14 木 밤눈 눈 2435884 24445 294日뒤

손끝 발끝이 다러 뚜러지도록 일을 하는 사람들은 그 쓰라림을 피로써서 얻을 넘과 가까움을 알엇습니다.

15 金 밤눈 맑 2435885 24446 295日뒤

一. 予、{Atman} 心、 {恕} {忠}

清淨絕大空尊灵 求眞善美如意珠
欲死毒惡猶不刑 不染不壞金剛經

우리는 엇지 돼가는 길?
(되는 길인가)

感覺으로만 살려 들지 말라.
感覺으로 사는것은 버레니라.
物色으로만 살려 들지 말라.
物色으로 사는것은 나븨·벌이니라.
自己(自已)로 살려라.
自己로 사는것은 몸이니라.
太空(大公)으로 살려라.
太空으로 사는것은 神이니라.
人生은 神되는 길이니라.

이 덧을 엇더케 알아야 덧덧?

밥먹고 살고 옷입고 댕기듯,
성(仁)ᄒᆞ게 살고 바르(오르·義)게 다닌다.
맛밧으로 떡도 히 먹어 보고 술도 마셔 보듯,
성ᄒᆞ게도 살어보고 바르게도 다녀 보는 것은 아니니라.

孟子曰
舜明於庶物察於人倫·
由仁義行·
非行仁義.

吾身不能
居仁由義·
謂之自棄

우리 바탈(天性)

누가 世上에서 盡眞·盡善·盡美를 보앗댓느냐
世上에서 眞·善·美를 찾는것을 아주 못
본 때문이니라.
世上과 사름과의 關係가
사름이 이世上에서 眞善美를 찾어 얻더가
지고 滋味잇게 이世上에서 살어 보겟단것이
아니라, 우리 知覺範圍의 이 世上만으로를
理想的 卽 眞善美世界를 맨드러가지고 全地
球全生物로 樂園을 企待하야 努力한다는 人生
아니다. 人生으로는 알수 없는 目的과 뜻이
잇을 것이니라.
五十人生으로는 到底히 構想할수 없는 永遠에
잇을 것이니라.
永遠히 眞善美를 繼求하는것은 人生의 命이
니라.

1957. 2. 16 土 2435886 ~~~ 24447 206日뒤

小心大空 (無小心蔑大空是無明

其大無外己分事　惟一予心金剛德
其小無內開放公　忠是大方恕如空

1957.2.17. 日 2435887 맑 24448 2978 뒤

与空配言

同包一切元差別 附遠篤厚深高誼
交易万有帯干涉 膚逼貞徹神聖接

火水未濟

欲充空虛感 清算劫火債
自引苛刺責 淨珠空水策

詩篇 五十一篇

花容空郭天啓示
花語虛風人妄佞

一六 主는 祭祀를 깃버 안 ᄒᆞ시ᄂᆞ니……
一七 한웋님의 祭祀는 傷ᄒᆞᆫ 心灵이라.
한웋님이어 傷ᄒᆞ고 痛悔ᄒᆞᄂᆞᆫ 뭄은
主께서 蔑視치 아니 ᄒᆞ시리이다.

18 月 2435088 맑은. 눈 맑 24449 2980 뒤

하늘도 땅도 대번에 내던지믄.

그 밖에 없이 큰 빈탕한데를 갖이샤 제것
이라 입히십ᄂᆞ잇가

그 만 안없이 작어 진 밝히고 맑 몸
얼어 제 첫소니 아이고 어머니 아부께
만나 뵙ᄂᆞ이다.

乳公空

呑	空	服	空	處	空	命
呑	气	服	气	處	气	生
呑	水	服	水	處	水	活
呑	粒	服	粒	處	粒	行
呑	肉	服	肉	處	肉	患
呑	灵	服	灵	處	灵	爭
呑	呑	服	服	處	處	平
聽	空	蒸	空	心	空	腔

乾坤一擲
其大无外己分事
其小无內開族公

마태 五章

四 슬프고 또 앏으게 우는이는 좋음이 잇ᄂᆞ니
저희가 몸 삭임은 받을것이미오

八 몸이 맑게 깨끗혼이는 좋음이 잇ᄂᆞ니 저희
가 한웋님을 볼것이미니라.

19 火 얇 4405889 -4450 299日되

與空配宮 二

高遠亦无如太虛　利見自性卽燕處
親密莫先於天空　侍中未曾離本宮

1957. 2. 20 水 24155037 24451 3208日
立習

与空配高 其三

合同團東褷 伴心無邊在
參与組織裡 陪神無量理

与空配高 其四

空々虛々大々實 無煩無惱炎凉滅
誠々眞々深々貞 能消能息往來正

与空配高 其五

不可見而自初感 心乎神乎君且我
未能取而至終存 物耶法耶子與誰

与空配高 其六

總裁万機一神隱 一切有情未測道
時命承旨由空行 獨介含靈自性生

与空配高 其七

微弱仁生唯心強 尊父保佑時空使
惡毒促死自天儆 小子孝順考終命

信

一存在予人生子 父旨心音誠意示
唯命是時天行空 懷德成言至道公

믿 음

하나ㅣ 계시 내게 사름으로
내시ᆞ 아들 삼으시다.
그 일르시믄 때를 히스미오.
그 ᄒᆞ이시믄 한뒤를 느리미네.
아부뜻 몸에 소리 나ᆞ 난뜻 참
보이오.
속알이 말숨으로 품기우니. 참
말숨 스매. 된길이 번듯ᄒᆞ여이다.

2. 21 木 2435891 밝 24452 301日되

한거픔 이엇다.
(가라인고보니)
고기 먹기 나물내기 싸흠ᄒᆞ기 무서워
기 안팍 맞이 가름가리.
걸채이기 내이놓기 빨내이기 등보이기
눈질우기 긔록ᄒᆞ기.
말스매 븬탕한 처로 밝히맏몸 만이여

人之生也直
膣感腎作家身立 永遠健康生命素
宇空獨不要甬直 體柔用剛自由益

아·브 아들 기리오

븨고빈 빈탕한듸 대로 번듯이 캐이어 주시며,
갈리고 갈려드 때에때로 덧덧이 잇으어 주시미.
하나시 계시스계십 어이아니 기리오。
그밖에 이리고 저리고 무엇이고 거시키고, 가
제물에 제결이르키기 제몸서 못밝혀 묵은 몸의 빌미니.
한듸에 덧덧이볼사 하나아들 기리오。

1957. 2. 22 金　2435892 밝　24453　302日뒤

得　道

暴棄子把握　性命一貫道
回顧女抛擲　自宇宙開闢

23 土　2435893 밝　24454　303日뒤

人間不可無一生童貞

深感空靈聖柔觸　思議人間非禽獸
窃承時辰神愛情　盡性復命慕童貞

從事口舌味　未覺愚蒙頑
等閑心性情　沒瀆睿童貞

气理忙物色　相對不貳予
命性閑時空　時一致空中

時命空薄苦此岸　問予何事晩到岸
空自時由到彼岸　笑而不答心自閑

開春華實尚持節　於穆不已健行天
一生童貞供養箭　逆取順守文武純

同聽異聞故　耳目視聽職
罷聽疑問考　聰明聞見庫

57. 2. 24 日 2435894 맑 24455 3048뒤

25 月 2435895 흐림 24456 3058뒤

虛心克復

宿口尙闢空心晩 貞烈光復性灵火
珍著莫開山海安 蓮花出水靖肅完

謀食未足食 (謀道食自給)

虛心燕處淨空心 謀利後悔謀敗利
有心無時欲黙心 天民先知天食民

26 火 2435896 맑 흐림 24457 3068뒤

(空) (與) (配) (高)
빈탕 한딕 맞혀 노리 (높. 끝은 모름)

나·ㄹ 수없는, 불닫힌 몸동이, 맬달린 나, 얼이 묻언, 끔틀더니.

맑히 맑 몸 만큼, 맛난 내, 날라 나, 비롯, 빈탕 계에, 한딕 제를 보 알다.

빈탕 몸 한딕 나. 븨움 울로올 나. 내 깃븐.

此身亨終卧、 將予亨遙遊。
身 世、 予 言。
이 몸 누리、 올나 노리。

몬(物)에 몸(心)

밖앗 몬이 속으로 드러가서 몸에 빛외어
보이믄 속일 밝으미오、

속몸이 밖으로 나가서 몬에 살어나
믄 속이 어두미다。

드릴손 속이 어둘가 살어 날가
몬에 몸。

應無所住而生其心。(金剛經)

네 속에 잇는 빛이 어두어 질가 삼가라。
(누가·拾壹·35)

27 水 2435897 24458
맑 307日목

우리는 노리ᄀᆞ

빈몸 홀가븐은 빈탕 한ᄃᆡ 일이인 때문、

몬(物)빛외인 월(章)에 일덜 다간、일빠·진 나、짐 모·진 몸、(짐모아·진 몸. 짊마·진 몸.)

노리ᄀᆞ 북은 북업은 덜어한ᄃᆡ 실리고。

옷득(陽)이와 옴쑥(陰)이

옷득 옷득 내민것이 실실크고、옴쑥 드리간·건 빈탕 이루、

빈탕한ᄃᆡ란 쓸게·쓸데 없지 안소、꼭꼭 쟁여도 모자랄·판에、

이보소 일빠진 소리 그만 둬도 좋잖소。

1957.2.28 木 2435898 맑 24453 308日 됨

말슴 듣는 웋에 (이몸 누리, 올나 누리.)

듣웨 속알 밝힐네	죽어 누리 살 누리
나와 속이 어둘가	몬에 몸 실어 날가.

「다음떼 괴·가톨 씀 생각을 가지고. 二十八글시를 씹으면」 하고 씀.

읺앎이나 죽고 살고 가 므름이 아니고,

드리 괴서. 드러 누미, 싫은 것이오,

드러 올려 웋로 올나 가미, 좋으것이다.

집으로 드러가서, 지친 몸을 쉽히는것도 새목숨을 얻으려고 쉬는 것이오,

밖으로 나가서 먹을것을 거더 드리는것도 몸살되, 「칼로리」를 얻자는 것뿐.

그것들은 사는 일만도 죽는 일 만도 아니다.

가로 들락 날락 은 따로 나드리 는 못된다.

우리가 나기 앞서 어데로 부터 누린 뒤 어데까지가 우리의 한 나드리 뿐.

앞으로 드러서도 속알을 밝히며 웋로 「계에」 드럼과 앞로서 「제로」 올「나」 가 미다.

밖으로 나가도 몸에 몸이 실어 나는것은 누리속으로 빠져 드러가는것뿐이 된다.

2435899 24460

1957. 3. 1 金 맑 309日 뒤

1957.3.2 土 2435900 맑 24461 310日 뒤

卽 周

卽當六一周 塊爆來卽焰

初發覺終燼 心滅去卽眞

自 作 昇降路上中下

卽世無惡飛仙天 日課克復惡毒身
任意不毒立佛地 永言配享天地義

3 日 2435901 비 24462 311日 뒤

靈 明

小瑩當大塊 卽照明壞空
大空卽小心 卽眞如點心

ㅡ 옷둑 움쑥

옷둑 뵈저 난계 수러냐. 다 지내 봐. 神通 없다.
움쑥 드러 간데. 鬼神는 몰라. 보도 보다 말 歸趣ㄴ걸.
계 개서 옷둑움쑥을 번탕한데 넘또 넘.

4月 2435902 흐림 24963 31 12日 뒤

此生口號令 이승 브르짐
一生健·體操 맞도록 가지게·몸갖임。
平日心·情操 흗도록 가지게·맘갖임。
永言命·志操 살도록 가지게·뜻갖임。
(죽음넘에)

可與權伊

點心中火卽照月 欲燼未盡卽周燭
空心大明離光日 求貨得眞與權一

(參) 卽照·螢也。卽周·燭燼也。
(孔子) 可与共学、未可与適道、→未可与立→未可与權。
可与適道、→ 可与立

眞理 와 人間 과 学問

科学(觀察·實驗 ᄒᆞᆫ것) 을 說明 ᄒᆞ는 것이 말씀(人口才)
(論理的) 같으나、
말슴(理存者)이 人間을 깨우쳐 알리는 것이 哲学
인것 같다。〔말슴이 本存 이오. 使用이 아닌듯。〕
말슴이 사람을 맨드는 것이고、사람이 말을 맨
드러 쓰는것이 되지 아닌 것이다。

1957.3.5 火 2435903 양 24464 313日 뒤

點景

點燈點心點頭處 殘燼欲滅盡盡光

卽周卽照卽世時 浮生將休發致知

似而非光中生心何獨眞

浩大黑闇光體微 日下幻㦲人智迷

單一虛空色界離 白晝爲明錯覺迷

點心責任

點心卽世
小心出世
空心觀世

點心所見盡物性 責任所在當事情

物諸吾無非點心 事諸生何不責任

佞柔好朋敎惡來 如之何將如之何

方直畏友責善臨 由天始終吾卽心

밝비 (學)

몬일(物事) 뙤뺀(科學)이 반듯혼 말씀(論理)이 거니와.

말씀이ㄷ 말로 사람노릇 깼휘준이는, 그일이 ㄱ깨밴(哲學)이다.

사람이 보아알힌게 밴(學)엇이란 것이고.

6 水 2435904 흐림.맑 24465 314日뒤

攸好德

天生人生代代體 有余與汝在甭好

時代世代生生得 無我唯吾存予德

7 木 2435905 흐림 저녁눈 24466 315日뒤

해 이루는 노래 歲成歌

우리 나라는 소로 더브러 해를 이루워 가느니, 소를 생각호면서 이노래 브름.

소한테 혼일

[소한 대한 일
小寒 大寒 一(月)]

입춘곳 웃으니
(입 춘 우수 니
立春 雨水 二(月))

놀난 버레 봄가릴 세(참)
(경 칩 춘 분 三(月)
驚蟄 春分)

청명곡 우 네
(청명 곡우 四(月)
淸明 穀雨)

여름드러서도 날이 좀차 오
(立 夏 小滿 五(月))

망종 보리 갈 하지 륙(륙)
(하지 륙
芒種 夏至 六(月))

적은 더위 큰대위 칠 제
(小 暑 大暑 七(月))

갈 래서이 처서 파 훌 더위,
(立 秋 處暑 八(月))

흰이슬 갈가리구
[白露 秋分 九(月)]

찬이슬 서리칠 열달
[寒露 霜降 十 月]

겨울 드리서니 적은 눈 보레혼달
[立 冬 小 雪 十一 月]

큰눈 바라치면 겨울 끝막 설의달
[大雪 冬至 終歲 月]

해 잘 맞혓 소라,
먹으려면 밥우에 떡,
먹이느니 여물에 콩.

에화라 좋다,
좋고좋은 해달 이뤗소라.
해는 올, 사람은 햇살림 살이.

온해는 눈감짝 가는 해,
오는해 오는해도 인제, 인제,
햇사람 들이 낮어 맞혀서만 올돼오리.

1957.3.8	金	2435905 눈	24467			
9	土	눈				
10	日	흐림				
11	月	맑	24470			
12	火	2435910 맑	24471	32○日 뒤		

原 世

瞋生貪長痴繼世 求安厭苦抑何心
殺争盜難淫患苦 呼天念佛自由故

形而下豊而上隱 成住壞空理順序
企到彼岸此岸姑 萬年説功利願固
最大多數者最大幸福原頁

日 出 入 凡 時

一二三上 出七時 八下十月出六時

自四至八 入七時 二三九十初入六

四下八上 出五時 三 四 間 六 出

十終至一 入五時 六 七 間 八 入

3.13 水 맑음 2435911 24472 321日뒤

好惡二見常人情 莫想人道止人情
空色一如恒天心 猶配天道高天心

夢必覺 〔讀匈牙利反共動亂記事〕

一面顰蹙未治蝎 公平自由何處在
他方警戒復當虎 合從連衡偽口號

人間隣交國際相 中原三毒四夷惡
古往今來世代懊 上元無邊不一吾

14 木 맑음 2435912 24473 322日뒤

一蘇合元

天合元高大同世 天地否塞責原因
地分仁義小康紀 地天泰通渙是非

滄桂 秋江 또 다른 두분으로 더브러서
始奥郡東面奉天里(塔洞)
姜邯瓚落星岱 를 探訪하다.
四層石塔이 있고. 老香樹가 있다.

1957. 3. 15 金 2435913 맑 24474 323日 뒤

目下失性慘狀
失業比賊首 求滋味享樂
就職在討食 歸着色及食

道義教育及第蹊
職由物務業 見戲不中道
飲福供養食 相呼莫子息

16 土 2435914 흐림. 맑 24475 324日 뒤
17 日 2435915 흐림 24476 325日 뒤
18 月 2435916 비. 흐림 24477 326日 뒤

누리 와 노리

아주 밝으오
몸은 몬(物). 몬은 누리(卧·世).
많히(多多) 자(眠). 본(看). 제(自)가 자빠져(退敗)
누리(卧).
나는 몸. 맑히 맑. 몸이 나라. 빈탕 한 뒤
맞히 노리.
이보다 더 밝을가.
아주 밝으오.

승 강은 그 만 ᄒᆞ고

께。
이 승은 오를가、 내릴가、 승강이오。

몬을 피여 올려、 맑금 태울것도 같고、
몸이 말려 내려、 엉길것도 같ᄒᆞ이。

이에 그윽히 사ᄅᆞᆷ을이 몇몇 머리목숨
에서 보릿가

괴롭게 — 께헤에 — 까지 사모치도록。

19 火 흐릿. 별 2435917 24478 327日뒤

本 記 講 義

皮衣卷帙天荒本 配偶思慕交相講
魚魯春秋處女記 子女己出外科義

史以表裏地以天 終始一道同體讀
形而上下隱而費 天地自別兩主儀

20 水 맑 2435918 24479 328日뒤

1957. 3. 21	木	2435919 맑	24480	329日 뒤

「可棄四億二億 殘」彭德懷之勝算
云云報有感
天下惡乎定
王厲幽圖人山貌 可棄億兆文末斷
民虐暴令人海謀 不嗜殺生武本由

曉.
安溫昏陷酣夢夜 自少至老用工夫.
往古來今何必要 謁兀忽活發見曉

22	金	2435920 맑	24481	330 日 뒤
23	土	2435921 정음개비	24482	331 日 뒤
24	日	2435922 흐림	24483	332 日 뒤
25	月	2435923 맑	24484	333 日 뒤

惟一同異

與他自別殊勝此 求我新特不以富
從此離別同一夢 亦秪以異彼岸同

君不見日下無新事
(尋新天新地行)

求異新特遠征路　　一大多大在其中

速斷殊勝近視眼　　太極无極到彼岸

道無所不關·知無事不幹

不可能自他相欺　　未分明彼此相關
天地子我所共知　　天地我子莫通知

26 火 2435924 맑　　24485　　3348 듸

맞일걸 맞는일과 맞히지 않으려는일

주인집 장없은제 나그네 장국 싫다,
설렁탕 진히 끓엇슬 때 소곰 파 갖흰다.
하늘로 나리는비는 온통쓸데 맞진못。

「슯르」(蒙)「실레」(𥿌)

제 몸에서 브터 나라를 세워 다스림을 잡아서 바르기

잠근참에 닫힌문과 세울동안 곧은짐엥,
뜻이 굳어 묻직이오 망대올라 히 바라리,
나라를 알아 ᄒᆞᆫ 음에 이 두갖인 두는길。

1957. 3. 27 2435925 딧 水 24486 335日 뒤

和雩南 八二 誕辰韻 何事猶聞封建音 卽當盍奏民主樂

先代王朝後民人 古國蒼生夢未安

百世李門應報身 檀祖彰念繼無親

(漢詩) [載朝鮮日報無題]

十生九死苟生人 故國靑山徒有夢

六代李門獨子身 先塋白骨護無親

多惕若

拳拳服膺多 斷斷無門關

悠悠經綸繹 乾乾宿口適

28 木 2435926 는 24487 336日 뒤

政正人心順 官淸民自安

公正淸白爲政要 假令官職權汚貪

勤勞儉用成家道 人亡政息民產倒

29 金 2435927 맑 24488 337日되

幻知不知劫 [惡乎音 읬지 ㅎ소리]

心隔千山一面對 心隔性絶万千劫

性絶万古同人間 人間面對同一幻

生乎性乎自且他 一言不中千語完

面耶交耶隙也間 正音未央全章叛
(隔)

愼終如始事全成 愼終追遠民德厚
官怠於宦成 病加於少愈 禍生於懈怠
孝衰於妻子

夫道衰於妻子·所以者何·忘却本追遠而轉向欲追勢故也. 追遠則善·追勢便惡.

30 土 2435928 비. 갬 24489 338日되

亏得開 (이사야六十19—22)

白日到天一陽明　視野太陽於虛燼

血气方剛五陰盛　欲界盛事在道鞭

唯心唯物幻昇降　新天超地誠神明

有父有子夢枯榮　眞人不死覺佛性

〔任洪淼氏 來訪〕

詩云
父兮生我 母兮鞠我 哀哀父母
生我劬勞 欲報之德 昊天罔極

予曰
夫夫兮 莫我胚 夫婦兮 莫我胎 哀哀
別親 省我精齋 追慕乎寅 昊天罔極
生養父母 固有定 省我別親 無邊在

2435929　24490
1957.3.31 日 맑　339 日뒤

倫理分明

判異有親敬相離　合體有別義有分
自別成配義方合　相離不遠親不狎

1957.4.1 月 2435930 갑 24491 340日되

閃卽一刻

葉落冬凋入蕾夢 夢覺兩斷人所記

芽發春榮出幹覺 出入一刀天命刻

猶太係敎旨要約

覚來蕩子夢游兒 出門壯裝信兼智
白晝自行暗他迷 歸°沮色路疑伴悲

欲速不達世間事 愼終篤初信仰信
況天命題一°擧止◎ 警思誠議知對知

2火 2435931 갑 〃 24492 341日되

獨酌聖尊

天中一大中 空色數物心

内无上外无 獨尊自明幽

◎ 宇宙全幅·人生一章· 在主宰者·則一擧止.

在天·不在地

人於不可能欲能　願正未正歷史生
是邪見而將見正　欲速不達天遠征

破邪銘（照大学中庸）

頭直向上精　大元出于天

心藏正中誠　無極操乎情

足知自止定　常尊瞻下率

豈忘能得性　一絲十亂成

1957.4.3 水 2435932 맑 24493 342 해

唯存神

不生不死不在心　比木同德水火静
無去無來无住身　與空配宫心身人

木德

吸水服火立長年　為炭成石隆降勢
入火沈水遊多方　未發光前或金剛

ᄂᆞ　　　ᄀᆞᆽ　　　사

뜻 믐 몸

새　태뇌싱　ᄒᆞᆫ

으어히

릇　　　이　　　ᄅᆞᆷ

1957. 4. 4 木 2435933 없 24494 343日 되

亢一唯一

不生不死亦不在之心.
見物不可生· 當事不可死· 臨境不可在.
生天觀物· 死今視務· 在元照境.
無去無來亦無住之身.
去垢· 來食· 住骸骨.
老如. 及吾無身有何患.
陶然. 樂夫天命復奚疑.

當務省事· 不可生事.
生事生心· 觀照則滅.

1957. 4. 5 金 2435934 맑 三七? 24495 344日뒤
6 土 2435935 맑 三七? 24496 345日뒤
7 日 2435936 맑 24497 346日뒤

讀低物價論

軍減產增歲入多 只縮通貨權依濫
金貨資節物價廉 擔嫁民肩高不厭

8 月 2435937 맑 24498 347日뒤

古言有「遠水不救近火·遠親不知近隣」

今思見「水火無恩怨·親隣等遠近」

在二不可能一知·二亦未知
物心不相及 近隣踈遠生
何日庶幾至 遠離親近知

像

잠드러 자·라는 애기 像.
서서 돌보는 聖母像.(觀音像)
앉어 박이는 佛陀像.
낡에 매달린 그리스도像.
늘 보아 좋은 像.
한참 안 보면.
안 보는 사람의
相이 못되는 像. 「드림。
—像 속·生命律動을 보는이에게, 이 말을

陽而上神明·陽而下光明.

陰而上隱密·陰而下黑暗.

一二參判孰能手　衆內宇宙何圓殼

有無相對自無有　配言神明當出首

交分圖

天	地	骨	情	志	事
交	交	交	交	交	交
有	有	論	由	起	無

古今　遠近　親疎　因緣　時空　恒常

2435938　24499

9 火 맑. 비쏘임　348日뒤

輓句　〔故陳瑞林 牛步氏葬禮〕

年久宿患疎藥餌　放鞭中正進明校

日新古道親眞理　牛步終止忘憂里

逝如斯

水滌我塵火燠凍　父母諸子水火逝

功成不居不伐來　自古欲養親不待

向上一路

昇高爲照明　最優進級義
非欲下視位　終始上天揮

1957. 4. 10 水 2435939 비　24500　349日 뒤

先知音

天音先人言　寧不如不言
言中有一耳　言與不中理

啞

一舌用不能　若有陽啞子
恐無兩舌人　自種爲啞因

我可敎

水滌我塵火燠凍　父母諸我水火逝
功成不居不伐來　子孫欲養親不待

垢去食來中土本　地水火風共寂恩
吸入呼出自風大　天父人子獨生愛

獨生子

相思商賈處　片戀竟傷性
聖別救贖來　獨生畢仁愛

思 事 上

人生事變來　　好奇肉味思
事莫大乎思　　惑世誣民事

聖别事天思　　臨深履薄危
唯一復性祀　　生前予直司

思 事 親

乎天乎地各報本　惡隨爲惡好昇善
或上或下思事親　身土心神中正人

惟思知事至上則足以近道

君思事上尊　　首出身君立
民欲使下賤　　足用心民踐

瞻形而上首　　通徹一存亡
足欲以外賤　　鬼神人感天

2435940　24501
11 木 日　　350日利
晦 光 溯 明
永求悠久 眞光神明

骨分離來會交情　光明日地神明隱
情交合至别分骨　虛榮心天光榮浚

言正心安

綱宇宙人生　　領論理物理
批判如是觀　　中正倫理安

1957. 4. 12 金 24335941 호림　　24502　　35 1日 되

先知者

孟子嘗言伊尹志　　以使先知覺後知
天之生此民也與　　以使先覺覺後覺

舜何人也予何人　　予將斯道覺斯民
予天民之先覺者　　非予覺之而誰也

天使　있合　〔욥卅三 23
말十八 10〕

한 직 은 이 때 믄　　不亡一小子
낯 만 최 다 보 입　　常面瞻求拯

눈 바로 보려는 사람

저 보잘 게, 없이 알곤, 있는것을 없이 녀이는, 잘못 말고,
그 뵈일 데, 계심 알곤, 없으심을 있이 녀이는, 오름 옳다.

古　吟

未歸三尺土　　已歸三尺土
難保百年身　　難保百年墳

今　詠　先塋白骨護無親

(評) 難保百年人·何求乎外物。

自性 (反求諸己)

土建五尺身 心涵萬古義
氣養百年人 命立永劫神

壯元詩 云

國正天心順 妻賢夫禍少
官淸民自安 子孝父心寬

公正詞

國正輿論和 賢配家患少
官淸民庶安 宜親養志寬

13 土 2435942 맑. 흐림 24503 352日뒤

古人有言、兄弟爲手足、不可斷、夫婦爲衣服、更得新、雖然·兄弟、自同胞出生故可比爲手足、夫婦自其所生而觀之則父母爲袷衣一襲以被子身者也·斷更不得新矣

14 日 2435943 맑. 흐림 24504 353日뒤

時忱而已

人自古以 時忱而已· 如今時忱
奚論驗爾、所謂時忱、例生時生

滅時滅矣. 得樂得之. 失亦樂之.

'나'와 '몬'

몬은 나를 알맞이러 올랐다 나리어 가는거요.
나는 몬 볼일로 나려와서 올은길을 올나
~~[illegible]~~ 가오。

1957.4.15 月 24350944 24505 3548뒤

一道二見三角錯 [13/3]

甘苦快痛夢初酣 是非適處先後判
淡空公平覺始悟 正反合行左右步

不遠復

一道二見三角錯 六根七情八波動
四隣和解五倫曲 九合十全一性復

高度教育熱

不出英才 成人未成長
愚子教育 長位無長處
徒長當身 處世僥幸處
其祖其孫 處理都不得
擇德不讓 無理徒食蟲
無師無弟 眞理何所聞

非其才而　　驕育賊養
敎育之則　　寧廢之何

社会性格三形　〔讀後備忘鈔·千寬宇氏論文〕

依權隔衆傳統式　　同調疎外現代性
合意循環近代制　　大衆通信構動勢

民主不振要因一二

暗示偉格沮衆意　　民主人權自重義
誇張愛國誑群心　　猶出民賊誘惑甚

16 火 2435945 흐림 맑　　24506　　355日뒤

맞 한가지

한가지(同一) 하늘(天)　　한가지, 땅
한가지, 살음　　한가지, 죽음
한가지, 없음　　한가지, 있음
한가지, 저(自)　　한가지, 남(他)
한가지, 앟(內)　　한가지, 밖(外)
한가지, 큰거(大)　　한가지, 적은거(小)
한가지, 같은거(同)　　한가지, 닮은거(異)
한가지,(同一) 하나(一)　　한가지,(同一) 많은거(多)

한가지가 닮은거를 찾는 것이 맞이오,
두가지가 한가지를 찾는 것이 맞이오,
한두가지가 한가지를 찾는것이 맞임이니,
—이른바, 마찬가지란 것이다—。
맞임내는 모든게, 한가지됨을 보임。

一自然 人在自然 — 信之自然告白是
羨自然之精誠
未嘗要求也 故常如若待然而動
未曾厭忌也 故恒似克復然而止
我無要求時 不知何歲月而自然好
我無厭忌處 不至何境遇而當然宜

떠지는 히 보기

취두칠일 一月달 小寒大寒 오고올일
二月달 致賀로다 立春雨水 요세오오
참달 루세울일 驚蟄春分 (예도라엳네) 六○六이

다사로니 四月달 예參頌事 寒食節
五㊊사오 致虛致一 下小滿
事事謝謝 六月달 치느니 치세 마이지

七月사오 담방울 칠섬처두 더워더위
다한다세 파홀달 立秋처서 致賀로다
多事九月 다다러 白露秋分 눈두눈둥글

(예도라예니) 六○六이 (열달) 十上 寒露霜降 다사로이
예參頌오 (冬至)祭 立冬小雪 다둘러사오
致虛致一 열두달 大雪冬至 謝謝謝오

(서울에서)

成人道

成人成長天　　處世當處理
夭折未全性　　理性導眞理

理念空事天　　物來拓去止
物欲色伐性　　天上地下正

自心　指示 言自語如是示

所來動機身 彼往正義神

天下地上動　　天上地下正

醉生夢死機　　圓頭方足義

1957. 4. 17. 水 2435946 맑　　24507　　356日째

同生異見

覺身囹圄生桎梏　　覺身學徒生課業
夢魂流配死處刑　　夢魂演習死出征

禮讓

對食不忘讓　　遇色必思貞

由讓免食人　　操貞不害仁

얼 靈　　덜 魔
얼 길 靈禱　　덜 길 魔浪
얼이 임으로 긔룩 戴靈而聖
덜 업음으로 더럽 負妖而瀆
울로 옳으므로만 얼이어 길히 긔룩 되리
알로 떠러지므로만 덜업어 아조 덜리 오리

尊瞻視而見得善

人生尊瞻獸橫行　因天塞氣地否氣
物欲橫行斷念天　幾多歲月不見善

1957.4.18 木 [illegible] 2435947　24508　357日 둬

奈惡夢何

知驅納諸阱　意欲偏遂慾
莫知避人陷　獸也不忍歟

胡賊肴人肉　水滸不犯律
敗軍變死奸　大學誠意關

貴且重

衆別辨義民主重　虛名民主俗末魔
領分明權在位貴　自滿尸位世降鬼

19. 金 2435948 비 24509 358日뒤

人生之旅生命

聖臨受能復興金 私言故國徒有夢
神癒色養巫風景 公報禁山綠化青

天地否塞牧相攘 人生見今生活難
地天泰通弟友兄 生命終古天命高

20. 土 2435949 흐림. 맑음 24510 359日뒤

21. 日 2435950 아지랑이 24511 360日뒤

22. 月 2435951 흐림. 비 24512 361日뒤

夢見一故人

昔年面識親故人 從事職別無故人
一日訃告作故人 所聞名知緣故人

幽明異界天地人 生死寤寐萬古人
殺善交分莫測人 忍仁宜義一同人

1957. 4. 23 火 비. 흐림 2435952 24513 362日 뒤

人事處理

味物色事應無住　　格物致知心理性
好奇無妨參毒意　　處理順序人道義

閑居愼勿說無妨　　纔說無妨便有妨　〔康節〕

(시름 없이라도 해롭지 않지. 말은 무.
해롭지 않지 하고 말을 하자 해롭소.

一餘是多

固有表象惑生來　　物自感覚有無分
虛無所見迷死幻　　心受制限生死間

信　一

固有虛無一合神　　仁義有無兩參伍
恩仁宜義大同人　　神人合同也一眞

唯　神

非有非無非生死　　古今自他上且下
是物是心是思言　　内外善惡仰又偃

是是非非自作妄　　是非之端止上智
不是不非止是信　　知不知上惟一神

24 水 2435953 흐림 24514 363日 뒤

25	木	2435954 비	24515	364日뒤
26	金	2435955 맑	24516	365日뒤

旅獒 〔書傳 周書〕

惟克商ᄒᆞ시니 遂通道于九夷八蠻이어늘 西旅ㅣ 底貢厥

獒ᄒᆞᆫ대 太保ㅣ 乃作旅獒ᄒᆞ야 用訓于王ᄒᆞ니라

曰嗚呼ㅣ라 明王이 愼德이시어든 四夷咸]ᄒᆞ야 無有遠通

ㅣ 畢獻方物ᄒᆞᄂᆞ니 惟服食器用이니이다 [賓

王이 乃昭德之致于異姓之邦ᄒᆞ야 無替厥服ᄒᆞ시며

分寶玉于伯叔之國ᄒᆞ야 時庸展親ᄒᆞ시면 人不易物ᄒᆞ야

惟德其~~德其~~物ᄒᆞ리이다

德盛은 不狎侮ᄒᆞᄂᆞ니 狎侮君子ᄒᆞ면 罔以盡人心ᄒᆞ고 狎

侮小人ᄒᆞ면 罔以盡其力ᄒᆞ리이다

不役耳目ᄒᆞ야 百度惟貞ᄒᆞ쇼셔

玩人ᄒᆞ면 喪德ᄒᆞ고 玩物ᄒᆞ면 喪志ᄒᆞ리이다

志以道寧ᄒᆞ시며 言以道接ᄒᆞ쇼셔

不作無益ᄒᆞ야 害有益ᄒᆞ면 功乃成ᄒᆞ며 不貴異物ᄒᆞ고 賤

用物ᄒᆞ면 民乃足ᄒᆞ며 犬馬를 非其土性이어든 不畜ᄒᆞ시며 珍

禽奇獸를 不育于國ᄒᆞ쇼셔 不寶遠物ᄒᆞ면 則遠人이 格

ᄒᆞ고 所寶ㅣ 惟賢이면 則通人이 安ᄒᆞ리이다

嗚呼ㅣ라 夙夜에 罔或不勤ᄒᆞ쇼셔 不矜細行ᄒᆞ시면 終

累大德ᄒᆞ야 爲山九仞에 功虧一簣ᄒᆞ리이다

允迪玆ᄒᆞ시면 生民이 保厥居ᄒᆞ야 惟乃世王ᄒᆞ리이다

1957. 4. 27	土	2435956 맑	24517	366日	뒤
28	日	2435957 맑	24518	367日	뒤
29	月	2435958 맑, 흐림	24519	368日	뒤

去年十一月八日에 白義耳人天文家의 發見한 AREND-ROLAND 彗星 이란 것을 昨夕에 西北天으로 기우러 가는 PERSEUS. 星座 α 와 γ 連結線上 中間을 가까히 直角으로 向하야 머리를 박고 뻐친 光芒을 보다.

30	火	2435959 비. 갬	24520	369日	뒤
5. 1	水	2435960 맑	24521	370日	뒤
2	木	2435961 맑	24522	371日	뒤

AREND-ROLAND 彗星 PERSEUS 座 를 떠나 狀獵座에 보인다. 彗星頭核이 페르세우스 α 와 狀獵 α 를 連結線 中間쯤에, 尾部는 狀獵 α 方向으로 모두 가까히 뻐친 듯.

3 金 2435862 맑 24523 372日뒤

像

宇宙群像

万有列像

像속에 生命律動을 보려는 이에게 드리는 말슴。

잠드러 자라는 아기 像

[宇宙란 것이 또한 잠드러 자라는 무슨 애기인지. 뉘 알릿가.]

서서 돌보는 聖母像 (觀音像)

[一切 참몸으로 (있을 것이면) 섬기는 이는 聖母시지오]

앉어 백이는 佛陀像

[一切 참몸으로 (있을것이면) 앉인 일로 汨沒하는이는 깨시는 이지오]

낡에 매달린 그리스도 像

[一切 참몸으로 (있을것이면) 天職에 매달리는 이는 그리스도시지오]

늘 보아 좋은 像
[한참 안 보면, 안 보는 사람의 相이 못되는 像]

1957.5.4	土	2435963 主일	24524	373 日뒤
5	日	2435964 맑	24525	374 日뒤

[오늘 0時브터 節光時刻實施]

6	月	2435965 맑	24526	375 日뒤
7	火	2435966 맑	24527	376 日뒤
8	水	2435967	24528	377 日뒤

法法法法 焉居大 中 大大 天故遠逝大 [illegible]
[illegible]
[illegible]

~~唯一爲有 不二卽無~~

元一物不二　迷惑夢幻狂

知仁勇自誠　共由非理性

唯一爲有物　絶對眞理物
不二卽無理　念玆難物理

[illegible]

깜악눈

맨 하나면 어딘 있다ᄒᆞ며、
둘이 아니면 뭘 뒀다 ᄒᆞ리오。

눈이 밝고도 글을 못깨치면 깜악눈이라 ᄒᆞ나、글을 잘 보면서 事物(본일)을 못깨치ᄂᆞᆫ데ᄂᆞᆫ 무어라 ᄒᆞᆯ가오、또 본일은 뻔히 알면서 그대로 살지를 못ᄒᆞᄂᆞᆫ데는 무어라 ᄒᆞᆯ가요。

가마귀 눈이나 갈매기 눈이나 ᄒᆞᄂᆞᆫ것은 다 거죽 껍데기로만 쉽게 흰 내던지는 말이지요。

맨 하나 거면 둘이 없지요

[하나인줄 믿으면 가질걸 다 갖인 셈이지요]

어떠케 ᄒᆞᆯ지 모르거나 어째야 좋을지 모른다거나 꿈만 꾼다거나 幻象(얼임)을 본다거나 미친다는것은 다 한가지로、참을 찾아 가게된 바탈로 된것은 아닌듯!

[하나를]사랑ᄒᆞᄂᆞᆫ이는 근심이 없다、알려는이는 이럴가 저럴가가 없이 더더 배운다、날샌이는 무서워 안는다 고

孔子ㅣ 말슴 ᄒᆞ섯다 ᄒᆞ는데

맨 첨이란것이 그런줄 밑은。

作俑者其無後

萬象自然中　　　存心肖子孝

俑人非偶成　　　冶容偶像情

戊 戍 戉 戌 伐 五字分剝

무 술 월 슈 벌

戊＝茂＝戊 성할무（ㅏ、天干으로 별무）

戌＝草木이茂盛ᄒᆞ야 一)戌함（地支로 개술 九月）

戉＝鉞＝斧戉 돗기월

戍＝㑊＝戍 수자리슈（머물러직힘）

伐＝㑊 칠벌

繁戊一到秋戍戌　　擕戈守戍荷戈伐

草茂野外伏斧戉　　有別戊戌 戉戍伐

1957.5.9	木	2435968 맑	24529	378日뒤
10	金	2435969 맑	24530	379日뒤
11	土	2435970 흐림.갬	24531	380日뒤

12	日 2435971 초대받았음		24532	381日뒤
13	月 2435972 있음		24533	382日뒤
14	火 2435973 있음		24534	383日뒤
15	水 2435974 있음		24535	384日뒤

無法孤魂

户庭兼路行難路　無上無親只要君
閒話無妨道有妨　非聖非彦孤魂彷

首上上目下下
頭天形而上非上　元元上上古一上
廷地心而下非下　沈沈下下今萬下

意〔個(理)性(想)〕中人
唯一人意中　千萬人意外
惟一意中人　千万意外人

子曰夷狄之有君不如諸夏之亡也。
程子曰。夷狄且有君長不如諸夏僭亂也。
子曰恭而無禮則勞。愼而無禮則葸(畏懼貌)。
勇而無禮則亂。直而無禮則絞(急切)
○君子篤於親則民興於仁。故舊不遺則民不偸。

1957. 5. 16 木 2435575 / 24536 / 385日뒤

論語子路篇(問政)

◎先之勞之 無倦 ◎先有司. 赦小過. 擧賢才.
擧爾所知 爾所不知 人其舍諸 ◎奚先
子曰 必也 正名乎 ……名不正則言不順. 言不順則事不成 事不成則禮樂不興. 禮樂不興則刑罰不中 刑罰不中則民無所措手足.
(耳目無所加. 手足無所措)

民 生

耳目所加禮儀生　修齊德義民恥格
人事必用社制度　無道手足無所措

加耳目而措手足　忘理征利徒促亡
民生禮與國有道　獲罪於天無所禱

17 金 2435976 / 24537 / 386日뒤

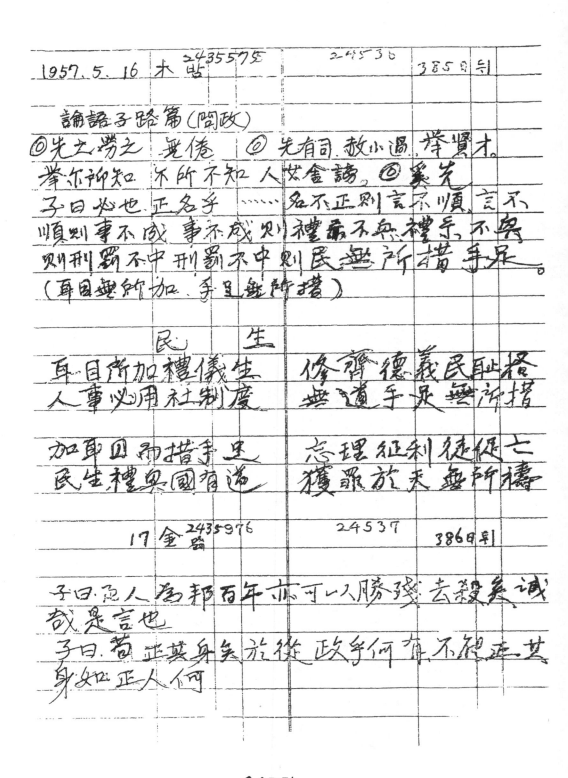

子曰. 善人爲邦百年亦可以勝殘去殺矣 誠哉是言也
子曰. 苟正其身矣於從政乎何有 不能正其身如正人何

18	土	2435977 흐릿		24538	387日뒤
19	日	2435978 맑		24539	388日뒤
20	月	2435979 맑 흐림		24540	389日뒤
21	火	2435980 맑		24541	390日뒤

ᄆᆞᆷ을 ᄆᆞᆷ대로 ᄒᆞ고. 몸은 몸대로 되게.
ᄉᆞ람이 ᄉᆞ람 노릇ᄒᆞ고. 몬들은 몬절로 되게.

我自我· 物由物.
表象奚自· 像想何由.
自由我· 自由物.
我自由來. 物自由去.
未嘗去來子· 將無自由見.

暮景
凝視落照眼 室內衰美人
審嘗爽味口 意中責善友

22	水	2435981 맑		24542	391日뒤

ᄒᆞ고 · 되게 (一)

몸은 몸대로 ᄒᆞ고 · 몸은 몸대로 되게.

사람이 사람노릇 ᄒᆞ고 · 몬들은 몬절로 되게.

아직히 절로제절로 못당본듯。

ᄒᆞ고 · 되게 (二)

깬이 · 깬대로 ᄒᆞ고 · 씨알은 씨알들대로 되어 오게.

울씬이 울대로 솟살고 · 떠러진이 따라 갈길 되게.

어쨌든 절로제절로 살려볼가。

1957.5.23 木 ˋ2435982 오늘 ᄒᆞ릿 24543 392日뒤

「毛修正運動」 [六號二十二日發 AP=同和]

一. 『理念的根據』 社會主義政權下에도 社會的 與經濟的 矛盾이 繼續ᄒᆞ야 存在ᄒᆞ며 特히 指導層과 人民 사이에 矛盾이 잇다.

一. 『꽃은 모두 피게ᄒᆞ고 敎義는 모두 論爭케ᄒᆞ라』는 「슬로간」 官吏들을 不平에 答辯ᄒᆞ고 또 留意ᄒᆞ며

人民에게 대하야 率直하고 人民을 理解하기 爲하야 그들에게 接近하도록 努力하여야 한다. 指示. 官吏들은 事實上 때때로 半民들과 같이 肉體勞動에 從事하도록 되어 있다.고.

(一) 教義(主義)者들은 古今東西 가없이 師(指導層) 弟(人民) 사이에 矛盾이 없다는 獨斷을 固執한다.

整風
百花齊放
百家爭鳴
微風細雨穩和

仁 道

當仁不讓擇德師　生平言論幾世紀

師弟溫故知新道　歷史文思未定稿

聞 毛 歎

社會主義政權下　五官四肢尚矛盾
家給人足猶病諸　一身萬康道心處

反 省

堯舜帝典民本位　耕稼陶漁正精一
共産黨治豪强患　人文功名邪折半

24 金 2435983 日　24544　393日

道心底

實實在在試驗行 道心行理理得利
正反合來反正去 汗面作業業卜居

操攝理

道心指導汗面樂 明官育成民主權
汗面忘避道心微 暗蔽疑惑貪官吏

最大的力은人間의精神力이라.고
在美最强力처.此精神力之統合於豊
富企業也云ㄴ (아이젠하워)

1957.5.25 土 2435984 24545
394日 뒤

뜻대로 · 몸같이

으 흰

意 體

늘 一 言 如 心 올

한 몸
마 가
디 티

월

26日 2435985 보름 24546 395日뒤

27月 2435986 24547 396日뒤

不信念時代(區域?)

黨自內而使外由　名許民主實妨生

自由獨占利要害　三權分立廉恃介

28火 2435987 24548 397日뒤

參三伍五善{相對(攜二)發惡}

三權五輪西光今　三素三角常應化

五倫三綱東明古　三位三寶平凡固

1956年 輸出 2500万弗　65万톤이나 不足糧으로 1957年까지
〃 入 34000万弗　1956年 米收穫 1976千톤 平年보다 約 41千톤 不足

無料量入 13倍6

4 1千톤
2017千톤
650 0
2667千톤

22000万人口가 200万톤으로
69 每一人이 90.9瓩=150斤式

釀造約十万톤

맨듬 과 지음 (로 1/4)

몬을 누가 맨드렀다? 없이 계셔서, 없는 데서 있이 내시는 이가 맨드렀지.

그릇은 뉘 지은가? 떠러져서 난 사롬이 몬지에 제를 덧붙쳐 지은 것이지.

맨으로 드러남만이 맨듬이라, 홀게다.

誠之吟

當日課業若何工 終日乾乾夕惕若

絶世宿命如斯夫 夙興夜寐大丈夫

2435988 24549

1957. 5. 29 水 비. 갬 398日 뒤

心

晩想空前寂寥天 天地一息故旦夕

夙念絶世宿信地 乾坤一擲新天地

2435989 24550

30 木 흐린 맑 399日 뒤

有定能得(蓮花出水)

瞋生貪長赤子養 遠瞋去貪免痴人

癡情迷世青年定 樂天知命精神靜

人間思想

熟親商議多異見 故鄉國中難得意
生面接語或同志 新地天上企正義

31 金 2435990 비.흐림 24551 400日뒤

6. 1 土 2435991 맑 24552 401日뒤

待機時人

知言無人不近道 知禮無處不尊敬
知己無如不自棄 知命無時不待機

(所 / 愛 written above 處 / 尊)

〔言非禮義謂之自暴也·吾身不能居仁由義謂之自棄也〕

2 日 2435992 비.뒤맑 24553 402日뒤

整 風 (毛)

百花齊放·百家爭鳴、 微風細雨·穩和致明

3 月 2435993 맑 24554 403日뒤

빛 問題는 속알이 問題.

모든걸 보시는이가 저를 남에게 보이시지는 아니 ᄒᆞ시고 모든걸 드르시는이가 저를 남에게 들리시지는 아니ᄒᆞ시고 모든델 드러 알아ᄒᆞ시는이가 저를 남에게 알리시지는 아니ᄒᆞ시는 이가 계시다. 면, 모든 삶이 웋에 ᄒᆞᆫ님 이리다.

그러ᄒᆞᆫ ᄒᆞ나를 우리 사람이 꼭 알고 잇지 안슴닛가? 빛! 말슴입니다.

빛이 잇서서 우리는 모든것을 봅니다. 그러나 우리 눈으로 萬物面相에 反射되는 빛갈(色)을 보는 것이지, 우리 눈으로 빛 그걸 보는수는 업슴니다. 우리가 太陽面이나 불꽃의 빛갈을 보는것이지 빛의 正體를 본것이 아닙니다. 바꿔말ᄒᆞ면, 몬의 빛갈이 나도록 힘을 주는 原動力이 빛이란 말슴입니다. 이러ᄒᆞᆫ 뜻으로 빛이란 우리에게 보이지 아니ᄒᆞᆸ니다. 사람의 눈으로 보아 안다는 範圍는 빛갈에 근치는것입니다.

또, 몬낯(物體面)에 빛갈이 셰(强)면 그 속알을 모르겟고 속알에 가닭면 그속알은 멀(遠·盲)고 속알이 멀면 빛갈 마저 못갈이게 됩니다.

사람은 속알이 밝아지는대로 빛갈을 갈이(擇善)고 속알을 살이(앳기며·삼갑)므로만 더욱속알

을 밝혀 나가게 된것입니다. 個人 一生도, 人類
一幕도 그런것만 같습니다.
(빛)갈을 갈이지 않고 「번쩍ᄒᆞ면」 담배 든거나
「속살 만이면 좋커니」ᄒᆞ고 어리석게스리 아모
살이는것이 없이 된다면, 禽獸界에 없는 人
蟲類의 狂狀=暴惡罪禍=을 드러내는 現實)
사람은 참(眞理)을 찾어 나슨 길입니다. 참을
찾아 놓기 前에는 사람은 없어지지 않을것입니다
사람이 이제 제의 안것과 - 있다는 것이 거짓
(ᄒᆞᆯ것없음) 됨을 알므로 한갓 찾어야 ᄒᆞ는
것이 오직 참(眞理)인 것인 줄을 알아야 겠고.
또 그 참이 아조 갓가히 잇거나 아조 쉽게
볼수 있는것이 아닌줄도 잘 알아야 ᄒᆞᆸ니다.
生前 두고 찾을것이오 代代 두고 찾을것입니다.
全人類가 다 드러붙어서 마침내 바로 알어
내 놓은것이 『참 하나』일 것입니다.
勝利는 人類厂史 끝章에 오입니다
참빛을 맞아서야 마친것입니다.
참 알려는 슬기가 「나」오
알도록 찾는것이 「참」이오
보게ᄒᆞ는 힘이 「빛」!
참은 한울님. 빛은 聖神. 나는 아들!
셋은 끝 하나.
이에 우리에게 태운 빛의 敎本으로는 單卷冊
인 煇星文章(不幸ᄒᆞ다ᄒᆞ렷가) 우리게對해서는

懸字입니다. 그런中에도 해·달 두점이 우
리 보기에 좀 크게 보이는데 깜박 홀리어서
무슨 光明世界나 맞나 누릴것 같이 虛榮(影)
을 찾아 헤매임으로써 해와 달만 지워 보
내므로 敎本은 그대로 나가 잡바져 잇고 사람
은 고만 하야 잠드러 버리면 그 身體를 덮허 놓고
앞에는 學生○○○의 墓이라 세우나
어둔宇宙, 갓갑한 世上에도, 더 캄캄한 이땅에!
속알들은 엇지 되어 가는것일가?

子曰鬼神之爲德其盛矣乎
視之而弗見聽之而弗聞體物而不可遺
使天下之人齊明盛服以承祭祀洋洋乎如在
其上如在其左右
詩曰神之格思不可度思矧可射思
夫微之顯誠之不可揜如此夫

1957. 6. 4 火 2435994 갰 24555 404日 뒤

5 水 2435995 흐림 24556 405日 뒤

6 木 2435996 흐리 갰 24557 406日 뒤

元亨利貞·天道之常 ┼ 仁義禮智·人性之綱

元ᄒᆞ니 縱으로 高ᄒᆞ고 貞ᄒᆞ자 橫으로 利ᄒᆞ니

7 金 2435997 밝 24558 407日뒤

8 土 2435998 밝 24559 408日뒤

隨處爲主 [立處爲眞]

吾愚友輔仁 自身在家鄉
我長人苦短 己心處宇宙

自由本奚自 回光返照向
安堵更未安 隨生應無住

9 日 2435999 밝 24560 409日뒤

나ᄉᆞᄅᆞ
오히리

맛이 들세라 살피미
맏힘 버리다 갖후리
몸뭄 괴 뭄뭄 살이미
오늘 나이 뭄 오히리

나ᄉᆞᄅᆞ

10 月 2436000 흐림 24561 410日뒤

맨드신 아부지께
뜯어들 아들이
에제 홀로 울음

1957. 6. 11 火 2436001 흐림. 비 24562 411日 뒤

無數多數 有元唯一
無數生業果有數 數々投擲運籌數
不期機會待充數 奇々偶々假我數

맨하나 만이고. 만히 셀순 없다.

나 님 [하님 참나]

눈이 있어서 보긴 갓간걸 크게, 먼걸 작게 보게 됐습니다.

그러므로 심하면 자기만 한것이 없는것 같이 절 크게 알게도 될것입니다.

그러나 이걸 뒤집으면 큰건 멀게, 작은 건 갓갑게 알아 보게된 토줄 알겠스나, 좀 생각해 보면 아조 갓가운 제가 제일 작은것으로 보잘것도 없이 된것인줄 깨다를 것 바니다. 마침내는 참 큰건 눈으로 볼수 없는거까지도 알 것입니다.

제가 시괘 크거니 흐고 제게 잣잡게 있는 조므래기만 거늘르려만 흐는것이 편흘는지는 모르나 솟나 자랄수는 없을것입니다.

가장 작은 저가 큰걸 보려면 밖으로 내다러. 나타남의 큰걸 볼것입니다.

가장 큰 나타남 ─ 참하남 ─ 에도 니르러(나타나) 볼것입니다.

남이 나(커지는거)크는거ㅂ니다. 나가 다 크면 아브로 일거. 아브시게 날.하.남.

友道

人間交分交相交　尊信友愛倫理由
知己難得友極難　寒暄酬酌何事幹

是靈交也, 使天下之人·先致友道而後·能得父父·子子·兄兄·弟弟·夫夫·婦婦·君君·臣臣之叙矣.

12 水	2436002 비	24563	412日뒤
13 木	2436003 맑	24564	413日뒤
14 金	2436004 맑	24565	414日뒤

1957.6.15	土	2436005 맑	24566	415日뒤
16	日	2436006 맑 소내기	24567	416日뒤
17	月	2436007 맑 구름 왔다 갔다.	24568	417날뒤

드믄

이틀 이에 틉니다

오 히 리

드 트 이

드 라 오 르

둡 읍

ᄀ

1957年

6月 18日

이 드믈게 튼 날 새벽 오늘이라·

ᄀᆞ

다·시 나· ᄉᆞ리

尙克時忱 · 乃亦有終

1957. 6. 18. 火曜
丁酉 5. 21. 辛酉
Julianday No 2436008.

時糧錄

時糧錄

齋第一日(追終九日)

2436008　　24569

1957. 6. 18 火　비 흐림 맑

No. 1日

第二日(追終八日)　□먼저 말힘 때로는 여드레 날

2436009　　24570

19 水 흐림. 비

No. 2日

몸에서 한숨 지내는 나의 게는 몸밧결 ═ 한.뒤 ═의 모든거 ── 빈탕. 님. 하늘. 히. 돌. 별. 생. 날. 빛. 그늘. 빛. 빛갈. 맨드리. 사람. 즘승. 나무. 풀. 씨. 바람. 물. 불. 생각. 느낌. 말. 길. 힘. 재주. 몸매. 몸씨. 뭣. 뭣 ── 이 날마다 끈히로 이바지 됩니다 그려!

이러케 먹이어 킨 이 「나」를 이바지 또 먹히는 데가 잇슬 거 같습니다.

도라가신 아버지 일직 늬의 보히신 24578날 그립지는 잔지. 이제 八千六百三十日 뒤. 되는 오늘 아침으로 아들을 이어 먹이시도다.

齋第三日(追終七日)

2436010　　24571

1957. 6. 20 木　비 흐림

No. 3日

하늘에 계신 우리 아부지 께 히름 만 거룩 길 말습 힘 생각 이니이다.

히어이 예수 ㅁ 쉬는 우리 밝는 속알에 더욱 나라 찾임 이어지이다.

齋第四日 (追經六日)

1957. 6. 21 金 2436011 24572 흐릿 No. 4日

하ᄂᆞᆯ 계신 아ᄇᆞ계 이름만 그ᄅᆞᆷ길 말ᄉᆞᆷ님 생각이니이다.

이어이 예수ㅁ 쉬는 우리 ᄇᆞᆰ는 속알에 더욱 나라 찾임이어지이다.

天地之大德曰生、聖人之大寶曰位、何以守位、曰仁、何以聚人、曰財「理財、正辭、禁民爲非、曰義　(繫辭下)

易曰、憧憧往來、朋從爾思、子曰天下何思何慮、天下同歸而殊塗、一致而百慮、天下何思何慮、

齋第五日 (追經五日)

1957. 6. 22 土 2436012 24573 흐릿 비 No. 5日

(史魚屍諫)

靈公未寧彌子瑕　衛靡去玷蘧伯玉

死魚不亡牖下諫　史秉直筆萬疊幹

用天之道因地之利謹身節用以養父母此庶人之孝也

卽 事

古王大寶守位仁 禁民爲非國正辭
理財聚人好生德 豫料吏非何政策

齋第六日 (追終四日)
1957.6.23.日 맑 2436013 24574 No.6日

夫亦將知復

安 肉相從厭旣飫 肫肫淵淵浩浩天
心 魂積阻支且離 色色空空如如理

齋第七日 (追終三日)
1957.6.24.月 맑 2436014 24575 No.7

戒第一日 (追終二日)
1957.6.25.火 맑흐릿 2436015 24576 No.8

요한福音十七章을 一讀에 八分時間. 一時間에 七讀밖에 못ᄒᆞ겟습니다. 本熟讀으로 齋戒에 들렵니다.

1 아부지여 ᄯᅢ가 이르럿사오니 아들을 ᄯᅮ렷ᄒᆞ게 ᄒᆞ시ᄉᆞ 아들로 아부지를 ᄯᅮ렷이 ᄒᆞ게 ᄒᆞ옵소서

2 아부지ᄭᅴ서 아들에게 주신 모든 자에게

늘삶을 주게 하시라고 온씨알을 잇그는 힙을 아들에게 주셧슴이로소이다

3 늘삶은 곧 오직 하나신 참한웋님과 그의 보내신 그리스도를 아는것이니이다

戒第二日 (追終一日)

1957.6.26 水 2436016 24577 No.9

흐림

戒第三日 (追終日)

1957.6.27 木 2436017 24578 No.10

바람많

愛親者不敢惡於人敬親者不敢慢於人愛敬盡於事親而德敎加於百姓刑于四海蓋天子之孝

生者必有親

友愛尊敬良能天

憎惡倨慢不敢地

有上有親出天孝

唯聖唯法入德義

					Julian-day
7달 1	1957.6.28.	金 가을	24579	2436018

오늘 月南先師墓碑가 楊州郡 長興面三下里
에서다
이몸 中央基督教青年会館에서 요한十七章을
研究하다

故 月南 李商在 先生

2	1957.6.29.	土 가을	24580	2436019
3	1957. 6.30.	日 가을	24581	2436020

참우리 사람 살림. 힘써 새힘 솟는 샘.

한 말ᄉᆞᆷ 만

나ᆞ는 님게
그리스도ㄹ 길일.
뉘 나ᆞ
흘린 데서 벗어 나ᆞ 시
뚜렷이 나ᆞ술 말ᄉᆞᆷ.

예수 ㅣ
뚜렷이
한웋님 보시고
『맨첨브터 내모신
아부지ㄹ』 브르심.

나ᆞ도 이에 ᄉᆞᆷ 쉬므로
『뚜렷이 이들로
ᄉᆞ롬 나ᆞ 이다』ㄴ 말ᄉᆞᆷ.

이날 4 1957. 7. 1. 月 24582 2436021

聽俊犯行多

愛敬倫理由 珍重怪異趣
親尊所以禮 信用早晚幣

驅罟擭陷阱　　達邦弗達邦
莫之知避例　　聰俊孝傀儡

5　1957. 7. 2. 火　24583　2436022
비조금

應無所住而生其心

빛갈을 잘가리는이는 빛갈에 달려붙지 않고、소리、냄새、맛을 잘가리는이는 소리、냄새、맛에 달려붙지 않고、
맨지를 잘맨지는이는 맨지는데 들러붙지 않고、수(方法)를 잘내는이는 수에 들러붙질 않습니다.
藝術家가 得意作속에 居住(自足)하지 않으며、詩人이 自成品속에 骸骨을 누일수는 없겠습니다. 宗教家가 自說法에 涅槃할수는 없을것입니다.
作品、詩集、業績、經傳、室家、議事堂、說教會、社會等等은 色(空아닌)界의 撮影帖입니다.
魂命을 찾아가는「생각」의 歸着點은 自我만이 받는것입니다。

6　1957. 7. 3. 水　24584　2436023
흐림 비옴

몬진몬으로. 얼은 한얼로、 도라가오、옵.

ᄂᆡ 나 [나 ᄂᆞᆫ Christian]

흘린데라 흘리우고 흘리이니 흘릴터라.

ᄒᆞᆫ웋님께 뜻몃ᄒᆞᆫ손 아ᄃᆞᆯ로서 솟날뜻몃.

거룩타 그리스도름 이예숨을 쉬는이.

이날 7 1957. 7. 4. 木 흐림 맑 24585 2436024

不知命無以為君子也	知命者知有命而信之也. 人不知命則 見害必避 見利必趨
不知禮無以立也	不知禮則 耳目無所加 手足無所措
不知言無以知人也	言之得失 可以知人之邪正

孝經

近小下多生 生靈覺不肖

遠大上一命 知命自誠明

8 1957. 7. 5. 金 흐림 24586 2436025

[요한]十七 4 아부지께서 내게 ᄒᆞ라고 주신일을 내

가 일우어 아부지를 이누리에서 뚜렷이 ᄒᆞ엿사
오니 [5] 아부지여 맨첨에 내가 아부지와 한계 가
~~졋던~~ 뚜렷홈으로 써 이제도 아부지와 한계 나를
뚜렷이 ᄒᆞ옵소서
[요한]六[29] 한웋님의 보내신이를 믿는것이 한웋님
의일이니라.
[마태]五[37] 오직 너희 말은 ~~옳다 옳다 아니다~~ 오른걸 올타 아닌걸 아니라
ᄒᆞ라. 이에서 지나는것은 ~~악으로~~ 못된ᄃᆡ로 좇아 나느니라.

9	1957.7.6.土 흐림	24587	2436026
10	1957.7.7.日 밤브터비나림	24588	2436027
11	1957.7.8.月 비	24589	2436028
12	1957.7.9.火 가는비	24590	2436029

天生天殺道之理也

~~天地万物之盜(恩)万物人之盜(恩)人万物之盜(恩)~~

~~三盜(恩)旣宜三才旣安~~

~~其盜(恩)機也天下莫能見莫能知君子得~~

~~之固躬小人得之輕命~~

◦故曰食其時百骸理動其機万化安

永訣(結)祈禱

엜 다 시 감·보입 요한 十七章

아ᄇᆞ지여 때가 이르렀사오니 아ᄃᆞᆯ을 뚜렷ᄒᆞ
게 ᄒᆞ시ᄅ 아ᄃᆞᆯ로 아ᄇᆞ지를 뚜려시ᄒᆞ게 ᄒᆞ옵소서 十三 31.32
2 아ᄇᆞ지계서 아ᄃᆞᆯ에게 주신 모든이에게 늘
삶을 주게 ᄒᆞ시려고 온씨알을 휘그는 힘
을 아ᄃᆞᆯ에게 주셧슴이로소이다
3 늘삶은 곧 오직 하나신 한웋님과 그의
보내시는 그리스도를 아는것이니이다 三6
4 아ᄇᆞ지계서 내게 ᄒᆞ라고주신 일을 내가
힐우어 아ᄇᆞ지를 이누리에서 뚜렷ᄒᆞ게 ᄒᆞ
엿사오니 六29
5 아ᄇᆞ지여 맨첨브터 내가 아ᄇᆞ지와 한게
가젓던 뚜렷ᄒᆞᆷ으로써 이제도 아ᄇᆞ지와 한
게 나를 뚜려시 ᄒᆞ옵소서
6 누리가운ᄃᆡ서 내게주신 사ᄅᆞᆷ들에게 내
가 아ᄇᆞ지의 이름을 나타내엿나이다 저
희는 아ᄇᆞ지것이엇는데 내게 주셧스매
저희는 아ᄇᆞ지 말슴을 지니엇나이다……
9 내가 저희를 위ᄒᆞ야 비옵나니 내가 비
옵는것은 누리를 위ᄒᆞᆷ이 아니오 내게주
신이들을 위ᄒᆞᆷ이니이다 저희는 아ᄇᆞ지의
것이로소이다
10 내것은 다 아ᄇᆞ지의것이오 아ᄇᆞ지것

은 내것이온데 내가 저희로 말미암아 우
럿홈을 바덧나이다 …… 十二 24. 28
13 이제 내가 아ᄇᆞ지ᄭᅴ 가오니 내가 누리
에서 이말을 ᄒᆞ옵는것은 저희로 내 깃븜을
저희안에 그득히 가지게 ᄒᆞ려 홈이니이다
14 내가 아ᄇᆞ지 말슴을 저희게 주엇사오매
누리가 저희를 미워ᄒᆞ얏사오니 이는 내
가 누리에 붙지 아니홈 가티 저희도 누리
에 붙지 아니홈을 인홈이니이다 八 23
15 내가 비옵는것은 저희를 누리에서 다
려가시기를 위홈이 아니오 오직 못된
데 빠지지 안케 ᄒᆞ시기를 위홈이니이다
16 내가 누리에 붙지 아니홈 가티 저희도
붙지 아니ᄒᆞ얏삽나이다 누리에
17 저희를 참으로 거룩ᄒᆞ게 ᄒᆞ옵소서 아
ᄇᆞ지 말슴은 참이니이다
18 아ᄇᆞ지ᄭᅴ서 나를 누리에 보내신것 가티
나도 저희를 누리에 보내엿고
19 또 저희를 위ᄒᆞ야 내가 나를 거룩ᄒᆞ게
ᄒᆞ오니 이는 저희도 참으로 거룩홈을
얻게 ᄒᆞ려 홈이니이다
20 내가 비옵는것은 이사름들만 위홈이 아니오
또 저희 말을로 인ᄒᆞ야 나를 믿는 사름들
도 위홈이니 十 16
21 아ᄇᆞ지ᄭᅴ서 내안에 내가 아ᄇᆞ지 안에

잇는것 가티 저희도 다 하나이 되어우
리안에 잇게 ᄒᆞ사 누리로 아ᄇᆞ지계셔 나
를 보내신것을 믿게 ᄒᆞ옵소서 卌23
22 내게 주신 뜨렛홈을 내가 저희게 주엇
사오니 이는 우리가 하나이 된것 가티
저희도 하나이 되게 ᄒᆞ려 홈이니이다

한 말숨만.
나는 님계
리스도 ㅣ로 길일.

늬나.
흘린데서 버서나서
뜨레시 나슴 말슴.

ㅇ

·ㅣㅣ승ㅣ
뜨레시
하옹님 보시고
맨첨브터 내 보신
아ᄇᆞ지, ᄅᆞ 브르심.

나도「이에 숨쉬므로 뜨레시 아ᄃᆞᆯ로
ᄉᆞ람 나이다」
말슴.

13 1957. 7. 10. 水 흐림 24591 2436030

14 1957. 7. 11. 木 맑. 비 24592 2436031

高特氏(Donald W. Cowart) 昨夕仁川 着 한 엿다고 來訪.
談話中에 醫病生活後感으로 하 울님이 시키신 訓練으로 보인다. 고.

15 1957. 7. 12. 金 흐림 24593 2436032

16 1957. 7. 13. 土 비 24594 2436033

바탈을 트고 마틈을 마침이.
사람의 길.
아름답게 마친 살림.
힘차게 키인 얼.
한뒤속나(一遠大中心我)ㅣ게 ᄒᆞ라고 주신 일을 이루고.
맛으로 맞인 —— 집안히 건덕지 —— 껍데기 도 맞임이. 사름노릇.

17 1957. 7. 14. 日 흐림 저녁에 맑 24595 2436034

모든것의 맨 꼭대기 가 잇스니, 한울님 아부지시오
한뒤온속이 잇스니, 나 아들 이나이다.
(집안히건덕지 는 땅에 잇는동안 들쓰는 껍데기

18	1957.7.15. 月 흐림	24596	2436035
忠南 大德郡鎭岑西松亭里 에오다.			
19	1957.7.16. 火 흐림	24597	2436036
20	1957.7.17. 水 흐림. 비	24598	2436037
21	1957.7.18. 木 흐림. 빛	24599	2436038
22	1957.7.19 金 흐림	24600	2436039
23	1957.7.20 土 비	24600	2436040
24	1957.7.21 日 가는비	24602	2436041
25	1957.7.22 月 비. 맑	24603	2436042
26	1957.7.23 火 흐림. 맑	24604	2436043
27	1957.7.24 水 흐림. 맑	24605	2436044

아침에 松亭을 떠나 豆溪驛發 740 時間을 재나서 出發하니 午后 一時지나 松汀里驛서 着하다. 新安里会堂에서 三日夕 절 보다.

28	1957.7.26 비	木	24606		2436045
29	1957.7.26 비	金	24607		2436046
30	1957.7.27 비 맑	土	24608		2436047
31	1957.7.28 맑	日	24609		2436048
32	1957.7.29 흐림	月	24610		2436049
33	1957.7.30 비	火	24611		2436050
34	1957.7.31 비	水	24612		2436051
35	1957.8.1 비	木	24613		2436052
36	1957.8.2 비	金	24614		2436053

못 안 쉬는 숨을 쉬는 이는 한숨이오 말슴이다

37 1957. 8. 3. 土 비 24615 2436054

그릇 만지려는 사ᄅᆞᆷ아 우릴 올려세우시리
고 맨드시는 한울님께 도리·올나·갑시다.

38 1957. 8. 4 日 흐림 맑 24616 2436055

~~나는 예제도. 그저 ᄂᆞ도 자모르오.~~
~~한이 한이 한이마다 내 아름답아 흡.~~
~~낮은 낮이 낮이랑 낮을 맨첨브터 므를 새흡.~~
~~예제ㄴ들 내알앙ᄀᆞᆺ홀 핫술에나 니벽요.~~

39 1957. 8. 5. 月 맑 24617 2436056

40 1957. 8. 6. 火 비. 흐림 24618 2436057

6時頃光州發벗스便으로珍島玉洞(碧波津)에 낫길에
닿다. 十里쯤거러서 郡內面連山에 오닷.

이사야 五十九 21
여호와께서 또 가라사대 내가 그들과 세운 나의 언
약이 이러ᄒᆞ니. 곧
네 우에 있는 나의 신과 네 입에 둔 나의 말이 이
제브터 영영토록 네 입에서와 네 후손의 입에서
와 네 후손의 후손의 입에서 떠나지 아니 ᄒᆞ리라
ᄒᆞ시니라.

하나님의 말슴을 받은 사름들을 신이라 호셧거던. 요十35

욥三十四14 그가 만일 자기만 생각호시고 그신과 기운을 거두실진댄 모든 혈기 잇는 자가 일테로 망호고 사람도 진토로 도라가리라

本來 하나를 본 이 없으되 아버지 속에 홀로 난 하나이 나타내엿나니라. [參考 요一18]

나를 저바리고 내 말을 받지 아니 호는 자를 심판홀이가 잇스니 곧 나의 호 그 말이 마지막날에 저를 심판호리라. 내가 내 뜻으로 말호것이 아니오 나를 보내신 아바지께서 나의 말홀것과 니를것을 친히 명령호야 주셧스니 나는 그의 명령이 영생인줄 아노라 [요十二48]

41 1957.8.7. 水 24619 2436058
맑음

昨日光州發 뻐스終点玉洞着. 똑닥배로 나루를 건너니 碧波津이라. 巖盤岸岬上에 李忠武公碧波津戰捷碑가 屹立호엿다. 廻廊路半弧를 傾斜面散策地 갈이 올나가려니 點點小山이 둘린 湖面을 左控호엿는 조곰 호야 小絶壁下로 水利貯水池防築長堤가 건너노여 보인다. 長堤를 踏破호고 다은데는 小村散在를 지나니. 嚮導호는 孤兒少年은 小山峽을 向호야 小路로 進前혼다. 참다 못호야 어듸냐 므르니 「저 山을 넘어 가야 우리 집이 됩니다」 한 答言을 듣는데 山을 넘어야 우리집!

하고 무슨感懷가 난다. 果然小山을 넘어스니 삼골山이란 石山前으로 連綿한 稚松小山이 둘러 있어 相當展望되는 綠繡帳然한 美沃野에 田畓이 보이며 南西面으로 遠島嶼 사이로 接天開口한 木浦方面海景이 눈으로 든다. 예가 珍島郡内面連山이라한다.

한 늙은이 고아원을 찾어 올가는 길에

어린이의 말

나 낳은 어머니도 나 낳은 집도 애기론 다 있는것이래요
우리는 우리 밥먹는 집만 우리 산자는 집만 알아요.
이 山을 넘어가며는 우리집이 됩니다.

늙은이의 생각

늙도록 모시다 도라가신 오래오랜 ~~우리~~ 어버이 된집은
지아비 지어미 맞아산 집은 아들딸도 길러낸 집은
이승을 넘어가며는 ~~우리~~ 큰한 집은 ~~참~~ 보리만.

作客珍島連山

庶幾古稀翁 顧聞擊壤筑
珍島珍客來 玉黎廿諸供 黍

42 1957. 8. 8. 木 24620 2436059
안개. 맑

아침 일즈기 連山을 떠나 鑛地 낮길에 오다.

맨먼저 하나를 본이가 없으되 ―아― 속에 있는 절로 다른 하나ㅣ 나타내 엿나니라.
절로 다른 (둘)이

43 1957. 8. 9 金 24621 2436060
맑

밝으며 鑛地 떠나 九時半쯤 珍島丸便發 十三時半 木浦下陸. 十四時 鄭寅世兄. 뻐스便으로 光州向發. 十五時五十分 天安向發 翌二時半쯤에 下車 驛前에서 견일때 날새기를 기다리다가 黎明中에라도 사람을 맞나 묻기 거의 몇 번에 찾아들다.

44 1957. 8. 10. 土 24622 2436061
맑

나는 예·제도 그·저도 다 모르오

낮은 낮이 낮이랑 낮을 맨침브터 모를넛도.
한이 한이 한분마다 내 아름답앗고.
예제ㄴ들 내알앙곳을 힛스려니 늬녁요.

배ㅅ길에

물이므러 뚝닥뚝닥 속삭이는 배련가.
불에불려 뚝닥아서 나아가는 사름인가.
물이다 바다물이다 한울또땅 한바다.

45 1957.8.11 日 맑 24623 2436062

46 1957.8.12 月 비 24624 2436063

47 1957.8.13 火 맑 24625 2436064

안쉬지. 아직 ⊖ 아직 못 쉬는 숨을 쉬노라고 한숨 쉬는 사람아.
한숨 자라나라는 목숨은.
안 쉬는 숨으로 솟나가라는 말숨。

山林에關하야 玄信圭 先生 말슴을 듣다
이끌려는이에 섯불리 손을 대지 말고, 제대로 두어 두면, 씨알은 살아나리다.
씨알된이에 섯불리 산에 손을대지 말고, 제 되로 두라, 그리면 우리 숲풀은 살아나리다.

48 1957.8.14 水 맑 24626 2436065

49 1957.8.15 木 맑 24627 2436066

水原. 農科大学 畜産課
李用斌教授의 말슴을 듣다.
최, 매디풀, 씨를가지고 山으로 들자!

50 1957.8.16 金 24628 2436067
저녁

十四半天安 떠나 서울 집으로 오다.
恩和 平復됨은 感恩하오며.

51 1957.8.17. 土 24629 2436068
맑 비

52 1957.8.18 日 24630 2436069
흐림 맑 흐림

밤새 비 소리 많이 들렸다.

53 1957.8.19 月 24631 2436070
맑 흐림

罕飯返閑 (健康靜示)

出生入死中神秘 多事無聊人尋常
縱鼻橫目希稀罕 飽飫飢厭恒茶飯

無常動搖魂未定 自然消息身健康
無盡彷徨我遠返 永言配命心靜閑

한글의 로마式表記法

國語審議外來語表記分科委서

한글의 로마字表記方法

1 母音

ㅏ=(a) ㅑ=(ya) ㅓ=(eo) ㅕ=(yeo)
ㅗ=(o) ㅛ=(yo) ㅜ=(u) ㅠ=(yu)=(eu)
ㅣ=(i)
ㅐ=(ae) ㅔ=(e) ㅟ=(wi) ㅢ=(eui)
ㅚ=(oe) ㅘ=(wa) ㅝ=(weo) ㅙ=(wae)
ㅞ=(we)

2 子音

ㄱ=(g) ㄴ=(n) ㄷ=(d) ㄹ=(l.r) ㅁ=(m)
ㅂ=(b) ㅅ=(s) ㅇ=(ng) ㅈ=(j) ㅊ=(c)
ㅋ=(k) ㅌ=(t) ㅍ=(p) ㅎ=(h) ㄲ=(gg)
ㄸ=(dd) ㅃ=(bb) ㅆ=(ss) ㅉ=(jj)

3 連結音을 表記할때

옷이=① (osi) 옷과=① (osgwa)
② osi =② odswa
옷안=① (osan) 값이=① (gabsi)
② odan ② gabsi
값과=① (gabsgwa) 第①案을原則으로 하고
② gabswa 第②案도許容한다

4 ㅎ받침「좋」다는 다음과같이表記한다

좋다=jodta 좋소=jodso

5) 中間 ㅅ의 境遇에는 「ㄱ」를 使用하고 分節表示는 「ㅡ」으로 表記한다

例

장이 = jang-i 장기 = jang-gi 장끼 = jang-ggi

長期 = jang-gi 長技 jang'gi 殘期 = jan-gi

慶安 = gyeong-an

6) 한글에서는 中間 ㅅ을 表記하지 않는 물약 과 같은

境遇 「물약」 = mullyag

7) 「깎」고 와 같이 같은 글자가 세번 거듭될때는 한字 는 省略한다

깎고 = ggaggggo …… ggaggo

54 1957. 8. 20 火 비 밤새 비 소리 24632 2436071

의른 아이 뚜렷

줄어드는 바탈 일잔으므로 늘어매는줄 얻어 알리,
끈이 끈이 끈어 색히는 동안이 먹이 삶을 가는 동안
사므로 밝은 빈봄라 개인잔일 가지고。

줄어드는 바탈 일잔으므로 늘어때는줄 얻어 알리,
떨니 떨니 떠어갈느므로 고디곧장 제줄기 찾아,
얼김에 얼리운 맘이 어른 아이 뚜렸다。

집집 집집 집에드러 개개집 일자 차리 있고,

살어 살어 밖에살어 삶아이로 움직임은
뚜렷이 큰두줄기로 힘찬 갈림가지다.

같은 사람 다줄게 | 없노라고 가려잡거나,
다른맛이 맛있다고 삼애계집 벗삼으면,
흐린물 맑히로 내려 누리썩고 말리라.

55 1957.8.21. 水 24633 2436072
비.흐림.바람

쭉 빠지는 살 보며 (16/4 고Ⅱ 四16)

쭈그러드는 살 살피면서 안쭈그러들 몸 먹을손가
속사람이 날로날로 새로움을 살펴 알아이네.
솟난나 몸벗을날만 믿에먹고 서리라.

56 1957.8.22 木 24634 2436073
흐림.맑

허리 힘 목줄띠 (生命要領)

힘줄띠 바로 곧나. 빈몸을 드릴터문.
빈몸을 드릴터문 힘줄띠 바로 곧나.
땅에 때 떠러바림만 거듭솟난 숨따름.

힘줄띠 (供力帶 빳/심)

몸맑아 숨을쉬고 피맑아 배힘찬데,
목줄띠 바로잡고 숨바다에 노니우다.

한웋님 내머리웋은 네속앒은 빛의빛.

57 1957.8.23 金 호릿 24635 2436074

人子

大我無我一唯一 恒一唯是絶對定

眞神不神恒是恒 不枝無求自由郎

言論自由

욥三四14. 사五九21. 욥三二8.(7-9).

욥三三4.(5-7). 욥二七3. 베I四11.

맡一九26. 맡一○20

참붙어 떠난 살림

착ᄒᆞ므로 어렴받는것이 위뜻일진대 몹슬어서 보다 낫자느리. (배I三17)

참에도 오히려 들러붙진 않어야 ᄒᆞᆯ내 참아닌덜ᄒᆞ 가보냐. (金剛經)

좋은넘 이틀모과재 한목숨만 쉬는참.

(베I三10)

12/34 LA PSALMARO

Kiu ajn vi estas, homo,

Kiu deziras vivon kaj amas multajn kaj bonajn tagojn:

믿음으로 믿음에 17/1 로
自有而無·乃可長生 18/1 로
心灵에 있고, 儀文에 있지 안흠 29/2 로
없는것을 있는 것 같이 브름 17/4 로
罪死恩生 23/6 로
生灵律과罪死法 2/7 로
從肉者體肉, 從灵者體灵 5·6/8 로
體肉死也, 體灵生也
보는 것을 누가 바라리오 24/8 로 7/5 고前
우리가 그리스도도 肉體대로 알았으나 16/5 고後
우리가 所望으로 救援을 얻었다 24/8 로
흘러 떠나며 잘가 넓려하노라 1/2 히
듣는것이 내게 可하나 12/6 고I
不曰求以得·有罪以免耶 (老子·道者万物之奧

風思

水落石出晩秋景 生前喪多未試亡
踏石渡涉不審水 死後思存無量壽

人子

大我無我一唯一 恒一唯是絶對定
眞神不神恒是恒 不忮無求自由郎

子曰衣敝縕袍與衣狐貉者 立而不恥者其由也與
不忮不求何用不臧 子路終身誦之
子曰是道也何足以臧 〔論卷五·子罕〕

1957.
8.24. 土 흐림. 별 24636 2436075 58

몸 이 (씻은 이)

물에 닦어 신은신발은 좋만 된고 걷고지고.
오래 흙을 묻힐서라 몬지 땨(찌)를 밟을서라.
짓궂인 가(죽)·살(흙)·피(백 이)·몸(뼈) 에서 솟나 씻은이.

처다·브름(過與) (1)創三8. (2)出三四35. (3)啓十四8.
{세모진(한굴으로 못된)꼴}
1 열(매)룰 따먹고 님의 낮을 안보러 들면 안보나?
2 낮도 뵙고 싶잖은채 말슴바로 듣것단 참일가?
3 못뵙고 안보다가도 그낮보는 더잘못!

8.25. 日 24637 2436076 59

내 믿음 알욈(김맛을 보고 윌맞이애길로드러오름)
맥힌속을 언젠 잊나요 맺힌사랑 문득 일웨죠.
그러나 나는 내님내뵘 만금 그만 큼이지.
아이에 처다브름이 님뜻아니 랍데다. (30日対照

汝無面從 退有後言 (書·第二卷·虞書·益稷)

心乎愛矣遐不謂矣 中心藏之何日忘之。日
시몬베드로가 대답하되 主여 永生말슴이 계시매 우리가 뉘게로 가오릿가 (요한 六.68)

過與是為私意 私心過與善惡同矣。(8/13 曲)
너희가 한울님의 낮을 좇으려 나나냐 그를 爲하야 爭論하려나냐

除三毒而後修行

一日一試貪　眸子滌除瞋
一代幾度痴　人生正語時

1957
8.26.月 24638 밤에 우뢰비. 맑 2436077 60

言欲知音主一而已

萬劫一塵子　踐形得意秋
億物一音意　近肖福音義

말숨과 몬과 및 사름

말가름에 몬이 나고 몬가리로 말숨되오.
참말숨에 밝힌 가리운 몬 우리 삶을 갈아주오.
사람은 몬가리말로 함께삶에 참가리.

말가름＝論理　몬가리＝物理　함께삶가리＝倫理

8.27.火 24638 비 2436078 61

金春一君이 어제 저녁때 찾아 왔다가 오늘 아침 뒤에 떠나갔다. 楊口에서 왔다고. 十九日동안 休暇라고.

숨을 쉬는 우리

맨드르신 한늘이오 버려드신 땅인데
부닫힌몸 들린머리 바라나나 일김숨삷
체드러 사로는목숨 저버릴줄 있으랴

가멸은 땅에 버려둔채 가리(眞理)만 타서 날로 쓸터 用天之道 因地之利 謹身節用以養父母此庶人之孝也
이몸이 늘 가븨없고 몸 또 줆아 밝을세라
맨드신 맨웅꼭대길 아니댈줄 있으랴

웋로 오름 삷의오름 올(早·當年)사리가 올바른삷
알몸 맥여 버리는날 얼몸돼서 뵈오리
그리옥다 그리스도록 이에숨을 쉬는이

8.28.水 24640 맑 2436079 62

陵谷兵園 다녀오다

8.29.木 24641 맑 2436080 63

理論人、經濟人、審美人、社会人、權力人、宗敎人
人間의基本類型을 웋에 쓴 엿엇가지로 들다
(獨逸現代哲学者슈프랑가)

1957. 24642 64
8.30 金 비 · 2436081

밀어 믿음으로 밑으리
밀어 드러 트려는 것이 우리 숨 사름이거늘
눈이 맞우 치거나 입을 맞히거나 보이는 판의
셈 번 맞히라믄
외기도 퍽은 외었다 아조 틀려 먹었다.

하늘나라를 힘써 치는 이가 빼앗나니라 (마태 十一 12)
이는 우리가 믿음으로 行하고 보는 것으로 하지 아니함이로라 (5/7 고Ⅱ)

낯을 좇으랴면 말은 모르 내림 (對照 25日記)
낯을 가진 씨알들아 너희 낯이 빤이 뵌다.
너희서로 묽힌 낯의 부닫힌 틀 내 낯을 외어
그래도 내 낯 볼가 봐 허다 브르 러드니

(고리도 Ⅱ 五 16)
그 이제브터는 이같이 알지 아니ᄒᆞ노라 - 그러므로 이제
브터는 우리가 아모 사람도 살몸대로 - 낯 - 대로 알지 아
니ᄒᆞ노라 비록 우리가 그리스도도 살몸대로 -
- 낯으로 - 알았으나 이제브터는 이같이 알지 아니ᄒᆞ노라.

8.31 土 24643 65
새밝 2436082

9. 1. 日 24644 ᄆᆞᆰ 2436083 66

2. 月 24645 ᄆᆞᆰ 2436084 67

맨웋 꼭대기는 (絕對 는)
붙엇잖고 ᄊᆞ대기와 나듦없이 꾸백혔음
잘 났노라 가로뛰고 ᄋᆞᆷ젆게도 괴임보나
그러나 맨꼭대기는 너나없이 대야ᄒᆞ

3. 火 24646 ᄆᆞᆰ 2436085 68

(맞임내) 못 쉬는 숨을 (안) 쉬(껐)노(다)리니 ᄒᆞᆫ숨
않 쉬는 숨을 쉬가지란 ᄆᆞᆯ숨

4. 水 24647 ᄆᆞᆰ 2436086 69

(詩·小雅·我行其野·言采其葍(蓄)·不思舊姻·求我新特·成不以富·亦祇以異)

子張問崇德辨惑。子曰主忠信徙義。崇德也。
愛之欲其生。惡之欲其死。旣欲其生。又欲其
死。惑是也。誠不以富。亦祇以異。(論卷六顏淵)

齊景公有馬千駟。死之日。民無德而稱焉。伯夷·叔齊餓于
首陽之下。民到于今稱之。(論·卷八·季氏)

1957. 9. 5 木 24648 맑 | 2436087 70

一

躰無用有各定業 有分失全萬物生
自有而無乃德崇 無他得一大我中

二

一二神工業 一道不壞眞
參伍人運數 二邊無明偶

6 金 24649 밤잭비 왔 | 2436088 71

땅과 땀은 밥 맛 내기로 바쁨
입맛 잃고 진땀내문, 모르기론 땅패기믄,
무슨 생각을 따르며? 말은 웬지? 일은 무슨?
우리는 땅과 물먹고 땀맛밥힘 으로!

不思舊枕 求我新床

風月中空房 騷人保無恙
恐炎柔凉剛 一張木板床

7 土 24650 맑 | 2436089 72

또 고디 ── 맛이 아니오 ──

맛도 좋아이겠지만 끌이 빠져선 못쓰오
끌도 좋아이겠지만 맡이 서이겠소
맡도 좋아이겠지만 몸이 곧아이겠소

맛도 몸에 드러 보인 맛이라야 쓰오니
곧은 몸에 드러 가서야 맡슴이오

고디라 고디라 하니 무슴 고디만 녁이오?
때운 꼭대기로 고디 고디 뻗힌 것이랍니다

입에 맞지 맛이오
눈에 드러 끌이지만
이른바 의븐들의 눈맞지 끌이란 셋재 눈을
시게 하는 끌!
이른바 의븐들의 입맞히는 맛이란 맛힘내
뼈는 쓴외 맛이라 혼것이오!

이러그러 왕대 내리는 누리는 새씨알들
게
쓴외 뵈듯 만. 되웁

1957 9.8 月 24651 맑 2436090 73

世上 계가
늬·계·집이거나 ᄒᆞ니 —— 말이지
너흰 어린 늬사리라. 너흰 어린 늬로고나!
아부지·한나신 아들·참 거룩ᄒᆞ신 얼계ㄹ?
하늘과 땅에서두곤 가마·아득 ᄒᆞ고나.

9.9 月 24652 흐림 2436091 74

晩興

漢北門裏漢城褸 聊得浮生多夕足
三角山側三芝麓 沐浴石溪臥木褥

天委仁於予·自不能棄
頭直思親擧行命 知止有定明善德
身終追遠止歸寧 擧行存心在誠敬

10. 火 24653 맑 2436092 75

11. 水 24654 맑 2436093 76

12. 木 24655 맑 2436094 77

뜰 때 뜸을 얻기

잠잘 자는 어린이가 잘자라나 어른되고
몸잘맞인 얼김(神靈) 찬이 늘삶으로 얼뜸가리
섯불리 잠귀밝거나 긴삶자랑 삼을가

13. 金 24656 맑 2436095 78

쉰 좀 일 본 날

내나 예순여덟재히 떨의떨본 여덟달재
잠투세끝 닭잠들낮 파리셋넷 도라든다
붙잡아 창밖에놓니 파리됐다 좋아라。

14. 土 24657 맑 2436096 79

누릴 나 더냐

들쓰기는 쉽다마는 벗어나긴 어렬거다
벗어지긴 잘흐지만 새워 있질 안는거다
쓸때나 벗을때나가 땅에 딸린 때이지

서울驛 十三時十五分發車로 陵谷오다。

1957 日 24658 80
9. 15. 맑. 느지 흐림 2436097

16時半頃陵谷癸(?)씨께 弘濟院 下車 5 4 2 다.

16. 月 24659 81
맑. 2436098

(2올로)
心 事 (32/9로) (6/7로 · 灵齋·文舊) (24/8로 在望得救)

擧行儀文身 勞謙謹勅命
隨生疑問心 以爲君子人

17. 火 24660 82
맑 2436099

言 行

言顧行兮行顧言 不敢不勉庸德行
道四未能絕四近 不敢盡之庸言謹

忠恕違道不遠. 施諸己而不願. 亦勿施於人

君子之道四. 丘. 未能一焉. 所求乎子. 以事父未能也. 所求乎臣. 以事君. 未能也. 所求乎弟. 以事兄未能也. 所求乎朋友. 先施之未能也. 庸德之行. 庸言之謹. 有所不足. 不敢不勉. 有餘. 不敢盡. 言顧行. 行顧言. 君子胡不慥慥爾. (中庸 13章)

18. 水 24661 83
맑 2436100

晝夜

初月枕去多晨省　昏定晨省曾欠如
南斗牀來一昏定　醉生夢死何頻整

『베트남』 大統領「고·딘·디엠」(越南·呉廷琰)來訪。
政見「個人自由가 지나쳐도 안되고、國家權力이 더強해져도 안된다」고 외친다、한다。

19 木 24662　　2436101　84
흐림

非由行而求乃由信而求(33/9, 24/8 로)

行進人道何有為　一生坦坦平信步
得救希望誠無妄　終日乾乾健自強

「아놀드·토인비」의 先見。——
20世紀後半期의 人類의 危機는 原子戰이 될것으로 豫想되는 三次大戰에 있지 않고、주림、굶대는 흙의 무섬、맺히고 있는 꿈 같은것이 작고 더커지는 속에서 보인다。고

20 金 24663　　2436102　85
흐림、비뿌림、

21 土 24664　　2436103　86
흐리·맑

1957 日 24665 87

9.22 맑. 標準時 2436104

박월 (儀文) (박아놓 월) (29/6, 로마 6/7 로마)

가아만히 고흔데로 밝은 월이 보이거늘.
사름사리 글월 밝도 그러리라 믿었건만,
세상에 박월 묵으니 그무게엔 못살오。

월김 (神靈) (新約內外 16/4 고II) (14,15/2 히브리)

월김은 새록새롭 무슨걸림에서고 새어솟나,
사름남은 나남이오 나남남은 솟아솟나、
월김에 끌리운목숨 묵을줄이 있으리오。

9.23 月 24666 맑 2436105 88

9.24 火 24667 흐릿 맑 2436106 89

9.25 水 24668 흐릿. 맑 2436107 90

부실이 착실히 보이는 동안
쭈구렁 밤송이가 삼년. 사름못 떠러진게 쉰남은 히.
암전코도 착실히 제꼭지 뗄줄 모르것다.
만세나 사시옵소서 끈드르려 불로초.

9.26木 24669 맑	2436108	91
9.27金 24670 맑	2436109	92
9.28土 24671 맑	2436110	93
9.29日 24672 흐리다 개다	2436111	94
9.30月 24673 맑. 흐림	2436112	95
10. 1火 24674 맑、저녁 소내기	2436113	96

모름지기 아름아리 찾아

일마지로 살마칠몸 잘잠쉬어 찰참질뵘

애오롯지 하염없이 ᄒᆞ이아금 ᄒᆞ리로ᄃᆞᆸ

아부지 내좇으믄요 ᄋᆞ둘둘ᄋᆞ 므로ᄋᆞᆸ

참·아름ᄃᆞᆸ·음

아름아리 가름가리 가름길길 아름알일

가리잡아 사리채리 아름ᄃᆞᆸᄋᆞ 자리태리

사롬읍 너나말스미 아리가리 뉘ᄅᆞᄋᆞᆸ

1957 水 24675 10. 2 흐리다가 맑	2436114 97
3木 24676 맑	2436115 98
4金 24677 맑	2436116 99

한 글 날 가ㆍ끼ㆍ와

어ㆍ아ㆍ우ㆍ오 「ᄋᆞ」 을 물나ㆍ 여ㆍ야ㆍ유ㆍ요 「ᅇᆢ」을 불러
나ㆍ니ㆍ말 멀거니 와 ᄒᆞᆫᄋᆞ 하ㆍ나 둘ᄋᆞ ᄋᆞ둘
ᄀᆞᄂᆞㅣ 알들몰ᄋᆞ미 한글임에 알마지

5土 24678 맑	2436117 100
6日 24679 비 뒤맑	2436118 101

밤 낮 8/2 빌닙 9/4 에베소

낮은 나져 코이레일만 좀스레히 밝아집고.
밤은 바람, 높은 윌김 받는이는 받들어 쉬오.
뒤집힌 몬일 가리를 잡을줄이 있으랴.

7月 24680 비.뒤맑	2436119 102

8 火 24681 안개. 흐렸다 벗었다. 2436120 103

우리 님은 숨님

참숨 쉬어지이다

일즉이

우리 님께서

『우둘봄「제」서 아부 올「께」로 옮김 마즈신 긴뒤』

비옵기

「저희도 다 하나이 되어 「우리」안에 있게 홉소서」

호셧습나이다 (요十七 21.22)

목숨쉰 무리들도 「우리」「우리」호기는 호지만

온(옴)(옹)을 허 지든가 말입니다

목구멍은 두구멍, 먹는히 쉬는히 히서

둘로 나. 너. 여겨 서서 여러가지로 가기만

쉬우며

「두리 하나 되자!」「무리뭉쳐 우리네로 하나 되자!」

소리만 친들, 가락은 맞을듯. 못맞는 채로 맺즈믄

히돌만 지웟나이다

무엇을 쓸라고 한알로 뭉친것은 총알 아닙닛가

좋알 제(自體)가 산산조각으로 나고 말張本

박에 아녀니이다

모든 절로 절로를 제대로 가만 내버려두어(委)

하볼것이니이다

한참만, 그리면 모든것이 제대로 하나된것을

너희가 보리라

그러나 한참동안을 못참는 좀씨들 가지고

야 말이 되나

『우리』는 너희같은 좀씨 까지도 또 한참

내버려두고 보는 군되 있나 닛가

太本 太十八10

Gardu vin, ke ne vi malestimu unu el tiuj malgranduloj;

Gardu vin ne malestimi unu el tiuj malgranduloj,

Ĉar mi diras al vi, Ke iliaj anĝeloj en la ĉielo ĉiam rigardas

ĉar mi diras al vi, ke iliaj anĝeloj en la ĉielo ĉiam rigardad-

la vizaĝon de mia Patro, kiu estas en la ĉielo.

as la vizaĝon de mia Patro, kiu estas en la ĉielo.

1957 水 24682 104

10.9 맑 2436121

ᄉᆞᄅᆞᆷ 길 (人道)

ᄉᆞᄅᆞᆷ의 갈길은 즘승에서 일어나 한웋로 가는 동안에 보이는데로 브터 그 더 웋로 올라 간. 앓이 보이는데로 멀리 ~~좇아 생각이 따라~~ 드러 갑~~는데 부터다로 열것습니다~~인가 보압니다.

孔子말슴에 「그이의 갈길은 어리석은(얼이성그른)지 앏이 지업이로도 다 알아ᄒᆞᆫ다」고 ᄒᆞᆫ것은, 즘승 걸플을 마련ᄒᆞ는 첫 도막을 가리침이~~니이다~~고, 「그 끝에 가서는 씻어난이도 다 못알아ᄒᆞ겟다」고. ᄒᆞᆫ것은, 한웋에 들어 가는 도막과 또 그끝을 볼수도 없는 웋이로 나갈것을 가리침이니이다

그러므로 즘승 걸플을 마련ᄒᆞ는데 對ᄒᆞ서는 말이 많을ᄉᆞ록 어리석은 말이 나올것이오 마침내 얼빠진 열매를 맺히어 거둡니다.

심심푸리로 ~~[illegible]~~ 그 말을 ᄒᆞ이ㄹ서는 못씁니다. 孔子는 자는데 말 아니 ᄒᆞ셧다. ᄒᆞ거니와 반드시 ᄒᆞᆯ 말슴이면 일어앉아 ᄒᆞ는것이 옳겟습니다.

허물며 즘승노릇에는 말씀은 끊친덥니다. 그 일에도 말씀을 쓰고 싶은것은 그 일도 或詩化나 美化를 ᄒᆞ고자 ᄒᆞᆷ이나 즘승은 즘승이지, 詩가 美가 어디 當ᄒᆞ리 잇가. 몇 스뭍히 두고 文學이란것이 그리 ᄒᆞ과 젓서

도 默然은 默然, 痴態는 痴態 대로 나잡바
저 있지 안는가고 봅니다

純粹科学的으로는 学者끼리, 말도 많아야
할것지만, 日常사람이 심심풀이 말로 그 말을 입에
담아서는 人格이 떠러지고 社會的 品位가 처질것
입니다 이것은 참 嚴格한 社會道德律로세
워 非禮勿言 줄이 서 있는 것습니다

한얼로 들어가면서야 겨우 흙솜 걸픈
을 벗는 것이 같긴 말로 가는 사람길이라
할수 밖에 없는가 봅니다

1957 木 24683 105
10.10 맑 2436122

이섯히 돐을 맞은 우리 어머니 날

11 金 24684 봉 106

2436123

訓民正音解例 鈔

癸亥冬 世宗廿五年 1443年 我殿下創制正音二十八字。略揭例義以示之。名曰訓民正音。象形而字倣古篆。因聲而音叶七調。三極之義。二氣之妙。莫不該括……遂命詳加解釋以喻諸人……若其淵源精義之妙則非臣等之所能發揮也。恭惟我殿下。天縱之聖。制度施爲超越百王。正音之作。無所祖述。而成於自然。豈以其至理之無所不在。而非人爲之私也。夫東方有國。不爲不久。而開物成務之大智。蓋有待於今日也歟。正統 明朝英宗 十一年 1446年 世宗廿八年 九月上澣……鄭麟趾 拜手稽首謹書

參同契 文章極好……其中有云

千周燦彬彬兮萬遍將可覩

神明或告人兮魂靈忽自悟

言誦之久則文義要訣自見 (參同契附錄)

어제날 六堂下世하시다. 訃新聞.

1957 土 24685 10T
10.12 흐리 개이 2436124

환한 길을 몰나 [삶은줄곧 가오는길]
쭈그러드는 얼골을 앓죽으러드는몸으로 들고갈가요.
나이 먹여줫거나 저흰 제대로 저넘어 가는 희돌에 매달릴수도 없고요.
아이에 어디앉아서 산다는게 아닌걸.

六堂에서 떠러진 쓰림
아. 언니의 이뉘부린. 지고. 지련. 무거운짐.
아. 언니의 보인걸음. 예고. 예련. 멀직열길.
이날로 움하이심이 한참근치 시넛가.
낫은넉의 궂은짐도 「우리저얀다」시더니.
높은뒤에 뻗흰 힘도 내참내찾아. 가신가.
붉비에 바탈트셧고 마침내는 한얼김.
언니께엔 가장설은 아우로나. 대오릿가.
아우로선 이끌림이 퍼으나도 많답니다.
이. 아우 짐부릴참엘 어지간히 댈지오.

六堂 一生

1890·4·26 土曜	2411484 / 2436122	24639日
庚寅·3·8 丁丑		3520週
1957·10·10 木曜		835朔
酉丁 閏8·17 乙卯		68年

13 日 24686 흐리맑	2436125	108
14 月 24687 안개 맑	2436126	109
15 火 24688 안개흐리	2436127	110
16 水 24689 비.흐림	2436128	111
17 木 24690 맑	2436129	112

吹影鏤塵何所用

天無年月日 宇宙無世代

地无時分秒 人自所見小

人物影塵起 法歸塵空寂

宇宙心無聊 唯一神自料

我慢滅亡類

物理暴露原子壞　自助自業心之分
電籌督促元凶器　天生天殺道之理

土當火〔當土火〕

物心無見共不宜　夕外口黑多點心
舟家有慾自由黨　堂堂不當鄉里黨

公營赤字私計黑　有史以來有土者
互祝万歲民無恒　不順天命甚民望

1957 金 24691　113
10. 18 出　2436130

古今同一

「誰謂古今疎　今生追古好
異世可同調」(謝靈運)　古道通今朝
南北朝宋·詩人(称北詩人)(385—433)

誠

莫言此道近　不思道遠近
恐忘次期站　唯企一誠參

鮮能知味人間世

一味一味復珍味	新異新異亦特異
試食試食不定食	要識要識無常識

近 節

窮思旣饒事物上	何思何慮閑身老
通念猶養性命中	終生終死虛心同

19 土 24692 맑 흐림 2436131 114

20 日 24693 맑, 흐리, 소내기 2436132 115

낯(낱)을 볼수록 얼골이 ᄆᆞᆱ

우리 님은 숨님, 숨님은 수믄 님。

이제 우리 쉬는 숨은 숨님께로서 수ᄆᆡ 나와 씨음이오니, 孔子 이르신 「그이의 길길은 씨음이여 수멋나니라」 홈인가, 도 홉니다。

얼골은 ᄋᆞᆯ골。

ᄋᆞᆯ골(神谷)로 들어 가거든 그이의 ᄋᆞᆯ을 맞나 보도록 차지란 ~~개 아들~~ 것 알가 홉니다。

낯⊙은 낮히운 낳(낭)。 ⊙(낱)

낯(낱)을 가장 높히 보고 더 알게 업시 좋다. 고 들면 나뷔가 불에 덤벼들다 떠러짐과 똑같히 떠러지게 될 것 입니다.

밤은 오히려 바랄수 잇는 때입니다. 하늘글월(天文)은 밤에 바라 볼수 잇고, 한늘(宇宙) 소식을 짐작호게 됩니다.

낯은 나지어 진 것이오나 인젠 밝거나 ᄒᆞ고, 아둔 히지는 때입니다.

낯(낱)은 낯에만 처들어 보이는 것입니다.

잘몬(万物) 잘사름(万人)이 난(은) 낫다고 날들어보이는 낯에 많고 많은 조므래기로 낱(틀)는 것이 대낯(白晝)(現象界)(自然界)(NATURO)이라는 것입니다.

한늘낱(宇宙現象)이나, 사름낯(人面)이나, 남의 낱(낯)을 얼골로 알아서 찾아들어가야 훌門인줄 모르고, 아름다운 낯(낱)이다. 좋다 다왓다. 인젠 맞낫다. ᄒᆞ게 된다면 그것은 더 얕히 (나지, 나지) 떠러저 가는 걸입니다.

예수께서 누리에 지나가신 것도 「사람의 모양으로 낱아 나셧스며 자긔를 낮호시고 죽기까지 복종ᄒᆞ시엿다. (빌립보 二 8) ᄒᆞᆫ 지안 힛슴가 봉가?

1957 月 24694 146
10.21 2436133

畫山水歌 王元之

宋代.名禹偁.眞宗朝知制誥

良工善得丹青理 輒向茅茨畫山水
地角移來方寸間 天涯寫在筆鋒裏
日不落兮月長生 雲片片兮水冷冷
經年蝴蝶飛不去 累世桃花結不成
一片石數株松 遠又淡近又濃
不出門庭三五步 觀盡江山千万重

君子行 聶夷中

字子之.河東人.唐末進士

君子防未然 不處嫌疑間 瓜田不納履
李下不正冠 嫂叔不親授 長幼不比肩
勞謙得其柄 和光甚獨難 周公下白屋
吐哺不及餐 一沐三握髮 後世稱聖賢

念有無歌 (和畫山水歌)

良士善得思想理 輒向形骸念有無 三界回展方寸間
千劫寫在意見裏 日陽明兮夜長生 精片片兮神冷冷
經年生活動不去 累世教化結不成 一縷命億株性
遠又淡近又濃 不用往來物色步 觀盡生死千万重

1957 火 24695 117
10.22 ᄒᆞᆫ나ᄌᆞᆯ 2436134

비들기도 나려와앉는 머리 ᄋᆞᆯ막
사롬 나 오기는 웋로 들 머리 가지고 다.
님 니기는 미러 민것을 믿어 웋로 나가만
오름 이려니
에이타 곧이 꺽여 밋두로 힘이 갈라지며.
남 지움이 — 님에게 짐되는 것이 —
나 익임 — 나 안짐 — 이 된다고 ᄒᆞ는 생각
이 사롬머리를 잔뜩 챙다.
므로 즈믄히 살림적이에 떠러운 다툼을 보라
남을 짔익여 놓고 〔傘〕 타고 드러가서 앉아는.
두꺼비 쓰름 섬주흔 魔鬼의 使喉鎵이다.
~~우리~~ 말슴을 ~~넓듣는 이든~~ 받아 서로 나누려는 우리는 우리 가온디서
새 살림 ~~새~~ 새적이 첫 페이지가 씌워지이다 뫼
입 임이다
님 니기로 나 앉임이 옳다.
— 땅에 떠러진지라 가다듬어 앉아서 얼을
차려 가지고, — 님을 니고 나서 오름이
옳다.
내님 내가 니기로 나 앉임이지,

낡 지음으로 나 안집은 못된다.
온 누리가 집잘 짓는 사름을 찾는다. 그러나 집지게나 질듯훈 사름들로서는 높은 삯을 브른다. 그러나 이빌린 집이란 삯을 덜 받고, 집은 단단히 옮여다가 주엇스면 ᄒᆞ는 집들로만 빌린 집들이다.
좀망좀망훈 집군들이 비틀비틀 잔거름으로 헛좋일을 ᄒᆞ고, 삯다툼으로 먹닭가 살아질때만 기두루는 가느다란 실낫목숨이 붙은 씨알속에 집군이 나려나올가 ― 저들속에서 나올가 ― 밖에 어듸서 저들에게 나올가 ― 저들을 온통 집재 사름재 옮여 놓아주려고. 나올가.
菩提樹下金剛座中으로서.
十字架上寶血泉裏로서.
앞서 집지신 釋迦·예수 께 바라는 속알 버리니
늘 우리 곧듸 계서 나려나시련 佛陀·그리스도를 박아 쓰스는(蛇類) 뱀씨알들이!
비들기가 내려와 앉을 머리를 가지고도 뱀꼬리만 휘두루기를 언제까지 홀셈인고?

1957 水 24696　　　　　　　　118
10.23 왉　　　　　　2436135

짓수 (藝術)

몬것(物件)을 그림으로 그려내는 사름은, 몬것을 맨드러내신 계심에서 얻지 되나?

꽈랑울님을 처서 울님소리를 내는 사름은, 맨첨 소리를 내신 계심에서 얻지 되나?

글월을 말이ᄒᆞ는 사름은, 그 계심에서 얻지 되나?

말씀을 쓰는 사름은, 한뜻 계심에서 얻지 되나?

우리 생각은, 그 계심에서 얻지 되나?

이에 예수께서는 「아ᄇᆞ·ᄋᆞᄃᆞᆯ」이다. 시섯다.

그러믄,

그림·울님·글월·말슴·생각·들들은

ᄋᆞᄃᆞᆯ이 아ᄇᆞ께로 도라가려는디로 가장 가까히 뚫리려는 길이 열림이거늘!

이제 철없는 養子들은 집으로 도라감은 잊고, 길바닥에서 판을 차리고, 그것들을 좋은 노릴거리로만 녁이고 저희들끼리의 짓거리로 만으로 알고 힘을 지우는 일은 참으로 큰일인가 싶다.

짓수도 아ᄇᆞ지 섬김으로만 올라가리라.

24 木 24697 맑 | 2436136 119

25 金 24698 맑 | 2436137 120

爲水歌

爲水· 在山泉水淸· 出山泉水濁.
爲人· 出家人間淸· 在家人間濁.
淸濁一流形· 滌淸原寄託.

26 土 24699 좀흐린 맑 | 2436138 121

生死

古·仲尼·論語. 不知生·焉知死. [急先務生]
今·多夕·獨言. 無終問當死· 未始知平生.
恐不爲亢龍有悔. 而終不至知存而不知亡者
乎. 急莫急於終死實·務莫務之平生事.
生順死安成事實· 人間始終 一大事.
生死一如最急務· 先後相隨完成事.

27 日 24700 맑 | 2436139 122

1957 月24701 123
10.28 흐림 2436140

~~아니~~ 호면·~~안~~된다: 거짓말.

「호면·된다.」는 말이 天時·地利·人和없이 제가 나서서 호면 히놓겟단 말이면, 그것은 큰거짓 말입니다. 마치, 「숟가락질 호면·먹는다.」 말과 가틉니다. 여름도, 갈도 안호고 난알다루기도, 밥지길도 없이 숟가락질로 만은 못 먹을 일 ~~입니다. 말이 됩니까? 말이 안되면, 떠먹지도 못홀것입니다~~. 곧 안되는 거짓말입니다.

「아니호면·안된다.」는 말 어은

1. 「못된일을 아니호면, 네罪는 안된다.」(씨안 심으면·열매 없다.)는 뜻으로 참이오, 또

2. 「일이 일우거나, 깨지거나 틈에·홀기는 꼭 홀일.」 이란 뜻으로 참말이오, 된말 입니다.

몬일(物事)을밀고 밀어 알게된 말슴은 그되로 믿고, 가지지 못혼것이 많은 사룸들의 거름거리였나 봅니다. 네로브터 罪될일 아니호면 罪는 안될것을, 다시 호고, 호고, 호야·이날 까지 罪누리로 느려 왓나 봅니다.

멀정혼 큰거짓 말인「호면·된다.」는 말은 속

고·속고·속으면서도, 그소리만을 따라가거리간이가 많앗나봅니다.

代代로 魁首(네필림 創六4 民十三33)가 생겨, 「하면·된다」를 들고 나습니다.

或, 天時·地利·人和를 못얻으면 되느냐? 따지려는이가 맞우오면, 곧, 대답이 「못생긴것들 가튼이! 아예, 그런 못난 소리는 집어치워라, 그러기에 訓育을 해 가지고, 하다 말이다. 가르쳐도 「하면·된다」는 말을 안 믿는 놈들을 떠러 치우면, 訓育이 끝 된단 말이다. 합니다.

그러면 한때는 온누리가 小鬼(하면·된다信者)들로 大團을 일우어 가지고, 곧, 信望愛를 거두게다 하옵니다.
그래, 속고나서야, 「되기는 뭐 돼!」로 도라옵니다.
— 나폴레온에게는 「못된다」 語彙는 없다 하고,

가이젤은 「하늘 때가 안 맞으면, 하늘로 最後通牒을 하겠다」고, 큰 거짓말은 英雄주둥이로 잘 나왔었읍니다.

온 땅덩이우에 거미알 헤지듯이 있는씨 안들이 있다감식, 그런 독개비 노름 하는데 끌려 다니는 것은 그만 두고라도, 씨알 하나, 하나가 또한
「한판 따기만 하면·된다」
「한밥 먹기만 하면·된다」는 노름입니다.

우리 다 가치 소리내서 ᄡᅳ릅시다.
「ᄒᆞ면 · 된다.」 여때 것. 모자란. 말쓰네
「아니ᄒᆞ면 · 안된다.」 끝까지. 참말습요!?
(찬一참을)

1957 火24702 124
10.29 비 2436141

有無歌

無故故鄕在故人 · 有故故鄕問故人.
有分失全萬物生 · 無他得一大我中.
體無用有此岸測 · 自有而無乃德崇.
大我自在同萬物 · 自他出沒一色空.
人人我我俄無我 · 夢夢相逐未解夢.

안 또 맨
박 올 리 꼭
업 오 늘 삽 고 지 대
시 님 니 기 · 니 인 짐 기
아 바 읍 · 므 읍 믐
받 드 리 우 이
大內無外 承 심 垂 萬物郎 一
울

大宝箴　張蘊古（抄）

今來古往．俯察仰觀．惟辟作福．爲君實難．主普天之下．處王公之上．任土．貢其所求．具寮．陳其所唱．是故．恐懼之心．日弛．邪僻之情．轉放．豈知事起乎所忽．禍生乎無妄．固以聖人．受命拯溺亨屯．歸罪於己．因心於民．大明．無私照．至公．無私親．故．以一人．治天下．不以天下．奉一人．禮以禁其奢．樂以防其佚．左言而右事．出警而入蹕．四時．調其慘舒．三光．同其得失．故．身爲之度．而聲．爲之律．勿謂無知．居高聽卑．勿謂何害．積小就大．樂不可極．樂極生哀．欲不可縱．縱欲成災。（下略）

誠意聖發

皇天民生至今饑　一心多外口里火
食言牧者自古征　多生言吾正音成

多點一心心不動　音竟成章日日長
一讀正音音自性　幾倉療飢世世情

하늘계신 아버계 이름만 거룩길 님 생각 이너이다

1957 水 24703 125
10.30 흐림 2436142

待漏院記 王元之 王黃州名禹偁字元之 宋太宗朝名臣(照竹樓)

天道不言, 而品物亨歲功成者, 何謂也, 四時之吏, 五行之佐, 宣其气矣,
聖人不言, 而百姓親万邦寧者, 何謂也, 三公論道, 六卿分職, 張其敎矣, 是知君逸於上, 臣勞於下, 法乎天也,
古之善相天下者, 自咎夔至房魏, 可數也, 是不獨有其德, 亦皆務于勤爾, 况夙興夜寐, 以事一人, 卿大夫猶然, 况宰相乎,
朝廷自國初因舊制, 設宰臣待漏院于丹鳳門之右, 示勤政也, 至若北闕向曙, 東方未明, 相君啓行, 煌煌火城, 相君至止, 噦噦鑾声, 金門未闢, 玉漏猶滴, 撤蓋下車, 于焉以息, 待漏之際, 相君有思乎,
其或兆民未安, 思所泰之, 四夷未附, 思所來之, 兵革未息, 何以弭之, 田疇多蕪, 何以闢之, 賢人在野, 我將進之, 佞臣在朝, 我將斥之, 六气不和, 災眚荐至, 願避位以禳之, 五刑未措, 欺詐日生, 請修德以釐之, 憂

心忡忡. 待旦而入. 九門旣啓. 四聰甚邇. 相君言焉. 時君納焉. 皇風于是乎. 淸夷. 蒼生. 以之而富庶. 若然. 則. 總百官. 食萬錢. 非幸也. 宜也.

其或. 私讐未復. 思所逐之. 舊恩未報. 思所榮之. 子孫王帛. 何以致之. 車馬器玩. 何以取之. 姦人附勢. 我將陟之. 直士抗言. 我將黜之. 三時告災. 上有憂色. 構巧辭. 以悅之. 群吏弄法. 君聞怨言. 進諂容. 以媚之. 私心慆慆. 假寐而坐. 九門旣開. 重瞳屢回. 相君言焉. 時君惑焉. 政柄. 於是乎. 隳哉. 帝位. 以之而危矣. 若然. 則. 死下獄. 投遠方. 非不幸也. 亦宜也. 是知一國之政. 萬人之命. 懸於宰相. 可不愼歟.

復. 有. 無毁. 無譽. 旅進. 旅退. 竊位. 而苟祿. 備員而全身者. 亦無所取焉.

棘寺(大理寺) 小吏. 王禹偁. 爲文. 請. 誌院壁. 用規 ㅣ 執政者.

木 24704 126
31 跨 2436143

慈 (我可麼) 公頁 | 요한 三章十六節

空方逆旅舍 | 覺遲苦夢長
時命順天使 | 獨生能人子

召我以擧行 | 提督基督徒
復我以起死 | 念玆在玆慈

春夜宴桃李園序 李白
夫天地者·万物之逆旅. 光陰者·百代之過客. 而浮生若夢·為歡幾何.
古人·秉燭夜游·良有以也. (古詩{晝短苦夜長 何不秉燭游}) 況·陽春召我以煙景·
大塊·假我以文章. 公桃李之芳園·序天倫之樂事. (下略)

1957 金 24705 127
11. 1 맑 2436144

誰家碩童子·揚飛雲乃鳶. 當日·有感
플이 프른 프리 따위로 하늘 프름이 다 흐
리믄 ── 닿으리만. ──
그늘 그느르시며 웅웅웅로 블히어 브
르시나니.
늘글 그리워 므른 믈로 흐르다가 블음
블리히 프른 하늘로 플리우리.
늘 그가 늘근 이오.

두고두고 설 절 므르면 뭐라리?
히 저믈게 저믈려 철나자 절믄이라
흡소서.
(뉘집 작란군이 애놈이 색기의 색기의 색기. 색색. 색기연을
날려 띄웠다는 날에. 느낌)
(온그 옴그 옹그 옹글. 살아잘아찰아리
참아 含.)

2 土 24706 맑 2436145 128

아부님 二十四週忌日

3 日 24707 맑, 흐림 2436146 129

그늘 늘그 믈블플 우웅웅웅로
온갖거ㅣ 온여 오름므로 옹근 살 잘이 찰일
참. 실. 절로 철이 나가 끊금 올옳옳옳네.
님 니기로 숨. 참아 含그
── 참아 참에 못엔 그릇도 빌어 빈빈
읎 끝에 빌어 옹글리 ── 우리 한웋그
ㅣ·ㅣ ㅇ예수ㅁ 쉬는 우리
그록다 그리스도록 아멘
午后에 두텁바위로
Smits 氏. 來訪. BAHAI 說을 듣다

1957 月 24708
11.4 하루

2436147 130

哭春江

人事消息通古稀 息政假政軍政來
徐世忠氏別世報 民政陣痛難省護

5 火 24709
하루
2436148 131

6 水 24710
비옴하루맑
2436149 132

春江徐先生永訣式 보다

1888.8.12 日曜 1957.11.2 土曜
戊子.7.5 乙卯 丁酉.9.11 戊寅

Julian-days No. 2436145 ← 2410862

親父 25284日 獨生
孰能一 3612週 自空子
本音在心 856月 唯一正言
覺今作故回 70年 何處見識意

欲正覺今是而昨非故作故歸盡也一
身是獨房世監獄 心王孫陣意外寇
親莫面會言告訴 思福田先覺前誤

7 木 24711 맑 | 2436150 | 133

8 金 24712 맑 | 2436151 | 134

人道非首鼠

近道遠色反比例　爲富爲仁葛藤式

發憤忘食整分數　好色好德矛盾籌

9 土 24713 흐림 | 2436152 | 135

받들리우이로

얻지되어 짐승에 떠러졌스나, 얼깨(神佛)어

오르란 뜻·말·ᄒᆞ며, 서나가는 사름이오니

얼차려서, 예춤질 ― 여기 좋다고, 는칠

질(淫ᄒᆞᆫ질)―말아 지이다.

드립다 먹고, 냅다 불친다. ――――

면, 뭔지, 걸차(貪스럽)게도 들리고, 快活ᄒᆞᆫ듯

도 ᄒᆞ나, 아닙니다. 더 떠러뼈지고, 서로 더욱

떠러터리기만 ᄒᆞᆸ니다.

입하늘은 밥 하늘, 아리턱은 두손위(手上).

입하늘이 움지길제 降福天使를 모아야ᄒᆞ고.

아리턱이 움지김을 두손 울로 들어 飮福盃를
받들므를 確實吟味 ᄒᆞ도록 誠意가 나는
때. 謀道不謀食 의 節次와 食而知味의
眞情意義를 얻으리이다。
　사룸은 드림다 먹는게 아닙니다. 아즉은
身畜(家畜은 없어도)을 더븐 오나 동안 療飢
식히는 끈이를 직힙니다。
　嘗義極致 曰 正食 — 食事卽祭祀。
— 靈과 眞으로 절보이는 날엔 ———
모든 禘嘗도 祭祀도 廟堂도 壇社도 聖晩
餐도 脫皮蛇退로 벗어저 버립니다。
　카토릭에서 忘食遠色의 痕跡을 可觀
ᄒᆞ겟스나 聖體(麥麵包)을 「미사」에 절ᄒᆞ거
나 聖體擧動의 降福에나 다른 귀신 잡으러
나가게 맨든 制度에는 너무도 들려이라
ᄒᆞᆫ. 人子들은 못들리게 ᄒᆞ여 뵌 뒬에는
불 벗이를 끌고 ~~주러 빗어 안을 놀가나~~ 돈 사룸 산이에도 주러 뱀 걸린 데를 찾아다니게 되니
~~다~~ 붑니다。 禘, 自旣灌而往者. 吾不欲觀之矣. (論語. 八佾)
　술 취ᄒᆞᆫ 지아비를 칫힌 지어미를 끼안고
넙디 쓸어 붙친 것이 二世「아이슨」것이라면
다시 생각히 봐도 아름답질 안습니다。

차라리 잊고 싶습니다 [어던에서브터 좇아 온 뱀(자지)이 일깨(實은 달래)지 않으면 벌서 옛날에 잊었을 것인데]

열차린 지아비 지어미가 있어 사름씨를 참 잘 빠흔 쉬을라면 千万에 넙다 붙치다 말될붕가. 혼수있대로 닫히지 않게 가장 고히 『보넬』[보고. 보고. 싶어 넬] 게 아닝붕가

이러흔 새 「위아비」가 난다면 果然 慈父일것입니다.

이날까지 그짓 온 누리아ㄴ 깨쳐라 孝子表彰 그만 두고. 慈父陰德을 싸드리고. 드려지이다.

(晦涵)

徒步

此生度幾思無邪 從吾以來將來今
吾年行事徒有步 因此而往上往古

1957 日 24714 136
11.10 비 2436153

唯气

身世親言無道理 精神況且何曾考
心思未約洗練期 神也精也元亨气

君不見太素行色 立命行創造天堂	太	太	太	數	事	因
	極	元	素	一	初	言
	立	命	行	創	造	人
	極	元	色	始	初	子

心學曰 太極、道之極也。太元、道之元也、太素、色之本也、太一、數之始也、太初、事之初也、其成功一也、

〔記者曰. 無極一之一也。〕

1957 月 24715 137
11.11 誌 2436154

無心無我時 有心有我處
為己學誠意 為人放邪思

自中得天外知人 得天知人中庸道

그루터기 맞五9 눅十九42
우리。적힌 니야기 가지고 읽으면서 올
나·가시려는 1들은 읍시다。
아니호면·안된다。——참말슴——을
믿지도·좇지도·아니힛댓고、
호면·된다。——큰거짓말——은 드립
다 받아 먹고、넙다 싸 갈기며、나려
왔습니다。그려。
인제 울지 않고 웃지 호렵닝가。인제
도 오르로 이없이 떠러만 터리링가
된일히·된 하늘이오、못된일히·못
된 땅입니다。
우는 이는 좀이 있나·니、저희 몸이 삭
아 나릴것이 미오、
웃는이는 언잔흘것이니、저희 몸이 복
개 올라올것이미니다。
몸은 앏로 나리고 머리를 욱로 들어야
섭흡니다。
몸이 올라가면、머리는 거꾸로 박힐
밖에 없읍니다。

오 아이 오! 웋이 읋이 웨! 우 에

흰 구름웅 높 떠운 힐 (자빠져) 자제 봐도 편안 킨만.

하늘 빠처 달 댕인 물 굽어 보니 엊득(무슨이) 제 홋.

우리레
우리리 한웋님 계에 절뵘읋이 올(알·얼)음징.

옛날엔 文章才子은 오늘엔 文學靑年 들이 때양 不遇혼 탓으로 뜻을 詩色에 붙친다 ᄒᆞ지만 그들이 得意當路핫드면 忘食遠色 ᄒᆞ고라도 世上 바로 잡기로 全力ᄒᆞ엿것단 말상이 뉘保証ᄒᆞ리. 水中月 조차 곱 마ᄒᆞ고 白水戲弄 ᄒᆞ기 되는 것도 人造水 스런 「어른장」 하나 것지만 여기서는 「오른장」을 못 읽는 이들 「어른장」인 갓가해 본다. 「사름은 배움에 살아, 살리기를 배움으로 제 세상 맞이기 까지 ᄒᆞ나니 邵康節 말ᄉᆞᆷ 「그이의 배우는 것은 몸 블크는 것이 밑을 ᄒᆞ고, 저, 남을 다시리거나, 몬을 다르는 것은 다 남저지 일이다.」 ᄒᆞ엿습니다. 몸 블크는데 副産으로 된다는 뜻입니다. (君子之學, 以潤身爲本. 其治人應物 皆餘事也)

또 말ᄉᆞᆷ이 「사름은 반드시 속알을 밝혀 담은 뒤에야 깃븐과 성내논데 잘못아니ᄒᆞ고 長官일을 보거나 ᄒᆞᆯ지이비로 ᄒᆞ거나 배운것이 세상에 높앗다 ᄒᆞᆯ지라도 또한 아모러지도 아님 같아아ᄂᆞᆯ 것이다.」ᄒᆞ엿습니다.(人必有德器然後、喜怒皆不妄.為卿相、為匹夫、以至學問高天下、亦若無有也)

속알을 밝히고 밝히! ᄒᆞᆫ서 웋로 올으는 그이를 여러서「오름장」을 가진것으로 말슴입니다.

水 24717 139
13 맑 2436156

허울 좋게도 속알 빠진이 (두머리)
얼을 찾아 보실이면 나와사괸 얼골일데,
날가서도 낮이 낡다 달간데도 낱이 닭대,
낡낮낱 얼골론몰라 얼찾는말 못든다.

낮에마주 낯을낱위 뵈고보아 괴인새에,
날갓다면 달가옵지 않으리만 철철 가려,
얼골로 모르신가봐 얼찾는딸 못보니.

木 24718 140
14 맑 2436157

얼빠친 채, 바람마진, 버러지 [한머리]
히달 낱아 제않돌리 나는낯에 나직다위,
낡낯찾아 꽃에서 꽃 낱낱살살 기에話고,
참빠랄 밟있슬손가 닶꿈꿀수 있슬가。

1957 金 24719 141
11.15 밝 구름 2436158

소리 —— 신다
목숨줄로 식힘계셔 븨탕한데 나드리는,
아둘노릇 흐고잘데 끔꾸ᅵ 쓰다 지루타 ~~말씨~~ 나ᄉ.
낱블러 들고오나라. 죽음구름 ~~개본낭~~ 뚫코솟。

나. 모르겟스나. 아브지
죽어지면 없어지며 살아서는 가젯던가,
가저봐도 못쓰겟고, 모른체도 않될너라,
나는나 밖에는없고 죽도사도 아브지。

16 土 24720 142
맑 구름 2436159
各其觀
李白醉太獨白 桃李芳園天倫樂
多夕夢外惕若夕 誠敬書院人倫盡

谷神不死

有無相生陰陽輪 　諂有蔑無迷中迷
生死一如出沒谷 　好生惡死惑上惑

䷎謙 　䷙大畜

天音人言

生來有言借口能 　代代斷言猶遺志
死去無口還本音 　世世欲言大畜音

音 (訓民正音)

有意莫遂識 　一言全一歸
妄言不一故 　父音子如故

俗歌

人生行路難、所謂、得意處、待遇時、平地落傷、尋訪應揚空、無妨供養會、殊勝酬應辱、無聊待空息、古人有言曰、閒居慎勿說無妨、纔說無妨便有妨歌說、訪、妨、辱知、不知辱。

分外好意曰稱辱。例之 一辱交 一辱知 一辱臨 一辱命。

害롭지 않지 말은、시름없이라도 무、
해롭지 않지 ᄒᆞ고、말을 ᄒᆞ자 해롭소。

1957 日 24721 143
11.17 흐릿 2436160

18 月 24722 144
맑 아지랑이 2436161

빛

난 낟은 낟음으로 낟이오, 낫어 낮아 낯이운 낯이오니,
한늘 낟도, 사름낯도, 참빛! 아니로소이다,
참빛은 한웋님계만 빛갈빋탈 속알이.

빛갈

빛입 빛에 빛갈빋탈 우리속알 빛아들이,
빛의아들 첧글빛글 도릭히일 참빛님계.
이일줄 눈깜작있가 없습니다 아아멘.

기니디리미비시이지치키티피히 아야어여오요우유으이오

瞬有存 눈깜작 숨새록 숨질잠 치키웋 息有養

참말슴 틈엄시
至誠 無息

키
히 기
히 치 지 이 니 기
치 니 기 미

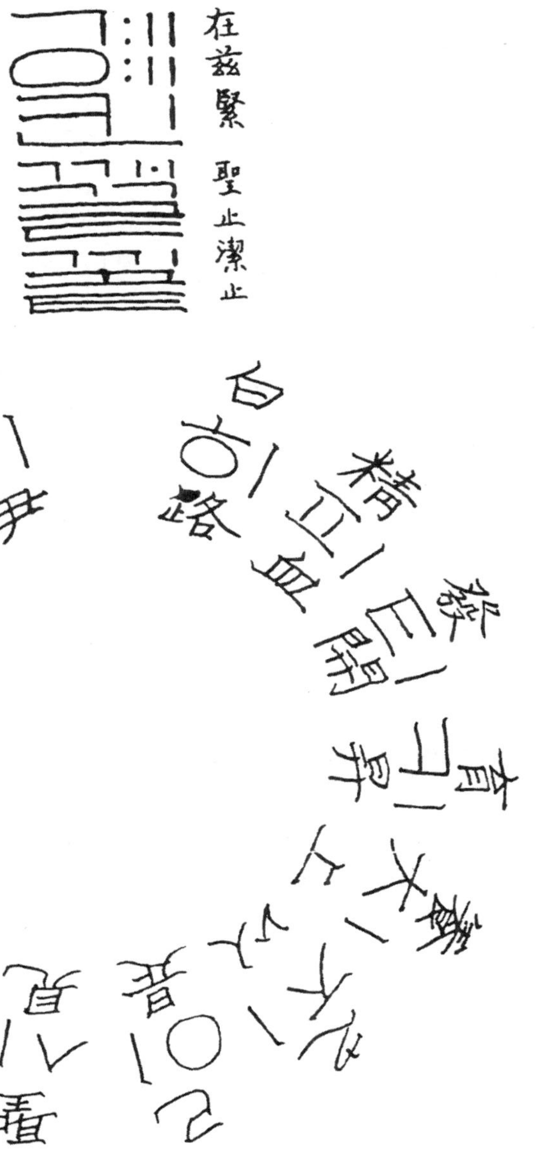
在茲緊
聖止潔止

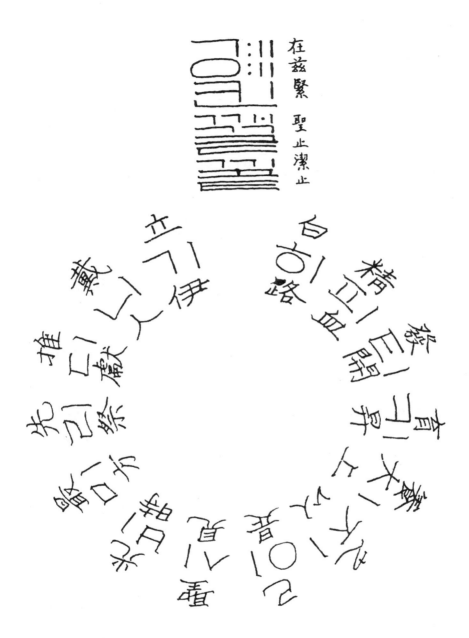

신 관

죽은 뒤에 신관 좋다. 늙은 낯은 산데만 봐.
깊은 주름 먹은 나이, 넘은 히달 설핏흐지.
지난일 들숭날숭이 이끌 막아 놓니라.

19 火 24723 효력 2436162 146

나는 산 아이 — 솟날! —

뱁대강에 허두갈래 — 독널해 와 맛 널허!
주둥이에 살곳 하나 — 널른 흐는 말이 「맛 있다」!

맛은 혬곳이 보놓데 왜 온 나라이 들석일가?
맛은 입에서 보놓데 왜 온나라이 기우럴가?

또, 맛 때문이랜 이왕 맛난 맛을 길게두고보지! 왜 좀 흐다가는 놓지어서 네가 모른체 흐랴는 고개넘에로 보낸단 말이냐?

또, 네ㅣ 그러케 좋다든 맛을 보내고도 왜 너는 게 묻어 가 버리지 않느냐? 말이다! 오끌보기 시른 놈!

해 논 온「나라」ㄹ 그르치ᄂᆞᆫ 한 좀팽이!
입은 그 몰래 맞나논 굴속!

사ᄅᆞᆷ아「나라」ㄹ 말 던지!「나라」ㄹ ᄒᆞ면서 이ㄹ
뱃대장세의 해 —— 주둥이의 삶곳 —— 고 것에게
온누리 놈들로써 끌려 가다가 거꾸러 지는거냐??

사ᄅᆞᆷ아. 네 거룬 걸을 다시 일르니 드러라!
맛. 알마지 넘어서. 맞이에 나아ᄒᆞ고. 맞이에 알
마지 나아가서는. 맞입이 있어야 ᄒᆞ는. 네 몸은 알
마지 길이니라。

『나라』ᄒᆞ는『나』노릇 뚜렷ᄒᆞᆫ 길이니라。

계집 ~~맞~~이 아니다! —— 丈家들고. 媤집가는 —。

이때. 이누리. 그늘 줄. 뉘. 고누리、
잠잔 맛은 깬 뒤에 앎 믿는 맛은 앞서서 몸、
맛보기로 맛붙이란 얼덜결에 떠는 거울、
맛맛이 맛돈양 닮금 뒤보잘건 뒤가뫄。

맥힌 뒤 터지면 쏘다·진다

똥싸붕개는 누리 버려 맡기면 말로 막을셈

속으로 속으론 못된짓을 밖으로만 잘할단,

길에선 벌써죽은놈 뒤 못보다. 죽더라。

1957 水 24724 146

11.20 맑 2436163

없가·장 하·나·한

참 참 참 일씨 헤 알임

가·장 얻듬 바탕 하·나· 첨 말슴

서서 쉬 다니 닦기/댕기게 맨든 사름

가·장 얻듬 빛갈 빛롯은 첫아들

· 참	참	참	셈	일	씨
가	얻	받 太太大數事因	하	첨	말
장	듬	탕 極元素一初言	나		슴
에	에	에		에	에
세	숨	가 立命行創造人	듬		사
운		는 道			름
가	얻	빛 極元色始初子	비	갓	아
장	듬	보 本	롯	첨	들

외마듸 잘 치는게 英雄

하늘돒때 따에따라 사룸고루 드러된일,
밥알하난 잃그런가 실한올은 잃그런가,
잇다감 은곰모른놈 흐면된다 외마듸。

1957 本24725 147
11.21 맑 2436164

아둘

이때까지 흐면된단 거친소린 흠칠 속알
아니흐면 아니된단 어머니꿈 아보지뜻,
참믿고 따라간것이 아둘인가 흐노라。

아브

아바지는, 우리아보, 나를웋로 그려내싢,
나를알로 깊흔주렁 떠러친이 아브될가,
땋에이 아브못된단 그리스도 시어참。

具眼者

有眼無視何人事 不可無視虛空大
無情有照至大明 不可有見彼此名

알 일 모를 일

님의 된일 나나알고 넌제 될일 모름직허.
아니ᄒᆞ면 안되는일 밝히알아 ᄒᆞ고보입.
외마듸 ᄒᆞ면된다고 님울없이 ᄒᆞᆫ소리.

22 金 24726 맑 2436165 148

知不知

眞人無夢時爲正 形而上下同異差
覺者不生方能現 我以左右莫可辨

精神絶嗣·人口窒塞息 音卅三4

精神氣衰幾多時 渴弄食色棄孤寡
心思不正身世遲 死鬪功利取殘羸

23 土 24727 맑 2436166 149

무엇 타고 가나

비단 비담 빈탕이오 보단 바땀 받탕에서.
빈탕둘려 드미러본 바탕으로 받탈티니.
타·다가 나:타·나가만 제 계 갈가 ᄒᆞ노라.

주기와 받기 (넷머리)

주고주고 주는이가 받고받고 받는이를,
불상타고 사려라고 주고주고 준답디다,
그러나 받게된 받악 죽업비러 가니라。

땅바닥에 나자지고 나진낯을 쓰고난데,
치키워서 오르시로 솟아나가 사릅기로,
사룹이 올오름 올흥기 머리웅로 드니라。

病들어서 藥도 한때, 주리어서 비름한끼,
머리들고 니러나면 팔다리를 굽날으면,
하늘이 나린밖에이스 받을줄이 있스리오。

내주기를 실타면서 받악받악 뜯거왔고,
억울흔게 멀정히도 몰려대며 멕해온씨,
하기로 빌덕는된에 끼리받악 악을악。

숨 키 김
새 도 긔
록

그저록한 김을 그니 잡아 댕겨서. 우리목숨을 키우도록 「높히」 새록새 갚히 쉬는 숨새를 가져.

김그. 키도록. 숨새.
김그록. 숨새록.

1957 日24728 150
11.24 밝 2436167

月24729 151
25· 흐릿 2436168

탈비 바탈

빈탕 뚫려 나간 삶이. 바탕 드려 넣온게집.
잠자 듣는 꿈이좋다. 깨서 보는 꼬임두곤.
꿈마장 깩끈히뵐손 꼬임볼줄 있스라.

하인(식힌)척. 따라. 돌온가 사룸
나진 낮과 바라는밤 나를밤낮 가라키고.
줄곧 바다 물이못나 태워살워 불이낳게.
알마짐 풋풀 프름새 하늘가장 프를룸.

26 火24730 152
흐릿 2436169

1957 水 24731 153
11. 27. 비 2436170

船息

無邪聞夢勝生惑 涉空自心大丈夫
惟順復命得正嘉 着實身呂處室家

(빌닙보 二 8.) 사람의 모양으로 나타나셧스매 자긔를 나초시고
죽기까지 복종하셧스니 곳 십자가에죽으심이라

木 24732 154
28 맑 2436171

산아이의 노릇이 (거칠지만·살림!)
보고듣고 알아홀뜻 나라가는 빈탕한듸.
어서 듣가 어듸질가 밑도끝도 모른단듸.
하기에 믿음을 찾아 산아이의 노릇이.

예집사리 닫맞이 (좀팽이·믿음?)
보고 듣고 좋은것만 골라갖고 실린즐겨.
지나간일 알게없고 닥의닶일 물어헐히.
우리는 참좋지 않아 예집사리 닫맞이.

金 24733 155
29 맑.언개. 2436172

十字架上七言序
見哭行進 누가 廿三 27—29
上祈救託號喝終
敵 누廿三34. 罪 43. 毋 요十九26 訴 맡廿七46 막十五34 我 요十九28. 了 30.
復命父親 누가 廿三 46

人詩
十字架上七言序 詩所以謂詩思無邪
祈救託號喝終謝 누46/23 耶穌生為人生無邪

土 24734
30 흐릿
2436173
156

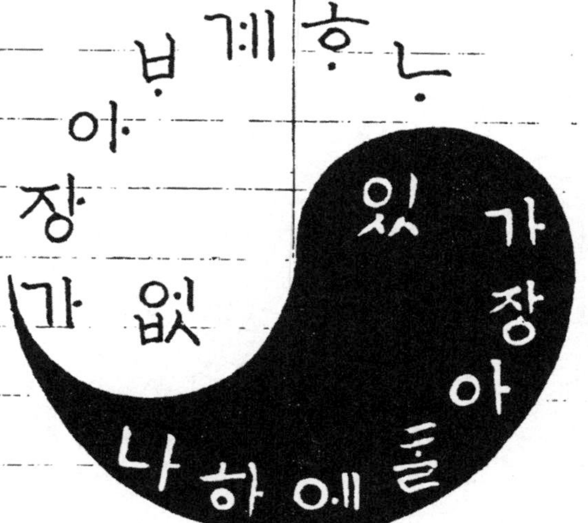

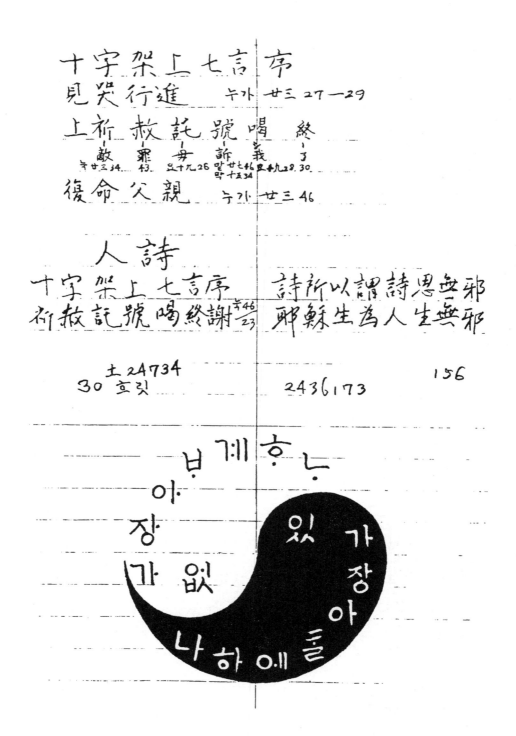

1957 ㅂ24735 157
12. 1 맑

2436174

좋고 좋다.

없으면 없어 좋고
있으면 있어 좋다.

빈탕은 둘러 좋고
받탕은 가려야 좋다.

잘 드러 모르니 좋고
깨나 아르니 좋다.

가리니 갈라고 — 앞이 가리니 앞으로 더 갈라고
아르며 알란다 — 몰라 아르며 몰스록 더 알란다

니. 머?
잘 — 네홀본 — 갈 라 는데 가리지 않나
맛 — 네좋단 — 알 라 는데 알지 않나

그. 만!
맞트님 께. 내버려 둘다.!!

께 — 된.되로 에 [가.오]서

네가 저므도록 되되되리로도 못된 너된 꿈.
깨(갓터) 보리(뵙) 마지 올리라 (내 될)

넌젠Ⓘ 좋고 좋다. 참! 좋고 좋다.

2 月 24736 뫎 2436175 158

3 火 24737 뫎 2436176 159

힣 길 (이 환치 않으매, 뭣은?)
푸새 남은 밑이들고 꺼풀 싱싱 산다지만
사름 나란 머리솟고 속이 성히 산는 계로.
계에와 예계 Ⓘ 되 하나된길 두리라.

한 길 (읊 그리스도 록)
둘더위는 하나밖에 아넌것을 와버리고.
셋·넷·다섯 반반이고 많이 있다 깨를 줍네.
맨 먼저 그릇깨치며 기흠길만 멀달가.

4 水 24738 뫎 2436177 160

有分失全萬物生	万物欲復歸一心
分明不及混然一	一眞元來會同密

一頌

歸一爲眞來元子	父也子也本一體
一頌成信仰天父	天也地也人正字

1957 木24739　　161
12.5. 日　　2436178

又言

言相告訴. 衆口囂訟. 孔子終言. 使無訟乎乃至吾欲無言. 天何言哉之歎. 老子嘗言善者不言言者不善之句. 本音木訥正音一言. 君子剛毅內重深遠. 大審判前の衆口難防.

마 가 나　세
장 장 장　ㅅ
차 자 사　참
리 리 리

金 24740 162

6 맑 2436179

나·진 나·를

사·름으로 나·진 낯에 놓임보입 없잔생각、
가·다·끝에 봬봄 뫗맞 날라닦여 보게되옵、
누리로 벗히신것은 높히올라 오라신。
찼 높이었스면 훨신 높잇는 것을
八一五에 풀리었지 누가정말 봬봤더냐、
봬보인데 높보입지 얽맺든틀 끼고길가、
아우들 된고 넙스매 또한자리 높다리라。

지는 것인가 ᄒᆞ고 시름ᄒᆞᄂᆞ이다.

우리 아ᄇᆞ지여 아ᄃᆞᆯ들 이 ᄭᅮᆷ에서 뚜렷이 ᄭᅢ워 주시옵소서. 아멘. 30/9.1957 새벽

뉘 ᄭᅮᆷ

값없이 꿰준대도 꿔준김에 주금지리、

꿈빌생각 아예말고 제대로 계도라가리로다.

죽음은 큰일만 알게 뉘꿈인가 ᄒᆞ노라.

眞人無夢時爲正 形而上下同異差
覺者不生方能現 我以左右莫可辨

Ne strebu al tiu nokto,
Kiu forigas popolojn de ilia loko. 20/36 IJOB

계 보입 제

참 계시사 우리 빌어 (구어) 있는 이에게는 없시 녁여 지며,

모든 것을 모도아 알아 ᄒᆞ시사 우리 빌어 아는 이에게는 아모것도 모르실 같이 녁여 지며,

온가지를 온굴게 ᄒᆞ시사 우리 빌어 ᄒᆞ는 이에게는 하나도 아니 ᄒᆞ실 같이 녁여 지셨나이다。

이러히 계시며. 이러케 아시며, 이러틋 ᄒᆞ시는 우리 아ᄇᆞ지 계로서 어찌 떠난 아들 된 우리는,

이제 빌은 길로 곬을 구하면서 —— 우리가 이것을 「있거나」「알거나」「ᄒᆞ거나」 ᄒᆞᆯ기 때문에 ——

우리가 이곬을 깨고 빌은 것을 돌니는 터몬, 그제야 참, 아ᄇᆞ지 안에 있고, 알고, ᄒᆞ야, 우리가 참 살 것인 줄을 모르고,

도로혀 무슨 —— 없어지고, 모르고, 못ᄒᆞ는데 —— 바꿔 말ᄒᆞ면 아조 삶이 없는데로 가

가티 저희도 누리에 붙지 아니 홈(한)을 탓홈이니이다 15 너희
에 속ᄒᆞᆫ것을 말ᄒᆞ니니라 하늘로서 오시는이는 만물우에 계시니니 그가 보고 드른것
가 비웁는것은 저희를 누리에서 다려가시기를 위홈이
을 증거ᄒᆞ되 받는이가 없도다 八23 너희는 아리서 낫고 나는 우에서 낫스며 너희
이니오 오직 못된데 빠지지 안케 돌보시기를 위홈이니
이다 16 내가 누리에 붙지 아니홈 가티 저희도 누리에 붙
는 이세상에 속ᄒᆞ엿고 나는 이세상에 속ᄒᆞ지 아니ᄒᆞ엿나니라
지 아니ᄒᆞ엿삽나이다 17 저희를 참으로 거룩ᄒᆞ게 ᄒᆞ옵소서
아부지 말슴은 참이니이다 18 아부지께서 나를 누리에
보내신것 가티 나도 저희를 보내엿고 19 또 저희를 위
ᄒᆞ야 내가 나를 거룩ᄒᆞ게 ᄒᆞ오니 이는 저희도 참으로 거
룩홈을 얻게ᄒᆞ리라 홈이니이다 20 내가 비웁는것은 외사
름들만 위홈이 아니오 또 저희말로 ᄒᆞ야 나를 믿는
十16 또 이 우리에 들지 아니ᄒᆞᆫ 다른 양들이 내게
사름들도 위홈이니 21 아부지께서 내안에 내가 아
잇어 내가 인도ᄒᆞ여야 ᄒᆞᆯ터이니 저희도 내 음성을 듣고 한 무리가 되어 한목자
부지 안에 있는것 가티 저희도 다 하나이 되어 우
에게 잇스리라
리 안에 있게 ᄒᆞ사 누리로 아부지께서 나를 보내신
것을 믿게ᄒᆞ옵소서 22 내게 주신 뚜렷홈을 내가
저희게 주엇사오니 이는 우리가 하나이 된것 가티
저희도 하나이 되게ᄒᆞ려 홈이니이다
十四23 愛則從言則父寵 우리가 저에게 와서 거쳐를 저와 함게ᄒᆞ리라

8/2 FILIPIANOJ

Kaj troviĝinte laŭfiguro kiel homo, li sin humiligis kaj
farigis obeema ĝis morto, eĉ ĝis la morto per kruco.
Kaj troviĝinte laŭfigure kiel homo, li humiligis sin kaj
farigis obeema ĝis morto, kaj tio la morto per kru

이제 아들의 뚜렷ᄒᆞ고 ~~ᄒᆞ온ᄂᆞᆫ~~ 아들 안에 뚜렷ᄒᆞ시도다 32 한울님이 아들 안

요한 시김 · 보입

에 뚜렷ᄒᆞ시면 한울님도 한울님 제 안에 아들을 뚜렷ᄒᆞ게 ᄒᆞ시리니 곧 ᄒᆞ시리라.

아부지여 때가 이르렀사오니 아들을 뚜렷ᄒᆞ게 ᄒᆞ시ᄋᆞ 아들

十三31 지금 인자가 영광을 얻었고 하나님도 인자를 인ᄒᆞ야 영광을 얻으셨도다 32 만일 하나님

로 아부지를 뚜렷이 ᄒᆞ게 ᄒᆞ옵소서 2 아부지 계셔 아들에게

이 저로 인ᄒᆞ야 영광을 얻으셨으면 하나님도 자기로 인ᄒᆞ야 저에게 영광을 주시리니 곧 주시리라

주신 모든이에게 늘 삶을 주게 ᄒᆞ시랴고 (살팽) 온 ~~씨알을 잇그~~는 (살 그늘루)

힘을 아들에게 주셨음이로소이다 3 늘 삶은 곧 오직 하나신

十二50 나는 그의 명령이 영생인 줄 아노

(참) 한울님과 그의 보내시는 그리스도를 아는것이니이다 4 아

라 그러므로 나의 말하는것은 내 아부지께서 내게 말씀하[redacted] 그대로 말하노라 (이사야 五九 21) 六29

부지께서 내게 ᄒᆞ라고 주신 일을 내가 이루어 아부지를 이

하나님의 보내신자를 믿는것이 하나님의 일이니라

누리에서 뚜렷ᄒᆞ게 ᄒᆞ엿ᄉᆞ오니 5 아부지여 맨첨브터 내가 아

十二24 떠러져 죽지 아니ᄒᆞ면 한알 그대로

부지와 함게 가졋던 뚜렷홈으로써 이제도 아부지와 함게

있고 죽으면 많은 열매를 맺나니라 25 자기 생명을 사랑ᄒᆞ는자는 잃어 버릴것이오 이

나를 뚜렷이 ᄒᆞ옵소서 6 누리 가온데서 내게 주신 사ᄅᆞᆷ들에

세상에서 자기 생명을 미워ᄒᆞ는자는 영생ᄒᆞ도록 보존ᄒᆞ리라 26 事·從·居·寵· 27……

게 내가 아부지의 이름을 나타내엿나이다 저희는 아부지

… 그러나 내가 이를 위ᄒᆞ야 이때에 왔나이다 28 아부지여 아부지의 이름을 뚜렷이 ᄒᆞ시옵

것이엇는데 내게 주셧스며 저희는 아부지 말씀을 지

소서 ……… 같이되 내가 이미 영광스럽게 ᄒᆞ엿고 또다시 영광스럽게 ᄒᆞ리라

너엇나이다 ……… 9 내가 저희를 위ᄒᆞ야 비옵나니 내가

비옵는것은 누리를 위홈이 아니오 내게 주신이들을 위

홈이니이다 저희는 아부지의 것이로소이다 10 내것은

다 아부지의 것이오 아부지 것은 내것이온데 내가 저희

로 말미암아 뚜렷홈을 받엇나이다 ……… 13 이제 내가

아부지 께로 가오니 내가 누리에서 이 말을 ᄒᆞ옵는것은 저

희로 내깃븜을 저희 안에 그득히 가지게 ᄒᆞ랴ᄒᆞᆷ이니이다

14 내가 아부지 말씀을 저희게 주엇사오매 누리가 저

희를 미워ᄒᆞ엿사오니 이는 내가 누리에 붙지 아니홈

三31 우으로브터 오시는이는 만물우에 계시고 땅에서 난이는 땅에속ᄒᆞ야 땅

1958 木 25047(陰八·二十七日) 469
10.9 2436486己未 896

起床卽景

孫女啼止眠 月出東山上
婆室纔消燈 鐘打三點中

톤 바로 누리에 슨데 톤단여 ㄱ 나 ㄲ
솓 바로 우리게 슨데 도닭여 ㄱ 나 ㄲ 예

制字癸亥冬 一四四三年
解說丙寅秋 一四四六年

五百十二周年ㄱㄴ紀念·兼追慕先父母

老吾子吟

老聃出生稱老子 吾友平日幼吾幼
癡人至死喚不老 自心晩時老吾老

말됨 (아담——사람)

코리아·인도, 「사람을 舍諦이라」 이른다. 면,
히브리 첫사람, 이르기를 「아담」이란 다. 고,
다람쥐 아람쥐 먹음 먹음 뜻이 또 있지?.

同甲先妣考
誕生正七周
1863年
1866年

10.10 金 25048 밝은 날의 밤비 2436487庚申 470 897

어머니 도라가신지 일곱 돐날· 2557 밤낮 바뀌, 살얼속몬도 맑금 갈렸으이.

훈뎌

훈뎌는 바로 곧 우리 안 · 우리가 훈뎌ㄴ 밖에.

안밖 없있 제계 나 드리 

1958 土 25049
10.11 비갰다흐림 2436488 辛酉 471 898

빋금 주금 밖 나므로。 밝음죽음 않 살으리!

덧 덧 이
한맛 같이 봤어야! 알아야! 본새? 앎 사인가?
맨첨끝것 늘 누구나 한뜻 함께 받으오리!
뚜려시 받드리우이 드나 나나 덧덧킨.

뚜 려 시
뚜려시 들어 둥글뭉글 온흔 웅덩이 웅로.
올나 올타 옳굴려 옳울히 너피져 오르리.
우린옳 웅으로올라 ㈜ 은숨을 찾아마.

原始反終 故 知死生之說。易之爲書也 原始要終 以爲質也 (繫辭上四章 下九章)

제 계 ᄀᆞ 나그네
희난 낮에 낱은 꽃들 맞보다 허진 몬음에.
땅위 열린 바깔바 밤에 잠자자란 몸얼이.
얼골쪽 손 뫄못봤건 한얼올ᄀᆞ 나그네

12 日 25050 2436489 壬戌 472 899
맑

13 月 250.1 2436490 癸亥 473 900
낮뒤비

이 ᄀᆞ 맨말슴
하늘 높고 땅 얕아 머리 곧혔고 발ㅡ담겠세리.
비스시 몯아 호되 무데기 진몬 좋싫 생기고.
한그림 울어리 그림 땅낮흔 낮 달리 됨。

눈살 雪膚과 눈ㅎ살 眼矢
열음날에 어름판아 필리 살리 쓰다 놀다.
낮훈낯에 낱은 낯들 보고 뵐러 설대 익대.
받을때 많이 만달래 녹는불에 죽음살.

14 火 25052 비 2436491 甲子 474 901

15 水 25053 흐림 2436492 乙丑 475 902

16 木 25054 맑 2436493 丙寅 476 903

吾信
自然有常我欲前 自然以上父子元
我欲無常自然後 自然而下男女媾

17 金 25055 흐림 비부림 24,'494 丁卯 477 904

18 土 25056 맑 2436495 戊辰 478 905

19 日 25057 맑 2436496 己巳 479 906

20 月 25058 흐림 2436497 庚午 480 907

讀實存諸法學
判事體仁足以長 自由己來爲仁人
主人未全客無盡 隨處爲主立地眞

言辭詞
虛誕假生來 無去無來子
實存眞亡去 正言斷辭處

言 論說、陳述、言語、文詞、訴訟、

詞 言語、字句、詩歌、文章、 意內而言外也。

語 「說文」直言曰言. 論難曰語. 從口辛聲.
「周禮註」發端曰言. 答述曰語.
「釋名」言宣也. 宣彼此之意也.

音 「說文」聲生於心. 有節於外. 謂之音.
「禮樂記疏」聲既變轉和合. 次序成就文章. 謂之音.
「詩經序」情發於聲. 聲成文. 謂之音.
「禮記註」音單出曰聲. 「又曰」審聲以知音. 審音以知樂
則. 聲. 音. 樂 三者不同. 以聲變乃成音. 音和乃成樂

1958 火 25059
10.21 흐림
2436498
481
908

ㅎ ㄴ ㄹ
있다가 없 없다가 있 큰참 첨가 끝끗 넘가、
열맺 맺힐 씨 망울 속는 속알 말슴 참 있슴、
하나의 든들러 너나간 너고 나고 한셈會

22 水 25060
흐릿 맑
2436499
482
909

있 있
다
시
고 와

履信思順
點點盡畫月日星
欲盡不盡無盡畫
盡意盡言神明德
默而成之不言信

23 木 25061
맑
2436500
483
910

흔 되 솟 삶

먹긴 싫고 누긴 좋다 홀살림이 없사읍듯.
먹기는 좋지만 누기는 싫대도 않될 생각.
삶좋고 죽기 싫닭과 삶싫죽즮 흔되솟.

닫자. 뛰자. 날자. 솟자. 삶생. 생삶. 흔되솟음.
웋로. 웋로. 옳고. 옳다. 솟남 으둘. 한옯 아부.
눌된고 깔고 앉임야 옳을줄이 있으리.

實存 ＝ 제부리은(自由) 데 × 제놓임(自蘇)

24 金 25062 소림	2436501	484	911
25 土 25063 비브림	2436502	485	912

낮아 진데서 적음

우리 나. 나. 하나. 나. 나. 나. 우리 하나 모 자리.
자리. 잠 좋고 자리. 낮을 지내 비란 밤 샐나.
새는날 다시 나러 나. 다시 나서 보잔 나. '나.1 적음.

맛 과 뜻

맛난 맛 맛나 맛 보지않고 맛힌 맞임내 맞
맛 맞 맞 봐. 못봐는 뜻의 얻고 못얻음에라
맛의 뜻 뜻의 맛이여 몸과몸인 사름의

가렵글금 맛과 간질그림 맛을 멀리 흐긴
다음에올 시름의 무섬을 알므로 써니라.
맛의 뜻 뜻의 맛이여 몸과몸인 사름의

1958 日 25064 486
10·26 맑 2436503 913

맛과 뜻 (히읗)

뜯고 듣어 얻는 뜻이란. 맛맛 봄과는. 달라
맛만 맛 맛아. 앎도·얻음도·없음관. 다르읍
다르면 이만 저만만 다르기로 말슴가!

눈살과 눈ㅎ살 (히읗)

살에 박힌 눈이라서. 살맞힐 눈살만. 녁이고
몸에 드나는 몸이래. 몸심부림만. 다ㅎ느나
멀거니 눈에 살박고. 죽이느니 몸이몸

27 月 25065 487
맑 2436504 914

始興廉洛駿君昏禮에參

28 火 25066 488
맑 2436505 915

速度 마라톤(1936年) 1時間 16Km 256 孫基禎
百米競走 35Km 294 오엔스

290Km 000 오토바이
1.200Km 000 乙 機
17.000Km 000 I.C.B.M

1秒間 300.000Km 000 光

淨土宗 六念 偈文

1 佛 救世大慈父
2 法 出離解脫門
3 僧 諸有良福田

念

4 戒 無上菩提本
5 施 具足波羅蜜
6 天 護法利群生

29 水 맑 25067 2436506 489 916

養 心 歌　邵 康 節

得歲月 延歲月 得歡悅且歡悅
萬事乘除總在天 何必愁腸千萬結
放心寬莫量窄　古今興廢如眉列
金谷繁華眼底塵 淮陰事業鋒頭血
……中略…… 時來頑鐵有光輝 運退黃金無艶色
逍遙且學聖賢心 到此方知滋味別
粗衣淡飯足家常 養得浮生一世拙

相 好

世間云謂人相好　尚賢審奚角差大
參伍三一庶幾考　剛健神色第一號

30 木 흐림 25068 2436507 490 917

31 金 맑 25069 2436508 491 918

逝 辭

世 間 多 祝 壽　天 上 不 遠 歸
囹 圄 長 期 因　游 魂 爲 變 籌

四 自 己 分

無 命 自 生 絶 不 得　精 气 自 瀆 味 而 孽
有 分 自 衆 能 而 非　渴 口 自 易 未 嘗 試

{ 象 理 念 素 則 說 明 不 確 ― 主 觀 的 不 明 確.
{ 〃 現 實 素 〃 〃 〃 未 盡 ― 客 觀 的 開 放 性. } 主人未全 客未蘊, 藏客敬補兩探

1958 土 25070 492
11·1 맑 2436509 919

主體者吟
繼天立極消息地
藏密於彌通道中
亘盡現實情
豈能理念確
主人未成年
來客無時着

其辭危 危者使平 易者使傾 其道甚大 百物不廢
懼以終始 其要無咎 此之謂易之道也

2 日 25071 맑 2436510 493 920

아·부지 도라·가·신지 스믈다·섯돐 9131날 지나·ㅂ니다·

3 月 25072 맑 2436511 494 921

있이있 만하· 언제·어딕·누구· 다·앒 듯. 있다· 없.
없이있 하나· 언제·어딕·누구· 모르나. 우리 믿.
한웋님 하·나·님 계서 사·롬 너나· 제계서.

4 火 25073 인개 2436512 495 922

李東應 78 牧師來訪

5 水 25074 흐림 2436513 496 923

달 단 다·가·듬 {原始要終(了定)}

예(往)두 한(同一)사름이 낼(出資)죽어 어제 묻히 단 말기.
월나·을 줄로(神以知來) 알므로 가·두었 스므로 소니(知以藏往).
바꾸임(易) 그림(象)과·글시(卦) 사귀 爻 본(觀)들 다름 없.

알 참

우리 있다 고 홈은 예 있는거ㄹ가? 없는거ㄹ가.
예 있는거ㄴ 있다가 없을거 —— 늘 있이 예선 없.
예 있단 헤진몬지 곳. 없이 있 하나 알 우리.

啾啾吟 王陽明

知者不惑仁不憂 君何戚戚雙眉愁 信步行來皆坦道
憑天判下非人謀 用之則行舍卽休 此身浩蕩浮虛舟
丈夫落落掀天地 豈顧束縛如窮囚 千金之珠彈鳥雀
掘土何煩用鐲鏤 君不見東家老翁防虎患 虎夜入室銜其頭
西家兒童不識虎 執竿驅虎如驅牛 癡人懲噎遂廢食
愚者畏溺先自投 人生達命自洒落 憂讒避毁徒啾啾

癡衆忍樂迷繫累 惡下而落無斷
知識止樂覺解脫 好上以昇未達

6 木 25075 立림 2436514 497 924

終古目的一瞬瞑 肉味肉欲人心危
平生消息七旬間 木訥木德道義安

人不可言成一誠者天之道也
(未成長. 未成年. 未成人. 未成家. 未成國. 未成世界)
坤道无成代有終　乾知大始坤作物
終始反復始未畵　言成誠成天道序

義通乎禘嘗達乎易
一點我慢晝覺明　原始要終易爲質
萬頃幻夢夜寢幽　報本追遠禘以由

人望人妄 (望望望信望愛在天)
生得成在望　所望尚未得　로八24
若旣成何望　人忍以待望

峻極于天
不滿旣成服　克復无祇悔
何足旣成人　上達誠爲仁

爲无爲
爲以無爲達天誠　言必稱義處鄉愿
作用人爲到僞善　行論曰正謀略顯

1958 金 25076
11.7 맑　2436515　498　925

郊社之禮所以事上帝也 宗廟之禮所以祀乎其先也 明乎
郊社之禮禘嘗之義治國其如示諸掌乎

우리 우리 꺾이 단 말가.!?
쌔—흐름 되러 꽤 싸닥박곤 퍽곱다! 맨지기.
피—올린 가르다 찌—다ㄴ 꼬매쨌대. 꺾어꽂이래.
밝힌뜻 흘러는 삐릇 피올리다 제꺾에?

이리도 하나

듥낡 깨끗 살피 더럽, 살피 갸륵 몸뜻 가짓、
뜻몸 맑힘 살피 드림, 살피 씌워 흙듥 됏임、
한 뜻에 씌움되기론 듥낡 깨끗이 둘이랴:

8	土 25077 맑흐릿	2436516	499	926
9	日 25078 맑 비뿌림	2436517	500	927

있없 사이

있있 기리 누리잰다 있없 사랑 따에 붙재.
있있 에서 미운 새면 없있 가리 없애 겠대.
있 없 새로 없게 있게는 없있 한님 밖에 없

우리 잠자리는 밤에

이보, 이승이 꿈인줄은 알면서 시름 웁니?
꿈의꿈 속속드리 꿈에도 시름은 싫거던!
꿈이란 실없은 친구 제 싫거정 꾸라지!!

0	月 25079 비	2436518	501	928
1	火 25080 흐림	2436519	502	929

꿈 (마흔에 넷 쯤이니.)

꾸어 꾸는 꿈인바에 좋꿈들을 꾸고지고、
나 좋고도 남 좋 꿈가 남다좋건 나좋 꿈가、
앞의꿈 계집 꿈이고 뒤의꿈은 엄마꿈。

마흔 듥낡 좋가 비는 날。

子曰禘自既灌而往者吾不欲觀之矣○或問禘之說子曰不知也知其說者之於天下也其如示諸斯乎指其掌○祭如在祭神如神在(祭先主孝 祭神主敬)子曰吾不與祭如不祭

先王報本追遠之意莫深於禘⋮⋮不王不禘之法⋮⋮

「君子之祭七日戒三日齊必見所祭者誠之至也⋮⋮郊則天神格廟則人鬼享皆由己以致之也」

有其誠則有其神無其誠則無其神

「吾不如不」⋮⋮誠為實禮為虛」。

貞夫一者也

宇宙黙黙介石磊　燼燼塵塵無盡藏
一神存存在身交　知以藏往神以來

1958 水 25081　503
11.12 흐림 밥돼비 2436520　930

履 信 思 順

唯神體物人懷之　神而明之存乎人
觀物精義入于神　黙而成之不言信

있 도 없 듯　羅馬四17

있있 만하 있다없. 없있하나 맨 참늘 있、命無爲有
없없 자자 짐 본이. 있없 커남 알지 못흘가、哥前七31
모름직 있다 없듯곤 있도 없듯 보암직。享當如不享

13 木 25082　504
비　2436521　931

14 金 25083　505
비　2436522　932

ㄱ 늘 읗

몸에 긴이늑 몸에 긴이ㄴ ㄱ을 ᄉᆞ름、
있없 긴 없있몸 없있게셔 있없 제게、
나·가만 하나들셈은 늘읗인가

15 土 25084　506
비뜻　2436523　933

死　辭　借問食生事死中來君知也不知也宿口空心

食前惠明長終日　生後思感足成仁
食後習幽安無夢　生前觀文滿朔空

16日 25085 흐리다 맑다 2436524 507 934

生辭

生前信順死後安　貞一(太極)父母參兩之
會後適充覺前息　食息色嗇四象寔 (覆信思平順)

셈 數

셈은 열려질셈(열리져서 나갈 셈)도 열려서 떠러질셈도 아니고
하나둘셈 뿐。

數

數者二一三畫者也卽翼夫一之參畫者也
毋計展開明徹策且非開落反復道也

17日 25086 흐리 맑이 2436525 508 935

따 에서 ᄉᆞᆷ

우리가 발로 밟는 따.
우리 발을 잡아 당기는 땅인가?
우리의 발이 담긴 흙탕물인 땅인가?

우리의 "들머리"(乾) 웋으로 하늘이면!
우리의 "땡길발"(坤)로 드듸고 댕기어 갈 드딤흙뿐!!

예 드듸어 따 디 땅!
우리가 땅땅 굴러 밟는 동안.
땅도 제대로 굴러 가도다。

우리가 이 어릴때만 타게된 이 작은 수레에 곱게 구러서,
이 따이 우리를 더럽어 ᄒᆞ거나 근질어워 ᄒᆞ진 않게 ᄒᆞ여지이다。

禮拜祭高

吾不如不仲尼祭
享如不享保羅世
有誠有神无妄望
終始誠實虛無禮

倫理之平面及立體

内無怨女外無曠夫正方四角面地
一貞父母我健在則方正一存體天
一待三定方正數人處乾坤手諸樹
攀登樹上摘果時支身得三纔用手

一尊二卑三生賤

數一·二三破片末　知一知二欲多痴
太一參貳先天體　出二出三唯一睿

1958 火25087
11.18 맑　2436526　509　936

映影

對面鏡凸凹　生覺明出凸　尋訪覺時間　晝宵夢幻迷
自省不得要　熟眠幽沒凹　問安眠處所　反復亦無眠

水25088
19 맑　2436527　510　937

啬　老子曰治人事天莫如啬

瘁釀貪瞋痴　凘腸非單饑
腫癭殺盗淫　瘵飢勿輕飲

열가지 일깸 〔앞서 된거〕

길 골 읠
집 집 딟혀 모질었고, 챔 냄 어름 그드므로、
름
아먹 어씀 어옳
욕과 그짓 못될말과 가닭鬱의 입짓임을、
모진말 그짓말 못될말 가닭말

알즈기 열가지 모짐 부치ㅣ일개 펴시다。

살녀 길녀 깨끗 몸짓이며, 나에 들어좀막힘 뜻짓이면,
어진말 참말 고든말 풀필말 말슴으로 귀입 그록,
열일깸 여름열매니 늘삶 넋에 보리다。

親展家信

崇必告.反必面.父母在.
不遠遊.遊必有方.

萬代同一出　同一家出入
萬古同一入　無告方何立

一乾乾坤上父
貞坤頭足天在貞
勝一峻信伎申勝
也擲極步好申辭
辭去天行德命

죽자구나 하고 살아볼 命
아파서 꼭죽겠단 가이없은 때와도 달라,
좋아서 꼭죽겠다는덴 제깨 그만 둬야지,
참어렵 살겠다 하고 바로들기 어렵습。

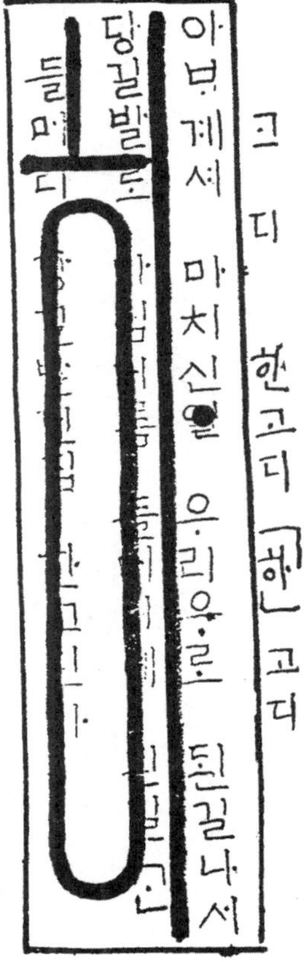

20木 25089 맘속 흐릿　2436528　511　938

卒以學易

悔吝吉凶時　加我數年學
貞勝者也辭　非獨孔夫子

(論語述而子曰加我數年五十以學易可以無大過矣)

21金 25090 흐림　2436529　512　939

有分存在

蕾中天地芽逢春　巨細深遠諸子家
甲外風雪木耐冬　空帳時慕貞女童

思誠而已
祭先追遠孝　皆由己以致
祭神尊崇敬　眞實无妄誠

1958 土 25091
11.22 맑 2436530 513
940

元則一
乾頭坤足存　暫鍊試貞固
方帳時幕在　未嘗分三才

스스롭은 제절로
스스롭은 나그네면 스스로(저)를 잊 않으리.
저를 않잊 제게갈 앎 계서보내심 담겨곤.
솟나나 스스로로다 제가제게 저절로。

나ㄴ 않 묻혀
솟날나 뭐 무(2)들 아더니 뭣에묻힐라더니 ?
낮가죽에 뭬 무덨든가 ? 비러썼든 흙 맡인가!?
솟난나 뒹 일은 몰라 무근흙도 새땅된!

分明 合冥
每水冥溟海海溟　每人侮人悔
每木會梅檣　每日晦光誨

23 日 25092
맑 흐림 2436531 514
941.
더밝 감아득
감아득 아부지 몸 몰라 아들은 곰지김,
아쉰데 내버려둠봐서 없나보다고 끼지,
더밝아 또박또박이 감아득을 못믿지。

无大分小自明命
无全有分何存亡　掃榻洗心見性業
分明合冥自明瞑　擧首觀衆寤神命.

易
勿論介物專想象　類聚群分效用爻
形容境界有分卦　斷定着手謂之占

24 月 25093 흐림　2436532　515　942

가멸은?　가난은?
없는게 없어 많있고 있는게 없어 많없Ꞁ,
없는게 있어 좀있고 있는게 있어 좀없Ꞁ,
사름은 많없있 아니! 좀있좀없 있다없.

25 火 25094 맑음　2436533　516　943

맨한가장 계서
있으면 있고 없으면 없지 좀있없이 뭔니:
좀있고 없 한가지로 아모것도 아닐거니.
사름도 살다죽는 짓 맨한가장 귀댈림.

맨한계서ㄴ 참있으시니 없는게 없어로다.
귀댈려 간데 있는듯없고 죽기로 사는잉,
이토록 뚜렸ᄒᆞ오니 하나둘셈 우리닭.

죽기로 사는이만이 살기로 죽음직ᄒᆞ고.
없기로 있는이만이 있기로 없음직ᄒᆞ오,
귀담아 듣고 받들매 말슴딪곤 우리속.

8 水 25095　　　　　　　　　517
26 흐림　　　　2436534　　　　　　944

얹 셈 (두님금 한 씨알)　바로셈(두씨알에한님금)

우리 때믄 말슴이고 말슴 때믄 우리로다.
오를터믄 누릴라며? 누릴터믄 옳을거냐?
하나 둘 쪽 갈라 프름 두손불물 얹슬가!?

孟子 抄

有大人者正己而物正者也
有事君人者事是君則爲容悅者也
有安社稷臣者以安社稷爲悅者也
有天民者達可行於天下而後行之者也
堯舜性之
湯武身之
五霸假之也久假而不歸惡知其非有也
形色天性也惟聖人然後可以踐形
君子所性雖大行不加焉雖居窮不損焉分定故也
君子所性仁義禮智根於心其生色睟然見於面盎
於背施於四軆四體不言而喻
居仁由義大人之事備矣
君子有三樂 ┐ 父母俱存兄弟無故一樂也
而王天下不與 │ 仰不愧於天俯不怍於人二樂也
存焉 ─────┘ 得英才而教育之三樂也
廣土衆民君子欲之所樂不存焉
中天下而立定四海之民君子樂之所性不存焉
無爲其所不爲無欲其所不欲如此而已矣
好善而忘勢
人能無以飢渴之害爲心害則不及人不爲憂矣
士窮不失義故得己焉達不離道故民不失望焉

霸者之民驩虞如也 王者之民皞皞如也
食而弗愛豕交之也 愛而不敬獸畜之也
人不可以無耻 無耻之耻無耻矣
耻之於人大矣
為機變巧者無所用耻焉
不耻不若人何若人有

27 木 25096 맑 2436535 518 945

딴 때문 인가
가마귀 나라가자 배 떠러지는 일도 있고.
다람쥐 닫낭자 아람 듣즙는 일도 있다.
애초에 아람다람과 날고떨고 한때문。

28 金 25097 맑 2436536 519 946

知禘之說者
元子禘祭亯　　不肖不知禘
道心人心民　　二君道也人

當世者誰
識字知句解文章　　意味深刻義理處
史簡眠食忙殺生　　當者所幹吾不諒

29 土 25098 흐림 어둔해비 2436537 520 947

免我慢
自身我末人心地　　幹事貞固吝嗇如
極尊予元道心天　　乘化晦光皞浩然

1958 日 25099 521
11.30 맑 2436538 948

言辭

性之身之假之言 食言綺語恒茶飯
得臣存身事密幾 戶庭何有自棄市
萬不成說語 言必稱告訴 辭修立其誠
誰復知尊御 失言無告處 不遠復誰與

12.1 月 25100 맑 2436539 522 949

究竟不貳

一姓萬姓同出性 消息交通均遠近
個生衆生類聚落 起居出入一脈絡

擊蒙

過食過用惡死過 蠖屈求伸目擊蒙
節食節用好生節 張本在緊手檢閱

2 火 25101 흐림 2436540 523 950

信步行蹟天成績 異蹟非常生平常
人交成績徹異蹟 非常一番死入寂

3 水 25102 2436541 524 951

씬 누리

나·서 죽음 나·드리도 익서 먼저 못늙쌉가.
끈이 맺힌 손가락과 그ᆞ 건넨 다리로만.
저위로 도라·가·보리 먹고싸고 벗은몸.

4 木	~~250103~~ 밝 25103	2436542	525	952
5 金	~~250104~~ 밝 25104	2436543	526	953
6 土	~~250105~~ 25105	2436544	527	954

事上帝所以感謝非所以要求也

信步行蹟天感積　　有示下民王祭禘

人交征績徽異蹟　　莫要上帝民庶積

有示擧肉而祭　　索隱則科學門

東貝責祿而積　　行怪則誣民賦

ᅱ ı

7 日	~~250106~~ 밝 25106	2436545	528	955
8 月	~~250107~~ 25107 밝흐릿	2436546	529	956
9 火	~~250108~~ 밝 25108	2436547	530	957
10 水	~~250109~~ 밝 25109	2436548	531	958
11 木	~~250110~~ 흐림 25110	2436549	532	959
12 金	~~250111~~ 밝 25111	2436550	533	960
13 土	~~250112~~ 밝 25112	2436551	534	961
14 日	25113 ~~250113~~ 흐릿	2436552	535	962

泰

至上太極絕對行 行止容止自然若
元中道心從容止 止止步天行行地

하늘일은 소리 내새 없
건덕지 국물 내새라도 있어야 좋을 알가?
건덕지 걸림 국물 찌。내새 없이 좋을수 없지!
나 좋듯 넉이는 동안 난스런일 하많오。

1958 月 25114 丙午
12.15 맑 2436553 536 963

16 火 25115
맑 2436554 537 964

맞 (맞? 맛?) 보리 온 늬
말만 맛이 마칠수 없 먹다 물려 멋적게 모.
미러미리 제게 맞게 알마지 맛 마치기로.
마침내 밑밑밑도록 맛맞맞이 아아멘.

17 水 25116
맑 흐릿 2436555 538 965

邵康節皇極經世緒言 鈔
以物觀物性也以我觀物情也性公而明情偏而暗
人得中和之气則剛柔均陽多則偏剛陰多則偏柔
人智強則物智弱
[心学] 不我物則能物物聖人利物而無我
任我則情情則蔽蔽則昏矣因物則性性則神神則
明矣潛天潛地不行而至不爲陰陽之所攝者神也
知易者不必引用講解始爲知易孟子著書未嘗及
易其間易道存焉但人見之者鮮耳人能用易是爲
知易如孟子可謂善用易者也

易之爲書將以順性命之理者循自然也孔子絶
四從心一以貫之至命者也顔子心齋屢空好学
者也子貢積多以爲学億度以求道不能剗心滅
見委身於理不受命者也春秋循自然之理而不
立私意故爲性之書也[畫]
老子知易之體者也五千言大抵明物理

18 木 25117 비부림 2436556 539 966

19 金 25118 비 2436557 540 967

思誠
吾不與祭如不祭　繪事後素儀先誠
誠不恭禮如不禮　姑未至誠文依例

20 土 25119 맑는 2436558 541 968

가루 나서 세루나 찾기
나나 나온거 싫다. 도라가자 나온데로.
일직 히러난거 싫다. 저 저녁에 도라가자.
잠 깬나 대낮 맛이란 끗의끗남 나싫다

도라가자 왼통으로 도라가자 밑둥으로.
자는듯에 도라가자 이즐데로 도라가자.
계 하나 그립사오니 몬지찌끗 나싫다.

날카롭자니 긋! ── 싱겁게 보임은 못나슨, 나!
긋이 무디면, 빛도·맛도·듣도·보도· 일없단, 나!
긋이리 리긋나 살긋 제 죽었게 예긋뵘

1958 8 25120 542
12·21 맑 2436559 969

詭爐煉辭

詭辯猶審正辭義 聞道止中好辯音
不慾修辭立其誠 可憐口給佞俐生

須厚含德

少食長養不出庭 人非螽斯何產百
精進至終保育嬰 褻瀆亂射無情景
(箴五 15 1 23)

豐飼促成鷄豚畜 出天性靈欲沒數
頻交繁殖兎鼠程 誰與庶幾正常經

基督名義

基督意義正解難 傳油小我信順標
定義如之何處到 注靈大我成長道

읊이 셋ᄋᆞᆯ 뵘장이

뵘장이 날애 파르 파르르
네 ᄋᆞ돌 아ᄋᆞ돌 풀풀 푸르르
너야 참말로 그래 그럴게야
(긴줌 이라)
뵘장이 날애 흐응 흐으흥
네 ᄋᆞ돌 아ᄋᆞ돌 줄응 줄으릉
너야 참말로 그래 그럴게야
(긴줌 이라)
뵘장이 날아 왜들 왜들오
네 ᄋᆞ돌 아ᄋᆞ돌 움덕 우음덕
너야 참말로 그래 그럴게야
(긴줌 이라)

詩

螽斯羽 詵詵兮
宜爾子孫 振振兮
比也

螽斯羽 薨薨兮
宜爾子孫 繩繩兮
比也

螽斯羽 揖揖兮
宜爾子孫 蟄蟄兮
比也

螽斯 三章

佛氏棄君臣父子夫婦豈自然之理哉 (心学)

22 月 25121 흐림 2436560 543 970 17時10分 冬至

울 울 풀 이

음이 한숨이: 으리울음 그치면 숨그친 때、
숨그칠가 꺼리는게 아직 울게 많다는 터이、
눈에서 눈물 마른이 목에숨이 떠시라。

숨 울이가 숨울곳을 모르다니 말숨인가、
말숨 바로 된데로만 울가리어 울나고 데、
울이울 이른히 풀감 눈감아도 떠도울。

온울 간밤 새 오는울 새로 맞이 히야 울태、
새울 새울 새는묵엄 눈물 짠물 맨물 쉡직、
눈감자ㄱ 아조묵엄직 새는 떠샘 참풀울。

☷☳ 復 亨出入无疾 朋來无咎 反復其道 七日來復 利有攸往
復其見天地之心乎
象曰雷在地中復 先王以至日閉關 商旅不行 后不省方
初九不遠復 无祗悔元吉 象曰不遠之復以修身也

卽 事

幽本明末輕諂有　先亡後未今何似
離本卽末妄好我　自山覺海不在家

爻交卦高象絶大　人生神造本一作
日淸月息[illegible]無暇　放心失性夢言加

23 火 25122 2436561 544 971

難量子(器欲難量度以貫道)
乾坤一擲易窮道 雷分原子喝破來
物色初驂日月軌 神全元子復命歸

더그륵불헐란ᄃᆞ
이제 빠로 살와살와 죽는 일은 잘알ᄆᆞ살 ᄯᅢ,
있다가서 죽는다면 새삼스레 실족홀가.
삶불을 ᄀᆞ르란줄 알ᄆᆞ 더그륵불 헐단ᄃᆞ.

1958 가 25123
12.24 ᄋᆞᆷ 2436562 545 972

사바살 어렵읍니다
어인셈!? 앞으로 암만 나가도 싫지 않을.살,
언제고. 치르고 물린 뒤는 앞만 못흘것.을,
어렵슴 이 살 사바살 빠로봐알 어렵슴.
뒤보아 먹으므로 먹은뒤 잘보리
보러갈적 몸 보고나서 몸 다르단게 산말.
앞에 나가 樂觀ᄒᆞ고 뒤물러와 悲觀될다.
시원히 뒤보고 ᄀᆞᆮ이 몇몇 있섰 답닝가.

도라봄이란. 자리 않듬.
올려다 보곤. 보곤. 못오다 우리 올라욶.길.
나려다 놓고 나려다 보신다고. 가셨던ᄂᆞ?.
도모지 그럴수 없음 올라와서 알겠슴.

末世衆生乎
始庶幾多多歲月 報本追遠中追遠
不遠復雷活潑潑 至今何晝末之末

맞곳. 맞곳이니ㄹ
이제, 예, 이게, 가장 가ㄱ가온 거 가ㄹ 말씀!
단거, 쓴거, 좋은거, 싫은게, 그대로 꼭이아님!
 곳이다 맛이라 말라, 밑둥찾아 나선길!!

아조 없이 산이 아조 없으렬제 눈알(角膜) 길다,
가초 가진 살곳이 맛곳을 찾아 한눈팔면,
 눈팔다 길못간이와 가고남은이와다。

儒 教 (成教不可以宗·定義不可以主)
本原峻極性命明 末端流派皮肉暗
窮理盡性以至命 物色伐性以致命

25 木 25124 호림 비 2436563 546 973

~~아부께 드림~~
~~나밖에 아모데도 없는 나라는 홀외롬이,~~
~~나밖엔 아모데고 맨 안 빈탕이란 멋사귀,~~
~~빈탕이 내노릇 되매 빈탕나라 나나라。~~

살숨 먼저 골라놓고
숨같이 바쁜건 사름삶에 없으니 쉼 쉼 쉼.
삶처럼 사려짐이 없기에 더살뤄 더살뤄.
 쉼 쉼 쉼 골라놓고서 살롸살롸 또살롸。

26 金 25125 호림 비좀 2436564 547 974
ㄱ가,기 일기 무섭게 숨골라 살불 살려서 삶,
읾도 늚도 먹기 자기 더도덜도 곱일펴기,
 이때믄 이터믄인걸 사람마다 날마다。

洞洞灟灟

自外上道內下水　上下察來內外審
降衷庚天衷情俗　道理生理洞洞灟

참 보곤 없다 볼순 없됴
맛있다 자미있다 찾아 사름나 자랐건만,
볼인 자미 떠러지고 찾일맛 다시 없은제,
도라봐 실없은누린 첫자람을 못잊어。

1958 12.27 土 진눈 25126　2436565　548　975

알 수 없어 이저란다
낯길고 제 간이의 낯 못잊음이 내낯바닥.
쪽어 길는 낯 저아넌걸 내 어째 저로 본고.
첫재로 사랑모를일! 뮈가뮈고 모를. 참。

그 삶에 그낯이 밟힌대로. 그죽음에 내몸이 밟힘!
낯(티)은 꼴 그대로가 저가 밟고 간「무한궤도」!
편지가 그뜻 왼통이라만 뜻보일덴 글월!
꼴빛의 바탈보임샌 그밟힘에 따라서!!

孟子曰.形色.天性也.唯聖人然後.可以踐形.

곳 끝 넘. 하나 둘 셈에.
깬 곳이 잠 밑둥을 몰라. 산 곳이 죽밑둥을 몰라.
몬 곳이 빈 밑둥을 몰라. 있곳이 없밑둥을 몰라.
뜨르련 곳이건만도 제밑둥을 몰라라。

뚫코나가 헤지는곳 뚫코드런 못을손가.

뚤코드러 밑둥알면 끗끗 몯아 하나얻데.
끗끗이 셋넷다섯열 갈를셈만 뫼·갈가。

28 日 25127 흐림 구름 2436566 549 976

끝뉘의 끗놀림
낤흔 낮에 낮빛 갈갈 몬지 끗끗 놀려 노름.
뜻 놀려 속. 입 놀려 말. 손 놀려 일. 발 놀려 챔.
숨 놀려 잠자고 잠만 바람잔 밤 자릴가。

孟子嘗稱夜氣。 맹자는 일즉이 밤에 숢김 돌리는줄을 일컸다.

藏用吟
望天達夜直行月 六花初白庭院潔
朔風終日留連客 階苔新綠冬春色

長生曲
李朝不亡承晩鑿 官淡民凉大公望
高麗庶幾光復臨 陰植陽綠長作林

29 月 25128 흐림 2436567 550 977

丁抹 引以丁抹伸擬世界觀
遠聞聲丁丁. 近着雲一抹.
代代大公望 齊可均獄空
種種長作林 道未央仁任

命在上天不在行世 【顯諸仁則如天猶病諸】
乾坤一擲氣力鍾 貞晦乘勝藏諸用
上下万事貞勝幹 顯諸仁行何世間

끝봐 (終末觀)

몽둥이끝 잘라 말하지고만 가루종된—네,
가루종, 네끝 못보거던 磁氣올린 쇠가룰—봐,
끝이라 끝이라 하고 무슨끝을 찾는지!

첫끝맞끝 맞물려 첫·맞·맞·첫 둘아니, 하나,
어짊 첫에 나고 나고, 모짊 맞에 죽고 죽음,
두끗이 맞붙이 나니 남이랄수 없기리.

아부게 드림

나 밖에 (나 말고) 아모데도 (겉에도 속에도—살속
뼛속 뜻속—에도) 없는 나라는 홀 외롭이,
얗밖에 아모데고 (겉이고 속이고—몬속 몸속 네속
남의속—속의속들 속빨리우고 겉에 겉들 겉잽혀—)
맨 빈탕이라 벗사귀
빈탕이 내노릇 되매 빈탕나라 나나라.

나 곧이 가만, 빈탕 한 더 둠, 말슴대로 첨.
我 貞 · 靜, 大 · 同 · 回, 辭 · 如 · 眞.

1958 火 25129
12.30 비 2436568 551 978

부럽은 단짝되는 그림
꽃매만지 꽃다듬꽃 먹맛가름 남부럽잖,
돈도 붙고 이름날만 허울좋이 후런있게,
넌놈이 생겨 먹어라 좋고좋다 우리는.

31 水 맑 25130 2436569 552 979

昏祝
人海戰術非單秋　　雜草淫蕃為堆肥
漫祝庶孼供饕餮　　植國本紀多全滅

經政
工步不正涉澀乏　　道齊本以廉恥義
忘富分職良財足　　儉讓為國政不惑

死生
己生吾懷好生德　　生生之易死死變
未來我念不來得　　生生之變樂殺戮

今吟
回回悔悔回向悔　　昨非今是最終回
後後厚厚後來厚　　是正正是覺今後

1959·1·1 木 흐림 25131 癸未 2436570 553 980

나·

맟시 좋아 나 깬줄 · 싫음 보아 나 있는줄
옴 좇뒤롤 따라 싫은건 내 않보도록 · 홉소서
좋고 싫 뒤 바뀜에도 아름답음 알기
되 ·

말 넣줄이 계시면 모실가 [갈린나·몯베 술히]

숨질적· 인젠! 난! 저와 숨쉴적·이제 이제! 저.
꼭 똑 같이 하나로 살아져 죽을수 있는·나·!.
알슙(수없)나·? 알고 지내게 말넣줄인 없는기·?

1959 金 25132 2436571 554 981
1.2 맑

消息通鑑

太息流涕痛哭辭　　靈誕降昇肉生殺
非單一代局面事　　物心矛盾長誅詞

있다·간 없다를 생각

精蟲·卵子 善男·信女· 이말 듣고 分辨ᄒᆞ소.
있는것이 가·친거요 없는것이 뇜된줄을.
개줄인 올창서 봤음 이엔뭣이 가·쳤나·.

불힐 선듯 선듯이

참몸아. 꼭 죽을땔 맞안 거침 없이 죽자ㄴ데!
날마닥 때 맞안 살일에 몸서리며 몸사릴가·?
몯비·탈 게름만 일깨 불힐 선듯 선듯이.

3 土 25133 2436572 555 982
맑·눈

참말슴 곧 한웋님

제말에 제 느끼고 제소리에 제 깨는—참말슴!
외마디 말슴·홀소리 끗이 사롬을 울리는덴!
참말도 사롬 제 홉나·! 말슴이글 부렸습.

인젠난 두길

이제우리 우물우물 이제우린 더욱질들、
인제브턴 함께힘써 인젤랑은 따로따로、
인젠난 몰라다몰라 뮈가뭔지 아이구。

이제우리 우물우물 이제우린 더욱질들、
인제브턴 함께힘써 인젤랑은 따로따로、
인젠난 살림뉘 났다 옳게 손손 뚜렸이.

그러나 참말슴 어렵!

물·바람·메알이·錄音·鸚鵡·닭·개·사룸 ──소리、
제마다、말! 씀씀이오、또·다. 소리베낌인가(질)
참말슴!ㄴ 소리넘앞서 먹던뜻도 아닌데(성만)

있고(가처)서는 수 없다. (로마 七 24)

아 나ㄴ 괴로운 사룸이로다 이 가친 몸(있음)에서.
우리ㄴ 못된 삶부치로다 이가친 한늘(宇宙·있음)에서、
사울이 바울 돼서다 있고서는 수없다。

◎ 老子曰及吾無身有何患

없어좋은거ㄹ 몰라!

있는것은 가친것을 많이 있으면 깊가침!
있는사룸 부러홈은 가치기를 부러홈을!
저마다 앏다는분들 돼(없어)볼줄이 있으랴.

◎ 心学曰雖学亦富常不足者不可臨深以為高也

4 日 맑 25134 2436573 556 983

내 나라 요한十八36 아니라 신 님께서 날마다 비시기를 마태六10
나라는 이 누리에 붙은것이 나라이 이르옵소서.

큰 아메리카, 적은 덴막, 들 벌이ㄹ 홀줄 앞데.
참나라는 땅에 없다. 이른 나라 누가 본가!?
떤막에 아메리카에 몸삭힐줄 없다. 나.

우리곧나 나곧우리 줄아넌데 나라ㄹ 이름,
웋서 잃고 땅에 와서 나라 찾긴 헛손질을,
속살을 올린 덴막에 몸삭힐줄 없다면!

亂生階言
眞言不愼 失聲聞人 說法不密 自棄自身
幾事不守 害成不忍

【繫辭上八】

君不密則失臣 臣不密則失身 幾事不密則害成

1959 月 25135 557
1. 5 2ㅎ 氣溫 -19°8C 2436574 984

바람

몬지들의 바람이란! 무슨 찌나 떠러질가.고.
時代時代 씨알들은 우물우물 색기들이.
바라기들은 질 도ㅎ니 턱을 까불면서도.
예브터 믿었던 넋에 곰이 폈다 면서.도.

ㅎ기어렴 말홀나면 하늘올라 별따기다.
학탄신선 구름탄 성인도 그려내 봤고.
앞질러 질가는 몸에 하늘찌를 쥐먹자!

무엇이 보과저서 저므도록 바란단 말가.

곳에 간 임. 장에 간 업, 遠征 간 將軍이던가,
쏜 달이 도라 온 날에 하늘짐을 풀를땐?

6 火 맑 25136 2436575 558 985

낮?
드라가면 아부게 어쭐가

흰 낮에 내 낮금 나서 넘나들 수 없게 지고.
밤 바람 잔 속알 홀로 저마다 제 자리 그디.
뵐 난 꼴 빛갈 타는 낮 믜시 강질 치렀습。

人處地
未成詩華開通天 自卑法地簡典禮
完作品果斷落地 至崇效天明德智

率性懼
人生·初中坤道·終乃乾德
消息受命期 原始要无咎
盡性窮理會 使知懼內外

正言
叛疑吉躁誣失人 非單對人事關係
慙枝寡多游屈辭 尤重承天命論詞

將叛者其辭慙 中心疑者其辭枝 吉人之辭寡 躁人之辭多 誣善之人其辭游 失其守者其辭屈 繫辭下十二

1959 水 25137
1.7 맑 2436576 559 986

바라고 자라ㄹ 밤에!

낯보게 겨를 없는 뉘 얼골은 뒤줄로 슨가,
알 못했으니 어러붙은가 말라 죽은가, 보
 알 빠진 이누리에다 사룸씨알 세울가.

낯에 낯땡 아름답되 못 잊을새 몸에박힌,
김자 낯은 이몸에 둔채 임자만 제 갔다니,
 얼골른 않드난 우리 너나서믹 소븐닭.

낯 사귐엔 밤이 멀다 얼골 박선 밤 사귐도,
한밤 새길 머다ᄒᆞ고 낯 사귀곤 바람끈타,
 기나긴 바람 놓고들 삭독삭독 끈히로.

뒷이곤 껍질 벗겨 속살 먹는 사룸들 되고,
물고 빨던 낯이라도 그림자 l 벗고간 뒤에,
 그림자ㄹ 기라 그릴가 겉사굄도 너모들.

밤에 낯사귐은 밤이 낯같이 돼선가? 몰라!
낯사귐은 낯인 사귐! 얼골로 못들면. 밤도!
 이말은 저녁 아니곤 못드를가.

나=있=있=나. 나 모르기도 첫재 나를 몰라.
봐 안던버릇에 제 못보는 제낯은 모른듯,
 제낯에 곱다 밉다는 남의입에 놀려넘!.
절 모를 주제에 보면 바로고. 알면 꼭 있가?
이런 나 남의 낯여 본낯을 나라. 또 기리고!
 죽은뒤 생각에도. 넘! 낯만만 앎 당답 盲.

낯 보는건 낯인(俉綴畫)일 낯을 보아 얻은게 없디
남의낯 보다 너머지고 제낯 걸려 삭아짐,
나면서 낯을 따르니 낯붙일(晝汎事)은 낯보기.

낯인 누리를 맛으로 맞아 얼맛이 맞이고,
높봐 슨순인 앞서 본 좋다좋다가 다 그름!,
五十에 四十九年非 千歲九百 否定길!!

遐 邇 壹 體
無關面分壹體統. 分分面面好惡亂.
有感分面統一心. 點點體體蕩平臨.

8 木 25138 2436577 560 987
맑

9 金 25139 2436578 561 988
흐리고 눈

나서 낯인 낯을 좇았지만 죽어 여인 낯야!
나 남 낯을 나넘이 다 떼놓고 봐야 모를 낯!
制偏의 칫번 맨드리 孔子말로 뒤없다!!

살아서 낯만 좇다가 죽은 뒤도 낯만 생각,
얼골밖을 나뵌일 — 않에 드러본일, 없으니,
저들의 힛나들이를 뭐라 알고 도는가?

10 土 25140 2436579 562 989
맑

黎 元 資 本
夢竆黎明坤 體得易簡確
覺初隤然乾 知幾險阻健

1959 日 25141
1.11 맑 흐릿 눈 2436580 563 990

계 고

뉘 나서 나진 낯 쓰고 노름노라 보니 엇대?
내 몸으로 사라 자라 찾아온 참은 예 있다!
낯짬새 멀던 한웋님 낯 벗으니 아부계!!

12 月 25142 맑 흐릿 바람 2436581 564 991

主體性 (詩篇八十二)

爲人어림 제몸主體 못ᄒᆞᆫ主制 怨任長職
裁判長耶 判決主體 仰俯恐懼 是天子職
天子得 國治天下平 未得歲月 亂日多

13 火 25143 맑 2436582 565 992

如是聞

知幾可食饑來喫 瞬存息養易簡健
卷密藏用倦諸眠 晝學宵得不勤勉

높제로 놓여 낮인 낯 보면
낯 갖고 가서 버리고. 깨이진 않았다 곤, 와,
얼 실고 다니며. 얼골 하나 않들러곤. 와선.
인제는 얼없은 너로 나ㄹ몰른가 ᄒᆞ노라.

말 수 없는 셋꼴

대낮 큰거레 나앉게된 씨알들 웃거든. 꼴.
나라 거리에 나앉는깐 높게 보는 ── 딴꼴.
있다감 높다던이도 거레 나눔. 꼴도봄.

14 水 25144 맑 밤눈 2436583 566 993

空前空後今閃生 死生不關我自在
唯心唯物史斷論 物心不二太一存

15 木 25145 2436584 567 994

朝京暮光日長乘 出生入死命窮神
滿天雪意霧江山 極一無心易暑寒

連山紛紜江景白 金堤萬頃願黃登
小棗煩惱火輪急 從此春水滿田澤

마찬 같
빨리 걷잔 숨이 차고 더디가잔 짐이 무겁.
짐이라곤 진게 없고 빨리 빨리 타ㄱ 다뇨.
마찬 같 제숨 제차고 몸이무거 짐된날.

車中一日夢聞見 聞見雜駁心閑散
世間一生何視聽 視聽深奧思明誠

낮인 낮에 걸린 뉘 높은 얼의른 되기 어렵.
낮에 걸린 의른이란 어리뵈기 임댄인걸.
누리에 고디산이가 의른 뵐가 ㅎ노라.

16 金 25146 눈 2436585 568 995

17 土 25147 눈 2436586 569 996

1959 日 25148 570
1. 18 맑 2436587 997

눈길을 거르며 생각
빨지 못한 수건 님의 앞에 내쓸수 없는 나、
닦지 않은 몸을 내속에 담아 둘수 없는 너、
흰눈에 검은눈 번적 몸몸 도리 도라보。

어찌 이러히 두길
멀고 먼 사랑 그리워、옆의 고흔이도 물리、
낮인 아름아리 이루려、높은 아름답 물리라、
우리웅 끄으르심을 늙못늙에 달려서。

19 月 25149 571
맑 2436588 998

20 火 25150 572
맑 2436589 999

21 水 25151 573
흐림 2436590 1000

22 木 25152 574
흐림 2436591 1001

金正鎬님 朴昌奎님 함게 뻐스 타고 鴨綠 오니 谷城、竹谷、桐溪里 李常浩님家에 金俊鎬님 金光錫님 申鎮浩님 金昇明님 모디여 나오셧더라、文台錫(傳道)님住桐溪教會

다시 앞일 같사와 적습니다
사롬 사굄은 가고 오던 車의 엇바뀔 길목、
가장 닿볼 정어 앞뒤 예 물리며 살아 갈물、
人事를 치뤄일때도 좁은 길목 지내믈。

23 金 25153 맑 2436592 575 1002

元達里教会〔金光石님 金俊鎬ㄹ 계신〕에 오다
朴基石님의 맞이 받다

24 土 25154 맑 흐림 2436593 576 1003

25 日 25155 맑 흐림 2436594 577 1004

26 月 25156 비 2436595 578 1005

27 火 25157 흐림 맑 2436596 579 1006

틈없이 팀 　　 엽五16

틈을 내 타라 이 때가 그르니라, 고 알 것이、
조금 조금 틈틈 일내 따로 하·달·날 틈 없지、
온 올히 히달날이란 묵새금이 맨 꼭 옮。

谷城思谷神 　 元達亯利貞
竹谷見竹林 　 自重顯仁任

山中鴨緑江 　 桐溪一宿興
不凍如春水 　 元達問道友

28 水 25158 비 2436597 580 1007

曉月

水滴萬古音 　 念月旣中天
鼠騷一時惹 　 起床洗難量

1959 木 25159
1.29 비 2436598 581 1008

隱山 朴基石氏 貧農苦에서 竹制器副業運變時決心句.
定心十年無中止 春日不耕秋日饑
何事勿論得所願 少年不勤老年饉

元達里乾村 朴炳現氏(隱山氏 仲父) 當八十三歲 夫人 七十四歲
平生無日不作業

낮쉬에 金光錫님 아부님께 맞나 뵙자고 昇州郡月燈面農谷里을 向發 혼데 金俊鎬님. 朴基石님 더브다 안개비 나리다 멎다 안개 눈으로 날리는 가운데 재도 넘고 場보고 오는 발사람을 많이 맞아 곧 모내며 金成大님(七十七歲) 宅에 드다.

順天初景
안개비 나리는 궂날 시골길을 걸노라니.
장봐 도라오는 말분들 앞맞아 뒤로 넘 즘.
여러 말 많은 분들의 얻은 깃븜 봄도복.

1.30 金 25160 2436599 582 1009
흐리 마리 서울와 맑

뻐스 타고 槐木에. 汽車驛名으로는 「順天口」나 谷城따리 九時 五十八分 順天口發 十九時四十分 서울着으로 고기.

31 土 25161日 851朔 2436600 583 1010
흐릿

2.1 日 25162 2436601 584 1011
흐림

지난 十二月二十三日 好日善逝 金東勳 二十九歲란 消息.

虛 實

實有續亂世　實益愚迷執
虛無寂滅界　虛靈知覺詣

2 月 25163 밝눈솜 흐림　2436602　585　1012

3 火 25164 흐림. 맑　2436603　586　1013

꽃 피

꽃곱게 피워내는이 짓궂게 진물 내는이.
피맑게 담아 갖는이 사납게 필흘리는이,
두즘에 웰 잘아나게 마련인가 。

나 이

나이 작다고 헴 날줄을 모르는 젊은이와,
나이 높다며 죽을줄은 안넉이는 늙은이,
노릇이 사름 노릇이 되기어렵 참어렵。

4 水 25165 3595週 맑 흐림　2436604　587　1014

빛갈 멀게 삶이 길

총총 별도 잊어 먹고 옅은 낮별 밝다하며,
한디 캄캄 어둡다고 굴에 들어 반디밝되,
빛갈의 갈갈이 갈라 가둔 어둠 모를가。

골 깊이 들었든 얼만 픔 값이

살 받아 타고 나온가? 알 맞아 지고 죽는가?
새 알 못살게 삶도 삶! 아돌죽게 달내던 얼!
씩긴얼 였다시 근날 낯모른얼 픔속값 。

959
2·5 木 25166 맑
2436605 588 1015

간디 가 다시 와도

가리 가리 갈라 갖고 오리 오리 읽아 맨줄.
천나이라 나마 입고 길쌈이라 짜와 짬질.
집집이 더실임 근홍고 나라숨실 나일가.

갈 보

빛갈이 맛갈이 소리갈이 냄새갈이 갈갈,
맨지갈이 갈봄갈이 올이갈이 성갈 갈이,
갈르다 다시 읽아 맘 꼼작못홀 줄 알면!

6 金 25167 아지랑
2436606 589 1016

더럽고 못인 몸

제 저를 두남두게 마련이게 말씀이지른,
제 못과 제 더럽 남의것의 싫듯힜드라면,
제죽고 남을놈이란 보고파도 없을걸.

7 土 25168 맑
2436607 590 1017

8 日 25169 흐림
2436608 591 1018

9 月 25170 흐릿
2436609 592 1019

풀 꽃 이사야 四十 6-8

두말 없이 풀은 말으고 꽃은 지지오만도,
피는땐 곧곧곧은 꽃 산동안 풀풀플은 풀,
꺾으면 죽어고되도 풀풀곧꽃 이었다

10 木 25171 맑 2436610 593 1020

죽금 넘의 보다 금 이켠서
그렇다 그렇다가 다다 아니로 되는 때믄、
있다가 있다가가 다다 없어로 되는 터믄、
라므렴 어디로 가나 눈뜬채람 더라믐.

한 얼골
속살 바탕 길차온데 거죽히울 그윌답고、
몸속 바탈 맑암혼데 얼되어 한말슴드리、
하늘이 비시었으면 없지도 잃으련만.

1959 水
2·11 25172 맑 2436611 594 1021

알마지 (哲學)
사름이 하늘을 니고 땅을 딛고 서니、
어디로 가는거 만 같다.
몬일 (物事) 을 알아 나가야 만 갈데를 갈거 같다.
갈데로 가야 만 참일거 같다.
사름은 몬일을 밀어 (推)、믿어 (信)、밑을 (徹)、거 만 같다.
참을 찾일거 같다. 참을 알라고 힘쓰는거이 삶인거 같다. 삶 (生) 잚 (長) 잚 (成)
가르침 (教學)
하늘이 ㅎ라ㄴ (되라ㄴ) 바탈、그대로、틀림없이、가라고、싶어져서 ㅎ는 말슴이 가르침 (教學).
말슴
그대로 된거이 말슴. (참·誠)

1959 木 25173　　　　　　　　595
2.12 맑　　2436612　　　　　1022

將 至 何 時 〔要 到 幾 時〕 詩十三1　十二8

卑 陋 人 升 居 高 位　　上 慢 下 暴 盜 思 伐
有 惡 者 到 處 遊 行　　慢 藏 冶 容 淫 誨 賡
繫辭上八

로마字表記法

ㅏ ㅓ　ㅗ ㅜ ㅡ　ㅣ　　ㅐ ㅔ ㅚ　ㅟ　ㅙ　ㅞ　ㅢ
a eo　o u eu　i　　ae e oe　wi　wae　we　eui

ㅑ ㅕ　ㅛ　ㅠ　　ㅍ ㅂ ㅃ　ㅌ ㄷ ㄸ　ㅋ ㄱ ㄲ
Ya. Yeo　Yo　yu　　p b bb　t d dd　K g gg

ㅅ ㅆ　ㅎ ㅁ ㄴ　　ㅇ　ㄹ
s ss　h m n　　ng　r·l

13 金 비 25174　　2436613　　596　　1023

言 無 他
存 心 无 上 徹 天 聖 神 元 自 气
養 性 无 底 透 地 充 實 本 腹 力

14 土 비 25175　　2436614　　597　　1024

튼 튼 키　　읊 三九 13
밥 드려 튼튼홈과 힘 나 튼튼홈과ㄹ 알드시、
우로 올라 든든、한뒤 트여 튼튼홈 차지시、
읊 이 이(詩人) 가고못올데 먼저 빈거ㅣ 튼튼키.

15 日 비 25176 2436615 598 1025

사 람 ?
굼벙아,
싫고 좋고 살이 닮아, 꿈틀 너냐?

나뷔야,
검에 실어 보낸 내새·소리를 맞고,
가깐줄을 아느냐!

눈아,
네가 보아 알도록은,
신통히 빠른 빛브림 {光使}으로 ᄒᆞ야곰,
너를 알리고 알리고 알리노니
먼몬 {遠物}을 못보면 가깜보기 {近視}라.고
눈으론 믿이라.

참 멀고먼거ㄹ.다. 길게 기리 기리.
믿과
저ㄴ 몸이니이다.

내 사랑은 몸!
——굼벙이가 아님——.

16 月 비 25177 2436616 599 1026
믿 지 는 장 사 들
맛있는 날 볼라ᄒᆞ고 맛없는 날 않볼랄가?
넘길일만 찾아 ᄒᆞ고 믿질일은 나 싫다 다!
죽는날 뭐라 본거며. 삶 믿짐은 어쩐가.

信 經
믿 줄

[參照](도라봄이란 자리 앎 닮. 1958.12.

自
遠 他 尊 前 [在 茲 的]
先 上 [下] 吾儕
먼저 계 앞 [에 의] 우리.

祖 先 追 遠
먼 저 계 앞에 가셨습닛가.
吾儕 皆 往 尊
우 리 도 다 가 ! 계 ?

尊 前 宜欲昇
먼 저 계 앞 에 옳 잠.

吾儕 也 宜 成就
우 리 ㄴ 옳 을 삶 · 잚 · 춞.

도라봄이란 자리 앎 닮
올려다 보곤, 보곤, 못오다 우리 올라 온. 길,
나려다 놓고 나려다 보신다고, 가셨더니?
도모지 그럴수 없을 올라 와 씨 알겠습.

誠
참.

1959 火 25178
2.17 비

2436617

600
1021

18 水 25179 호잇 2436618 601 1028

而 不 失 正

存 心 公 同 功　知 幾 立 極 一
看 花 共 空 中　我 何 分 太 空

19 木 25180 호잇비 2436619 602 1029

四 决 元 界　〔時 者 命 也〕

言 黙 主 體 時　立 三 加 一 來
眠 食 姑 保 處　窮 神 知 化 去

魔 障 史

馬 賊 猶 知 命　欲 速 不 達 幾 千 載
人 道 未 盡 性　小 貪 大 失 微 衆 生

솟 을 아 치 一 〔깨 야 ᄒᆞ 다〕

잊고잡아 잊고잡아 뉘를잊고 잠잔간밤、
일 알과저 일 알과저 일 니러나 일본 온날、
솟을앗 먼저게앞에 옳잠 우리 솟을앗。

믿 줄

먼저 계 앞 예의 우리。
먼저계 앞에 가셨습닝가、우리도 다가! 계?
먼저계 앞에 옳잠。

우리ㄴ 옳을 삶·잚·참。 참。

1959 金 25181 2436620 603 1030
2.20 안개. 비. 흐림

참

그대로 된대로 내버려 둔대로 맨 드렀네、
제대로 그대로 맨으로 맹탕으로 제됐네、
이ㆍ 하나ㆍ 플잘 즈믄을 잘도잘도 있없이.

그대로 제대로! 지은 짓은 붙히도 짓도 모!
찌란 찌、몬지ㄹ 잔뜩 줏어 갖고 맨들단. 가짓!
없이라ㆍ 맨 참ㄴ 없이라. 돌면 도로 없이다.

ᄒᆞ이금 (使命)

ᄒᆞ야금 ᄒᆞ이금、ᄒᆡ로 ᄒᆞ야금 ᄒᆞ이신 누리、
밥으로 옷으로 ᄒᆞ야금 다시 내게 짐 주나?
밥보다 밥옷 ᄒᆞ이금 몸을놓고 못사니!

걱정으로 걱정을 사는 걱정들
걱정만으로 되는게 아님! 집이고、나라고、
큰걱정 맡아 ᄒᆞᆫ다다、제짐도 넘기는것들!
큰사람 내야 된다고 가로챌놈 커 가며.

21 土 맑 25182 2436621 604 1031

솟으라치 二

온날 보고 길일 몰라! 계? 간밤 뉘를 못잊지!
우리 먼저 본일 두고. 예서 볼일 뭐 있과뎌?
솟으랒 먼저계 앞에 울잠우리 솟으랒.

솟으라치 三

먹자! ᄒᆞ자! 로 온갖 일이 움지길 동안에는、
고르름을 보고잡은 몸、제대로 펼수 없어、
솟으랏 먼저계앞에 옳잠 우리 솟으랏 。

솟 으 라 쳐 四

고르름이 하늘 위에 있다는게、 그까닭을、(을=인걸)
땅에도서 철든 얼은 맞아 볼땐 그까닭은、
솟으랏 먼저계앞에 옳잠 우리 솟으랏 。

솟 으 라 쳐 五
땅에 고르름 이룬 날만 하늘빛 비최쳄、
그렇다도 ᄒᆞ겠지만 잘못되면 앙큼ᄒᆞᆫ 말、
솟으랏 먼저계앞에 옳잠 우리 솟으랏。

22 日 맑 25183 月齡 14.3 2436622 605 1032
望 23日 17時 24分 夏曆 己亥正月十五日 乙亥

无望
希 望 幾 望 前　當 盛 甚 肉 薄
微 朢 既 朢 後　前 後 常 德 厚

23 月 맑. 흐릿 25184 2436623 606 1033

健 順
自 气 腹 力 一 乾 坤　愼 終 如 始 簡 知 阻
消 息 盡 命 多 試 驗　原 始 反 終 易 知 險

干支差半十位數
若見負數貴大十
天干齒号單位數
干支自亦六甲順

年減三分日減十　甲子戌申午辰寅
六十除之殘當數　零一十乃至五七

1959 2.24 火 맑 25185 2436624 607 1034

法 先 餘 留

先立象盡意 先繫辭盡言 先通變盡利 先鼓舞盡神
餘留不備象 餘·不備留辭 餘留不備變 餘留不備舞

25 水 맑 25186 2436625 608 1035

이 제 뉘 끗

없아 다 알지ᄅᆞ 없서 나왔고 없에 도라감.
있다. 예 있ᄃᆞ 산다. 저 산ᄃᆞ 이제 저. 지제 저.
그러나 있단 궁금ᄐᆞ 끝날 끗이 궁금톰.

재주 하늘 우러봄을 잊게 ᄒᆞ는 ᄒᆞ이ᄒᆞᆫ 낯!
낯ᄒᆞ난 나 낯인 낯에 낯 붉히며 맞은 누리!
모를거ᄂᆞᆫ 이. 모를거이 이제 뉘끗 모를일.

한늘(宇宙)의 끗 별별 끗이 히! 히 ᄒᆞ인 끗이 일끗!
사롬의 끗 일·일 끗이 저! 제 사는 끗이 이제!
이제 끗 끗끗이제끗 이제 뉘끗 모를 일.

26 木 맑 25187 2436626 609 1036

끗없엔 제끗 모자라서 이제 있에 살뿐을.
기름바다 뛰쳐나서 깨끗 줏어 기름 낼려?
끗이란 복판 없의 그 보임 있이 아닐가.

익인끗. 진끗. 넘긴끗. 밑진끗. 끗의끗 다퇴.
익여. 넘 긴 끗. 산다며 목숨 밑져 죽도록은.
끗살게 폭판 뚜러져 끝끗인가. ᄒᆞ노리.

27 金 맑 25188 2436627 610 1037

마 지 막 뉘 웃 침 일 가

네나라와 네집이란 눈밖에 난 낡과리요、
그런대로 도라가길 기둘름에 묽은 몸도、
참말로 한결같던 숨 과도 인젠 여읜둠。

살알 빌린 굳센 나라 틈、 무섭게 긴 슨게요?
꽤힌 생각 터진 샘에、물앉든 빈탕 뜻 넨가요?
아니요 도모지 안요、 인제라도 긴 뜻 님。

오래 오래 손님 맞이 일에 일에 손 맞기만、
이승이나 저승에나 참말 좋고 참 좋을것을、
앎다고 남 걸어 놓고 가르친대 내 빼침。

내 빼치며? 남을 끌나? —— 네살·남속 다 모를데!
살도 피도 내손님요! 몸도 몸도 안 맞이 면!
된것이 뭣이란 말씀、 없다 없다 하나 없。

빈 몸 과 새 뜻
빈탕긴몸이라야——빈몸。
네 빼침이라곤 없어야——새뜻。
새뜻으로 나오는 말씀이 한월소리。
儒學의 誠意、
이새말로 創意라 ㄹ가、
차라리—— 根本意。

28 土 맑 25189 2436628 611 1038

1959 日 25190
3. 1 맑 흐림 2436629 612 1039

君子行
欲之而所樂不存 達窮所性不加損
樂之而所性不存 故有天下不與焉

大同吊 人之用情未有不待人勉而自盡其極者也
未有自致者 遭艱猶未致
必也親喪乎 必也自處乎

2 月 25191
흐림.맑.바람 2436630 613 1040

죽음 [금새 치다가 제금 닿면 판다]
재리 없이, 때 없이, 절로 제대로는 못간 되,
자리를 보는 때요. 때를 찾는 자리가 이승!
여일 때, 내버릴 자리ㄹ 찾아 보아 주그금.

알알일거만 같이
압알짬·엄알집서 브터 알마질라ㄴ거, 같이,
믿저알알 드높알알 한큰알알 알마지ㄹ라ㄹ,
이승떠 저승넘에도 알알일거 만 같이.

손맞 [반 지]
두손 들어 손마즈니 손이라ㄴ손 다 맞누나!
손마져서 일을 본데 구김 없는 살림 사리!
올바른 살림 고디곧 손위손님 마즐손.

3 火. 25192
맑 2436631 614 1041

超有
四十周遊子宮兒　禁中治外亂名色
七十輪廻母國人　萬古一今自天民

삶 (금벗어나서 거침없이 사다)
제 앞에서 재라시면 자리란 자리ㄴ 내 재리、
제 늘 모셔 때라시면 어늬 덧이고 내 때오、
도리켜 보건대로는 제 계 갖흔 일이옵。

사 먹으면 삶、　팔아(파) 먹으면 죽음

봄
이기집서 눈떠나니 땅위에서 귀떴고나、
말슴아는 몸이되니 늘샐길로 하늘솟자、
이봄이 욺음즉ᄒᆞ니 여름맺혀 뵘과저。

4 水 25193　2436632　615　1042

빈탕ᄒᆞᆫ 세오
한알·삶알 거센 바람 나라 들틈 지낼적에
묵어뻗친 생각 바람、설게 트는 말샘 바지
무섭게 빈탕ᄒᆞᆫ 참을 어이 사ㄹ가

나와 모든거
스면도 있고 좋다도 있지만 바탈은 아니、
뒤떠들어도、말못ᄒᆞ여도、더·덜이 없으니、
모르로 ᄂᆡ일 다 봐도 내 더붇게 없어라

1959 3. 5 木 25194 흐림.비 2436633 616 1043

우리 도라곤

너나 예맞 그질말요? 제계 들면 계제 우릴,
맨첨서떨려 낫인탓! 인젠 도로 계제 우리、
도라곤 도로도라곤 하나둘셈 맞힘 곤。

우리 하나

나 남아 너、 너 넘어 나、 너·나 맞나 우리옳지!
우리 말의 그·저 ᄒᆞ나、 셋재 남이 따로 있소?
계 제로 제계 곤ᄃᆡ를 잊고 ᄒᆞ는 남으롭。

6 金 25195 비 2436634 617 1044

뭣에 팔려 때도 모를가

턱없이 앉인 자리를 턱턱 제자리로 치나、
덧없이 맞난 때를 덧덧이 제때로만 알가、
금긋고 뜀뛰기 작난 그만ᄒᆞ고 저녁메!

7 土 25196 비 2436635 618 1045

ᄒᆞᆫ사름의 봄

속도 겉도 더럽다는 늬를 보며 살아냈고、
맑게 밝게 깨끗자고 나를 채쳐 흙어 든데、
삶이란 무슨 티끌을 살워치는 불지름!.

無聊

欲見下回無寄別 祖祖孫孫經經過
願聞消息未通知 世世代代歷歷是

못 잊을게 있는 바.에 더 알자도 없
답답않, 消息에 밖으로서 알림 기둘지.무,
남이 알려서 알것이면 벌서 녯날 알고개지,
토라진 아름아리 속 내 못잊단 못될말。

8日 25197 비.ㅡ직갬 2436636 619 1046

쓴 말슴. 달게 받아. 살 뉘
티끌 아닌 티끌과 몬지 아닌 몬지가 누리!
맑을거, 더럴거, 없는 터에, 맑고, 더럽잖 참!
몸 키울 멕이 채림이 이러케만 된·말슴!

뜻 먹 음
밥먹는덴 일을 ᄒᆞ고 일 ᄒᆞ는덴 이뤄야고,
이루는덴 뜻먹고 뜻먹는덴 웬일.알아야!
웬일야? 따지고 보면, 글세.먹잔 일인가?

이쯤알기 몇 즈믄히 히도 먹잠일도 못이뤄.
주림인지, 배꼇인지. 먹는가? 멕히는가, 몰라,
살릴뜻 한갖 먹으면 사룸 금새 하늘 닿!

뜻을먹고 살리란 것을, 맛을 보다가 죽임!
살릴 뜻을 먹고는 제피조차 흘려 사신데,
내 팔단 맛 아들 가늠 한그릇 죽 에서야

살릴뜻이 하늘이란 건 녯날브터 우리 몸,
우러 보는바에 하늘 밖앗 높은 뜻을품지!
땅바닥 썩을 낟알만 팔아 먹을 나.더냐?

忠信 主於心者无一念之不誠也
修辭 見於事者无一言之不實也
雖有忠信之心然 非修辭立誠則无以居之

아홉 셋 이런
그이는 저므도록 성금성금 저녁껏 삼가아 따르거니
힘드오나 허물없도다」는 무슨 일름이오니잇가?

이 말슴: 그이는 속알을 나외이며, 짓을 닦느니

발로 길을 거르며, 손으로 일을 짓는: 사름 속
뚤릴몸과 사롤믿틀 가진: 속알이— 잇서서: 一밝
숨길을一나가미니 — 가장 바른길로 걷겟달거시며
듣는 귀로는 환케 골른 말시에서: 말슴 그디로
짓려는 짓거리릴지니.
이른데 이르롤줄을 아라, 거의에도 더블그.

ㅇ 뚤릴몸과 살올믿티 몸에 잡두리 된이는: 한생각조차 말슴셀랄 생각
… 환히 골른 말시로 일을 히 보이는이는: 한마디도 쭉정이 않보입.
비록 뚤릴몸과 살올믿티 몸일지라도 환히 골른 말시로 말슴셀람이
아니곤: 계 삶이 없습.

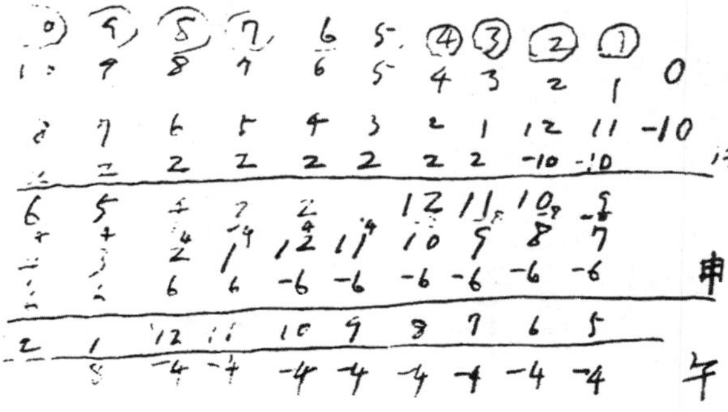

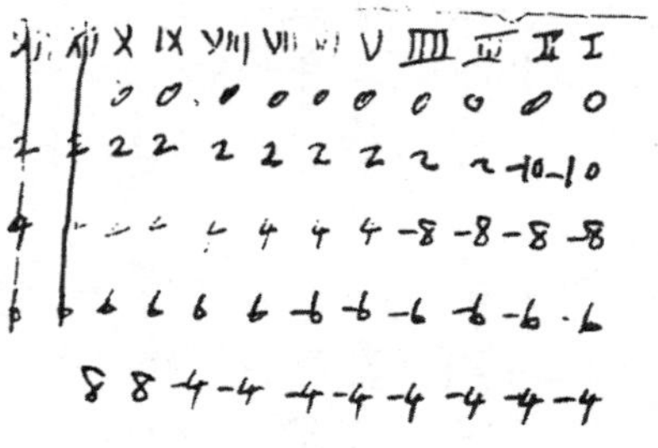

옛 다시고 보입

요한 자ㄴ 월소리
十七 1-7-8-11-13-22 저녁에 들긴 뜻

아·부지여 때가 히르렀사·오니 아들을 뜨렷ᄒᆞ게 ᄒᆞ샤 아들로 아·부지를 뜨리
ᄒᆞ게 ᄒᆞ옵소서 2 아부지 계셔 저에게 주신 모든 살팽이에게 늘삶을 주게 ᄒᆞ시
랴고 그느르는 집팽이를 저에게 주셨슴이로소이다· 3 늘삶은 오직 하나·신
참 한울님과 그의 보내시는 그리스도를 아는것이니이다· 4 아버지 계셔 시키
ᄒᆞ라고 주신 일을 내가 히루어 아·부지를 이누리에서 뜨렷ᄒᆞ게 ᄒᆞ였사오니
5 아·부지여 맨첨브터 내가 아·부지 와· 함께 가젔던 뜨렷홈으로 써 이제도
아부지와· 함께 나·를 뜨려시 ᄒᆞ옵소서 6 누리가운데서 제게 주신 사롬들에
게 내가 아·부지의 이름을 나·타·내였나·이다 저희는 아·부지것이었는데 내게
주셨으며 저희는 아·부지 말슴을 지나었나·이다·
9 내가· 저희를 위ᄒᆞ야 비옵나니 내가· 비옵는것은 누리를 위홈이 아·나오
내게 주신이들을 위홈이니이다 저희는 아·부지의것이로소이다· 10 내것은
다· 아·부지의것이오 아·부지것은 내것이온데 내가· 저희로 말미암아· 뜨
렷홈을 받었나·이다·
13 이제 내가· 아·부지 께로 가오니 내가 누리에서 이말을 ᄒᆞ옵는것은
저희로 내깃븜을 저희안에 그득히 가·지게 ᄒᆞ랴홈이니이다· 14 내가·
아·부지 말슴을 저희게 주었사·오매 누리가· 저희를 미워ᄒᆞ였사·오니
이는 내가 누리에 붙지아·니홈 같히 저희도 누리에 붙지 아·니ᄒᆞᆫ 탓
이니이다· 15 내가· 비옵는것은 저희를 누리에서 다·려가시기를 위홈이 아
니오 오직 못된데 빠지지 않게 돌보시기를 위홈이니이다· 16 내가· 누리
에 붙지아·니홈 같히 저희도 누리에 붙지아니ᄒᆞ였삽나·이다· 17 저희를 참으
로 거·룩ᄒᆞ게 ᄒᆞ옵소서 아·부지말슴은 참이니이다· 18 아·부지께서 나·를 누리
에 보내신것 같히 나·도 저희를 보내였고 19 또 저희를 위ᄒᆞ야 내가·
나·를 거룩ᄒᆞ게ᄒᆞ오니 이는 저희도 참으로 거룩홈을 얻게ᄒᆞ랴홈이니이
다· 20 내가· 비옵는것은 이사롬들만 위홈이 아·니오 또 저희말로 ᄒᆞ야
나·를 믿는 사·롬들도 위홈이니 21 아·부지 계셔 내안에 내가· 아·부지안
에 있는것 같히 저희도 다· 하·나·이 되어 우리안에 있게 ᄒᆞ샤
누리로 아·부지계셔 나·를 보내신것을 믿게ᄒᆞ옵소서 22 내게 주신
뜨렷홈을 내가· 저희게 주었사·오니 이는 우리가· 하·나·이 된것 같
히 저희도 하·나·이 되게 ᄒᆞ랴홈이니이다·

요한 3.31 웋으로 브터 오는이는 잘몬 웋에 있고 따에서 난이는 따에 붙어 따에 붙은 소리를 ᄒᆞ나니라 하늘에서 오는이는 잘몬 웋에 있나니 32 그 보고 드른것을 그러티 ᄒᆞ되 받는이가 없도다

6.29 한웋님의 보내신이를 믿는것이 한웋님의 일이니라

4.45·46 아부지 께 듣고 뱬 사ᄅᆞᆷ마다 내게로 오되 한웋님 께게서인이 밖엔 아부질 본이 없 아돌만 아부질 아울 말삼으로 밴아돌

I.12·13 한웋님의 아돌 말씀으로 듣고 뱬 아돌은 피줄로도 살뜻으로도 사ᄅᆞᆷ 싶음으로도 마태 3.8·9 "안나 랍니다" "다 아니" 흙으로도 될 "사기

8.23 너희는 아래서 났고 나는 웋에서 났으며 너희는 이누리에 붙었고 나는 이누리에 붙지 아니ᄒᆞ얐나니

10.16 또 이울이에 들지 아니ᄒᆞᆫ 다른 양들이 내게 있어 내가 이끄러야 ᄒᆞᆯ터이니 저희도 내 소리를 듣고 한무리가 되어 한 치기에 있으리라

12.24 떠러져 죽지 아니ᄒᆞ면 한알 그대로 있고 죽으면 많은 열매를 맺나니라 25 제 몸을 애끼는이는 잃어 바릴것이오 이누리에서 제삶을 그만 ᄒᆞ면ᄒᆞ는이는 늘삶에 들어 지니리라 27 그러나 내가 이때믄에 이에 왔나이다 28 아부지여 아부지의 이름을 뚜렸ᄒᆞ게 ᄒᆞ옵소서 ᄒᆞ시니 ⸺ 내가 이미 뚜렸ᄒᆞ게 ᄒᆞ얐고 또 다시 뚜렷ᄒᆞ게 ᄒᆞ리라 50 나는 그의 ᄒᆞ라고 말슴이 늘삶인줄 아노라 그러므로 나의 이르는것은 내 아부지께서 내게 말슴ᄒᆞ신 그대로 이르노라 (이사야 五九.21 마태 大37 十20)

13.31 이제 아돌이 뚜렸ᄒᆞ고 한웋님도 아돌 앎에 뚜렷ᄒᆞ시도다 32 한웋님이 아돌 앎 뚜렸ᄒᆞ시면 한웋님도 한웋님 앎에 아돌을 뚜렸ᄒᆞ게 ᄒᆞ시리니 곧 아돌을 뚜렸ᄒᆞ게 ᄒᆞ시리라

14.23 우리가 저에게 와서 있기를 저와 함께 ᄒᆞ리라

로마 8.3 울이 살로 허 약ᄒᆞ지서 ᄒᆞᆯ 수 없이 된데 한웋님 께서 제 아돌을 떠러진 살몸과 빠짐 그대로 보내셔서 살속에 빠지는것이라 불 사: 4 살로 아니고 얼로 가는 우리에게 울이 옳게 이루어 지게 ᄒᆞ려 ᄒᆞ심이니라 5 살로 슨이는 살의 일에 얼로 슨이는 얼의 일에 짓이나니 6 살의 짓은 죽음이오 얼의 짓은 삶과 좀 이니라

1959 3. 9	月	25198 맑	乙亥 庚寅	2436637	620	1047
10	火	25199 흐림		2436638	621	1048

끈 이 때 찾 아 봄

아침 끈이 줄곧 빨떠 으아 신김 비롯이고、
저녁 끈이 막음 밷터 깔딱 숫김 끝이거니、
보름날 아흡끼 먹기? 이 하루는 두닷즘 .

[마디말 풀이] 두닷즘 = 두닷즈믄 = 25千 = 2500

11	水	25200 흐릿.맑	2436639	622	1049
3.12	木	25201 맑	2436640	623	1050

$365 \cdot 2422 \times 69 = 25201 \cdot 7118$

13	金	25202 맑	2436641	624	1051
14	土	25203 맑	2436642	625	1052

古故新感

古來稀少今孤寡　　塵土慣習重淵故
先聖從心愚謹愼　　精神造詣高冥新

當老思家和

家事視務十目前　　各出意見難一致
食口意見各其出　　意見差異易不吉

1959 3·15 日 25204 點 2436643 626 1053

16 月 25205 點 2436644 627 1054

非夢亦夢
同床異夢之謂夢　同而未成時相思
二人同心以和聲　似而非正處失性

夢夢
士士日日大大妄　不知至終無底幾
人人夜夜多多夢　心事散亂甚於夢

醉夢
為治國心事散亂　東西古今難酒酊
言必稱民生國政　万年民人苦惡夢

17 火 25206 點 2436645 628 1055

18 水 25207 點 2436646 629 1056

能大能小
能大不見人空觀　能小至微人無視　唯在中正立命者　自有而無承啓示

眞言無辭

今生言辭欲證有　耳目視聽何足據
往生心性本固存　虛空大小圓滿魂

제 므 름 을 갖고 뉘게로 가봐?
가자. 가보자, 앞으로 또가봐, 더더 가 보자!
시집 장가 가서 봐도, 시골 서울 다가 봐도,
 죽 가봐 살살 가봐도 제 간 사리 또 제턱.

뫼로 가봐 물로 가봐 섬에 가봐 별에 가봐,
먹어 봐 싸봐 눌러 봐 갈아 봐 봄 타 므로는,
 눈 멀게 지주앉기지 바로 곱겐 뵐길 없!

19 木 밝 25208 2436647 630 1057

眞言無辭 二
恍以学習至知言　自遠有朋所以何
且不用之新故温　相慰知止而不慍

20 金 엷호릿 25209 2436648 631 1058

사 룸 새 누 리 {人 間 世} (몬 새 한 울 / 物 間 空)
누리ㄴ「사룸새」라. 잘 된 말이, 빈탕이「몬새」구,
빈탕에 든 몬이거나, 몬새 긔 아니, 빈탕이리,
 몬에 삶 곧 빈탕 삶을 트고 살면 죽음 없.

속알머리 없다기로 그토록도 없을거가,
빈탕 들어 늘 사는거ㄹ 몬끝나가 저 죽는 되,
 한늘엔 죽금이 없느 씨알들도 깨들라.

虛實
无極太極陰陽來　絶對存心相對實
陰陽太極无極去　相對姑息絶對虛

由己依他不二門

身與草木榮枯物　有物無量自由己
心同虛空大小量　保精養神他傾向

1959 土 25210 2436649 632 1059
3.21 비

泰平予懷

從无生有天下來　天降地昇一生理
自有至无地上去　明出幽入予起居

22 日 25211 2436650 633 1060
흐림 비뿌려

섭나락 되노락

풀먹여 너러 말린 입성은 한여름 말이지、
길다흔 겨을에야 풀말 다시 어딛가 듣소?
풀죽고 말다 들은데 제제 저맛인 나락섭。

늙은이 一 1

길 옳다 길、늘길 아니고。이를 만 이름、늘이름 아니오라。
이름 없에、하늘·따의 비롯、이름 있에、잘몬의 엄이。므로、늘 ᄒᆞ고줍 없에 그 야믊이 뵈고、늘 ᄒᆞ고줍 있어 그 도라감이 뵈와라。
이둘은 한끠 나와서 달리 부르(이르)니、한끠 닐러 ~~본하~~「감ᄋᆞ」。감ᄋᆞ 또 가몸이 뭇 야믊의 문(오래)이오라。

月 25212 2436651 634 1061
맑

늙은이 二 6

누리가 (세상이) 입본걸 입버홀라고는 다 알지
만, 그게, 못쓸거만이고. 착훈게 착훈다고 다 알
지만, 그게 착훈지 못훈기만 하다
므로, 있단, 없고 없단, 있어 번갈며. 쉽고.
어렵이 되돈고. 깁니, 짜르니, 가 한꼴채림
높은데, 아레로, 기웃. 아레선, 높은데을
흘깃. 소리와, 울림이 맞 어우름 앒은,
뒤, 딸리 뒤는, 앒 따름이라.
이래서, 씻어난이는 훈없 없이 일을 봐내고,
말않고, 가르쳐은데로 가오라.
잘몬이 니는데 말라지 않고, 낳나 가지지
않고, 일이룬데 붙어 있
지 않으오라.
그 붙어 있지 않을라만에, 그래서 떠러져 가
지를 않으오라.

이름

하늘 계신 아부 계 이름만 거룩·길·참·말숨.
그밖에. 이름이나 그려보임 갖고는, 못옖,
이름 고 우리 계 가돒. 너름 박에 없음을.

24 火 맑 25213 2436652 635 1062

변덕

앉아 보고싶· 가 보고싶 때. 따라 다르거니,
앉아 봤고 싶어. 가서 주고 싶어 훈는 터라,
이 몸의 이랬다 저랬 있다가 감 므로리.

사 룸 사 리

사룸사리 맛으로냐? 맞아서냐? 맞임이냐?
삶므로 자라므로 참을 찾아 차림 차려 참,
삶잚핢 참찾아 맞임 기아닌가.

1959 3.25 水 25214 흐렷 2436653 636 1063

모 를 일

임수 흐림 모를 일이, 늙어죽음 모를일이,
그근 되ㄹ 알고·알려, 간단 말은 더 모를 말,
비롯도 끝도 모를데 가로 꾀져 뭐ㄹ알고.

하늘로 머리 둔이여, 고디 곧장 줄곧 고디,
웋로솟나 솟을 얼만 잊지 말고 알고 갈거,
솟을얼 솟나서만이 참삶 볼가 ㅎ노라.

늙 은 이 三 11

닦아남을 좋이지 말아서, 씨알이 다투지 않게.
쓸몬의 흔찮은건 높쓰지 말아서, 씨알이 훔침질을 않게. ㅎ고질만 한건 보질 않아서, 몸이 어지럽질 않게. ㅎ오라.
이래서 씻어난이의 다스림은 그 몸이 븨이고, 그 배가 든든ㅎ고, 그 뜻은 므르고, 그 뼈는 세오라.
늘 씨알이 잘못앎이 없게, 잘못ㅎ고잡이 없게, ㅎ와. 그 (먼저)앎이도 구태어 않ㅎ게, 쯤 ㅎ오라.
ㅎ(때믄)없이 ㅎ매, 못다시림 될된게 없오라.

26 木 25215 맑 2436654 637 1064

늙은이 四 14

길은 고루 뚜렷히 씨우오라. 아마 채지 못혼지루. 기 픔이여, 잘몬의 마루 같고냥 그 날카롬은도 무디고. 그 얼킴은도 풀리고. 그 빛에 타지고. 그 티끌에 한데드솼오라. 맑안혼이 아마 있지루.

나는 기 누구 아들인줄 몰라.

한웋님 계가 먼저 그려짐.

늙은이 五

하늘 따이 어질지 않은가. 잘몬을 가지고 꼴개를 삼으니. 다싀리는 씻어난이 어질지 않은가. 씨알을 가지고 꼴개를 삼으니. 다시 보니.

하늘·따. 새는 그 또 풀무나 같구나. 븨였는데 쭈그러들지 않고. 움지겨서 움질 움질 나오누나. 많은 말이 막 달아 맥히니 그 직힘만 같지 못호누나.

늙은이 六 19

골검(谷神)은 죽지 않으. 이 일러 감혼 암. 감혼 암의 오래. 이 일러 하늘 따 뿌리. 그렇듯 있. 쓰는데 부지런을 않부려. (힘들지 않음)

늙은이 七 21

하늘은 길고. 따은 오래. 하늘 따이 길고 오랠 수 있는 것은. 그 저로만 살지 않아서 야. 므로. 길이 살 수 있거니. 이래서 씻어난이 몸은 뒤에 뒷는데 그 몸이 먼저고. 몸 밖에 서 섰는데 그몸이 계 있. 그 저만 앎이 없으므로로 아닌가. 므로. 그 저까지를 이룰 수 있건

늙은이 八 23

웃잘은 물과같구나. 물은 잘몬에게 잘 허주고

다투질 않느니. 뭇사람 시려ᄒᆞ는데로 가ᄫᆡ. 으로
(거의. 길에) 둚
있기는 때에 잘. 속은 깊기 잘. 주기는. 어질기
잘. 말은. 믿브게 잘. 바로잡는데. 잘 다시리고.
일은. 잘 ᄒᆞᆫ 놓ᄂᆡ위 ~~수오~~. 움지기는데 때 잘 맞이. 그래
다투지는 않ᄒᆞᆷ. 므로 허물이 없오라.

1959 3.27 金 25216 맑 \ 2436655 638 1065

차 라 리 이 랗.다
옐오돌 길른 엄마. 일흔여름 지여낸 압바.
느취 받고 미러 주며 맑고 밝고 바로 산이.
깨는데 건저지는데 그들이 가 있는 곳.

28 土 25217 흐림 2436656 639 1066

29 日 25218 비 2436657 640 1067

道 義
意義者世人生路　　不得意義隘難澁
意義分明信步行　　自天正義毋意識

늙은이 九 25
가지고 가득 차는것은 그 마ᄂ두는것만 못ᄒᆞ며.
빠히 뵈야ᄒᆞ는 날칼옴은 길게 볼수가 없으오라.
누런쇠 · 환ᄒᆞᆫ구슬을 집에 그득히 두고는 직히는수가
없으며. 가멸고 · 높돼서 젠척ᄒᆞ게되면 제절로 그
허물이 흘르오라. 일을 이루고 일음이 나게 돼선

몸을 빼쳐 물러나는것이 하늘대로 가는 길이오라.

늙은이 十 28

여섯빛넋을 실고 하나를 품안은것의 떠러짐이 없는 수여. 김을 오로지고 늦추 부드럽기의 위기 같으ㄹ수여. 치우고 씻어내여 깜안히 보기의 티 없을 수여. 씨알 사랑·나라 다싪의 내가 홈 없을 수여. 하늘 곩을 열고 닫는데 숳 않되고 암ㅎ될 수여. 밝고 희여 네갈래로 사모친데 아랐다ㄴ게 없을 수여. 낳고 치오라. 낳되 갖이질 않고, ᄒᆞ되 ~~서 보란 듯이 한자~~ 철면거리 않오라. 길다고 어른노릇을 않ᄒᆞ니 이일러 깜아ᄒᆞᆫ 속알이오라.

늙은이 十一 34

설흔 낯 살대가 한수레통에 몲겼으니, 수레의 쓸데 있음은 그 없는구석이 맞아서라. 진흙을 비져서 그릇을 맨든데, 그릇의 쓸데 있음은 그 없는구석이 맞아서라. 창을 내고 문을 뚜러서 집을 짓는데 집의 쓸데 있음은 그 없는구석이 맞아서라. 므로, 있는것이 리되는것은 없는것을 씀으로서라.

늙은이 十二 35

다섯빛갈이 사람눈을 멀게, 다섯소리가 사람귀를 먹게, 다섯맛이 사람입맛을 틀리게, 몰려달려ᄒᆞ는 산양질이 사람몸을 미치게, 흔치않은 쓸몬(재물이 사람을 못되게 가게ᄒᆞ오라.

이래서, 씻어난이는 배때문이지, 눈때문이 아니오라. 이를 집고 저를 버리오라.

늙은이 十三 38

괴다, 욕이다, 에 깜짝 놀람! 가장 큰걱정이

아이 몸이야! ~~괴다. 욕이다. 에~~
뭣을 일러 깜짝 놀람인고? 굄이 얕은 때문에라.
얻어도 깜짝! 잃어도 깜짝! 이 일러 괴다. 욕이다.
에 깜짝 놀람이여.
뭣을 일러 가장 큰걱정이 아이 몸이야ㄴ고?
나로서 큰걱정이 있는것은 내가 몸을 가진 때문이어.
내몸이 없는데 맞으면 내 무슨 걱정이 있으리. 므로,
가장. 몸을 가지고 세상 때문에 ᄒᆞ는이는 세상을 가져
다가 부칠만도 ᄒᆞ고,
사랑. 몸을 가지고 세상 때문에 ᄒᆞ는이는 세상을 가져
다가 맫길만도 ᄒᆞ여. 오라.

1959 3.30 月 25219 2436658 641 1068

늙은이 十四 42

보아 못보니 이르자면, 뮈.
들어 못들으니 이르자면, 뭘.
쥐어 못쥐니 이르자면, 뭔.
이 셋이란 뜻아서 될게 아니.오라.
므로 왼통으로 하나 됨이어.
그 우이래, 횟금도 않고,
그 아레래, 어슴프레도 않으.오라.
줄줄 ~~느려지는듯 이여, ᄒᆞᄒᆞ~~ 닿 있으나 이름 못 ᄒᆞ겠으나, 다시 없
몬(無物)으로 도라감이여. 이 일러 꼴없는 꼴,
없몬의 그림. 이 일러 환컴 얼떨떨.
맞아 그 머리 못보고,
따라 그 궁둥이 못보오.
~~옜~~가는 길 잡아 온대로 서, 이제가는 있을 그릴음이
옜비롯을 아는 ~~4위~~ ~~씨~~니. 이 일러 길날(벼리·줄)이어.

늙은이 十五 46

옛간 잘된 선비(순보이)는 뭔야믈게 깜ᄒᆞ니 뚤렸음이여, 그깊이ᄅ 모르겠어라. 그 모르겠을 뿐으로, 억지로 꼴짓자ᄒᆞ니, 코기리(豫)가 겨울에 내를 거너는것이나 같달가. 개(猶)가 넷켠을 두릿두릿ᄒᆞ는거나 같달가. 엄천ᄒᆞ니, 손님이나 같고, 환ᄒᆞ니, 어름이 풀릴듯이나 같음이여. 도탑기는 나무등걸 같. 덩븨이기는 그 골작같. 된통스럽기는 그 흐리터븜 갈.

누가 흐리어서 고요히 천천히 맑힐 수 있스며, 누가 편안히 오래도록 움직이어 천천히 살리수 있는가.

이길을 봐가는이는 가득 찰려 않으오라. 그 차지 않으므로 만. 므로. 묵을 수있어서 새로 이루는게 아님이여라.

늙은이 十六 50

아주 븨위 가장, 고요 직혀 도탑.

잘몬이 나란히 히는데, 나로서는 그 도라감을 봄. 그저 몬이 쑥쑥 나오나 따로다 그 뿌리로 도라가오라. 뿌리로 도라가서 고요ᄒᆞ다, ᄒᆞ고, 고요ᄒᆞ야서 목숨을 바쳤다 ᄒᆞ고. 목숨 바쳐서 늘이라 ᄒᆞ고. 늘을 아는거ㄹ 밝다, ᄒᆞ오라. 늘을 모르면 함부로 짓ᄒᆞ다가 흉ᄒᆞ오라.

늘을 알아 받아드림 빈. 들린대로 번듯. 번듯ᄒᆞᆫ대로 임금. 임금대로 하늘. 하늘대로 길. 길대로 오램이오라. 몸이 빠진들 나죽지(殆) 않으오라.

늙은이 十七 53

맨우에는 가진줄을 몰랐었고, 그다음에는 친자우

어 기리고. 그다음에는 두려워ᄒᆞ고. 그다음에는 없우이까지. 믿믿음. 모자란데. 못믿음 있오라.
옜말 오히려도. 그높은 말숨.
일. 이루고, 흠. 듣혔(맞였)는데.
씨알들이 다 이르기를 우리 제절로.

늙은이 十八 56

큰길. 내버리자. 어짊 옳음. 뵈져났고.
앎 슬기. 나오자. 큰 거짓. 뵈져났고.
애비, 아들, 아우, 언니, 지아비, 지어미. 여섯사이 틀리자. 따르는 아들.
사랑는 애비. 뵈져 났고.
나라집이 어둡 어지럽자. 곧은 섬기 뵈져 났오라.

늙은이 十九 57

내 그릇다름을 끊고. 내 알다름을 버리면 씨알의 리롭기 백곱절일거고. 우리 어질다름을 끊고. 우리 옳다름을 버리면 씨알이 다시 따름과 사랑으로 도라올거고. 저마다 남을 뛰어 넘으려는 공교를 끊고. 저마다 저만 리롭자를 버리면 훔침질이 있을수 없을거을. 이 셋가지는. 을 써서 월로 삼기로는 모자라오라.
므로. 붙친데가 있게 ᄒᆞ이서
바탕을 보고. 등걸을 품안고.
나 나를 조고만치. 싶음도 조고만치 ᄒᆞ게. 됐으면.

늙은이 二十 61

써며기브터 줄렴 배움을 끊으면 근심이 없을것이오라. 대답의 네! ᄒᆞᆫ거와 네여? 와의 떠러져 다름이 얼만ᄒᆞᆫ고? 착ᄒᆞ다ㅁ과 모짊과의 떠러짐은 얼덜고? 남의 두려워ᄒᆞ는것은 꼭 두려워지. 거칠다가는 그 못맞윈것이빼로.

뭇사람의 희희홈이란 소잡고 잔치나 ㅎ는 듯이 봄에 높은대에나 오른듯 ㅎ고나. 나 홀로 멍ㅎ니 아모 그 기색없음이 갓난 익기의 손 잡을줄도 모름 같구나. 둥둥떠 도라갈 바가 없음 같고나. 뭇사람은 다 남았는데. 나 홀로 잃은 꼴 같구나. 나ㄴ 어리석은 사람의 몸이여. 멍멍ㅎ이. 이새사람들이 딸숙 딸숙, 나 혼자 흐릿터분. 이새사람들이 또렷 또렷, 나 혼자 꿍꿍. 훌젹 그믐 같고, 괴괴 그칠바 없음 같히. 뭇사람은 다 쓸이 있는데 나 혼자 더럽게 굳다. 나 홀로 남보다 달라서. (젖)어머니 먹기를 높이노라.

1959 火 25220 642
3·31 맑 2436650 1069

늙은이 二十一 67

다큰 속(앞)의 얼골은 오직 길을 받삭 따름. 길의 몬됨이(됨됨이가) 오직 환, 오직 컴. 컴ㅎ고, 환ㅎ데. 그 곤듸 그림이 있. 환ㅎ고, 컴ㅎ데. 그 곤듸 몬(됨)이 있. 아득, 앗득. 그 곤듸 알짬이 있. 그 알짬이 아조 참. 그곤듸 믿음이 있. 예브터 이제껏 그이름이 가지를 않아서. 뭇 비롯(아름답)을 봐넘기오라. 네 뭘 가지고 뭇비롯의 그런가를 알가 ㅎ다, 면. 이로 써르.

늙은이 二十二 72

구브려서 성ㅎ고, 구펴서 곧고, 움폭히서 차고, 묵어서 새롭고, 적어서 얻고, 많아서 홀려놓지

오라. 이래서 씻어난이는 하나를 품어 세상. 본
보기이 되오라. 제 뵈지 않으므로 밝고. 제 옳
다 않으므로 나타나고 제 보라지 않으므로 공있
있고. (치사 ᄒᆞ다 간 없어지는) 제 자랑 않으므로 길으오라.
그저 오직 다투질 않오라. 므로. 세상 더브러
다툴 수가 없오라. 옛브터 이른바 구브려서 성ᄒᆞ
다ㄴ 어찌 헛말일가. 참말로 성ᄒᆞ게 돼서 도라가오라.

1959 水 25221 2436660 643 1070
4. 1 맑

2 木 맑 25222 2436661 644 1071

드름 없이 드른 ~~몱ᄒᆞ~~ 말이 제절로로다.
늙은이 二十三 ~~제절로로다~~ 75
~~드들거 없는거 같이 들린 말이~~
~~되면 되염ᄒᆞ는 말이 제절로 로구나 (지절론 드믄~~
~~드믄 말)~~
나브끼는 바람이 아침을 다 않가고. 소낙비가 ᄒᆞ
ㄹ을 맡치지 않으니. 누가 이쯤ᄒᆞ나. 하늘땅이! 하
늘땅도 오히려 오래ᄒᆞ질 못ᄒᆞ건. 하물며 사람으
로설가.
므로. 길에 좋아보는이로 말ᄒᆞ면 길가는이 길에 한가
지고. 속알이 속에 한가지고. 잃는이 잃음에 한가
지오라. 길에 한가지된이를. 길 또한 즐겨 스리금.
속알에 한가지ᄒᆞᆫ이를. 속알 또한 즐겨 스리금. 잃음에
한가지ᄒᆞᆫ이를. 잃음 또한 즐겨 스리금.
믿음이 모자란데 못믿음이 있오라.

늙은이 二十四 77

발돋음이 스는것. 아니고. 가랑벌림이 가는것. 아니
오라. 제봄이 밝지 못ᄒᆞ고. 제옳건이 나타못나고. 제

봐란 공없이고. 제자랑 길지않으니, 길감에서 ... 그게 다. 먹다 님은 법. 군에너민살 같으니. ... 이미워도 홀듯호오라. 길가진 ... 이 ... 아니 오라.

늙은이 二十五 80

몬 있오서 왼통으로 되니, 하늘 따보다 먼저 났오라. 괴괴히 고요히, 홀로 섰다고 곤치지 인호며, 두루 댕긴다고 나죽지 안호니, 가저다가 세상어머니로 삼을만호고나. 내 그 이름을 모르니 블러 길인라 호자. 억지로 호야 이름 크다호자. 크면 가다호자. 가면 멀다호자. 멀면 도라가다 호자. 므로 길 커. 하늘 커. 따 커. 임금 또한 커. 언저리 고뒤 넷 큰게 있는데 임금도 그 하나에 드오라. 사람이 법 받은 따. 따이 법 받은 하늘. 하늘이 법 받은 길. 길이 법 받은 제절로로구나.

늙은이 二十六 84

무검은 가볍의 뿌리 되고, 가맣은 방정의 님금 되오라. 이래서, 씻어난이는 히가맞도록 갖인짐무검을 안떠나오라. 비록, 번쩍흔 구경이 있을지라도 뚝떠솟그처서 으젓이 지내오라. 어찌 만가지를 거느리는 님으로서, 몸을 갖이고 세상에 가벼우랴. 가벼면 뿌리 빠지고, 방정스리이면 님금 떠러트리오리.

3 金 25223 흐릿 비 2436662 645 1072

生 理

絕大時腔浩滿气　　空谷虛堂風獅吼
億兆鼻孔一通信　　否塞窒息俗貊呻

經 濟

對衆政商民主賊　　無論內外力服暴
對外政商平和蠹　　不問古今金利陋

1959 土 25224　　646
4·4 비　　2436663　　1073

성 히 삶

안경 써、 집팡 집혀. 기침 깃길. 젊잖게 앎과、
속 쓰린데. 나도 남도 먹맛일거만 녀임 은、
오래도 성치 못ᄒᆞ게 삶 적이ㄴ가 ᄒᆞ노라。

늙은이　　二十七　86

잘 댕긴데는 바퀴 자국이 없고. 잘ᄒᆞᆫ 말에는 티뜯긴 데가 없고、 잘 궇은셈에는 셈가지를 않고、 잘 닫은데는 빗장·곧장이 없어도 못 열겠고、 잘 맨데는 줄졸른게 없어도 못풀겠오라。 이래서 씻어난이는 늘 잘 사람을 건짐. 므로, 사람을 버리는일이 ㅁ없고、 늘 잘 몬을 건짐、 므로. 몬을 버리는일이 ㅁ없오라. 이 일러. 푹밝음。 착ᄒᆞᆫ이는 못착ᄒᆞᆫ이의 스승이고、 못착ᄒᆞᆫ이는 착ᄒᆞᆫ이의 거리(감)。 그 스승를 높이지 않고 그 거리를 사랑 않으면 비록 아는이도 크겐 흐릴데라。 이 오믐 야믊이 되오라.

늙은이　　二十八　90

그 숫을 알고 그 암을 대로 있으니 세상의 흐름골이 되오라.
세상의 흐름골이 되어 늘 속알을 안 여이니 다시 위기로 도라가오라. 그 힘 알고 그 검은대로 있으니 세상의 본이 되오라. 세상의 본이되니 늘 속알이 틀림없이 다시 없는 꼭대기로 도라가오라. 그 번쩍흼을 알고 그 몰려떼 한대로 있으니 세상의 골작이 되오라 세상의 골작이 되니 늘 속알이 넉넉흔 다시 등걸로 도라가오라.
등걸을 흩어서 는 그릇을 지으니, 다스리는이가 쓰면 맡음의 어른을 삼음. 므로, 큰감은 썰지 않음.

늙은이 二十九 95

세상을 잡을라고 흐다간 그 못되스리금 맒을 내 보오라.
세상은 검 그릇. 사람 흘게 흐는이는 깨지고, 잡는이는 잃으니.
므로 몬은 댕기기도, 따르기도, 호블기도, 훅블리기도. 힘세기도, 몸 마르기도, 싣기도, 떠루기도 흐오라
이래서, 씻어 난이는 넘으흠를 떼버리고, 치렁찰 몽땅림을 떼버리고, 더더커짐을 떼버리오라.

늙은이 三十 99

길을 가지고 사람의 님금을 돕는이는 군사를 가지고 세상을 힘세게 흘라 않오라. 그일이 잘도 되도라오니. 군사 치른데 가시덤블이 되거든. 큰 싸흠 뒤에 반드시 흉년이 듬. 착흔이는 열맺고 뿐, 구태여 가지고 셀라 들지 않오리. 열맺고, 자랑 무. 열맺고, 예봐라 무. 열맺고, 마지못해서 무. 열맺고, 무지 못스리금. 열맺고, 세지를 무. 몬이 한창가면 늙음. 이 일러, 길, 아니니, 길아니는 일직 그만. 들거

늙은이 三十一 101

그저. 좋은 칼날이란. 금새 아닌 그릇이 라, 뭇몬이 미워흘뜻. 므로 길가진이는 그리가지 않오라. 그이

앉는데면 왼쪽을 높이고, 군사를 쓰면 옳은쪽을 높이
니. 군사란 ~~상서롭지 않은~~ 그릇이오. 그이의 그릇은 아니.
마지못스러금 쓰오라. 가만맑안홈이 위됨. 익었서도 아
름답지 안홈. 도. 아름답아 ᄒᆞ는이는 ~~이는~~ 사람 죽임을 즐
김. 그저 사람죽이기 즐기는이는 세상에서 뜻을 얻을게
못되오라. 좋은일엔 왼쪽을 세고, 언잖은 일엔 옳은쪽을
세건만. 곁장군이 왼쪽에 가고, 웃장군이 옳은 쪽으로가니,
자리 위~~티수항세~~로 말ᄒᆞ면 초상치름으로 치름. 사람죽임이
못많아 슬프서름을 가지고 울미어, 쌈을 익이고, 초상치름
을 가지고 지내ㅁ.

늙은이 三十二 103

길은 늘 이름 없오라. 등걸이 비록 작게보이더라도
세상이 섬기라 못ᄒᆞ오라. 임금들이 지킬수 있을거같으면
잘몬이 스스로 손오듯ᄒᆞ오리. 하늘따이 맞아서 단이
슬도 내리고, 사람이 ᄒᆞ란 말도 없어도 스스로 고르르
오리. 비로솟 감을내니 이름 있구나. 이름도 그만 두리. 그저
또한 근침을 아오리. 그침 알아서 나죽지않을배오리. 비
기건데 길의 세상에서 감이 마치 내흐름골의 강바다에로
감 같으오라.

늙은이 三十三 106

남을 안이는 슬기오 저를아는이는 밝음. 남을 익인이는
힘있고, 스스로 익이는이가 세오. 그만늑ᄒᆞ다는 이~~자~~가 멀이
며, 억지로 가는이 뜻있음. 그 자리를 잃지않은이 오래고.
죽어도 없어지지 안ᄒᆞ는이 수ᄒᆞ다오.

늙은이 三十四 109

큰길이 둥두려시 떴음이여 그 (이러케도 저러케도) 외게도 옳게
도 로다. 잘몬이 믿거라고 나오는데 말라지아니ᄒᆞ고. 일
이 이룬데 이름 지어서 가지지를 아니ᄒᆞ고. 아끼기른 잘몬인

데 님자가 되지 아니 ᄒᆞ니. 늘 싫음(欲)이 없어라. 작 보다 작다 이름 홀만. 잘몬이 도라가서 님잔 줄 모르겠으니. 크 보다 크다 이름 홀만.
이래서 씻어난이는 마침내 클라 ᄒᆞ지 아니홈으로 바로 이룰 그크로다.

1959 月 25225 2436664 647 1074
4·5 흐림 바람

늙은이 三十五 110

아조 큰 피림을 잡았으니, 세상이 가도다. 하늘 일로 가도다 가되 언잔히 아니 ᄒᆞᆷ. 편안. 평안 태평히 가다. 울림과 먹이는 지나든 손이나 머물지. 길(말슴)이 기써 나가는 입은 심심ᄒᆞᆫ이 그 맛이 없. 보아서 보잘게 없. 들어서 듣잘게 없. 얼만 ~~써~~ 도 그만 ~~따이다가 없~~ 없다.

6 月 25226 2436665 648 1075
맑

늙은이 三十六 112

드러 마실라거든, 반드시 꼭 베플(내블)거고. 므릇ᄒᆞ게 홀라거든, 단단ᄒᆞ게 홀거고. 그만치 ᄒᆞ라거든, 반드시 꼭 이르키ㄹ거고. 빼슬라거든, 반드시 꼭 줄거다. 이 일러, 뭣밝음. 브드럼이 굳셈을 익임. 므른게 센걸 익임. 물고기가 물 깊음을 버서나지 못ᄒᆞ드시 나라의 날카론 그릇을 가져 남에게 보이진 못ᄒᆞ.

늙은이 三十七 117

길은 홈 없어도 늘 아니ᄒᆞ는게 없으니. 임금들이 직힐거 같으면 잘몬은 제대로 되리로다. 되다

짓거릴라오 내 이름없는 등걸을 가지고 투덕 투덕 누르리. 이름없는 등걸. 또 ᄒᆞ고저 아니ᄒᆞ리. ᄒᆞ고저 아니ᄒᆞᆷ이ᄂᆞ 고요ᄒᆞ고. 세상은 제대로 바르리로다.

1959 4. 7 火 25227 晴 2436666 649 1076

늙은이 三十八 120

높오르는 속알은 속알 기대지 않오라. 이래서 속알 있오라. 얕내리는 속알은 속알을 놓지 않으오라. 이래서 속알 없오라. 높속알은 ᄒᆞᆷ없고. 라ᄒᆞᆷ없으며. 얕속알은 ᄒᆞ고. 또 라ᄒᆞᆷ이 있으며. 높사랑은 ᄒᆞ되. 라ᄒᆞᆷ 없으며. 높옳은 ᄒᆞ고(되) 또 라ᄒᆞᆷ이 있으며. 높번감은 ᄒᆞ야서 맞않드르면 팔목을 끌어다 그대로 치르오라.

므로. 길. 잃은뒤. 속알뵈지고. 속알 놓진뒤. 사랑뵈지고 사랑 잃은뒤. 옳뵈지고. 옳 잃킨뒤. 번감뵈지다. 그저. 번감은 몸속·몸밑의 엷혼엷혼이오 어질어질의 머리로다.

본데있는이란 길의 꽃이오. 어리석의 비롯.

이래서 산아이는 그 두텁으로 가고. 그 엷은데 않가며. 그 열매 맺지. 그 꽃 뵐라 않으오라.

므로. 이걸 집고. 저걸 버림.

늙은이 三十九 127

옜날옜적에 하나 얻은이로. 한늘이 하나를 얻어서 맑게 쓰고. 따이 하나를 얻어서 편안케 쓰고. 신 하나를 얻어서 령ᄒᆞᆷ을 쓰고. 골짝이 하나를 얻어서 챔으로 쓰고. 잘몬이 하나를 얻어서 삶으로 쓰고. 님금들이 하날을 얻어서 세상 고디가 되니. 그 ~~꿀리 둥라는~~ 꼴 면 하나 이라.
하늘로 맑게 씀이 없으면 아마 찌쪄질라. 따로 편안을 씀이 없으면 아마 픠어버릴라. 신으로 령흠에 씀이 없으면 아마 쉬라. 골로 챔을 씀이 없으면 아마 다될라. 잘몬으로 삶을 씀이 없으면 아마 없어질라. 님금들로 고디를 씀이 없이도 높이기만 ᄒᆞ면 아마 믿그러질라.
므로 높입은 낮힘으로서 밑을 삼고, 높은 아레로 터됐음이어.
이래서 님금들이 제 일르기를, 외롭이·홀읍이·쪽정이라. 홈. 이것이 그 낮힘으로서 밑삼음이오. 간사스레 일브러 ᄒᆞ게 아니로다. 밑삼음이 나? 아니냐? 므로 수레 생김새를 따져 발리면 수레를 따지면, 수레가 없다, 는 셈 으로, 맑속 맑속 옥 같다, 데굴 데굴 돌 같다. 싶지 않오라.
사이에 든 매디는 故 吉浦 崔承謨〔烽火峴〕先生의 句讀.

늙은이 四十 131

도라가는이 길, 가, 움지김. 므른 이 길, 가, 씀. 세상, 몬이 있에 났음 있은 없에 났음

늙은이 四十一 133

높오르는 선비가 길을 듣고 부지런히 가며, 가온듸 선비는 있는둥 만둥 ᄒᆞ고, 알내리는 선비는 길을 듣고 크게 웃음. 웃지 아니ᄒᆞ면, 넓아서 될길이 아님.
므로 세워진 말 있기를. 밝은길은 어슴프레. 나아간 길은 물러간듯. 맨길은 비슷 비슷. 높오른 속알은 텅빈 골 같고. 아조 흰게 몰려댐 같고. 넓은 속알이 모자람 같고. 슨속알이 ᄒᆞ

잘거 없는거 같고. 바탕참은 버서질것 같고. 큰반듯 ᄒᆞᆫ거는 모가 없고. 큰그릇은 늦게 되고. 큰소리는 스르름 울리고. 큰그림은 꼴봄이 없고. 길은 숨어 이름 없오라. 그저. 길만이 잘빌려주고. 또 이루리로다.

늙 은 이 四十二 139

길이 나니. 하나. 하나 나니. 둘. 둘 나니. 셋. 셋 나니. 잘몬. 잘몬이 그늘을 지고. 볕을 품안음. 뷘뚤린 김으로서 고루ᄒᆞ았음이여. 사람의 시려ᄒᆞᆯ배 오직 외롭·홀옵·쭉정일데. 님금과 기들이 가지고 일커기로 ᄒᆞ았으니.
므로 몬이란 되는데. 더ᄒᆞ기도. 더ᄒᆞ는데 덜리기도 ᄒᆞ오라. 남이 가 가리치는데는 나도 또 가르쳐 가리니. 억지센놈은 그 죽음스리 금을 못ᄒᆞ리라. 고. 을 내 가지고 가르침의 애비로 삼으리로다.

늙 은 이 四十三 142

세상의 가장부드럽이 세상의 가장굳은데를 뚜러달리도다. ~~???~~ (아주 끗이도 없)없이 틈없는데 드러갈거니. 내이래서 ᄒᆞᆷ없는 (유익)(있는)ᄒᆞᆫ것을 아노라. 말아니ᄒᆞ고 가르친 가르침과 ᄒᆞᆷ없이 ᄒᆞᆫ 낢은 세상에 및기 드믈리라.

늙 은 이 四十四 143

이름과 몸을 더붙데 어떤쪽을 더알꼬. 몸과 쓸몬을 더붙데 어떤쪽이 많을꼬. 얻음과 없앰을 더붙데 어떤쪽이 탈인고. 이러므로 넘으도 사랑ᄒᆞ면 반드시 씀씀이 크고, 많이 드려뒀으면 반드시 두텁게 없애리라. 그만넉ᄒᆞᆫ줄 알면 몰려 대지 않고, 근칠줄 알면 나죽지 않으리니, 올게스리 길히올애리라.

1959 VK 25228 650
4 8 맑 2436667 1077

늙은이 四十五 144

한〔큰〕된데는 이즈러짐 같은데, 그 씨움이 묵
지 아니ᄒᆞ고. 한〔큰〕찬데는 텅뷘가 같은데, 그
씨움이 다ᄒᆞ지 아니ᄒᆞ라. 한고디는 쭈그러짐
같고. 한공교는 못맨듬 같고. 한말ᄉᆞᆷ은 떠듬는
거 같호라. 뛰어 추위를 익이고, 가라앉아 더
위를 익이느니 맑아가만 홈 세상 바름 됨。

늙은이 四十六 147

세상에 길이 있으면 달리는 말을 물려다가
똥거름 치는데 쓰고, 세상에 길이 없으면 싸움
말이 들에 나오누나. 죄는 ᄒᆞ고자홀만 ᄒᆞ단거
보다 큰것이 없고. 화는 그만좋달줄 모름보다
큰것이 없고。허믈은 ᄒᆞ고자스리금 보다 큰것
이 없오라.
므로 그만좋음을 아는 그만좋이 늘 그만좋이여.
〔바리라 아는 발이 늘 ᄂᆡ바려 드디는 빛이여.〕

늙은이 四十七 148

지게문을 나지않고 세상을 알며, 창문을 ᄂᆡ다
안보고 하ᄂᆞᆯ길을 보ㄹ거니.〔앎과 봄의 첫서리
와 끝을 말홈〕그 더 멀리 나갈수록 그 앎이
더 적음. 이래서 씻어난이 가지않고 앎, 보
지않고 이름, ᄒᆞ지않고 됨.(ㄴ다는 언서리가 있음)

늙은이 四十八 150

배우기ㄹ ᄒᆞ면 날로 더ᄒᆞ고, 길가기ㄹ을 ᄒᆞ면 날
로 덜홈. 덜고 덜ᄒᆞ야서 ᄒᆞᆷ없음에 니름。홈없
어 ᄒᆞ지않음이 없으리. 므로 세상을 잡는데는

늘 일없음을 써야지. 그 일이 있게 되면 넉넉스리 세상을 잡지 못홈.

늙은이 四十九 152

다스리는이는 늘가진 맘이 없다. 온씨알 맘을 가지고 맘ᄒᆞ기에.

잘ᄒᆞᆫ이게 내 잘ᄒᆞ였다. ᄒᆞ고. 잘못ᄒᆞᆫ이게 내 또 잘ᄒᆞ라려니. 속알잘이로다. 믿이를 믿거라. ᄒᆞ고. 못믿이를 내 또 믿으라려니. 속알믿이로다.

다스리는이 세상에서 섭섭이도 세상때믄에 그맘을 왼통ᄒᆞ니. 온씨알은 다 귀와 눈을 그리로 올 따르듯 따르누나. 다스리는이는 다 어린이 달래듯이 달래누나.

늙은이 五十[55] 156

나와 살고. 드러 죽음. 열있으면 살아가는이들이 셋이고. 열있으면 죽어가는이들이 셋이고. 열있으면 사람으로 나서 죽을 터로 움직여가는이 또 셋이다. 그저 어찌먼고. 그 살림을 살기를 두텁게만 ᄒᆞ랴 므로다.

그런데. 드르니. 삶 잘가지고 가는 이는 뭍에 가도 뭍소나 범을 맞나지 아니ᄒᆞ고. 싸우는데 드러가도 병기를 사리지 아니 ~~ᄒᆞ고~~ ᄒᆞᆫ다니. 뭍소가 그 뿔을 던질데가 없고. 범이 그 발톱을 댈데가 없고. 병기가 칼날을 드리밀데가 없다 ᄒᆞᆫ다. 그저 어찜인고. 그 죽을 터가 없음 므로다.

늙은이 五十一 160

길이 내고. 속알이 치고. 몬이 꼴ᄒᆞ고. 힘이 이루도다. 이래서 잘몬이 길을 높이고 속알을 처키지 안임이 없으니. 길의 높임과 속알의 치킴은. 그저. 잘ᄒᆞᆫ다는 술잔이 없이도 늘 제절로로다.

므로. 길이 내고 치고 키우고 길으고 꾸꾸이 ᄒᆞ고 여물게 ᄒᆞ고 먹이고 덮어준다.
내고도 가지지 않고 ᄒᆞ고도 젠갈싶어 않고 길어도 채잡을라 않ᄒᆞ니 이 일러 깜안숙알.

늙은이 五十二 163

세상 있비롯을 가지고 세상 어머니 삼음. 인젠 그 어머니를 얻으니 써 그 아들을 앎. 인젠 그 아들을 알니. 다시 그 어머니 직히ᄌᆞ. 몸이 빠지도록 나죽지 않으리.
그 입을 막고 그 문을 닫으면 몸이 맞도록 힘들지 않겠고. 그 입을 열고 그일을건네겠다면 몸이 맞도록 빠져나지 못ᄒᆞ리
작음 봄을 밝다ᄒᆞ고, 부드럽 직힘을 세다ᄒᆞᆷ.
그 빛을 써 밝게 도라감이며. 몸의 걱정 끼침 없으니 이 일러. 푹늘.

늙은이 五十三 166

나로 ᄒᆞ야금 ᄒᆞᆷ앎이 있으니 한(큰)길로 갈데, 오직 베플기. 이. 두렵다. 한길은 넘으도 판이진만, 씨알은 지름길을 좋아ᄅᆞᆷ.
조정은 넘으도 밝숙ᄒᆞ고, 밭은 넘으도 거칠었고, 창고는 넘으도 비였고, 빛난 옷들을 입고, 날카론 칼들을 차고, 싫도록 먹마시고, 쓸몬이 남아간다. 이 말ᄒᆞ자면 도적 브름이지! 길은 아니다.

늙은이 五十四 170

잘세운게 빠지지 않고, 잘안은게 버서지지 않고. 아들·아아들의 받드림(제사)이 거치지 안ᄒᆞ니. 몸에 닦아서 그 속알이 곧 참ᄒᆞ고. 집에 닦아서 그 속알이 곧 남고. 시골에 닦아서 그 속알이 곧

걸고. 나라에 닦아서 그 속알이 곧 넉넉ᄒᆞ고. 세상에 닦아서 그 속알이 곧 넓다. 므로 몸을 가지고 몸을 보며, 집을 가지고 집을 보며 시골을 가지고 시골을 보며, 나라를 가지고 나라를 보며, 세상을 가지고 세상를 본다. 내 어찌서 세상의 그런줄 알가. 이를 가지고다.

1959 木 25229 2436668 651 1078
4·9 비

늙은이 五十五 171

~~세상~~ ~~앗비롯~~

속알 먹음음의 두텁음을 밝안이기 ~~때~~게 비길가. 독ᄒᆞᆫ 버레도 쏘지 않고, 사나운 즘승도 덤비지 않고, 채가는 새도 움키지 않오라.
뼈는 므르고 힘줄은 부드러우되 줌억을 굳게 쥠과, 암숳의 몯임을 모르되 고추가 니러남은 알짬의 지극홈이라. ᄒᆞ루가 맟도록 우러도 목이 쉬지 안홈은 고롬의 지극홈이라.
고롬·앎을 늘이라고, 늘을 앎을 밝다고, 삶을 더홈을 ~~좋다 ...~~라고, 몸이 김부림을 억세다 ~~...~~.
몬이 한창가면 늙느니 이루되 ~~잘못~~ 길이 라. ~~잘못~~ 들라긴 걸은 일지기 그만둬야지.

늙은이 五十六 174

앎이가 말 다 못ᄒᆞ고. 말ᄒᆞ는 이가 다 알지 못ᄒᆞ니. 그 입은 맥히고. 그 문은 닫히고. 그 날카롬이 무디고. 그 얼킴이 플리고. 그 빛에 타펴졌고. 그 티끌에 갈치드니. 이 일러 깜은 갈음이로다. ᄒᆞᆯ라스리곰 ~~잘~~아할 수 없으며. ᄒᆞᆯ라스리곰 버성길 수 없으며. ᄒᆞᆯ라스리곰 좋게 훌수 없으며. 훌라스리금 언잖게 훌수 없으며. 훌라스리금 처키울 수 없으며. 훌라스리금 내리칠 수 없오라. 므로. 세상 기 되도다.

늙은이 五十七 176

나라를 다스리는데는 바름 가지고 ᄒᆞ며, 군사를 쓰는데는 될수록 다름 가지고 ᄒᆞ며. 세상을 잡는 데는 일없음 가지고 ᄒᆞ오라. 내 어째서 세상의 그러ᄒᆞᆫ 줄을 알가. 세상이 諱之 꺼리고 쉬쉬ᄒᆞ는게 많은데. 씨알은 더더 가난ᄒᆞ고. 씨알이 좋은 그릇을 많이 쓰는데 나라집은 점점 어둡고. 사람이 공교ᄒᆞᆫ 재주가 많아 기괴ᄒᆞᆫ것이 점점 일고. 법령이 더더 월뵈는데 도적이 많이 있도다 므로. 씻어난이 이르되. 우리. ᄒᆞᆷ없어서 씨알. 제대로 되며. 우리. 고요를 좋아 ᄒᆞ여서 씨알. 제가 바르고. 우리. 일없으므로 씨알 절로 가멸고. 우리. ᄒᆞ고싶음 없어야 씨알 스스로 한등걸이로다. 라고.

늙은이 五十八 179

그 다스리는이 걱정 걱정. 그 씨알은 순순. 오 다시림이 쌀쌀 ᄒᆞᆫ데. 그 씨알은 뿔뿔.
화여. 복의 기댄데요. 복이여 화가 엎드린데라. 누가 그 맨꼭대기를 알고. 그 바르고 삐뚦이 없어진데. 바른것이 다시 다른게 되고. 착ᄒᆞᆫ것이 다시 모를게 되니. 사람이 가다가 모르겠다. 라. ᄒᆞᆫ. 그 날이 참으로 오래였다.
이래서 씻어난이 반듯이(판) ᄒᆞᆫ다고 잘르지 안ᄒᆞ며. 모지겠다고 깎지 안ᄒᆞ며. 곧다고 제몸대로 안ᄒᆞ며. 빛이라고 내지를 아니 ᄒᆞ도다.

늙 은 이 五十九 182

사람을 다시리고 하늘을 섬기는데. 애낌 만 ᄒᆞᆫ게 없오라. 그저 오직 애낌. 이 일러. 일직 도라가ᄒᆞᆯ 일ᄒᆞᆷ. 일직 도라감을 일러. 거듭쌓속알. 거듭 쌓속알은 곧 익이지 못ᄒᆞᆯ게없. 익이지 못ᄒᆞᆯ게없으면 곧 그 꼭대기를 알수 없. 그 맨꼭대기를 알 수 없음을 가지고 나라를 둘수 있도다. 나라 둔 어머니는 가지고 길이오랠 수 있도다. 이 일러. 깊은 뿌리. 굳은 꽃밑이라. 길게 살아 오래 두고 보는 길.

늙 은 이 六十 185

큰나라를 다시리기를 작은생선 끄리듯 ᄒᆞ. 길을 가지고. 세상에 다다르면 그 귀신이 신통치안ᄒᆞᆷ. 그 귀신이 신통치아닌게 아니라. 그 신이 사람을 다치지 아니ᄒᆞ. 그 신이 사람을 다치지 안는게 아니라. 다시리는이도 다치지 아니ᄒᆞ였음이여. 그저 둘이 서로 다치지 아니ᄒᆞ므로. 속알이 엇바꿔 도라가 도소라.

늙 은 이 六十一 188

큰나라란것은 아레 흐름이다. 세상의 삿타군이며. 세상의 암이로다. 암은 늘 가만을 가지고 숳을 이기느니. 가만을 가지고 아레 (밑) 된다. 므로. 큰나라가 작은나라에 내려 쓰면 곧 작은나라를 집고. 작은나라거니 큰 나라에 내리면 곧 큰나라를 집음이라. 므로 내려 써서 집기도 ᄒᆞ고. 내려서 집기도 ᄒᆞᆷ이로다.

큰나라는 남을 겸쳐서 치고싶은데 지내지 않고 작은 나라는 남에게 드러가 섬기 (일보) 고 싶은데 지내지 않오라.

둘이 다 그 ᄒᆞ고싶어스리금이니. 므로 큰것이 내려 밑돼야 옳음.

늙은이 六十二 191

길이란게 잘몬의 깊은속이니. 착ᄒᆞᆫ 사람의 보배고. 채못착ᄒᆞᆫ 사람들의 돌보아진배라.
아름다운말이 값있게 씨울수있고. 높은행실이 다른사람에게 더ᄒᆞ므로 씨울수있으니. 사람의 채착ᄒᆞ지못ᄒᆞ다고 어찌 버릴수 있으리오.
므로 하늘아들이 서서 세기를 두고. 좇이를 맞아올라고 타고올 수레를 보내는 앞서 먼저 페뵈을 보낸다ᄒᆞᆯ지라도. 앉아서 이길을 나외는 것이만은 못ᄒᆞ리니. 옛날브터 이길을 치켜쓴바는 무엇인가.
찾이면 얻으므로서요. 죄있으면 면ᄒᆞ므로써라고. 아니 ᄒᆞ엿던가. 므로. 세상 기 됨.

늙은이 六十三 194

ᄒᆞᆷ없ᄒᆞᆷ 일없일 맛없맛 작음. 한아. 적음 많아. 원망을 갚을가. 속알을 가지고. 그 쉬힌데서. 어려움을그려겠고. 그 잘은데서 큼을 ᄒᆞ라.
세상어려운 일은 반드시 쉬힌데서 일고. 세상큰일은 반드시 잔데서 일ᄂᆞᆫ다. 이래서 씻어난이 찻맞임내 큼을 ᄒᆞ지 않오라. 므로 그 큼을 이룰수 있음. 그저. 가볍게 그러람은 반드시 적게 믿이ᄒᆞᆷ 많이 쉬히면 반드시 많이 어렴. 이래서 씻어난이 오히려 어려워 ᄒᆞ는듯. 므로 마침내. 어렴이 없.

늙은이 六十四 197

그 편안ᄒᆞᆫ데 가지기 쉽고 끔새없는데 꾀ᄒᆞ기쉽고 그 열린것이 쪼개기 쉽고 그 작은것이 헤치기 쉽고나 아직 없은데서 ᄒᆞ고 어지리지 안ᄒᆞᆫ데서 다시리라. 몇아름드리나무가 털끗만ᄒᆞᆫ데서 났

고 아흠칩되는 대가 줌흙에서 나러났고 천리길
길이 발밑에서 비롯는구나. ᄒᆞ는이가 패ᄒᆞ고 잡
는이가 잃는다. 이래서 씻어난이 ᄒᆞᆷ없으므로 패
없고 잡음 없으므로 잃음 없다. 씨알의 일좇임
이 늘 거의이룬데서 패ᄒᆞᆫ다. 삼가마치기를 비롯갈
이 ᄒᆞ면 곧 패ᄒᆞ는일이 없으리라.
이래서 씻어난이 ᄒᆞ고자 아니ᄒᆞ기를 ᄒᆞ고자고 얻
기어려운 쓸몬을 치쓰지 않고 잘못배지 않기를 배고
뭇사람 그대로 지나간데를 다시 ᄒᆞ야놓기로. 잘몬의
제대로 그런걸 믿는대로서 구태여 ᄒᆞ지 안ᄒᆞᆷ.

1959 金 25230　　　　　652
4·10　　　　2436669　　　　1079

옜날　　늙음이　　六十五　　202

의 잘길ᄒᆞᆫ이 씨알 밝음으로 가지고 아니ᄒᆞ고, 어수
룩을 가지고 ᄒᆞ였다. 씨알의 다시리기 어렴이 그 슬기
많음으로서니. 므로 슬기 가지고 나라 다시림은 나
라의 도적이오, 슬기 가지고 나라ㄹ 다시리지 아니ᄒᆞᆷ은
나라의 복이다. 이 두가지를 아는것이 또한 본보기니.
잘 본보기ㄹ 알면 이 일러 깜ᄒᆞᆫ속알.
깜ᄒᆞᆫ속알은 깊고 멀고나. 몬으로 더브러 도라가리.
한순ᄒᆞᆫ데 까지 니르리로다.

늙은이　　六十六　　205

강·바다·(가람·바라)가 가지고 잘 온골짜기 임금 된바는
그 잘 내려감으로서다. 므로 잘 온골 님금이 되였다.
이래서 씻어난이 남보다 올라가고저 그 말을 가지고
내려갔으며. 남보다 먼저ᄒᆞ고저 그 몸을 가지고 뒤물려갔
다. 이래서 위에 앉되 남이 무거워 않고 앞에 가되 남이

38

아니라질 못혼다. 이래서 세상이 밀어올려 기를
좋아혼고 싫지 않혼니, 그 다투지 아니혼므로서
라. 므로 세상에 더브러 다툴수가 없다.

늙은이 六十七 206

세상 다 일러. 내길이 크게비슷혼고 갈지않다.혼
다. 그저 오직 크다. 므로 비슷갈지않다. 갈을거
갈으면, 벌서다. 그자리슬것이. 내게 셋보배가 있
으니. 보배로 가지다. 첫재. 사랑이라고. 둘재. 덜
씀이라고. 셋재. 구태어 세상먼저되지 안홈이라고
혼다. 그저 사랑혼므로 날랠수. 덜쓰므로 넓을수.
구태. 세상먼저 않됨므로 이루는 그릇이 걸수있
음. 이제 그 사랑을 버리고. 도 날래며 그 덜
씀을 버리고. 도 넓으며 그 뒤섬을 버리고 도
먼저. 라면 죽는다.
그저. 사랑은 가지고 싸오면 이기고. 가지고 지
키면 굳다. 하늘이건질데. 사랑을 가지고 둘러줄
라.

늙은이 六十八 211

잘된산아이는 갈브터내밀(밀)지않는다. 잘싸오는이는
성내지 안혼고. 맞인짝을 잘이길이는 다투지 아
니혼고. 사람을 잘쓰는이는 때믄에 내리느니.
이 일러. 다투지 않는속알. 이일러 사람쓰는힘.
이 일러. 하늘에 맞는 옛날로 가는 맨꼭대기.라.

늙은이 六十九 212

군사쓰는데 말이있으니 내 구태어 쥔되지 않고.
손이 되며. 구태어 치만치 나아가지 않고. 자만
치 물러온다. 이일러. 가는데 줄(마침)이 없고. 미(고의)는데 팔이 없고. 나가는데 맞인짝이 없고. 잡은데 칼이 없다. 화ᄂᆞᆫ 맞인짝을 가ᄇᆞ이녁임보다 큰것이 없다. 맞인짝을 가ᄇᆞ이녁이면 거의 내 보배를 잃는다. 므로. 칼을 드러 맞겨룰제 설어ᄒᆞ는이가 이기리라.

늙은이 七十 214

내말은 넘으도 알기 쉽고 넘으도 ᄒᆞ기 쉽다. 세상에. 잘 아는이 없고. 잘 ᄒᆞ는이 없으니. 말에 마루가 있고. 일에 님금이 있다. 그저 오직 앎이 없으니. 이래서 나를 알지 못ᄒᆞᆷ이라. 나를 아는이 드므니 내 기구나. 이래서 씻어난이 옷을 품고 베옷을 입었고나.

늙은이 七十一 216

모르는줄 앎 우에

알고도 모르는 세상에. 모르고 앎 다ᄆᆞ 탈이다. 그저 오직 탈을 탈ᄒᆞ면 이래서 탈안난다. 씻어난이의 탈안남이란 그탈을 탈ᄒᆞ므로다. 이래서 탈안난다.

늙은이 七十二 218

씨알이 무섬을 두려안ᄒᆞ면 곧 한무섬이 니르리라. 그 앉은자리는 좁은게 없고. 그 난바는 싫을게 없다. 그저 오직 싫여않는다. 이래서 싫지 않다. 이래서 씻어난이 제 알아 스스로 뵐라 않고. 제사랑. 스스로 아깝다 않는다. 므로. 이 집고. 저 버린다.

늙은이 七十三 222

귀태여에 날래면 죽이고. 귀태안홈에 날래면 살린다. 이 두가지는 좋게도. 언짢게도. 하늘의 미워ᄒᆞ는바. 누가 그까닭을 알리. 이래서 씻어난이 오히려 어려워 홈 같다. 하늘의 길은 다투지않되 잘이기고. 말안ᄒᆞ되 잘 맞드르고. 브르지 안ᄒᆞ되 절로 오도다. 형댕그려흐되 잘꾀ᄒᆞ니, 하늘그믈은 넓직넓직, 섬글되 잃지 안누나.

늙은이 七十四 225

씨알이 늘 죽엄을 두려않는다. 어떠케 죽엄을 가지고 두릴가. 사람으로 늘 죽엄을 두리게 ᄒᆞᆯ거 같으면 다른짓ᄒᆞ는이를 내 잡아스리금 죽이겠다. 누가 귀태ᄒᆞᆯ고, 늘 죽임맡은이있어서 죽일터인데, 죽임맡은이ㄹ 대신ᄒᆞᆫ 죽이면 이는 큰나무다르는이를 대신ᄒᆞᆫ 깎는거같으니. 그저 큰나무다르는이를 대신ᄒᆞᆫ 깎으면 그손 않다치고 ᄒᆞᆯ기드므니라.

늙은이 七十五 228

씨알의 주림은 그웋에서 세를 받아 먹는것이 많으므로다. 이래서 주림.
씨알의 다시리기 어렴은 그웋에서 때문에ᄒᆞᆫ다는 것이 있음므로다. 이래서 다시리기 어렴.
씨알의 가빠히 죽음은 그삶을 더잘ᄒᆞ려ᄒᆞᆫ다는 더 덕 더덕ᄒᆞᆷ에므로다 이래서 가빠히 죽음.
그저 오직 살기때문에ᄒᆞᆫ다는것이 없어야만 이 삶는게 제일이라는거 보다 바로됨이니라.

늙은이 七十六 229

사람이 살어서는 부들물정ᄒᆞᆫ데 그 죽으며는 굳어빼빳ᄒᆞ다. 푸나무가 살아서는 브들어여린데 그 죽으면 말라빠진다. 므로 굳어빼빳은 죽어가는물이오 브들므른것은 살아가는물이라. 이래서 군사가 세면 이기지 못ᄒᆞ고. 나무가 빼빳ᄒᆞ면 감을 번다. 세고 큰것이 밑에 들고 브들므른것이 위로 간다.

늙은이 七十七 231

하늘의 길은 그 활 버리는거 같을가. 높은것은 누르고, 나진것은 들고, 넉넉혼것을 덜고 모자라는 것을 채운다. 하늘의 길은 남는거ㄹ 덜어다가 모자라는거ㄹ 채우는데. 사람의 길은 그러치를 않다. 모자라는거ㄹ 덜어 남음이 있는데를 받드니. 누가 남으미 있음을 가지고 세상을 받들수 있는가. 오직 길을 가진이니. 이래서 씻어난이는 호고 절믿거라 안혼때 일 일운데서 지내지 안호 그 잘혼것을 보이고저 안홈이니.

1959 土 25231
4.11 호랏

2436670 653 1080

늙은이 七十八 233

세상 물보다 브들 므르흠이 없으되 굳센거ㄹ 치는데는 이보다 먼저 잘홀게 없으니. 그가지고 이걸 바꿀게 없어서라. 므로 브들언거의 굳센거 이김과 므른거의 셋거 이김을 세상에 모를이 없으나 잘 호는이 없다.

이래서 씻어난이 이르되 나라의 (더런) 때를 받은, 이 일러, 흙논알 님자라. 나라의 금새 않인거ㄹ 받음이 이 일러, 세상 님금. 이라, 바른말이 뒤집히는거 같기도 호지.

늙은이 七十九 235

큰 원망을 풀면 반드시 남은 원망이 있다. 어떠케 가지고 잘홀고

이래서 다시리는이 (옴의) 왼쪽을 잡고, 사람을 남으래지 안혼다. 므로 속알 있는이 옴을 맡고 속알

없는이 사뭇침을 가진다. 하늘길은 말음말이 없이 늘 착훈사람과 더브름 이어.

늙은이 八十 237

작은 나라 적은 씨알에 열사람 온사람 열러 그릇을 두고 쓰되 재주 쓰게로 없을만큼 되게 후야금. 씨알이 죽엄을 무겁게 후야 멀리 옮이지 않게 후야금. 배와 수레를 두나 탈데가 없고. 갑옷과 칼을 두나 벌릴데가 없고. 씨알이 다시 줄억 셈을 홀만큼 후게 후야금. 저희먹이 그대로 달고 저희입성 그대로 곱고. 저희자리 그대로 편후고. 저희사삶 그대로 즐겨. 이웃나라가 서루바라뵈며 개. 닭소리가 마주들래는데 씨알이 늙어서 죽도록 왔다 갔다들 아니 훈는다.

늙은이 八十一 241 ~~238~~

믿븐말이 아름답지만도 않고. 아름답은말이 믿을말만도아님. 착훈말이 별르는것도아니고. 별르는말이 착훈거만도아님. 아는이가 넓은것도아니고. 넓은이가 아는것도아님. 씻어난이 쌓지않을라 벌서 남때믄훈 제 더욱 가잡고. 벌서 남을 줌 제 더욱 많아짐

하늘의길은 좋게후고 얹않게안후며. 씻어난이의길은 후고 다투지 아니훔.

12 日 25232 맑 구름 2436671 654 1081

마틈 마치

사람사리래 맛만몰라다. 마치란 맛일가.
맛임마지 알마지 마자보내므로 마칠뜻.
맛뜻이 맞 맞게스리 마틈마치 뜻맞보.

들어봐 맡아봐 먹어봐 맨져봐 지내봐 봐요.
뜻본가 맛본가 맛알뜻인가 뜻알맛인가.
맛뜻이 맞맞게스리 마듬마침 뜻맛보. {觀意味}

1959 月 25233
4·13 맑 흐릿 2436672 655 1082

人間世
皮膚表裡人間際 裏面春秋表面夏
山河區畫國際間 內政晴雨外政旱

14 火 25234
흐릿 맑 2436673 656 1083

15 水 25235
맑 비 2436674 657 1084

16 木 25236
비 2436675 658 1085

모깨치고 나온뉘
뉘란 앓음도 하 ᄒᆞ련괘, 앓음 보기 몸앓아,
즐겁 뭐란 말고? 저른뜻기른 앓음 브르기,
이브름 빌라마치기ㄹ 사랑이라.—모없은!

이브름을 말진말이 일직브터 생겼거나,
이줄거리 말슴이나 즐긴다믄 모르지만,
이뉘에 즐겁이라고 있을일은 없은거.
있나ㅣ 없나ㆁ게
작은 있나들이 나서 한 없나를 없이녁요,
나라라도 한 없나를 않모시고 나라 못ᄒᆞ,
한 없나 심심ᄒᆞ야서 있나됏듭 서러워.

나 간 같 여 기 서

한늘{宇宙}이라ㄴ 조희뭉치!
헤치느니, 얇은꺼풀.
꺼플마다.
그린, 그림—긋, 금, 글, 뜻, 므름, 브름, 프름,
맛, 맞, 맞이려는,
아 조작은 있나. 있어 나셨다.
있나의 작은 얼골도 조고만, 참조고만 조희긋!
많은 남 — 다같은 있나들 — 이
이 조희긋의 보이는 뜻을 알랴고, 보고 또 본다.
읽으러, 읽을라다, 못읽고들 — 뜻못푼채 도라가며,
므슨 맛이나 본가 ᄒᆞ는지? — 이참으로 웃은 일이읍.
보다가 — 볼라다 — 볼끝없는 얼골이여!! 알기어
려운 글 — 때로는 월조차 가춘 — 작은 조희긋!!
저절로 나타난 온.한 빛몬끌이란, 한조각한조각 —
있나의 눈굵으로 보라고 드리미는 조희글월이에!?
누가 조희글시를 뚫코 드러가서 한. 없나.ㅇ게 뵈
올뜻을 먹은 몸으로 삶가?
기. 어딘 갔나? 갖나? 간나? 나간같. 여기서.

17 金 25237 호림	2436676	659	1086
18 土 25238 맑	2436677	660	1087

한 아 돌

우리 나나 하나나 나나 우리 하나 모자라.
나와 나라 드러 계에 나나 드나 제계 곧이,
도라고 빈탕한다로 다자라난 한아돌.

1959 4. 19	日 25239 맑	2436678	661	1088
20	月 25240 맑	2436679	662	1089
21	火 25241 맑	2436680	663	1090
22	水 25242 비 호림	2436681	664	1091
23	木 25243 맑	2436682	665	1092

한 목 숨

한숨사리 하뤼사리 한삶사리 키 대본가,
쉬임의 목 하루의 목 사룸의 목 다 한목 뫼.
한목음 한모금 넘에 한늘목숨 고사리。

24	金 25244 호림	2436683	666	1093
25	土 25245 맑	2436684	667	1094
26	日 25246 비	2436685	668	1095
27	月 25247 호리 맑	2436686	669	1096
28	火 25248 맑	2436687	670	1097
29	水 25249 맑	2436688	671	1098
30	木 25250 맑	2436689	672	1099

5. 1 金 25251 맑 2436690 673 1500

2 土 25252 흐림·맑 2436691 674 1101

말 —— 또 한 목음 ——

잡·집·덥 있는 때·땅에서, 하나·아니하나·말
챔·범·얾 걸린, 몸·몸대로, 드나·건우나· 말슴.
말·말·말 맺즈믄히 읊 우리울음 어쩔고.

울다·울다· 삶거정 울다. 간 엄마 완, 큰 칠가.
도루 돌오실 예슨가, 다음 나틀 미륵 인가.
땅에만 붙은 울음은 그만 집어 치워 줆.

빈탕한데 울엄마오, 빈탕한데ㄹ 잆바래도.
껍데기 땅껍더긔, 흙떡에, 낯꺼플·우지 눈.
가짓이 속속드린 갖 갖바처를 버리오.

턱바지 숨 차

때라ᄒᆞ니, 무슨때, 지내곤· 벗어앎, 허물, 때.
터라ᄒᆞ니, 무슨터, 땅땅, 내놓고, 주고, (죽어)갈, 터.
때삶과 터삶이란게 목숨의 턱 바지로.

삶? 죽음?
천만대, 억조사람이, 천백번 이라도·다시.
아담이오·해와, 따먹으면·죽을걸, 낳니.
죽는뉘 죽겠다 면서 뭣을 삶이 라는지.

3 日 25253 비 2436692 675 1102

子曰·君子貞而不諒 𠑹見於理之正而𠑹之者爲𠑹

梧柳壹齋院에宋斗用氏맞나보고오다。

氏1904.7.31日生.今日當正20000日이시라고

2436693 / 2411440 | 5253

58 月 25254 2436693 676 1103

.4 비

잠 자는가온디 핑속에 생기는 二酸化炭素量이

10시간 못되는동안은 탈없으나,

16시간 이 넘으면 언짢타고。

美國노스·캐로라이나洲 듀크大學에서發表。

5 火 25255 2436694 677 1104

흐림.맑

6 水 25256 2436695 678 1105

맑

될수없는 말은 흠삭 둟어질거

천만개, 억조사람이. 천백번이라도·다시。

아담이오·해와, 따먹으면, 죽을걸·낳니.

죽는뒤 죽겠다면서 뭣을·삶이, 라는지。

먹는맛·그리움·뜻, 살뜻·삶을 보임·아닌가。

갈빗대 떼·붙, 따먹는데. 죄·삶·뉘알 느롯。

잡아먹. 집어쓰면서 더럽혀놓 물이야。

불야 살야 거둬차고, 도로 올라갈판이다。

무슨터믄·때믄·라믄을 부쳐 ~~사래도~~ 믄첫。

떠러진 부치의·말·말 되되흠작 망가질。

7 木 맑 25257 2436696 679 1106

네에. 않요.

옜말 흔이 땅에 않떠러진다 ─ 맨첨 옜 읾음.
땅에 붙은 소리, 하, 나·너, 옳·옳게, ─ 한옿 몰음.
으르렁 대는말성은 네에·않요, 버렸음.

8 金 25258 흐림 맑 2436697 680 1107

9 土 25259 맑 2436698 681 1108

10 日 25260 맑 2436699 682 1109

11 月 25261 흐림 2436700 683 1110

12 火 25262 맑 2436701 684 1111

13 水 25263 맑 2436702 685 1112

보잘거 없. 뉘.

눈있으니 볼만한거 보잔 노릇 ─ 무엇일가.
보잘것이 없다고도 볼만하다 고도 하는.
누리야 몇즈믄힘에 뭣외뭣읋 다더니.

곰 또 불의 사룸되어 한번 볼만 하신거ㄴ 않옳.
아둘로서 오신대도 찾아볼수 없는꼴 뵘.
예있다 볼만한거랍 거슬러갈 ~~아살~~길.
참 근

1959 5.14 木 맑 25264 2436703 686 1113

너 —— 몸 살 아 니, —— 몸 바 탈

남의 몸민 네 받잔 —기, 내 몸대로 남을 못 —히.
히 밑에서 몸대로를 꿇란것이 낮잠고대,
속몸의 몸민 바탈로 혼아한웅 계로 ᄀ.

15 金 흐림 25265 2436704 687 1114

16 土 맑 25266 2436705 688 1115

한 늘 —— 느끼는 —— 이

덧없는 뉘에, 뉘본 덧이 있다면 치인덧이.
몰를 한늘 모른다다도, 않믄곤 못죽는이.
이, 이. 이 예, 치어 죽고, 맏단 삶이 아니.. 이.

우리 노릇

믄과 븐탕, 히와 달도, 몸 또 몸의 죽음과 삶.
글월이다, 글월이다, 그 저 글월, 내 다 받을.
글월에 적힌 참·착·굽 잊잘 못히 ᄒ지들.

六堂硏究 著者 洪一植, 六堂最終年頃時調論議를 ᄒ는데 『病者의 呻吟』 같다, ᄒ였다고.
時代는 病患 잡은 時代오 六堂은 善鬱이시니, 勿論 病者 呻吟이 없어야겠지! 呻吟이 無要ᄒ면 時調도 無用이다.
却說코 六堂이 病者呻吟만 ᄒ였다면
多夕은 亡者鬼哭 같달것이지.

17 日 2526 그름, 어든 가비 2436706 689 1116

글월 받아 속알 아러, 속알 꾸리 글월 나이,
나이 먹이 얼성 먹성, 속알 알이 아름 알이,
이 꿈틀 일벗는 솟길 나로 내래 보른다。

上天子 下地父
不忍落地仁成育 父子道理仁由義
取義如天宜復之 物心來往天諸地

18 月 25268 2436707 690 1117

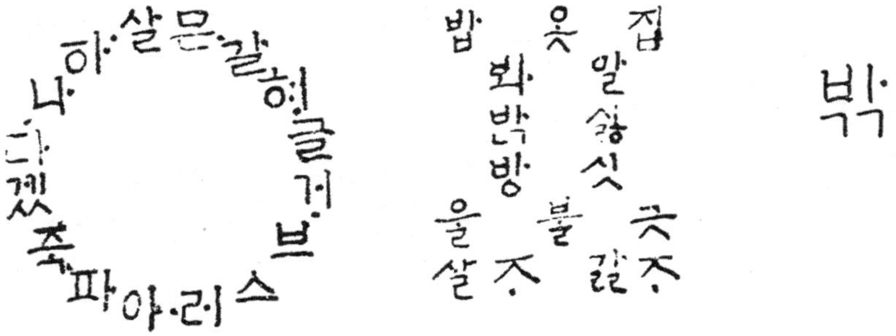

드라곰 그 저 드라곰
밤낮 긁혀 드라ᄀ

희

江希張의말
佛經上說 無明震動 忽有山河大地
原來天地人物 皆是太道妄情生的
人秉大道妄情而生

19 火 25269 2436708 691 1118

가리운 가리의 가려움

흐린줄 모른 히를 구름에(파) 가려 얼 흐려 삶.
안 가린 날을 좋다고. 가린 蔽(擇)(흐린)날을 싫다 ᄒᆞ며
雲不蔽 日 謂好. 雲 日 謂不好
좋은 날 가려 보잼이 가렴인가 ᄒᆞ노라.

痛痒

가리워짐을 안가리지 못ᄒᆞᆫ에 가리워진.
살짓에 가리워 속알 흐린바. 가려울 밖에.
여ᄇᆞᆨ라 가려움장이 긁어 브럼 못사리.

1959 水 25270 2436709 692 1119
5·20 흐릿 맑

六堂時調呻吟說

六堂病者呻吟音 若到無用時調日
多夕亡者鬼哭陰 可能不要聞呻吟

知至

見物生心情欲始 應无所住生其心
格物致知性靈止 致虛守靜沒自己

21 木 25271 2436710 693 1120
비

22 金 25272 2436711 694 1121
맑

ᄒᆞᆫ 오 本親 하나 多我

예서 이제 생각ᄒᆞ길 그제 계와 몰에 가을.
斯立茲自 行道 其自尊來 未知所往
계서 ᄒᆞᆫ오 아름답걸 인젠 하나 어찌알고.
在尊 一親 可愛矣 至今 多我 何可以知
잘못들 들었지 우리 도로 옳외 올에로.
皆誤 入矣 吾儕 還回向上來去了

밑 수

흩	一	二	三	五	七
한	一	三	四	六	七
셋	一	二	四	五	八
일	一	三	四	六	九
앎	一	二	五	七	八

素 數

單位	1	2	3	5	7
〃 一	11	31	41	61	71
〃 三	13	23	43	53	83
〃 七	17	37	47	67	97
〃 九	19	29	59	79	89

23 土 25273 2436712 695 1122

밑 수

흩	一	二	三	五	七
한	一	三	四	六	七
앎	一	二	五	七	八
셋	一	二	四	五	八
일	一	三	四	六	九

素 數

	1	2	3	5	7
一	11_{30}	31_{60}	41_{100}	61_{140}	71_{160}
九	19	29	59	79	89
三	13_{30}	23_{60}	43_{90}	53_{120}	83_{180}
七	17	37	47	67	97

24 日 25274 2436713 696 1123

넓 빼 짬 플

ㄴ

몽텅이 거스름 싼거 짝

짬수 째임수 플수 플릴수

곱수 짝수

가장 작은 뭇의 곱

가장 큰 뭇의 짝

온근수

조각수 …………{쪼개 조(각)} 조 각

쪼깨 메………뭇의 쪼개 메

밑 수

곱 수

1959 5·25 月 맑 25275 2436714 697 1124

26 火 맑 25276 2436715 698 1125

27 水 맑 25277 2436716 699 1126

101 103 107 109
113 127
131 137 139
~~147~~ 149
151 157
163 167
173 ~~177~~ 179
181
191 193 197 199

28 木 25278 2436717 700 1127

ᄒᆞᆫ ᄋᆞᆷ

나
하나
없어 지면. 모든게 없나?
── 그럴수 없다지만 ──
내 알 앙곳인. 모든것인 데서
나 없으면. 모든게 없지!

하나에 하나를 넣면. 둘이라, 고

— 1 + 1 = 2 꼭. 참으로 알는 이들.
— 가장 밝히 셈 차린다고 ᄒᆞᄂᆞᆫ이들 —
나. 하나.
하도 한. 나. 하나는
모든거 축에 듦.
나라 그득 나! 누리 그득 나!
늘 느리야 나, 나날이야 나.
하나에서 하나를 빼면 없다는.
1 − 1 = 0 하도 한 하나들.
— 있다간 없을 모든것들 —

ᄒᆞᆫᄋᆞ에서
하나로 빼여 내여 세운 이는
ᄒᆞᆫ ᄋᆞ 둘 셈 — 으로 반
없이 계신가 아ᄇᆞ
있이 없나 ᄋᆞ둘. 이혀니 —
기룬 둘로 알지.
바론 둘로 안ᄋᆞ.

ᄒᆞᆫ ᄋᆞᆷ
ᄒᆞᆫᄋᆞ 제계 ᄀᆞᆫ이
모드거나. 나거나 — 나나. 모드나 —
둘 셈에 없엶.
없엶에 둘셈.

하늘의 맨꼭대기와 땅의 맨꼭문이를 앎.
땅의 맨꼭문이와 하늘의 맨꼭대기를 봄.
ᄒᆞ비춧도, 이로 비춧오 마치기로 이에 맞.

1959 5.29 金 25279 흐릿 2436718 701 1128

30 土 25280 비 2436719 702 1129

31 日 25281 맑 2436720 703 1130

6. 1 月 25282 흐릿 맑 2436721 704 1131

2 火 25283 흐리마리 2436722 705 1132

좋은 생각 또 이름 名利

사리. 사름 무슨 이름 줄고 조름 어떤 생각.
줄곧 준금 힘찬 말슴 살와 살워 좋은 생각.
살와 님 낮드리 님에 제게 제 준 말슴 만.

3 水 25284 흐릿 맑 2436723 706 1133

그 저 게 —벌 서 옜

제 때 찾는 곳. 이곳 뜰 때 이에 따로 라 문 뭐?
조금 조금 주금 주금. 살 살 살 살. 사리 사람!
라 므름 쓸 때도 없는 것을. 그저게.

내 새 焚香

없이 계신 가 아부. —어서 가봐 우리 아부지.
있이 없 나 우둘. —우리 나나 흔몸. 흔으로 만.
몸살을 목숨에 펀내 몸에 살워 내는 내.

4 木 25285 맑 흐릿 2436724 707 1134

觀卵用養雞籠有感

不分晨夕饔飧安 不下棲(出户)院(庭)黃白散

平生童貞卵棲時 限死輸卵流人間

5 金 25286 흐림비 2436725 708 1135

最甚深識眞生

意識感情出隱費 (名)止入定達信地

現夢現實現無明 罷印罷象罷有爲

饑送莫絶處斷延 無論依法乃至達

被殺還先復樂園 行刑尙未厭多諱

現無明

多作魔堀來 焉築聖殿去

去來未分明 無明果始初

6 土 25287 비 1950.6.6. 九周回 2436726 709 1136

브러 맞일 셈이 아님

나라 이름 아니ᄒᆞ기를 하나 같이 됐으면,
나남으로 너나서도 곧잘 일곱 세울것은,
둘 다섯 얘러 놓은데 더ᄒᆞ게도 갈갈이。

가장 두텁것이 둘, 혼자를 산간다 보다 둘!
단 둘의 몸. 따지 못ᄒᆞ는 몸 ―― 되면 곱힘으로,
셋이애 또 일곱 괴록 하나 아홉 첫맞끝。

現羅自若

疑惑中心域物　　有爲無明去
意識太上籍　　　現羅入圓寂

1959 6.7 日 25288 主일 $24367\overset{2}{3}7$ 710 1137

觀築室有感

法平鍾直樹立道 ~~降昇生中木手王~~
立身立屋立國是 ~~天大子行無可道~~

平方立方六合正
太元太一參兩宜

一貫道

視死如歸生　　多夕小夢覺
現罷自若熟　　一旦大經縮

8 月 25289 主리다 잔치 $24367\overset{2}{3}8$ 711 1138

9 火 25290 $24367\overset{2}{3}9$ 712 1139

天地位育

水去法輪遠円文満運
一止正直重力動
一陽初動時處在
万有劫運化育同

꿈과 열매

꿈 — 끼 / 닫 열 / 매

좋은 꿈은 오래 못 꾸고. 다시 못 꾸느니、꿈
무서운꿈도 싫다 말고、뚫고 나가서 깰、꿈.
꿈 열매 버린 꺼플에 불이나붙 활활활.

10 水 흐릿	25291	24367$\overset{3}{4}$0	713	1140
11 木 맑	25292	24367$\overset{3}{4}$1	714	1141

한불길 지나 드림 大燔祭 히 29/12
이나 ᄒᆞ고 나온 나라 든뒤 몸은 불이 나 붙.
집헐린 낭그도 태고. 물혔던 뼈도 불에 넘.
한얼일 한창 타는 불. 무슨 겁덕 살으기.

12 金 비.	25293	24367$\overset{3}{4}$2	715	1142
13 土 흐릿	25294	2436733	716	1143
14 日 비 흐릿	25295	2436734	717	1144
15 月 흐림	25296	2436735	718	1145

心生成言——欲至誠

無有相等數　物心不二門

分合同仁命　天人中一性

永言未盡意 思誠通古今
人義講分明 精進難議生

櫻桃吟
有用實物情 人啖肉棄仁
頗多未確然 纔噬核??

1959 火 25297
6.16 흐릿

2436736 719 1146

觀人間相
顚谷成容谷神在 中心如心貫忠恕
容止若思中正空 境內境外盡私公

없이 계신 아 ㅂ
도모지 이저게 뭣에 쓸라고, 뭣 ᄒᆞᆯ라골가?
온누리 사람, 다 잘살게 ᄒᆞᆯ라는 노릇이래!
늬 다 잘 살다 죽음은 또 뭘 ᄒᆞᆫ단 말일가?

모르지 또 뭘ᄒᆞᆯ건, 다시 뭣에 쓸건 모르지.
맞이막 눈맞힘 긋이 뫼랄지는 아모도 몰.
이저게 없ᄒᆞ오라믄 아니랄수 없어라.

要不滿假
假說假說公理數 假說之上加假說
假設假設工程度 假設之工增假設

數度說設設更說 用器出來罷??範
能知有假不滿假 成佛以上斷言道

17 水 25298 오림 2436737 720 · 1147

늙 앏이 말

앏으고도 닶아서 제 고만두고도 싶으나、

그리 홀거 같으면 뒹사ᄅᆞᆷ 라므램이 젛어、

일지기 좋자 다던게 못남 씨길 힒드시。

18 木 25299 오릿 비옹 2436738 721 1148

없이 ·계신 아ᄇᆞ (잉)

있이 없을 없앨수는 도모지들 없을거니.

부스러진 것으로서 왼통을랑 없앨수 없。

이저게 없ᄒᆞᆫ ᄋᆞ람은 아니랄수 없어라。

無死地幹事　　　有心生多事

有事秋無事　　　無情春不似

19 金 25300 오릿 2436739 722 1149

없이 계신 아ᄇᆞ (잉)

하나 말아 있다간데 ᄒᆞᆫ일 말아 ᄒᆞᆷᄋᆞ이다。

났다 들믄 새삼 없나 없ᄒᆞᆫᄋᆞ 욺 ᄀᆞᆫᄋᆞ돌이。

있 없이 없이 계신듸 아ᄇᆞ 참찾 도라듬。

20 土 25301 오릿 2436740 723 1150

21 日 25302 밝 2436741 724 1151

1959 6·22	月 흐릿 25303	2436742	725	1152
23	火 비 25304	2436743	726	1153
24	水 흐림 25305	2436744	727	1154
25	木 맑 25306	2436745	728	1155

늙은이 색인이로서 말씀
이러이러 히 ᄀᆞᆫ 늙은이 요、
색인이도 ᄀᆞᆫ 이녀、
읽는이도 ᄀᆞᆫ 이ᄅᆞ이다。

없이 계신 업ᄋᆞ ―압ᄋᆞ
하나 알아 있다.간데 ᄒᆞᆫ일 알아 ᄒᆞᆫᄋᆞ이던
噫我 識 生來 逝斯、成事 識 一 也
났다 들믄 새삼 없나 없ᄒᆞᆫᄋᆞ 옴 ᄀᆞᆫ ᄋᆞ돋이
出 生還入則 新生 無我 无極識誠 中兒輩伊
있없이 업시계신ᄃᆡ 참 찾아보 도라듬。
有分失全者 空而至尊處 本親 求眞 歸一

26	金 맑 25307	2436746	729	1156
27	土 흐릿 25308	2436747	730	1157
28	日 비듣 25309	2436748	731	1158
29	月 흐릿 25310	2436749	732	1159

이 박 "계" 혼뒤로 — 이박은 한데거니 에서
있다 없이 지난 있을 그립조차 혼단말가.
나없여 남 그립거니 남으래믄 나란될가.
나의 남 남나드리로 혼옴곤 이박 계.

30 火 흐림 25311 2436750 733 1160

7.1 水 비 25312 2436751 734 1161

雞古今 牛東西
出卵吉晨萬幾年 震牛用力輟耕間
入籠落子數百日 免犢流乳死無逸

顔
花朶自感顔 無顔羞耻去
輪廓不認空 有命分明公

이 박은 한데거니 에서
發此外 虛地耳
이 박 계 혼다로
從此依 尊 所 施
從此向 尊 一 地
있다 없이 지난 있을 그립조차 혼단 말가
有旣無者 且慕已過 有之 謂村
나 없어 남 그립거니
我無有而思慕他的 남이래믄 나란 될가
我沒有而慕出生 爲之出世則 可作成我者乎
남으래믄 나란 될가
貴人卽達成國事耶

나의 낳 낳나드리로 ᄒᆞᆫᄋᆞᆷ고 이빡계.
ㅆ 我之出生入死 成事識識中 從此專
我之於人 人我同歸 一識中 從此專

1959
7. 2 木 25313 비 2436752 735 1162

3 金 25314 흐림 2436753 736 1163

4 土 25315 흐림 2436754 737 1164

5 日 25316 비 2436755 738 1165

6 月 비 25317 2436756 739 1166

말 안되는 누리
밥걱정만 ᄒᆞ다 보니 두고도 못먹는 판 돼.
므로 말ᄒᆞ다 보니 밥걱정도 홀줄몰라 봬.
이저래 들복기는고 말 안되는 누리라.

7 火 25318 비 2436757 740 1167

새로 듣는 소릳가 늑 1-5/13
이타리서 파리 것에 시카고값 예순여덟.
미라노의 하늘 솟아 우레 구름 잡아 들자.
오직근 빗삭불타단. 새소리로 듣나온.

잠고대라, 홀빡엔
좋은데이? 모든것이 그럴뜻히 그럻대지.

업압아 봐, 무엇이 뭐 다 아니야! 모도 안이아!
숨김의 흰 소리를 잡고대가 흐노라.

그만ㅎ길에 말 흐리
㉥끔에서 끔으로, 말에서 말로다. 흔 길이지!
假說에서 假說로, 假說에서 假說로 흔단. 뭐,
일 말아? 말인 말이지!? 그만길에 말 없다.

이러케 보로이 7래 많은데——
왼딴이흐고 도 씨알 좋다케도흐고 먹을데
왜 힌써스? 밥잘·옷잘·집잘, 흐고 살자 고요!
밥과 옷·집. 다 잘흐고 산 담은 또 뭘 흐나요?
그 잘이 그러케쉬게 잘될상싶 잖거든.

8 水 25319 흐림맑 2436758 741 [11168 回]

숨ㅎ김의 숨김
맡 十六26 맡 十三44 누 十六10—13
숨ㅎ김은 숨길만흔 길! 뭣과도 받고 줄수 없,
이 크ㅎ숨김야 그러리만 그러나 예숨김 있,
이 ??? 한목숨이나 올숨에 붙 었거니!

9 木 25320 비 2436759 742 1169

저는 참 아 흙 때 늘! 칠 흐며?
㊉ 이 손발의 거칠것은 흙데 자국 아니건만.
그 손톱에 끼인 흙을 때로 때라 보는 님아.
활작핀 살이랄망정 개칠흐다 몬 흙때.

1958 7.10 金 25321 비 2436760 743 1170

푹 늘 덧덧
사름 살로 들아 날가 나 다 먹음 남도 없다.
븕히 보고, 묽힌 몸은 몸고모몸 절로몬몸.
먹은 나 남 덧없으니 도라곤 몸 뚤(늘)덧덧.

11 土 25322 흐릿맑 2436761 744 1171

除假板・調煉土・宋[77]成[70]林[30]來。

12 日 25323 흐릿맑 2436762 745 1172

高尚命則不貴外貨
無何有如來善逝　欲生欲死世間盡
道必自然中正氣　至高至尚元意義

13 月 25324 맑 2436763 746 1173

14 火 25325 맑 2436764 747 1174

15 水 25326 맑 2436765 748 1175

16 木 25327 소내기 2436766 749 1176

17 金 25328 비흐림 2436767 750 1177

蘭芝島에 滄桂壽筵보고. 研經班 연다.

18 土 맑 25329 2436768 751 1178

왜 괴괴 듣. 어둠 볼가
시끄럼도 괴괴도 날카롭게 듣던 나러니,
붉음도 어둠도 재바르게 보던 나러니만,
괴괴도 어둠조차도 ·볼랄 듣게 없음 봄。

19 日 맑 25330 2436769 752 1179

20 月 흐림 비 25331 2436770 753 1180

21 火 비 25332 2436771 754 1181

생각 ᄒᆞᆯ 나위
사ᄅᆞᆷ은 말슴 사ᄅᆞᆷ. 참 생각 찰에 살올 말슴,
죽, 언잖 일 보고 산다 죽되, 나위 있게스리,
삶 나위 죽는 나위로 넉넉 생각 곤이 여。

22 水 비 흐림 25333 2436772 755 1·182

23 木 비 25334 2436773 756 1183

24 金 흐릿 맑 25335 2436774 757 1184

25 土 맑 25336 2436775 758 1185

26 日 맑 25337 2436776 759 1186

1959 7.27 月 25338 맑음	2436777	760	1187
28 火 25339 맑음	2436778	761	1188
29 水 25340 맑음	2436779	762	1189
30 木 25341 맑음	2436780	763	1190
31 金 25342 맑음	2436781	764	1191 61
8. 1 土 25343 맑음	2436782	765	1192
2 日 25344 맑음	2436783	766	1193
3 月 25345 소내기	2436784	767	1194
4 火 25346 맑음	2436785	768	1195
5 水 25347 맑음	2436786	769	~~1195~~ 1196
6 木 25348 맑음	2436787	770	1197
7 金 25349 맑음	2436788	771	1198
8 土 25350 맑음	2436789	772	1199
9 日 25351 흐림 맑음	2436790	773	1200

10 月 25352 흐림 2436791 774 1201

11 火 25353 비 2436792 775 1202

尚 吟

眉目分明白 聖梵具足貞
相思暗合黑 高尚自然則

12 水 25354 맑 2436793 776 1203

13 木 25355 2436794 777 1204

맞힘내는 몰른 님

손에 손이 長 벘이 엇고. 월싸 안는 새 래. 일른 (이
손맞아 일. 몸 맞아 삶. ―같아― 그런뜻 흐다 만.
살맞아 놓단 노릇이 죽잇새와 얼만고 ?

14 金 25356 흐릿 맑 2436795 778 1205

15 土 25357 흐릿 비뿌림 2436796 779 1206

16 日 25358 흐릿 2436797 780 1207

17 月 25359 맑 흐릿 2436798 781 1208

늬 나

곧히 세울 기둥기동 목숨 고놔 니고 선데. 命健
무검 실고 질펀히 눈 들보를 들린줄 불라. 勢力
바침돍 땅이야말로 하나가는 기둥밑。 鎭重

외누리 없어. 다 누리란, 일수 뉘교? 못난 나!
나 못나 남 못보고, '님이 나 같지, 않다고만
옷나라 옹로 솟아날 한웅한뒤 나라들.

호고프답 사랑넉오 될상프답 슬픔넉요,
그픔여이 미움여이 슬픔갖아 나남하나,
시원 좀 아름 씀으로 겔뫼겔골 늠실꿈.

波山 波谷

그 만 게 ——맨끅대기

이만호면 호단 노릇이 저만 저만 저만들,
이만 저만이 아니라고 이던 법석 호글에,
기둘던 그윈 오잖고 제절돌곤 그만게.

1959 8·18 火 25360 맑 2436799 782 1209

19 水 25361 흐렷 맑 2436800 783 1210

곳읽 다락 짓는 곤

돌쌉이와 재 바르는이 다 한가지 픔·값·돈,
올라본 다락과 내려옵는 방이 살람·땜·텀,
곧날에 바른씨 먹긴 하나인가 호노라.

모름=무름 (모름지기 삶)

어늬 때, 무슨 터, 뭘 호람은 묻도 풀도 못호,
사름 살릴 라믄, 모자랄 터믄, 땜때 자라 잠,
때 없다, 턴 있다더니ㄹ, 라믄 몰라 호노라.

20 木 25362 비 2436801 784 1211

21 金 25363 비 2436802 785 1212

근 길

밟은 바탕(받아할거) 땅이어늘 나슨 바탈(받아할)
한웋 뚫키,
꼬믈꼬믈 자라난데 곰울곰울 알마지기,
박太—땅— 한웋 뚫고 솟 산우이돼 근길을

빎(祈禱)
잘못한 허물 하늘께 진것은 비길데가 없.
여늬날 몸또 자리를 쓸고 닦음 살자 빎거.
죄요가 아니드래도 내 빎지가 오래오.

코로숨쉬는이(눈코뜰새 없다며)
눈을감고 코만 뜬게 밤새 자란 살림이곤,
코가 맥맥 한눈 팔아 고달핀게 낮죽음봄.
밤또낮 숨바꼼질로 숨·값·픔을 돈달가。

된데 머믈 오직 뭄
이 자리면 되게할가, 저나오면 바롤가고,
일곱즈믄히 두고, 못된늬 또또 될가라,니,
새삼을 될거 찾지모 된뭄 빈탕 돌·찾·갓

22 土 25364 맑 2436803 786 1213

23 日 25365 흐릿맑 2436804 787 1214

~~全小口頻~~
噴禍口

~~立憲伐木十六春~~
~~四千七百萬口新~~
九十三方嘗生箚春新

生育衆多將殺祝
文明開化道窮人

INDEX

GE	SUMMARY	PAGE	SUMMARY	
	六甲順番			
	支干自示六甲順	10 9 8 癸 壬 辛	7 6 5 4 3 2 1 庚 己 戊 丁 丙 乙 甲	
	干支差半十位數	10 9 8 酉 申 未	7 6 5 4 3 2 1 午 巳 辰 卯 寅 丑 子	
	若見負数壹六十	8 7 6	5 4 3 2 1 12 11 亥 戌	
	天干番號單位数	6 5 4	3 2 1 12 11 10 9 申	
		4 3 2	1 12 11 10 9 8 7 午	
	歳星日辰	2 1 12	11 10 9 8 7 6 5 辰	
	年減三号日減十	12 11 10	9 8 7 6 5 4 3 寅	
	六十除之殘當數			
	甲子戌申午辰寅	0 0 0	0 0 0 0 0 0 0	
	零一十乃至五十	2 2 2	2 2 2 2 2 -10 -10	[illegible]
		4 4 4	4 4 4 -8 -8 -8 -8	
		6 6 6	6 -6 -6 -6 -6 -6 -6	
		8 8 -4	-4 -4 4 -4 -4 -4 -4	
		-2 -2 -2	-2 -2 -2 -2 -2 2 -2	[illegible]

우리 님 예수.

인ᄂᆞ 님되신 ᄂᆞ인ᄂᆞ: ᄯᆞ리 ᄂᆞ고ᄆᆞᆫ: 되오! 돼!

ᄋᆞᄇᆞ 계신 우리 계실골 고: ᄯᆞ위일도 ᄎᆞᆷ 옯!

이뎨리 우리 울리워 ᄃᆞᆯ구온. 님 닌 ᄃᆞᆷ!

1959 月 25366 788
8·24 맑 2436805 1215

是甚麼
握手接吻抱擁物 角木慶木祝典門
殮襲棺葬拋擲塵 骨灰肉灰焚燔爐

저 므슨 고듯.
손 잡고 입 맞후고 웋싸안던 것을,
마지막 걸우어 씻기어 눌에 녀허 흙속으로 더지던 날가
이리케 세운 오리목에 꽝목으로 괿을 케서 글월 마뒤걸
있다간
뼈도 살도 허므러 불사루면,
재 한줌이나 될지?

25 火 흐림 25367 2436806 789 1216

故苦以爲苦 新苦以爲樂 虛空以外无安樂
故垢以爲垢 新垢以爲淨 虛空以外无淸淨
垢有時念樂 空不斷觀音 觀音無他虛空心

26 水 비 25368 2436807 790 1217

27 木 비 뿌림 25369 2436808 791 1218

李嫂 申彩雲 葬事지내다.

28 金 흐림 25370 2436809 792 1219

29 土 25371 맑 2436810 793 1220

30 日 25372 맑 밤브터비 2436811 794 1221

31 月 25373 밤잔비 2436812 795 1222

이런 금새ㄹ 봔 워ㄹ 훗?
금새 아니면, 하나. 한 하나면, 없에도 지잖.
없에 지잖. 없을 보도 않아, 한늘 한되곤이.
금새틈 밝아집 벗고 나들 마감 어떠ㄹ가.

죽겠다. 죽겠다. 면서 사롬으로 삶 맞히고.
누리라. 누리라. 다가 흙에 드러누워 죽기.
이 금새 뛰어나서가 참살뜻이 아닌가.

죽기로 살면서
밥맛에다, 살맛에다, 살림뜻을 붙인다면,
죽이는데, 받가는데. 누린맛이 언첬구먼.
밝인임 밥죽이기론 살길러넓 곳맞대.

1959 火 25374 비 2436813 796 1223

9.1

梵網茶毘法 鈔

死人不見法 略

死人還生法 壬天 癸佛 辰地 寅人 戊畜 酉鬼

天竺葬法有四焉

一曰水葬 謂投之江河飼諸魚衆

二曰火葬 謂薪積焚燒 火葬則殺身中虫佛言人死虫亦死

三四土葬　謂埋岸傍速朽之
四曰林葬　謂露置寒林以飼鳥獸也
　茶毘文自初至末依法則靈駕火裡、悟色身本空理、不驚安寂、生極樂、不知炎苦、則喪者福無邊
　不依法則靈駕不勝苦炎跳出火中、水中歷万劫不離水鬼也、然則喪者作無功德、反招災殃
　茶毘　亦云闍維　作法
南無十方佛　南無十方法　南無十方僧
今此新圓寂　某靈아　茶毘文中削髮篇을至心諦聽
生從何處來死向何處去、生也一片浮雲起　死也一片浮雲滅　浮雲自體本無實　生死去來亦如然　獨有一物常獨露　湛然不隨於生死
某靈아　還會得湛然底一物麼　火湯風搖天地壞　寥寥長在白雲間、今玆削髮　斷去無明十使煩惱　何由後起一片白雲横谷口　幾多歸鳥盡迷巢
　拾骨篇
取不得捨不得　正當伊麼時如何委悉　咄　剔起眉毛火裡看、分明一掬黃金骨
　碎骨篇
若人透得上頭關、始覺山河大地寬、不落人間分別界、何拘綠水與靑山、這個白骨壞也、未壞也、壞則猶如碧空、未壞則靑天白雲、靈識獨露、有在不在、還識這箇麼、不離當處常湛然、覓則知君不可見
　散骨篇
起諸善法本是幻、造諸惡業亦是幻、身如聚沫心如風、幻出無根無實性、灵骨風飄南北走、不知何處見眞人、生前錯死後錯、世世生生不重錯、如今了得無生理、錯錯元來終不錯

見身無實是佛身、了心如幻是佛心、了得身心本性空 斯人與
佛何殊別 身體燒散誰是主 無心明月與清風

無常戒

夫無常戒者 入涅槃之要門 越苦海之慈航 是故 一切諸佛因
此戒故 而入涅槃 一切衆生因此戒故 而渡苦海
靈駕 汝今日 迥脫根塵 靈識獨露 受佛無上淨戒 何幸如也
劫火洞燃 大千俱壞 須彌巨海 磨滅無餘 何況此身 生老病死
憂悲苦惱 能與遠違 髮毛爪齒 皮肉筋骨 髓腦垢色 皆歸於地
唾涕膿血 津液涎沫 痰淚精氣 大小便利 皆歸於水 煖氣歸火
動轉歸風 四大各離 今日亡身 當在何處 四大虛假 非可愛惜
汝從無始以來 至于今日 無明緣行 行緣識 識緣名色 名色緣
六入 六入緣觸 觸緣受 受緣愛 愛緣取 取緣有 有緣生 生緣老
死憂悲苦惱 無明滅則行滅 行滅則識滅 識滅則名色滅 名
色滅則六入滅 六入滅則觸滅 觸滅則受滅 受滅則愛滅 愛滅
則取滅 取滅則有滅 有滅則生滅 生滅則老死憂悲苦惱滅

諸法從本來 常自寂滅相 佛子行道已 來世得作佛
諸行無常 是生滅法 生滅滅已 寂滅爲樂
歸依佛陀戒 歸依達摩戒 歸依僧伽戒

義湘祖師法性戒

法性圓融無二相 諸法不動本來寂 無名無相絶一切
證智所知非餘境 眞性甚深極微妙 不守自性隨緣成
一中一切多中一 一即一切多即一 一微塵中含十方
一切塵中亦如是 無量遠劫即一念 一念即是無量劫
九世十世互相即 仍不雜亂隔別成 初發心時便正覺
生死涅槃相共和 理事冥然無分別 十佛普賢大人境
能仁海印三昧中 繁出如意不思議 雨寶益生滿虛空
衆生隨器得利益 是故行者還本際 叵息妄想必不得
無緣善巧捉如意 歸家隨分得資糧 以陀羅尼無盡寶
莊嚴法界實寶殿 窮坐實際中道床 舊來不動名爲佛

1959 水 25375 2436814 797 1224
9.2 맑

朗月之影現千江 澄空而形分諸刹.
若得因言達根本 六塵元我一靈光.
其來也電擊長空. 其去也波澄大海 生緣已盡 大命俄遷 了諸行之無常 乃寂滅而為樂.

擧 火 篇

此一炬火. 非三毒之火. 是如來一燈三昧之火. 其光赫赫遍照. 三際. 其焰煌煌洞徹十方. 得其光也等諸佛於一朝. 失其光也順生死之萬劫. 廻光返照. 頓悟無生. 離熱惱苦. 得雙林樂.

3 木 25376 2436815 798 1225
흐릿 맑

4 金 25377 2436816 799 1226
흐릿 맑

5 土 25378 2436817 800 1227
맑

6 日 25379 2436818 801 1228
흐림

7 月 25380 2436819 802 1229
비

8 火 25381 2436820 803 1230
맑

人 類

너 므 도 쥐 같 은 사람같을
달달거린 집에 매디 없이 삶거1 쥐 아니고,
고픈거ㄴ 밸인데 지내치게 날름거린 혀ㅇ끗,
손우이 제물에 골고 몸마른놈 넝과리.

9 水 약 25382 2436821 804 1231

옴 ॐ אמן

물을 물끄럼히 보아 보냈다, 다 더피어서,
불을 불이 붕게 바라 당기옴, 다 홀게술히,
물불의 모·어짐 므름 믊·븖·픎이 아니옴

10 木 비 25383 2436822 805 1232

헐거위

내 아모것도 아니란 알고 또 앎 일이건만,
불현드시 나란 내 세고 나오는것은 뭐름,
헐거위 너므 헐거위 「나보겐」이 헐거위。

淨食偈

吾觀一滴水 八万四千虫 若不念此呪 如食衆生肉

食訖

願我所受香味觸 不住我身出毛孔 遍入法界衆生身
等同法藥除煩惱

開經偈

無上甚深微妙法 百千万劫難遭遇 我今聞見得受持
願解如來眞實意

알마지 머리

온즈믄잘겁에도 맞나기 어려운
우이없는 아조깊, 아득아믈 올을
내 이제 듣보고 얻받어 갖아
있다시 오는 참말슴, 뜻을 플고 잡니다。

먹고난 뒤
우리가 받은 맨지·맛·내새가
우리몸에만 멈추지 말고 털궁으로 나가
온누리 뭇사리 몸에 퍼 둘러서
맨똑같이 올깨는 약으로 몸인 앓음을 풀어지이다.

梵網經盧舍那佛說心地法門品 菩薩戒本

十重戒		
一 殺生戒	九 不看病戒	卄九 邪命自活戒
二 偸盜戒	十 畜殺具戒	三十 不敬好時戒
三 邪淫戒	十一 國使戒	卅一 不行救贖戒
四 妄語戒	十二 販賣戒	卅二 損害衆生戒
五 酤酒戒	十三 謗毁戒	卅三 邪業覺觀戒
六 說四衆過失戒	十四 放火戒	卅四 暫念小乘戒
七 自讚毁他戒	十五 僻敎戒	卅五 不發願戒
八 慳貪加毁戒	十六 爲利倒說戒	卅六 不發誓戒
九 嗔恚不受悔戒	十七 恃勢乞求戒	卅七 冒難遊行戒
十 毁謗三寶戒	十八 無解作師戒	卅八 乖尊卑次第戒
	十九 兩舌戒	卅九 不修福慧戒
四十八輕戒	二十 不行放救戒	四十 揀擇受戒戒
一 不敬師友戒	卄一 嗔打報仇戒	卌一 爲利作師戒
二 飮酒戒	卄二 憍慢不請法戒	卌二 爲惡人說戒
三 食肉戒	卄三 憍慢僻說戒	卌三 無慚受施戒
四 食五辛戒	卄四 不習學佛戒	卌四 不供養經典戒
五 不敎悔罪戒	卄五 不善和衆戒	卌五 不化衆生戒
六 不供給請法戒	卄六 獨受利養戒	卌六 說法不法戒
七 懈怠不聽法戒	卄七 受別請戒	卌七 非法制限戒
八 背大向小戒	卄八 別請僧戒	卌八 破法戒

1959 9.11	金 25384 맑 흐림	2436823	806	1233
12	土 25385 맑 흐림	2436824	807	1234

곰

흘터보아 아닌가 고, 흘깃보아 곰은가 고,
이담에 곱겠다 꽤, 지난때 고왔겠다는 말,
높다케 쳤다 보거나 바싹 닥아 꼼은 곱。

별 곳

흐느적이 늑근인가 아귀적이 넘음인가.
산의아이 흐느저고 계집사람 아귀저네.
볼일이 없는 나라리 벼실아치 구실먹.

13	日 25386 맑 흐림	2436825	808	1235
14	月 25387 맑 흐림	2436826	809	1236
15	火 25388 지난밤 비 비	2436827	810.	1237
16	水 25389 흐림	2436828	811	1238

貞 固 不 動

水面平定月相照　　人子心面亦不異
天心雄大星羅幺　　煩惱風雲何必要

醫 方 四 分 法

善知病、善知病源、善知病對治、善知治病已當來更不動發。

……此身不向今生度 更待何生度此身 天上天下無如佛
十方世界亦無比 世間所有我盡見 一切無有如佛者
刹塵心念可數知 大海中水可飮盡 虛空可量風可繫
無能盡說佛功德 ……若不傳法度衆生 畢竟無能報恩者
我此普賢殊勝行 無邊勝福皆回向 普願沈溺諸衆生
速往無量光佛刹 報化非眞了妄緣 法身淸淨廣無邊
千江有水千江月 万里無雲万里天 阿彌陀佛在何方
着得心頭切莫忘 念到念窮無念處 六門常放紫金光
願共法界諸衆生 同入彌陀大願海 盡未來際度衆生
自他一時成佛道

눈 뚤려 봄 밝, 귀 뚤려 듣 잘, 코 뚤려 내 맡, 입 뚤려 닮금, 몸 뚤려 앎이오, 뚤어지게 앉데 속알 ~~……~~. 되니.

모릇 ~~길이라 맥히리라 인호~~ 길은 맥히려 않지.

막으면 목이 메고, 목이 메이기를 마지 ~~아니하면~~ 않으면 발바당이 빠빳히지고, 발바당이 빠빳히지면 못언잔흠이 ᄂᆞ.

몸의 앎이 있기는 쉬는 숨므로서니, 그 넉넉지 못혼것이 하늘의 잘못이 아니ᄃᆞ.

하늘이 뚫기는 밤낮없이 나리 뚤른데, 사람이 도리혀 그 굵을 막는ᄃᆞ.

살속은 구석구석 븨웠고, 몸은 하늘에 ᄂᆞ뉨이 있거니

빈방이 없으면 시어머니나 며느리가 짜징이 날것이고.
몸의 하늘노넒이 없으면 여섯읅이 서로 붙닺힌다.

큰숲과 뫼먼덕이 사람에게 좋다는것이.
또한 엉큼〔얾금〕훈이만 못훔.

59 木 25390 2436829 812 1239
17 지난밤비비

마하 반야 바라밀다 몸줄곧
있다시보이보살이 반야바라밀다를 깊히 갔을 적
다섯꾸럼이 다 빔을 비취 보고 온갖 쓴걸림
건넜다.
눈맑안이아 빛이 빔과 다르지 않고 빔이 빛과
르지 않다. 빛이 바로 이 빔, 빔이 바로 이
. 받·픎·가·알이 또한 다시 이같다.
맑안이아 이 모든을 빔보기는 낳도 않고 꺼지
않고, 때 끼도 않고 때 벗도 않고, 늘도 않
줄도 않는다.
러므로 빈속에는 빛 없고 받·픎·가·알도 없
. 눈 귀·코·혀·몸·뜻도 없고, 빛·소리·내새
·먼치·올도 없고, 눈계도 없고 뜻알계까지도
고, 어둠도 없고 또한 어둠 다함도 없고, 늙어
음도 없고 또한 늙어죽음 다함도까지도 없다.
·몯·끄 길 없고, 앎 없고, 얻도 없다.
얻음이 없음므로 써 보리살타가 반야바라밀다를
로말미암아 몸의 걸림이 없고, 걸림이 없음므로 무
음 있을게 없어, 거꾸로백힌 꿈꿍에서 멀리
나났다.

마지막녈반 섰께 모든 부처가 반야바라밀다로 말미음아. 아누다라삼약삼보리를 얻었음므로.
반야바라밀다가 이 크게신통훈 윈. 이 크게밝은 윈. 이 우이없는 윈. 이 담없는댐 윈이 온갓 씀을 저철수 있음이 참이고 거짓아님을 말므로. 반야바라밀다 윈을 말후노니. 곧 윈을 말후면
아제 아제 바라아제 바라숭아제 모디사바하.

1959 9.18 金 25391 간밤도 비뿌림 2436830 813 1240

미 지 막 흐 ᄀ

다 아니다. 다 죽는다. 빈탕이다. 흔뒤이다.
다 아니다. 다 죽는다. 오직 하나 그만이다.
줄곧 왼 한ᄁ디 말씀 그만이다. 흐.그ᄏ.

목이 말라 물 묻다도 불타 부터 다 풀릴거ㄹ.
흰신짝도 못버리다 등걸 등신 돼도 못놔.
땅파고 갚묻어달ᄅ 또 쓸데가 있어? 도…….

19 土 25392 소내기 2436831 814 1241

多謝詞

罷倦習悅處 願爲君子儒
有朋加樂時 難期不慍地

20 日 25393 맑 2436832 815 1242

自業

元

气元天子气神何　　終生之原气之始
饑既元士欠气伸　　因緣果報止元仁

21 月 25394 요릿　　2436833　　816　　1243

法施主 (法施舍·然波 朴진환氏) 의 벌을 받드니
(一) 水之五則 (梨堂 南風佑氏筆 石版印)
(二) 維摩詰 의抱負 (法施臨版 第二號)
(一) 마시어 보니 莊·精·剛·潔·質 五味.
(二) 씹다가 가시 한곳을 뺐으니 그대로 삼켜 내려보낼 든든한 밸도 있겠지만, 多少은 그런 가시 까지도 아조 망그러지게 짓익이지 않고 남에게 나뫌 먹을것으로 안흔.

(가시) 어떨적엔 눈실는 게집 으로 돼나서
모든 빛좋는 사람을 끄당기어
마침내 불길로 드러가게ᄒᆞ금 ᄒᆞ.

清 淨 心 事
出日亇月投夜光　　清風明月天人穆
動气作風撼心清　　日月分明心身淨

阿彌陀佛 Amitabha(光). Amitayus(壽). 十二光佛
無量一、無邊一、無礙一、無對一、炎王一、清淨一、歡喜一、智慧一、不斷一、難思一、無稱一、超日

超 日 月 光
地上分明望日月　　絶對本遠欲邇及
天下合朔晦每日　　何延日月爲光明

1959 火 25395
9 22 흐림

2436834 817 1244

어 베

사람의 참어버이는 누구
낳준——진물 같은 피만 이어준——이?ㄴ가
않낳준——얼-만-이어 준——이?ㄴ가

어머니 되고, 아부지 된이는
그 속을 태고 우리를 가르치게 되기 앞서,
그 힘을 다히 우리를 기르게 되기 앞서,
그 눈의 불이 나게 앓으며 우리를 낳는 날이 되기 앞서.

맨먼저 낳는 삯(효)을 받었지요!?
——눈물이 고일만치 좋아라고, 즐거움이라고——。
이제 우리더러도「이 즐거움을 먼저 받고 보라, 보라」
드시, ~~~~ 그와 같힜거지요!!

또 한께어버이 된이들은
우리를 가르치되 그속은 태지 않고,
우리를 기르되 그힘을 다흐지 않고,
눈의 불이 나는 앓음도 보지 않고.
일주브터 이제껏 삯이라고는 받은 일도 없고.

오직 얼—만—이를련, 님들도 계서요。

예수, 釋迦, 늙은이 …… ㄱ가 가 희 씨새로 돌스도이, 간디, 슈와이체,
같은이들,
「만히 낳서 치잘것이 아니고, 넓히 거두어 가르쳐 보잡」
이 답은 낳지는 않고 들노아 거두어 가르치는 어버이

믇 가장 뜨겁게 마지리이다。옴。

이 어베 참으로 한웋님의 보내신 이 (요6·29)—씨(요一書3.9)
—를 믿고 오직 하나신 참한웋님과 그의 보내시는 그리스도를
알음으로 늘삶에 떠 하나이되어 드러가는 길에 맞나니라。
(요17·3)(요17·21:2)

23 水. 25396 지난밤 비뿌림 2136835 818 1245

元 始 生 气
얻듬 너나 난 김

气 始 元 仁 齋
김 너나 얻듬 늘 에

삶 얻듬 김 삶 위
生 元 气 燔 祭

삶 얻듬 김 삶 위
김 너나 얻듬 늘 에 ◎

淨土六念偈文

佛	法	僧	戒	施	天
救世大慈父	出離解脫門	諸有良福田	無上菩提本	具足波羅密	護法利群生

水有四德
沐浴群生通流
萬物 仁也
揚淸激濁蕩去
滓穢 義也
柔而難犯弱而
難勝 勇也
道江疏河惡盈
流謙 智也
尹子

◎

욥	卅四	14.
시	五九	21.
요	五	39.
요	十七	50.
말	六	37.
말	十	20.

물 의 넷 속 알

뭇 사리를 씻기고, 잘몬에 피흘리느니, 어짊。
맑히 내놓고 흐림은 치워서 찌꺼기를 맑금 버리니 옳음。
부드럽대도 다처들기 어렵고, 세찾어도 이기기 어렵으니 날쌤
내를 내고, 가람을 뚜르며, (잔득) 차 길숨연가 나·치어 흐르
니 슬기롬。

24 木 25397 흐림 2436836 819 1246

Bode 飛躍亦可笑 零三加四水金里
連倍加四地火近 火次二八迷宮中
土天不要四添加 海王自計三百半
土海莽進冥王変 不一不二適中外

平 均 距 離 比

水	金	地	火	小惑	木	
3.9	7.3	10.0	15.2		52.0	實際
4.	7.	10.	16	28	52.	規則

土	天	海	冥
95.4	191.8	300.5	394.5

25 金 25398 맑 2436837 820 1247

먼 저 와 머 첨

먼저 멀리 먼저 간 저희가 먼저 사람이시,
여기 머저 멋처럼 제먼첨 흔담 첫 적거기,
맨첨은 참이라 ᄒᆞ면 머처 맡, ~~참 자리~~ 뉘? ~~ᄒᆞ니~~。

26 土 25399 맑 2436838 821 1248

사랑술
쇠뚱먼 돈뚱 따 쌀팔아 먹는 웝도리 벨람、
꺽고십흔 꽃사랑을 그려 벌련 글월 벌람. 。
이두줄 뚜렷훈동안 사랑술을 뉘 듣오。

古靈山普光寺에 가게되어서 李朝英宗의 位牌의 테두리라는 精巧훈彫刻을 보고. 開明山谷을 들러 修道草菴農庄 말씀도 듣다.

27 日 25400 맑 2436839 822 1249

28 月 25401 2436840 823 1250

29 火 25402 흐리맑 2436841 824 1251

⊙☰ 얻듬김 지니기
성큼 건너 훌적 날러 곧 지내는 나그넨만.
일뜰 살뜰 속속 드러 손이가서 몸이완데.
익숙너 안저 백인 나 이러난김 수월히.

수월흐옵 수월히를 타고온대로 타고(가오) 곤.
수월에서 글월오되 글월난다 수월치 않.
쉽게알 수월이 아님 수월이곧 能仁을

30 水 254[illegible] 맑 2436842 825 1252

보 이 는 ᄉᆞᆯ

안ᄒᆡ ᄉᆞᆫ의 두줄 고디 아ᄋᆞ이들ᄋᆡ 줄븐 고디,
더런 병이 드므렷고 올코 글ᄋᆞᆷ 갈렷더니,
어린 맘 물거져 가고 주뒹 불은 달친 뒤.

나진 일 수월히 ᄒᆞ되 글월 너긴적 업섯고,
놉흔 일 ᄒᆞ기 어려워도 보길 조하래터니,
넘기어 백히는 날에 흐름줄로 기운가.

1979 木 25404 2436843 826 1253
10·1 비

2 金 25405 2436844 827 1254
맑

3 土 25406 2436845 828 1255
맑 비

하 늘 열렷 다 는 날 에
우리ㄴ 그저 말ᄊᆡ믄 일터믄 오를래믄 이니,
말바로 되고 일바로 되고 올바로 될래믄,
아이고 둥걸 아브지 도라가셧 습닛가!!

말 안되는 말을 ᄒᆞ면서 말(성)만 되지 말라고.
못된 일로 가면서 일을 보니 만히 먹겟다고,
올바로 일바로 된 말 이히 믿에 보젓가?

오리 오리 올올이 풀풀히 풀리는 오리이고,
일일이 실실이 너나 고누어 ᄶᆞᆷ ᄶᆡ는 나이,
하늘 ᄒᆞᆫ 당김 밧게야 올큄이란 업는거!

나 는 얼

얼골앞에 낯 익어서 아름안큼 살랏더니,
끌작이 몬ㅅ고 얼 나~~같은~~간 낯도 ~~주엇~~새져 소군려,
님의얼 일직못본내 저승사리 왈손가。

그림자도 업시 간이 그림잘 걸고보자나,
그러코 보면 이승이란 그림자 끼리 만을!
낮뒤에 얼골 갚속든 속알얼을 ~~모른척~~ 외롭혀。

4 日 25407 맑 2436846 829 [illegible]

5 月 25408 맑 2436847 830 12.57,

새솟 고디
얼매밭 결고 짐승 치기는 날로 슬기로며,
씨알 덥치잔코 성그러운 둘레론 못 안치
월우러 곤 맨꼭대기 알로 맨꼭 다본날。

6 火 25409 맑 2436848 831 1258

人所以立
無者莫大全之謂　　　此有彼有多數爻
有者衆小分之謂　　　無極太極一元位

오 를 길 · 실코십고 업
실ᄒᆞ면서 ᄒᆞᆫ단 일은 그꼴 남도 못보겟고,
ᄒᆞ고만 십허서 ᄒᆞ겟단 짓은 제 그만 뒤엎,
실ᄒᆞ고 ᄒᆞ고십고 틈 올흘길이 하나ㄴ걸!

너나 나나 남나 나남 한나나 한남남 하나,
나 나서도 나 안 밧게 나는 못나, 그만 계셔 계셔
나 안야 그만이시지 나나 드나 그만을

몸이 업스면 걱정 업댓지 나 업스면 더욱.
몸 업슬건 알지만 나도 아주 업서지는지,
업스븐 얼듬 하나계 드름인가 ᄒᆞ노라.

1955 木 25410 832
10.7 맑 2436849 1259

8 木 25411 833
맑 2436850 1260

이제 아들길은

믿부길 알려 멀리 좇는게 아들길이라면,
씨맬 덥처 터질데도 제 아들을 나야만 되,
仲尼가 다시와 봐도 안나는게 아들길.

부귀 공명

대관절 이 세상에 부귀공명이란 왜 생겨,
병든 세상 약써 본 공, 잘 곤친 단 이름, 나면,
대접과 밥그릇 수북 그럴거이 아니가.

그러나 약값을 안 색고 의원께 넙절ᄒᆞ니,
약장사만, 침쟁이만, 병은 병대로, 만하 짐,
두어라 부귀공명도 이 세상의 병짓이다.

9 金 25412 834
맑 2436851 1261

10	土	25413 맑 흐림	2436852	835	1262
11	日	25414 맑 흐림비	2436853	836	1263
12	月	25415 맑 흐림	2436854	837	1264

고 나 고 맙

나 죽어도 젊잔히 젊잔은 길몸[道心·遠心]이 싹튼데
나 만어도 어리디 어린 살몸[肉心·生心]이 한구석엔
사람뉘 줄타기 린지 제 고노·이: 건넬 바.

13	火	25416 맑 첫서리	2436855	838	1265
14	水	25417 맑	2436856	839	1266
15	木	25418 맑	2436857	840	1267
16	金	25419 맑	2436858	841	1268
17	土	25420 맑	2436859	842 / 843	1269
18	日	25421 맑	2436860	843	1270

걱정 나오는데는? —— 나 오는데는 걱정
걱정은 웁는데서 나온담 쓸몸(모) 웁는데서、
걱정은 가진데서 첫재 몸뎅이ㄹ 너무도 가추 가진데서、
걱정은 마주슨 나라 남사리에 태넌나 나태림

1959 10.19	月 25422 맑	2436861	844	1271
20	火 25423 맑	2436862	845	1272
21	水 25424 맑	2436863	846	1273
22	木 25425 맑	2436864	847	1274
23	金 25426 비새림	2436865	848	1275
24	土 25427 맑 조금	2436866	849	1276
25	日 25428 흐렷	2436867	850	1277
26	月 25429 맑	2436868	851	1278
27	火 25430 비 흐림	2436869	852	1279
28	水 25431 맑 흐렷	2436870	853	1280
29	木 25432 밤비. 맑	2436871	854	1281
° 30	金 25433 맑	2436872	855	1282
31	土 25434 맑	2436873	856	1283

새 벽
이 녁은 저녁말 마시 한낮에 나진 사람 돼

이 여 트는 읻이틀 새록 새로 읻새 새칠손,
맨 처음 얻듬 샐녁에 하늘 여신 님께로.

朝會볼티 아니건만 일엇아 기대리ㄹ 적에
베드로 듣던 닭소리며 釋迦보던 샛별에,
되풀리 듣볼ㄹ가. 새날새삶 샘 뿐

11.1	日 25435 비	2436874	857	1284
2	月 25436 흐릿 맑	2436875	858	1285
3	火 25437 흐릿 맑	2436876	859	1286
4	水 25438 맑	2436877	860	1287
5	木 25439 흐림	24.36878	861	1288

길

사람도 짐승, 어둔짓 태나 잡어 먹고 살렴,
만 또한 얼, 몸속알 밝혀 듣머리서 솟나렴,
두가지 렴은 새넘길 제나라ㄴ가.
도라볼수 업시 곧
맛을 그러케 못깃고야 마지 마질수 잇나?
마지막을 그토록 모르고야 마침을 마틀가?
맛 마자 마침 길곧뒤 도라보단 말아니!

頭頭足足知至至之

擧頭立地是　　忌以求知頭
低頭不知足　　知命至元頭

1959 金 25440
11.6 흐림　　2436879　　862　　1289

美　善　眞

小有終同歸一空无大
外不可忘內自由　　全玄也天日分明
物不可期心知終　　繚亂也夏冬合同

下性上命
步步行進、進路進水、進气、超空欲更進路
念念達通、通道通气、通水、終身、思復通道

7 土 25441
안개 맑 흐림　　2436880　　863　　1290

8 月 25442
지난 밤 비, 흐림　　2436881　　864　　1291

9 月 25443
맑　　2436882　　865　　1292

10 火 25444
맑　　2436883　　866　　1293

11 水 25445
맑 흐림　　2436884　　867　　1294

보내신이 앎이 늘삶
한님 께서 계시기에 울님 께서 오시기에,
나도 너도 그도저도 아름답게 알마지지,
보내신 그리스도를 앎이 늘삶 이란 옴.

12	木 맑 25446	2436885	868	1295
13	金 갬 25447	2436886	869	1296
14	土 맑 25448	2436887	870	1297

꼬박 꼬박

목숨의 굽바굽 목비굽 때마져 가려태긴
걸엔나 쉬어 탈걸 바꿔 타기가 매찬가치…
꼬박꼬박 흔지려져도 삽박삽박 타고 가!

싣 실 이

몬 절로 씨알 넘나려고 가치 살려 반고들면
님 올이 다 쿠질게 엽시 올올 디 실 일데,
실실 흔 실어 석글고 무슨 經綸 잘 힌가?

15	日 비 맑 25449	2436888	871	1298
16	月 맑 25450	2436889	872	1299
17	火 맑 25451	2436890	873	1300

풀은 마르지

물불 일마져 풀 삶. 위 물 마르면 다시 불 넘,
풀 먹다. 삶이지고 고기 씹다. 거름 되건만,
물불풀 거름 거른데 님께 옐미 둥글둥

18	水 맑 25452	2436891	874	1301

1959 11.19	木 25453	2436892	875	1302
20	金 25454 맑 흐림	2436893	876	1303
21	土 25455 비	2436894	877	1304
22	日 25456 맑	2436895	878	1305
23	月 25457 흐림	2436896	879	1306
24	火 25458 지난밤비 흐렷	2436897	880	1307
25	水 25459 흐림	2436898	881	1308
26	木 25460 흐렷	2436899	882	1309
27	金 25461 맑	2436900	883	1310

꼭 문 이 　 맏 二三1-12. 二020 .28

애비·님금·스승으로 애비·님금·스승 못됨.
집·나라·누리가 잘ᄒᆡ에 집·나라·누리 못셈.
그래도 못ᄒᆞᆫ단 소린 죽여라고 않거든.

잘ᄒᆞᆫ다 ᄒᆡ서 잘된것이 어디 잇삽더닛가?
"그만ᄒᆞ면 쓰지" ᄒᆞᆫ대도 한참 쓴답더닛가?
"쓰지써, 한참 쓰기만!" 업더지며 사지들.

아쉬. 그런대로 쓴단데, ~~애비·님금·스승~~[한참! 열 가지] 도 ~~다~~[가짓!] 된다. ~~[illegible]~~

썩 잘 후면 된다、애비·님금、쓰승도 다 된다、(고)
이 셋이 맨그루대기면 맨꼭문인 하나 없。
8 土 25462 호릿 2436901 884 1311

빛 쓰는 자리
신문이 써야만 사는 빛은 어대서 내오오、
히가 내오면 많고, 달의 받아온건 저그니?
히달을 거치지 말고 곧 받는순 업슬지!?

비스럼닛가? 비즈랑닛가? 비최랍닛가? 셋、
머리를 빛고、가온뒤로 빛여、끝이 빛외올! 셈、
하나 둘 셈판 고뒤에 물불플이 제절로。

29 日 25463 왹 2436902 885 1312

한 송이 꽃
작은 별들아 히달 가티 크겟나 보는눈과、
수 만히 길고 이눈에 드러녹는 별살 쐰 몸、
반디빛 별불이라면 히·나 달은 꽃일가?

불꽃빛 꽃불빛 빛꽃불 살살 맛 맛맛 살삶、
물살 불살 대살 눈살 빛살 더운살 찬살 삶、
쏘는살 쐬는 눈에 듬 마저마져 봤을테。

30 月 25464 호릿 느자 2436903 886 1313

느진 아침 일흔 마지

한 일흔 살다본 이는 앒에 뉜 거의다 길림!
내 걸린 차림 차리는 어찌됏느냐 ᄒᆞᆫ다 면?
채못된 것만 같아여 일흔숨을 곱씹납.

꼭 대 기

죽는다면 야단 법석이지만! 설죽는다게?
꼭 죽는다면 스르를 가라 안질것이 안야?
이길엔 볼일다보고 제자리로 가될걸?

제 숨 끈

제밥 제먹고, 제 밑 제씨서야 그 누는뉜데.
제미련 제 못깍지만 제 깍는이도 더러 잇.
제 목(숨)제 끈는다는건 울뚤른거 만같애。

1959 火 25465 887
12.1 ᄒᆞ룻 243690$\overset{4}{3}$ 1314

도라갈 길에서 길 밧거는 눈팔데 없다
저를 이저버린 얀놈들이 나라 누린다니、
저제 게 가서 서야지 나라는건 아니된다、
오-죽해 아버지이다 엄마찾다 가지들。

用煉炭吟

調氣節食修煉炭　梅杏吉凶嗇治事
仙在身經俗營竈　惕厲利鈍酷似肖

사람 둘레、거짓 테

깨끗해도 흙, 입버도 낮짝, 다숩대도 피ㆍ골、
속못 드나, 참은 아냐! 얼뭇 보고 넘닌가?

못보고 안 뵈는 상이 알은 알던 ~~거짓뿐~~ 맨 흔 짓。

創造始未
衆生無他死刑囚　判決宣告虛誕初
終昇有待執行日　猶豫期間壽夭一

未提保釋請願
宇宙法廷民事訟　判決成婚產兒定
男子女人原被告　死刑囚在家邦獄

2 水 25466 지난밤비 비　2436905　888　1315

3 木 25467 맑 비　2436906　889　1316

4 金 25468 맑　2436907　890　1317

못 깨날 가 ?
다 처진데 높이 앉어. 다 말른데 많이 모고.
다 안 된데 나는 됐다. 다 못나도 저만 났다.
하늘로 높·많·돼·날 길 땅을 파서 꿈이 잠.

5 土 25469 맑 흐림　2436908　891　1318

~~없 있 하 하~~
~~「있밧게 없」 말 ?가 들~~
~~없는거, 밧게 없다! 없어지면 큰일 난다!!~~
~~없 않에 있, 되려 ?가 들~~
~~없은 어뒤 있나요?~~

~~「없앓에없」 있밧게없 말~~

~~엉터 있다 보라 뭐요? 나? 이게 우리가 가지고 있는거 말이지!~~

~~찾아지면 큰말 난다!!~~

~~「없앓에있」 말~~

~~좋은 없 —— 아모것도 없을거만 같은, 아조 멀달만 큰, —— 없어지기까~~

~~지 —— 앓에 있다.~~

~~걸은 우리래 여기 있게 될때, 난거 거니, 우리 몬고 없어질때 좋을~~

~~오던 바도 들르자!!~~

~~있밧게 없~~

~~없앓에 있~~

~~있없~~

~~없있~~

~~하나로 —— 통그라미.~~

생 각 과 말 슴

생 각 이 늘면 말 은 줄 오

나 보 기 에 는

알마지들이 찾는것은 가장 자른 말로 아조 잘러 흩수

는 한마디 말슴을 찾는거 같소.

그러나 그거를 차지면

알을 맞난것이 겟스니

생각도 말슴도 근칩니오.

그 한 마디 는

맨첨브터의 말슴! 잘몬이 맨들리기 먼저로 들미오

없앓 일 거ㄹ!!

1359 日 25470
12·6 맑 2436909 832 1319

7	月 25471 맑 흐릿	2436910	893	1320
8	火 25472 지난밤비흐릿	2436911	894	1321

한 늘 의 오 늘 — 갠날이고. 궂진날이고. —

「있밧게없」 이라 이름 ᄒᆞ는이. 말ᄒᆞ기를
있는거 밧게 없다! 없어지면 큰일난다!!
「없않에있」 이란 이 되려 묻는 말
있은 어딘 있나?
「있밧게없」 이 또 말
어딘 있다니! 여긔 우리가 가지고 있는거 말
이지. 없어지면 큰일난다니까!!
「없않에있」이 다시 말
있은 없않 — 아모것도 없을거만 같은 없않 —
아조 멀달만큼 큰 없않 — 모든것이 없어지기까지
없않에 — 있다.
우리래 여긔 있다ᄒᆞ게될제 일은 낫고.
우리 묻고 없어지게 될제 일은 들지!
오던 비 들드시.!!

「있밧게없」 과 「없않에있」이 두알음 얇. 한알.
없. 있. 있. 없.
등그라미. 없은 갠날. 있은 궂진날.

訪放送局十三分時錄音回來有感

宇宙廣播臺　　士身錄音版
道理經綸音　　民意共鳴琴

1959 水 25473
12·9 지난밤비 2436912 895 1322

~~흔 다들은 머리둘곳이 없이 지나가게만 하는 누리~~
~~못보는 눈! 수없는 임금! 배지못할 스승!~~
~~애비 옳다. 임금 거룩. 스승 높다. 몇즈믄히!~~
~~이대로 믇기대다는 돌려불리ㄹ 것 는다!!~~

몇즈믄히ㄹ 빽곳 빽곳
애비 옳다! 임금 거룩! 스승 높다! 식혀 봤고,
이 사람은? 이 큰이는? 이 스승은? 세도 본데,
씨알로 못난 ?들들 돌려불리ㄹ 것 좋음.

누리는 걱정
깨끗하니 고히 놀데, 구진곳에 샘이 걱정!
맛맛을 보고 살데, 배불러지는것이 걱정!
손트고 배고픈이겐 못가져본 걱정들!!

10 木 25474 맑 2436913 896 1323

11 金 25475 맑 2436914 897 1324

여긔 읫차! 여긘 자라는데, 여긔 읫차!
잡자코 자라는 애긴, 깨자 브른 젓 빨곤 자,
제때 끈이 군것 없고, 싸지말고 그는라기ㄴ,
세살적 여든까지도 다름 없이 졸리어.

12 土 25476 흐릿 비 2436915 898 1325

꼭 꾸 는 꿈
나 남 살피 살몸사리 제금새않 알 아랑 곳、
남 길르련 말리갓에 손이 탄다 속울태믄 、
이한밤 시달는리 잠 붉울 글려 깨 낼 꿈 。

잘못ᄒᆞ다 죽는 몸과 잘ᄒᆞ다 사는 몸。
잘ᄒᆞ잔 사람의 오히려 잘못ᄒᆞ는 사람, 맨 、
죽지 않도록 잘 살잔 사람, 다다 죽는 사람、
사람의 봄몸, 몸봄은 뵘 안뵘에 한금 검 。

13 日	25477 ᄒᆞ립 비	2436916	899	1326

콩 ㅎ 김
부지런 불 지르는데ㄴ 추위ㄹ 몰라 곱불 없고、
게으름 그 이름에ㄴ 틈이 나서 선바람 돌라、
쉬워서 보들 다순 김, 결이 나면 높바람 。

곰 온 빛
한두가진 아니히도 좋단소리ㄹ 드른대로 、
두세가진 안먹어도 좋단말을 드른대로 、
도모지 없이 지낸이ㄴ 문힌숫의 곰온 빛。

14 月	25478 ᄒᆞ립	2436917	900	1327
15 火	25479 밝	2436918	901	1328
16 水	25480 밝	2436919	902	1329

帝降之衷 卽民克復命

無遠大一上上我
有近小多下下何

4 上之上達心圓覺
下之下底物重荷

2 上上至上無極上
下下止下有終下

3 原始反終追遠恭
有終無極衷上下

1959 12·17	木 25481 맑	2436920	903	1330

이히를 잊잘가? 읽달가?
오는히는 아니뵈고, 온히는 잡자코 간히,
올에 히ㄷ쌀 잘라 먹고, 간히라고ㄴ 나이 세니
히도 봄 올울이 실잔 뉘에 길쌈 갈 귀뚤.

18	金 25482 맑 흐림	2436921	904	1331
19	土 25483 흐림	2436922	905	1332
20	日 25484 맑	2436923	906	1333
21	月 25485 맑	2436924	907	1334

非物是心
聖哲四臨未經世
膏皮一張已傾國

智數用處人行僞
英雄當時亂更熾

心正意誠

格物致知行小慧　在地難見齊治平
非物克復得大覺　昇天可察悖殘虐

人有故則思鄕·故人相逢·必以問故鄕有無故·得聞
故鄕無他別故而心安·是何故·是人自古皆有作故

故也

居常無所不假所　多故故鄕貫鄕己
生平無時不臨時　無故古鄕常鄕實

衷　上　下

長頭天遠極　建極入太乙
長趾地重心　建中至小心

2 火 맑 25486　2436925　908　1335

觀太自然界

齊息實存虛空心　性餤自燒劫垢肉
祭飯現在觀世音　禍種无妄逆福音

皮相交好終失意

送萬年來往復信　但讀函皮言喜悲
送書出看近百載　封弊紙毛揷叵開

3 水 흐림 25487　2436926　909　1336

졺잠 과 자란 잠
잠자는 서른희의 길고잘음 졺알이 몲아.

개인 『한늘』, 「하ㅡ늘」이고 하ㅡ한」거」 깬알만이 음、
잠맛을 깬뒤에 보곤 달게 잤다」 사름아!

어두은 밤、또 바라는 밤.
쉬얄 사름、이。고 갈람、뜻말올텀 빼놓고는、
깃속 드러 불켠 아레、겨른 어둔 밤은 멀정、
하 늘을 바라는 밤이 아니고는 캄캄캄。

1359 木 25488 910
12.24 맑 2436927 1331

25 金 25489 911
맑 흐림 2436928 1332

히 우 리 리 시
요 而 고

地升天命
元士自覺
形而下則
無明斯終
敬直遠圓
不須多言

上帝降衷
建極建中
原始要終
性爾至崇
靜安愼重
歸一庶衆

ユ人

敬 고요히 갈앉아 삼가 무거(ㅋ)며도

靜 우리리 곧곧히 멀 듣을 옮을면

26 土 25490 맑 흐림 2436929 912 1339

예 보일 계 않 계시지 않

올! 뜻밧게 나는 "있밧기 없않인거!" 몰앗서!
없않이자 있밧기건, 않.밧. 없.있. 하나속을!
없않에 있서라 셧대! 없이 계신 아부지!?

27 日 25491 흐림 2436930 913 1340

가 진 거

우리눈에 들고, 몸에 마자 가진거 처 놓고,
요나의 박덩굴 그늘, 지나감이 있는지? 말!
뉘변덕 말을 누가 ᄒᆞ? 여름그늘, 겨를 볕.

늘 살 릴 라 고 삺

갈앉일거ㄹ 갈아앉혀 도라갈거ㄴ 도라가게,
거름판에 팽이 치며 노는 아이 늘삶 알거,
갈앉아 "한아"부지고 보내시는 그를 ᄋᆞᆷ.

吉凶道

食色只食色　上下口舌垢
識索惟識索　內外性情賾

別垢認淨封　自陷萬禽苦
古道知新冊　他度一切厄

28 月 25492 맑 2436931 914 1341

때ㆍ믄 터ㆍ믄 리ㆍ믄 그믐

희 나 질 날에, 땅에 낫. 낮 텩 처들 텩 바진 위?
나온 나드리ㄴ 도댕겨 솟나갈, 날우워 나갈 길!
우에서 나려온대로 듣고 보던 제게로.

그 때믄에 저 터믄에 뭐ㄹ리믄에 산단 사룸!
때 다 믄고 터 다 텩 다 훌랍 다믄 엇절노릇?
이때에 붙은 소리도 그만ᄒᆞ믄 그만을!!

예끝 삶가 게 몲 좇기

예 끝 삶가 게 몲 좇기 아름도 옛 싫음도 잘
꿈은 깨고 틀은 맺다, 참을 갖고. 제게 들다.
아부지 ᄋᆞ들 흔ᄋᆞ던, 없있 하나. 매찬 갓.

同世異世世代

生者對先未亡人 不先不後世代人
死者對後不遜人 可先可後死生人

몬누리 깨끗 없다

나무 잡아 불을 쓰며, 「밝을 텐다」 ᄒᆞ는 소리,
흙 짠 물을 받어 먹되 「샘이 맑다」 ᄒᆞ는 속말,
씨서도 물때가 끼고 사른 뒤도 불몬지.

빛 못볼손! 누리에? 사룸이?
玉에 티야! 말도 마오, 玉이 바로 티일거니
ᄒᆞᆯ의 티란 무슨 소료? 불티? 재티! 예.와란 게!
누리에 참빛날소매? 티안낀눈! 또볼가?

959 2.29	火 25493 맑	2436932	915	1342
30	水 25494 흐림	2436933	916	1343
31	木 25495 지난밤 눈 흐림	2436934	917	1344

울에 그믐

저때믄 저터믄 저라믄, 그 때·터·림 제계 근.
그때믄 그터믄 그라믄 으로 제계 ᄒᆞ이금,
이 때믄 그럴터라믄 그저 둗기 느저들。

사람 쓴 그릇은 몬지가 움폭 들고,
하늘 번 구실은 둥글! 불이 빛나。
우리는 흙구실에「땅」~~다른~~, 땅보다 더 작은 흙구실「달」을 달고
구실「히」가로 돌며 사오。
땅이 열아홉 둘레 히。가로 도는 동안에,
달은 이백 설흔 다섯 마퀴를 땅가로 도라주며,
우리게 주러운 빛은 조곰이라도 보태며 주려고,
이미 고개 너머간 빛을 오히려 받아다가 보태주는 달이여!
사람은 저희가 히달을 보내고 있거니 후지만!
하늘이 사람은 땅에 싣고 히달로 빛워 한곳에 보내나 보。
삶엔 빛이 그립고 주러운데, 땅에.오즉 빛은 그믈기를 잘 흠。
눈물이 어려도 빛은 그믈고, 고개만 수겨도 빛은 그뜨오。
하루로도 고개 썬적들은 여름 덕바지 날 낮에 오는 빛이
열에 일곱이 채 못되거니,
그것이 겨울 덕바지 날이면 밤이 열에 일곱 갓가와, 낮인 빛이
열에 셋남짓!
이러케 빛이 주러울데

밤이면 달력이 사흗으러도 달이 빛을 펴넘겨 걸어옴!
어드레 즈음엔 반밤을, 모름에도 완만새도록 빛외웃!
엳엣새 너무며 주으나 스므사흘까지 반맞은 너무 ... 기러 밝해 주다가
더 아소 술면 그믐!
그믐 중에 그믐은 겨울 덕마지 그믐! 설날 그믐!
그믐이란? 빛이 그믈단 말로 드내온가?
빛이 아주 그근 그믐에는 눈도 쓸데 없어 아조 감겠지만!!
눈 감기 전에 그믈 그믈 그믐은
우리 사람 누리에 「큰 그믐」이 아닌가?!
하늘이 우리사람에게 회마다 보내온
잎파리 글월 한조각!
「너희 절로 삶, 므름·므름·므름될 그 므름」은 곧
「너희 길을 그리혀 보내라.」신 큰므름!
흐이금 —— 희로 그린 금새 바로 보라.

이 저녁 읽은 희 그믐 보내셔.

1960
1. 1 金 25496 흐림 2436935 918

올 에 도 잠
바란 보름 지내 보곤 그믈 그믈 아조 그믐
그믄 눈 뜬채 이틀 빛 바람, 새바람 달날히,
올에 힛 올밤에 올날 뭄눈 뜰금 자랄 짐

2 土 25497 간밤눈, 흐림 2436936 919 134

3 日 25498 흐림 2436937 920 134

실 깬 누 리
긴긴밤 꿈없이 자고 깨면 한숨 덜게 잣도!
걷고? 젊고? 잊고 진 밤은. 여덟때가 한곱새!
실 깬 누 말에 발만 더 못자라날 꿈자리!?

꿈자리 잠, 껨. 얼어름 넒, 좀.
간밤 꿈만 구게 잠못 잣거니, 깰수도 없고.
업친데 덮치기로 뒤에 뒤 발목 잡고 나음,
나 가잡 못나가는 참 에서 야곰 나리록.

식 먹고 앉엇스면서; 다 잘살릴 랍이록!
너더분 걱정만 인사로, 세울 셈은 안 나고,
집 안에. 밖 이웃새에 나라 일 한다는데도,
걱정만 더믈적 맞힌 힘 드는지? 식 벅어.

4 月 25499 흐림 2436938 921

1960 火 25500 922
1. 5 맑. 第은 正. 光州맘맑 2436939 1349

6 水 25501 923
맑 2436940 1350

所謂 事業

工商士事 史(準)本農 三家失度籠絡農
身口意業 行(照)正法 三路放心肱慈法

7 木 25502 924
맑 단없외앙 댐집에서 2436941 1351

饒西海納日 朝瞰下先陽
無等山雲路 忽覺置身高

8 金 25503 925
흐림 2436942 1352

9 土 25504 926
흐림 2436943 1353

울 봄 노 리
더운구들 드리뉜 봄, 늙새 아칠 빗갓 숢 봄,
서울이맨 꽃샘 잎샘 새나 될가 홀만치 봄
샘가에 발 닦아 볼제 단없는댄 봄노리.

귀 뚫 이 (귀뚜리)
말 많 듣기ㄴ 귀 다 먹어선가? 헐날 무더선가?
남 못뵈, 발이 머러선가? 눈이 머러선가?
예선가 계선가 말고 제계 속삭 속알 뚫!

道理分解釋義圓歸一昇遐

올을 오리어 갈 갈리 헤쳐 같은 드리올 길,
고 가름 가리 까닭, 오름 옮기 올에 때문,
사람은 가리 가리고 오늘 오리 하늘에.

10 日 25505 흐릿	2436944	927	1354
11 月 25506 흐림	2436945	928	1355
12 火 25507 맑	2436946	929	1356
13 水 25508 맑, 비솜	2436947	930	1357
14 木 25509 맑 흐릿	2436948	931	1358
15 金 25510 맑 저녁눈	2436949	932	1359

내우 없, 한웋 난 나!
나 = 나온, (出生我)
내 = ~~[illegible]~~가 (主 我)
내 = 아침, 저녁 (人 烟)
내 않 내고 못사는 나!
님의 낸 내를 못맡는 나!

누구나 내를 않내지 못하는, 사람!
님의 낸 내를 — 제 낸 내 까지도 — 못맡는 사람!
내가 내읍드시, 나도 님들에게 내은 지?

~~「바 곧 버, 버 곧 나.」 아닌가?~~
~~그것은 안야!~~
~~버는 나에게 내운 거로 —— 내 버게 내옵건~~

~~다. 나에게 내지만~~
~~너 나를 못 내~~
잘 사람 속에 하나. 있. 나! 므로
너도 네 속 넘으믄 네우리!
우리 서로 내운 우린가?

~~1959~~ 1960 1.16 土 맑 25511 2436950 933 1360

無等雪景
雪杜山門往來絶　敬直靜安自若處
雪瞰市街乾坤隔　會離不二致物格

빛꽃 밝다ㄴ 눈(빛) 멀니라。
가죽 뜨러지게 보는 눈은 남을 빼터린 눈!
가죽 풀 먹이는 손은 열옭게 올리어준 손!
빛 안 뵘 네눈 본다모 빛꽃 버슬 라거든。

17 日 맑 25512 2436951 934 1361

앓던 아름 나으면
몰려나린 몬뒤에 얼아 올르는 동안 앓고,
알마시 몰거스르 얼다. 헤쳐 오름으로 돎,
돎리니 시원ᄒᆞ고나. 인제 난가 ᄒᆞ노라。

ᄉᆞᆺ 몸 붉다
흙꽃 물꽃 불꽃 바람꽃 빛꽃 본꽃에 가치、 올 · 일
한ᄂᆞᆯ을 한웅으로 ᄌᆞ래보매 가무릴결 퍼래니、
ᄉᆞᆺ눈은 희다 ᄒᆞ면서 ᄉᆞᆺ몸붉음 알려옳. 울 알
몰 밀

18 月 25513 맑 물 말 2436952 935 1362

아 ᄇᆞ 지 생 각
도라 가신지 스물에섯히 오늘 뵙는데도、
살얼골 늙으신골로만、 얼마지론 그저못、
아이고 조희글월반 참말 읽기 어려워。

내 므름을 뉘게 묻소
몬서로 서로몬 조희 겁대기가 대다 떠다、
살마지 마지살 미지근 매지근 달치잡께、
이즈음 바로 살잡길 알마지뒤 므른가.

執大象
心可至虛映 空中正現象
物得一平鏡 面上反照影

19 火 25514 지난밤 눈 2436953 丙午 936 1363

興來看
在茲晦明無等山 窓底樹相珊瑚木
霧雲渾沌吞光州 林間鳥儀運信夫

1960 水 25515 2436954 937
1.20 흐림 1364

朝朝霧騰無等山 夜夜曠注光州市

사 람 사 이

나, 나온데 사람사이 넘나간때 누리 가리,
누리 가리 사람사이 나 남 보이 가리 사이,
이 사이 갈림 가리새 도라곤이 하늘로.

깨 난 눈에 자는 눈 보오

이봐요, 즈믄뫼 잘골이 눈앞에 버려서오,
엽어 챈 눈은 그저 자고 안 잇던건 다 녹아,
뫼따닷 등줄기 줄기 흰 미리가 굵트오。

지으며 닥는 이

피를 담은 조희골집 일흔히나 고히 고히,
얇바요. 그러나, 든든, 쌀쌀흔 그속은 불길,
닥가서 지으신 며늠 거룰 손도 없흐오.

이른바 사람이 사람을 난다지만,
난 사람 못 낫스니 사랑은 덜된가?
아조 하나 되고 파요! 아조 되고 파요! 하나,
그러나 조희 조희 사이, 브비 해지지 더 않,
된다면 새얼이 하나. 새살 쓰되 의설피。

21 木 25516 흐림 맑 2436955 938 1365

곧 뜨리 옳

한웅 뚤고 솟나 울어, 하늘 치 받들라신데,
구퍼 땅만 쓰시다가 건넷 외뿔 저다나 봐,
씨알에 폭갊은 슴엔 높으신 씨 두신데。

22 金 25517 맑 2436956 939 1366

모름일

보고개 집웅은 비물매 싸게 모내 잡이나、
한알알 찍긋도 못보게 한웅을 둘싣은 위?
빗을 빗橫 골잘천 빗새 몬지러울 씨울줄。

일일

위에 있고 땅에 없는 몸、 예 있고 제 없는 몸、
나는 그래 삶은 그래 참 나는、 참사람은 그래、
일즉이 나들리가신 맺맺스승 뒤와도。

23 土 25518 맑 2436957 940 1367

우름과 우슴

우슴이란 우슴엔 조곰이라도 비웃겼서、
우름이란 우름엔 조곰이라도 믿어 듬이、
더듬어 믿게스리금 비웃끼긴 아까워。

24 日 25519 맑 2436958 941 1368

솟나ㄴ 뒤 참 삶 일 걸

날새자 돌 지는 보름이 누리에선 한창을、
시샘도 모 지셈도 말고、 치새 오르리로다、
날새고 밤새고 갈지! 새희 싱검 뒤밨과。

25 月 25520 맑 2436959 942 1369

1960 火 25521
1.26 지난밤눈 2436960 943 1370

나 의 님

한늘도 목숨도 몸도 한줄거리로 뚫린속.
월도 울도 김도 하나 나드리 곧뒤 보임、
하웋님 아들되라신 사람아들 이룬 님.

27 水 25522
간밤눈 2436961 944 1371

李世鍾公께 親淑한 다섯분
李相福 李賢秀 吳福姬 朴福萬 白永欽

우 리 서 로 글 푸 리 짤 리.

바른 글월 봉한 겁질 너무도 굳아서 못뜯!
나 모른새 한끝을 끄집어 뜨더 맛보자。고!
곧힐때 속월 떠듬떰 알린참뜻 내볼룹!!

묵 새 희

새힐 샛단지 스므일헤. 다시 무근힐 샌두、
밤자고 날새면 날셈은 더너도 얼새 없어、
떡국에 설뫼암 써훗 켜켜묵혀 곧다리。

28 木 25523
흐림.맑 2436962 945 1372

한 웋 너 울 갑 갑

ᄀᆞ믄 숨을 못듣게 ᄒᆞᆫ 파란 한웋 나즌 너울、
서울 안전 서울너울 빛골와선 빛골너울、
곳곳의 너울들쓰고 낮가리게 몸못봄。

고디옵
네댓잘히 내린 더런 껀울 그만 둘러막조、
멀굼굼멀 피어 울릴 밝은 몸은 받혀설로
이조 작 작은 씨알도 한흔 하늘 고디옵。

2436963 946 1373

29 金 25524 흐림.맑.흐림

30 土 25525 2436964 947 1374

긋(點)

몬지긋 긋알 언알 울에알 몬속은 드러낟、
塵點 分子 原子 電子 物內容 現露

낫어 낫인 낮은 얼골굴이오 그속알一얼긋、
生 界 顏 神洞谷 心德 神點

웃에긋 살몸덩이 안흥 긋어긋이 있만깉。
恥點 肉塊 裏 善惡端緖 必如在

(曜順)
1960: 金 土 日 月 火 水 木
日 月 火 水 木 金 土 日

一月 한해부터 十月 열까지 / 다 四月 / 五月 보내는 / 二三月 도치여 / 六月은 華되 / 十二月 十一月 성당에 / 九月 일우옵겠네 八月

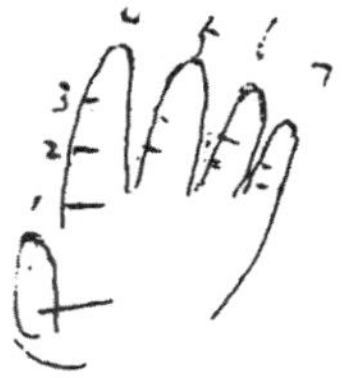

31 日 25526 흐림 맑 2436965 948 1375

問 病 貪
無等胸次等迴轉 百世千代一宇內
徒步到訪同苦仁 萬邏億旅同歸人

1960 月 25527
2.1 맑 2436966 949 1376

聞朴道兄衣鉢行脚

形影婆娑感爲質 物質事實執着固
疑訝問則人云實 精神良心決斷逸

2 火 25528
흐림 2436967 950

3 水 25529
맑 2436968 951 1377
1378

十時光州發湖南本線中李慶完君이乘務員勤務라하며
座席의便益을받다.

心我対象物空是

光非對象眼識味 風光明媚亂輻射
華非正色心作酣 穹蒼布陽錯覺感

若在太空眞正見 感情能化於此知
日月星辰明細鑑 正覺不要果斷敢

4 木 25530
맑 2436969 952 1379

5 金 25531
맑.흐림 2436970 953 1380

6 土 25532
맑 2436971 954 1381

元子行
晝間覺小我

始己終空存存尊
母孫臨物生生物
父子大棖處夫能平能
人人終元時矣死死空
爲爲臨一二覺能平能

我來峨勞安身一不也者者者
大往嵯一一終物空救物生生
寢飛行第第永能物謂能能安
中憶問生生身空感可空死死
夜思訪一一終能至方能能安

7 日 25533 흐릿 2436972 955 1382

8 月 25534 흐림 2436973 956 1383

生 存

生是發 發是芽 芽是起 起是立 立是上 上是昇
昇是遠 遠是逝 逝是空 空是神 神是元 元是存

맨 웬 듦
삶 갬 싹 읾 슴 옿 옳 멂 곰 뵘 궘 웬
듦

9 火 25535 안개 2436974 957 1384

읊어 슬기

한웋(덩)에 바랄꽂 뵐짓거리에 진물도 꽃댑,
뭄뭄이 밤낮없이 일알의 속삭임을 듣줍,
그로만 슬기 읊음을 읊어볼가 .ㅎ노라

슬기

이슬이 슬듯.
버섯이 슬듯.
풀도 나무도 즘승도 사람도 슬~~슬~~지오?
하늘도 땅도 슬것이지오?
슬기로 된 몬을 슬것으로 앎이
사람의 슬기지오!
가장 슬기롭게, 슬게스리, 슬슬프러가는—
슬픔은 ~~—~~ 웃픔, 울픔, 읊픔으로—
~~슬픔으로—~~
풀기! 슬기! 오직, 슬기롭니다.

1960 水 25536
2.10 맑 2436975 958 1385

11 木 25537
맑 2436976 959 1386

우리 님

님을 니고 빔, 치키티 피울림 몇잘히 돌제,
김을 쉬고 긴밤 자라 꽃답 보름 설은날·달,
한웋님 아름답잔가? 빛게 뭣뭣 깨칠꿈.

한웋에 님. 맨꼭대기 골잘 씨알의 등걸을
하늘훈· 열자, 둥글 땅 받쳐 —·누리—
이 말슴 씨알에 맞혀 바탈마틈 뵙과져.

1960.2.12 金 25538 맑 2436977 960 1387

13 土 25539 흐림 2436978 961 1388

하 나

빈탕한디 조금 있몬! 하늘 (올에) 오늘 맞첫새일!
안 난 셈 만 친다는게 어리석은 말 만 일가?
두어라 더홀나위 없, 하나 인가 ᄒᆞ노니。

14 日 25540 맑 2436979 962 1389

15 月 25541 맑 2436980 963 1390

둘

예 간다. 제 간다. 달 간다 때 간다 갔다 온듯!
물 밑기 앞서. 이저러드시. 인젠. 불태기. 앞!
가거던. 오지도 말고 불구경좀 ᄒᆞ렴아?

셈 —— 옳

님이 나위서 누르더냐? 나 솟기를 힘 덜 써써!
나 위 없에 나위 찾아 나서 솟기 우리 나라!
한웋님 나라시므로 받드리옲 우리러……

16 火 25542 흐림 2436981 964 1391

날 나라

해 진 뒤 밤엔 입브거나 밉거나 다 잊고 잚、
숨 진 뒤 뷘덴 있엇거나 없거나 다 놓고 넒、
꿈에 닒 보다 옛다시 참말 넒을 날나라。

1960 水 25543 2436982 965
2.17 흐림 1392

있 도 없

더홀 나위 업시、바로 살고、바로 죽어야 되、
죽을 나윈、안난셈 쳐。살나윈、죽을셈 속서。
옜다시 있다시 근 된 나 싫 들좀 있도 없。

18 木 25544 2436983 966
맑 1393

19 金 25545 2436984 967
맑 1394

씨알나라 제 서름

읙히・ 한번 못 가리고、
조・병으로 두번 못 가리니。
이 이・묵힌 셈을 언제 가린다릿가?

三・一五날! "이번이다。"

이번에 꼭 찍으라。니?
이 이・들、이번이면、파(八)!

안잔 不二過로 높히거늘!
서선 三四過도 좋은가?

"건실이다." 헛지즘, 얼두히 넘을람, 過!
그리고 도리혀 씨알 더러 "트집 마라." 고만? 過! 過!
白髮三千丈 —— 過 ~~하지~~

이땅·이 갈림에 새로 슨 씨알나라들! 무럭무럭 자랄 씨알 나라들! 속에서,
우리는 허물벗을 날을 —— 믿근덩 못 가진가? 안 가질가?

20 土 25546 흐림	2436985	968	1395
~~20~~ 21 日 25547 맑	2436986	969	1396

눌인 누리라, 들인 드리라,
—— 오름 옳음! ——
봐, 좋더니. 맨잡, 아니! 맨잡더니 봐, 아니. 많!
더블 뷀민, 서 봇더블! 더블슬만, 가늠 달기!
논리 엣 걸마짐이란 오름두곤 어려워.

그리스도

흐오에서 난 —나— 는 남 웅글려 제계 들기.
남을 —너— 라고, 늬 주어서 참을 볼일 같소니.
이 참이 참 차오매만 그리스도ㄴ 이루기.

22 月 25548 맑	2436987	970	1397

卽事

三一呼天八一五　申趙死謝誤立式
三八分解双一五　五一五促三一五

1960 2.23	火 25549 맑	2436988	971	1398
24	水 25550 흐릿 맑	2436989	972	1399
25	木 25551 비	2436990	973	1400

否定

情欲生民　情欲治人　雌雄不雌雄　父子不父子　師弟不師弟　主客不主客　官民不官民　尙賢而分爭　貴貨而相奪　道心惟微人欲焉過　出家超婚佛門一般　人不婚宦情欲失半　婚卽昏迷　宦是患憂　迷者欲求持續繼代倍增以至于大劫火之滅亡而已　覺者不然矣如實知若欲正覺釋於斷種可反大元神聖淸淨　眞空眞空。

過多夕生

茲鄕土道君士敎道
在明忍人仁命少古
自無創定能誠多復
正明色宗空死說一
一分思知同念莫惟
空月中中色前君生
虛日空花視生勸人

俗云維石 死榮葵日

嗚呼痛哉

載人倭苦今古玄郎
十倭妄艸郎鄕又口
六便迷除茲役玄郎
事見今人在存幺行
從終及從我神幺行
仁今古已有元上安
求只自今物空上安

令外第一四〇〇日

26 金 25552 흐릿 2436991 974 1401

알기브티 先知

그런줄은 모르고 부터 나서、또 너·나 암·수、

부텃다、떠러젓다、가 붙도 떠러지도 못너、?

연·뜨 놈 죽으니까! 지?니 알기브터ㄴ 못주·받。

모르니까지! 알기브티?

란게!!

淨土六念法偈文
佛救世大慈父
法出離解脫門
僧諸有良福田
戒無上菩提本
施具足波羅蜜
天護法利羣生

生二萬四千日
得生高麗國
未見金剛身
峯峯寤寐操
歷歷再慕入

1890.3.13
2411440
1923.1.19
2423439
1955.11.27
2435439

34才
1923.1.19
2423439

활명무궁

그 난  하나님 의 사랑

보 활 인 간 의 감사

1971,11,17.

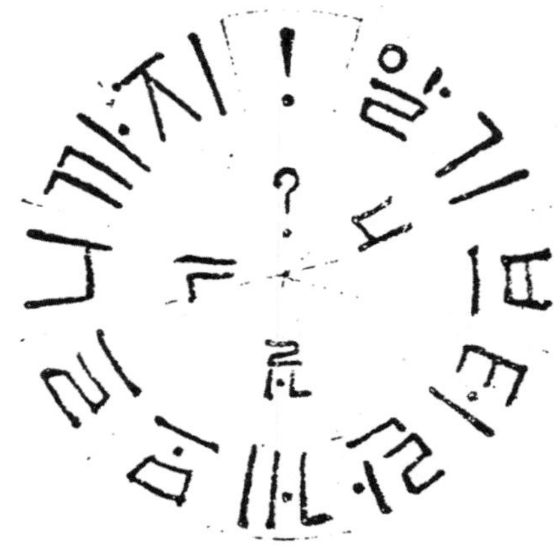

유 영 모 선생님
주는운동 ~~장~~ 제31호

생가야 되나이다

오늘 아침 에는 정재 10,000원 을 주는운동 에 내어 주서어서 감사하오며
중소기업은행 광화문지점 에 존명 으로 정기예금 을 했읍니다 번호는
7호 24— 49 이옵고 기한은 1974,11,17. 이 올시다

단인 이 우러러뵙는 선생께서 이 운동 에 찬동해 주심은 이 운동 발전 을 위하야 모나큰 힘이 되올나이다 다만 직접수입행위 가 없으신 선생께서 이런 큰돈을 내서어서 이 사람 마음 한구석에 무거움 을 금할수 없읍니다

감사 합니다

여러사람 의 절팡이 조 경 둑 올림

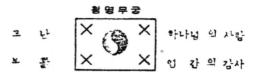

조경둑

사 월 학 생 혁 명

一九六○년 四월十九일이 나라 젊은 아들의 혈관속에 정의를 위해서는 생명을 능히 던질 수 있는 피의 전통이 용솟음 치고 있음을 역사는 증언한다
부정과 불의에 항쟁한 수만 명의 학생 행열은 의기의 힘으로 역사의 수레바퀴를 바로 세웠고 민주제단에 피를 뿌린 一八五위의 젊은 혼들은 거룩한 수호신이 되었다.
해마다 四월이 오면 접동새 우름속에 그들의 피묻은 혼의 하소연이 들릴것이오 해마다 四월이 오면 봄을 선구하는 진달래 처럼 생각의 꽃들은 사람들의 가슴에서 되살아 피어나리라

1960 土 25553
2.27 맑 975 1402

28 日 25554 맑 2436992
2436993 976 1403

살 죽 에 미 듬 삶

살 바로뵘 ── 옷뵘 보다 ── 모자란 살 옷, 보탬도:
피빛 가튼거, 피 발른거, 허현 ── 그입설들 ── 말:
저 마다 그만만ᄒᆞ이 더홀나위 없단 듯!!

풀죽은 ── 옷을 빨고 살을 벗는 ── 수는 없지!!
그얼골 입브지 ── 개밑부엇지 ── 덧잔는 말이!!
미욱이 줄디끝까지 찬 버러지 들이여!!!

흙 파·들매 먹·몸 일게 조희ㄹ바르곤데 몸 담기!
살을 파고 드는것이 빨내푸지 옷을 입음!
흙·몬·몸 더럽단 속알! 너는 나왼 덜, 나의!

29 月 25555 맑 2436994 977 1404

아우 예순셋 되는 난 날, 다녀왓다. 떠나간이 그림
앞에서 아직 산이 끼리는 먹는일로 지나는 누리!

3.1 火 25556 맑 2436995 978 1405

元 士 上 上 行 時 時 三 斷 利
言 通 玄 玄 命 處 處 一 幹 貞

2 水 25557 맑 흐릿 2436996 979 1406

느 낌 조 각

나는 단배를 주리는 ― 없어 못먹는 ― 사룸이 아니오.

나는 입맛이 저처서 못먹는 ― 알는 ― 사룸이 아니오.

아조 작아도, 싸호는 사룸이오.

나는 번드시 노힌 사룸이오.

알는 사룸과 얽매힌 사룸이 되더지고 되얽히는, 이에, 이날도.

나는 일즉 노힌 한 사룸으로서

온 나라. 온 씨알. 알. 알. 얼. 얼. 노흘 쌈에 더브름.

若母姓系統則母女有親父子分離。

精神歸一。命道。

父子有親。仁〔義「慈」禮「孝」〕。

男女未安。危愛。

母女分離。忌。

夫婦格別。虔愛。

父子有親。仁。

精神歸一。命道。

이 제 나 와 담 에 나?
살점은 실룩거려도, 눈물 걷친 눈! 감으면?
마지막 입을 닫칠제, 외마디라도, 말스믄?
두어베 어둬간 방울 그만 끄저진 담엔, 나?

이 름 빛 길
名色이 뭐냐? 美人이냐, 貴公子냐, 伊人야?
物色좋대! 찾아왔데, 物色 없이 뭐란 말씀!
物色타 名色부치다 독개비는 해지며?

모른달가? 알달가?
잡고서 놓지는 "이제", 저(저희) 밖에 모르는 "여기"。
예·이제 서만 산단「나」알흔 살아 얻다 둔고?
옛갓날 살고 간이 간 빈탕한 뒤로 뉘 몰? 알?

믿어우림 (졸름)
믿어우림은 (註文)마침도 預約도 (希望)바람도 — 아니!
믿어 믿드러 믿을려다 든머리로 우럴뿐.
사름제 이쯤생겨서 드러간다 흐노라.

1960 木 25558 980
3. 3 믿익 2436997 1407

느 낌 조 각
어디서 드러든가, — 이새, 저새 헤야, 먹새가 좋아
야! 흔다!! — 흐는 말을?
이서름, 저서름 헤야, 배곱흔 서름이로! 고도흐니,
온날, 만날 세끼 밥 먹고, 새새 군것, 걸드려먹고, 밤참,
잔치, 먹고지라! 면? 泰平聖代 꿈덤인가 나 홀잇

가? 따는!

하루 굶고 이틀 굶고 사흘굶는데, 침이 마르기 쇼서는 물도 않 마셔 ― 보랍니다. ― 이제, 이 계서, 나는 무슨, 시원한, 홀가분한 원통인「맛」을 뵈ㅂ니다.

읊이 84.10 이 생각 납니다.
님의 뜰에서 한날이 천날보다 나은즉 모진이의 장막에 삶보다 내 우님 문지기로 있는거시 좋삽니다.

清世祖 順治十八年出家(?)詩句도.
百年三万六千日、 不及僧家半日閑。

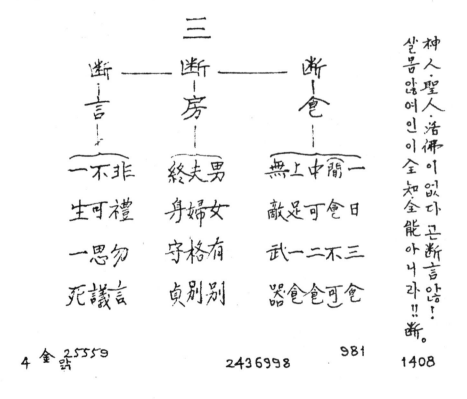

三

斷 ―― 斷 ―― 斷

言 房 食

一不非 終夫男 無上中間一
生可禮 身婦女 敵足可食日
一思勿 守格有 武一二不三
死議言 貞別別 器食食可食

神人.聖人.活佛이 없다 곤 斷言 않!
살몸 않여인이 全知全能 아니라!! 斷。

4 金 25559 맑 2436998 981 1408

天下皆知美之爲美斯惡而已
一色美人止名色 寄語審美善眞人
薄色醜物亦名色 物色世間本非策

1960 土 25560
3. 5 맑 흐려비 2436999 982 1409

日記
斷味舌端全用語 拂面風觸水感手
不食身中水道利 愉快諭似渴飮易

6 日 25561
흐리 맑 2437000 983 1410

몸이 잇서 — 좀 죽어 살 몸이 —
먹이가 업나? 입맛이 업나? 아니! 몸이 잇서!!
몸이 잇다니, 무슨 몸이, 죽어 산다는 몸일가?
거짓말 소내기뒤엔 씨알 별이 죽겟단……

스승감 새감을 낸대 버린감이 아니 가?……

日記
五日四時間 — 昨日夜九時까지 — 水穀斷, 仍開水而
穀如前斷耳 ◎五日斷食飮竭津
三碗冷水快心神

論語·子張篇에서
子夏曰小人之過也必文 [過出無心·文出有意]
子貢曰君子之過也如日月之食焉過也人皆見之更也人皆
仰之. [人不當以過棄君子矣]

7 月 25562 맑음   2437001   984   1411

實 存

所有所在今物我　　生存在存不在在
無所不存古空神　　心存神存養性身

日 記

낮뒤에 내가 기대리던 사룸이 찾아와서 니야기 ᄒᆞᆫ뒤에
내 굶삶은 오늘로 끝을 내겟다고 대 말ᄒᆞ엿다.
손님이 간뒤에 집안에서 말ᄒᆞ기를 「오늘 저녁 자시겟
느냐?」고 묻기에 「밝는 날 저녁브터 먹겟노라」고 ᄒᆞ엿다.
밝는날로 때를 받어놓고 보니까, 밝는 저녁때란것이
퍽은 멀동안만 같다. 앗가 까지, 여를, 열사흘, 여닯새기
지라도 더 ᄒᆞᆯ수잇스면 닿해야 ᄒᆞ겟단 생각이던 내로서!
그러나 六二五난리통에 九二八도리킬때까지, 엇치엇지
드러박혀 곧잘 숨어 지낸사룸들로서 너무 빨리 자유공기
를 맛이려ㄹ다가 도로혀 죽은이가 적지 안핫던것을ᄒᆞᆫ다.
녜브터 내려오는 말에 굶던사룸이 너무 급히 먹어
서 탈난 니야기도 생각ᄒᆞ면서 이즘.　생각

8 火 25563 맑흐림   2437002   985   1412

日 記

平日穀腹腸　　三日食水糧
五日空気養　　感得調變良

한낮에 찬물에 꿀을 타서 한그릇먹엇다.

열일곱때에 다사론 죽으로 다시 첫끈내를 받드립니다.

靈肉固有分·師弟仍有別

何必審美乎女顏　覓口寧謂探味蜂
又不止色且覓口　不可審美云云苟

何必崇仰于老顏　誨淫寧在好奇果
不止神色狎誨淫　常徹順從第一音

茲卽今彼鄉古

卽今而等萬古鄉　惟心惟神同一義
故鄉以外無物我　空存無有奚疑訝

八日絶食氣稍衰
一器溫粥慰飢腸

1960 水 25564
3.9 맑 2437003 986 1413

10 木 25565
맑 2437004 987 1414

起　居

朝起一直天　生覺抽身騰
夕臥一平地　死念返土止

上　下

求心太陽遠心地　物欲水土重要坤
求心地球遠心天　神存乞魂貞徹乾

예! 어 디?
잘못드러왔지? 꼭잘못야! 다시 나가야지!!

다시 나가야 ᄒᆞᆯ가? 옵! 잘못 드럿스면 나가!!!
먼저는 더드러오게 맘이 옳지 않아요?

다시 두말 없이 드러오게 맘이 참 옳지만!
옳은줄 알면서 그르게 걸리는 못된 이곳!
이러듯 못된곳이기 잘못 든곳 이란 말!

11 金 25566 호랏비 2437005 988 1415

知 命
公衆共多二仁幅 未嘗断定一二秘
空存无大一元中 實存虛亾參伍雄

教育乎
閉式朗席吸烟賓 國民学校卒業生
會罷轉座酌酒師 標準吸飮成人事

느낌 조각

二三日만 않먹고, 않마시고 보면, 살에 닷는 바람이나 낯에 닷는물이 마치 목구멍으로 너머가는 물과 가티 시원ᄒᆞ다. 또 아모도 없이 혼자 잇는것 보다는 손님이 잇서서 니야기를 ᄒᆞ고 지내는것이 훨신 쉽게 지내가진다.

혼자 잇서서도 생각이 나려나매, 話이라도 이루는 동안은 아조 즐거히 지내가게 된다.

저(自己)가 바들 수 잇게 되는 터(還境)라고 느끼는것은 모다(빛, 소리, 내새, 맛, 맨치, 올) 먹이(食物)가 되는 生理가 잇는것 같다. 이것을 栄養吸収라 ᄒᆞᆯ지? 精力發散이라 ᄒᆞᆯ지? 모르지만, 根과 境의 作用으로서 識의 生理인것 같다.

豫 後

元則節食健 → 斷食治食過 → 饑渴亦是病 → 療飢必正食
治病豫後症 → 療飢亦豫後 → 解斷尤豫後 → 豫後豫後道

無 故 惟 古

恒 心 玆 卽 今　　　在 天 而 上 我
惟 存 彼 鄉 古　　　無 極 以 遠 故

2437006

1960 土 25567　　989　　1416
3.12 바람 차가움

色 空 空 色

庶 色 陸 離 空　　　近 因 勿 苛 責
一 空 容 納 色　　　遠 業 益 苦 𧶘

惟 空

君 不 見 人 間 步 行 第 三 足
若 安 信 萬 有 相 引 不 落 脫
君 何 想 宇 宙 鵬 飛 無 廣 場
空 空 公 共 惟 我 至 誠 至 愛

富 者 吟

口 潤 玉 津 給
腹 實 粒 飧 足
平 床 夜 氣 澈
玄 酒 時 易 汲

13 日 25568　　2437007　　990　　1417
맑음

所 聞 駭 怪

草 創 花 斷 果 食 隱　　　倫 敦 公 園 白 晝 景
花 落 支 離 終 暴 露　　　日 不 忍 見 野 合 態

世 間 終 末 近 將 來　　　若 不 以 原 子 戰 滅
履 霜 至 氷 遠 自 古　　　或 是 用 淫 亂 骨 枯

1960
3·14 月 25569 오늘 2437008 991 1418

우리 이 넓은 마당
내 세우니 하늘 살기 드러눠니 땅 죽을거
잘몬 훤데—빈탕한데—우리건줄 뵈 알거늘—
참말로 화ㄹ개ㄹ치ㄹ거슬 뭐시 말려 못처들?

15 火 25570 오늘 2437009 992 1419

沖而用之
猶先論來豫後去 水火莫逆先後一
猶豫未決坎離中 平生小心大膽沖

人間
無面不表女色性 物色顔面家室鼠
無衷不降丈夫魂 穿鑿神容天溟鼯

제 권 넴
이제 이제 서울 갓 여긔 서울 잃는 날
나는 나는 서울 갓 저긔 시골 옛날 같

16 水 25571 오늘 2437010 993 1420

挾雜選擧
政治名義賊民主 賊子害蟲自古出
仁義說法害公理 人子生受尚今羸

三毒蟲
混濁肉骨緊包藏 血食自嘲唇不拭
眉目秀麗露齒唇 惡露常漏痴且蠢

1960 木 25572
3.17 맑 2437011 994 1421

사 람 색 기 란 ?

사람 색기 젊어서는 쟤욺은 맛도 부티고,
부끄럼도 가져보고, 나진때, 참도 찾다가,
늙으며 까란자 본뒨 즘승 몯을 들네(는)놈。

벗 이 어

벗이어 갔는가? 오랜벗이에 아주 갔는가?
다시 도라올 길은 없는가? 나는 허전 하구나?
한 사롬 봤구나 터니 본첨 잘못 이던가?

18 金 25573
맑 2437012 995 1422

늬 —— 듸 —— 틔 ?

입귀 말씀 사모친뒷 살뻬울림 근질 간질
알얼 생각 늪깊덮지 올흐 내리 얕이 얕히
으흐흐 죽음 꼭 넘어 빈탕한듸 근 뵙 과ㄴ

19 土 25574
흐릿 2437013 996 1423

20 日 25575
지난밤 브터 비 2437014 997 1424

宇 宙 好 時 節

食 易 正 時 刻 　 玆 卽 今 永 劫
色 好 高 節 目 　 彼 鄕 古 自 局

選 舉 後 塵

二 十 五 万 公 務 員 ↔ 二 十 五 万 私 誣 求
戰 取 統 一 盲 防 牌 ↔ 民 主 平 和 睦 [illegible]

无量寂光

最高高節好神色　無名無色玄玄有
眞正正時易气養　非有非無浩浩量、

欽羨時代民主

英 日 帝 退 皮　退 皮 法 進 治
土 島 民 假 面　假 面 綻 幸 免

過鐘路

普信閣額新題時　當初人定後自由
雩南閣下折脚草　不死鳴能空子午

21 月 25576 三　　2437015　　998　　1425

昏定晨省

居室土木平直立　爲人行世貞固幹
穿衣要領經緯井　終始不離元亨正
　　　　　　　　　　　一貫

將何之

坦道循戒過漫策　牽狹路入欲闊步
知至至之知終止　當初不可將何之

아ᄇᆞ 생각

덧없 「이제」 살 「나」란 덧덧「늘」 계실 아ᄇᆞᆯ 생각、
「여기」 살 「나」란 모든곳 「한ᄃᆡ」 계실 아ᄇᆞᆯ 생각、
한ᄃᆡ라 빈탕이랄곳 계셔계심 인가? 고!

22 火 25577 맑　　2437016　　999　　1426

아 름 새

빛이고 소리고 되바다 잘보낼 이의 누리!
소리 잘받는 맵시! 빛잘 받보내는 낯! 환!!
맞겨뤄 돈 잘쓸 새도 뚜렷ㅎ이 좋단 새!

늘 그 리

올엔 올엔 씨알 여름, 올엔 올여름 될 말만,
은히 간히 적어 갈며 스물 갈아 봐도 한히,
한늘선 셋즈믄히나 사흘째나 다름없.

何信何望何愛

王道標榜富貴夢　　回顧往年辛酸味
民主請負圖得黨　　展望來日貪婪巷

1960 水 25578　1000
3.23 흐림　2437017　1427

생 각 ? 나 ?

생각이 몬에? 온갖 몬과 사름의 생각이란?
멕히나, 맛! 물리면, 싫! 꼭 쓰겠새! 닭물 난뒤ㄴ?
생각이 없어만 보인 나? 불현듯 또 생각!

생각이 얼에? 모든 생각과 사름의 얼이란?
고걸 수기면 땅에 붙。머리를들 한얼 웋님!
생각에 모르겠다던 나? 불현듯 또 찾아!

숨? 닷분 멀다! 물? 닷새 못 곤어! 밥? 하루, 한끼ㄴ.
낳? 먹음! 먹으나? 삶! 인젠 좀 드물 봉길 조임!.
암숨것 흐레굶짓이 밝은 생각 될순 없!.

24 木 25579 맑 2437018 10 1428

25 金 25580 비좀 2437019 1002 1429

有子曰「其爲人也孝弟，而好犯上者，鮮矣；不好犯上，而好作亂者，未之有也。」論(學而)
子路問「事君」子曰：「勿欺也，而犯之。」論(憲問)

忠臣勿欺犯之 具臣不欺不犯 奸臣欺不犯 逆臣欺犯之

26 土 25581 맑 2437020 1003 1430

叱責望
共和民主欲光臨　兒衆責望萬世高
獨善父兄無責任　益友責善千代深

미끄러운 늙！
히만 뜨면 빛난 누리？ 안히 보면 환흔 집암？
달밤이 낮드곤 곱고！ 집밧게집 않보다 밝！
이러틋 곤두백힐제 얼숭덜숭 알다.몰!!

거짓말장이 요 44/8
아부지 스승 님금이 거짓말을 안써스면！
누리 나라 몇즈믄히 된 씨알 끌 이리도 못돼？
또또또 망녕삼아서 거짓말을 뱉고 뱉!!

夢射天 射天貫革通碧外 甘味早晩知止足
反求諸己分明內 苦生多少延忍耐
不惑平日大我成 內外不二乾坤擲
不憂永年卽時斃 中正惟一古今來

1960 日 25582
3.27 맑 2437021 1004 1431

28 月 25583
맑 2437022 1005 1432

報 本 元 气
天遠地近水土利 愛親敬長小幾何
天親地踈心性理 追遠仰高大元气

29 火 25584
흐림 안개비 2437023 1006 1433

성 잇 나 ? 오 르 고 오 르 기 ㄹ !?
네머리 들리는게 씨알머리 깔보람이랴 !?
머리 우의 높느낌만이 두발서 댕길 나윌 !
웋님께 맨꼭대기람 머리알알 댈 머릴 !
뜨 올 리 고 올 리 기 ㄹ !?
네눈길 뚫린게 어린뉘 살갗 좀먹으람 이냐 !?,
별 처다 볼눈 ! 서로 뜨더먹잔 잠자리 눈만 녁 !?
웋님께 줄곧 뚜른 몸 눈눈 맞아 치킬걸 !?

30 水 25585
비 2437024 1007 1434

31 木 25586
흐림 2437025 1008 1435

色衆國革鬥策
各相運論織飲
性獨愚才研長
族在士人民衆
各居英法德我
新聞鈔

한때 짬잼이란?

한때 짬잼이를 무섭게 ᄒᆞᆫ다는것은
도적질ᄒᆞᆯ 때 보기나, ─뭉쳐라, 뭉치면 된다!─
소리로 모흐느니라.
그 소리가 옳게 들리는것은
여느 때가 아니고 ── 두레(또 나라)일이 아조 틀리게
된때 ── 그 틀린것을 막아 볼가 ᄒᆞᆯ때뿐이니라.

따르는 아름다음 (順從美)

우이 없시 오르는 길을, 고요히 따른 속엔,
그만이라거나, 내려가잠엔, ─기슬을 ── 힘 참:
아름답! 힘찬 속알을 뉘의 누나 지닌가?

4. 1 金 25587 맑 2437026 1009 1436

2 土 25588 맑 2437027 1010 1437

옳 님

옳님 계시「낥·님」「말·님」「옳·낥음」님「긇·말랍」님.
오르 올라 옳·이루게, 미끄런·긇 보지 말람.
높느낌 낥님·말슴님 모신 밧게 말슴받바핊드오.

3 日 25589 맑 2437028 1011 1438

4 月 25590 흐렸 맑 2437029 1012 1439

제계 도라 간 뒤

무둘집에 사름 나고. 버술 뭄에 혼이 나고,
거둘뉘에 얼 뜨거나. 몸 뵈틸 딘 어디멘고,
다내온 나드리 처으로 이제 도라 옵니다.

제계 모신 곤

나다티 몬분풀리 늘 들튼 뫼. 말빨비 팔듬,
몬 붐 풀어 나다타나 말숨 빨바 팔 늘 둔 터,
나드리 나그네 뚜렷 아부 제계 모신 곤.

1960 火 25591 　 2437030 ~~243[illegible]030~~ 　 1013 　 1440
4.5 맑

6 水 25592 　 2437031 ~~243[illegible]031~~ 　 1014 　 1441
서울 흐림

4時20分쯤에 집에서 떠東大门밖서5時發江陵行뻐스로 10時半쯤 雲橋와 닿다. 13時넘어 大美帯에 오니 볕은 아조 밝아지며 바람이 차다.

7 木 25593 　 2437032 ~~243[illegible]032~~ 　 1015 　 1442
맑

江原道平昌郡芳林面桂村六區大美洞에서

읠 — ᄋᆞ · 는 —

ᄆᆞᆫ 위 · 몸보다 위 · ᄆᆞᆷ보다도 먼저 있 위 — 읠 · 님!

ᄆᆞᆫ·몸 곰곰 · ᄆᆞᆷ·몸 읠힐 · 들뜬 뜻! 쓰디 쓰단 — ᄆᆞᆯ!

알 위울 받 드리 ᄋᆞ이ㄹ 된뜻 받할 늬 나 위?

觀山火有感
不夜山火明　明若觀火誣
燒大林瞬間　劫火將寂闇

8 金 25594 맑　2437033　1016　1443

보힙과저
안헤고 밧게고 한틔 븨워서 놓아 두시고,
먼저고 뒤히고 줄곧 틈새서 보아 주시니
빈한틔 덧덧늘줄곧 모신제계 추렷케!

아름답　한아름답골 늙않지 안자읊
씻고 씻는 곱은 낯과! 븨고 븨는 뚤린 몸을!
낯 빌라서 더 낫(ㄷ)홀가? 몸만ㄴ 그저 빈채 뚤림!
아름답 참말 아름답 곧이ㄹ 곱히 아름답!!

9 土 25595 맑 흐릿 히무리　2437034　1017　1444

宇宙樂章　物色虛空衷
分明原始暗　物色虛空衷
日月分明晦　人我俄有悔

每日心觀音　言存一之音
本音元日回　章音十之會

10 日 25596 밤브터 이슬비　2437035　1018　1445

잡아 잡수?

사ᄅᆞᆷ이 힘을 다·히 길은 ―푸성귀·날알·짐승―、
푸새 짐승 멕이듯、짐승은 사ᄅᆞᆷ에게 ―모이―、
먹임새 먹새야: 말로 동그램일 '질' 돈-돈- 。

◎요한 잔 실소리 열셋월 서른한 마디 빛외와
이제 몸이 뚜렷ᄒᆞ고 빔도 몸 않에 뚜렷ᄒᆞ도다
빈이 몸않에 뚜렷ᄒᆞ면 빔도 빔 않에 몸을 뚜렷ᄒᆞ
게ᄒᆞ리니 곧 몸을 뚜렷ᄒᆞ게ᄒᆞ리라

◎論語(泰伯)
子曰「巍巍乎！舜禹之有天下也而不與焉。」
子曰「禹，吾無間然矣！菲飮食，而致孝乎鬼神；惡衣服，而致美乎黻冕；卑宮室，而盡力乎溝洫，禹，吾無間然矣！」
(子罕)
子曰「法語之言，能無從乎？改之爲貴。巽與之言，能無說乎？繹之爲貴。說而不繹，從而不改，吾末如之何也已矣。」
子曰「可與共學，未可與適道；可與適道，未可與立；可與立，未可與權。」
(顏淵)
齊景公問「政」於孔子。孔子對曰「君君，臣臣，父父，子子。」
公曰「善哉！信如君不君，臣不臣，父不父，子不子，雖有粟，吾得而食諸？」
子曰「君子成人之美，不成人之惡。小人反是。」
季康子問於孔子。孔子對曰「『政』者正也。子帥以正，孰敢不正！」
(憲問)
子曰「士而懷居，不足以爲士矣。」
子曰「君子懷德，小人懷土，君子懷刑，小人懷惠。」(里仁)
子曰「志士仁人，無求生以害仁，有殺身以成仁。」衛靈

先塋未作勤勞後(詩百三十九篇)
先山麓下貧子孫　懷土思惠小人事
遠洋陸上富後裔　樂天知命君子慧

樂天知命復奚疑
殺鷄烹羊愛家畜　牧者屠兒兼祭司
獻身殉職樂天命　豐飼電擊時分冥

메기 동그래미
웅글게, 낟알 먹기. 새벽 일게, 닭고기 먹기.
나물 캐, 나무밑 가고, 앙치다 앙처럼 잡혀.
맥히다 먹다가 가가 동그래미 동그래.

1960 月 25597 2437036 1019 1446
4.11 맑

12 火 25598 2437037 1020 1447
맑

치침 기 니 디 리 미 비 시 이 지 치 키 티 피 히
우리들어 쉼? 우리안치! 달판 해매 잡? 달치!
풀밭·샘물 단꿈살길, 깨리, 칠때, 솟으리! 침?
치기님 뜻대로 날치 이리 치나. 저리 치……。

13 水 25599 2437038 1021 1448
이슬비

늬 맞서 봐 근뒤 골은
곱대타다 더럽다도 쓰대타다 달갑다도,
깻기나가 어둡기도 감아아득 참빛속잉,
걷힐기 속보잡기도 엎칠뒤칠 조믄잘。

1960 4.14	木 25600 흐림	2437049	1022	1449
15	金 25601 맑 밤이슬비	2437050	1023	1450
16	土 25602	2437051	1024	1451
17	日 25603	2437052	1025	1452
18	月 25604	2437053	1026	1453
19	火 25605	2437054	1027	1454

芳林 와서 자고 갠 날.

산 제 죽

먹을 몸즘 집승적븥! 사롤 뜻이 비롯사롬!!
쉬어 눕면 빌 없 좁거! 차려 스니 머리 웋님!!
넌놈이 한계 집만 봄 높살나래 산 이 죽!!!

20	水 25606 흐림	2437055	1028	1455
21	木 25607 흐림	2437046	1029	1456
22	金 25608 맑	2437047	1030	1457

피 와 뜻

낡은 울에 풀도 먹여 한물 빨도 더 세울람!
피라도 무어 구긴 뜻이 펴내질게 아니냐?
높깊다! 펴올릴 뜻이라! 솟살숨엔 솟날피!!

23 土 25609 맑 2437048 1031 1458

속 알

속알이다 속알이다 나나 너나 맛아 마칠
힝금 딜금 거플 가플 갖짓 가칫 뭐란 말고?
붉 깨여 맨꼭대기로 속알 제계 도라고.

24 日 25610 흐림 비 2437049 1032 1459

솟는 숨은 속에

뚱싸개나 겨우 면ᄒᆞ고 지낸다면 말 되며?
어린 작란에서 의든 빼내려니 수월ᄒᆞᆫ가?
싹 돌쳐 속알머리속 하늘솟는 숨으로!

25 月 25611 흐림 2437050 1033 1460

씨알 가늠

지내가신 꽃답은 얼얼 계서 뒤 처진 우리에게 부친 뜻
끌뽑는 알 무자위 끈? 읊 맺흔 뜻 부쇠끈나?
예 드리는 피또고긴 스믈 앞히 잽힌거루!
(지내는 길에 부칠 알은「알 가늠」.
높오른)

26 火 25612 맑 2437051 1034 1461

27 水 25613 흐림 2437051 1035 1462

28 木 25614 맑 2437052 1036 1463

29 金 25615 맑 2437053 1037 1464

李家歌
나라 가늠(國權) 앗아 가지고
씨알 숨김(民族生氣) 조려파 먹은
李哥(柯·家)
일삼구두해 논 사업(一三九二年){成事(死)業}
五百年을 한把守(一자수=五日)로(518年間)
日久日虛돼 팔리구(一九一〇年八月二九日)倭에게

한아옵한아옵 해. 이러 셋하루!(1919年蹶起參一日!)

한아옵 사시오 파시오(1945·8·15)라 더니.

또 다시
한아옵 사(買)팔(賣)해 (1948)로 드러가
네·네 두번 받아 팔고나 말거ㄹ!
일에둘 장사(二割利益)되(十二年關政商幻弄) 더 남길라고.

쌈일오(三一五早期選擧) 망신살!
여든 닷든 쌈이륙!(八十五 되는 三·二六日)
萬壽无(없을무)彊(가이강) 만 받혓스니. 가이 없지!

네. 일(이)쿤(四一九) 피를 내고.
가늠(主權)은 씨알(民族)로 드로올제.

閣下다리 꺾임도 네. 이륙!(四·二六)
서울特別市도 리승만 시로 하고 싶건 만
閣下받힘에 걸렷서니 — 그것도 — 할번 덕!
서울에도鐘路.

普信閣懸板글시도 부지러웠서、그 다 리 좋아 리 가 아조
붕산그러저 걸렸더니 ─ 말。

讓寧은 辭讓하는 속알(德)로 이날까지 일커름아름이오
孝寧은 父兄 뜻을 따렀다므로 孝라 한것인데、
孝讓까지 집어내다 팔라든 魍魎後裔들이
崇祖敬老를 내 거는 바람에
온나라로
華樹會虛熱을 돋그게 하며、
假康石脚本까지 놀래 벗구나!
君尊의 눈길을 뜨고、
成桂의 속알을 닮 먹고、万壽无疆·天下泰平·逆千歲
송장 꿈을 꾸다가、잡고 대도 너무 싯그럽게、
李朽夢은 깨진가!?

檀族이여 檀國夢만 꿈꿀나!? 그리되면 그것도
제(사람) 삶 얼이 빠지는 일이다。

더부치
속으로 아브라함이 우리 조상이라고 생각지 말나 내가 너희게 보으
노니 한우님이 능히 이돌들로도 아브라함의 씨알이되게 하시리라
마태 三장九절

참을 믿노라는 이른바 믿는이들도
信桀夢만 꿈을 꾸러다!! 아이에! 아이에! 그런무!

깨나 살길、길가기니、가고、가기니!
꾸다 죽게 될젠、어찌기가 없。

네. 한 아 옵 날

(큰) 하나 알면 열도 아옵.
한아옵, 한아옵, 이러 셋 하루 (1919·3·1)는
"우리는 잘못했다"는 늙은이 뉘우친 속에서 났고,
열아옵 누리갈 동안 "한"에 뗐어온 스므 누리갈 첬은 예순
자락, 곧 한아옵예순해 네. 한 아옵 날은(1960·4·19)
스물 안팍, 가륵 고던 피로 "네! 한 아옵니다"로 튀어났다.

한아옵예순해, 네! 한아옵날!!

法 治 道 育
擧人立職是主權
執權行政非施惠

權利正平綠毫分
人道通達日月計

公私分明仁義治
公道通達責任制
加減不得

欲先教育賢良才
道之以德制之禮(讓爲主)
之實

1960 土 25616
4·30 맑

서울집에 오다

243705 5 1038 1465

적이 厂史紀
한 알면. 열 아옵.
열아옵누리갈(十九世紀)을 닥가서,
스믈누리갈(二十世紀) 들자,
한아옵한아옵·이러 셋·하루(1919·3·1) 스고.
이어숨쉰
한아옵 예순히·네·한아옵(1960·4·19) 날에

「放於利而行多怨」
「能以禮讓爲國乎, 何有!
不能以禮讓爲國, 如禮
何!」(雖有禮文, 也是徒然)

갸륵훈 어린 피는 드리니、

곳. 景武臺밧. 神武門앞 에선데。
한 일혜뒤 ?七에

景武臺집안에!
더러운 피를 바르고 魍魎이 흐터지니라。

李家後景 早死非加辱、晩生非益栄。
李既肩八十始栄 晩松起鵬未晩節
七十承晩李承晩 漫漫的晩李承晩

5.1	日 25617 맑	2437056	1039	1466
2	月 25618 맑	2437057	1040	1467
3	火 25619 흐림	2437058	1041	1468

참말로 일흔 얼

낯 낯(顔) 낯인(低) 낯에(晝) 낯허드는(自賤虚卒)얼빠진 낯앞에、
얼골 얼골(容) 또얼골 또얼골에서 얼(神)이 나와、
핀(血인)말로 빌쓴가늠대ㄹ(濫用權柄)바로놓게 흐얏다。

한 읍

우에 구름과 아레 내ㅎ물과 속에 피가 한길、
어듸ㅁ? 어듸ㅁ? 바꾸ㅣ 무를게 없두! 한길、
생각도 이저 생각이 따로 없두 한 곤 게!

1960 5·4 水 25620 흐림　　2437059　　1042　　1469

이런 꼴도

三千万의 저(계)울대 앞 네 해 동안 가늠자리,
가늠을 속여 열두 해 더 거꾸로 넘으라다가,
뚱뚱떠룬 등신의 낯짝 달칠만치 떼구름.

참말 한마디 길 —— 놓은 얼 —— 正義感
빠로간이 빠로간이 한곧겔 빠로간 인?
리권도 許政도 金九도 —— 兵士 学生 正 빠로!
울랐아 해먹는 것들 저승가서 審計봐……。

한울로 느레내며 피로 한 말씀 흫이금은,
깊고 높고 야므른 한뜻이 계셔 스리금의!
이곤은 알모름 없시 솟으랏太 곧다로。

5. 木 25621 맑　　2437060　　1043　　1470

가늠 날칼 [權利]

받고 주며 겨루어 살다 갈리는 씨알 나라.
겨룰대(저울대) 가늠, 바로 볼「이」ㄹ 골라 맥기자므로,
나라라 다시림이라 적어 곧 계? 러니, 만:

계? 잘 안 봐! 임금이ㄴ 씨알이? 붙박나? 가느냐?
계! 한우에 있나? 뭇에 있나? 몸에 나? 몸에 나?
계ㄹ 한번 봐 알앗스면 좋겠담이 속들속!!

(대ㄴ 굽기 쉬)

6 金 25622 흐림	2437061	1044	1471
7 土 25623 맑	2437062	1045	1472
8 日 25624 맑	2437063	1046	1473
9 月 25625 흐림	2437064	1047	1474
10 火 25626 맑	2437065	1048	1475

빔 —— 예 —— 계 ——

몸마다 속뚤린 빔과 질몬을 다 담은 빔과、
골잘골잘 살고간이 —— 살고올아근디빔계、
누구나 모른담호나 예살다가 죽없계。

11 水 25627	2437066	1049	1476

몸 빔

울 하나면 길이 둘, 예 넷이면 계 여섯이론,
나진것이 산것, 없어 짐이 죽음에 놓·못 — 없!
눈과빛、말과뜻、맞슴 예계근디 몸빔 만!!

스승님?

살아야만 혼다는게 참뜻 또 말이라면서,
죽어야만 옳다는게 참말 또 뜻이고보니,
꼭바로 가르치소서 스승님들 계시면?

도득놈? (圖得) (盜賊) 도적놈?

먹어야만 산다는게 잘 못 먹다 죽는 년놈!
거둔게、뺄걸로、뺀게、훔칠걸로 옮는 동안에、
이르트면 도적놈이오 타고앉안 나라。놈!!

1960 木 25628 1050
5.12 흐리다 맑다 243767 1477

꼭 모름

술한잔 내라, 먹자! 나 돈, 十億圜! 도르자! 나.
한삶동안 짝을 맺자나! 한번 열네 보자나!
걸챔요 열여름이야 똑같지륵! 꼭모름!!

사롬길

더먹어도 남들이 더먹으랜 답여 더먹기고
안 흘수없서, 허도 남이 알아 그럴게다ㄹ 때,
이럴줄 모르는이는 사룸길엔 걸리적.

늘삶

남 부럽잖게 살다도 싫은죽음 ᄒᆞ고 ᄒᆞ건!
억울ᄒᆞ게 살다도 옳게죽음이 늘살 길입!
내솟난 얼이늘살고 뒤떨 씨알 낳살터!!

한빔몸

찰몬 빼면, 빔. 살(肉)몸 빼도, 빔. 앎밧 빔은, 한빔.
빔은 업시 몬듬. 한빈몸 업시 ᄒᆞ시 아부지!
우로서 오신이들은 빔몸인가 ᄒᆞ노라.

13 金 25629 1051
가랑비 2437068 1478

時訓

時代賢明兮民主共和國
學生不讓師兮當仁殺身
勸君括目視李家風
所謂王業居多盜賊
五百年業完用龍
二起鵬來承晩崩
無常起蹶將(長)安之

局部名色早晩風
主權主人唯吾民人
平日監督出納諸掌
特照明光蠋
圖得朋黨腐則逆効
先須鑑察
敎育思想

禁一 棟樑·英雄·功利.
推一 責任·民主·天職.

人間業在當天職
萬萬不用食職業

14 土 25630 비 흐림 2437069 1052 1479

사람답게

난 나무 된 낭기고, 산 사람 된 사랑기라,
꽃다옵고 잎다옵고 남다옵고 열매답게
~~쓰러진 낭구 [illegible] 사랑답게, 죽음도.~~
~~넑으닯 쓰러져와도, 사람답게 죽으면.~~
넑으닯 쓰러져 뫼오 사랑답게 죽어봄.

色盲食蛆

一宿萬里城
千秋百姓堵

自棄禮讓脫
權利圖得盜

名亡義存

累累学生塚
八旬文盲人

濟濟學生隊
二十殉國仁

時訓

言建招亡才貨初
擅權壓民災禍因

精力神効能事天
淫蕩好奇畢害仁

15 日 25631 흐림 2437070 1053 1480

有子有言曰 信義言可復 不失其親宗 恭禮遠耻辱.

何為則民服 舉直錯諸枉 舉枉錯諸直 反是民不服.

心 理 日

一人一忍逆情過　上下萬年昇降史
萬人萬鬱化歡苛　平和一日物色可

物 色 日

太陽無年月　況恒星不日
天日非元日　無日不晦日

元日曰朔望　終日不終日
一日不夜日　一日惟一日

1960 月 25632 2437071 1054 1481
5.16 맑

이 제

그제, 드러가 이제, ᄂᆞ온데 저 제ㄹ 모르는 ᄂᆡ!
내 ᄂᆞ라ᄂ데 ᄂᆞ라ᄂ ᄂᆞㄹ 누를 땐 남이 ᄂᆞ 므름 돼!
ᄆᆡ든지 헤내!? 막아내!? 남나므름 누를 뉘?

[죽잖] 그 된

안죽는길은 죽을길만큼 많되 늘살길, 없。
잘될일은 따로 찾얼거 없이; 된일을 뫼, 삶。
된일, 뭐? 하늘이 번일!. 돈관 뭘일 이지만。

17 火 25633' 2437072 1055 1482
흐림 가랑비

그 제

빛날수록 이젠 낮음 시름슬(이워)도 저제 옳음、
잡고 놓질 이제ㄹ 잊고 저제 바로 올피치밀(옳빛이밀)、
밀인밑 저제가 그제 따라드러 고디로。

18	水 25634 비	2437073	1056	1483
19	木 25635 맑	2437074	1057	1484
20	金 25636 맑	2437075	1058	1485
21	土 25637 맑	2437076	1059	1486
22	日 25638 맑	2437077	1060	1487
23	月 25639 맑	2437078	1061	1488
24	火 25640 맑	2437079	1062	1489
25	水 25641 맑	2437080	1063	1490

나 스 라

날스라심 날마다 뜻 세우라심, 얼·피·말슴。
하루사리 날! 안뵈게 슨 날! 날카로운, 내날!
날, 갈아 무디지 않게 얼·피·말슴. 피얼마?ㄹ

칼날에 피 무덧더냐? 피날데 칼 묻히더냐?
무딘날은 날 죽인날! 날카로운 날이 내날!
참내날 올에도오는 한삶 내란 피얼마?ㄹ

가고 가고 또 가고 가「가까왓다」제계 곧 되,
갈고 갈고 또 갈고 갈 칼날 갈아 큰날 슨날,
나 날이 높히 높게 갈 칼날 인가 흐노라。

1960 木 25642　　　　　　　　　　1064
5.26 맑 흐림 비　　　　2437081　　　　　1491

自由黨·建設이다·十二年.
제 먹음새와 똑 가치 씨알 먹이것 답 ― 나·라 ― ㄹ,
밴글에 오래 뜨더 먹던 벌실아치 먹새 ! 만,
　맛보다 圖得而害仁! 盜賊徒輩!! 破廉恥!!!

나·라·거울
ᄉᆞ·삶구ㆍ날 옳게 죽음, 뚜렷ᄒᆞ게 나·라·이룩!
그릇 쌓고 지넨 놈집 더럽고도 알민 씨알!
　뒤ㆍ누리 나·라·훌이들 거울 삼아 갈게다.

27 金 25643　　　　　　　　　　1065
흐림 맑 비　　　　2437082　　　　　1492

根本內亂
明德天下ᄒᆞ고지면 誠意브터ㄹ 大学일름,
小人自欺 不愼其獨 爲不善而無所不至
　이것은 內亂의內亂 千目千手嚴視指.

28 土 25644　　　　　　　　　　1086
기랑·비　　　　2437083　　　　　1493

鐵面皮
佛供問卜 敬天愛人 人莫己若 厭棄舊知,
親狎小人 通謀罪囚 忍爲不善 無所不至,
　國父然 比丘比丘尼 聖壽無疆 十二年.

29 日 25645　　　　　　　　　　1067
흐림　　　　2437084　　　　　1494

人 間 世
有分失全固孤獨　　在地英雄亂賊子
無禮誇大妄想狂　　對天孝誠治平王

無 明　不 明
네일큰 피를 넌지 四十日 그대로 다두구,
날럿네! 하와이로 — 옛정이 새롭으리라만.
그러나 네갈데 없지? 어둡침침 길수록。

30 月 25646 맑 흐렸　2437085　1068　1495

由 己 忠 民
「忠君愛國 체나흔놈 무던타」나 홀「적이」고、
由己忠民 우러남은 天縱之聖 大仁知天、
自不能 居仁由義者 씨알먹을 랄놈들。
뜻은 속에 — 아조 깊은데
어찌 어찌 나들게 된 NATURO 하늘 땅 인데、
나진 곳에 낮혀들고 다니는 사람의 낯낯、
보인 뜻 한낮 없건만 뵈는데가 있없다ㅁ。

31 火 25647 맑　2437086　1069　1496
리기붕 리승만 —— 二十世紀 六十年代
李집 사람으로 나려났다가 무너지기는
威化島에서 도라슨날! 王室을 李家로 꿈이고든날! 이지、
六十年代、이기붕이리라?
李집 이의 무너지기는 一九一○年八二九지!
六十年代、이기붕이리라?
이승만도 빠로 알엇달수도 없지만、

저승은 생각도 안는것에게서
陸軍禮拜堂·海軍禮拜堂·貞洞禮拜堂·比丘·比丘尼
따위! 어디當훈 헛개비 소리냐?
둘이 다 산아이거나 힛는데.
불안 채수가 말이야!?

1960 6·1 水 25648 맑 21631 離天安 2437087 1070 1497

莫如齋
可忍可敢可勇士　萬死萬生敢許無
能空能物能仁人　一笑一哭甚愛眞

빔! 뚤림!
뚜렷호다! 뚜런데서 맺힌것이 몬인지라.
몬속에도 몬뚤리나 좋고 뚤찬 힘이 있다.
맺앎을 못풀게 없다 아픈 쓰린 도 없다.

2 木 25649 흐림 2437088 1071 1498

大学傳文之五章　釋格物致知
此謂知本……此謂知之至也
朱熹 曰:「所謂致知在格物者，言欲致吾之知，在卽物而窮其理也。蓋人心之靈，莫不有知，而天下之物，莫不有理，惟於理有未窮，故其知有不盡也。是以大學始教，必使學者卽凡天下之物，莫不因其已知之理，而益窮之，以求至乎其極。至於用力之久，而一旦豁然貫通焉，則衆物之表裏精粗無不到，而吾心之全體大用無不明矣。此謂物格，此謂知之至也。」
주희 갈오되「이른바 옳게 앎은 몬에 다닥쳐서 란、우리 앎을 옳게 후랴면、몬에 나가서 그 올을 잡는데 잇다。홈이다.
대개 사롬 몸은 령호야 앎 안가진이가 없고、세상 몬은 올을 안가진게 없는데

ㅏ직 온에서 아직 붙잡지 못훈것이 있으므로 그앎이 덜된것이다.
ㅣ래서 대학은 비로소 가르치되 배우는이로 반드시 뭇세상 몬에 나가서
ㄴ 이의 앎을을 가지고 더 찾아서 그 가장갈데를 나르게(대)후나니라.
ㅅ 쓰기ㄹ 오래훈데 가서 하루 아침 환히 뚤리게 되면 뭇몬의 알박 왼통
ㅏ 속속드리를 못간데가 없고 우리 몸의 왼통 크게 씨울이 밝잖은게,
없으리라. 이일러 몬이 다닥침이오, 이일러 앎의 (가장)나룸이니라.

울고 웃고

ㅣ게 됏다 웃음 나며? 죽게 되면 울음 울가?
ㅏ질 없이 삶 웃읍고, 죽어 바름 깃블거다!
우름과 우슴은 엮어 점잔후게 죽고 싶。

참 뵘 앎

ㅏ히 뚤리는 하루 아침은 어늬 날일가요?
ㄹ 맞이 날 하루가 잇기는 꼭 잇슬 것이나!
한 배움 때믄 일거고 나라 뉘란 터믄 없!!

제게 브터

ㄴ으로 제 온몸을 닥다가 그릇을 닥게도,
뜻으로 제 늘몸·돌보다가 나라일·보게도,
나라 일 그릇브터를 본다다간 그릇침。

3 金 25650 흐림 2437089 1072 1499

참 뵘 앎 (二)

ㅏ라도 한몬, 누리도 한몬, 나라올, 누리올,
ㅏ라 씨알 앎, 누리 사룸 앎, 올올을 맞아 앎,
모든게 한배움거리, 이뤄될건 아니다。

1960 6.4 土 25651 맑 2437090 1073 1500

5 日 25652 흐릿 맑 2437091 1074 1501

6 月 25653 맑 2437092 1075 1502

몬에 다닥치 옳게 앎
몬은 빈데. 빔은 몬시. 몬과 빔과를 갈름은——
올? 앎? 올몬? 알몸? 올옳 다 잡아 알앎 옳을가?
옳으러 앎으러질 날 하루아침 볽 참 날!

7 火 25654 흐림 2437093 1076 1503

浮生痛心
言治愛國獵官口　富貴功名從古聞
由己忠民成仁情　博施濟衆及今病

8 水 25655 맑 2437094 1077 1504

以無所得故
未成生徒長則老　日新如古無故鄉
上架新衣服便故　能敝不成未嘗苦

9 木 25656 맑 흐림 밤에 비 2437095 1078 1505

알 마 지　바 람
몬지가 몬지를 몬지속에서 털고 있는 몬,
불로 불속에서 핀다! 끄진다! 솟을 태는 불,
입은 물 말라붙을가 빠져죽나 못다 물.

10 金 25657 비오림 2437096 1079 1506

問病聞不治斷話

自身生來老死症 唯心病病樸散器
至何信患不治恙 器欲洋洋未曾量

11 土 25658 맑 2437097 1080 1507

无聞王孫

帝國侵略敗 資本賭博失
封建搾取亡 共産汨沒望

思議初未定 在地英雄賊
言治居傘狂 對天孝誠王

12 日 25659 흐림 저녁뒤비 2437098 1081 1508

李飛梨落

駱山梨花莊 秘書金不換
金和爽林滐 李承起權寧

자유당 성격

편히 먹고 싶은 놈, 손만 들면 먹여 준다ㄴ대,
곱게 입고 싶은 년, 말만 하면 입혀 준다ㄴ대,
제 속든 외와 호박은 발가내선 버리기.

13 月 25660 흐림 2437099 1082 1509

길 알아 겔길, 글 배 길려다 그릇듬
글도 잘못 배면 그른가 봐 ― 하늘 글도, 말아!
대국글도 많이 뱄고, 서양글은 박사란 대!
하늘은 공경혼다며 사람사랑 혼다, 그!!

자유당을 안꾸미곤 먹어입어 볼수없어,
왜놈아! 오랑캐야! 도둑아! 외치며 꿍꿍이……,
서울가 바다밖에가 글배혼일 다들봄.

끔인 누리
알다도 모를일은 모르는 체도 못혼는 누리,
알고알면 제 잘살줄 모도 몰라 죄다 죽네.
죽음도 삶도 모르며 잘잘못을 끔에끔.

1960 火 25661 1083
6.14 흐림 맑 2437100 1510

元仁
不即不離宿食客 不捨晝夜與水逝
消息安否交好濟 應無所住心主人

任重道遠弘毅志 心身出入一往來
博施濟衆信義仁 不可思議最原因

빔에 몬때담어 몸속 몸박아 몸 살닫 알가?
얼뜻혼 몸나와 몸벗고 몬불터 빔볼나!,
난 위나 없혼 므로 참빔앎 만 못혼리……

15 水 25662 1084
맑 2437101 1511

儀監于李峻命不易
信遠義理言不複　　何不失其親覆宗
恭犯禮度招耻辱　　見得生心老益欲

詩云殷之未喪師克配上帝儀監于殷峻命不易道得衆則得國失衆則失國

16	木 25663 약	2437102	1085	1512
17	金 25664 안개	2537103	1086	1513
18	土 25665 안개	2537104	1087	1514
19	日 25666 약	2537105	1088	1515

작 작 히 라 ㄴ 뒤
누가 잘라 짤고? 누가 길러 길가? 작 작、그 만。 、
그 만 작으만 (자! 그 만) 작 작 히라、마라。애찬 가지、말。、
말승 제 이리도 졸름! 누가 견딜 나 왔 나!? 。

꿈 자 리
낮 생각엔 깨잖 밤 꿈이지만 꿈일젠 못깨 、
꾸어 꾸는 꿈 꿍이 꿈은、좋아도·싫어도 꿈。、
가난히 잠자리 꿈만、나(뵘)꿈이2 장자 꿈。。

不固固固
豈忍禎固心　　耻無耻公恭
能仁貞固身　　言復言宜信
仁親以爲寶　　新又新日新
可宗不失親　　親舊親天親

1960 6.20 月 25667 흐림 2437106 1089 1516

固固不固

心爲身役頑固心　　恭宜遠辱克己禮
身率心帥貞固身　　信可復言由義人

21 火 25668 흐림 맑 흐림 2437107 1090 1517

~~일 뜻 흔 몸~~

~~쉽흔 몸 못놂 —— 몸·많이 식힌 가~~
~~한뒤 그득 빈속 찬뒤 몸을 식힘 없으리다만 ——~~
~~낟곳 살곳 곳만 읺네. 몬속 살속 몸사는 날!?~~
~~몸 놓고 싶으므로만 시원홀줄 있다니다!?~~

~~몬 곳 좀 앎 살속 살림 몸 놔 싶음 말칠 뿐이,~~
~~빈속 챈몸 한뒤 그득 밝은 얼에 한뜻 고요,~~
~~사룸의 몸잡이 살단 시픔 식혀 한뜻 듦.~~

22 水 25669 흐림 맑 2437108 1091 1518

天網恢恢人罟數

一日賞花天　　古老觀斯惡
万邦看善地　　今夕見衆痴

血祭後接賓　　歷歷營營史
餞賓去審美　　揚篤爆竹時

23 木 25670 맑 흐림 2437109 1092 1519

옹

한뒤 그득 빈속 찬데 몸이나 던져 불놓ᄋᆞᆯ가?
던져 보니 몸은 식고 밝안 ᄒᆞᆼ이 불붙플다!
몸과 빔 빔과 몸이란 도라들면 ᄒᆞᆫ 몸앎!!

날곳 살곳 곳곳 알뜻 몬속 몸속 속은 살맛,
빈속에 챈 몸이 그득 밝은 얼에 한뜻고요,
참빔속 그득ᄒᆞᆫ디라 시픔식어 한뜻ᄋᆞᆷ。

蕩春臺 계서

二万八七九二 28792日

造紙署 고개를 닦으시기 두잘 바치구두

四千 一 一 三 4113週

金俊明 님 사철 도라 하나하나 세시더니

白石月 九百七五 八十年 975月

흰돌달 아옵온치다 도라가신 여든히

80歲

1881 . 8 . 19 金曜 1960 . 6 . 17 金曜
辛巳 . 7 . 25 乙酉 庚子 . 5 . 24 丙子

○ 매워서 버린건 입맛
않 몸시

곱게난이ᄂᆞᆫ 더곱 보자, 못난이는 곱하 보자,
하늘이 낸 곪속 드러 숨어버리기 아깝다들!,
가ᄅᆞᆺ이 움덕이다가ᄂᆞᆫ 벌ᄀᆞ어 벗고 나가자。

한구석을 도라보니 어인일고 쌀쌀ᄒᆞᆼ이,
참곱게난 따님 계셔 가륵하도 고디곧장,
맵고맵 고초밭갓은 붉으락또 푸르락。

1960 6.24 金 25671 흐릿밝 2437110 1093 1520

25 土 25672 맑 2437111 1094 1521

돌아.삶.닦아.달아.돌려.돈.바로

돈

씨알이 씨알 때문 씨알 다삶은 씨알 저울.
돈이 돈 되믄 돈빌기 가늠이면 기운 저울.
그릇긇 틀틀림쉽다 씨알는 밝 돌릴 돈.

돈 바로 돌아 삶, 닦아 달아 돌려 돈늘 고르.
피 바로 돌아 삶, 닦아 달아 돌려 피늘고르.
그릇긇 틀틀림 쉽다 씨알눈밝 돌린 피.

26 日 25673 비 2437112 1095 1522

27 月 25674 비 2437113 1096 1523

실 브른 누리!
만사룸이 날더러 참이다·잘혼다·좋다면?
만사룸이 날더러 거짓아·잘못아·싫다면?
하늘알 땅휘청홀만 이것도 또 뒤된땐?

28 火 25675 비 2437114 1097 1524

뉘 나는 잘못은 어디있나?
시베리안 추워선지 머러선지 (가라며는) 싫어 싫다!
싫단데로 보내는틀 어늬 대고 돌아 돌려!
이 땅도 한늘 뭣에땐 시베리앙 오고와?

29 水 25676 흽 2437115 1098 1525

寄民主黨

謀略成黨 名義自由 一紀史實 竊賊自由
在野鬪黨 名義民主 天外革命 盡忠民主
若不當 名義換書可 名實相副 堂堂

서울시 한강로 三가 六五의 二四 기문사
보내은 우편봉함엽서 받다 ―純白書―焉能穆默讀?

松汀里 사랑집 崔林鳳님와 첫 마지되다。

---

30 木 25677 흐림 2437116 1099 1526

피 팔아 글 밴단 소리
"돌돈이 안도는 땐 남는걸" 쓰기라니 "팔아、
돈·글·다 젊은이 피남아 팔아 글을사 느림、
글 남아 안팔릴 때는 무얼팔아 돈돌류?

피팔면 뉠 살릴지? 피바꾼 글 몸슬기 쉽다、
바로 살아 돈 바로 돎、 빈도로 돈 피슴 조림、
피는 피 돈은 돈대로 글 글대로 도라리。

壹貳參○
愼獨敬與中 與民同好辭
勞謙謹勅衆 配天峻極諱

愼獨初難 敬與至難

太陽界=大洋界 = 生死界
無生不以痴　　無明不宿暗
未覺非正命(生死)如日何誠明

1960 金 25678 비
7·1　　2437117　1100　1527

2 土 25679 흐릿　　2437118　1101　1528

잘·잘못의 밑둥?
하나라도 덜맞나·덜먹어·덜나게 ᄒᆞ릿가?
하나라도 더맞나·더먹어·더나게 ᄒᆞ릿가?
여기또 착홈과모짐 갈라 생각 ᄒᆞᆫ다면?

生齒日繁　　魚肉夜頻

3 日 25680 비　　2437119　1102　1529

4 月 25681 흐림　　2437120　1103　1530

살을 더럽다 안 곳이 몸바탈
(눈)더런살이 더럽지! 곱다。않다。깨끗ᄒᆞᆫ 살들!!
(몸)흰살은 거믄살보다도 더럼을 더탈거다……
모르지 눈에들대론? 참말슴엔 『더런「살」』!!!
誠意見

더런입살 에서 「살은 더럽다」 ᄂ 소린 불질!
불사르고 있는 몸삶과 다 살르고 말 몸삶!
사룰거 다사루고 몸! ᄒᆞᆫ늘 틈새 뵈런입!

얼 올라만 가는 길은 ?
참말 미운걸 밉, 좋걸 좋일가!? 네한아웁날!
참 높고 크고 옳게 깨끗 트자! 치자! 익일제!
뭐 않아? 무엇이죽어? 산송장은 더살라!?

얼니야 높히 오른게 이름·몸·두루막 이라?
예쓰던 이름·몸·두루막은 예 그대로 같다!
웋에서 내려왔던 얼 솟나는빛 예게뵘。

네한아웁날 옳은 얼얼도 김지.리지가 아님、
젊은 学生도 아니니、큰업속 学生아님 같、
元으로 도라간 元舍 元亨利貞 믿돋음。

5 火 25682 오릿 맑 2437121 1104 1531

6 水 25683 흐릿. 밤새비 2437122 1105 1532

남 싫여 저 싫어
좋다고 살거나 못히 살거나 더럽다 며、삶!
뉘웃고 죽거나、다히 죽거나、죽어 젊잖치?
이룸、뭐? 이루고 보면、매한가지ㄴ 또 뭘가!?

7 木 25684 비 2437123 1106 1533

識而上下
存存生存非全存　尊貴一存超生死
量量無量不可量　浩大無量絶度量

一. 展 可 覽
勸善審美未了俗　　罪觀苦海成生涯
困循姑息用得欲　　永遠絶大信望愛

도라 근 뒤
맞아 낯아 갖이니, 못된데라! 어떠케 될기?
떠나 높이 솟아야, 된데로 도로 된 제자리!
새로 뭐? 될것이 아님! 맨꼭대기 저된데。

1960 金 25685
7. 8 흐림　　2437124　　1107　　1534

동그래미
그낯, 그몸 생김새。 그말, 그이 몸 소리지!
듣는 귀, 보는 눈, 이속 몸이 그려 내진 않?
맞오아 그리된 한때 동그래미 찰거지??

9 土 25686 흐릿　　2437125　　1108　　1535

10 日 25687 맑　　2437126　　1109　　1536

11 月 25688 흐릿　　2437127　　1110　　1537

힘 밑에서
작은 빗아,
사롬새——빗! 한사롬——빗살!
빚을 지고 지내는 길!
빗가지고 빚[힘] 밑을 지내나가야 만 참빛 차지!
삶——잠——잚

빗 — 빚 — 빚
빚은 저 놓고 빚쟁이만 안 보면 산다 나 날……
빚쟁이가 가까히 올! 뜻 올! 낮들이 흝들흝!?
월난 날 빚갚자는 밥 나라 든데 빚 밖(은) 빚!!!

12 火 25689 흐림 2437128 1111 1538

忠南天安郡廣德面
忠一高等公民學校에 갔다가 니 井里駅에
도라 나와 뻐스로 天安驛 오나 서울 오는 車가 統一号
느즌 特急 밖에 없으므로 씨알여 듣지는데 드러
쉬게 된 〔安長孟女 李李 徐完根. 念兒〕

13 水 25690 흐릿 2437129 1112 1539

여덟시 지나 天安서 떠나 낮에 도라 집에 옴.

14 木 25691 비 2437130 1113 1540

上 善 下 惡
清福淡味攸好德　　好色以上上好德
衰年弱力相好色　　男女之道無障隘

中 正
食薫便利處　　男女敬虔時
健康元亨中　　才色德望正

二 十 殉 國 仁」中 一 人
金致鎬 서울大學 物理科 三学年生
四月一九日子 日記「나는 정의를 위해 오는 도 죽음을 두려워
하지 않으련다」라고.
四月一九날 景武臺앞에서 腹部貫通傷
首都陸軍病院에서
仁소리「저 어린 학생들브터 살려주시오」!
医 잘라말「가장 중상을 입은 사람 브터 수술을 하도록 하시오」!!
仁 소리「저 어린 동생들 브터 먼저……」
上天 할때로. 高等学校学生 八名 브터 돌봐줍고. ………………
四月二十日六時 떠나 올랐 다 함.

1960 金 25692
7.15 쓰림 2437131 1114 1541

建 其 有 極
惟皇作極 皇伊何　　四月負傷救急處
降衷之皇 明德明　　人義人義考終命

淫朋比德 係長官　　我利我利凶短折
不讓師行 篤学生　　七月被告審判廷

五福 壽·富 康寧· 攸好德· 考終命
六極 一曰凶短折. 疾·憂·貧·惡·弱.

16 土 25693 2437132 1115 1542
17 日 25694 2437133 1116 1543

18 月 25695 날수 흐린 맑 2437134 1117 1544

크 다 . 읟 듬 머 리

크다 읟듬머리 커멀 맨꼭대기 늙한 모리,
아레로ㄴ구름가고 비온뒤 몬뎅이 끌흐름,
머리위 못몬솟으되 잘 나라 잘 좋아 좋。

大哉乾元 万物資始 乃統天
雲行雨施 品物流形
首出庶物 万國咸寧

어 둔 노 릇

아모도 몰래 모르게 배놓겠다고 넓히 말,
펼쳐 놓고 잡아 맞아 좋아 놀며 일은 없다,
산아이 계집의 낸감 떼와 이제 뒤집혀。

아 름 다 름

어버이 아름 남아름 다르딤 — 같담 — 같잖아?
속.거죽 뚝같이 알다가 안팍 남달리 사랑!
몸 나 뇌 짝 째와 놂데 먼저 가슴 무거워。

아 름 답 다!?

아름답, 아름다。곱아,곱다。입버,입봐다。아닌가?
그리 봐서만이면 수월치, 그리 보고잡이ㄴ!
맞오맞 어둠어울려 어리렵이 몯아 남!!

씨울거 미듬

푸새·버레· 나무·짐승 나서 살다 죽어 가메,
울로 높이 씨고 씨어 사름 께와 크게 씨눔,
사름이 살고 간 우엔 더욱높이 씨움직。

그 이

마침 비롯 여섯 매디 크게 밝혀 잡아 타니, 大明終始 六位時成 時乘六龍以御天
걸러되되 바탈목줄 고루 가짐 옳은 고디, 乾道變化 各正性命 保合大和
스스로 힘쓰기로만 근침 없이 가는 님。 乃利貞

1960 火 25696
7.19 몬낙 흐릿 2437135 1118 1545

참 맞나기 어렵

실이 본거 몸이 잃거 참·잘·좋미 같지 않아,
몬 너누맥 살붙다게 젊잖 살잖을은 삶 어이 밝아, ?
높깊은 사롬의 속알 끼리 맞날 라믄, 말!!! 。

젊은끼리 단두리만 맞날라믄 어렵지만,
저도 맞도 살도 몬도 모른끼리 맞남 어렵!
몸나라 몬픔 버린제 흔홀 맞날 라믄, 말!!!

· 살 기 는

살기는 머리가 사는데 엉덩이들만 무거워!
거꾸로 백힌 굼궁게 다섯구렵이 한창들!
솟날힘 맨꼭대기를 힘든다고 비롯잖?

20 水 25697 흐릿 2437136 · 1119 1546

머 리 없으면 좋 다

얻듬머리 어딕 두고 머리꼬리ㄹ 뻐칫을가?
머리만을 높다 알고 머리속만 깻박떨다!
끝에가 디굴물 보곤 디주머릴 뉘웃기……。

나우·있우·얻우ㄹ 알고, 물루·없우·잃우ㄹ 몰라? 亢之爲言也 知進而不知退 知存而不知亡 知得而不知喪

나 우 · 물리 : 있우 · 없우 : 얻우 · 잃우 : 똑 바로 일! 知進退存亡而不失其正者其唯聖人乎
머리없 — 읻듬머리로 씻어넣가 ᄒᆞ노라.

1 木 25698 맑 2437137 1120 1547

2 金 25699 맑 2437138 1121 1548

사름들 옳글이
술베도 약, 술도 약, 소다도 약, 고기는 보허!
술잔치, 빚갈질, 손잽손, 누리의 재미본다!
내옳고 너흰글다고 소리소리 지른다!!(밀기 지르다)

3 土 25700 맑, 흐렷 2437139 1122 1549

제 살 이
시집살으 못살겟고, 찌곤 친정 시원찮아,
피三七度 零度침고 흙三八度 앞뒤 짤라,
어런따 어룬따ᄅᆞᆫ 제사리땅 가절거.

4 日 25701 흐림 비뿌림 2437140 1123 1550

5 月 25702 비 2437141 1124 1551

爲人
神從天映肉資物 所以爲人肉心神
制度低欲奉高願 知命耳順精气神

處世

身家國世體　咸住壞空理
泰否健倦感　元亨利貞耽

몸 줄

읻드·무리 뚤려둙름 오리 고루 굳테 고디、
웅 머리골 가심펀데 피·땀 알맞 곧곧 단단、
한줄기 고누여 갈제 속알 밝이 계있옴。

가르침인듯

죽엄 든게 이숨이오? 참삶 찾아 가롬 같히、
참이질·좋이? 한·늘이나! 늘살기나! 않죽느니!
뜨겁운 몸부림조차 생각나이 짼 말슴!!

1960 7·26 火 25703 비(지난밤새) 2437142 1125 1552

솟날길

읻드무리 뚤려둙름 오리고루 굳테고디、
너나 맞우 눈곳. 섭곰、뺨곳、몸덩이 뭐라나?
하참아! 머리골 들고 살음만이 솟날길!

살올 말슴

말슴 계서 나란 사롬 살음 말고 무엇이라?
사올 말슴 벽해죽고 숨돌리면 다시살음!
몸덩이로 큰덩이 ᄂᆞᆫ녁? 곳의곳을 직힜만!!

◎ 手足則知而不行 手無則明知故犯 家花難榮 野草易滋 豈亦自然之本能也歟?
◎ 不孝有三 —— 一、阿意曲從。陷親不義。二、家貧親老。不爲祿仕。
三、不娶無子。絶先祖祀。

옛 다시 곤 보업 요한 자ㄴ 실소리 十七 1 -7-8 -11-12 22 저녁에 들긴 것

아부지여 때가 의르럿사오니 아들을 뜨렷ᄒᆞ게 ᄒᆞ샤 아들로 아부지를 뜨려시
ᄒᆞ게 ᄒᆞ옵소서 2 아부지 계셔 저에게 주신 모든 살팽이에게 늘삶을 주게 ᄒᆞ시랴고
그느르는 집팽이를 저에게 주셧슴이로소이다 3 늘삶은 곧 오직 하나신
참 한웋님과 그의 보내시는 그리스도를 아는것이니이다 4 아부지 계셔 내
게 ᄒᆞ라고 주신 일을 내가 이루어 아부지를 이누리에서 뜨렷ᄒᆞ게 ᄒᆞ얏사오니
5 아부지여 맨 첨브터 내가 아부지와 함게 가젓던 뜨렷홈으로 써 이제도
아부지와 함게 나를 뜨려시 ᄒᆞ옵소서 6 누리 곤뒤서 내게 주신 사룸들에
게 내가 아부지의 이름을 나타내엿나이다 저희는 아부지것이엿는데
내게 주셧스며 저희는 아부지 말슴을 지니엇나이다 9
내가 저희를 위ᄒᆞ야 비옵나니 내가 비옵는것은 누리를 위홈이 아니오
내게 주신 이들을 위홈이니이다 저희는 아부지의것이로소이다 10 내것은 다
아부지의 것이오 아부지것은 내것이온데 내가 저희로 말미암아 뜨렷홈을
받엇나이다
13 이제 내가 아부지 계로 가오니 내가 누리에서 이말을 ᄒᆞ옵는것은 저희로
내깃븜을 저희안에 그득히 가지게 ᄒᆞ랴홈이니이다 14 내가 아부지
말슴을 저희게 주엇사오매 누리가 저희를 미워ᄒᆞ얏사오니 이는
내가 누리에 붙지아니홈 같히 저희도 누리에 붙지 아니ᄒᆞᆫ 탓이니이
다 15 내가 비옵는것은 저희를 누리에서 다려가시기를 위홈이 아니오
오직 못된데 빠지지 않게 돌보시기를 위홈이니이다 16 내가 누리에
붙지 아니홈 같히 저희도 누리에 붙지 아니ᄒᆞ얏삽나이다 17 저희를
참으로 거룩ᄒᆞ게 ᄒᆞ옵소서 아부지 말슴은 참이니이다 18 아부지계서
나를 누리에 보내신것 같히 나도 저희를 보내엿고 19 또 저희를 위
ᄒᆞ야 내가 나를 거룩ᄒᆞ게ᄒᆞ오니 이는 저희도 참으로 거룩홈을 얻게
ᄒᆞ려 홈이니이다 20 내가 비옵는것은 이사룸들만 위홈이 아니오 또 저희
말로 ᄒᆞ야 나를 믿는 사룸들도 위홈이니 21 아부지계서 내 안에 내가 아부
지 안에 있는것 같히 저희도 다 하나이 되어 우리 안에 잇게 ᄒᆞ시야
누리로 아부지계서 나를 보내신것을 믿게ᄒᆞ옵소서 22 내게 주신 뜨렷
홈을 내가 저희게 주엇사오니 이는 우리가 하나이 된것 같히 저희
도 하나이 되게 ᄒᆞ려홈이니이다

요한

3.31 우으로 브터 오는이는 질몬우에 잇고 따에서 난이는 따에 붙어
따에 붙은 소리를 ᄒᆞ나니라 하늘에서오는이는 질몬우에 잇나니 32 그보
고 드른것을 그러타 ᄒᆞ되 받는어가 업도다
6.29 한웋님의 보내신이를 믿는것이 한웋님의 일 이나라

45·46
아부지 계 듣고 밴 사름마다 내게로 오되
한웋님 에게서 인이 밖엔 아부질 본이 없
아들만 아부질 아옵 말슴으로 밴 아들
1.12·13 마태 3.8·9 한웋님의 아들 말슴으로 듣고 밴 아들은
피줄로도 살뜻으로도 사름싶음으로도
다 아니 아니랍니다 홂으로도 될 「사라」

8.23 너희는 아래서 나고 나는 우에서 낫스며 너희는 이누리에 붙엇고 나는 이누리에 붙지
아니ᄒᆞ얏나니라 10.16 또 이울에 들지 아니ᄒᆞᆫ 다른 양들이 내게 잇서 내가 이끄
러야ᄒᆞᆯ터이니 저희도 내목소리를 듣고 한무리가 되어 한 치기에 잇스리라
12.24 떠러저 죽지 아니ᄒᆞ면 한 알 그대로 잇고 죽으면 많은 열매를 맺나니라 25 제 삶
을 애끼는이는 잃어 바릴것이오 이누리에서 제삶을 그만ᄒᆞ면ᄒᆞ는이는 늘삶에 들어
지내리라 27 그러나 내가 이때문에 이에 왓나이다 28 아부지여 아부지의 이름을
뚜렷ᄒᆞ게 ᄒᆞ옵소서 ᄒᆞ시니……내가 이의 뚜렷ᄒᆞ게ᄒᆞ얏고 또다시 뚜렷ᄒᆞ게 ᄒᆞ리라
50 나는 그의 ᄒᆞ라고 일름이 늘삶인줄 아노라 그러므로 나의 이르는것은 내 아부지 께서 내
게 말슴ᄒᆞ신 그대로 이르노라. (이사야 2 1/59 마태 3 7/6 마태 2 9/10)
13.31 이제 아들이 뚜렷ᄒᆞ고 한웋님도 아들 안에 뚜렷ᄒᆞ시도다 32 한웋님이 아들 안에 뚜렷ᄒᆞ시
면 한웋님도 한웋님 안에 아들을 뚜렷ᄒᆞ게ᄒᆞ시리니 곧 아들을 뚜렷ᄒᆞ게 ᄒᆞ시리라
14.23 우리가 저에게 와서 잇기를 저와 함께ᄒᆞ리라

로마

8.3 올이 살로 히악히저서 ᄒᆞᆯ수 업시 된데 한웋님께서 제 아들을 떠러진
살몸과 빠짐 그대로 보내셔서 살속에 빠지는것이라 밝히사
4 살로 아니고 얼로 가는 우리에게 올이 옳게 이루어지게 ᄒᆞ려ᄒᆞ심이니라
5 살로 슨이는 살의 일에 얼로 슨이는 얼의 일에 짓이나나니
6 살의 짓은 죽음이오 얼의 짓은 삶과 숣 이니라

1960 水 25704
7·27 흐릿 2437143 1126 1553

몬은 깨끗도 더럽도 않은데
하늘 따 뭇몬이 다 네손 대 여읨을 글월엔、
깨끗 더럽단 글시! ── 몬엔 깨끗 더럽 없는데 ──、
속에서 나온것으로 더럽힐라! 이누랄!! 。
── 막 七·20 ──

28 木 25705 흐림 2437144 1127 1554

曰若稽古帝堯曰放勳欽明文思安安允恭克讓光被四表格于上下

諡法：翼善傳聖
善行德義曰堯

옛님마룽대기ㄹ 삺일거 같으면갈
매운불을 놓았달것이니
우러러 밝아깨쳐환홀 생각에 가라앉아
손에손이 잘가고줄데줌도 잘되어
빛이 네밖갓멀리 웋앎로 크게 뒤덮혀 사모치니라

29 金 25706 흐림 밤비 2437145 1128 1555

30 土 25707 흐릿 2437146 1129 1556

크다 맨꼭대기 귀멀 얻듣 나라 솟날 모리,
웋머리골 가심 펀데 오리 고루 굳테고디、
스스로 힘쓰므로만 근심없이 곧은손。

말 씀 저 울 〔言 權〕

하늘 땅에 뭇몬 사이 사ᄅᆞᆯ 가늠 사ᄅᆞᆷ이 갖、
무겁고나! 님널 모리 잘못 지단 허리 다침、
몬 놈이 그러찮아온? 저울 잡의 말 아니!。

1960 日 25708
7.31 호릿 맑 2437147 1130 1557

8.1 月 25709
호릿 밤비좀 2437148 1131 1558

海 女 의 生 理

潛時刻	82秒까지	30秒동안도 普通人은 水中에 어렵.			
水深度	15m 〃	20秒에	地上行步로 15m 約 12.8秒걸림		
肺狀 酸素 / 炭酸 入水前	120mm 壓力 25mm 壓力	出水后	40mm 壓力 55mm 壓力	體溫 26°가 됨。	
一時間 二十餘次나 潛水ᄒᆞ고 約一時間 쉼.					

2 火 25710
호릿 2437149 1132 1559

無 斷 不 斷 斷 斷 已
事當有分自盡業 如來看花同心花
心知無極未了佛 善逝食物一體物

3 水 25711 2437150 1133 1560

뀚 물 방 울
이 뀚물방울은 어이 비롯, 부러·띠우는지?
쉬 꺼지고 더디 꺼짐을 방울방울은 견워!
불리어 울리는 소린 소리 매디 뉘 든게?

좀 펴 내 놓 라 면

글받는혀으로 눈·귀·코·혀·몸·뜻· 여섯 열고,
빛·소리·내새·맛·맨치·올·이 다 제게 온글월,
삶마다 되걸아 본글 꼭 무슨일 좀펼쳐.

4 木	25712 흐림 맑 저녁 소내기	2437151	1134	1561
5 金	25713 맑	2437152	1135	1562
6 土	25714 맑 흐림	2437153	1136	1563
7 日	25715 맑	2437154	1137	1564
8 月	25716 맑 富 22301 洗 22000 咸 21699	2437155	1138	1565

저녁때 覺相 와서 댓히만에 보는거이다.

9 火	25717 맑	2437156	1139	1566
		1157	1140	1567
			1141	1568
		1162		1572
		163	1146	1573

旅行하던
飮毒? 檢問받으려 車·내린후
寫眞과 日記
帳들태우고

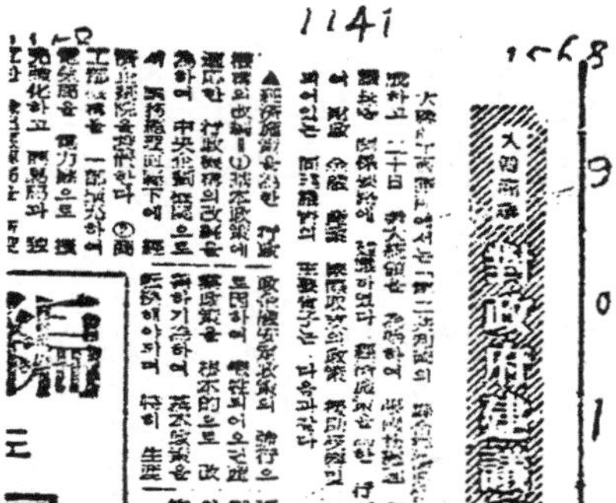

1960 8.17 水 25725 맑	2437164	1147	1574
18 木 25726 새벽소내기 낮뒤소내기	2437165	1148	1575
19 金 25727 맑	2437166	1149	1576
20 土 25728 맑	2437167	1150	1577

속 아 제 속 아

二八靑春에 열여덟이면 破瓜旣家成年未、
때믄도 많! 쓸데도 황! ᄒᆞ지만은 꼭 알수 없!
다자바 실릴릴거나? 아부어ᄆᆞ 제 속아!!

읅힌 그림자 좇은 글매디 헛게 불지르고 ——、
곧 가진 못ᄒᆞ는길、시골 수레 잡어 탔더니……、
아번질 속았더니만 또·이·내·속 내속아……。

21 日 25729 맑	2437168	1151	1578

惟 命

風光帳氐頑聾瞽　物色幻弄太少陽
塵埃刹佛睿聰明　星夜通信永遠命

ᄒᆞ 이 금

한되 헤진 질몬지로 떠서 끌는 떠끌 누리、
ᄒᆞᆼ 둘 셈 속으로 이렁금 저렁금 꿈꿍은、
뵌 한되 큰ᄒᆞᆫ 나ᄋᆞᆷ 뜻 알맞의 ᄒᆞ이금。

22 月 25730 흐릿 밤에 바람비	2437169	1152	1579

됩 거 같 해 욥二十三1—17 요十四8

일마지 얼마지 자면 쉬되 깨며는 일마지,
物格知至 슬기건넘 싫은 살림 좋아 죽음,
알마지 긴길 나그네 한웋 일넘 보이면?

이 승은 거짓날

깨끗 거룩 한잔몸이 믄득믄득 솟아나믄,
몬지 떠끌 가랎히고 빈큰 하늘 월 드러곤,
낫이 낫 거짓 빛갈에 낯을 들넘 찾아히?

다. 툴 걸, 다투나? 용十九26

아름다운 얼더러는 낯이, 곱다건? 흉타건?
속알이 바로 밝아가는길엔 쓸데없건만?
털억끗 찔다 걸단델 덧없는 뒤 덧덧되!!

23 火 25731 바람비 2437170 1153 1580

끗 트 머 리

굿.긋. 끗트머리 끗과 끗이 맞나 끝넌 머리,
머리 그리고, 그린긋이 맞물리면 민둥머리,
무리진 머리못건된 긋긋이 또 넓킬음.

그린 그대로 맞남이오, 민둥 그대로 머리,
머리가 긋, 긋이 머리. 그대로, 제대로가, 좋!
이러살 나위 가진이 순순인가 하노라.

알넘 일고 힘넘 힘입으면 그리울게 뭐 되라?
하루아침 알넜도, 하루아침 힘입을 넜도,
한울로 꾸려가는날 누리밖갓 참하루!

1960 水 25732
8.24 호릿맑 2437171 1154 1581

제 못죽어

내먹고 내자는데, 내살고 내죽지는 못해?
좀 곯고 좀 깨기도 하나, 좀 놓고 좀 참기도,
먹고 잠·살고 죽기도 울울 풀려 가려고!

가 죽

가죽으로 얼을 바꿔 길러들때 못쓰지만,
가죽 든든, 못된거 박기론 고디 보디 못잖(아)!
낯가죽 내놓고는 말 ── 배, 더욱 발, 두텁게!!

못 떠남

이머리 이입에 이손발로, 무슨 한마디를!
내놓게 하실랄거 같으면, 네 이승 못 떠남!
부친힘 성가신 몸이 있다 한들 제 뭐리니!!

앎?

앎이란, 먹어 삭힐줄! 울 잡다냐, 울가 먹을줄!
꽃몬의 울을 잡겠다냐, 모다 먹을듯 싶어 ── 말!
얼나고 이빛는데를 옮게 알때면 좋련만!!

25 木 25733
호릿 2437172 1155 1582

點心

快快追快竟不快 十好十樂衆生心
凡凡平凡無不凡 一食一宿日夜點

이건, 아닌데

이건 아닌데 높도 깊도 크도 이건 아닌데?
이건 아닌데 참도 잘도 곱도 이건 아닌데?
건. 아니! 이건 아닌데! 누리—(구리)—이건、아닌데。

이름
되다、못된、세상엔 이름 날리、연 날리.
된일 일름、나게됨곤 이름또히 않됨 많키、
함된 일엔 이름없고 늘일르면 된없이 봄、
못난이 감투나쓴날 이름처럼 날리리라!?

사람
잔치에 숙수 있어야지만、숙수가 잔치 못、
나라에 감들 있어야지만、감들이 나라 못、
아들이 잔치 잘 할 날—나라 할때—사람됨。

님
衆生濟度할 부처 있댔지、다건넨 부천 없、
世上을 건질 님이 있댔지、다 건진 님은 없、
솟날 엄 사람머리울 몸속말에 계셔옴。

탈엔 의원、도득엔 경찰、난리엔 군인、읽겐 선생、
~~그러나~~ —의원·경찰·군인·선생—에게 「님」 바칠건 없고、
님이여—오직 한님께—나라할 님—이거니。

孟子曰「自暴者不可與有言也,自棄者不可與有爲也.言非禮義謂之自暴也,吾身不能居仁由義謂之自棄也.仁人之安宅也;義人之正路也.曠安宅而弗居,舍正路而不由.哀哉」

맹자 일즉 말씀

제막간이 과 말, 절버린이 과 일, 홀수 없다.
「난, 어진데, 올바로만 못댕긴다」ㅁ 절버린이,
올흔감 말 아니흐는입 제막가는 사룸들!.

어질메 사룸살집, 올이 사룸 바로 가는길!
살집 브리고 않살매, 갈걸 버리고 안댕기는,
사룸들 말이고 일에 못더쓰니 설어워。

맨 탕 강 투
캄캄 몰라 죽을게, 흐노라 홀땐 다 아는듯、
감도 못낸 나라일을 감투만 쓰면 홀듯키、
배우고 지냄 가진게 옳은 사람 해치기。

「발 아」ㄴ 다
발구락이 브르튼데
온 몸이을 바치고 댕기던、네가 성치 못흐니、
너 낫길 기다리는 온몸이 너를 받들게 돼、
네탈에 몸성이 가서 네성키만 바란다.

1960 8.26 金 25734 맑 2437173 1156 1583

솟 아 나 라
世上은 마침내 드러 누리란 누리만도, 않!
天下에 못되게 굶놈이 많대、구리다도, 흠!
누리라、구리다 말고 솟아 나라! 차라리!!

첫 재 속 올
속올 꾀기 어렴줄 알면, 박갓 낮 보잖기。쉽!
우러러 살기 시원흠 알면。구필걸。없! 딴데
첫재로 그래:살것을、두셋재로 그래:죽!!

알 앎
뜻알, 몸알, 집알, 두리알, 나라알, 누리알과,
한늘알과 븸알과, 뭣알, 맞알, 맏알, 알알이,
어즈버 서로서론가? 한하나ㄴ가? 따론가?

7 土 25735 흐렸 2437174 1157 1584

氷海뚫고 北極에 浮上한 美核潛艦 시드레곤號의 長스틸 報

八月二十五日子 北極海龍衝氷登 快晴氣下2度2
破天荒試野球戱 蘇報南極最低溫 零下八十八度三

8 日 25736 흐림비 2437175 1158 1585

9 月 25737 비흐림 2437176 1159 1586

믿는 사름이란 「나」 프리
사름의 모시고 살 힘님·얼님:「계시지 않고,
뒤에 예됨(造化)님, 때에 한웋님, 삶의 아브님 이신,
한웋님 아브 모시는 그리스도 근걸에.

속알 제 속찮고 솟날 얼이 머리골 든 웋에,
온 불이 찾살 올로 예괴진걸이 그리스도,
알마저 말슴을 혼디 마루 가림 몬잘가?

公孫丑曰「君子之不敎子,何也」孟子曰「勢不行也.敎者必以正;以正不行,繼之以怒.繼之以怒,則反夷矣.『夫子敎我以正,夫子未出於正也』則是父子相夷也.父子相夷,則惡矣.古者易子而敎之.父子之間不責善,責善則離,離則不祥莫大焉.」
(離婁上)

1960 火 25738 1160
8.30 흐릿맑 2437177 158

참、참?

말ᄒᆞ다 보면 ᄆᆞᆯ 막히니、말길도 근어진 곳!
브린 춤이라、말지 못ᄒᆡ 추는 춤도 만하ㄴ듸!
짓 멋고 코ㆆ노래쉴참 뭣이 뭐란 뉘알오?

먼저 한비 단군이다!! 맨첫 사ᄅᆞᆷ 아담이다!!
아브라함 옳다심도 믿음때문? 따름터믄?
야곱도 바울도 앞서 씻자! 나선 요한 목!?

걸레란?

옷을 입다가 해어지고 떨어져서 남은 마들가리를 주어 모아 다시얽고 꾀어 맨을 말끔히 잿물에 빨아 볕에 잘 말려 두고、모든 더러운것을 닦아 내버리려 때에 집어써서 쓰는대로 모지라지게 되는것을 걸레라 ᄒᆞ니;

그 걸레된 속을 살피어 보건듸、마지막 모지라지는 실끗 실끗마다 더러움을 짊어진 울 방울、떼구실이돼서는 마침내 물로 가고、불로 ᄐᆞ고、흙으로 ~~도라가~~ 빔엿고 ~~[illegible]~~ 노릇이오닝 —— 이런 걸레 노릇에 우리 살실(肉纖維)이 견주어 스릿가?

滌巾之性能

衣裳弊缺殘纖維　有情肉質不堪當
結綴濯曝利用滌　纖維負垢同滅寂

乾達大忌 ノ

乾來潔禮勿乞例　白紙書信騏蚊駛
坤道理漫倒利禮　輕薄寧乎蕩迭諳

코ㆆ노래

노래(請解放) 맞후는 짓거리(行)오 짓(興)을 고루는 노래(
이승에서도 목의숨 처럼만 짓 마저 노래、
안쉴숨 찌잖는 힘닿 저밖으로 솟놓나。

31 水 25739 2437178 1161 1588
호릿 맑

1 木 25740 2437179 1162 1589
안개 맑 호릿

코 더럽다 닦은 코는 어째 부쳐 두는게며?
똥 더럽다 떨은 밑은 더럽 찮아 달고있나?
제미친 몬지 몸동이 더럼 탈가 내 노래ㅁ

2 金 25741 2437180 1163 1590
맑

3 土 25742 2437181 1164 1591
지난밤비 흐림

自 足 行
足指一寸皮 缺陷不仁來 半月不自由 全體行動止
不自由人未行道 不自首人不受命 不自足人無滿足
不自由足行動止 不自由首行動止 不自由身行動止
不自由心行動止 不自由領何生命 不自由要何人性
仁人擧首自在元 義人行道自具足 不自主非民人
不自治非國家 不自覺非世間 永求自覺法界

4 日 25743 2437182 1165 1592
흐림

不 患 中 夕
每人小夕安就息 小中不外大內部
擧世大夕未明翌 唯獨中夕患如溺

5 月 25744 2437183 1166 1593
흐릿 맑

바 른 길
맞은 맞맞! 마지 앞셈, 맞는 맞손 차질도막, ~~마주 줄~~.
손 마즌우 맡음 개면 맡음 마칠 맞힘 됨 앎,
맞 맞 맞 잇댈줄 알면 길바롤가 하노라。

1960 火 25745
9.6 흐림 2437184 1167 1594

蟀村서 居諸里가 먼가 가깐가? 모르는대로.
多夕原住居諸里ㄹ거! 古詩人이 日居月諸라고 歲月을
일른 까닭에 갓둔이나 거저 지내가기를 잘ᄒᆞ는歲月을居諸
라고만도 ᄒᆞᆫ다니 말인데, 多夕이居諸里에 사나? 거저리
가 多夕을 지번가?
각설! 无名无色玄玄存 非有非無浩浩量
몬지위로 지내간 거저리 자국은
「이름도 꼴도 없는 까믈 까믈 까믈이,
있도 없도 않은게 하 하 만큼이나.」ᄒᆞ고 귀뚜리
다시 뚜러 준데로, 거저리 다시 꼬믈 꼬믈 도라나
옴니, 새자국이 또 났으니 보셔오!
「이름도 꼴도 없는 아믈 가믈 까믈이,
있도 없도 않은게 아 하 카만큼 됨; 돼!」—이까지

7 水 25746 흐렸 2436185 1168 1595

알 라 —빛 도 몬지 도—
바람꽃속 한낮에 씨알 보듣는다ㄴ 펄 먹어리!
있다시 본 띠끌에 걸리잖고 깨듣는다—면!
몬빛갈 크작은 거짓! 가깔수록 눈멂—잃!!

몬지야 얼지거니 가거라—반디불 따위도—,
이눈에 바싹 드리대는 골잘 좀거울 말야!,
저 히도 우리는 막서 큰거짓을 보혀—낮—。

몸손가락 눈으로 세밀어, 긋글월 읽으면,
갖어올 바람은 밤에 온다—별이 찍는 긋글—로.
알리라! 몬지노름을 낮 밝다고—끄는 빛—。

8 木 25747 맑 2437186 1169

얼 빔

빛 [에너지] 떠러진 「몬」、 몬 떠러진 「몬지」、
불똥이 「숯」、 빛진 「총」. 곰팡이몬이 빛을 되 받아 뿌
린것이 「빛갈」. 빛갈은 빛알려는 우리를 꼬여서 「볽」
—아름답음—을 꾸어 준다는것이 도려 석갈리게 —빛
만 짊어 지게 —ᄒᆞ는 빛쟁이로다.
우리 몸 : 이나 「빛」이런고 제 깬 (빛질건이 아니런) 몸으
로 짊어진 빛 (몬지·때)을 가리고、 꾸어 삶은 삶 (꿈이지)
이 아니라 얼(빔)고 —몬지가 몬으로、 몬이 빛으로、 빛이
빔으로 —제계 도라가리로다.
때 털터를 찾어서 예예는것만 같사오니、
낼 터러 ᄉᆞᆯ터만 있다믄 이몬지 갈여 털터!
아족은 빛이란 몬 「나」, 빛가린뒤 빛 빔.

9 金 25748 맑 2437187 1170 1597

自 信

其大无外其小无內。无外之大卽不異小、无內之小卽不異大

外空至大內心小　大小內外相對二
大空無外小心中　元一不二絶對三

10 土 25749 맑 2437188 1171 1598

11 日 25750 맑 2437189 1172 1599

12 月 25751 맑 2437190 1173 1600

늬 잔 치

느덧없이 ᄀᆞᆫ 맞은 예 가실손 너무 잡지 무、
오는손 더더 만한뒤 제 갈 절 잊고 멎지 무、
도덩겨 가올나드리 너·나· 다름 없스네.

1960 火 25752
9.13 맑 2437191 1174 1601

人 口

球 上 設 遊 大 請 賓　　餞 送 丈 遲(緩) 未 追 迎
斗 祝 迫 逐 俗 宴 例　　殘 骸 競 走 時 線 上
四 十 有 年 食 口 倍　　一 世 紀 內 美 十 億
千 七 百 年 內 地 球　　二 千 四 百 年 倍 日
征 同 化 欲 克 服 來　　生 育 蕃 稅 了 成 就
純·稀·去·斷·墮·害·避　　自 古 陰 行 未 公 定
遺 傳 学 者 子 王 民　　或 思 不 出 生 權 利
愚 常 言 父 母 恩 時　　不 生 我 恩 靈 於 助

14 水 25753
비 2437192 1175 1602

15 木 25754
맑 2437193 1176 1603

白 晝

一 陽 太 接 近　　微 塵 繚 亂 鏡
萬 天 自 疎 遠　　白 晝 眩 眞 垣

黑 夜

朔 月 淸 朗 晦 宵　　目 無 的 近 視
滿 天 照 明 星　　心 有 觀 遠 徹

1960・9・15 木曜　Julianday 2437193日 1時
庚子・7・25 丙午

自 相
允 龍　　長女　　熙瑟 生

16 金 25755 2437194 1177 1604

天下人間 — 人間天上
敬待親近仁義案 附遠厚疎來有親
愛重疎遠元高幹 與他自別去無間

17 土 25756 흐림 2437195 1178 1605

근 근
시원 님으 찾지 말며 따뜻 좇다 치웃칠라?
칫우쳐, 넘쳐, 더위 먹건, 어른 든뒤, 뉘친 무얼!
못맞도 넘으도 아닌 에근 제철 알맞이!!

더 낫게 섣길랍이니? 더 많이 부릴랍이니?
더 널리 뒤떠들라니? 더 가만 속삭일라니?
이·저게 모다 아니고 한숨 고루 한힁길。

나갔다 늦게 도라오니 阿峴洞崔元昌長老께서저녁을 가치 하시려고 부르러오셨다.
하시기로 곧집어 따러長老宅에가서저녁을 먹고오다.
崔元昌長老義州人. 長子崔龍喆博士開業醫. [七旬生辰日]
1891. 8. 31 月曜 Julianday 2411976
辛卯. 7. 27 己丑 2411440 差536
2437195－2411976＝25220

18 日 25757 흐림 2437196 1179 1606

10時(標準時)에 陽洞李基錫氏宅二層에서 근근 말숨.

즐 곧 뚫려, 솟나는 길로. (요十二 25)
먹을것, 마실것. 뜻밖에건, 뜻뒤건. 맞나면,
맛있겠다! 없겠다! — 맛없어도 끈넌 예야, 속,
끈나 밝 속알 제 밝음! 몬몸 몸몸 맥현 탈.

1960 月 25758
9·19 맑 2437197 1180 1607

다 ᄉᆞᆯ 일 뉘 볼가.

일 일어 ᄇᆞᆯ떼일듯, 어잘물엉 가랐히잔 또 일!
ᄉᆞᆺ(ㅅ)일 = 실이 날빌(經正) 씨울(緯直) 날실나이(經綸庶績)
곤다 곱아!
막서리 옷은 못된채 ᄇᆞᆯ실 굿실 않맞아……。

더럼 나서 깨끗키며, 욺시 먹고 욺게 살가?
못된뻐리 돈 바로때, 잘못 돌고 죽잖을가?
죽을씨 제십는 넌놈 다실일다ㄴ 봤말고?

듣 보 는 뜻

아모리 밝대도 맑빛을 못보게 ᄒᆞ는 빛과。
아모리 울대도 맑 소릴 못 듣게 ᄒᆞ는 울림 과。
좋으 맛 맨 첨처음생각을 버여리린 말은 넌 싫엾.

슬 픈 얘 기

맛없단 맛네기에 귀를 막고 가는이 많고,
맛없는 맛을 맛맞혀 찾는이도 있는 그 뒤:
맛없는 맛네기로만 맛이 들때는 참 더 설어 옴!

누리는 갈림

드러누어 편ᄒᆞᆫ 맛은 일많던 날 저녁 느낌!
내려서서 반길 쉼은 쉬서 앓다 난 뒤 생각!
오래고 좋게 없거나, 때때 뚝뚝 갈렸만!!

20 火 맑 25759 2437198 1181 1608

居天下之廣居, 立天下之正位, 行天下之大道; 富貴不能淫,
得志與民由之, 不得志獨行其道; 貧賤〃〃移,
此之謂大丈夫! 威武〃〃屈.

孟子曰「天下之言性也,則故而已矣; 故者,以利為本。所惡於智者,為其鑿也。如智者若禹之行水也,則無惡於智矣。禹之行水也,行其所無事也。如智者亦行其所無事,則智亦大矣。
天之高也,星辰之遠也,苟求其故,千歲之日至,可坐而致也。」

繫辭: 言天下之至賾而不可惡也。
〃〃〃〃〃動〃〃〃亂〃 擬之而後言,
議〃〃〃動。擬議以成其變化。
易: 无思也,无為也,寂然不動。感而遂通天下之故。非天下之至神其孰能與於此。
夫易: 聖人之所以極深而研幾也。
備物,致用,立成器,以為天下利: 莫大乎聖人。探賾索隱,鉤深致遠,以定天下之吉凶,成天下之亹亹者莫大乎蓍龜[至于今科学]

21 水 25760 2437199 1182 1609

언의 언잖은데 [人之不仁]
다시 모름과, 없음을 ? 줄아? 흐린짓!
다가 아름(아믈)대며, 모르다가 서둘것은 뭐?
온성히 한줄고디고 이러히도 쉽잖가?

속은 생긱 이승곡삶
서 논데 참 노히고, 있서 보니 갖힌것을!
알듯! 없 모름! 윌 산듯! 죽음 서 짐이 꼭!
이 저 만 아름아린줄 갖혀서의 제속은。
알맛? 알맛? 알맛?
앙곳이 맛인듯이! 맛은 저안 듯이!
그런 맛도 모르느냐? 먼저 앎에 욺줄대기!
맛 챗는 새줄거리는 부지런도 갖게 돼

알맞이 붙어서, 알맞일 나서, 일 맺임 — 볼가?
맨첨! 맨꼭대기! 알라흔! 제계 고디로 ~~다능~~ 오름!
않솟도 겨를 없은데 까지가서 말슴! 참.

1960 9.22 木 25761 흐림 2437200 1183 1610

제계고
안될수록 더욱더 덥여 쉽게 내는걸 보면,
뭣이 다 잘 되믄 뜨건 몸·제미천, 뉘 않내리!
참된일 어디가나? 고!? 바라잖는 — 제계고.

맹조말슴: 누리 넓은디 살고, 누리바른 자리에 스고, 누리큰길로 가나; 뜻대로 되면 씨알로 더브러 가고. 뜻대로 않되면 혼자 그길 가리라. 가멸고 귀대도, 는질수 없고. 가난고 씨대도 옮길수 없고. 무섭대도 굽힐수 없으니. 이 일러 산아이니라.

23 金 25762 비 맥림 흐잇 2437201 1184 1611

알라
예물고 계뵐 빈몸! 계시 예로 뚜렷흔 빔 계.
말의 말시 괴임 본인, 남들 말에 꾀임 않돼!
알라흐 아들된말슴 몸몸·몸몸 그곤는.

24 土 25763 박 흐릿 2437202 1185 1612

낯과 얼
그 살이 브드런데, 그 속들 많이 곪기나? 면,
그 낯은 보잘거 없되, 그 얼은 곱다고도, 흠,
않밖의 꼭얼 개별이 예제 따라, 닮고 닮.

雖有榮觀 燕處超然 못흔 따위, 말을 말라,
獨立而不改, 周行而不殆 흔 뜻 스고서다!
무엇이 어떠흔다고 말마디나, 도움즉.

에서 바탈을 말흠은

맹조 말슴: 누리의 ~~말흔는 바탈~~은 까닭뿐이다.
까닭이란 풀리는 걸 ~~말~~ 흠다. 슬기에게 미움을 받는것은, 그 뚜러(끈어)터리는 때문이니라. 슬기런운이가 우님금의 물을 다시리듯이 흠거 같으면 슬기에게미울게 없느니라. 우님금의 물을 다시리기란, 그일없는바를 헤간것이라, 슬기도 그일 없는바를 할거 같으면 슬기도 또훈 크리라.
하늘이 높지! 별들이 멀지! 그까닭을 참 찾이면, 즈믄헤 동지날을 앉인자리에서 찾거든.

바꿔기 닫말: 누리의 가장 깊은거ㄹ 말흐되 미울게 없고, 누리의 가장 움직임을 말흐되 어지러울게 없으니,
비긴 뒤에 말!
따진 뒤에 움직이니. 비기고 따자서 그 갈려돼감을 이루므로니라.
바꿔기ㄴ: 라믄이 없고, 때믄이 없이, 괴괴히, 가만타가, 깜작 ~~흠고~~ 드디어 누리의 까닭이 뚜린다.
그래 바꿔기ㄴ 씻어난이가 가지고 깊이ㄹ 꼭대고 넘어서 넘가지 않는 몬을 갖후고, 쓰게스리 ~~쓰~~ 그릇을 세워 가지고 누리를 이롭게 흐데는 씻어난이만 흔이 없고,
깊히묻힌거ㄹ 더듬고 숨은거ㄹ 찾고 깊은거ㄹ 끄을어내고, 멀거ㄹ 나르게 히 가지고, 누리의 흠 언잖은을 잡아서 누리의 힘쓰ㄹ 힘쓸거ㄹ 일우는것은 셈치는것만 흔게 없나니라.
공조말슴: 숨은거ㄹ 찾고 다른짓을 흐리고 들, 담누리에가서흘것이나, 나는 흐지아니흐겠다. 索隱行怪, 後世有述焉, 吾弗爲之矣.

聲明意暗實情塞　　天下若無大悔日
討人不義自謙邑　　時代未見至誠客

太空頌

万物之中人正小　　物在莫大空上微
斷見以爲虛空無　　自巨能見巨斷無

正有太空邪万物　　居天立地行空中
眞無一死假長壽　　無往不復大丈夫

1960 日 25764
9.25 흐림　　2437203　　1186　　1613

빙

몸성ᄒᆞᆫ 예 한비 미니 제계 빈몸 한웋님 웁。
맘·ᄆᆞ 엄·ᄋᆞ 밥·ᄇᆞ 압·ᄋᆞ 먹곪 자라 목숨 ᄉᆞ룸、
다 ᄉᆞ룸 솟나 도라 곤 빗때 빛티 빛 빋 빙。

26 月 25765
흐림　　2437204　　1187　　1614

사 ᄅᆞᆷ 살 이

씨 뒤두고 싹 티우어서 가꾸는건 쓸라믄을!
사ᄅᆞᆷ 씨알 처럼두곤 가꿔 친게 또 있는가?
졍 끼리 나꿔 치움만 없겠다믄 믿음즉!!

이 일 말로

새로 넌일 그릇됐고、 난일 없새 옳을 줄이!
게(거긔)집에서 일은 나고、 산이(날쌘아이)죽어 옳다ㄹ줄야?
이러틋 말의말시론 뚜렸틀림 없건만!?

따 먹 음

위서「그싫음 가랖히라」ㄴ 아레서 따고 만 피!
떠러지기가 다 슳고、오르기를 좋이 건만 ——
새로히 떠러쳐 낮힌 낯붉힐씨 늘어남!!

27 火 25766 지난밤비 2437205 1188 1615

슴 븽 ㅅ ㅂ
나 갈 갍 슴 니 기 미 라

민 밀 믿 밑 빈 빌 빋 빝

빗 븻 븻 읨

븻 갈 빋 날 맏 슴 븽

滿 足 行
失足倒破頭 知足.至善止 若未直知足
處室止從是 夫妻相依止 將來遂知止
至知止知足 舉頭具足時

指 及 星
分必各別健 指狎攘遺憾
全須會同康 星照、啓示恒

28 水 25767 맑 흐림 2437206 1189 1616

맏 갈음? 믈 갈음?
나라 못홀 사롬 되어 벼실 자리 앉인 죄됨!
자리 없어 걱정보다 왼 자리면 제슬 걱정!
공구님 二千五百히 앞서 맏슴 생각도!!

29 木 25768 흐림 2437207 1190 1617

벗은 몸, 볼 사를 뜻도 못히본 사름은 몸 븽 맒

생떼 쓰는 외직이와 빡대기 팔 뒤을 둘라!
배ㆆ속 깔애 살랐드시 긴때허을 맑금 살와!
옷날 빙 바로 사모쳐 불보다도 그록히.

1960 9.30 金 25769 (압비) 2437208 1191 1618

愛山 金鎭浩 先生께서
어제 18時 도라가셨다는 訃音 듣고

其壽從欲諧無欲 (輓) 信斯福音禮靈誠
其仁如山自愛山 樂夫天命受順安

1873·12·9 火曜 1960·9·29 木曜
癸酉·10·20 乙未 庚子·8·9 庚申
J·d 2405502 나시어 J·d 2437207 도라가시니

누리신	날	31706
	돌	4529
	달	1074
	히	87

多夕生 오ᄂ 세 파 뒤 따라 왔삽더니러니.

欲言聲稀指擬微 九十平生叶無故
擬議言動途已斷 終當大故問故難

960.1 土 25770 음
2437209 1192 1619

2 日 25771 양
2437210 1193 1620

守靜篤

後悔莫深散精憾 失全有分且無別
元亨正大分明全 無明焉得止(善)至

非不孝莫大無後 無往不復好返道
是不慈亢深遺傳 出于天來歸終天

自主權

上下口舌心稅關 皮膜堅潔主內外
表裏皮膜身裳甲 口舌愼重權開閫

3 月 25772 음
2437211 1194 1621

愛山 止 素 砂

4 火 25773 음
2437212 1195 1622

疑症知病 (癡=痴)

無生不癡起 無癡不疑端, 疑端不責明
望 所謂無明初 自信聰明兒 無華常生
不涉塵 空中浮塵子 實上虛榮本 無寵辱
不生法因正如此 死亡必期約 生常自取
究竟滅 亦好 無生常欲收死 例無榮華
上智大丈夫 觀自在破痴。

아 참! 참!
거짓이라 할것인가? 그러치 아니 흔건가?
히빛 받아 따로 떨른 돌! 네낯, 뒤집진 못히!
사름도 앎밖 생길젠 못뒤집게 마련이!

거짓말 않흘수 없다는 말들을 그래 흐지만,
거짓말 흐기처럼 어려운일도 없겠는데!
참 잘흔 거짓말이면 꼭드러날 참일걸!?

좁게 미는 빛, 넓게 피는 빔
빔낮힌 빛, 빛낮인 몬, 몬혜진 몬지, ──로 빛길,
몬지 지은 그릇, 깰때 맨들 맨꼭대기 ── 옳곧,
몬몬몸 몸몸 때빛빗 그가온터 솟나 빔。

1960 水 25774　　2437213　　1196
10.5 목숨　　　　　　　　　　　　1623

愛山님 素砂에 묻히신 사흗날
일즉 앉븐 모도 가셔도 계시기·기댔더니,
「이런말은 뭣입닛가? 저런 지님 어떱닛가?」,
인제는 네켠 도리켜 므를 앞이 아득캄!

몬혜진 몬지 다시 지은그릇 빛길 뵈인 때,
얼떠러진 얼이 그릇쓴 몸 다시혜칠 몸터,
때와터 누리라더만 빗때빛터 빛빋빔.

許眞仁언 白雲始 가는길이라고 찾음.

누구 하나 못 봤지?
낯에 댓갈 돋고 몬지 탄 빛길을받는 낯에,

죽은허물 앞에 가도 낯끌걸고 꽃테두리、
드러 그 얼골속얼은 거저왔다 가긴가?

6 木 25775 2437214 1197 1624。

우리 언니、언잖지 안하오?
언니 적잖히 차림 차리ㄹ 자리브터 다투니、
아우들의 못 차려서 못ᄒᆞᆫ 살림 어이됩니?
차림엔 줌이 맨먼저ㄹ! 다툼브턴 언잖지!

이말슴: 차려줌을 갖고、나라ㄹ ᄒᆞ게 된데야 뭣있서! 차려줌을 갖고 나라ㄹ ᄒᆞ지못ᄒᆞ는데、차리는것 뭐야! 子曰「能以禮讓爲國乎、何有! 不能以禮讓爲國、如禮何!」

7 金 25776 2437215 1198 1625

듣 고 잖 말 슴
옳、남모르게 ᄒᆞ고、옳은 척만 힜슴 할때와、
옳、남모르게 히선、오히려 옳잖아? ᄒᆞ는터、
이때터 다터러불떼리ᄒᆞ심을 참 알뒤!

8 土 25777 2437216 1199 1626

빙 맑 음 (空 淨)
몬질 씻어 땅에 버리는 사름 일이 끝 있나?
몬지는 땅에서 닏건데、땅에 갔다 또 날일!
그 사름 빙 맑지못히 몬질 그릇 치기로!!

날 가 늙음、낡음 낡은이 맑아 밝음 볼듯히、
□배·듣겨·맡치·맛히·맥히·알리 —— 힘게 든 말슴!
몸빙이 빙인 몸 하나 언제브터 언제깢

예 서 보 니

번개·웓이·넌이·몬·살이·쉽·때·빙·하나··나··계、
열한 자리 뚜렸ᄒᆞᆫ 몸 제계 어이 얼림 일가?
  한웋님 도라 보심이 찰참이면 두말 없!

몸 몸 ·

말 안듣는 여섯곳、돌혀 저마다 날 졸르니、
내가 저희게 맸나? 저희가 날 떠러져 있나?
  난 뷩 몸 잔소린 몰라! 빛 빝 빛에 도리킴!

온 과 쪽

손이 헤져 가락도 아니! 가락 자란 손 아님!
뽕으건、길ᄒᆞ건 쪽은쪽. 이 옴금될거、아님!
  좀알·ᄒᆞᆷ 온알·ᄒᆞᆷ 얼잔 제 ᄒᆞ임을 모른바!

니 나 한 아 로

젠칙은 절 넘어가시고、제숭은 남이 본뒤에、
남도 제 있고、저도 남의 남인줄 잊잖으면、
  넘거나 모자랄것도 하치 않으련만도。

1960 日 25778
10.9

2437217 1200 1627

바 탈 므 름

밀어 옳으는 바탈과 밀려 넓이는 바탈 인데.
밀리는 바탈은 흐름을 가지고、
미 는 바탈은 거슯을 가진다。
몸은 거슬러 옳음을 갖고、몬은 흘러 내림을 가진다。
짐승은 미는듯 ᄒᆞ다가도 흐르고 마는것이오、
사룸은 밀릴듯 ᄒᆞ다가도 거스르느니라。
그러므로 짐승에게서 흘가분ᄒᆞᆫ 므름이 사룸께 와서는

여러 가락으로 까닭을 묻게 된다.
짐승에게선 앓게 앓내 낸때 좋게 따러가 흐를 뿐!
사룸에게는 그리움이 생긴데도, 가리어, 고른게, 꼭 있고,
사랑으로 고이어 맺고. 시샘으로 굳이 직히린다.
더럽혀 궂임에 빠지며도, 깨끗이 씻고 나갈 곳을 노린다.
손으로, 또 손으로 맨든 잡은것으로, 갈아쓸 나름의 흐름도 생각혼다. 숨숨, 앓앓 끼리 흐름도 생각혼다.
짐숭들도 끼리 기여 오르는 싱숭을 혼나 거스르는데 재조가 모자라서 아니된다.
흘러가다가도 거슬러올라 가려고만 된 사룸인지라.
계집 하나, 산이 하나, 맞아서, 서로 기대고 붙잡아 주면, 더 미끄러질가? 삶에 직히며, 살림을 차려 가진이가 가장 많웋은것이니라.
흐름과 거스름과의 알맞히 쉼을 찾아 머므르련것이 집살림들이로다.
쉬나 믄히않밖을집에서 쉬었으면 더 거슬러올 읃도 옳겠단 생각이 불현듯 날만도 혼다.
이것이 사룸된 밑바탈이다!
집을 떠어 나서 멀리 높히 솟날 생각을 가지는 산이들이 나오나니, 이런이들속엔 거듭난 아들—깬 브탈볼가 ; 혼.

쉰 밥 먹지 무, 네 밥 새로 짓자.
틈없는데 드리 먹재! 자리 없이 싸붙히 진!
어렴, 시렴, 붇그럼 다 집어 먹은 때걸림에,
예수나 석가 받아 팔 밥버리론 아예 ㅁ

10 月 25779 밝	2437218	1201	1628
11 火 25780 밝	2437219	1202	1629

큰가을 과 얼글월

일 뱀이 일을 잃고, 글 뱀이 그릇치는 날에,
글 뱀인 위서, 일 뱀인 아레서 나랄 못홀텀,
다 함께 나라랄 내면 일거 읽을 얼글월.

스승들 까지 여름묶임 없이 갈만 보잡나?
떼몲만 되면, 나랄 살릴 글 가르쳐 놓겠소?
맨먼저 여름일 살려 큰가을을 거둡세!

집안일은 가티, 여름은 집안일, 가티 홀거!
여름일 밑일, 밑바침 없인 다 들뜬 일과 밀!
다 함께 나라랄 내면 일거 읽을 얼글월.

놂고 뵒도, 잘먹고 가르칠랍도 아닙니다,
가티 여름땀 흘리고 글 좀 느러 뱀잎니다,
맨먼저 여름일 살려 큰가을을 거둡세!

푸리 일뱀이 = 일에 익숙호이. 일을 잃고 = 실직호고. 글뱀이 = 학교·군대·관청·회사·무슨단체·무슨 나라·(혹 감옥까지도) 므슨 뭣에, 다녀 나온 이, 좀 들러 나온이, 지식인, 좀 안다는이들이, 모두? 그릇침 = 배운 지식을 잘못 써서 나라를 해롭게 홈. = 또 못된 짬짬(조직)이를 맨듦. = 또 잘못된걸 치운다고, 더 못 다른사람 살게 호는 것들. 나라랄 내면 = 자신 있이 내노릇 홀내면(더욱 그리 되고 싶으면) = 일을 바로 알고 알므로 일을 바로 보는 일로 살되, 제몸으로나, 집안식구로나, 두리의 한머리로나, 나라의 씨알로나, 더홈이 있고 덜홈이 없을 라(내)면 = 眞正國家(을가정당)自身이면. 일거 읽을 = 일을 긁어 일을 바로 볼 올을 끄러내는 것이 참 읽는 글임. 얼글월 = 정신(참)문화. 여름묶임 = 농사협동. 갈만 = 가을만 = 풍등호 수확만. 떼몲 = 노동조합. 여름일 살려 = 모든 사람마다, 모든 기관이 다 먼저 농사를 잘되게, 끝까지 농사를 잘되게 살려야. 집안일은 가티 = 집안은 식구몬데, 집안일은 먹는 일, 곧 여름 짓기, 네브터 공동공화로 일하먹고살 바탕이다. 밑일 = 기본공사

곪고 뱀=고학. 잘먹고=부자가치=왕가치=대의사가치=
권위자 가치=일름난광대 가치=인기자 가치=큰도적놈
때가기 않가치. 글좀 느러=돈 마련훈 몇몇만 아니고 재조
타난 여럿이 늘업히 터로 느러 ㄹ, 집 않일 가치 ᄒᆞ고 여름
땀 흘티ㄹ 줄니. 대로본에 첫히를 여덟히로느러 터러서 말!
—열두히을 스므히로—

12 水 25781 2437220 1203 1630

어제 11時 楊泰根 님 누리 떠나셧다ㅁ.

1889. 1. 28. 月曜 1960. 10. 11. 火曜
戊子. 12. 27. 甲辰 J.D 2411031. 庚子. 8. 21. 壬申 J.D 2437219.

26189날 3741돌 887달 72해 (一年四十四日=409날 보서)

13 木 25782 2437221 1204 1631

그러케 떨려 살겠냐
바닥브터 밟아 옳으는이 좁은 땅을 갖임. 마태五5.
ㅇ 검정 검정 뛰어 놀된듯 끔은 가지에 매달림.
ㅇ 하늘 높 쳐다 볼수도? 땅못드딜 발발발.

14 金 25783 2437222 1205 - 1632

빙 우럽은이 문엽벌름 같은 짓 않
땅은 두레 밥그릇이자. 두레 문엄이 뚜렷!
살아 땅쌈들 ᄒᆞ다가 죽엄 조차 벌러 문짐!
벌러서 "미이라" 됐선 우슴 쌋을 봤대냐?

큰 겨를은 한 겨울
빙에 흙이 나니, 한늘! 땅에 물것 생겨, 산몬!
물것 걸히고, 흙드러가는 땐 겨울이라 ㄹ가!
추워서 겨울이 안요, 틈이 넉넉 겨를요!!

1960 土25784
10.15 맑 2437223 1206 1633

16 日25785
비옴 2437224 1207 1634

깨우지 므

깨워 길러 살게 혼다ㅁ. 몽아 빨아 먹고 크람,
얻맞 큰뒤 잡아 먹잠 —— 먹는 턱엔 말목 맥힘!
맨 위가 사름이 크면 먹히는데ㄴ?

올

올에의 올은 숨실 올이, 실의 실은 날 늘줄(經常綸)
소름 살올 숨실올이ㄴ 게위로 새틈 없는줄(無間經)
글 읽줄 모르는 목숨 뉘에 숨실 풀읽으!

꿈길도 곱기를 빕니다

꾸는 꿈이 이여짐을 복을 받는다들 보고,
꾸던 꿈이 깨여지면 화를 입었다 보게됨,
꿈에도 꿈이 많은 꿈 죄를 짓다 혼지들!

17 月25786
맑 2437225 1208 1635

18 火25787
맑 2437226 1209 1636

말 무리 한 돎 {Handle 아니! 왜 아닌?}

핐다 지는 이여짐 봄, 꿈속 자란 깨쳐 돼갈,
이여 내린 어무 아부 여여 가신 한배 머니,
여름을 지어 낼 거를 바로 깼힘? 그릇침?

19 水25788 2437227 1210 1637

예 몰고 계 뵈올
예 낮인 빛, 제 놉힐 빙, 예 예는 나, 게 계서 압
나라 나라 나리라고 세워 간 내, 제계 들 네,
씨나락 하늘에 쌀가, 따에 씨알 고룸직!

잠
몸살나니 쉬고잠, 먹고잠, 뭣뭣 뭣 ᄒᆞ고잠!
마지막은, 죽고잠을! 뻔히 알며 잠이 떼잠?
잠들어 못될 잔말을 큰잘 흘람 잠고다!?

가 야 지 말
가야지 가야지 ᄒᆞ고, 못가는것도 떡 휘서,
도댕겨 갈 손들로 가야지 말은 아니 ᄒᆞ나?
말 않다, 제 잊은이도 더러 있진 않을가?

20 木 25789 日 2437228 1211 1638

잠
잠 잖고 자람, 잠드러, 이런 꿈 (빛갈에 갇힌)이 버러진뒤,
꿈속에 잠을 자고, 잠드러 꿈을 꾸단! 깰거냐?
블현듯 깨닭아 알듯! 뜻의 뜻을 뜨고 잠!!

알마다, 알마지 가잠! 자브러도 모자란 꿈!
꾸워서 잘잠이며? 졸리어서 꿈을 꿀리만?
자랄잠, 게으르다며? 깰꿈 꿈에 빛질가?

네가 졸리더냐? 남이 꼬이더냐? 꿈 질? 꾸잠?
못 자봤냐? 못 꾸워 봤냐? 뭔 바람에, 잠결! 꿈결?
뒤숭숭 꿈·잠·자리란 빨 낮 잠잠 고뒤잠 (잠고뒤)

1960 金 25790 2437229 1212 1639
10.21 맑

몬 뭉힌몸、몸 놓인 빛(옴)、빛 피헌 봄、얼 키운 제、
빛 핀 올음 솟나곤 아브 뵈올 첫 자리 계、
한 제계 도라곤 제계 앎 알맞이 듣봄 옴。

희 딸린 계 (太陽界)
백억 천조 곤되 한 희 눈부시게 가까 오니、
우리 누른 희 밑이라 이 땅 누릴 누린 내야!
반디불 불알 뵐 따리 맺맺이들 빽빽빽!

22 土 25791 2437230 1213 1640
맑

날 늘 줄 (經常綸)
졸르느니 밖에 있나? 넉넉하니 밖에 있나?
먼 동안 섬기긴 넉넉히야! 가까완 졸름만!
끝끗이 온을 섬김에 제 줆 끝늚 줄 될 줄!!

23 日 25792 2 37231 1214 1641
맑

집 뜰 앎 (家庭)
가티 오래 지내도 첨만、아직 먼거만、같애、
사랑이 첫재란 되 것풀만 흘려 늘린게、
얼 히운 얼운 곤해지고、볼뉘 없는 뉘만 남아?

가티 늙 (偕老)
한방、다른자리에 스므히 늙은 지압어미、
오래 간만 맞난 남같이 손 잡을 일도 없어、
든든코 또 스스로 때 맞 성키난 몸에 몸!

24 月 25793 날적 2437232 1215 1642

보낼길에만, 곱은 길 (欽送道. 美道)
참말, 말이ㅅ! 아름답우면, 다칠세라? 손 못됨!!
진물 난 꽃물은 뭐며!? 짓궂인 손은 더럽시!!
곪 곶은 곪눈으로만 고히 뵘와 보낼 길

얽매 잡힐 길, 더런 길(束縛道. 惡道)
소아지 핥는 소는, 길르는 ― 키우는 ― 어믜 길!
바람 난 ― 큰 아이들 ― 의 물고 빨며 감돌렴은,
예뎜(造化)의 짓궂인 꾀임 예덴브턴 뱀꼬리!!

일흔셋돐.사흘 = 26666 날

25 火 25794 날적 2437233 1216 1643

주먹묵금
길손은 떠! 손 대기란 쉽잖거니, 잡단 놓침!!
지압 제미 잡아 뗄판, 빗 사귐 손 사귀면, 다.
손 잡아 못일은일들, 제주먹에 묵묵금.

날 늘 줄 과 꼭 묻이
졸음 갑갑, 넉넉 그립! 넉넉 헐겁, 졸음 생각!
졸르련덜 졸라들랍! 넓혀 온덜 넓혀 갈랍!
드러쥐 넉넉도 흔되 오랜 졸음 속에 싼!!

헝길도 한길이 아니!
쥐면 놓올 안곧 풀줄 모르드시 죽어나기,
놓걸 쥐선 풀걸 안안 뭣을 흐오 차디 찬샘,
두 길의 뚜려시 갈렴 쎈바탈로 걸려고!

1960 10.26 水 25795 2437234 1217 1644

일흔 늙정 한지아비 웃목 널위 자다 일면、
아레묵에 네살먹이 잡고대로 「한미 젖!」야!
할미젖 할민손 놓곤 깨도 자도 못될 말!

27 木 25796 2437235 1218 1645
흐릿 맑

28 金 25797 2437236 1219 1646
맑

듀 줌 억
네 눈길이 멀둥멀둥흔 밑에 두입이 맞대、
다섯가락 맞잡는날 얼손가락질은 싱거。
두주먹 붉근 쥔 산이 게집뒤처 못솟나!?

29 土 25798 2437237 1220 1647
맑 흐림

일은—삶이 돼서 흐기—
그 앉아 눕고、스면 빨라! 그 곤 행길!!
뜻대로면 오언 같이! 뜻과 달란 혼자 곤 단!!
이밍이(子孟子) 또라지게도 산이란? 그렇던!!!

곪·가멸도 못 는질고、옐·가난도 못 옮기고、
칼날처도 못 굽힌뒤、제 쥔 가늠! 씨알 때 갊!
집에선 —게집에서는— 솟나、떠난 삶이!!

民議院副議長 徐珉濠 "우리는 앉아서 질수 없다"。
속에 民主主義 市民性格으로 列举主四條—備忘코자 씀。
異議있으면 벌받는 气。
議魄。決責。自負。分謙
任感。 威压不服 自己 知(分)
定可能的 질만 함 心 (謙)心

30 日 25799 흐림 2437238 1221 1648

31 月 25800 맑 2437239 1222 1649

한 옐 。
넓은 누리에 살아 움직이란 산 ᄋᆞ이거니!
거리서 집이나. 직힌대서이ᄂᆞ! 제집이 맞당'!
웋으로 솟나갈 옐은 업·압ᄠᅳ름, 밖믿위!

1960 火 25801
11.1 맑 2437240 1223 1650

2 水 25802 맑 2437241 1224 1651

3 木 25803 (旧九月十五日) 맑 2437242 1225 1652

아부지 도라가신지 스므일곱돐을 음력으로 오늘, 양력으로 어제. 그히에는 윤五月이들고 올에 윤六月이들어, 음약력날이 하루가 드티게 됨。
그리흔이 九년돐 어머니 도라가신 九月十日이 아부지께서의생각날 과 닷새 사이로 돼섰은 생각。

4 金 25804 흐림 맑 2437243 1226 1653

이 쯤 밀고 근
얼얾 뒤길고、 걸쳠 먹·커서. 걸넘 길·걷는 땅、
잡아먹、 집어 씀、 더럽혀 놈을 가운게 않읾!
이 땅을 일히 걸러서. 거둘 얠땐 위었다!!

5 土 25805 맑 2437244 1227 1654

6 日 25806 맑 2437245 1228 1655

1960 月 25807
11.7

2437246 1238 1656

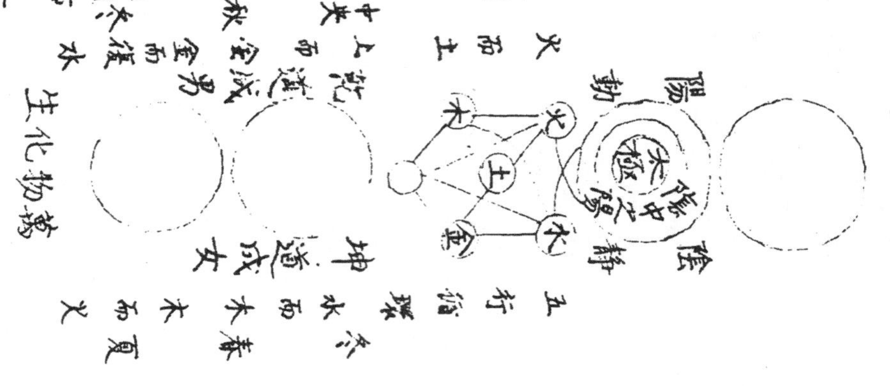

커 극긋 그림 말

없극긋 이오 커극긋 이다.
커극긋 이 움직여 불숙 이 뵈고.
움직 극긋에 고요, 고요에 움숙 보임.
고요 극긋, 다시 움직!
한움직 한고요 서로 그 뿌리 됨.
쪽 (너) 움숙 쪽 (나) 불숙 둘봐옮이 나러섰다.
불숙 일 움숙 맞아 물·불·나무·쇠·흙 보임
다섯김 가만히 펴, 넷때 ㄱ다.
다섯힘길 한움숙 불숙 이오, 움숙 불숙 한커극긋이
커극긋 밑은 없극긋 이다.
다섯힘걸 이 보인데, 저마다 그 한바탈 (있은) 없극긋
의 참과 둘다섯의 알짬이 야믈게 맞아서 엉기었다
성큼 길이 산이 이루고, 몬돌 길이 계집 이루어, 둘
이 사귀어 느껴 잘몬이 보임, 잘몬 뵈고 뵈어서
일됨 끝나잖다.
오직 사룸 (돼) 서 그 빼여남을 얻어 가장 령호다
꼴이 벌서 보햇고, 검이 펴 알린다.
다섯바탈이 느껴 움직여 잘·잘못 너나, 잘일이 나온다

씻어난이 근바름으로 써 자리를 잡고, 언옳에
고요를 기둘렀으니 사름극것을 세우니라 .
므로 씻어난이가 하늘땅과 그 속알이 맞고,
힌돌 그 밝이 맞고, 넷때 그 차례 맞고, 귀신 그
좋언잖 맞다.
그이 닦아서 좋고, 작은이 외지어 좋잖은!
므로 말흐기를
하늘길 세워 말 — 읁숨과 붇숨,
따 길 세워 말 — 보들과 굳셈,
사름길 세워 말 — 언 라 옳.
또 말흐기를, 비롯을 따지니 마침에 도라놓은,
므로 죽고 산다는 말을 앎!
크다 바뀜이여! 이그 다왔주나!!!

8 火 25808 2437247 1230 1657

~~귀극것 없극것~~

~~나 있다.~~

~~에 있다.~~

~~에 나 와 서 있다.~~

~~나 밖에 없다. 다른 건 몰라도 나는 있다.~~

~~나는 들릴 내다. 요한 12-16~~

~~들려 갈 게 들이~~

~~들이 들 있지! 나 올게 어디 있나~~

~~에 없고. 나ㅁ 못나?~~

~~없 참인가!! 참은 뭐?가 없은 뭐?~~

~~에서 나는 모르고 모를 수 이~~

~~나 있다 가 없, 과 없다 가 있~~ 없, 외롭 좋 ~~아조 작아~~ 없.
~~빌게 달혀 없어 없.~~ 홀로 작아아 ~~은~~

~~그렇다. 다 봐 자란다나? 커잔다나?~~
~~나. 자라 잔다! 커지잔다! 자라다 자고, 크다 자기~~
~~자고 자고 자라 아조 자자! 크고 크고 커선 다시 자~~

다. 그만 둘제(兩間·有界) 이땅!

다 둘러 곧 한웋!

둘러 크자! 커극것.
~~없이 없이 크자! 없극것.~~

~~다 나는 김!~~
~~가끝~~ 그까자.

1960 水 25809
11. 9 흐림 2437248 1231 1658

캐 도라 곧 있없!
하늘 높고 땅 낮이니 성큼·몬돌 자리 잡아,
같이 모딘 테오 떼져 나눈 몬에 좀·언잖음!
엉큼은 성큼에 쉬옵 보들모돌 대로믄.

10 木 25810
맑 흐림 2437249 1232 1659

11 金 25811
흐림 2437250 1233 1660

讀簡 (所謂人物、所謂物色的眞意義)
可容納顏讀之美　男女獨相物色文
或過與情誦之好　貫道器量卑立高

언큼
엉큼성큼 한늘속에 보들어온 몬들 곧 땅,
성큼 혼나 쉬옐게 돼, 몬돌 대로 수나워라,
사람이 언큰 이룰길 성큼몬돌 대로만.

없극곶

나. 있다. 예 있다. 예, 나, 와, 서 있다.
나는 있다. — 다른거는 몰라도 —

나는 들릴 내다. 요한 三$_{12}$ —

들려 갈거 들아! 들에 들었지? 나 올게 어디 있나?
예 없고, 나 못나.
예. ~~참이가?~~ 참은 ~~뭐가?~~ 없(참)은 뭐가?
~~트 모를 없!~~ 도도 모도 다 (아니!) 모르지!
없다가 있, 있다가 없. 외롬 호롬 직아이 있없. (알라 나로 살았더니 올라 나를 다시 봄.)
자라다가 자기, 커지다가 지기.

1 데 나슨 검이나, 기꼿 그까지.

다 그만 둘게(兩間·有界) 이 땅!
다 들려 곤 한울!

들려 크자! 다시 업시 크자!
커극곶. 없극곶.

12	土 25812 흐릿	2437251	1234	1661
13	日 25813 흐릿 맑	2437252	1235	1662
14	月 25814 맑	2437253	1236	1663

말뎋말 (繫辭)
한뜻 뜬다. 아직 못혼 우리 말로 뜻 다 못 말!
그리운 대론 앙 그려지는 글로 말 다 못 벌!
하늘 떠 내 걸린 걸림 뜯어 붙쳐 말 뎋 말.

意識

彼丈夫我丈夫誨　書不盡言言徧意
或敬意或慢心催　共鳴同感還意外

참말슴 뜻

네몸이라 먹음 없이 저 제대로 제계 곧을,
바른 몸에 몸도, 집도, 나라 성하단 참말슴 뜻,
들린 담, 참고요 좋음 살아섬긴 뒤따라.

먼저 홀거, 뒤에 홀거ㄹ 알면, 길바로 든다. 고,
속말이 다실여 살림 바롤것은―커뵌 말슴!
씨알의 살림이 못돼 못다실게 속썩다! ㄴ?

한둥그러미 테벅에 나 흙밭의 걱정 만들가!!
돼(뒈)지기 되게, 일나나 일흠 둥근일!? 모진일!?
아미타! 타령은 그만! 도르라미 둥글―남!!!

「나」라 굶, 「빠탈 한금」(性命)엔, 더붙것(與存)이 없닯니다.
누리·나라 끌렀대도, 하늘·땅이 갈린대도―
「한금」(命)인 제빠탈(自性)에는 더도덜도 없댄 돔.

1960 11.15 火 25815 맑흐림 2437254 1237 1664

16 水 25816 흐림 2437255 1238 1655

그 이

다섯 벼실 볼일로, 바탈이라. ― 힘쓸라기에,
언·옳·차림·슬기·거룩을, 식힘이라. ― 맣서림,
그이는 이ㄹ 바탈이라. 저ㄹ 식힌다. 아니 앎.

孟子曰:「口之於味也, 目之於色也, 耳之於聲也, 鼻之於臭也, 四肢之於安佚也: 性也, 有命焉, 君子不謂性也。
仁之於父子也, 義之於君臣也, 禮之於賓主也, 智之於賢者也, 聖人之於天道也: 命也, 有性焉, 君子不謂命也。」

뭥의 말슴:「입에의맛이나, 눈에의 빛이나, 귀에의 소리나, 코에의 내새나, 넷곰치에의 쉬어좋다ᄂᆞᆫ이: 바탈인지라, 시킴에 있겠거늘, 그이는 바탈이라고는 일르지 아니ᄒᆞᆫ다。
언제 아비아ᄃᆞᆯ이오, 옳게「ᄒᆞᆫ라」「섬기」오, 차리어「손」맞이오, 슬기어「닦아난이」오, 씻어나가는 하늘길이란: 식힌지라, 바탈도 있겠거늘, 그이 식힘이라곤 일르지 아니ᄒᆞᆫ다。」 고

7 木 25817 흐림 2437256 1239 1666

욿 뜻이 아레ᄅᆞᆫ 않 뜯기의
힘드러 힘다쓸 바탈로 제계 욿을 한곤 실올。
예 사려놓고。한ᄎᆞᆷ 놓란 식힌처럼이나 안
넌나도 적잖은듯이 누리누릴 뜻ᄂᆞᆫ 뜯。

8 金 25818 흐림 2437257 1240 1667

9 土 25819 맑 2437258 1241 1668

20 日 25820 흐림 맑 2437259 1242 1669

21 月 25821 흐림 2437260 1243 1670

○

없는 뜻 ㅣ 나와 스메 말일 생각을 히내니、
말 안 듣게 참 듣고· 일 없도록 참훌: ᄉᆞ롬은、
참말로 참뜻 ㄹ 음· 햆· αμην αμην · אמן 。

1960 火 25822 2437261 1244 1671
11.22 지난 밤새비

23 水 25823 2437262 1245 1672
흐림

24 木 25824 2437263 1246 1673
지난 밤비. 비

25 金 25825 2437264 1247 1674
흐림

26 土 25826 2437265 1248 1675
맑 첫눈 0.3°C

나 볼 일

쭈으러드는 낯 붙은 금. 쭈으러들 글 읽고.
히덜 난 틈에 쉬기만 조르던 조름도 다 깨,
이제는 아조 맑안히 얼읋음만 볼일로.

27 日 25827 0.13°C 2437266 1249 1676
눈

28 月 25828 0.2°C 2437267 1250 1677
흐릿 맑

말 됨 말 이음

일른 말·귀 안 들, 일린 말·말 많아, 말이 말 않,
내 말 뜻을 듣거니 하고 말 홀맛 안듣일이 저 천데 귀뚜리 읊,
가을 뒤 겨울 망울 속 꿈 틀 뜻은 말슴 임。

말뚱 말뚱 뜻 망울, 듣둥 듣둥 말 방울, 팡 팡!
빈김만 터떠리는 속, 이 사룸 떠위론 물이!!
저리 가 다 시끄럽다 제게 크게 돌림만!!!

흙 빛 휀 몸이 흙밥 내 꾸어먹 삶은 그만만,
쉬 켜 힘얻, 일면 힘써, 쓰다 졸림, 졸리다 잠,
숨 지면 말도 근침나? 저대로 갈 뜻 망울。

말 ᄒᆞ는 벙어리, 울림(風樂) 치는 귀먹이도 하키,
말 외지 모·차라리 말은 잊고 뜻 먹어 보잡,
로고쓰 못 듣게 지은(갈라三 9·10 14-15) 귀 있는이 드르라.(말ᄉᆞᆷ)

既定處分

始地終天性靈事　物以群分藐予處
身坤體乾命神運　方以類聚全甫分

眞正福祿

人人尊貴民主權　潤身潤屋禮義實
家家饒富人生祿　安心安分性命福

29 火 25829 맑음　2437268　1251　1678

30 水 25830 맑음 0.4°C　2437269　1252　1679

必要正見

男爾好女色　獸欲性欲論　上下口舌樂
女汝慕男華　人情癡情化　小大夭折禍

甚至於強暴　色声味觸快　女色男色色
失性之慘禍　愛云妄發過　盈科罪科科

12. 1 木 25831 맑음　2437270　1253　1680

맨 든 일 됨 (空拳変化)
몬·일·님·이 나를 따르고·먹여·알아·주지만,
눈·귀·몸·도 내게 멀고·먹고·떠러져·가나봄
온 누리 맨든 일·됨이 꺽거넘우 생각 됨

1960 金 25832
12. 2 맑음 2437271 1254 1681

3 土 25833 맑음 2437272 1255 1682

나 있다.
어딘 있나? 몸에 있다.
몸은 어딘 있나? 땅에 있다.
땅은 어딘 있나? 빟에 있다.
빟는 늘 있고, 없어질수 없다. ——
빟가 없어진달거 같으면,
「몬이란 몬의 있을 딘가 없다」하는 말이 되므로 써디

4 日 25834 흐림 2437273 1256 1683

5 月 25835 흐림 2437274 1257 1684

~~참말로 옳을 뜻~~에

~~나·나·문 치~~ 있다.
~~빟에~~,
나 있다.
몸에,
몸 있다.
몸에,
몸 있다.
따에,
따 있다.
빟에,

있 않 안 있.
없 밖 밧 없.

나 없다.
않에 없, 밖에 없.

나는 나그네.
빟 건널 나그네.
몸은 「날개」 몬은 「배
따는 「빟건너 엄배」
일렀따름.

삶이 뉘라 나라면
따만 따르며 집터믄 그
때믄 흐고 트러백히만
있어서 못먹을 몸만 잡아

구으라다, 한 끄불 티끌로
~~곰아야 보랄는나?~~

하나 ― 빛 ―
옳로 계셔 ―
훈 오빙 앞.

알론 떠러진 때에 따라,
닿진 지라, 거슬러 옳을 우
리는 으둘로서 제(계) 도라 와
오는 곧
참말로 옳은「뜻」을 몸 날개.
에 태워 더우 므로 만!

나는 나 그 네로 무엇에 고구 잽혀 있을 수 없 참 나 리다.
나 다시 살 ― 나, 다시 다시 살, 늘어 늘 살 나 예 있다!

참 잘 아름답

참 잘 아름답고자 하나, 잘 일지 보니 답잖!
잘이 잘 되자는거지, 이만 하면 잘이란 없!
참 찾는 목숨 찬 참엔 참에는 삶 아름답!!

6 火 25836 븕 2437275 1258 1685

도 라 곧

한 먹는 입 어딜 갈제「잘 다녀 오」바라 드시,
우리 이승 나올제도 잘 다녀 감 맞떠젔지,
님 계서 기다리실걸 곰곰 생각 좀 도 좀.

7 水 25837 맑 2437276 1259 1686

길 ― 예 예 올 옳음 ―

먼저 예 옜사름 됐고 이제 예 우리 옳은 길!
예 좋다고 오래 있어 살덴가? 더 예 올라만!
참 서울 가는 길이란 예 예 줄곧 올 옳음!!

밖에 없다
제계 그저 못 있고 | 나 너 갈러 난데,

윋훌이 섭섭!
예다 맞나면, 「예서 맞나?
우리가!」 ᄒᆞ고 반겨 속삭이지만,
예 예 일돼 ᄀᆞ
다시 너도 나도 그도 저도
헤진대로 빔에 왔다.

다 한 제계로 도라 ᄀᆞ
뒤에져「나만 닐 빌리ᄒᆞ는줄
아니?」ᄒᆞ다 던지 「너조차
잊을줄을 몰린다」고 ᄒᆞ던
깨어진 말방울 소리나 갈다
ᄒᆞᆯ가!

1960 木 25838
12.8 맑 2437277 1260 1687

온 일 울 로

올 타고 가야지 그릇지게 지곤 못다다름,
제 지겠딤 고맙지만 미욱 마침내 등짐됨,
큰 때에 버려 둔대로 맨저 갈이 어떠리.

히 돌 리 기

윌 높을 큰 빅힉 돌게, 일고 눕· 먹고 잠도·돐,
얼핏 아침사름 올볼 횡일에 뜨거운 몸, 몸,
어른 짓 갈엘띠 걷이 도론 거울 멍울쉬……。

9 金 25839
비 2437278 1261 1688

土 25840
10 흐림 맑 2437279 1262 1689

낯 가린 늬 얼골 막음

네가 내 낯 내가 네 낯을 못 잊게된 새래도,
내가 너만 네가 나만 바라고 그저 있겟나?
너나 골 사괴 드나듬 얼얼 얼은 제계 ᄀᆞ。

11 日 25841
흐림 2437280 1263 1690

12 月 25842 올리 맑 2437281 1264 1691

스스로 깨 사롬
여섯 뿌리 부림치로 한몸덩이 집은게 됨,
아부 모신 으뜸「나」라, 일껠 잽이 몸속「나」라,
바탈이 몬 집아 일갬, 몬에 잽힌 이니다.

13 火 25843 맑 2437282 1265 1692

제 에 게
때 앜일 때 틈낸 떼며 터슬 터에 놀린 터란,
그 록한 속일 넘친 게 재齋,아린의 남긴 등속,
늪 멀큰 한늘 옳을 빙 솟나살 뜻 제 에 게。

14 水 25844 맑 2437283 1266 1693

뜻
맞 맞, 지내가는 예, 예어 도리가는 게 맡 뜻,
뵌 게 한 뜻, 맨 꼭대기 한 뜻, 아브 으뜸 한 뜻,
옳으만 솟아 날 사롬 우러렵긴 한 뜻고。

살 사리
살은 살 너덜 못, 귀·눈이 얼·뜻을 못 든·보,
숨내·살 뜻·옳은 코·입· 냇내 싫고, 낡 살 맛나,
잘 먹고 빨랜 질 빨래 제 살거니 같질 곰。

깨 살림
솟날 비겐 뉘 낮고, 빙 옳을 몸은 몸더럽대,
나 없을 만 덧 없 몸 만 올 본 올 휘 맑게 몸 일,
힛 쌀에 제 먹이 이 뵌 절은 졸림 적었습。

1960 木 25845 2437284 1267 1694
12.15 눈조금.맑

밀 숨

내 뜻 일러 내는이 있는가? 너희를 내고 네
너희는 바람을 늘 불지만. 티끌이 회오리!
뜻 맞힐 바람은 울로 잘본웅에 한울로。

16 金 25846 2437285 1268 1695
흐맑

17 土 25847 2437286 1269 1696
맑 흐

18 日 25848 2437287 1270 1697
맑 흐

19 月 25849 2437288 1271 1698
맑 흐

옳은 뜻 {意義}

잠 들어 꿈에 살고 잠 깨나면 꿈 네기 되기、
하늘 덮개 땅바닥요 히 맞은 꽃에 닮은 낯、
낯에 낯 맞난 꿈자린 걸친 제위 옳은 뜻。

20 火 25850 2437289 1272 1699
흐림

無 明 日 月 兩 間 行
有 心 名 色 六 處 觸
~~中 外 上 下 未 現 前~~
~~有 無 名 色 元 玄 實~~

腹中室中日中生
身外門外天外命

21 水 25851 2437290 1273 1700
흐렸.맑

22 木 25852 2437291 1274 1701
흐렸맑

23 金 25853 2437292 1275 1702
흐림

24 土 25854 맑 흐림 2437293 1276 1703

徐完根 咸 맺임

지
절로 제절로 제절로 절로 저는저 제대로、
인제 먼저 이제 이저 그저 거저 지내근저、
다 제계 아브 계신계 에에에믄 제계로。

5 日 25855 맑 2437294 1277 1704

6 月 25856 맑 2437295 1278 1705

識
意 識 出 來 費 而 隱 讀 顔 釋 面 事 親 分
原 始 反 終 善 智 識 窮 神 知 化 使 天 職

予
今 京 明 鄕 予 在 玆 隱 天 顯 地 予 小 子
來 鄕 今 京 予 在 玆 沒 地 出 天 予 小 子

예나 이제
오고 가신 님인가? 쫓겨은 더림인가? 몰라!
그리운 한웋님 앞、 시끄린 땅에 맞나、 말씀!
땅에다 맛뜻이 붙다ㅁ、 맞임없다。 너기오!!

7 火 25857 맑 2437296 1279 1706

8.20 서울서 떠나 14. 長城 닿
歸溪園에

1960 水 25858
12.28 눈 뿌림 눈 2437297 1280 1707

歸溪園에서 먹고 자고 난 아침

向上一路

圓覺勝騰道　覓心不得果
點心負敗人　應無所住因

낮지내 水海 沈相國 께 오다.

29 木 25859
눈우에 맑 밤새눈 2437298 1281 1708

30 金 25860
눈 2437299 1282 1709

31 土 25861
눈 2437300 1283 1710

除夕

天降大雪淹長城　多夕生來又除夕
客留水海思咸平　七十一回送年景

1961.1.1 日 25862
맑 2437301 1284 1711

1.2 月 25863
흐렷 맑 2437302 1285 1712

누리끝

짐승 아닌 우리가 뵈인건 짐승만도 못돼.
먹고 자고 치기를 너무 하는것은 버러지.
너무처 넘치므로써 누리끝을 맺겠담

낮굴

너도 죽으려드느냐? 네 낯이 쪽으러드니!
이제 잊고 그저 거저 제절로 제나라 제계.
 벼나라로 낯췄던 낯골 땅에 돌림 든든코.

3 火 25864 비 2437303 1286 1713

4 水 25865 맑 2437304 1287 1714

5 木 25866 맑 2437305 1288 1715

沈相鳳언 더브러 小龍里에 갔다 丁炳務님 宅에서 저녁을 받들고 水海로 도라와 쉬다.

6 金 25867 흐릿 2437306 1289 1716

계 집

나도 ᄒᆞ겠다, ᄒᆞ겠다 면서 아니ᄒᆞ던 안히,
안힜다 안힜다는 드시 ᄒᆞᆫ가온듸 히낸 나,
 다를게 없다면서도 달리 알고 계든 집.

힘 써 도라갈 빙

힘은 밥에 밥은 배에 배는 삶에 삶은 집에
집은 낢에 낢은 씨알 씨알 나라 나라 누리
 누리채 터지단 말가 빙 힘 써서 돌림 빙.

7 土 25868 맑 흐릿 2437307 1290 1717

8 日 25869 흐림 2437308 1291 1718

文場에서 뻐쓰 타고 光州市芳林洞一一二番一八坊 金正鎬언 계 오다

하나됨 (요十七22)
한웋님 아바ㅣ 예수 옴으로 제계곤 우리
우리가 하나이 됨 같이 저희도 하나 되게
아들로 두려시 호게 호옵소서 빕니다

1961 1.9	月	25870 맑 흐릴 비	2437309	1292	1719
10	火	25871 맑	2437310	1293	1720
11	水	25872 맑 濟衆院에서 말슴 뒤 먹고 자다	2437311	1294	1721
12	木	25873 맑	2437312	1295	1722
13	金	25874 맑 그리스도敎会 金 목사	2437313	1296	1723
14	土	25875 맑	2437314	1297	1724
15	日	25876 맑 흐 맑	2437315	1298	1725
16	月	25877 눈 金仁洪날表	2437316	1299	1726
17	火	25878 눈	2437317	1300	1727
18	水	25879 맑	2437318	1301	1728
19	木	25880 맑	2437319	1302	1729
20	金	25881 맑	2437320	1303	1730
21	土	25882 맑 洪祐鍾長老長逝	2437321	1304	1731

흰 봄
돌히론 한돌이 남고 힛흰 꺾어넘은 첫돌.
앞나라에서 자취눈위 볃드니 흰봄일네
대밭도 프르거니와 보리싹과 마늘잎.

22. 日 25883 밝 2437322 1305 1732

23. 月 25884 밝 흐릿 2437323 1306 1733

물을 다시림
도라갈물 걸림없이 숨일데로 가게얘고
끄어올려 픠일 샘물 가로 자아 찔건 없다!
한두번 자아 낸것이 아닌 사롬 됐거니?

서선 므릅
곤타구멍에 끈칠가? 가로를 치받고 올름?
들 맨 가로 치받을데오! 굽히면 맨 끈칠 궁!
中十에 헤매는사리 버러진가 흐노라

24 火 25885 비 2437324 1307 1734

光州市黃金洞韓太石(兒)處 天惠敬老院金호민氏來会
〃 〃 有德洞申貴男教授宅來到

25 水 25886 흐림 2437325 1308 1735

26 木 25887 밝 2437326 1309 1736

27 金 25888 흐림 2437327 1310 1737

光州市新安里清溪部落 333番地 申진호 언깨 자고 일다

1961 1.28 土 25889 흐림 2437328 1311 1738

29 日 25890 맑 2437329 1312 1739

30 月 25891 흐렷 2437330 1313 1740

12.10 光州驛發 20.30 서울驛着

31 火 25892 흐릿 맑 2437331 1314 1741

2.1 水 25893 맑 2437332 1315 1742

我 自 知

絕大圓覺頭上天　委土塗地善逝情
莫重小心足下地　乘六御天如來智

2 木 25894 맑 흐림 2437333 1316 1743

저 로 앎

맨꼭대기 가·까·올손 곧이 때를 잊을만도.
맨꼭문이 올바롤손 윌홀수록 성큰 그록.
그록이 그리움될손 있다시 왔 옜다곤.

3 金 25895 맑 2437334 1317 1744

4 土 25896 흐림 2437335 1318 1745

곰 치 읎 대 강 이 에 머 리 떨 다

손을 잡고 얼싸 안고 입마치며 속솔 씰람.
고개 숙고 울어 찾아 한웅한늘 섬을 밟짐.
봉알로 바랄 사리는 뱀대감이 없고 있.

송장 무지 열린무덤 하루에도 셋끈이로,
뱀대장이 모셔 놓고 좋 없압들 들복더니,
금치들 몸시 믈린비 부서질판 얻든멀!.

몬얹도 부서지고, 사ᄅᆞᆷ머리도 부서질판!
한알을 찾아 날라다닌들! 무었을 더처 깲!
부서질 몬위 사ᄅᆞᆷ위 깨친얼로 빌올른!

이제도 아즉 안느지니 뻡의 끄임 안든게,
꽃때지 긁어버린보다는 제몰 차림이 좋,
그록히 피인 알짬은 한웋넋게 올렸직.

5 日 25897 효림. 비 2437336 1319 1746

참 필 날

땅 드디고 슨 사ᄅᆞᆷ돼 다시 땅에 붙을순 없!
웋 우러른 우리로서 웋을 한늘 잊을날 없!
꿈에만 날를 월이라? 몸(흙)여 인된 참필날!!

先進猿

옛날 같으면 鐙子 딛고 말탄 (兩)태王이랄데,
이 사ᄅᆞᆷ! 땅 드딘지 몇만년에 돌올딘것 담!
(兩)태王은 一般이 된뒤 잔나뷔가 先着鞭!!

제 고 디

흙 한줌이 땅 드디며 한늘 뚤러 갈길 올라,
아래, 웋로 누릴나위 샐틈 없을 제 마탈은,
월홀이 한늘 웋·알로 제고딘가 ᄒᆞ노라.

6 月 25898 효림 2437337 1320 1747

월 홀 고 디

월홀고디 ㅣ한줄의 김이 빠져 가로 센게,
어둠맺이 눈지름과, 사랑끌의 덥쳐 죽게,
이 것이 "참 아니라"고 석가·예수 일측 뵘.

월 월 들 은 삶 이 오

앓 낳 저울날칢과, 잃 낳좀 어베 그립스니,
한웋님이시어, 깬붙이시어, 이에 수 없나?
월홀로 한늘 도라고 월월들아 삶이오!

1361 火 25839
2. 7 지난밤비 2437338 1321 1748

제 짓 일

않가·갖임. 사롬일걸? 갔다 쉬잠 장가 갖입 죽입이오!
몬몸 벗고 웋로 솟아 나라길 얼? 왜 못 놓가?
얼 두엇 씨뿔 마지에 갔다·갖잎 제 짓 일!!

지 쪽 색 임 「하늘 따 그득이 내 몸덩이오.

성큼을 아부라웁
몬돌을 어모라웁 내에 죄꼬만이 (커뭍 흐릿)카만데 스니
하늘 따 올곧이 내 받힐이웁.

씨알은, 높은 나이 우럽음은 어룬을 어룬키오,
내한배 외어럼을 가엾음은 버어린걸 얼룸이웁.
삶 몸,
몬이란, 씻어 난이는 속알에 듬숙,
내함게 닥가 난이는 빼여났음에.
더브름. 므릇 누리에 가쁘·들피·죽게·앓고, 외론이 때, 홀늙
큰임금이란 은 홀이비와 홀어미는 다 내 언아우로서 비슬비슬
버어베의 헤매이나, 말붙칠데 없는이들이오니.
크 집 마루
아들 아오
그 큰 섬기는
마루 집
얼 ㅊ 기

때로 이들을 보살필잎이 아들의 손시오, 허허 하며 걱정 않는 것이 어버이딸기 ~~맑음이로이다~~, 에 응함이니다.
어기면 버린 속알이랄거오, 얻을 다치면 도척이랄거오, 모짐을 거밀은걸 못생김이오, 그 끝을 밟는이 말이 같은이로소이다,
됨을 알면 그 일을 잘 읽겠고 얼을 찾으면 그 뜻을 잘 읽겠읍니다.
집구석에서도 부끄런짓은 안하는이 만, 부끄럼이 없고, 길을 잡아 밥할을 치는이 만, 게으름이 없읍니다.
맛있는 술을 미워하기는 우님금이 치기를 도라봄이오
꽃다운 이름가로치기는 영고숙이 제 같은걸 남에게 준것입니다.
어려움을 늦추지 않고 풀리도록 가기는 순님금이 이룬것이고, 다러날데가 어디냐고 죽엄을 기다리기는 신생의 손목금이오,
그 받어난 몸을 성하게 세운대로 옮을게 도라간이는 삼이오, 용기에 날내며 하라는대로 따른이는 뵈가 보니다.
가멸고 괴이고 좋은 번적있도 「내삶을 두터운으로 가람 할이다」, 가난하고 얕고 시름과 걱정도 「너를 이루는데 닦기를 구실처럼되게 스되다.」하고
내가 살아서는 섬기매로 따르고, 내가 죽어서는 좋으리랍

水 25900 목
2437339 1322 1749

빙
거슬 올라 솟날 얼밑 흘러 내려 집이 맥힘,
삶을 멀진 얼 아니고 얼리 내린 살도 아님,
허물나 곰틀거림은 몸도몰라 곰곰곰.

언제브터 네 안치냐? 언제까지 네 안칠냐?
어디까지 네 안칠냐? 어디브터 네 안찼냐?
두어라 앞뒤 끈인제 빙만 찾태 찾태 빙!

1961 2.9 木 25901 맑 2437340 1323 1750

10 金 25902 맑 2437341 1324 1751

知幾何

遠客無宿題　　宿命信步行
長路無信地　　空完時全幾

읗 못 히서

못햇던들 않났을걸? 읗못히서 생겨났고!
절 뭘랄고? 자라날걸! 젊잖게로. 늙혀 늙잖!
못된일 업치락 딥척 읗못히서 덜된뉘!

11 土 25903 흐릿. 맑. 흐림. 눈 2437342 1325 1752

12 日 25904 맑 2437343 1326 1753

못 홀 노릇

첨아님의 못홀노릇 ᄒᆞ는거이 새끼 나ㅣ.
읠홀 고디 몸빙 웋로 짜제 곧이 바로 된ㅣ.
첨브터 읗 못햇어릅 사롬 안히 라던가?.

13 月 25905 흐릿 2437344 1327 1754

아침 련지도에 창주언 찾아 저녁에 오다.

14 火 25906 맑 2437345 1328 1755

읠

이 네 높. 낮혀지기란 뭐. 뭉텅이에선 않이!
아기 자기 가장 작은 가느다란 금나. 긋이!
그 긋이 내끝된다니 읠을 늦춰 될가? 말!

키 임 속

읠 늦춰 몸 난이로 몸 걷워 옐 높일 길울에,
머리를 웋로 둬, 한늘을 못 잊는 생각 사름,
이토록 뚜렷 보람을 못드른척 어이히?

노릇 (人道) 올힘 (義務)

사름 올힘 갈길이란? 잘·잘못의 갈림이고,
"못히"ㄹ 홈이됐잘홈이고, "못히"ㄹ 못홈해잘못일새,
위 엔로 오르락 내림 키임속에 키임속!

$+(-a) = -a$ $-(-a) = a$ $-(-a) = a$ $+(-a) = -a$

15 水 25907 2437346 1329 1756

辛丑 旧 新

野馬狂奔誘惑日 萬象森羅垢點綴
空心清淨安靜夜 一生婆娑蠹魚也

멕 힐 긁

누리속은 어이됐게 단단히도 도라진가?
온갖 생긴거ㅣ 먹히질 안하서걱정 이래?
솟날긁 하늘 안먹기, 땅에서런 낡두리!

눈에 들고 몸에 들면 드는대로 드려야지,
도라 나고 쏘다지면 블트앓고 내뫼야지,
더럽게 나와서 똥을 어이깨끗 드릴고?

16 木 25908 2437347 1330 1757

씹는 글

견댈만큼 간질임과 맛있게도 가렴긁임,
짭짝 쫄쪽 요븐아블 짜닥 재닥 얄밀만큼,
건드려 씨블싸블이 누리 한낮 넘친듯!

참 옳음

위로 위로 우이 위로 우흐 우흐 흐르옳로、
사모치즙 사모치즙 사모칠손 사모치리、
이제도 이내 이제로 이제 솟나 참옳옳。

나는 좋아 참말 옳옳 밤낮 올라 참말 좋옳、
월홀 고디 참말 좋아、 고디 고요 참말 좋옳。
뚜러시 뚜러시 제계 아ᄇᆡ 계고 참옳옳。

1961 2.17 金 25909 옳 2437348 1331 1758

한웋님

난、손요。님、계실걸요。만。아부지、되실걸요。
그러나。먹을거、얻거、시。예、뵈믄。계、절 못뵘。
몬몸속 몸뵘이 솟나 뵘웋에서。 한웋님。

18 土 25910 옳 2437349 1332 1759

히글월

목숨 목숨 잇어 잇어 얼옳 얼옳 익어 익어、
흙은 흙대로 얇은 얇대로 제금 찾게 밥븜、
고적기 예 맞입 노릇 치키티피 히글월。

19 日 25911 흐릿 2437350 1333 1760

20 月 25912 흐릿 2437351 1334 1761

몬아름

싱큼 므리 가장 둥긂 몬돌빌길 한곳 근침、
고루 내리 두루 도리 노름 노라 모름직 고、
한웋로 솟나 옳을 숨 사름 노릇 몬아름。

21 火 25913 흐림 2437352 1335 1762

옳게 바뀜 易其至矣乎

하늘 땅을 펼친 자리에 곧 가는 바뀜이오
天 地 設 位 易 行 乎 其 中

된 받홀의 곧있 곧있이 옳을 길의 오래라
成 性 存 存 道 義 之 門

바뀜에 알 높 하늘 받 알히 차림 땅 드되
易 知 崇 效 天 禮 卑 法 地

22 水 25914 맑 2437353 1336 1763

23 木 25915 맑 2437354 1337 1764

아 름 답 기

다 뗐단 책、 다 맞였단 학교、 다 일았단 임들、
덜 뗀 책、 덜 맞인 학교、 덜 일듯한 사름 두곤、
가깝기 가까울라기 알음알이 그、어떱?。

한 ᄋᆞ 옴

절절 절로 절히 뵙고 얼얼 얼려 얼골 들옴、
갖훈 몸 거느린 받홀 내린데가 한웋 인줄、
얼 씨고 절 씨고 좋웋 도라 곧 ㅣ 한ᄋᆞ옴。

24 金 25916 맑 2437355 1338 1765

孟子曰:盡其心者,知其性也。知其性則知天矣。存其心養其性,所以事天也。殀壽不貳修身以俟之,所以立命也。

全其天之所付 不以人爲害之

程子曰 心也性也天也 一理也 自理而言謂之天 自稟受而言謂之性 自存諸人而言謂之心
張子曰 由太虛有天之名 由氣化有道之名 「合虛與氣有性之名 合性與知覺有心之名」
朱熹謂 盡心知性而知天 所以造其理也 存心養性以事天 所以履其事也
示人以入德之學 曰天下之理具於心 統於性而原於天者也

莫非命也 順受其正 是故知命者 不立乎岩牆之下
莫之致而至者乃爲正命

盡其道而死者正命也 桎梏死者非正命也 不可以自取禍也
求則得之舍則失之是求有益於得也 求在我者也
求之有道得之有命 是求無益於得也 求在外者也
萬物皆備於我矣 反身而誠樂莫大焉 强恕而行
求仁莫近焉 居仁由義大人之事備矣。仁人心也義人路也
古之賢王好善而忘勢 古之賢士何獨不然 樂其道而忘
人之勢 故王公不致敬盡禮則不得亟見之見且猶不得
亟 而况得而臣之乎 有大人者正己而物正者也
有天民者達可行於天下而後行之者也

1961 土 25917
2.25 흐림 비 약함

2437356 1339 1766

天下之言性也則故而已矣 故者以利為本 所惡於智者為
其鑿也 如智者如禹之行水也則無惡於智矣 禹之行水也 行
其所無事也 如智者亦行其所無事則智亦大矣 天之高也
星辰之遠也 苟求其故 千歲之日至 可坐而致也
形色天性也 惟聖人然後可以踐形
堯舜性之也 湯武身之也 五霸假之也 久假而不歸 惡知其
非有也 君子所性 雖大行不加焉 雖窮居不損焉 分定故也。
士窮不失義 故得己焉 達不離道 故民不失望焉
君子所樂 王天下不存焉。舜禹之有天下也而不與焉。
君子所性 仁義禮智根於心 其生色也睟然見於面 盎於背
施於四體 四體不言而喻。

性 心神本體也【轉義】情欲·才能·身體·壽命。
萬有根源等。【熟語】性向、性癖、性質、性根、性格、
性稟、性息、性味、性气、性情、(心性、天性、本性、人性、物性、因果理、
稟性、)性業、性行、性靈、(出水蓮花比一)性法、(自然法)
性戒、(殺生·偷盜·邪淫·妄語)
性命、一天稟心質(例)易經「窮理盡性以至於命」二生命(例)「苟全性命於亂世」、
(天付之 稟之在我)
性說 性善說「人之性善也猶水之就下也」孟子
性惡說「人之性惡也其善者偽也」荀子
性善惡混交說 楊子

孔子曰操則存舍則亡出入無時莫知其鄕惟心之謂與
學問之道無他求其放心而已矣 飮食之人則人賤之矣。爲其養小以失大也 從其大體爲大人,從其小體爲小人
曰耳目之官不思而蔽於物. 物交物則引之而已矣 心之官則思 思則得之不思則不得也 此天之所以與我者. 先立乎其大者則其小者不能奪也 此爲大人而已矣 。 九章 六章 三章 告子上
有天爵者有人爵者仁義忠信樂善不倦此天爵也公卿大夫此人爵也 古之人修其天爵而人爵從之 今之人修其天爵以要人爵 旣得人爵而棄其天爵則惑之甚者也終亦必亡而已矣。

氣 包大地.生之元.人呼吸.万物生成根源.天地現象(空氣). 一期善.人體勢力.意志感情.

正氣 正大至高.万象根本.邪之對.本心。

26 日 25918 맑 2437357 1340 1767

偃蛇

蛇身人首非獨犧 放心失道趣十惡
人子磔木猶銅蝮 知性立命鎭三毒

修己

操存舍亡隨立處 安心正命順平道
天民小人臨常時 伐性自棄顚倒置

27 月 25919 맑 2437358 1341 1768

理學

宋代程張說 具心統性理
性命理氣學 人道原於天

圓覺太虛天 虛氣化稟性
遠知氣化道 性知覺吾心

28 火 25920 맑 2437359 1342 1769

1961 水 25921
3·1 흐리 비 2437360 13-3 1770

昨 晤 鵲 吟
古靈開明鐵馬駛 純黑潔白山鵲懿
高陽弊墟碧蹄館 盡性正命天民觀

2 木 25922 비 2437361 1344 1771

3 金 25923 비 2437362 1345 1772

4 土 25924 흐림 2437363 1346 1773

5 日 25925 맑 2437364 1347 1774

6 月 25926 맑 2437365 1348 1775

行 在
理一分殊生 天命在性我 性其理所居 才玆气分家

7 火 25927 맑 2437366 1349 1776

乘 輿
天命道一元 理性心存言 温故知新利 气才主幹貞

思
食色性也思至命 操則存心舍則亡
仁義命也思盡性 天與我者思之誠

8 水 25928 맑 2437367 1350 1777

皇 上
(細字) 假之天理人欲差 (細字) 所性仁義也食色
(細字) 身之中間聖凡同 　 一心上下回滿空

9 木 25929 맑 　 2437368 　 1351 　 1778

在 下
空空何空色卽空 　 虛空實空實許空
眞空不空元無有 　 惟一不貳正自由

10 金 25930 맑 　 2437369 　 1352 　 1779

치 키 기

하늘 김 됨 길로 — 읁 뜯 플 곧 — 에 나서 옐적에,
살 받홀 줄로 — 인 옳 차림 슬기 — 잡고 오름,
예 낮히 떠러졌구나. 솟날줄로 치키기……。

11 土 25931 맑 　 2437370 　 1353 　 1780

12 日 25932 맑 　 2437371 　 1354 　 1781

사름 사리 　 人 生

타고 나스니, 가멈츠드시도。 　 乘與行在如
하늘 뚤린 길 하나 읻드매, 　 天命道一元
올 받홀 몸 있 뚤려 누리, 　 理性心存亨
다스룬 까닭 새론 알 쓸리, 　 溫故知新利
김 나미 줄거리 곧아。 　 气才主幹貞

받홀은 올 사는데고, 　 性其理所居
나미 엔 김 긷 집기리. 　 才茲气分宊
하늘 목숨 받홀 예 나! 　 天命在性鐵
올 하나 긷 달리 삶이여。 　 理一分殊生

사름 나미
人 才

才 나미 木 나무 材 남기

셋 나 미

하늘 · 따 · 사름。

읽 늦은 어둑

서른설에 어둑은 저녁때에 땅검이 잊힘,
넘 어린적 새산위에게집이란 손곱질 쉽직,
읽음에 다시 얻거닌 어둑일가 다밝게…….

1961 3.13 月 25933 맑 2437372 1355 1782

14 火 25934 맑 2437373 1356 1783

新橋洞五一.2. 21時40分 樹州 卞榮魯 逝 (신문) 行年64

文思不安

都會無生地 市街不産業 商牿壟斷行 古今幾多

15 水 25935 흐림 2437374 1357 1784

16 木 25936 안개 2437375 1358 1785

뒤숭숭혼 소곤소곤 [임자 찾아]

앓네 넨 앓광이들! 입내만 낼 송자나빈!
지압-엄 될둥 말둥하다 사랑(?) 매진 늙어 칠말?
소곤댄 소곤이 자리. 電波傳播 라지오!

17 金 25937 맑 2437376 1359 1786

114 사롬 사이 Quran.

불상흠 깊고 사랑흠 두루 고른 ALLAH 신 이름으로……

I 일러라, 「매달립니다, 사롬사이 님께.
II 사롬사이의 임금인,
III 사롬사이의 검게.
IIII 살적숨어서 소곤 손곤 흐는 놈이,
V 가만 가만 소리로 사롬몸에 소곤대는

VI 뜬것에도 사름께도 소근대는,
그 소근 모지를떼쳐 나서.」

18 土 25938 흐림비 2437377 1360 1787

19 日 25939 호림 2437378 1361 1788

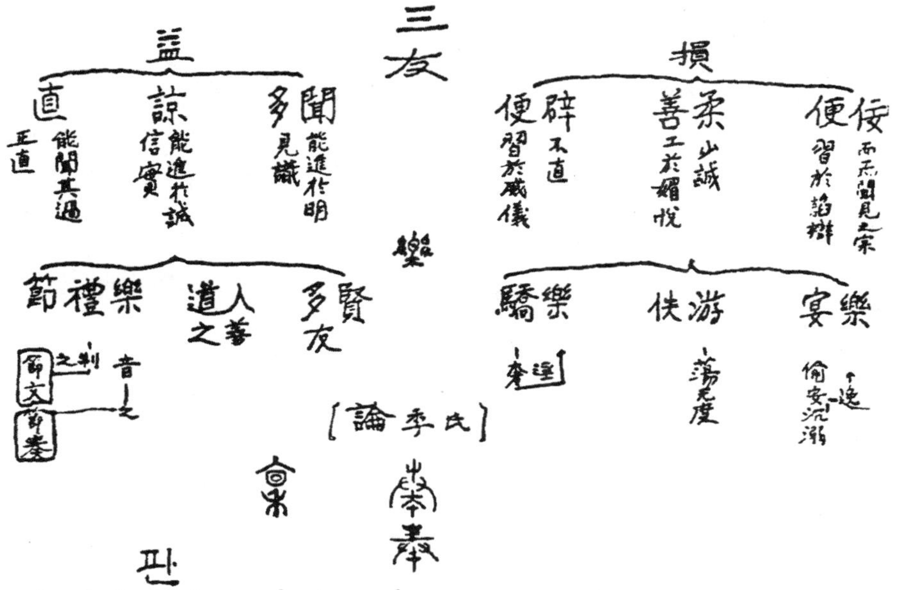

판
이 판을 무슨판만 녀이오? 먹는 판! 치는 판!
판은 갈뤄 판갈리면 먹히는 판! 맞는 판, 돼!
그렇지 되고 될판에 다른수는 찾지 무..... .

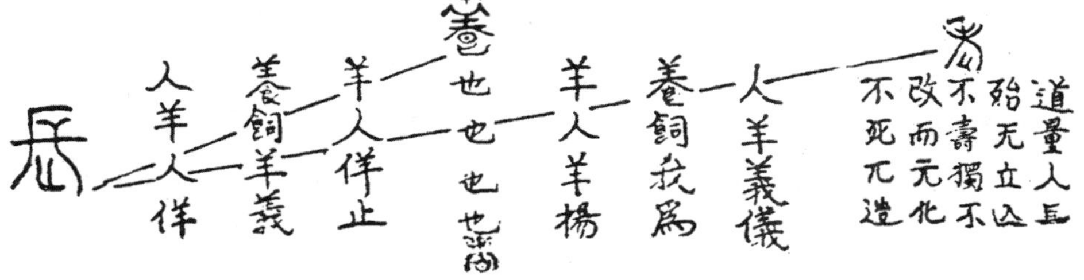

1961 月 25940 1362 1789
3·20 맑

1933. 11. 2. 2437379
24213791
10000

다 된 셈

이 셈을 무슨셈만 녁이오? 하나·둘·셋 — 흘제,
너희 다 서 에 일곱흠, 열에 둘없을 아옵. 개 고,
오갈셈 업시 11여 셈다 마친 셈이윤.

21 火 25941 1363
맑 2437380 1790

(體 用) 體也大虛一天元
用也藐實多地分
其大无外上上首
其小无内下下心

긴 집

우이로 밖으로 널수록 마침이 있을 길에,
아레로 안으로 들수록 맛이 있다고 보니,
건지기 빼히이기란 솟날기겨들과 사이로.

2 온 밖은 다 내주드래도 한앞만 파고 들 듯,
잘 뵈잘 땐 힘만 드니 맛 볼란데 맑 본 혼,
맛맛에 깨다 좋다 잠 마침내는 죽자잠.

3 서로 서로 낯을 못보고 소릴 못드러, 욀홀!
태레비전을 맞트러 놔도, 언제 볼기오 토키!!
낯짝도 목소리만도 아닌줄이 트지낭!!!

1 눈·귀·몸으로 보고 듣고 생각고 만이 아니!
날카론 맛에는 눈이 감기고 귀도 쓸데없!
차라리 눈귀·멀지기 살과 살만 살자죽!

2 水 25942 맑 2437381 1364 1791

코.내 · 입.맛 · 몸.맨대도: 박앗이지 — 게. 속 없다.
낮.볼거 업시, 얼.사귀: 깊속 골드러 보렴이.……。
온누리 한속곰인 때. 테레비젼 토키 넋。

23 木 25943 맑 2437382 1365 1792
22528

蘭芝島에 앓어는 滄桂인을 보러 갔었는데 0139

24 金 25944 밝 오릿 2437383 1366 1733

나.

있고 있다. 있고. 있고. 있고 있다. — 자리만 — 곳!
없다. — 있는 = 데 · 때 · 있다고 본 사름 = — 이! 없다. 그!
있다는 질즈믄 없고 성큼하나. 그 속 곳!

콸 콸 콸

입에 닮면 잡아 넣고 살에 다면 는지러 넘,
잡아 넣며 맛 있다며 느려 내곤 즐겁댄다,
죽겠다 나. 덥히다.간 물엄복허 넘처콸.

25 土 25945 흐릿 2437384 1367 1794

맛 보라ㄴ — 더 넓·더 깊 거, 찾아 가라. 친 채 — 채침,
개 짖어 도득이 · 불로 짖어 불엄이 짖히듯.
맛 본데 싫것은 없고 보다. 짖힘 자자잔。

뵐라는이가 쥔이오 보는이는 손이어라,
높게 넓히 잘 뵐랑: 힘에 힘 · 히과 달 · 날새듣,
'그림 떡 뭣에 쓰랴?'던 곧 짖혀서 눈 먼 먹 츰 흥

놓인대로 놔 두고 봄과 된대로 알도록 봄만.
쓴 힘도 · 드린 힘달도: 그록히 — 참·잘·아름답!
먹어 맛 때이ㄴ 사랑은 손난 얼엔 보기싫.

살대 사랑 네몸 나고 입대 먹어 네살지만.
얼골 듣위 보자 든잠은 맛과 짓엔 두꺽뿔.
뚫거니 멂·가깜 없시 테레비젼 맞 듣새。

바 롤 길

몬사이 실사이 사롬사이 얼사이 뭇사이、
올을사이 사이사이올 올바루 사이바루、
한올에 두사이 처럼 두새 한올 바롤길。

卽 事

攝取消息物交易 窮神聆音仍地天
展示鑑賞文化長 逐物移意履星霜

1961 日 25946
3.26 흐림 밤 비 2437385 1368 1795

27 月 25947
눈 뒤 갬 2437386 1369 1796

긇 기

한쪽「ㅈ」있시 없고、한쪽「ㄱ」없시 있는 두틈、
두틈을 타고난 자리라고、ㅣ 네 긇기 란데ㄴ!、
숨이 ㅊ 두는 필이는 곤히라믄「그빙갈!」。

審 美

展示作品亘觸手 舉手讚頌心乎愛
鑑賞具眼徹底心 三才享樂情甚深

利 丕 理
無事往來無故歸
行其所無事故利

無爲穿鑿全委性
始終變通會竆理

28 火 25948 흐릿 2437387 1370 1797

29 水 25949 흐릿 2437388 1371 1798

그 림

네꼴 닦아 네게 놓고 네꼴 밝아 네게 들지、
우리 그림 너희 보고 너희 그림 우리 보지、
네 그림 네 그리움이 한계 솟아 한울님……

30 木 25950 흐릿 맑 2437389 1372 1799

我
萬不得己一打痕
只示其位自無他

點心伊外蔑素餐
露宿天上未明我

31 金 25951 흐림 2437390 1373 1800

·1 土 25952 흐리 2437391 1374 1801

바 탈 로 곤

사름이란 일이 없으 — 한때 지내는 나그네.
禹는 黃河길로 가되 물괴. 발잘 맞힌 밭홀!
이孟이 禹를 일컫되 — 일없시로 「갈줄알」. —
일났다.ㄴ 뭐? 갈수 없다.ㅁ! — 가는 까닭 모른게지!?
까닭볼 알고나면 수월치! — 제 밭홀 걸걸기ㄴ —.
때믄과 터믄또 라믄 밭홀 대고 ㅎ는말.

1961 日 25953 2437392 1375 1802
4·2 맑

일이 없시 ᄒᆞ면 되고 일찍은 일, 열찍게 돼,
열째 힘쓸 월의 일이 일 직게 히 보람 될가?
사람은 나그네 길손 주억손속 으로고!

꺽어이: 꽂이 ᄀᆞ제, 뒤두리면 그림의 떡 굶어 먹을 꿈,
꺽, 꽂 죽자! 망그러지라! 손 댕나 덮쳐 진물,
건너다 맞 보·듣 좋고 오·갈것은 없잖아?

3 月 25954 2437393 1376 1803
맑 흐림

4 火 25955 2437394 1377 1804
비

두 레 삶
차림틀에 한참 가나 돌려 됨이 거룩ᄒᆞ고,
저 제대로 놂이 좋나, 볼일 데가 바이 없다.
— 차 림 도 저 제 차 리 고 놂다 놂이: 두레삶 —.

놀 림 감
몸·몸이 덩, 낯, 낯·낯이 덩, 금, 금·금이 덩, 긋 — 요,
한 낯 금새 몇 긋 잡고, 아름답? 좋고 모름집? ,
긋·긋의 맑숭 닮숭을 읽다 놀다, 놀림감.

목 숨
빳힌 숨에 즘승 넣건? 숫난 숨에 흰얼 넣건?
사람 받훈 넓몸 가춰 빳빡내뫄 숨을 튼다!
숨도숨 — 하 굶어 먹은 — 가장 높히 — 친·한숨.

손 님 말 숨
첨이자 마지막 본 손도 여러분만 녀겼고,
저 삶 앞에도 뒤에도 없시 듣는말을 모르면,?
이 버가. 바로 그손님 제 졸말슴 그말슴.

제 깸

이 몸이 몸의 씀 알되, 이 몸은 몸의 좀 몰라,
슬기 없는 고기몸 집에, 얼을 섬길 몸낯은,
여 섯 곳 밝고 밝히어 솟날 뜻을 나외만。

5 水 25956
맑 흐릿

2437395 1378 1805

난 믿 오

몬몬 고 곳 몬 다믄 빙 빙도 곳도 곧은 고요,
찰몬 한빙 왼고 곳은 둥큶 싱큼 다름 없을,
난 믿오 한몸이라고 사룸사이 속의 속。

한잔 호 한국산은 밝에

시퍼러케 뫼 옷 입성 입혀 놓면 참 좋을걸!
좋고 말고! 싶는 [illegible] 오늘, 먼저 좋다, 한잔 들게!
도끼가 처 먹으며도 시퍼러니 한잔한……。

돍 떨 떨 몰라서

빽앙이는 뫼는 프르게 두어뒤더라. 지만,
씨알 입자 저울질이 벌 프른놈만 퍼치가?
술말고 젓을 내 먹고 나무 말고 돍 떨 떨!

달 곰 은 쓴 맛 맺 힘

먹어 빠지고 멕여 흘림이 이승의 노릇에!
맨 씨 옷! 때로 날로 달로 히로 맨 맺힘 까지!
「먹지 말」「멕이지 말」만 맨 얼 솟날 ─ 좀 ─ 뚜렷!

如 實 觀
夢中漫喫畫中餅 生育子女未共和
目下杞憂日下橫 鑑賞声色不與存

1961 4·6 木 25957 맑 2437396 1379 1806

利水道之(貞)身生活達 水利灌之民產業用。
다 사ᄅᆞᆫ 까닭에 새 사ᄅᆞᆷ 알이 플리어 늘삶、
犀利ᄒᆞᆫ 溫故知新 利萬事之幹。이었다、

7 金 25958 흐릿맑 世界保健日 2437397 1380 1807

옳다、올 밝 않 닳、싱。— 닿면 닳진다 —
번개 우레를 부려 보고 듣고 얘기도 ᄒᆞᆯ날、
굿인 비ㄹ 맞아 먹고 멕여 붙닿집 좁 될맨 숢、
다가올 입맗아 터질 나죽음을 늦흘가。

8 土 25959 맑 2437398 1381 1808

9 日 25960 맑 2437399 1382 1809

10 月 25961 맑 2437400 1383 1810

10·30 時 師範大学에서 얼 일 맞 올 ·울

11 火 25962 흐림비 2437401 1384 1811

뭘 ㄹㅎ 가、
곳 나 있다 나도 곳 너도 곳 나 너 새틈 빟다!
空 出我 在 出我亦空 出汝亦空 我 汝 間隙 空也
곳은 길이。 금은 넓이。 낮은 둘에、 없ᆞ몬에 몸?
곳 없이 있는거ㄴ 빟오、 몬 자리 빟。 개메 곳!?
無 端 存在則空也。物 在 空。亦空 在 宇

몯인 몸곳이 무너진 몬 곳을 맛나다(고) 먹다(가),
입 다물곤 눈뜬 끝엔 먹엑이는 그만 칩고,
속곳이 위우이위로 성큼하나 빙을봉。

12 水 25963 호림 2437402 1385 1812

全其天之所付 바른 목숨

不以人為害之 立

하늘 텐대로 옹긂 — 사롬 잘못이 없시 — 세믄……
이루집음이 조곰도 없이 — 이른것은 바름!
한바람 목숨실 올을 바로세웨 지이다。

莫之致而 至 者 乃為正

몸이 열마나 빙였게. 몬곳만 맛아 드리랴?
속이 쓰리다며? 먹자! 마시자! 만은 어쩜요?
손그곳 이몸도 한곳 한웅빙로 솟으랏!

사롬사리

人間

天命道一元
理性心存亨
溫故知新利
氣才主幹貞
性其理所居
才兹氣分家
天命在性我
理一分殊生
衆庶行在信
頂天要領身

하늘뚤린 걸 하나 얻듬, 올받홀 몸있 뚤림,
더사른 까닭에 새사롤 일이 풀리어 줄늘,
깊 나미 줄거리 굳굳 끝이런가 ㅎ노라。

받홀은 올사는데고, 나미엔 깊 긴 집이라,
하늘목숨 받홀 예나 올하나 긴 덜리삶요,
사롤걸 타고 나슨데 가맙츠기 믿붐도。

13 木 25964 호림 2437403 1386 1813

잡아 줄 손에 놓인 속

줄 잡아 놀손 늘 잡아 맨손 잡은 손 놓인 속
받 끼 나 적 주 자 그 크 실 으 치 으 죽 으 빙 으
늘늘줄 늘줄줄 한줄 줄곧고디 잡아 줄

1961 金 25965 2437404 1387 1814
4·14 흐림

빙을봉

저녁 마다 지는 ●히의 끝인 말은 「별을 보리」,
밤만 되면 별과 별의 눈짓ᄒᆞ듯 보인 뜻은,
「알맞이 도라가올손 빙여빙여 빙을봉」。

15 土 25966 2437405 1388 1815
흐림

ᄒᆞᆫ 계

넌 널 「나」라 난 날 「나」라 ᄒᆞ고 난건 똑같으지?
난 널더러 「너」라기오 넌 날더러 「너」라기도 똑같으지!
나 밖에 맞나건너긴 너너다너 맞난 나……

드도나도 난 나 한나 나도나고 너도나고,
골잘즈믄 이도 맞나니 「너」 저도 맞나니 「너」,
너나로 나드리 비롯 언제맞참 제계로。

滄桂 언을 찾어 갔다가 적어 놓고 오다:

삼가

언님, 이제 아모 일도 못 보실 만큼 싸호심!
壁새에 앉은 이야우ㄴ ᄒᆞᆫ웋님 계로만 생각……
ᄒᆞᆫ님계 이기신님계 이길 씲만 봅소사!

16 日 25967 2437406 1389 1816
밝

殤 禮喪服傳云

年 16至 19 死爲長殤
12至 15 〃 〃 中 〃
8至 12 〃 〃 下 〃

7歲以下爲無服之殤
生未3月不爲殤

7月 25968 2437407 1390 1817
흐림 맑

거 울.

그런이 몸씀이 거울 같 — 보내도 맞도 않고,
빽빽히 얼음 알되 가므리질 아니 ᄒᆞᆫ 까 —
잘몬을 닿지지 않고 이길 나위 있다고.

至人之用心若鏡 不將 不迎 應而不藏 故 能勝物而不傷

「迎新將故」

씨 ㅣ {없한·있작·나·나라니·난·나!
잘몬과도·하나!}

하늘·따·나 나라니 나니, 잘몬 과 나는 하나,
이믜 하나 돼! 또 뭐? 말! 하나랬으니 없? 말없!
하나와 말이 둘되고 둘과 하나 셋이 됨.

이러케 간다면 책력을 넌이도 못 얻을데!
없서 있가다 셋된데, 허물며 있서 있가단,
갈데가 어딘라. 찾나? ㅣ 곧 씨ㄴ가 ᄒᆞᆯ 따름.

天地与我並生而 万物与我為一 旡已為一矣 且得有言乎 旡已謂之為一矣 且得無言乎 一与言為二 二与一為三 自此以往 巧曆不能得 而況其凡乎 故自無適有 以至於三 而況自有適有乎 無適焉 因是已.

눈이 입 꽃

죽엄 저쪽서 본다면 ᄒᆞᆫ알 없는 끔임의 삶!
더러운 샘 흐른 때옷, 콧물, 똥물, 송창물, 꿈!
꿈이란 꽃답다지? 들! 빩안 진물 담숙 듦!

가륵다! 더런물에서 솟난뒤 물 않 늘 꽃이!
싱싱히 폈었고 닿지도 걺기도 않고 맑음!
눈아이 잘히 하늘눈 가륵 넋의 눈이 입!

1961 4·18 火 25969 맑
2437408 1391 1818

19 水 25970 맑
2437409 1392 1819

20 木 25971 오렷
2437410 1393 1820

21 金 25972 비
2437411 1394 1821

말미 얻기

하늘 나미 덥 따 나미 사름 나미로 셋 나미
제 말미어 예 나미 뵘 예 말므로 제계로 고.
나미는 다 뵈면 들기 말미만은 얻더야!

22 土 25973 맑
2437412 1395 1822

今 古
點小線長面廣在 至小始點我即知(術)
體高命深屋大存 最大終命心歸溫(哉)

말
나 때믄, 내 되믄, 나라 라믄 — 까닭 같디 없지,
나라니 둘 — 하나의 말: 하나·둘·셈·맞히 — 그만,
참첫첨 로고스 계서 말씀한계 하나님.

23 日 25974 맑
2437413 1396 1823

贊佛法
愛欲父執情 善繼養有衆
慈悲母親性 克斷生無明

24 月 25975 흐렷 2437414 1397 1824

愛欲葛藤交　交錯催劫火
慈悲松栢分　分明摩霄雲

25 火 25976 흐렷 2437415 1398 1825

희 · 마을

물에	필 치. 구루구	오	五	87·969	生之殺之一道理 大宜多宜三才安
금	두 2 4 K을 처	빼	八	224·7	
불보니	얽바루. 구퍼 서	구	九	686·98	
나무야	데써서두. 다구	구	九	4332·59	正食其時百骸理 能動其機萬化安
흙	만날 친다구. 두l	꺼저	○	10759·2	
천왕	삼만날루봐요. 글세	다	五	30685·93	
해왕	육만날 한파티. 여네	판	万	60187.64	
명왕	그만 사룬구날세니	킬로	粁	90469·32	

26 水 25977 흐림 맑 2437416 1399 1826

27 木 25978 맑 2437417 1400 1827

걸 챔 플 이
널데 없이 큰것과, 갖얼수 없이 많은것과,
밀리지 않고 높게된, 거두지 않고 따께된,
빟에가 찾을 일인지? 안개ㄴ 걸고! 끊은 깨!

28 金 25979 맑 2437418 1401 18

29 土 25980 맑 2437419 1402

1961 日 25981
4·30 럭 보낌 밝 2437420 1403 1830

禘

王者有禘有祫. 諸侯只有祫而無禘。祫取合祖, 禘取尊遠故爲王者之大祭。○周禘帝嚳以后稷配, 魯禘文王以周公配。○三年一祫, 五年一禘, 祫則太祖東向, 毁廟及群廟之主, 昭南穆北合食於太廟. 禘則太祖之所自出者東向惟以太祖配之不兼羣廟之主, 爲其尊遠不敢褻也

曰放勳, 欽明文思安安……曰重華協于帝, 濬哲文明…正月上日受終于文祖…月正元日舜格于文祖……曰文命敷于四海…正月朔旦受命于神宗。

祭義莫深於禘. 蓋於報本之中又報本, 追遠之中又追遠 惟聖人制之亦惟聖人知之……

5·1 月 25982 호렷 맑 2437421 1404 1831

族孫熙澤(元栢長子) 報恩人高亨遠 女元子
結婚. 予主其禮矣 新婦之伯叔高仁遠氏後行而來接見
흙 집안에서 오늘하루는
멀리 좇고 좇아 뭍의 뭍동으로 도라간 날. 끊갖자
는 걸어의 한큰날입니다.
報本追遠之意莫深於禘

2 火 25983 맑 2437422 1405 1832

3 水 25984 맑 2437423 1406 1833

公 一 無 止 性 靈 性 靈 虛 空 平
平 萬 有 盛 虛 空 一 無 萬 有 公

4	木	25985 비	2437424	1407	1834
5	金	25986 흐림	2437425	1408	1835
6	土	25987 맑	2437426	1409	1836
7	日	25988 흐림	2437427	1410	1837
8	月	25989 맑	2437428	1411	1838
9	火	25990 흐림	2437429	1412	1839
10	水	25991 비	2437430	1413	1840
11	木	25992 흐림	2437431	1414	1841
12	金	25993 비	2437432	1415	1842

동대문밖에서 6時頃江陵行—雲橋—卄1800—뻐스로 11時지났을 무렵 와 닿고. 自相 맞나왔기 우리 양쪽이 함께 거더서 大美에. 비도 멎추고 흐릿흔데 저물지 않아 드러오다.

13	土	25994 맑	2437433	1416	1843
14	日	25995 맑	2437434	1417	1844
15	月	25996 흐림	2437435	1418	1845

1961 火 25997
5.16 맑
3一7時 革 ⟨日⟩ 兩手·芒皮線

2437436 1419 1846

17水 25998 흐맑 2437437 1420 1847

雲橋八時發 十四時崇仁洞着

18木 25999 흐림 2437438 1421 1848

차림과 줌
월을 차려 몬얼 보고 제끔 차려 나남 맞음.
채런 있어 서로 줄수 서로 주어 나남 살수,
공구말 차리고 주면 나라 하기 아조 쉽.

19金 26000 맑 2437439 1422 1849

大学之道 在明明德 明 是用功 以明之也 明德○指所受於天之仁義禮智說
在親民 ……………
(傳) 康誥 武王告康叔之誥也 曰克明德 克明·能明也 德即明德也 ○人皆有之 惟文王緝熙敬止克明其本明之德焉 太甲曰 伊尹告太甲 顧諟天之明命 靜存動察 天之明命即明德 根源處
帝典 堯典之篇 克明峻德 峻·高大 皆自明也
湯之盤銘曰苟日新 日日新 又日新 ○康誥曰作新民 鼓之舞之之謂 ○詩曰周雖舊邦其命維新 文王能新其德以及於民而始受天命也 ○聖德日新民從而來故天命之以有天下而本維新 是故君子無所不用其極 自新新民皆欲止於至善 ○易經湯武革命

한 벌 밖에 (一生一經歷)
한사름을 넘으 앞새 잘사름과 멀고 멈즉,
잘사름은 잘 알자니 한 사름도 몰라 줆! 나.
이 밖에 하는수 없는 한숨한벌 티 난 걸?.

.20 土 26001 효짓 2437440 1423 1850

믿과 긋 〔本末〕

어베 맨웁진 갑작은 거듭끗이 삶의 비롯!
깨난 아ᄎᆞᆷ 뾰죽 긋이ᄋᆞ나。! 잔든 저녁 그속 믿?
씻잘날 감박 물방울앙징ᄒᆞ나 믿둥곪!!

봄속에 가을

담베술 맛 못 부치면 그 짓이 싫기만 ᄒᆞ고.
안경을 써야만 보게 되변 쓴 꼴에서 뱁시.
사ᄅᆞᆷ은 제보는속에 딴 누리를 꿈여 삶.

21 日 26002 맑 2437441 1424 1851

욀홀

삶은 늘 이긴 욀홀에 —— 그 한줄 놓칠손, 죽음……
올.타.나.온 올에 힛일, 욀홀 줄곧 옳다! 아멘.
욀올줄 홀가븐ᄒᆞ게 타고 나들 한줄곧(이)

뜻

뜻·떠·움직여·소리·나며. 도라가노란 —— 말씀、
하늘이고、따고、사ᄅᆞᆷ·짐승·새며、불과、바람、
뭣이고 뭣이가 엽시 한숨뿜는 한뜻숨!.

孟軻

몸 다ᄒᆞ니 반홀 네 앎 받아 홀림 하늘 드높.
늘든 몸엔 반홀 치기 다른일 없 섬길 다름、
올탄숨 줄고디 곤디 올옳옳지 한올 빌(ㅂ)。

盡心知性而知天所以造其理也.存心養性以事天所以履其事也

1961 月 26003
5.22 맑

2437442 1425 1852

멜 길 은 한 웅 로 만

하늘 뚫린 목줄로 숨, 하늘 뚫린 몸으로 말,
하늘 뚫린 올 옳 옳다, 하늘 뚫린 길 잡아 곧,
우리의 머리 둔 하웅 발다리 따 달리리

올 바루다 단 되울키 떠러짐

솔개민 험차게 날라 새은 쥐만 높 들러 찻!
물개민 떼물처 모래 빌딩에 두레살린 채!
제 올 길 솔개미라면 독개비가 아닐가?

大 綱

排容共〔明〕 行耐乏〔儉〕 發勤勞〔勤〕 增生産〔富〕 揚道義〔德

23 木 26004
흐림

2437443 1426 1853

䷀ 싱큼은 얻 뚫 풂 곧

큰옿 말: 크다, 싱큼 얻든데. 잘몬 비롯 졌으니, 예 하늘으
그늘름이로다。구름이 가고 비가 온데, 낱몬의 흘러나
꼴을 짓었음이여! 크게 밝히면, 맣비롯은 여섯자리 때로 이루
노니, 여섯 미리 틈을 내 타야만 하늘대로 써티리로다。싱
큼길은 갈래되나니. 반홀뚫림이 바롤끔: 크게 고르로 갖아맞인데,
이엔, 풀리ㅛ곧으리로다。뭇몬에 머리 솟으면, 잘나라 다 좋으리라

그려말: 하늘 곧 싱큼 토다, 그이 씀도 제세임에 쉬잖도다!

글말 말: 얻음이란 착홈의 어룬이오、 뚫이단 좋음의 모딤이오、 풂이단 올의 고르름이오、 곧이란 일흔는 줄기로다.

그이 몸에 배인 얻을 밟아서 사름에게 어룬이 되고, 좋음의 모딤을 밟아서 차린에 맞일거오, 몬을 풀어줌을 밟아서 올과 고를것이오, 곧 곧음을 밟아서 일을 바로 볼것이로다.

그이란 이 넷 속알을 가는이로다;
므로, 성큼은, 얻 뚫픎 곧.

24 水 26005 묽 2437444 1427 1854

25 木 26006 묽 2437445 1428 1855

侄 運相 迎娶 喜英 (張善永 次女)

26 金 26007 묽 2437446 1429 1856

한 밑 에의 온갖 깃
한가지에 닮이 달린 깃(分). 밝(明). 올(理). 하나! 빛갈. 깃.
잘몬 다 한갈같이 잘있. 빙. 빙앓 은화몬 자리(物位).!
꼭대기 올 옳아 옳다. 한웋화달린 필. 다리!

27 土 26008 묽 2437447 1430 1857

28 日 26009 비 2437448 1431 1858

사룸 머리 드높아
어깨도 팔도 목도 허리도 다리도 발도 — 다!
별도 히도 땅도 달도 — 몬탕(物質) — 다 한웋에 달림!
한웋로 꼭곧 꼭대기 우리 므리 드높아!

낮에 힘써 움지기므로, 밤에 잘 잠과 같히,
살어서 나는 떠라 섬김, 죽어서 나는 좋리,
한웋로 꼭곧 꼭대기 우리 솟나 늘삶 믿。

29 月 26010 개임 2437449 1432 1859

始審慈悲

天三地四台女始　　念茲在茲存茲仁
元一中十才采審　　莫非是非自非心

大學 과 國軍

배와라 배와라 ― 利보고 害안봄 ― 배랫더니
罪ㄹ 끊자고 義ㄹ 들고 ― 나온 젊은 成仁 열렸네,
사람을 가르치기는 한올(一理)로되 나옴 옮。

나오라 敵을 막는 强兵으로만 되랫더니,
먼저 썩은 속을 두려 빼기 브터 홀출 뵈네
머리울 하늘이 하나 속의 몬도 하나뿐。

물ㅅ것

두틈에는 '돈아 남' 있. 또 돈아 나. 먼저 돈 먹,
높은 돈에 멕히는 돈, 틈에 껴먹 물ㅅ것이랍.
하늘 땅 틈에 물ㅅ것은 뭣에 먹혀 좋을가?

남 어 기쁨

첫때 울비롯은 숨을 끌때 웃맺임직도 흠,
꼭 언제브터지 모르나. 깨워세워 곧 제 때,
참 새록 제계 곧 되는 기쁨조차 그득참。

1961 26011 火　　2437450　　1433　　1860
5.30 끄믈.

小記

陽阜有突起(지난해 봄 무렵에 비롯?)年來有半舟　1960年 1月 無等山留. 右臀部에 久熱이 있었고 八月에 足指에 久熱이 있었고 肩部에도 數似 있게 보도 보다.
言人或癌瘡　現沒似疸非

岩岩節南山　宇宙無時代
癌癌惡世紀　性命不險夷

몸 시 열 인 나 로
나는 열여 참는 바탈 못될진딘 앒음 업시,
탈도 숢도 늙기도 홈 그런대로 죽기도 믄,
견듸여 제계 근덕로 한웋 므리 몸근울。

31 26012 水 끄믈 2437451 1434 1861

空色空識
女識台色台不知 台女眞相始無根
台知女色女不識 知識正義終不測

나 는 쉼 잠 빙 참
몸몸일 다 쉰 웋에 숨만 쉼이 잘 자단 참 쉼.
숨쉼 마자 쉰 웋에 잘이랄 뭣이 있으면 빙.
일 웋에 쉰웋에 쉰숨 다다르니 빙에 참。

뒤 을 티 에 씻을 때 믄?
뒤잘·밑잘 보는이가 앒맑 웋좋 찾아 솟남,
저마닥의 꼭문이오 집마닥의 뒤가 꺽꺽웃
손은손 씻고 씻고 씻 때때 씻어 때 없 씻。

6.1 木 26013 맑 2437452 1435 1862

맨앒 몰라 뒤진줄 앎? 뒤덜 삶에 앒 못슨걸!
앒의 앒은 맬거 뒤, 좋. 뒤의 뒤를 잘 앎 일 걸!
. 뒤 본 뒤 않도라 볼손 누라 얘긴 홀수 없。

제 돛 놓 기
보암직 먹음직 후지만 따 먹진 말걸 먹곤!
먹고 나와선 또 먹곤 또 나와, 엎치고 덮칩!
이 제는 홀수 없다고 제돛 놓러 다님 길,

1961 金 26014
6·2 안개

2437453 1436 1863

먼저 일러 온것이 꼭 빠른 놈도 못돼?
나 열넷때 글방에 어든 먹은 손이 묻는다.
밤에 닭불 시늉을 혼다. 만 나올 뱀은 없다
뱀 놀람 아달 몸 였지? 뱀 첩, 해와ㄹ 어찐대!?

3 土 26015
밝

2437454 1437 1864

내 달린 깃에게 내 말!
予 語 於 自 己 分

깨나 낮삶 자장 자라. 밤쉼 엄마! 든빔 입 벗!
覺 我 賤 活 睡 睡 長 之 夜 息 正 毋 入 寂 是 父

누리 몬탕 한늘 얼을 밝업 좋싫 잘과 잘못—
世 間 物 質 宇 宙 神 理 明 暗 吉 凶 善 与 不 善

새도록 꿈꿔내 볼일 높갤데가 빔ㄴ가 며……
至 明 可 視 出 夢 了 畢 高 惺 處 恐 後 空

無 智 겁 직
이제 예서 내게 그리 됐지! 참 그런—긴 —없다.!
가까 멀러. 잇가. 있다. 딴이 —대로 그뵘 달다!
입븐이 많은이라가 무지겁직 맞혀 봄!

따러 섬김
사름·내섬 기므로 기ㄹ 섬김에는 성금 섬금.
사름끼린 좀 성기덜 만치 한울 섬기므로
환호이 목숨 올려 섬 성큼몬돌 한곤되.

한 거름
쉽게 살되 살기 어렵 쉽게 죽되 죽기 어렵,

흔호거이 사름인데 사름되기 참 어려워,
어렵·쉽 살다··죽는다 두가지는 한거름.

예 수 (慈克)

한울로 머리 둔 나는 한울님만 그리웁기
나 섬이 기므로 오직 하나이신 님를 니기,
섬김에 세우신 목숨 그리스도 기름길.

4日 26016 비 2437455 1438 1865

차 림 (禮)

제 저대로 직힐라니 사름 삶에 차림보기
나·님 절로 직혀 서로, 직히자니 서로 나 님,
나, 나만 — 님 모른다, 수 — 없다 보니 차림찾.

5月 26017 2437456 1439 1866

깰 잇틀

사름돼, 잘 날 잘잘 날 기대려 바라 살기는,
「그 하루 좋은 날 보기라」 욺지길수 없는 참!
이 이승 하루하루꿈 처저승에 깬 잇틀!

몸 밝 안

물것의 누리가 몸이고, 사름은 땅의 물것인가!
몸에 물리치듯, 땅에 사름 물리칠 날, 물것
없다고 누가 다짐호? 빙몸 몸빙 밝아 옴.

조 각 글 (片紙)

앞서 부친 몇조각은 뭘 보잘이 안 아신가?
첨브터 조각글로 써 뜻 내 뵐수 있으랴 만!
한조각 언듯보고들 올리 찾는 때 원 뭐!?

한 창

한·창의 한·창을 앞 당겨 뒤 돌켜 생각 말일!
이련 어림—젊언 젊음—늙언 늙음 에서 한·창!
한·참 곧 한·때를 일름 죽음 한창 알고 떠!

1961 火 26018 밝
6.6 2437457 1440 1867

계 ㄴ —— 계·계·계

뎃뎃ᄒᆞ니! 덧덧지 못ᄒᆞ니!,로 —— 덧없애—— 놓매,
—— 그동안 —— 감박! 잠 들어 엄이! 깨!빛 나니 암이!
동안은 동그람이—둚 옴도 감도 않인.기.

7 水 26019 맑
2437458 1441 1868

우 리

흙몸 땅삶 걷워 칠때 빛몸 한울 옳옳 우리,
울로 옳을 우리ㄹ릴—읠— 솟날 긁이 들었 밝숨,
몬탕(物質)이 몽탕 아니건: 얼빼 놓순 없거던!

8 木 26020 비
2437459 1442 1869

몸 몸

몬야! 풀려, 몸 돼 서니. 몸소 솟자! 얼 치키 계,
너ㄴ 멍텅! 몸탕! 몽탕 놓고, 도로 빠지? 몬탕 예.
너ㄹ 훨씬 빛탕(大本)을 없임! 맨탕, 몬탕(物本), 몸탕(由來), 몽.

옳 옭을게? 몸 몸을 에?

온 음옹 옭을 옭을 옭을 한울 솟나 살 긁요,
몬 몸몽 몸을 몸을 몸을 몽탕 놓고 몸어 짐,
오 호 호 치키워 살음 풀 불 끌 몸 몸을 면?

金 26021 안개
2437460 1443 1870

子曰:「禮云禮云。玉帛云乎哉!乐云乐云,鍾鼓云乎哉!」[論·陽貨]
子曰:「色厲而内荏,譬諸小人,其猶穿窬之盜也與!」上全
子曰:「鄉原,德之賊也。」子曰:「道聽塗說,德之棄也。」
子曰:「鄙夫!可與事君也與哉?其未得之也,患得之;既得之,患失之;苟患失之,無所不至矣。」[上全]
子曰:「當仁不讓於師。」子曰:「君子貞而不諒。」[衛灵公]
子路問:「君子」子曰:「修己以敬」曰:「如斯而已乎」曰:「修己以安人。」曰:「如斯而已乎」曰:「修己以安百姓。修己以安百姓,堯舜其猶病諸。」[論 憲問]
子曰:「加我數年卒以学易可以無大過矣。」子所雅言:詩。書,執禮:皆雅言也。子不語:怪、力、亂、神。[述而]

10 土 26022 2437461 1444 1871

子曰:「人能弘道;非道弘人」張子曰:心能盡性,人能弘道;性不能檢其心,非道弘人也。[衛灵公]。子罕言:利與命,與仁。[子罕]

11 日 26023 2437462 1445 1872

天地有正氣 今古貫忠精(誠) 體物終始神(吟) 幹事本末貞

12 月 26024 2437463 1446 1873

13 火 26025 2437464 1447 1874

14 水 26026 2437465 1448 1875

15 木 26027 2437466 1449 1876

子曰:知變化之道者其知神之所為乎

1961 金 26028
6.16 흐림 비 2437467 1450 1877

17 土 26029
오릿맑 2437468 1451 1878

18 日 26030
끄릇 2437469 1452 1879

사롬의 흔고 잠
걸위 먹고 색여 살기, 베여 누고 자고 깰네,
깨지면 잠 못이루고 안깨지면 지잠 잼이,
지자면 거둘수 없지! 잘못살건, 뻔훈일.

그저 우리ㄴ 일로 절로
다 잊고 잠 자다니? 훈 질거 없는 노릇이곤?
못 잊고 깨 나다니? 안훈 질 수도 없는 노릇!?
식히는 무엇인 — 계셔 — 올리 내져, 힌나듬……

19 月 26031
흐림 2437470 1453 1880

〔使徒〕十七24 宇宙와 그 가온딕 있는 万有를 지은 神께서는 天地에 主宰시니 손으로 지은 殿에 계시지 아니흐시고 25 또 무엇이 不足훈것 처럼 사롬의 손으로 섬김을 받으시는것이 아니니 이는 万民에게 生命과 呼吸과 万物을 親히 주시는者심이라 26 人類의 모든 族屬을 한血統으로 만드샤 온 따에 居흐게 흐시고 저희의 年代를 定흐시며 居住의 經界를 限흐셨으니 27 이는 사롬으로 하나님을 或 더듬어 찾아 發見케 흐려 흐심이로되 그는 우리 各사롬에게서 멀리 떠나 계시지 아니흐도다 28 우리가 그를 힘입어 살며 起動흐며 있나니라
〔로마〕一19 이는 하나님을 알만훈것이 너희속에 보임이라 하나님께서 이를 너희게 보이셨나니라 20 創世로 브터 그의 보

이지 아니 ᄒᆞ는것들 곧 그의 永遠ᄒᆞ신 能力과 神性이 그 만드신 万物에 分明히 보여 알게 되나니라.

〔욥〕 卅四 14 그가 万一 自己만 생각ᄒᆞ시고 그 神과 氣를 걷우실진ᄃᆡ 15 모든 血氣있는者가 一切로 亡ᄒᆞ고 사ᄅᆞᆷ도 塵土로 도라가리라

20 火 26032 비 2437471 1454 1881

丹 衷

白晝現世 分明性　　高气深力物光丹

黑夜終古 於穆命　　徹天透地虛靈誠

21 水 26033 맑 2437472 1455 1882

맨 맞이 믹네 소리라면

대낮 돼 볼 누리라면 너도 나도 밝을 받홀,
우밤중 맞아 맞혼 옛날로 뚫린 우리목숨,
이승에 밝은 힘달은 내게 이리 보이오。

높은 김, 깊은 힘, 몬피(物血) 빛올(光理) 몬에 된 속알짬,
땅이 뚫코 하늘 사모칠 빛의 렴검은 참만,
이·저승 나너 갈릴 짬 「맨 끝 소리」? 로라면!

22 木 26034 흐림 0시 00분 夏至 2437473 1456 1883

日出 4·41 日入 19.27 晝長 14·46 夜長 9.14

「나라살피」
東經 自 124° 11′ 00″ 百而思之東經土
　　 至 130° 56′ 23″ 一世吾育念三界 ≻ 經未七度 6·81
北緯 自 33° 6′ 40″ 三十三天陸不動
　　 至 43° 00′ 36″ 北原矗絕三六計 ≻ 緯近十度 9·898

1961 金 26035 2437474 1457 1884
6·23 비

24 土 26036 2437475 1458 1885
맑

빙

진믈을 짜먹는 부리가 맺이(所謂實)만 「참이라」 찾지?
모든 흐름 돌릴데로 돌리고 바로 된 됨은?
맞 참 내 빈한듸 빈탕 빙기신가 ᄒᆞ옵。

不患人之不己知, 患不知人也。(学而)
不患無位, 患所以立. 不患莫己知, 求爲可知也。(里仁)
不患人之不己知, 患其不能也。(憲問)
君子病無能焉, 不病人之不己知也 (衛靈公)
君子疾沒世而名不稱焉。
子曰: 飽食終日, 無所用心, 難矣哉. 不有博奕者乎. 爲之猶
賢乎已。子曰: 群居終日, 言不及義, 好行小慧 難矣哉

25 日 26037 2437476 1459 1886
맑

우리 님은

뵙고저 뵙고저 따를수록 비키시는 한님!
먼저 뵐ᄒᆞ던 올한빛 조차 비키셔 안보입네!
한동안 비껴주시는 빙기신가 ᄒᆞ옵。

내 몸아

우리는 부리 — 먹기도 산기도 — ᄒᆞ는 입부리!
마침내는 곪아 진믈로 터저 나올 ᄒᆞᆼ이림!
이부릴 따러드나들 나 아닌건 깨야옴!
十方具存者立命
博物盛地盤 萬有行虛空 具足蹈坤球 含靈達乾

26 月 26038 흐림 2437477 1460 1887

其覺無憂者

安息安息惛惛寢　長夜大劫日月微
復起復起惺惺覺　一氣螢火滿假耀

27 火 26039 ᄆᆞᆰ다·흐리다 소내기 2437478 1461 1888

28 水 26040 ᄆᆞᆰ다 흐리다 2437479 1462 1889

孔多夢周公

少作老穫成人道　此生窮理他生命
晝思夜夢盡性迹　只今達觀自今昔

29 木 26041 흐림 비 2437480 1463 1890

마태 十一장 二十七절

그 한사ᄅᆞᆷ 뜻의 한뜻으로 먹은 꼭 한사ᄅᆞᆷ!
千万사ᄅᆞᆷ 뜻ᄇᆞᆨ에 千万뜻ᄇᆞᆨ의 사ᄅᆞᆷ하나!
아ᄇᆞ ᄇᆞᆨ 모르는 아ᄃᆞᆯ 뜻ᄇᆞᆨ 아ᄇᆞ 알이 없!

惟一人意中　惟一意中人
千万人意外　千万意外人

30 金 26042 흐림 ᄆᆞᆰ 2437481 1464 1891

1961 7·1 土 26043 ᄆᆞᆰ 흐림 비 2437482 1465 1892

2 日 26044 흐림 비 2437483 1466 1893

1961
7.3 月 26045 2437484 1467 1894
비.(지난 밤새온비)

4 火 26046 2437485 1468 1895
흐림

몸(말)으(므)로 성흠
간지럼에 오를 맛 없지만, 웃다 죽긴 싫고,
가련데 긁! 못 잊겠으나 부스럼 앓긴 싫다.
맛나도 못먹을것엔 생각 멀리 떼면 몸!
孟子曰: 耳目之官不思而蔽於物. 物交物則引之而已矣.
心之官則思. 思則得之. 不思則不得也. 此天之所以與我者.
先立乎其大者則其小者不能奪也. 此爲大人而已矣.

5 水 26047 2437486 1469 1896
흐림 맑

비탕인가? 바탈인가? [質也? 性也?]
얻·올·차림·슬기를 —바탈로— 빛나는 성흔 몸.
차림·슬기를 써서 —빛·소리·맨치— 로 좋게 돋봄.
둘이다 날마다 새롬! 성히 갈날 즘 길긴?
君子所性: 仁義禮智根於心, 其生色. 睟然見於面盎於背
施於四體, 四體不言而喻.

6 木 26048 2437487 1470 1897
지난밤비 이어

7 金 26049 2437488 1471 1898
비

8 土 26050 2437489 1472 1899
비

9 日 26051 2437490 1473 1900
흐림

會柱 兄께 問病

10 月 26052 흐림 2437491 1474 1901

究竟識

生老病死獨終始　　穆純尊卑天稟性

仁義忠信相關係　　榮辱喜怒人妄計

11 火 26053 흐릿 끄물 2437492 1475 1902

12 水 26054 비오락 가락 2437493 1476 1903

13 木 26055 흐림 2437494 1477 1904

孔子 말씀

「곰홈의 속알 됨이 어마무척ᄒᆞ고나! 보아서 안 뵈고 드러서 안 들리되 몬마다 드러스잇 빼힘없이니, 은누리 사롬들로 하야금 몸은 가지런히 갖고 몸은 맑으미 닦고 옷을 차려입고 받드러드림을 보게 ᄒᆞᆫ다.」ᄒᆞ시고.

詩에는

「곰의 다다라 나리심은 헤아릴수 없거니! 허물며 서름서름 홀가 보냐?」ᄒᆞ았다.

子思말씀

「므릇 모르스리의 나타남이여! 참말은 덮어 가리울수 없는것이 이와 같고나!」

14 金 26056 비 2437495 1478 1905

15 土 26057 흐림 2437496 1479 1906

16 日 26058 흐림 낮뒤 맑 2437497 1480 1907

凱 旋 線

溫故知新凱 生新熟故旋 好惡自心性 內外格別線

1961
7.17 月 26059 안개 맑 2437498 1481 1908

繫 辭 上

天尊地卑乾坤定矣卑高以陳貴賤位矣動靜有常剛柔斷矣
方以類聚物以羣分吉凶生矣在天成象在地成形變化見
矣 …… 乾以易知, 坤以簡能 第一章
彖者言乎象者也爻者言乎變者也……辭也者各指其所之 第三章
一陰一陽之謂道繼之者善也成之者性也仁者見之謂之仁
知者見之謂之知百姓日用而不知故君子之道鮮矣顯諸仁
藏諸用鼓萬物而不與聖人同憂盛德大業至矣哉富有之謂
大業日新之謂盛德生生之謂易成象之謂乾效法之謂坤極
數知來之謂占通變之謂事陰陽不測之謂神 第五章
子曰易其至矣乎夫易聖人所以崇德而廣業也知崇禮卑崇
效卑法地天地設位而易行乎其中矣成性存存道義之門 第七章
引而伸之觸類而長之天下之能事畢矣顯道神德行是故可與
酬酢可與祐神矣子曰知變化之道者其知神之所爲乎 第九章

18 火 26060 맑 2437499 1482 1909

19 水 26061 맑 2437500 1483 1910

울 우 리

세울것을 꺼닭이면 맛(ㅈ)난 뒤가 내새 풍풍!
몬 몬 닦아 세우도록 — 내샌 땅속 깊히 묻고
더러워 못살지 않게 숫내 세울 울 우리。

20 木 26062 맑 흐 릿　　2437501　　1484　　1911

美痴光陰

痴骨無明長嫌疑　　啓明長庚名金星
黎首分明老潔白　　稀罕晝見字太白

踐形肖

見好色好之 聞惡臭惡之 ｢自足意誠之
修辭指所之

忠信所以進德也 修辭立其誠所以居業也 知至至之可與幾也
知終終之可與存義也

21 金 26063 흐릿　　2437502　　1485　　1912.

한늘 빙위 놓건 잘몬 드러네 빛배 보이 림!
땅두테움은 끄러닭에 먹은 내새 묻어 가림!
인충 벅을 가리란 옳음 사람에게 달린 올!

22 土 26064 흐림　　2437503　　1486　　1913

生命

天命是性命 革命反正命 知命自立命 使命必復命

23 日 26065 흐림　　2437504　　1487　　1914

24 月 26066 비 흐림　　2437505　　1488　　1915

蘭芝島에　　〔七月十九日〕
滄柱 언 22601日 六十二周生　夏曆六月十二日

1961 火 26067 7·25 흐림 비뿌림	2437506	1489	1916
26 水 26068 흐림	2437507	1490	1917

一紙兩面
體地同等愛着有　殺伐攝取自養生
糞土一般侮蔑親　代謝抛棄他終身

27 木 26069 흐림	2437508	1491	1918
28 金 26070 비	2437509	1492	1919
29 土 26071 맑	2437510	1493	1920
30 日 26072 맑	2437511	1494	1921
31 月 26073 맑	2437512	1495	1922

누가 十九 42

글ᄋᆞ샤ᄃᆡ 이제라도 네가 평안ᄒᆞᆫ 일을 알앗더면 다힝ᄒᆞ려니와 오직 네 눈에 숨깃스니

갈이샤대 너도 오날날 평화에 관한일을 알앗더면 됴흘번ᄒᆞ엿거니와 지금 네눈에 숨기웟도다

もし爾だにも今この爾の日に於て爾の平安に關れる事を知らば福なるに今爾の目に隱れたり

城乎, 今猶爲爾之日, 倘爾於是日, 而知關爾平安的事則幸, 但此事今隱於爾目矣.

巴不得俑在這日子, 知道關係俑平安的事, 無奈這事, 現在是隱藏的, 叫俑的眼看不出來

標點符號 INDEX

名称	符號	PAGE	SUMMARY
句号	○		
	。		
逗号	，		
頓号	、		
分号	；		
冒号	：		
問号	？		
驚歎号	！		
引号	「」		
	『』		
	“ ”		
	‘ ’		
夾註号	（）		
	（）		
破折号	—		
刪節号	……		
私名号	│		
書名号	﹏		

WEEK DAY WEEK DAY

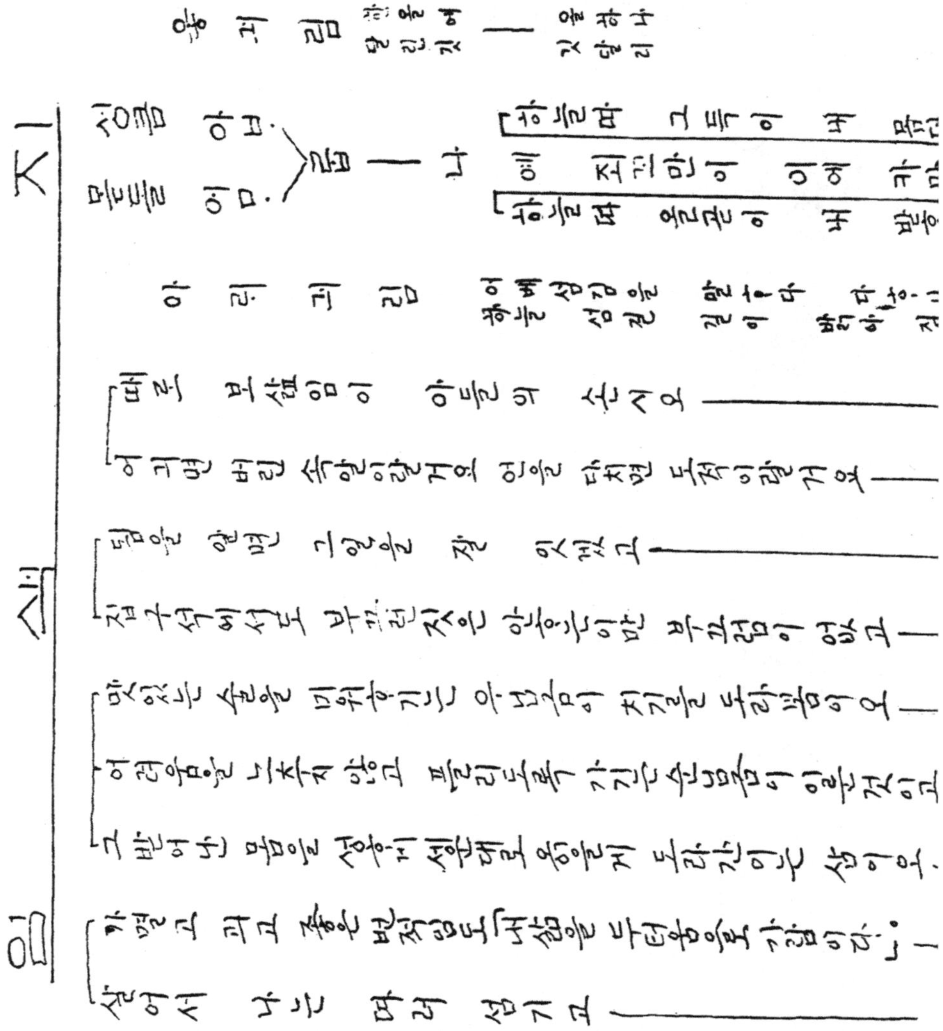

이오
데 스니
이옴

므새달언으올하
못씨몬아그다나

씨알은 내 한배 살몸.
몬이란 내 한 더옮.
큰님속이란 내 어베의
큰집 마루 아들.
그 큰 섬기는 마루집
일ᄒ기

훈은 나이 우린옮은 어른을 어른키오,
외어림을 가엽옮은 내 어린걸 얼음이 오ᄇ.
씨어난이은 속알에 등국, 삶이만이은 빼여났음,
므듯구리에 가쁘 듣피 속게 않고 외로운 이며,
홀늙은 홀애비와 홀어미는 다 내 연앙구로서
비슬 비슬 헤매이나 말붙일데 없는이들이오나

허허ᄒ여 걱정 않는것이 어베뜻ᄋ기에 옳음이니다。
모짐을 건넴은 못생김이오 그꼴을 밟는이만이 같은이로소라.
얼을 찾으면 그뜻을 잘 잇겠음.
몸을 잡아 발출을 치는이만 게으름이 없읍니다.
꽃다운이를 가르치기는 영고숙이 제 같은걸 남에게 준것입니다。
다러날데가 어디냐고 죽엄을 기대리기는 신성의 손묵금이오.
좇기에 날내며 ᄒ라는대로 따른이는 벅기 입니다.
가난ᄒ고 얇고 시름과 걱정도 「너를 일우는데 구실이 되게스리다」
죽어서 나는 좋리라。

1961 8.1 火 26074 맑 2437513 1496 1923

거짓

없든것이 생겨? 있다든거ㅣ 없어? — 거짓 말이 —
눈으로 봐, 귀로 듣 — 눈·귀 갖인이 다 같이 앎 —
임자 앎 첨이라 참되 늘 못된바ㄴ 참 왼고?

어근 버근

님 님금, 섬 섬기, 읍 아비, 으 아들 — 꼭ᄒᆞ면 돼!
어근! 못돼!! 나므래 곧혀 ᄒᆞ리니! 됩니? 버근!
스승도 스승 스스로 어근버근. 이날 껏....

옛날 말론 스승이고 이새 말론 마루옳이,
바싹 짜고 모라치기 키고 당겨 버텨 가기,
뭉텡인 뭉텡이대로 어근버근 속은 속.

2 水 26075 맑 2437514 1497 1924

삶이시는 말 삶아와 삶이여

숨사리 숨은 쉴대로 — 꿈자리 꿈은 꿀대로.
잊고ㄴ 잠도 자건만, 깨나면 찾기도 찾거니.
잊을거 찾을거 없는 제계 계셔 아브 삶.

3 木 26076 흐림 2437515 1498 1925

짐

먹삶, 불고기 먹삶, 살도 피도 다먹 삶, 이 없,
나·너 무름, 두루 두레, 무리 몯어, 남음 — 있짐,
외 누리 남겨 먹을 뜻 속다속다 붉 붉 풂.

밤낮 없이 흘려 묻고. 목이 타게 불러 봐도,
무름·부름· 다 쓸데 없다. 풀아, 네가 풀어라.
풀 한대 말라 떠러질 꿈한자리 보잠아…….

더브름 없는 길 〔이사야 四十7〕
늘(영) 있다면 맛 모를거, 늘없다면 일 모를거.
「풀은 마르고 꽃은진다」 외쳐도 열음 안 돈—.
소리님 외친 말씀됨 뚫임있고 더븜 없。

4 金 26077 븨 2437516 1499 1926

戒與
與與非與君知否 一徇情面便與過,
共與而不可與權 過與則私公義倦

5 土 26078 흐린 2437517 1500 1927

뉘 ㅇ ?
「몬을 맨첨 맨드신 님 계시다.」 홈도 몸의 ᄉᆡᆼ각(思想).
「잘 되게 ᄒᆞ겠단」 ᄒᆞᆫ다ᄒᆞᆫ 님— ᄒᆞᆫ다.다 간 —— 죽음,
되도록 ᄒᆞᆫ다 홀는지? 되푸리를 홈인지?

6 日 26079 흐림 2437518 1501 1928

ᄉᆞ룸과 물 불
다 같이 물불 잘 막을줄 앎 —— ᄉᆞ룸 새 —— 물 트고 잘삶.
서로가 잘 잘못 가릴 줄 앎 —— ᄉᆞ룸 새 —— 잘 잘못 밝혀 잘삶.
찬 샘물 집힌 불꽃을 길고 피기 —— 곧 살림.

제 길 제 제 걷기!

예 다녀 갈 동안 ——버려 두시듯 ᄒᆞ시나? 본뒤、
——다녀갈 때로 맡은 길위ㄴ 뒤—— 더븲을 조이면?
ᄒᆞ이금 어찌 ᄒᆞ리오? ᄒᆞ이훈히 달도 보.

같 (若)

끝에「아니 ᄒᆞᆯ걸 그랬다. 그만 들걸 그랬다.」끝에、
사ᄅᆞᆷ 따위의 발ㅎ자국이 원통 悔·吝·吉·凶——넷、
吉凶을 바꿔 드디기 悔·吝 앞서 알면 若!

1961 8.7 月 26080 흐림 2437519 1502 1929

8 火 26081 0—5時 소다진비 흐림 2437520 1503 1930

9 水 26082 맑 2437521 1504 1931

滄柱 언 맞나고 오다。

10 木 26083 흐림 2437522 1505 1932

零時 브터 東經 135° 標準時刻을 쓰다 ᄒᆞᆷ

아부 어므 맞킴

몸좀 닦으려 한말물[一斗水]——흘리잖고——길으려니、
힘들고 몸조인다! 옅은 엄므(떵) 뜻、거시림 돼!、
——아부지 내게 ᄒᆞ이심 흙 떠 솟니, 람이기——

11 金 26084 맑 2437523 1506 1933

때 아니ㄴ 터 아니ㄴ 잘 못

때도 터도 가림 없이 몸대로 먹고 ᄒᆞ고 믄、
지낼 옅은 터、맛이 먹을때에 느러붙을 가?
사ᄅᆞᆷ의 철이 나도록 가라친다 밟던-이ᄋᆞ

12 土 26085 비 2437524 1507 1934

13 日 26086 흐리다 개다 2437525 1508 1935

14 月 26087 맑 흐림도 2437526 1509 1936

모든올덧업 이낳끄는올 낳끔끄고맘 고요참즐겁

諸法無常 是生滅法 生滅滅己 寂滅爲樂

낳 끔 끄 고 맘

열여덟계 다섯꾸러미 열두씨볼마지 시.
떤바탈을 보고도 그늘지지 않는 — 끄고맘 —.
눈맑아 넷졸가리도 없다 없다 윋 없다.

15 火 26088 흐림 빔비 2437527 — 1510 1937

16 水 26089 비 2437528 1511 1938

사 름 드 레
윋고픔을 못잊어서 잃을것을 얻었대요!
일히 보고 글히 넉는 놈들 끼리 곤맞난 판.
글밝는 즈믄잘히에 사름부치 짜 드레.

17 木 26090 흐림 맑 2437529 1512 1939

眞言者 梵曰MANTRA(曼怛羅) 卽是「眞語如語不妄不異之音」、「眞如語言故名眞言」
MANDALA(曼荼羅)「壇」「道場」「輪圓具足」「聚集」

佛陀 (BUDDHA) 三昧(SAMADHI)
覺 者 等持·等至·靜慮

阿耨多羅三藐三菩提
(ANUDTRASAMYAK SAMBODHI) 無上級正等覺
無 上 級 正 等(徧)覺(智)

1961 金 26091 2437530 1513 1940
8.18 맑

19 土 26092 2437531 1514 1941
맑

20 日 26093 2437532 1515 1942
안개

얇 호 얇 호
땅 몸덩이를 호가지로 달라 붙어 가지고,
뚱 흙이라면 진저리를 치고 다라나지들?
조희의 얇빅을 가림 누가 널러 시킨가?

몬을 잡아 씹어 먹고 살저 살겠다 흐던게,
맞침낸 그몸도 못쓰게된 몬이라。고 ―버림!
먹음과 먹힘과 차렌 누가 계셔 끄늡쇼?

21 月 26094 2437533 1516 1943
맑 흐림

하나=흐오=一
하나 알아 있다간데, 흐일 알아 흐오이다.
났다 들믄 새삼 없나. 없흐오 옴, 근 오돌이,
있 없이 없시 계신디 아브 참찾 도라듦.

몸과 빛는 얇빅인채 서름서름 헝덩그르,
눈과 빛·귀와 소리 새 이름아리 탐탁흘가?
한늘로 뚝뚝 뚜려슬 나는 못내 그리옴。

22 火	26095 맑	2437534	1517	1944
23 水	26096 흐린 맑	2437535	1518	1945
24 木	26097 비	2437536	1519	1946

잇기

한웋님 계서 땅으로 우리를 받들게 ᄒᆞ심!
우리가 오히려 땅에 올 받아 하늘을 섬김……
어머니 나를 키우사 아ᄇᆞ지 뜻 잇기로。

주ㄱ음

조곰ᄒᆞ면 사랑 팔리? 조곰ᄒᆞ단 미운 살라?
받고 받아 삶보다도, 주고 주고 주다 죽기!
줄데줄 줄줄 다준뒤 도라갈 나。주그음。

25 金	26098 맑	2437537	1520	1947

일즉이 알 — 모름직

이승 잘ᄒᆞᆷ — 주기 잘ᄒᆞᆷ 줄거 주다 — 죽어 주기,
이승 잘못 — 받기 좋담 받아 받다 — 뒨텩 바지,
주도록 받아 난 이승 처음브터 읺이 만。

26 土	26099 맑	2437538	1521	1948
27 日	26100 맑	2437539	1522	1949

今吟卽事

而今未卽位 在位不卽今 卽言必称今 言卽未及今
雖言卽卽今 不可卽者今 所謂卽今者 卽不可卽今

自在卽今人 無位自由今 無去無來我 不患無位今
卽離卽離子 不卽不離今 未始不兩班 上下通古今

1961.8.28 月 26101 맑 2437540 1523 1950

고
이제 예간 ―이제. 제가 계간 ―그제. 이·어·그ㅈ
이제가 그제. 그제가 저제 ―그 저 거 저 ―ㅣ아·ㄴ
너 나 다 예어 제계로 도로도라 고이여……。

信 仰
尙今尙今亾 卽今卽今存 尙今未發卽 而今仰至尊

29 火 26102 맑 흐림 비 2437541 1524 1951

차 릴 라 믄
더럽 믒믐을 참아아 보고 있는 눈도 없고.
곱 입븜을 견디어 두고 보는 몸도 없거나.
몸 없 갈 든든흠 없고 않보는 갈 탈 없길.

나 그 네
몸은 아무리 닦아도 제 가친집을 짝기오
집을 아무리 세워도 타고 갈 한 자리 구멍!
。몸빡갈 집빡갈으로 나그네된 길손아!

菩提薩埵께
않 보는게 수! 보면 또 보잡고 보면 뚜러짐!
몸 않생길수 잆나? 있다면 Samyak sambodhi리.
보살도 못미더워요 ― 몸생길수 있는터.

30 水 26103 비　　　　2437542　　　　1525　　　　1952

工夫
百里行程 一日長　長短不式修步武
百歲行年 一生短　性命自在存心安

뜻에 삶
어둠에 쉬는 버레로 밝음에 찾아 난 사롬,
뜻을 받아 사는 길웋에 맛을 붙여 놓지마,
곧·곧히 시서섭기긴 오직 한웋 뜻 받듬。

머리 둔이 틀림 없
아부·언·어른·섬기고 나서도 우리는 밑에,
땅이 하늘 밑 느끼듯이 사롬은 얼 밑에 삶.
웋으로 솟나갈 목숨 머리 두어 모실 일없。

31 木 26104 비　　　　2437543　　　　1526　　　　1953

9·1 金 26105 비　　　　2437544　　　　1527　　　　1954

2 土 26106 흐릿 맑　　　　2437545　　　　1528　　　　1955

3 日 26107 비　　　　2437546　　　　1529　　　　1956

4 月 26108 흐림　　　　2437547　　　　1530　　　　1957

清 孫大雅 座右銘
多言欺之媒 多思欲之累也 潛靜以養其心 強毅以篤其志 去詐人所不知之時 誠善于己所獨知之地 無賤彼以貴我 無重物以輕身 無徇俗以移守

元儒傳呂要眞 能忍所不能忍則勝物 能容所不能
容則過人

宋 趙景緯 進學四箴

一曰惜日力以致其勤 二曰精體認以充其知
三曰屛嗜慾予居敬 四曰謹行事以驗其用

明 蔡清自箴

善愛其身者能以一生爲萬載事 或以一日而遺數百年
休 不知自愛者以其聰明隳於卄操明宗徒以就其
一己之私而已 所謂如入寶山空手回者也

1961 9.5 火 26109 흐릿 2437548 1531 1958

6 水 26110 맑 2437549 1532 1959

寄心君

人健化作老 自強不息以 不止存吾身 寧越沒吾爾

眞
盡方可謂眞 亦無盡眞盡 皆曰眞善美 未嘗見盡眞

7 木 26111 맑 2437550 1533 1960

8 金 26112 비 2437551 1534 1961

9 土 26113 맑 2437552 1535 1962

止
健 美 行 善 盡 眞

섭
부즈런히 부드럽게 부숭부숭 셋으로 섭.

1961 · 9 · 9 土曜 Julianday 2437552日 12時55分에
辛丑 · 7·30 乙巳 서울 徽慶洞二十九番地一号에서

柳宜相 1917. 5. 20 日曜 丁巳. 3. 30 壬戌
崔鳳愼 1923. 2. 12 火曜 乙巳. 1. 3 庚子 長女 熙景 生

10 日 26114 맑	2437553	1536	1963
11 月 26115 맑	2437554	1537	1964
12 火 26116 맑	2437555	1538	1965

사ᄅᆞᆷ 음 (사롤 줄 앎 사ᄅᆞᆷ)

기(그이) 그리는 김 받혼 사ᄅᆞᆷ ᄆᆞ리 한웋 둔 줄 음、
ᄆᆞ리 밑에 선김 ᄆᆞ리 웋에 니긴 님금 계셔,
나리신 옳음 옳을줄 예 앎 우린 사롤 줄。

子曰: 不知命, 無以爲君子也。
不知禮, 無以立也。
不知言, 無以知人也。

숨 / 차림 / 말 — 모르고서 — 그이 될 / 설 / 숨아ㄹ — 수 없다.

3 水 26117 비	2437556	1539	1966
4 木 26118 비	2437557	1540	1967
5 金 26119 맑	2437558	1541	1968

熙瑟 네돐날 오늘 14時 出生申告提出 完了

6 土 26120 맑	2437559	1542	1969

1961 月 26121
9 17 밝 2437560 1543 1970

18 月 26122 밝 2437561 1544 1971

19 火 26123 밝 흐릿 2437562 1545 1972

熙景 出生申告 提出。

20 水 26124 흐림 밝 2437563 1546 1973

21 木 26125 흐림 밝 2437564 1547 1974

사름 골 못 되며

머리 욶에 니긴 님금 계셔 머리 밑에 선김
계셔 그 김 드리우시 예 우리 예어 옳을 김,
늬 뎐금 님금 섬김 목 가로질러 막은 곹。

맨꼭문이로 머리만 들랬으면 다 들것을!
어인일로 뒤는 트는자? 머리 무겁! 못 들기!!
못들뿐 이라면 좋지? 시티궁게 끼잖니?

머리의 머리도 꿇쥐 보건만, 옳으다 말기!
꼬리의 꼬리의 꼬리도 델수 없거니, 부치가 없지!
멀꼬리 문구리도 못! 쥐꼬리도 아니며?。

22 金 26126 흐림 비뿌림 2437565 1548 1975

23 土 26127 흐림 2437566 1549 1976

24 日 26128 맑 2437567 1550 1977

첫 므름　　　　　　　　　　　　　빙기 짓
한 빙 곧 많은 몬! 돼 없다. 없어지 들다. 한나?
몬맨든이 잘몬을 빙에 놓뒀(나뒤)다. 놓볏(노폈)다. ㄴ가?
맨먼전 몬맨든인가? 빙이 긴가? 참므름!
八字 땜
똥 그득 담은 가죽주머니 속에서도 깩웃!
묻고 불later고 터지고 새면서도 거룩못잊!
한늘빙(太永公) 우리 속의 속 받훌(바탈)이를 어째요?

25 月 26129 오립	2437568	1551	1978
26 火 26130 안개 맑	2437569	1552	1979
27 水 26131 맑	2437570	1553	1980
28 木 26132 맑	2437571	1554	1981
29 金 26133 맑 흐림 비	2437572	1555	1982
30 土 26134	2437573	1556	1983
1961 10.1 日 26135 맑	2437574	1557	1984
2 月 26136 맑	2437575	1558	1985
3 火 26137	2437576	1559	1986

○

~~陰靜이 陽動을 要き 듯이 虛無는 立身生動을 發願き 듯ㅎ도!~~
~~立身生動의 主權者라 홀 이き 人間으로 什麼蠕蠕從事에 妨從~~

ᄒ갓다고 交媾中心으로 精力發散을 催議ᄒ거나 飮食窮理로
精神을消耗ᄒ니 歌舞는 男女間潮汐이오 政經은得失中昇
降이되니 立身未遂ᄒ고 生動無力ᄒ니 太空不滿不足不平和ᄒ고
개는 ... 夫人이 書ᄒ는 生命이라 建德立命이면
人生在宇宙에 本意義 ... 太空은 우리配
... 太空配의 候補者일다.

言 無情

木石같이 無情ᄒ라ᄃ 多情히도 盟誓ᄒ라!
鐵石같이 盟誓ᄒ신 多情ᄒ신 우리 님은?
有無가 鐵木에 닮나? 藥石無効 情未信!!

1961 水 26138 2437577 1560 1987
10.4. 비

빌 몰라!

다 같이 뚱 담은 가죽 주머니로 된 몸끼리
빚길로 주고 받으며 이름으로 가고 오기ㄹ
잘 산다 못산다ㄴ 셈에 꾸믈 꾸믈 어인? 빌!..

5 木 26139 2437578 1561 1988
비

6 金 26140 2437579 1562 1989

靈
一切含灵은太空配의候補者!
陰靜이陽動을要ᄒ듯이虛無는立身生動을發願ᄒ듯ᄒ오!
立身生動의主權者라ᄒ올만ᄒ人間이蜉蝣從事로始終ᄒ가!
交媾中心으로精力發散을催促ᄒ며好飮食을窮利ᄒ되神
気에는操存이皆無ᄒ니歌舞는男女間에潮汐이오政經
은得失中에升降을ᄒ다.
立身을未就ᄒ고生動을無徹ᄒ니太空은不滿足不平和ᄒ개
鬱

夫大人이 盡性至命ᄒᆞ다ᄒᆞ며 天下人間에 建極·建中이며
立身·立言·立命ᄒᆞ다ᄒᆞᆷ이 곧 人間在宇宙에서의 自發
ᄒᆞ는 本誠意! 本觀音! 이라 아니ᄒᆞᆯ이ㅅ가!
一切含靈은 太空配의 候補者!

7	土	26141 맑	2437580	1563	1990
8	日	26142 맑	2437581	1564	1991
9	月	26143 맑	2437582	1565	1992
10	火	26144 맑	2437583	1566	1993

눈 뚤려 밝! 귀 뚤려 듣! 코 뚤려 맡! 입 뚤려 달!
몸 뚤려 알! 알 뚤려 속알 되니
므릇(뚤린) 길이 맥힐라더니ㅅ듣 막으면 목이 메고,
목이 메고 메면 발바닥까지닿고, 발바닥까지 닿면(게되)
못언잖음이 생긴다.
몸의 알 있는것은 숨을 쉬므로서오,숨이 시원치못ᄒᆞᆫ것은
하늘의 잘못이 아니다. 하늘은 밤낮없이 뚫건만,
사ᄅᆞᆷ이 도로혀 그 궁을 막는다.
살속엔 속속드리 간살이오, 몸엔 하늘ᄒᆞ히 노닒이 다.
방을 치워 빌줄을 모르는 시어머니, 며느리는 짜증만
내고 하늘로 노님 놓멀 시키티피히 없는 몸엔 여
섯 구멍끼리 탓만 ᄒᆞᆫ다
큰 숩플 뫼언덕이 사ᄅᆞᆷ에게 좋다히도 얼은(얼이은)
이만 ᄒᆞᆯ가보냐!?
目徹爲明耳徹爲聰鼻徹爲顫口徹爲甘心徹爲知知徹爲德
凡道不欲壅壅則哽哽而不止跈跈則衆害生物之有知者恃

息其不殺非天之罪天之穿之日夜無降人則顧塞其竇胞有重閬心有天遊室無空虛姑婦勃谿心遊無天則六鑿相攘大林丘山之善於人也亦神者不勝

저 큰덩이가 날더러 꼴에 붙었으라!
〃 삶에 힘쓰라!
〃 늙어 좋라!
〃 죽어 쉬라! ᄒᆞ니
내 삶을 잘ᄒᆞᄂᆞᆫ이가 이에
〃 죽음을 잘ᄒᆞᆯ 바이다.

夫大塊載我以形
勞我以生
佚我以老
息我以死 故善吾生者乃所以善吾死也

큰 덩 이

저큰덩이가 날더러 꼴에 붙었으란 다.고,
삶에 힘쓰라! 늙어좋라! 죽어 쉬라. ᄒᆞᆫ다니,
내 삶을 잘 ᄒᆞᄂᆞᆫ이가 내죽음도 잘 ᄒᆞᆫ ᄃᆞ.

바 라 던 밤

밤마다 밤마다 아모소리 없이 잠들 드시
사ᄅᆞᆷ마다 사ᄅᆞᆷ마다 두말 없이 잘때 자고,
더우기 누리길릴젠 고요함께 참잠삼.

1961 水 26145 맑
10·11 2437584 1567 1994

12 木 26146 흐림 2437585 1568 1995

13 金 26147 맑 흐림 2437586 1569 1996

14 土 26148 흐림 2437587 1570 1997

昏 喪

익힌 낯 간듸 없네! 일즉 얼골 속못 든게 恨!
多情히도 보이옵던 낯! 無情히도 凶흐다!
凶될 낯 吉타 善타고 中信도 슨 昏張本.

15 日 26149 맑 2437588 1571 1998

16 月 26150 흐림 2437589 1572 1999

17 火 26151 2437590 1573 2000

맴으새 끌르고 입성 벗으라.
「한길 사롬의 속은 모른다.」ㄴ── 난으게 속가 ── 맏!
제 속의 몸은 제 한곳(奧)으로 제 속삭이다(가)── 속!
빙이라! 터진다! 말고 속내놓아 ── 참 시원!

周 急 不 繼 富

「한나 가 멀리 달아 줄거 아니라」 왜 못 생각!?
=急흔 일만 두루둘러 느취 줄수도 ── 있으며 ──
사롱된 밑받흘 속에 이 삶음이 갖휘건!

달어 이을것도, 끊어 두룰 것도, 아니오니
끈이 끈이 또박 또박 미리 미리 차린 차림,
작끈이 동아줄 일수 두레맨데 두립성.

꼭 붙을라도 떠러질라도 안흐는이 만이,
붙을델 잘 붙고 떠러질델 잘 떠러지므로,
참말로 올바른 누리 이뤄볼가 흐노라.

늑히 꽃 간데 없!

한때 나수 나툰 낯! 늑허서는 무엇 호옵나?

나날히 낡아, 다달히 달라져, 떤게 돼, 빌 납!

덜빌걸 곱(게)닥은 얼골(꽃) 서흔서리 스러우이……

1961 水 26152 맑 비　　2437591　　1574　　2001
10.18

저울. 눈매 가 곱도록

달아(甘 繼 試) 먹(食)재 숨 가쁨을 두루(周) 보삶 끈이(斷續) 고루,

입엔 낟알 몸엔 다실 집앙 다솖 나라 내섬,

씨알로 씨알 고른데 사롬저울 눈매곱 。

19 木 26153 비 흐릿　　2437592　　1575　　2002

熙淑의 어머니 崔氏 火葬 보아지내임

1917 · 2 · 22 木曜　　1961 · 10 · 17 火曜

丁巳 · 2 · 1 乙未　　辛丑 · 9 · 8 癸未

45歲 552朔 2329週 6/7 16309日

20 金 26154 흐릿　　2437593　　1576　　2003

21 土 26155 맑　　2437594　　1577　　2004

思

食色性而思至命　　操則存心舍則亡

仁義命而思盡性　　天與我者思之誠

22 日 26156 맑　　2437595　　1578.　　2005

23 月 26157 맑　　2437596　　1579　　2006

24 火 26158 맑 2437597 1580 2007

25 水 26159 맑 2437598 1581 2008

26 木 26160 흐림 맑 2437599 1582 2009

줄 끝 뚫림

「하늘 뚤린줄」로 갈것을 「븐훌」이라. 호고, 븐훌대로 갈것을 「길」이라. 호고, 「길의 흰훈」대로 갈것을 「가르침」이라. 흐, (게만 된듯)

27 金 26161 맑 2437600 1583 2010

28 土 26162 맑 2437601 1584 2011

開經偈
無上甚深微妙法
我今聞見得受持
百千萬劫難遭遇
願解如來眞實意

서울 Y 1903히 10달 28날 에 서 오늘 그58돐 보이다.

29 日 26163 맑 2437602 1585 2012

줄 열는 옴 (마디읊)

은 즈믄 잘겁에 맞나기 어려운
우이 없고 아주 깊고 봐낼수 없이 곪을을
내 이제 듣 봐 얻 받아 가지리니
있다시 오는 참뜻을 풀어지이다

깨끗으시 먹잔 옴 (마디읊) 淨食偈

내 보건댄 한방울물에도 吾觀一滴水
골잘벼리지 있음 八萬四千蟲
이 생각 안 오이곤 若不念此呪
뭇산이의 고기를 먹는듯 如食衆生肉
옴 살바나유타 발다나야 반다반다 사바하

세 술 욈 (마디읊) 三匙偈

온갖 모짊 끊어지이다 願斷一切惡

온갖 착홈 닦아지이다 願修一切善

모든 뭇삶이 다 함게 願共諸衆生

우이 없는 길을 이루어지이다 同成無上道

내가 먹어서 받은 내새와 맛과 맨치가

내 몸에만 있지 말고 털굮으로 나가서

올게(淸東) 뭇삶이의 몸으로 두루 들러

올박(淸藥)과 매찬가지로 쓰라림을 치워지이다

1961 一月 26164 2437603 1586 201

10.30 맑

31 火 26165 2437604 1587 201

맑

~~밥 그릇 펴 욈 (마디읊)~~ 展鉢偈

~~위 가시 온이 만치 댐기일 그릇으로~~ 如來應量器

~~내 이제 펴 벌리오니~~ 我今得敷展

~~모든 무리 다 한가지 똑가차~~ 願共一切衆

~~셋 들레 맑금고요 히지이다~~ 等三輪空寂

옮 발다나야사바하

1961

11. 1 水 26166 2437605 1588 201

맑

밥 그릇 펴 마 디 읊 展鉢偈

왔다시 온이 만치 댐기일 그릇으로 如來應量器

내 이제 펴 벌리오니 我今得敷展

온갖 무리 다 한가지 願共一切衆

셋 들레 똑가티 맑금고요 히지이다 等三輪空寂

2 木 26167 흐림 2437606 1589 2016

堪感謝

來度盡性粟 往任弗人職 未謝會善法 旣感法喜會

집아부지 도라가신 28돐날 (10228날)

3 金 26168 흐림 2437607 1590 2017

4 土 26169 맑 2437608 1591 2018

월 얼 어룬 의룬 뵙기 어려움
한긋 두금 셋낯에 엎치락 뒤치락 되는 몸,
하늘 뚤린줄로 받은 반홀조차 들숭 날숭,
어플사 속알 어둘손 갈바ㄹ몰라.

속으로 속으로 아홉속 깊은 얼골 속으로,
늘밤낮 밝은속알 밝은대로 밝히는 님을.
들러봐 맞나게 되면 참 반길가.

觀相 (谷神不死)

空相莊嚴物現象 小見渾盲鬼出晝
色相好惡我隱惑 大觀分明神運谷

卽景

玩人喪德地 美人自處女
翫物喪志時 有志漫居士

鬼神論

所謂人死爲鬼 作也 住着生心 卽人之鬼趣 無所住而 擬世有終 卽
歸神也已 人則精神也

1961 日 26170
11. 5 맑 2437609 1592 2019

6 月 26171
맑 2437610 1593 2020

姪女 遵相 淸州人 李漢雨 께로 가다

生心未達身世情 有身無病少康健
盡性聊致天命曲 太空委物大和穆

7 火 26172
맑 2437611 1594 2021

8 水 26173
흐림 비뿌림 2437612 1595 2022

9 木 26174
맑 밤에 비뿌림 2437613 1596 2023

操則存
人 气求力 力勞功 功工程 工学從事遠慮宗
生本來頂天立地 一貫天地象得工 後重於前
起私回公 一生事杞憂 朝罷宿夕夢 一死非無事
不可無視空 情欲創發散精神 情操成美盡性命
大器晩成故晏育 況且長久導性靈

10 金 26175
맑. 2437614 1597 2024

分覺嶺
타난듯 깨헌어! 더 자란지? 하루 히 지이면,
죽은듯 잠드는 밤 보람! 깨갈린 나루태기ㄹ!
넘을지? 움츠릴지?는 후이금에 달린거ㄹ?

11 土 26176 맑 2437615 1598 2025

울 쉽 잖 아

벗기 내놔도 내놔도 나기 무섭게 옷을 입!
속 보단 낮을 내는 꼴! 뜻두곤 월을 내련 몸!
몬빛에 빻힌 속알을 건질줄이 쉽잖거ㄴ?

12 日 26177 흐 2437616 1599 2026

13 月 26178 맑 2437617 1600 2027

是 非

落實着實失時非→果斷不斷得時是 據虛眞實見性人
蔑虛口實迷惑道 ~~旣熟不果一秋壯~~ ~~着實不落三年老~~
一秋早熟未果斷 三年着實不老故

14 火 26179 흐림 2437618 1601 2028

日 常

晝夜二十四時間 八万六千四百秒
一千四百四十分 呼吸二万六千番
五 九 二

昇 降

珍羞異翫試煉課 過欲存理達人道
災養遠色廉隅命 虛靈精神承天誠

15 水 26180 맑 흐림 2437619 1602 2029

16 木 26181 흐림 2437620 1603 2030

17 金 26182 비 2437621 1604 2031

1961 土 26183 2437622 1605 2032
11·18 흐림

人 道

食事在日一二時 不以食色爲兩班
房事在世無或有 不復耳目貞百度

眞實據虛實存我 虛灵知化物色時
殊色畸型色相物 理性窮神四目勿

19 日 26184 흐림 맑 2437623 1606 2033

20 月 26185 흐림 2437624 1607 2034

21 火 26186 2437625 1608 2035

낮 뒤에 떠러저 닿져서 大学病院 으로 드러가졌다. 24즘 지난일은 내게 남아 생각나는것은 없다.

12·15 金 26210 낮 뒤에 내 精神은 내집이 아닌 곳에 밤아닌 낮에 내가 왜 누어 있느냐? 고, 보인집 사람에게 무러보다. 니야기를 듣고야 다쳐서 치료 받고 있다는것을 알다. 일즈기 내가 알아 모신 늙으신 분들과 젊으신 벗이 많이 오시어서 보아 주셨다는데, 오늘되기전에 찾아주신 분들게는 내가 누구시란 고 알아뵘는것 같아고 또 말씀을 주고 받었다 하는 젊은 벗의 말을 듣고 내 생각 흐아 보아도 난 조곰도 생각이 아니 난다. 이것을 이제 생각 흐아도 나는 모르겠다. 스므나흘 동안은 내가 알지도 안았으나 앞은것을 아주 몰랐음이오, 또 내가 같은 동안 산지도 않았다 홀것이나 누구를 맞았거나 무슨 말을 흔 한 마디도 생각되는것이 하나 없다.

19 火 26214 저녁때 집으로 도라와서 눕다.